Ausführliches Verzeichnis der

Guttentag'schen Sammlung

Deutscher Reichs- und Preußischer Gesetze,

— Text-Ausgaben mit Anmerkungen; Taschenformat, —

welche alle wichtigeren Gesetze in unbedingt zuverlässigen Gesetzestexten und in mustergiltiger Weise erläutert enthält, befindet sich hinter dem Sachregister.

Guttentag'sche Sammlung
Nr. 20. Preußischer Gesetze. Nr. 20.
Text-Ausgaben mit Anmerkungen.

Die preußischen Erbschaftssteuergesetze

vom 30. Mai 1873,
19. Mai 1891 und 31. Juli 1895.

Erläutert von

Ulrich Hoffmann,
Geh. Registrator im Königlich preußischen Finanzministerium.

Berlin 1905.
J. Guttentag, Verlagsbuchhandlung,
G. m. b. H.

Inhaltsverzeichnis.

Abkürzungen.

a. a. O. = am angeführten Orte.
Abs. = Absatz.
AG. = preuß. Ausführungsgesetz zu dem Reichsgesetz, dessen abgekürzte Bezeichnung dabei angegeben ist.
AH. = preuß. Abgeordnetenhaus.
AKO. = Allerhöchste Kabinettsordre des Königs.
ALR. = Allgemeines Landrecht für die preußischen Staaten.
a. M. = anderer Meinung.
Anh. = Anhang.
Anm. = Anmerkung.
Annalen = Annalen des Reichsgerichts, herausgegeben von Braun und Blum. Leipzig 1880—1884. 10 Bände.
Anw. = Anweisung; ohne Zusatz = Anweisung zur Ausführung des Erbschaftssteuergesetzes. V. 14. Nov. 1873. (ZBl. 1874 S. 19) — für die Erbschaftssteuerämter.
Anw. f. HÄ. = Anweisung für die Haupt-Zoll- und Haupt-Steuerämter zur Behandlung des Erbschaftssteuerwesens v. 14. Nov. 1873 (ZBl. 1874 S. 25).
Art. = Artikel.
Ausf. = Ausführungsbestimmungen.
AV. = Allgemeine Vorschriften des Erbschaftssteuertarifs.
Bd. = Band; ohne Zusatz hinter einer Entscheidung des Reichsgerichts = Entscheidungen des Reichsgerichts in Zivilsachen, herausgegeben von den Mitgliedern des Gerichtshofes (und der Reichsanwaltschaft) Leipzig 1880 ff.
Befr. = Befreiungen des Erbschaftssteuertarifs.

Begr. = Begründung eines Gesetzentwurfes; ohne Zusatz = Begr. des Erbschaftssteuergesetzes von 1873; mit Zusatz: 1891 oder 1895 = Begr. des Erbschaftssteuergesetzes von 1891 oder 1895.
Bek. = Bekanntmachung; mit Zusatz: LStG. = Bek., betr. die Ausführung des preuß. Stempelsteuergesetzes. V. 13. Febr. 1896 (ZBl. S. 53).
betr. = betreffend.
BGB. = Bürgerliches Gesetzbuch für das Deutsche Reich (RGBl. 1896 S. 195).
BGBl. = Bundesgesetzblatt des Norddeutschen Bundes.
Bolze = Bolze, Die Praxis des Reichsgerichts in Zivilsachen. Leipzig 1886 ff.
Bonnenberg = Bonnenberg, Das Strafverfahren in Zoll- und Steuersachen. 2. Auflage. Berlin 1899.
Cosack = Cosack, Lehrbuch des Handelsrechts. 5. Auflage. Stuttgart 1900.
CPO. = Zivilprozeßordnung für das Deutsche Reich. (RGBl. 1898 S. 410.)
Dernburg = Dernburg, Lehrbuch des preußischen Privatrechts. 5. Auflage. Halle 1894.
d. h. = das heißt.
d. i. = das ist.
Dienstvorschr. = Dienstvorschriften, betr. die Ausführung des preuß. Stempelsteuergesetzes. V. 14. Febr. 1896 (ZBl. S. 93).
Drucks. = Drucksachen; ohne Zusatz = Drucks. des preuß. Abgeordnetenhauses.
E. = Erlaß.
Eccius = Förster-Eccius. Preußisches Privatrecht. 7. Auflage. Berlin 1896/7.
EG. = Einführungsgesetz; die dahinter folgende Abkürzung bezieht sich auf das eingeführte Gesetz.
ESt. = Erbschaftssteuer.
EStA. oder EStÄ. = Erbschaftssteueramt oder Ämter.

EStG. = Erbschaftssteuergesetz; ohne Zusatz: das preuß. EStG.
FG. = Gesetz über die Angelegenheiten der freiwilligen Gerichtsbarkeit. V. 17. Mai 1898 (RGBl. S. 189); mit Zusatz: preuß. = das preuß. Gesetz über die freiwillige Gerichtsbarkeit. V. 21. Sept. 1899 (GS. S. 249).
FM. = Finanzminister oder Erlaß oder Schreiben des FM.
FME. = Finanzministerialerlaß.
FMRE. = Runderlaß des Finanzministers.
GA. = Goltdammer, Archiv für Strafrecht.
GBO. = Grundbuchordnung v. 24. März 1897 (RGBl. S. 139).
Ges. = Gesetz.
GKG. = Deutsches Gerichtskostengesetz (RGBl. 1898 S. 659); mit Zusatz: preuß. = Preußisches GKG. in der Fassung v. 6. Okt. 1899 (GS. S. 325/6).
Gruchot = Beiträge zur Erläuterung des deutschen Rechts, begründet von Gruchot, herausgegeben von Rassow, Küntzel und Eccius. Berlin.
GS. = Gesetz-Sammlung.
GVG. = Deutsches Gerichtsverfassungsgesetz (RGBl. 1898 S. 371).
H. = Heinitz, Kommentar zum preuß. Stempelsteuergesetz v. 31. Juli 1895. 2. Auflage. Berlin 1901.
HA. (HÄ.) = Haupt-Zoll- und Haupt-Steuer-Amt (Mehrzahl).
Habicht = Habicht, Die Einwirkung des Bürgerlichen Gesetzbuches auf zuvor entstandene Rechtsverhältnisse. 3. Auflage. Jena 1901.
Haidlen = Bürgerliches Gesetzbuch nebst Einführungsgesetz herausgegeben von Haidlen. Berlin, Stuttgart, Leipzig 1897.
H-G. = Hoyer-Gaupp, Die preuß. Stempelsteuergesetzgebung für die alten und neuen Landesteile und

das preuß. Erbschaftssteuergesetz. 5. Auflage. Berlin 1895.

HGB. = Deutsches Handelsgesetzbuch. (RGBl. 1897 S. 219.)

H-Sp. = Hummel-Specht, Kommentar zum preuß. Stempelsteuergesetz v. 31. Juli 1895. Berlin 1897. 1899. 1901. 1904 (Lieferung 1—4).

HStA. (HStÄ.) = Haupt-Steuer-Amt (Mehrzahl).

HZA. (HZÄ.) = Haupt-Zoll-Amt (Mehrzahl).

HZ. und HStÄ. = Haupt-Zoll- und Haupt-Steuer-Ämter.

Jahrb. = Jahrbuch für Entscheidungen des Kammergerichts in Sachen der freiwilligen Gerichtsbarkeit, in Kosten-, Stempel- und Strafsachen herausgegeben zunächst von Johow und Küntzel, später von Johow allein und von Johow und Ring. Berlin 1881 ff.

JM. = Justizminister und Justizministerialerlaß.

JMBl. = Preuß. Justizministerialblatt.

JME. = Justizministerialerlaß.

JW. = Juristische Wochenschrift (Organ des deutschen Anwaltvereins). Berlin 1872 ff.

Kassenanw. = Anweisung zur Kassen- und Buchführung für die Haupt-Zoll- und Haupt-Steuerämter v. 27. Febr. 1880. Berlin 1880 (Amtliche Ausgabe).

KG. = Entscheidung des preuß. Kammergerichts.

KO. = Deutsche Konkursordnung. (RGBl. 1898 S. 612).

Kom. = Kommission (ohne Zusatz: des preuß. Abgeordnetenhauses).

Komm.Ber. = Kommissionsbericht; bei Zusatz der Jahreszahlen 1873, 1891, 1895: Bericht der Kommission des preuß. Abgeordnetenhauses über den Entwurf des betr. Erbschaftssteuergesetzes.

Kuhlenbeck = Kuhlenbeck, Das Bürgerliche Gesetzbuch. Berlin 1899—1901.

Laband = Laband, Das Staatsrecht des Deutschen Reiches. 4. Auflage. Tübingen 1901,

Labus = Labus, Das preuß. Erbschaftssteuergesetz v. 30. Mai 1873. Breslau 1891.
Loeck = Loeck, Das Gesetz betr. die Erbschaftssteuer. V. 19./24. Mai 1891. Berlin 1896.
Leske = Leske, Vergleichende Darstellung des Bürgerlichen Gesetzbuches und des Allgemeinen Landrechts. 1. u. 2. Auflage. Berlin 1900.
LStG. = Preuß. Stempelsteuergesetz. V. 31. Juli 1895 (GS. S. 413).
MBl. = Preuß. Ministerial-Blatt für die gesamte innere Verwaltung.
M. d. g. A. = Minister der geistl., Unterrichts- und Medizinal-Angelegenheiten.
M. d. J. = Minister des Innern.
OTr. = Ober-Tribunal oder Entscheidung des OTr.; darauf folgend: Bd. = Band der Entscheidungen des Ober-Tribunals. Berlin.
Olshausen = Olshausen, Kommentar zum Reichs-Strafgesetzbuch. 6. Auflage. Berlin 1900.
Planck = Bürgerliches Gesetzbuch nebst Einführungsgesetz erläutert von Planck in Verbindung mit anderen. 1. u. 2. Auflage. Berlin 1898—1902.
pr. = preußisch.
Prov. = Provinz.
PStD. = Provinzial-Steuer-Direktor (Proinzial-Steuer-Direktion).
Rehbein und Reincke = Allgemeines Landrecht für die preußischen Staaten. Mit Erläuterungen von R. und R. 4. Auflage. Berlin 1889.
RE. = Runderlaß (Allgemeine Verfügung) des Finanzministers.
RG. = Reichsgericht oder Entscheidung des RG.; römische Ziffer dahinter = Senat, in der Regel Zivils. (s. auch Bd. und Straff.).
RGBl. = Reichs-Gesetzblatt.

RGE. = Entscheidung des Reichsgerichts (s. auch Bd. und Straff.).

ROHG. = Reichs-Oberhandelsgericht.

v. Rönne = v. Rönne, Staatsrecht der preußischen Monarchie. Leipzig. 5. Auflage. Bearbeitet von Zorn. 1. Bd. 1899. 4. Auflage, 2—4. Bd. 1882—1884. Ergänzungsband: Das Recht der Kommunalverbände in Preußen; bearbeitet von Schön. 1897.

Schanz = Finanz-Archiv. Herausgegeben von Dr. Schanz. Stuttgart, Berlin.

Sch.-C. = Schück-Crusen, Kommentar zum preuß. Erbschaftssteuergesetz. Berlin 1896.

Staub = Staub, Kommentar zum Handelsgesetzbuch. 6. u. 7. Auflage. Berlin 1900.

Sten. Ber. = Stenographische Berichte über die Verhandlungen des preuß. Abgeordnetenhauses, wenn der Zusammenhang nicht ergibt, daß die Verhandlungen des Herrenhauses gemeint sind.

StGB. = Strafgesetzbuch für das Deutsche Reich (RGBl. 1876 S. 39/40; die in Betracht kommenden Änderungen des StGB. sind bei Bezugnahme besonders bezeichnet).

StHG. = Gesetz, betr. den Staatshaushalt v. 11. Mai 1898 (GS. S. 77). Ausführungsbestimmungen v. 13. Juni 1899 (ZBl. S. 164).

Stpl. = Stempel.

StPO. = Strafprozeßordnung für das Deutsche Reich (RGBl. 1877 S. 253).

Straff. = Strafsachen, hinter einer Entscheidung des Reichsgerichts = Entscheidungen des Reichsgerichts in Strafsachen. Leipzig 1880 ff.

Striethorst = Striethorst, Archiv für Rechtsfälle, die zur Entscheidung des Kgl. Obertribunals gelangt sind. Berlin 1851 ff.

Urt. = Urteil.

VA BGB. = Verordnung zur Ausführung des Bürgerlichen Gesetzbuchs. V. 16. Nov. 1899 (GS. S. 562).

vergl. = vergleiche.

Verord. = Verordnung; mit Zusatz 1867 = Verord. betr. die Erhebung der Erbschaftsabgabe in den durch die Ges. v. 20. Sept. und 24. Dez. 1866 mit der Monarchie vereinigten Landesteilen v. 5. Juli 1867 (GS. S. 1120).

v. H. = vom Hundert.

Vorbem. = Vorbemerkung.

VStG. = Das Verwaltungsstrafgesetz v. 26. Juli 1897 (GS. S. 237).

VZV. = Verordnung, betr. das Verwaltungszwangsverfahren wegen Beitreibung von Geldbeträgen. V. 15. Nov. 1899 (GS. S. 545), geändert durch Verord. v. 18. März 1904 (GS. S. 36). Ausführungsbestimmungen: Anweisung v. 28. Nov. 1899 (ZBl. S. 44) und 4. Juli 1904 (ZBl. S. 246).

Wilke = Wilke u. a., Das Bürgerliche Gesetzbuch nebst dem Einführungsgesetz. Bd. 5. Berlin 1900.

Zachariä = Handbuch des Französischen Zivilrechts, begründet von Zachariä von Lingenthal, bearbeitet von Crome. 8. Auflage. Freiburg i. B. 1894/5.

ZBl. = Zentralblatt der Abgaben-Gesetzgebung und Verwaltung in den Kgl. preuß. Staaten. Berlin.

ZS. = Zivilsenat.

ZVG. = Gesetz über die Zwangsversteigerung und die Zwangsverwaltung (RGBl. 1898 S. 713).

§§-Ziffern ohne Zusatz bedeuten §§ des EStG. Bei aus mehreren Bänden bestehenden Werken bedeuten die römischen Ziffern oder die Ziffern vor „S." oder „Nr." den Band.

Einleitung.

I. Früherer Rechtszustand.

Die ESt. ist in Preußen aus der Stempelsteuer hervorgegangen, und zwar ist der auf Erbteilungsurkunden gelegte Stpl. im Verlaufe der mit dem Patente v. 15. Juli 1682 beginnenden Entwicklung des Stplwesens allmählich zur ESt. ausgestaltet worden (Sch=E. S. 257 ff.). Die Umwandelung des Urkundenstpls zur ESt. war, abgesehen von der Erhebung durch Stplverbrauch, mit dem „Stpl.=Ges. für die ganze Monarchie v. 20. Nov. 1810“ (GS. S. 121) vollendet.

Gesetz von 1822. Bei der Neuordnung des Stplwesens durch das „Ges. wegen der Stplsteuer, v. 7. März 1822“ (GS. S. 57) wurde auch die ESt., jedoch unter Beibehaltung der Erhebungsform, weiter ausgebildet (§§ 9, 16—18, 25 und Tarifstelle „Erbschaften“). Dieses Ges. ist die Grundlage des jetzt geltenden EStG.

Nach dem zu dem Ges. gehörigen Tarife unterlagen der Abgabe: „Erbschaften, Vermächtnisse, Schenkungen von Todes wegen und unter Lebendigen, sofern letztere durch schriftliche Willenserklärungen erfolgten, mit Einschluß der remuneratorischen Schenkungen, Lehns- und Fideikommiß-Anfälle, ohne Unterschied, ob der Anfall

Inländern oder Ausländern zukommt." Der Tarif bestimmte ferner den Betrag des Stpls. nach dem Verhältnisse des Erwerbers des Anfalls zum Erblasser auf 1, 2, 4 und 8 v. H. sowie die Befreiungen von der Abgabe. Die Steuer wurde von dem Betrage der Bereicherung erhoben (§ 9a). Ausländische Grundstücke gehörten nicht zur steuerpflichtigen Masse; dasselbe galt für anderes im Auslande befindliches Vermögen, wenn nachgewiesen wurde, daß davon im Auslande die übliche Erbschaftsabgabe hatte entrichtet werden müssen (§ 9b). Für die Besteuerung des beweglichen Vermögens war der letzte Wohnsitz des Erblassers entscheidend (JMBl. 1866 S. 62; ZBl. S. 198).

Die Erhebung der Abgabe erfolgte durch die Gerichte (§ 17), und zwar nach der Aufhebung der Privatgerichtsbarkeit durch die Stadt- und Kreisgerichte (JMBl. 1850 S. 39; ZBl. S. 30). Die Gerichte standen bei dieser Wirksamkeit unter der Aufsicht der PStD. und der Oberaufsicht des FM. (ZBl. 1849 S. 201; JMBl. S. 419). Sie hatten die Reinschriften der Erbschaftsstpl-Tabellen, welche die zur Prüfung der Stpl-Erhebungen erforderlichen Angaben enthalten mußten, den PStD. einzureichen. Diese ließen die Tabellen durch die Prov. Stpl.-Fiskäle prüfen und reichten sie dann mit den Prüfungsverhandlungen der Fiskäle dem FM. ein, der über die Ausführung der Erinnerungen entschied. Die Tabellen wurden nach der Erledigung bei den PStD. aufbewahrt. Die Belege zu den Tabellen blieben bei den Gerichten, wo sie meist den Akten, in welchen der Nachlaß aus anderer Veranlassung, z. B. für eine Vormundschaft oder eine Nachlaßordnung, festgestellt worden war, oder den Testamentsakten oder besonderen Generalakten einverleibt wurden. Wenn die Besteuerung, z. B. wegen der Belastung des Anfalles mit einem Nießbrauche (§ 16 Ges.) ausgesetzt wurde, so hatten die Gerichte in den Tabellen die erforderlichen Angaben zu machen, damit bei den PStD. der Eintritt der Fälligkeit der Abgabe überwacht werden konnte (FME. 12. Mai 1815 III 5191 s. Schmidt Bd. 1 S. 76 — folg. Abs. —). In der Rheinprovinz besorgten nicht die Gerichte, sondern die Stpl.-Fiskäle das Erbschaftsstplwesen (§ 17 Ges.; AKO. 23. Aug. 1823 s. Schmidt Bd. 1 S. 100). Für die Prov. Brandenburg war keine PStD. eingerichtet worden; hier versahen die Abteilungen für indirekte Steuern der Regierungen in Potsdam und Frankfurt die Geschäfte der PStD. (AKO. 31. Dez. 1825, GS. 1826 S. 5). In Berlin bestand zur Verwaltung des Erbschaftsstplwesens eine dem FM. unmittelbar unterstellte Erbschaftsstpl.-Verwaltung (§ 44 Instruktion 5. Sept. 1811, GS. S. 316; § 17 Stplges.).

Eine Übersicht über die das Erbschaftsstplwesen nach dem Ges. von 1822 betreffenden Bestimmungen gewährt der Kommentar zu den pr. Stpl.-Gesetzen von Schmidt, 2. Aufl., Berlin 1855 (Bd. 1), 1859 (Bd. 2) und 1868 (Bd. 3, herausgegeben von Hillgenberg), sowie eine als Beilage zum 42. Stück des JMBl. 1842 veröffentlichte Zusammenstellung.

Verord. von 1867. Nach Erweiterung des Gebietes der Monarchie im Jahre 1866 wurde zum Zwecke der Herstellung tunlichster Gleichmäßigkeit der Besteuerung in den neu erworbenen mit den älteren Landesteilen die „Verord., betr. die Erhebung der Erbschaftsabgabe in den durch die Ges. v. 20. Sept. und 24. Dez. 1866 mit der Monarchie vereinigten Landesteilen, v. 5. Juli 1867 (GS. S. 1120) erlassen. Die Verord. enthielt hauptsächlich in 2 Punkten Abweichungen von den in den älteren Landesteilen geltenden Ges. Einmal stellte sie die ESt. außer Zusammenhang mit der Stplsteuer, und ferner übertrug sie die Verwaltung der Steuer den vom FM. zu bestimmenden Behörden der Verwaltung der indirekten Steuern (ESt.-Fiskalaten; JMBl. 1867 S. 251).

Die Erfahrungen mit der Verord. führten zu einer Neuordnung der ESt.-Gesetzgebung.

II. Entstehungsgeschichte der EStG.

Gesetz von 1873. Am 14. Nov. 1872 legte der FM. dem AH. den „Entwurf eines Ges., betr. die ESt.," mit einer Denkschrift vor (Drucks., 11. Legislaturperiode, III. Session 1872—1873, Nr. 12). Der Entwurf bezweckte hauptsächlich:

1. im Geltungsbereiche des Stplges. v. 7. März 1822 die Aufhebung der Verbindung der ESt. mit den Stplsteuern;
2. die Übertragung der Bearbeitung der ESt.-Sachen auf besondere EStÄ.;

3. die Aufhebung der ESt. von Anfällen an die überlebenden Ehegatten unter Ersetzung des dadurch entstehenden Einnahmeausfalles durch Erhöhung der ESt. für Anfälle an die Abkömmlinge voll- und halbbürtiger Geschwister von 2 auf 3 v. H.;
4. die Ergänzung und Änderung des bisherigen Rechtes. Diese Vorschläge betrafen namentlich die Schätzung des Wertes wiederkehrender Nutzungen und Leistungen, die Behandlung bedingter Anfälle und die Beurteilung der Verwandtschaft.

Der Entwurf wurde nach kurzer Beratung in der 11. Sitzung am 29. Nov. 1872 (Sten.Ber. S. 223—226) an die 8. Kom. verwiesen. Die Kom. erstattete unter dem 12. Febr. 1873 schriftlichen Bericht (Druckf. Nr. 178). Die von der Kom. beschlossenen Änderungen betrafen hauptsächlich die Ablehnung der Steuererhöhung für Anfälle an Abkömmlinge von Geschwistern, die Regelung der Besteuerung des beweglichen Vermögens nach der Staatsangehörigkeit statt nach dem Wohnsitze des Erblassers und die Streichung des 2. Abs. des § 38 (40 des jetzigen Ges.) unter Ersetzung durch folgenden Zusatz zu § 25 (24 der Vorlage, 27 des jetzigen Ges.): „Wenn ein überlebender Ehegatte kraft elterlichen Nießbrauchs oder mit den Kindern fortgesetzter Gütergemeinschaft im Besitze des Ehevermögens bleibt, so findet eine Versteuerung des während der Dauer dieses Verhältnisses durch den Tod eines Kindes an dessen Geschwister oder deren Deszendenten gelangenden Anfalles nicht statt."

Die 2. Lesung des Entwurfs im AH. erfolgte in der 48. und 49. Sitzung am 22. und 24. Febr. 1873 (Sten. Ber. S. 1139—1157 und 1159—1175), und die 3. Lesung in der 54. Sitzung am 1. März 1873 (Sten. Ber. S. 1334—1344). Das Herrenhaus änderte den Entwurf in einigen Punkten, namentlich beseitigte es den Zusatz zu § 25 und stellte den 2. Abs. des § 38 der Regier.-Vorlage wieder her (Sten. Ber. 1872/73 S. 356—364). Darauf wurde der Entwurf (Drucks. Nr. 348) nochmals vom AH. in der 72. Sitzung am 6. Mai 1873 beraten und mit unwesentlichen Änderungen in der 73. Sitzung am 9. Mai 1873 angenommen (Sten. Ber. S. 1833—1843 und S. 1846). Nunmehr erhielt der Entwurf die Zustimmung des Herrenhauses und am 30. Mai 1873 die Allerhöchste Genehmigung (GS. S. 329).

Das EStG. hat 2 Änderungen erfahren.

Gesetz von 1891. Im Jahre 1890 legte der FM. dem AH. den „Entwurf zu einem Ges. betr. Abänderung des EStG." mit einer Begründung vor (Drucks. 17. Legislaturperiode, III. Session 1890/91, Nr. 6). Der Entwurf bezweckte im Zusammenhange mit der Neugestaltung der Einkommensteuer eine stärkere Heranziehung des Vermögens zu den Staatsausgaben durch Einführung einer ESt. von den Anfällen an Ehegatten und Abkömmlinge (1/2 v. H.) und an Verwandte aufsteigender Linie (1 v. H.). Diese Steuern wurden vom Landtage abgelehnt. Außerdem brachte der Entwurf, abgesehen von den die Stplsteuer auf Schenkungsurkunden betreffenden Neuerungen, hauptsächlich 2 Verbesserungsvorschläge, von denen der eine die Besteuerung des beweglichen Vermögens nach dem Wohnsitze statt nach der Staatsangehörigkeit des Erblassers betraf, während der andere, den veränderten Geldverhältnissen Rechnung tragend, die Annahme der Nutzung eines Geldkapitals auf 4 v. H. und die Schätzung des Wertes wiederkehrender Nutzungen und Leistungen unter Zugrundelegung dieses Zinsfußes zum Gegenstande hatte.

Die 1. Lesung des Entwurfs im AH. fand in der 7. Sitzung am 25. Nov. 1890 (Sten.Ber. S. 149—165) statt und endigte mit der Überweisung des Entwurfs an die X. Kom. (für das Einkommensteuerges.). Die Kom. erstattete über ihre Beratungen schriftlichen Bericht (Drucks. Nr. 156). Die 2. Lesung erfolgte in der 50. Sitzung am 6. März 1891 (Sten.Ber. S. 1315—1322) und die 3. Lesung in der 55. Sitzung am 12. März 1891 (Sten.Ber. S. 1442). Vom Herrenhause wurde die Vorlage unverändert angenommen und darauf vom Könige am 19. Mai 1891 vollzogen (GS. S. 72).

Gesetz von 1895. Die 2. Änderung des EStG. erfolgte in Verbindung mit der Neuordnung des Stplwesens, um die persönlichen Befreiungen von beiden Steuern möglichst übereinstimmend zu halten. Außerdem betraf der Entwurf hauptsächlich die Besteuerung des beweglichen in Preußen befindlichen Vermögens solcher Personen, die bei ihrem Ableben keinen Wohnsitz haben, und die Bestimmung des Wertes immerwährender Nutzungen und Leistungen.

Der Entwurf nebst der Begründung (Drucks. 18. Legislaturperiode, II. Session 1895, Nr. 64) wurde dem AH. am 26. Febr. 1895 vorgelegt, zuerst in der 44. Sitzung am 15. März 1895 beraten und der XI. Kom. (für das LStG.) überwiesen (Sten.Ber. S. 1460). Die Kom. erstattete bei der 2. Lesung in der 78. Sitzung des AH. am 24. Juni 1895 mündlich Bericht (Sten.Ber. S. 2437—2438). Die 3. Lesung fand in der 82. Sitzung am 28. Juni 1895 statt (Sten.Ber. S. 2552—2554). Der Entwurf wurde vom Herrenhause unverändert genehmigt und vom Könige am 31. Juli 1895 vollzogen (GS. S. 412).

III. Verhältnis der Gesetze zu einander.

1. Rückwirkung. Während im § 43 des Stplges. v. 7. März 1822 bestimmt war, daß das Ges. auf alle nach den früheren Ges. stempelpflichtigen, aber noch nicht erledigten Fälle so angewendet werden sollte, als wenn sie sich nach der Bekanntmachung des Ges. ereignet hätten, ordnete der § 48 EStG. ausdrücklich an, daß hinsichtlich der Besteuerung der vor dem 1. Jan. 1874 eingetretenen Anfälle die früheren Ges. ferner anwendbar seien. Nur die Steuerbefreiung der Ehegatten sollte für alle nach dem 30. Mai 1873 eintretenden Anfälle Platz greifen. Die Ges. von 1891 und 1895 enthielten keine Übergangsbestimmungen, sondern nur eine Festsetzung der Zeit des Inkrafttretens auf den 1. Juli 1891 und den 1. April 1896.

Hiernach weicht keins der 3 ESt G. von der Regel ab, daß Gesetze keine rückwirkende Kraft haben (Habicht S. 4). Nur die Vorschriften des ESt G. über die Verjährung ergreifen nach allgemeinen Rechtsgrundsätzen den Schwebezustand einer nach den früheren Ges. laufenden Verjährung (§ 50 Anm. 1). Sch-C. nehmen S. 2 Nr. II mit Unrecht an, daß auch den neu eingeführten Befreiungen Rückwirkung beiwohne, weil der Gesetzgeber zu erkennen gebe, daß er die Besteuerung im öffentlichen Interesse nicht für angezeigt halte. Bei dieser Auslegung ist übersehen worden, daß der § 48 ESt G. v. 30. Mai 1873 selbst der Befreiung der Ehegatten die Rückwirkung ausdrücklich versagt hat (vergl. Levy in Gruchot 40 S. 855).

Für die Erhebung der ESt. ist das Steuerges. anwendbar, unter dessen Herrschaft die Steuerpflicht eingetreten ist. Die Steuerpflicht entsteht grundsätzlich mit dem Anfalle (§ 1 Anm. 5). Treffen Erbfall und Anfall zusammen, so kann es nicht zweifelhaft sein, daß das beim Tode des Erblassers geltende Steuerges. anzuwenden ist. Es gibt jedoch Fälle, in denen der Anfall erst nach dem Erbfalle eintritt, z. B. bei aufschiebend bedingten Zuwendungen. Vielfach verleiht der Anfall nicht zugleich das Recht zum Genusse des angefallenen Vermögens, z. B. wenn das Vermögen mit einem Nießbrauche behaftet ist. In den Fällen der zuerst erwähnten Art herrschten nach den in Preußen geltenden Erbrechten nicht übereinstimmende Grundsätze über den Anfall. Zur Vermeidung einer verschiedenen Behandlung dieser Fälle und zur Milderung der Härten, welche die Steuererhebung beim Anfalle von Vermögen hervorrufen konnte, wenn die Nutzung dem Erwerber noch nicht zustand, ist in den Steuerges. das Entstehen der Steuerpflicht zum Teile selbstständig geordnet worden. Während das Stempelges. von 1822 nur wenige derartige Vorschriften enthielt, ist im EStG. eine erschöpfende Ordnung der Steuerpflicht angestrebt. Für die Anwendung der Ges. ist es in diesen Fällen entscheidend, ob durch die Bestimmung, nach welcher die Abgabe nicht schon beim Erbfalle zu entrichten war, der Eintritt der Steuerpflicht hinausgeschoben werden sollte, oder ob die Vorschrift unbeschadet des Eintritts der Steuerpflicht nur eine Stundung der Abgabe bezweckte (RG. 17. Nov. 1887, Bolze 5 Nr. 961). Vergl. Anm. §§ 22—24, 25, 27 und 40 Abs. 2 EStG.

2. **Überleitung.** Im § 48 EStG. war der FM. ermächtigt worden, die Feststellung und Einziehung der Steuer für die nach den früheren Ges. steuerpflichtigen Anfälle von den Gerichten auf die EStA. zu übertragen. Eine allgemeine derartige Anordnung ist nicht bekannt geworden; doch hat der FM. die Erhebung des Erbschaftsstempels als ESt. durch die EStÄ. wiederholt genehmigt (19. Nov. 1880 III 16253) und aus Veranlassung von Einzelfällen die betr. PStD. im Hinblick auf § 4 EG.GVG. ermächtigt, die nach den früheren Bestimmungen von den Gerichten zu erledigenden Erbfälle von den EStA. bearbeiten zu lassen (16. April 1880 III 5216, 27. Okt. 1887 III 14807 usw.).

IV. Grundsätze für die Besteuerung.

Das EStG. unterwirft die im § 1 des Ges. bezeichneten erbschaftlichen Anfälle, soweit sie den Erwerber aus dem der Steuerhoheit des Staates unterliegenden Vermögen bereichern, einer Steuer (§§ 1, 5, 6, 9—11). Der Erwerber des Anfalles ist die steuerpflichtige Person (§ 29), seine Bereicherung durch den Anfall ist der Gegenstand der Besteuerung. Die Grundlage für das Maß der Besteuerung des Erwerbers bildet die Familienverbindung zwischen Erblasser und Erwerber (Vorbem. 1 zum Tarif). Außerdem kommen neben Steuer-Privilegien Steuer-Befreiungen und Vergünstigungen in Betracht, die in den Zwecken der Zuwendung begründet sind. Für die Ermittelung der Bereicherung des Erwerbers ist der gemeine Wert beim Eintritt der Steuerpflicht des Anfalls maßgebend (§ 14). Die mit dem Anfalle übernommenen Schulden und Lasten kommen von dem erworbenen Vermögen in Abzug (§ 5). Die Bereicherung des Erwerbers ist durch die Bestandteile des Anfalles bedingt; sie ist deshalb nicht schlechthin, sondern nur soweit steuerpflichtig, als sie aus den Bestandteilen des der Steuerhoheit des Staates unterliegenden Vermögens herrührt (§§ 9 bis 11, 13).

V. Wesen der ESt.

Die Erbschaftsabgabe ist in Preußen stets eine wirkliche Steuer gewesen. Sie hat mit dem Erbrechte des

Staates nichts gemein; ebensowenig war sie als eine Gebühr für die Gewährleistung des Erbrechtes durch den Staat gedacht. Die Einführung und Ausgestaltung der ESt. wurde hauptsächlich dadurch veranlaßt, daß sie den Steuerpflichtigen bei einer mehr oder weniger unvermuteten, mühelosen Bereicherung nicht schwer trifft und verhältnismäßig leicht zu erheben ist.

Die ESt. ist als eine Steuer auf erbschaftliche Bereicherung einzig in ihrer Art. Sie ist keine Vermögenssteuer, denn sie ist nicht auf das Vermögen, sondern auf Vermögenszuwachs und jede andere Bereicherung gelegt; sie ist auch keine Einkommensteuer, weil die Bereicherung kein Ertrag aus dem Vermögen oder der Arbeit des Erwerbers ist; ferner ist sie keine Besitzveränderungssteuer, weil sie nicht schlechthin den Erwerb, sondern nur die Bereicherung durch den Erwerb trifft. Die ESt. kann nicht zu den direkten Steuern gerechnet werden (RG. 8. März 1897 Bd. 39 S. 11), weil sie dem Erwerber ohne Rücksicht auf seine Steuerkraft auferlegt wird; sie ist aber auch keine indirekte Steuer, weil sie von dem Steuerpflichtigen nicht auf andere übertragen werden kann. In Preußen wird die ESt. nach dem Staatshaushalt, also rechnungsmäßig, zu den indirekten Steuern gezählt; sie darf deshalb aber nicht in jeder Beziehung als solche behandelt werden (FM. 7. Juni 1899 III 7299).

Gesetz,

betreffend die Erbschaftssteuer,

vom $\frac{\text{30. Mai 1873 (GS. S. 329)}}{\text{19. Mai 1891 (GS. S. 72)}}$ in der vom FM. am 24. Mai 1891 bekannt gemachten Fassung (GS. S. 78) mit den Änderungen durch das Gesetz vom 31. Juli 1895 (GS. S. 412).

---

1. In dem Abdruck des Ges. kennzeichnet: lateinischer Druck die Änderungen durch das Ges. von 1891, *Kursivdruck* diejenigen durch das Ges. von 1895.

Neben den Paragraphenziffern sind die entsprechenden Paragraphen des Ges. von 1873 in Klammern vermerkt.

2. Inkraftgetreten sind das Ges. von:

1873 am 1. Januar 1874, 1891 am 1. Juli 1891, 1895 am 1. April 1896.

Wir **Wilhelm** &c. &c. verordnen, unter Zustimmung beider Häuser des Landtags, für den Umfang der Monarchie mit Ausschluß der Insel Helgoland, was folgt:

Das Ges. von 1873 galt zunächst nicht in den Hohenzollernschen Landen; es wurde jedoch mit Ausnahme der §§ 2 und 4 durch Art. 1, § 3 des Ges. v. 22. Juni 1875

(GS. S. 235) vom 1. Juli 1875 ab dort eingeführt. Durch Art. 2 des Ges. v. 19. Mai 1891 wurde das EStG. in der neuen Fassung mit Ausnahme der §§ 2 und 4 Abs. 3 und des § 46 für den Kreis Herzogtum Lauenburg vom 1. Juli 1891 ab in Kraft gesetzt. Durch dieselbe Vorschrift wurde der § 4 Abs. 1 und 2 in die Hohenzollernschen Lande eingeführt. Das EStG. gilt nicht in dem zwischen Preußen und Belgien streitigen Gebiete Neutral Moresnet (FM. 25. April 1903 III 5521).

§. 1. (1).

Gegenstand der Erbschaftssteuer.

Der Erbschaftssteuer sind nach Vorschrift dieses Gesetzes und des anliegenden, von Uns vollzogenen Tarifes unterworfen, ohne Unterschied, ob der Anfall Inländern oder Ausländern zukommt:

1) **Erbschaften, Vermächtnisse und Schenkungen von Todeswegen (mit Einschluß der remuneratorischen und der mit einer Auflage belasteten Schenkungen);**
2) **Lehns- und Fideikommißanfälle;**
3) **die Anfälle von Hebungen aus Familienstiftungen, welche in Folge Todesfalles auf den vermöge stiftungsmäßiger oder gesetzlicher Successionsordnung Berufenen übergehen;**
4) **Vermögen Verschollener bei vorläufiger Ausfolgung an die muthmasslichen Erbberechtigten.**

1. Gegenstand der Besteuerung sind nur die unter Nr. 1—4 und in §§ 8, 12 bezeichneten Anfälle, oder richtiger die Bereicherungen durch die Anfälle nach

ihren Bestandteilen (§§ 5, 9, 10; RG. 10. Nov. 1882 Bd. 8 S. 235). Die zur Bezeichnung der Anfälle gewählten Ausdrücke sind, soweit der Begriff im EStG. nicht festgestellt ist (§ 3), in dem Sinne zu verstehen, den das für den Erbfall maßgebende bürgerliche Recht damit verbindet. Andere als die im Ges. aufgeführten Anfälle unterliegen nicht der ESt. Hiernach ist zwar nicht jede unentgeltliche Bereicherung aus einem Nachlasse der ESt. unterworfen (RG. 26. Juni 1893, JW. S. 397[56]); es sollte aber offenbar jede im Erbrechte begründete Bereicherung getroffen worden. Daraus entsteht die Frage, ob der ESt. unterliegen:

a) der Pflichtteil adoptierter Kinder (§§ 1757, 2303 BGB.). Der Pfl. ist nach dem BGB. weder eine Erbschaft noch ein Vermächtnis, sondern ein dem Berechtigten ohne oder gegen den Willen des Erblassers zustehender Anspruch auf Zahlung einer Geldsumme. In den bisherigen Rechtsgebieten des Geltungsbereiches des EStG. hatte der Pfl. teils die Natur der Erbschaft (Rhein. und gem. Recht), teils die eines Forderungsrechtes (ALR. s. Planck V S. 562 Nr. 2). Soweit der Pfl. die Natur der Erbschaft hatte, unterlag er jedenfalls der ESt.; aber auch soweit er die Natur eines Forderungsrechtes hat, wird man ihn für steuerpflichtig erachten müssen (FM. 19. Nov. 1897 III 13619), weil er wirtschaftlich bei jeglicher Rechtsordnung eine unentgeltliche im Erbrechte begründete Bereicherung darstellt, und nicht anzunehmen ist, daß das Ges. bei wesentlich gleichen wirtschaftlichen Verhältnissen aus rechtlichen Gesichtspunkten eine verschiedene Regelung beabsichtigt hat, zumal da im Ges. vielfach das Streben erkennbar ist, die Einwirkungen der verschiedenen Erbrechte auf die Besteuerung auszugleichen (§§ 3, 22—24, 27 u. a.). Für die Steuerpflichtigkeit des Pfl. läßt sich auch anführen, daß der Anspruch dem Vermächtnisse sehr nahe steht und in der Rechtswissenschaft zu den sog. gesetzlichen Vermächtnissen gerechnet wird (Planck V § 1939 Anm. 6). Ein unentgeltlich erfolgter Verzicht auf den Pflichtteilsanspruch kann Schenkung sein (Planck II § 517 Anm. 1 b).

b) Die gesetzlichen Vermächtnisse (der Voraus, § 1932 BGB.; der sog. Dreißigste d. i. der Anspruch der zum Hausstande des Erblassers gehörigen Familienangehörigen auf Fortgewährung von Unterhalt, § 1969 BGB.; der Anspruch juristischer Personen auf bestimmte Sachen des Nachlasses der von ihnen unterstützten Personen, Art. 139 EG.BGB.). Die Ansprüche beruhen auf erbrechtlichen Bestimmungen, nach welchen sie den für Vermächtnisse geltenden Vorschriften unterliegen; sie werden deshalb der Steuerpflicht der Vermächtnisse zu unterwerfen sein.

c) Die Auflage (§§ 1940, 2192—2196 BGB.). Durch die A. verpflichtet der Erblasser den Erben oder einen Vermächtnisnehmer zu einer Leistung, ohne einem anderen ein Recht auf die Leistung zuzuwenden. Die A. ist hiernach nur eine Beschwerung, aber keine Zuwendung einer Bereicherung, selbst wenn der Vollzug einem Dritten zum Vorteil gereicht (Planck V § 1940 Anm. 2). Infolgedessen hat die A. die Wirkung, daß der Anfall des Beschwerten um den Wert der Last geringer angeschlagen werden muß, während andererseits niemand als entsprechend bereichert zur Steuer herangezogen werden kann (vergl. Begr. S. 59, § 8 Anm. 1 b). Eine Ausnahme gilt für A. zur Begründung einer Stiftung und zu milden, gemeinnützigen oder öffentlichen Zwecken nach §§ 7, 8 EStG.

2. Die Staatsangehörigkeit des Erwerbers eines Anfalles kann für die Ausübung eines Vergeltungsrechtes (§ 11) in Betracht kommen.

3. Der Tod des Erblassers (der Erbfall, § 1922 BGB.) ist die Voraussetzung eines Anfalles. Der Anfall

des Vermögens einer juristischen Person bei deren Erlöschen unterliegt daher nicht der ESt. Wenn der Erblasser tot aufgefunden worden ist, so muß die Todeszeit zuverlässig ermittelt werden (vergl. § 20 BGB.).

4. Die Todeserklärung begründet die Vermutung, daß der Verschollene zu der im Urteile festgestellten Zeit gestorben ist (§ 18 BGB.), und wirkt daher wie der natürliche Tod (vergl. §§ 13—19 BGB.; Art. 9, 161, 162 EG.BGB.; §§ 960 ff. CPO.). Das Urteil ist sofort rechtskräftig, aber durch Klage anfechtbar (§ 957 CPO.). Jeder, der ein rechtliches Interesse an der Aufhebung der T. oder an der Berichtigung des Zeitpunktes des Todes hat, kann das Urteil durch Erhebung der Anfechtungsklage bei dem Landgericht innerhalb der in den §§ 958 und 976 CPO. bezeichneten Fristen anfechten. Auch die Steuerverwaltung wird zur Erhebung der Klage berechtigt sein; sie soll von diesem Rechte nur dann Gebrauch machen, wenn sie ein erhebliches Interesse daran hat, daß anders entschieden werde. Die Klage soll der PStD., und bei Gefahr im Verzuge das EStA. erheben (FM. 19. Nov. 1901 III 14522).

Nach § 18 BGB. ist die Todeszeit in die Vergangenheit zu legen, und zwar ohne Rücksicht auf das frühere Recht selbst in die Zeit vor dem 1. Jan. 1900 (Planck VI Art. 158 Anm. 2; a. M. Habicht S. 78). Der Anfall vollzieht sich nach dem beim Erbfalle geltenden Rechte und den damals obwaltenden Verhältnissen (Art. 213 EG.BGB.; Planck a. a. O.). Das ist auch für die Erhebung der ESt. von Bedeutung, da diese nach den beim Anfalle bestehenden Verhältnissen zu erfolgen hat (§§ 1, 5, 14 EStG.; FM. 10. und 29. März 1904 III 3268 und 4095). Namentlich im Anfange der Herrschaft des BGB. wird es häufig vorkommen, daß ein für einen Verschollenen verwaltetes, aus einer Erbschaft stammendes Vermögen infolge Feststellung der

Todeszeit als von dem Verschollenen nicht erworben nicht zu seinem Nachlasse zu rechnen ist. Es kann alsdann für den früheren Erbfall eine andere Berechnung der ESt. nötig werden, wenn damals mit Unrecht ein Anfall an den Verschollenen angenommen worden ist. Ferner kann eine Nachversteuerung erforderlich werden, wenn ein Erbe usw. des für tot Erklärten in der Zeit zwischen der Todeszeit und der Todeserklärung gestorben ist, und das ihm von dem Verschollenen angefallene Vermögen nicht zu seinem Nachlasse gerechnet worden ist. (FM. 10. und 29. März 1904 — s. oben —.)

Die Wirkungen der T. erlöschen, wenn das Urteil auf Grund einer Anfechtungsklage aufgehoben wird, oder wenn der für tot Erklärte den Zeitpunkt, der als seine Todeszeit galt, überlebt hat (§§ 2031, 2370 BGB.). Wird der wirkliche Tod des für tot Erklärten festgestellt, so ist diese Todeszeit für den Erbfall und die Besteuerung maßgebend. Lebt der Verschollene oder wird die T. aufgehoben, so ist die entrichtete ESt. zu erstatten (vergl. §§ 2018 ff. BGB., § 42 Abs. 2 EStG.). Soweit von den nach dem bisherigen Recht erworbenen Anfällen die Nutzungen oder Teile der Erbschaft dem Erbschaftsbesitzer verbleiben, ist die ESt. nur bis auf den der wirklichen Bereicherung entsprechenden Betrag zu erstatten (Begr. 1891 S. 11; Komm.Ber. 1891 S. 1615; FM. 9. April 1898 III 4944; Ecctus IV S. 546).

Wenn bei einem Erbfalle ein Verschollener beteiligt ist, so kann es für die Besteuerung von Wichtigkeit sein, ob sein Tod ohne T. anzunehmen ist (§ 19 BGB.). Wegen der Beweislast s. Planck I § 19 Anm. 2, 3.

5. Die Steuerpflicht entsteht grundsätzlich bei dem Anfalle (RG. 17. Nov. 1887, Bolze 5 Nr. 916; 1. Juli 1892, JW. S. 383 [43]; 27. März 1893, JW. S. 279 [51]). Der Anfall d. h. der Erwerb der Erbschaften (§§ 1922, 1942 BGB.), Vermächtnisse (§ 2176) und Schenkungen von Todes wegen (§ 2301) vollzieht sich

mit dem Tode des Erblassers (dem Erbfalle) kraft Gesetzes ohne Annahmeerklärung des Erwerbers, jedoch unbeschadet seines Rechts, den Anfall auszuschlagen. Dies gilt auch dann, wenn die den Anfall begründende Verfügung von Todes wegen noch nicht eröffnet worden ist, wenn der Berechtigte unbekannt ist (§ 1960) oder bei dem Anfalle noch nicht lebt, jedoch bereits erzeugt ist (§§ 1923, 2178; Planck V § 2176 Anm. 2). Eine Stiftung gilt für Zuwendungen des Stifters als vor dessen Tode entstanden (§ 84). Hiernach wird die Steuerpflicht in der Regel bei dem Erbfalle begründet; die Verbindlichkeit zur Erfüllung der Pflicht ist jedoch durch die Kenntnis von dem Anfalle bedingt (§§ 32, 37 EStG.). Es gibt aber auch Fälle, in welchen der Anfall nicht bei dem Erbfall, sondern später erfolgt, nämlich die Anfälle an den Nacherben (§ 2139 BGB.) oder Nachvermächtnisnehmer (§§ 2191, 2106 Abs. 1) und die aufschiebend bedingten oder ungewiß betagten Anfälle (§§ 2074, 2108, 2177, 2178, 2269, 2280). Für diese und einige andere Fälle hat das EStG. den Eintritt der Steuerpflicht selbständig geregelt (vgl. Einltg. III Nr. 1 und Anm. zu §§ 22—24, 27, 40). Die Zeit des Entstehens der Steuerpflicht ist für die Wertermittelung maßgebend (§ 14).

6. Der Berufungsgrund (Gesetz oder Verfügung von Todes wegen) und der Beweggrund des Erblassers zur Berufung sind auf die Steuerpflicht ohne Einfluß. Wenn der Erblasser in einem Erbvertrage eine Zuwendung gemacht, und der Bedachte sich dagegen verpflichtet hat, den Erblasser zu pflegen oder ihm eine Rente zu gewähren, so ist der ganze Anfall steuerpflichtig und der Bedachte nicht berechtigt, wegen seiner Leistungen an den Erblasser einen Abzug zu machen; denn den Gegenstand der Besteuerung bildet nicht die Bereicherung durch den Vertrag, sondern durch den Anfall, und es können daher nicht die Aufwendungen zur Erlangung

der Berufung, sondern nur die mit und wegen des Anfalls übernommen Lasten in Abzug kommen (RG. 8. Juni 1893, Bd. 31 S. 282, JW. S. 372[93], JMBl. S. 302, ZBl. S. 272; 16. Apr. 1901, Gruchot 45 S. 953, ZBl. S. 185; FM. 31. Dez. 1898 III 16877). Dasselbe gilt, wenn dem Erblasser zur Erlangung der Zuwendung bares Geld gegeben worden ist (FM. 3. Juni 1891 III 6376). Auch Zuwendungen zur Belohnung des Bedachten oder zur Entschädigung für freigebig gewährte Unterstützungen oder unentgeltlich geleistete Dienste sind ohne Abzug steuerpflichtig (FM. 26. Juli 1860 III 16161, 10. Juli 1883 III 8966, H=G. S. 1006 Anm. 6 b, S. 1023 Anm. 17 e; FM. 18. Nov. 1898 III 13515; 28. Juni 1904 III 4536; 8. Juli 1904 III 3687; 20. Sept. 1904 III 11910; 1. Okt. 1904 III 12594). Vergl. § 5 Anm. 6 XII f.

7. Verfügungen von Todes wegen sind das Testament (§§ 1937, 2064 ff. BGB., Art. 213—215 EG. BGB., Art. 80—82 AG.BGB.), das gemeinschaftliche Testament (§§ 2265—2273 BGB.) und der Erbvertrag (§§ 1941, 2274—2302 BGB.), dagegen nicht der Erbverzichtsvertrag (§§ 2346—2352 BGB.; Planck VI Art. 24 Anm. 4 c α; Art. 217 EG. BGB.). An Stelle der nach den deutschen Ges. vorgeschriebenen Form genügt die Beobachtung der Ges. des Ortes, an welchem die Verfügung vorgenommen worden ist (Art. 11, 24 EG. BGB.). Ist der Erblasser kein Deutscher, so gilt seine Verfügung, wenn sie der Form entspricht, welche das für den Erbfall anwendbare Erbrecht vorschreibt (Art. 11 Satz 1, Art. 25—31). Erwirbt ein Ausländer die Reichsangehörigkeit, so wird die Gültigkeit der vorher errichteten Verfügung v. T. hierdurch nicht berührt (Art. 24 Abs. 3).

Einen steuerpflichtigen Anfall können nur wirksame Verfügungen begründen. Die Unwirksamkeit kann beruhen:

a) in der Nichtigkeit. Eine nichtige Verfügung von Todes wegen vermag weder für noch gegen jemand rechtliche Wirkungen hervorzurufen; es ist vielmehr so anzusehen, als wenn sie gar nicht vorhanden wäre (Planck I § 141 Anm. 1; V §§ 2078—2083 Vorbem.). Ebenso ist eine einzelne nichtige Zuwendung völlig unwirksam (§§ 2077, 2101, 2235, 2270 ff., 2290 ff., 2299 BGB.). Infolge dessen kann eine nichtige Verfügung, selbst wenn sie von den Beteiligten anerkannt und zur Ausführung gebracht wird, keinen steuerpflichtigen Anfall begründen (RG. 27. Febr. 1893, Bd. 31 S. 242; 26. Juni 1893, JW. S. 397 [36]; 15. Okt. 1901, JW. S. 813 [38]); ebenso wenig können die in einer nichtigen Verfügung angeordneten Beschwerungen eines Anfalles von dem Betrage der Bereicherung in Abzug gebracht werden (§ 5 Anm. 6 XII). Eine Urkunde, welche die Beteiligten über die Ausführung einer nichtigen Verfügung errichtet haben, kann dem Schenkungsstempel unterliegen (RG. 26. Juni 1893, JW. S. 397 [36]). Von der Steuerverwaltung wurden früher nichtige Verfügungen, welche die Beteiligten unbedingt anerkannt und zur Ausführung gebracht hatten, bei der Feststellung der ESt. berücksichtigt (H-G. S. 1245 Nr. 77 c). Unter der Herrschaft des BGB. hat auch die Verwaltung in allen Punkten die oben entwickelten Grundsätze beobachtet (FM. 25. Okt. 1902 III 13423; 11. Mai 1903 III 5421; 3. Juni 1903 III 7290; 7. Nov. 1903 III 14506; 11. Okt. 1904 III 12326; 28. Nov. 1904 III 15209). Die Nichtigkeit einer Verfügung v. T. kann z. B. beruhen in dem Mangel der Geschäftsfähigkeit des Erblassers bei der Errichtung (§§ 105, 2229, 2230, 2275 BGB.), in einem Mangel der Form (§§ 125, 2231, 2249—2251, 2267, 2276) oder des Willens (§ 118) oder in einem der in den §§ 134, 138, 2253—2258, 2268, 2279, 2289 ff., 2298 f. bezeichneten Gründe. Vergl. auch Anm. 9.

b) in der Anfechtung (§§ 2078—2083, 2281 BGB.). Anfechtbare Verfügungen v. T. sind solange wirksam, bis sie von dem Berechtigten angefochten werden, und solange auch für die Steuerfeststellung maßgebend (FM. 17. Mai 1850 III 10066, H=G. S. 1037 Nr. 22a). Wenn die Anfechtung die Nacherhebung eines Steuerbetrages bedingen würde, so wird das ESt A. abwarten müssen, ob die Anfechtung erfolgt, ob der Anfechtungsberechtigte sein Recht infolge Ablaufes der im § 2082 BGB. bestimmten Frist verliert, oder sich des Rechts durch vertragsmäßige Anerkennung der Verfügung begibt (Planck V §§ 2078 ff. Vorbem. 2 b γ). Wird eine anfechtbare Verfügung angefochten, so ist sie als von Anfang an nichtig anzusehen (§ 142 BGB.; s. Anm. a; § 42 Abs. 2 EStG.).

8. Die Erbunwürdigkeit eines Erben, Vermächtnisnehmers oder Pflichtteilsberechtigten (§§ 2339 bis 2345 BGB.) kann von der Steuerverwaltung nur geltend gemacht werden, wenn sie unter den Beteiligten wirksam geworden ist (§§ 2342, 2345). Wesentlich anders ist die Rechtslage im Falle des § 1933 BGB., da dem Ehegatten unter den Voraussetzungen dieses Paragraphen überhaupt kein Erbrecht zusteht. Vergl. Anm. 9.

9. Urteile und Vergleiche. Wenn der Anfall oder dessen Betrag unter den Beteiligten streitig ist, und der Streit im ordentlichen Rechtswege durch Urteil entschieden wird, so ist das Urteil, obwohl es die Streitfrage nur unter den Beteiligten entscheidet, auch bei der Steuererhebung zu grunde zu legen (RG. 15. Febr. 1901, Bd. 48 S. 301, JW. S. 270 [45]). Die Anerkennung wird aber einem Urteil zu versagen sein, welches die Beteiligten in einem nur zum Scheine geführten Rechtsstreite über eine in Wirklichkeit unter ihnen unstreitige Tat- oder Rechtsfrage z. B. durch ein zum Scheine abgegebenes ausdrückliches oder stillschweigendes Anerkenntnis veranlaßt haben.

Während das Urteil eine Streitfrage rechtmäßig entscheidet, wird im Vergleiche der Streit oder die Ungewißheit der Parteien über ein Rechtsverhältnis im Wege gegenseitigen Nachgebens beseitigt (§ 779 BGB.). Aus diesem Grunde hat die Rechtsprechung in der Beantwortung der Frage geschwankt, ob Vergleiche bei der Feststellung der ESt. zu berücksichtigen seien. Das RG. IV hat in den Urt. 4. Febr. 1895 (ZBl. S. 88), 7. Juli 1898 IV 49. 98 ausgeführt, daß die Höhe des infolge eines Erbanfalles nach Maßgabe der gesetzlichen Vorschrift zu entrichtenden Steuerbetrages durch ein zwischen den Erbinteressenten über die Percipienda getroffenes Abkommen nicht herabgemindert werden könne, und daß dies auch dann gelten müsse, wenn die Beteiligten bezüglich ihrer Berechtigungen, infolge subjektiver, in Wahrheit unberechtigter Zweifel, eine durch die wirkliche Rechtslage nicht gebotene Festsetzung im Wege des Vergleichs herbeiführen. Von gleichen oder ähnlichen Erwägungen ist der IV. Senat in den Urt. 27. Mai 1895 (JW. S. 364 [17]) und 28. Mai 1897 (JW. S. 376 [35]) ausgegangen. Dagegen hat der VII. ZS. in dem Urt. 16. Okt. 1900 (Gruchot 45 S. 905, JW. S. 793 [24]) ausgesprochen, daß die Steuerbehörde nicht befugt sei, eine von den Nachlaßbeteiligten in legaler Weise getroffene Vereinbarung über die Anerkennung und Ausführung einer letztwilligen Verfügung aus dem Grunde anzufechten, weil die Beteiligten von unrichtiger Rechtsauffassung ausgegangen seien und bei richtiger Auffassung zu einer anderen Regelung der Auseinandersetzung hätten gelangen sollen. An dieser Auffassung hat der Senat in dem Urt. 15. Febr. 1901 (Bd. 48 S. 301, JW. S. 270 [45]) festgehalten und sie dahin verdeutlicht, daß natürlich nicht jedes Abkommen zwischen den Erbbeteiligten auf die Steuer von Einfluß sein könne, z. B. nicht ein solches, durch welches der Erbe Vermächtnisse freiwillig erhöht, wohl aber ein Vergleich, durch welchen eine wirkliche Streitfrage zwischen den Erbbeteiligten oder zwischen dem Erben und einem Nachlaßgläubiger entschieden wird. Diese Ansicht des VII. ZS. herrschte früher auch in der Verwaltung (FM. 12. Jan. 1882 III 298, H=G. S. 1037 Nr. 22 d u. a.) und hat nach kurzer Abweichung darein wieder Eingang gefunden (FM. 20. Mai 1902 III 5045, 21. Mai 1902 III 3282). Der Auffassung des VII. ZS. wird im allgemeinen beizupflichten sein. Nach § 25 EStG. gibt bei der Besteuerung unsicherer und streitiger Forderungen die Bezahlung und bei ungewissen Ansprüchen die Verwirklichung den Ausschlag (§ 25 Anm. 1, 3). Hieraus ist zu schließen, daß die Steuerbehörde bei der Feststellung der Masse nicht befugt sein soll, gegen den für die Beteiligten wirksamen Ausgang der Verhandlungen einen Einwand zu erheben. Dieser Auslegung des § 25 wird allgemeine Bedeutung beizumessen sein, zumal, da ohnehin anzunehmen ist, daß man bei einem Steuergesetz das Schwergewicht nicht auf die rechtliche, sondern auf die wirtschaftliche Bereicherung legen wollte. Wenn man hiervon ausgeht, so besteht kein Grund, einen in gesetzlicher Weise abgeschlossenen Vergleich anders zu behandeln wie ein Urteil. Infolge dessen muß der Vergleich aber auch ebenso zum Vorteile wie zum Nachteile des Fiskus gelten, z. B. ist ein zur Abfindung wegen eines Vermächtnisses (RG. 2. Jan. 1903 — 2 U. 4340.02 —) oder eines Erbanspruches (FM. 1. Sept. 1903 III 11 604) gewährter Betrag steuerpflichtig. Voraussetzung dieser Wirkung ist, daß der Vergleich einwandfrei geschlossen und unter den Beteiligten selbst wirksam ist. Ein Vergleich ist daher nicht zu berücksichtigen, wenn die Beteiligten in bewußter Abweichung von Rechtsgrundsätzen oder ohne Beachtung eines ihnen bekannten Tatbestandes, z. B. aus Rücksicht auf den Erblasser oder aus Freigebigkeit gehandelt haben (RG. 7. Okt. 1902 II 165.02; FM. 7. Nov. 1903 III 14 506).

Ferner ist ein Vergleich für die Steuerbehörde nicht bindend, wenn er nichtig ist, z. B. als Scheingeschäft, oder wenn er unwirksam ist, weil der nach seinem Inhalte als feststehend zu Grunde gelegte Sachverhalt der Wirklichkeit nicht entspricht und der Streit oder die Ungewißheit bei Kenntnis der Sachlage nicht entstanden sein würde (§ 779 BGB.). Z. B. würde ein Vergleich, dem der Inhalt einer nichtigen Verfügung von Todes wegen zu Grunde liegt, unwirksam sein, wenn die Beteiligten die Gültigkeit der Verfügung voraussetzten; dagegen würde der Vergleich wirksam sein, wenn die Nichtigkeit der Verfügung den Gegenstand des durch den Vergleich beseitigten Streites bildete (Planck II § 779 Anm. 1).

Von dem Vergleiche ist das vertragsmäßige Anerkenntnis zu unterscheiden. Während durch den Vergleich das Rechtsverhältnis im Wege gegenseitigen Nachgebens außer Streit gesetzt wird, enthält das Anerkenntnis nur ein Zugeständnis des einen Teiles. Durch ein solches Anerkenntnis wird das Rechtsverhältnis oder der Tatbestand nicht unstreitig, da der Schuldner die Aufhebung des Vertrages verlangen kann, wenn das Anerkenntnis des rechtlichen oder tatsächlichen Grundes entbehrt (§ 812 Abs. 2 BGB., Planck II § 368 Anm. 5a—d). Wenn aber die Beteiligten selbst durch das Anerkenntnis nicht gebunden sind, so kann auch die Steuerbehörde nicht daran gehalten sein (s. Anm. 7a). Ebenso für das Anerkenntnis eines Tatbestandes RG. 16. Okt. 1900 (Gruchot 45 S. 905, JW. S. 793[24]). Das darf jedoch nicht dahin führen, einem Vertrage die Anerkennung zu versagen, wenn die Steuerpflichtigen in einer zweifelhaften Rechtsfrage ohne vorangegangenen Streit einen nach der Meinung der Steuerbehörde unbegründeten Anspruch anerkannt oder einen vermeintlich begründeten Anspruch aufgegeben haben und dabei bestehen bleiben, weil sie die Auffassung der Steuerbehörde nicht zu teilen vermögen. Die für die Berücksichtigung der Vergleiche angeführten Gründe treffen auch in diesem Falle zu.

10. Zuwendungen an juristische Personen bedürfen zur Wirksamkeit ihrem vollen Betrage nach der Genehmigung des Königs, wenn sie Gegenstände im Werte von mehr als 5000 M. betreffen. Wiederkehrende Leistungen werden mit 4 v. H. zu Kapital gerechnet (25 fach). Die Genehmigung ist erforderlich, wenn die jur. Person in Preußen ihren Sitz hat, und wenn die Zuwendung aus Preußen an eine außerhalb Preußens seßhafte jur. Person verabfolgt werden soll (Art. 6 AG. BGB.). Außerdeutsche jur. Personen bedürfen zum Erwerbe von Grundstücken stets der Genehmigung (Art. 7 § 2). Die Genehmigung kann hiernach in mehreren Staaten erforderlich sein (FM. 18. Juni 1900 III 7219). Diesen Bestimmungen unterliegen jur. Personen aller Art, z. B. Gemeinden, Kirchen, Orden, Kongregationen, Aktiengesellschaften, Kommanditgesellschaften auf Aktien, Gesellschaften m. b. H., eingetragene Genossenschaften, eingetragene Vereine, Stiftungen — mit Ausnahme der Familienstiftungen —, Kolonialgesellschaften usw. (MBl. 1900 S. 80; FM. 23. Jan. 1900 III 527). Die Genehmigung wird auch erforderlich sein, wenn die Zuwendung mit einer gleichwertigen Auflage beschwert ist. Soll durch eine Zuwendung eine rechtsfähige Stiftung in Preußen ins Leben gerufen werden, so bedarf es hierzu in allen Fällen der Genehmigung des Königs (§ 80 BGB.; Art. 4 AG.BGB.). Für Familienstiftungen gelten besondere Bestimmungen; siehe Anm. 27. Wird in den erwähnten Fällen die Genehmigung erteilt, so gilt sie als vor dem Erbfalle erteilt; wird sie verweigert, so gilt die jur. Person in Ansehung des Anfalles als nicht vorhanden (§ 84 BGB.; Art. 86 EG. BGB.). Auf Zuwendungen aus Erbfällen, die vor dem 1. Jan. 1900 eingetreten sind, finden die damals geltenden Bestimmungen Anwendung (M. d. J. 12. Mai 1900, MBl. S. 188). Vergl. Ges. 23. Febr. 1870, GS. S. 118. Die Steuerpflicht entsteht mit dem Anfalle der Zuwendung (Anm. 5). Aus § 7 EStG., der sich allerdings nur auf Neustiftungen bezieht, läßt sich folgern, daß die Steuer schon vor der Genehmigung erhoben werden darf, vorbehaltlich der Umrechnung, wenn die Genehmigung nicht oder unter Einschränkungen erteilt wird. Durch FM. 22. Sept. 1904 III 10214 ist jedoch in einem solchen Falle die Aussetzung der Besteuerung angeordnet worden. Das EStA. soll in allen Fällen den Nachweis der Genehmigung fordern (FM. 9. Mai 1895 III 6761; vergl. § 12 EStG.). Die Genehmigungen werden durch vierteljährliche Nachweisungen in den Amtsblättern bekannt gemacht (M. d. J. 11. Sept. 1895, MBl. S. 222).

11. Zuwendungen an Fideikommiß- und Familienstiftungen unterliegen nicht der ESt. Derartige Stiftungen sind für den Fall, daß sie vom Stifter durch Verfügung von Todes wegen errichtet werden, im § 7 EStG. von der Besteuerung ausgenommen, wie die Verweisung auf § 2 erkennen läßt, aus dem Grunde, weil sie der Stempelabgabe unterworfen sind (Tarif 23, 24 LStG.). Da nach den dem früheren Recht entsprechenden Vorschriften des LStG. jede Vermehrung des Stiftungsvermögens als eine Neustiftung anzusehen ist, so trifft derselbe Befreiungsgrund auch für Zuwendungen an bestehende Fideikommiß- und Familienstiftungen zu, gleichgiltig, ob sie vom Stifter oder einem beliebigen anderen erfolgt sind. Infolgedessen hat man in der Verwaltung und Rechtsprechung kein Bedenken getragen, auch solche Zuwendungen von der ESt. auszunehmen (JM. 30. Juni 1891 III 2430; FM. 7. Juli 1891 III 9429; RG. 28. Sept. 1891, Gruchot 36 S. 1097, JW. S. 491[19]; KG. 14. Jan. 1901, Jahrb. 21 S. B. 28). Für Fideik. folgt die Aus-

nahme schon daraus, daß die Stiftungen keine Rechtspersönlichkeit haben, sondern Eigentum des Fideikommißbesitzers sind, und daß das EStG. bei einem Anfalle von Fideikommißvermögen nicht den Vermögensstamm, sondern nur die Nutzungen besteuert (§ 26). Zuwendungen an Fam.St. können aber nicht anders beurteilt werden, da das LStG. und das EStG. beide Stiftungen gleichmäßig behandeln will. Vergl. Anm. 26, 27.

12. Gesetzliche Erbfolge: §§ 1922—1936 BGB.; Erbrecht der Körperschaften: Art. 138, 139 EG. BGB.; §§ 50—75 II 19, § 22 II 16 ALR., der Stadt Berlin in den Nachlaß der Bürger mit Ausnahme der Juden, Fremden, Adligen und Unehelichen: Striethorst 34 S. 94, Jahrb. 24 S. A. 58; Erbrecht der Ehegatten: Art. 200, 218 EG. BGB., Art. 44—67 AG. BGB., Verord. 20. Dez. 1899, GS. S. 607; Erbrecht der Anerben: Art. 64 EG. BGB., Ges. 8. Juni 1896, GS. S. 124 §§ 10 ff. u. a. Ges.; internationales Erbrecht: Art. 24—31 EG. BGB.

13. Als Erbschaft ist nicht anzusehen:

a) Was der Erbschaftsbesitzer (§ 2018 BGB.) auf Grund eines vermeintlichen, ihm in Wirklichkeit nicht zustehenden Erbrechts aus der Erbschaft erlangt hat. Wenn der Erbschaftsbesitzer ESt. entrichtet hat, so kann er die Erstattung beanspruchen; die im § 42 Abs. 2 EStG. bestimmte Klagefrist beginnt mit dem Zeitpunkte, zu welchem dem Besitzer der Mangel des Erbrechts bekannt geworden ist. Soweit bei einem nach früherem Rechte zu beurteilenden Erwerb dem Besitzer Teile der Erbschaft oder die Nutzungen verbleiben, erfolgt die Erstattung der ESt. nur bis auf den der wirklichen Bereicherung entsprechenden Betrag. Der FME. 26. März 1890 III 1442 (H-G. S. 1037 Nr. 23 b), in welchem die Erstattung des ganzen Steuerbetrages angeordnet war, wird gegenüber dem E. 9. April 1898 III 4944 nicht mehr als maßgebend anzusehen sein (s. Anm. 4; § 27 II 16 ALR.).

b) Gnadengeschenke, welche aus einer dem Fiskus angefallenen Erbschaft, z. B. an die in einem nichtigen Testament Bedachten gewährt werden. Es wird aber ein der ESt. entsprechender Betrag zurückbehalten (FM. 20. April 1901 III 4360).

c) Der Erwerb des Erbschaftskäufers (§§ 2371 ff. BGB.).

d) Der Anteil eines Ehegatten, der ihm beim Tode des anderen Ehegatten am Gesamtgute der Güter-Errungenschafts- oder Fahrnisgemeinschaft zusteht.

14. Die Ausschlagung der Erbschaft (§§ 1942 bis 1966 BGB.) hat die Wirkung, daß der steuerpflichtige Anfall an den Ausschlagenden als nicht erfolgt gilt (§ 1953), und die Erbschaft nebst den Beschwerungen (§§ 2161, 2192) mit Rückwirkung demjenigen zufällt, der berufen sein würde, wenn der Ausschlagende damals nicht gelebt hätte. Das Recht zur Ausschlagung ist vererblich (§ 1952). Schlägt der Erbeserbe die erste Erbschaft nicht aus, so sind die beiden Erbschaften je für sich steuerpflichtig (FM. 10. und 29. März 1904 III 3268 und 4095). Die A. und die Annahme sind nicht widerruflich, aber anfechtbar; sie bleiben jedoch wirksam, solange keine Anfechtung erfolgt ist. Bei der Steuerfeststellung dürfen nur rechtswirksame Ausschlagungserklärungen berücksichtigt werden (FM. 16. März 1862 III 5253, 18. Nov. 1892 III 12561, H.-G. S. 1049 Nr. 35c und e). Im Geltungsbereiche des ALR. wurde mit Rücksicht auf § 412 I 9 die nach der Annahme oder nach Ablauf der Überlegungsfrist erfolgte A. vielfach bei der Steuerfeststellung berücksichtigt, wenn sich daraus keine Minderung der ESt. ergab (FM. 17. Sept. 1841, ZBl. S. 236). Streng genommen durfte dies nicht geschehen, da solche A. als Verfügungen über die Erbschaft anzusehen waren (RG. 16. Febr. 1891, Bd. 28 S. 364; 24. Febr. 1892, Bd. 29 S. 193; FM. 6. Aug. 1893 III 9561). Unwirksame

A. werden aber ebensowenig wie nichtige Verfügungen bei der Feststellung der ESt. berücksichtigt werden dürfen (vergl. Anm. 7a). Nach dem BGB. kommt für die Prüfung der Rechtswirksamkeit einer A. in Betracht, ob der Erbe durch Annahme der Erbschaft das Recht zur A. verwirkt hatte (§ 1943 BGB.), ob die A. unter einer Bedingung oder Zeitbestimmung erfolgt ist (§ 1947), ob sie auf einen Teil eingeschränkt ist (§ 1950) und ob die Form und Frist gewahrt ist (§§ 1944—1946). Dem Nacherben ist im § 2142 BGB. gestattet, die Erbschaft auszuschlagen, sobald der Erbfall eingetreten ist; die Frist zur A. kann aber erst nach dem Eintritte des Falls der Nacherbfolge beginnen (Planck V § 2142 Anm. 2). Wenn der Nacherbe die Erbschaft vor dem Anfalle ausschlägt, so kann kein steuerpflichtiger Anfall mehr eintreten (RG. 12. Nov. 1894, JW. 1895 S. 53[40]). Die Annahme oder A. der Erbschaft muß der beweisen, der sich auf sie beruft (Planck V § 1943 Anm. 7). Die Anmeldung eines Anfalles beim EStA. (§ 32 EStG.) wird nicht als Annahmehandlung anzusehen sein, weil der Fiskus wegen der ESt. nicht Nachlaßgläubiger ist (§ 29 EStG. Anm. 2). Häufig entsagen einzelne Erben zum Scheine der Erbschaft, nachdem sie sich mit den Miterben auseinandergesetzt haben, z. B. um dem Übernehmer des Nachlasses die Erlangung des Erbscheins für sich allein zu ermöglichen; namentlich geschieht das, wenn die Verwandten des Erblassers dem überlebenden Ehegatten oder einem Elternteile den lebenslänglichen Nießbrauch des ganzen Nachlasses oder die Verfügung über den Nachlaß unter Lebenden überlassen, oder wenn sie diesen Personen den Nachlaß gegen das Versprechen übereignet haben, zu ihren Gunsten von Todes wegen zu verfügen (vergl. §§ 2274 ff., 2302, 812 BGB.). In allen diesen Fällen ist die A. unwirksam, weil ihr die Annahme vorangegangen ist (RG. 5. März 1894, Bolze 18 Nr. 647).

Vielfach schlägt der Erbe die Erbschaft zu Gunsten eines anderen aus. Wenn der Begünstigte die Erbschaft infolge der A. ohnehin erwerben würde, so ist der Zusatz unschädlich und bedeutungslos; wenn aber der Begünstigte nicht oder nicht allein an die Stelle des Ausschlagenden getreten sein würde, so ist die A. als solche wirkungslos; der Ausschlagende hat die Erbschaft vielmehr angenommen und darüber verfügt (Planck V § 1947 Anm. 3; RG. 2. Nov. 1880, Bd. 3 S. 193; FM. 26. Jan. 1886 III 590, 15. Febr. 1887 III 504, 18. Juni 1887 III 7253). Beruht die Verfügung auf Freigebigkeit, so ist zu der Urkunde der Schenkungsstempel (Tarif 56 LStG.) fällig (KG. 12. Juni 1883, Jahrb. Bd. 4 S. 231; RG. 2. Nov. 1880 a. a. O.; FM. 31. Mai 1888 III 10186, H-G. S. 1028 Anm. k), sofern die Urkunde nicht wegen Außerachtlassen der vorgeschriebenen Form (§§ 2033, 2371, 2385 BGB.) nichtig ist (FM. 9. Aug. 1904 III 8670). Wenn die A. zu Gunsten eines anderen nach der Annahme der Erbschaft, insbesondere nach Ablauf der Ausschlagungsfrist erklärt wird, so bildet sie, auch wenn der Nächstberechtigte begünstigt ist, eine Verfügung über die Erbschaft (§ 517 BGB.; RG. 16. Febr. 1891, Bd. 28 S. 364; 24. Febr. 1892, Bd. 29 S. 193), vorausgesetzt, daß der Ausschlagende eine solche Verfügung bei Kenntnis der Richtigkeit der Ausschlagung gewollt haben würde (FM. 9. Aug. 1904 III 8670). Der Fiskus ist für die Schenkungsabsicht des Ausschlagenden beweispflichtig.

15. Der Erbverzicht (§§ 2346—2352 BGB.) hat die Wirkung, daß ein steuerpflichtiger Anfall an den Verzichtenden nicht eintreten kann. Ein Vertrag im Sinne des § 312 BGB. berührt nicht die Erbfolge, sondern hat nur unter den Beteiligten verpflichtende Wirkungen (Planck II § 312 Anm. 6).

16. Ein Vermächtnis ist eine Verfügung von Todes wegen, durch die der Erblasser einem anderen,

ohne ihn als Erben einzusetzen, einen Vermögensvorteil zuwendet (§§ 1939, 1941 BGB.). Das V. begründet ein Forderungsrecht gegen den Erben (§ 2174 BGB.). Daher ist kein steuerpflichtiges V. vorhanden, wenn der Erblasser nur eine Anregung gegeben oder einen Wunsch ausgesprochen hat, daß jemand etwas geleistet werde (RG. 15. Okt. 1901 VII. 226. 01). Über den Anfall s. Anm. 5. Vergl. §§ 2147—2191, 2269, 2270, 2278 bis 2280, auch 2064—2086 BGB. Über in ausländischer Währung ausgedrückte Vermächtnisse s. § 5 Anm. 6 XII b.

Folgende Arten der V. sind hervorzuheben:

a) Bestimmungs-V. (§§ 2151—2153), Wahl-V. (§ 2154), Gattungs-V. (§ 2155), Zweck-V. (§ 2156). Vergl. § 22 Anm. 1b.

b) V. einer Sache (§§ 2164—2172). Inhaberpapiere unterliegen sachenrechtlichen Vorschriften (§ 935 BGB.; Planck II vor § 793 Vorbem. I). Die Früchte (Zinsen, Gewinnanteile) stehen dem Vermächtnisnehmer seit dem Anfalle des V. (Anm. 5) zu (§§ 2184, 101 BGB.). Bei dem V. von Wertpapieren wird in der Regel als Wille des Erblassers anzunehmen sein, daß das V. sich auf alle vorhandenen Zins- und Gewinnanteilscheine erstrecke (Wilke V § 2184 Anm. 2; Planck V § 2184 Anm. 5).

c) V. einer Forderung des Erblassers an einen Dritten (§§ 2173, 2175 BGB.). Der Wille des Erblassers wird meist abweichend von der Auslegungsregel des § 2184 BGB. dahin gerichtet gewesen sein, daß die rückständigen und laufenden Zinsen dem Vermächtnisnehmer zukommen (wie zu b).

d) Befreiungs-V. (V. einer Forderung des Erblassers an seinen Schuldner). Wegen der Zinsen s. c. Nach der Rechtsprechung des RG. soll es beim Befreiungs-V. nicht darauf ankommen, wie viel die Forderung beim Anfalle ohne Rücksicht auf die Person des Erwerbers wert war (§ 14), insbesondere ob sie unsicher war, weil der Schuldner von der Schuld in ihrem Nominalbetrage für immer befreit und daher um diesen Betrag bereichert sei; § 25 EStG. finde nach seinem Inhalte nur auf künftig zu tilgende Forderungen Anwendung (RG. 12. Juni 1890, Bolze 10 Nr. 677; 17. Jan. 1898 IV 200/97; in gleichem Sinne entschieden durch FM. 15. Dez. 1871 III 18264; 28. Dez. 1872 III 19286, H.-G. S. 1041 Nr. 28 a, b; FM. 26. Juni 1892 III 7809). Ebenso wird es zu beurteilen sein, wenn der Erblasser angeordnet hat, daß der Bedachte sich eine Schuld auf die Zuwendung anrechnen lassen müsse (§ 25 Anm. 3). Wenn der Erblasser den Zinsfuß seiner Forderung ermäßigt, so wird hiermit in der Regel ein Vorteil für den Schuldner verbunden sein, es sei denn, daß die Schuld fällig und der neue Zinsfuß angemessen ist. Der Wert des Vorteils ist nach den §§ 15—18 EStG. zu bestimmen; § 19 kann für die Beurteilung, ob ein Zinsfuß angemessen ist, nicht herangezogen werden. Ermäßigt der Erblasser z. B. den Zinsfuß einer am 1. Jan. 1910 fälligen Forderung von 5 auf 4 v. H., so würde eine Bereicherung von jährlich 1 v. H. nach § 18 zu berechnen sein. Die Einräumung anderer Zahlungsbedingungen wird in der Regel keinen schätzbaren Vermögensvorteil darstellen.

Ein Befreiungs-V. liegt nicht vor, wenn der Erblasser schon bei Lebzeiten die Schuld dem Bedachten erlassen hat. Der Erlaß kann durch mündlichen Vertrag erfolgen (§§ 2171, 397, 518 Abs. 2 BGB.; Haidlen I § 518 Anm.; RG. 17. Jan. 1903 Bd. 53 S. 294). Eine Befreiung kann auch nicht eintreten, soweit der Schuldner wegen Verjährung des Anspruchs des Erblassers zur Verweigerung der Leistung berechtigt war (§ 222 BGB.; FM. 14. Juli 1902 III 4942). Ferner ist ein Befreiungs-V. nicht vorhanden, wenn z. B. der Erblasser seiner Tochter eine Forderung an seinen Schwiegersohn in Anrechnung auf ihren Erbteil überweist. Ebenso wird der Erblasser keine Befreiung beabsichtigt haben, wenn er die Zahlung der Schulden des Schwiegersohnes an Dritte aus dem Erbteile der Tochter angeordnet hat, sondern gewollt haben, daß die Tochter Gläubigerin ihres Ehemannes werde (s. Anm. f).

e) V. einer Schuld des Erblassers an seinen Gläubiger. Wenn die Schuld besteht, so handelt es sich nicht um ein V., sondern um ein Schuldbekenntnis oder Anerkenntnis (Tarif 58, § 3 Abs. 3 LStG.). Das gilt auch dann, wenn die Forderung des Gläubigers verjährt ist, denn sie ist damit noch nicht erloschen (§ 222 BGB., Planck I § 222 Anm. 1). Ist die Schuld vor dem Erbfalle getilgt worden, so betrifft die Verfügung eine unmögliche Leistung und ist deshalb hinfällig (§ 2171 BGB.). Wenn die Schuld überhaupt nicht bestanden hat, oder wenn der Erblasser dem Gläubiger mehr zugewendet hat, als er ihm schuldete, so ist der Betrag der Bereicherung ein steuerpflichtiges V., das jedoch möglicherweise anfechtbar ist (§ 2078 BGB.; s. Anm. 7b). Vermacht der Schuldner dem Gläubiger eine noch nicht fällige und bis zur Fälligkeit unverzinsliche oder unter dem üblichen Satze verzinsliche Schuld, so wird der Gläubiger um den Betrag der Zinsen oder des Unterschiedes der Zinsen für die Zwischenzeit bereichert (§ 18 EStG.). War die dem Gläubiger vermachte Schuld aufschiebend oder auflösend bedingt oder betagt, so ist der Eintritt eines Vermögensvorteils entgegengesetzt bedingt oder betagt (§§ 22, 24 EStG.). Hat der Erblasser seinem Gläubiger an Stelle der geschuldeten Leistung etwas anderes vermacht, so ist durch Vergleichung der Werte zu ermitteln, ob und wieweit eine Bereicherung stattgefunden hat. Die Anordnung des Erblassers, daß seinem Gläubiger Sicherheit zu leisten sei, kann zu einer Wertsteigerung der Forderung führen.

f) V. eines Nießbrauches an Personen, denen gesetzlich die Nutznießung des Vermögens zustehen würde, z. B. an den Ehemann oder an Eltern der Bedachten. Da das V. die Zuwendung eines Vermögensvorteils ist, so liegt kein V. vor, wenn dem Ehemanne oder den Eltern nur das bestätigt wird, was ihnen schon gesetzlich zustehen würde. Ebensowenig bedeutet eine solche Zuwendung eine Beschwerung des angefallenen Vermögens, einmal, weil sie nicht mit dem Anfalle übernommen wird (§ 5 EStG.), sondern auf einem familienrechtlichen Verhältnisse des Erwerbers beruht, und ferner, weil die Nutznießung nicht nur als Beschwerung, sondern ebenso als Vorteil des Erwerbers gelten muß. Die Nutznießung kann daher weder versteuert, noch bei der Versteuerung des damit behafteten Vermögens als Last in Abzug gebracht werden (RG. 17. März 1881, Bd. 5 S. 211, JMBl. S. 110; 1. April 1896, Gruchot 40 S. 1096, JW. S. 294[70]; FM. 7. Jan. 1887 III 81, H.-G. S. 1042 Nr. 29e; FM. 14. Okt. 1904 III 13207). Wenn dagegen dem Ehemann oder den Eltern ein Nießbrauch vermacht worden ist, der im Vergleiche zu dem den Bedachten gesetzlich zustehenden Nutznießungsrechte eine Bereicherung in sich schließt, so ist der Erwerb im vollen Betrage steuerpflichtig und ebenso bei dem beschwerten Vermögen in Abzug zu bringen (RG. 9. Nov. 1891, JMBl. 1892 S. 70, ZBl. 1892 S. 56, Bolze 13 Nr. 596, Gruchot 36 S. 698). Das RG. führt in dem Urt. aus, daß schon die Anerkennung des Testaments zu der Folgerung berechtige, daß der Bedachte den Nießbrauch nicht kraft Gesetzes, sondern auf Grund der Zuwendung ausübe. Hiervon ausgehend, scheint es die Vergleichung der beiden Rechte nur vorgenommen zu haben, um festzustellen, ob der Erblasser dem Bedachten lediglich ein ihm ohnehin zustehendes Recht in vollem Umfange oder in engeren Grenzen bestätigen wollte, oder ob er ihm ein anderes selbständiges Nießbrauchsrecht zuwenden wollte. Diese von der Verwaltung geteilte Auffassung (FM. 22. Juni 1899 III 7623 und III 8000; 20. Dez. 1900 III 14697; 9. Sept. 1903 III 12455; 14. Okt. 1904 III 13207) scheint zutreffend; denn der Wille des Erblassers wird meist nicht darauf gerichtet gewesen sein, das gesetzliche Nutznießungsrecht zu bestätigen und darüber hinaus eine Zuwendung zu machen, sondern stets einheitlich auf das eine oder das andere. Es wird sich deshalb nur entweder um ein Vermächtnis oder um ein im Familienrechte begründetes Nutznießungsrecht handeln (a. M. Sch.-C. S. 21). Nimmt der Bedachte den ihm vermachten Nießbrauch an, so kann ein gesetzliches Nutznießungsrecht an demselben Vermögen gar nicht entstehen. Schlägt er das Vermächtnis aus, so kann er das gesetzliche Nutznießungsrecht ausüben.

Für die Vergleichung der Rechte wird bemerkt:

I. Die Nutznießung des Ehemannes (§§ 1373—1425 BGB.) ist weder übertragbar (§ 1408) noch pfändbar (§ 861 CPO.); sie steht, abgesehen von den Fällen der §§ 1412—1414 BGB., dem Rechte der Gläubiger der Ehefrau auf Befriedigung aus dem eingebrachten Gute nicht entgegen (§§ 1411 BGB.; 771, 774 CPO.). Dem Ehemann fallen wegen seiner gesetzlichen N. die in den §§ 1384—1386 BGB. bezeichneten Verbindlichkeiten zur Last. Die N. erlischt mit der Auflösung der Ehe (§§ 1343, 1345, 1420, 1564) oder der Aufhebung der ehelichen Gemeinschaft (§§ 1575, 1586), ferner wenn in den Fällen des § 1418 auf Aufhebung der N. erkannt worden ist, und mit der Rechtskraft des Beschlusses über die Eröffnung des Konkurses über das Vermögen des Mannes (§ 1419).

II. Die N. des Vaters (§§ 1649—1683 BGB.) ist weder übertragbar noch pfändbar (§§ 1658 BGB.; 862 CPO.). Die Gläubiger des Kindes können Befriedigung ohne Rücksicht auf die N. verlangen (§§ 1659 BGB.; 746 ZPO.). Der Vater hat wegen seiner N. die im § 1654 BGB. bezeichneten Lasten zu tragen. Die N. erlischt mit dem Tode des Vaters oder des Kindes, mit der Volljährigkeit des Kindes, ferner wenn das Kind mit Einwilligung der Eltern sich verheiratet (§ 1661), oder an Kindesstatt angenommen wird (§ 1765), wenn der Vater die elterliche Gewalt verwirkt hat (§ 1680), oder wenn seine Gewalt in dem Falle des § 1685 Abs. 2 ruht.

III. Für die N. der ehelichen Mutter gilt im allgemeinen dasselbe, wie zu II; sie endigt auch bei Eingehung einer neuen Ehe (§§ 1684—1698, 1707 BGB.).

g) V. eines Kaufrechtes zu einem bestimmten Preise auf ein Unternehmen, das dem Erblasser gehörte, oder auf einen Anteil des Erblassers an einem Unternehmen, z. B. eines Kaufrechts auf ein Handelsgeschäft gegen Auszahlung des bilanzmäßigen Guthabens des Erblassers (RG. 6. Mai 1889, Bolze 8 Nr. 653). Die steuerpflichtige Bereicherung wird in dem Unterschiede zwischen dem Preise und dem gemeinen Werte zur Zeit des Erwerbes des Unternehmens bestehen. Fällt der Anfall des Kaufrechts mit dem Erwerbe des Unternehmens zeitlich nicht zusammen, so trägt der Erbe in der Zwischenzeit Gewinn und Verlust. Ähnlich liegt ein Fall, in welchem der Erblasser seinem Erben aufgetragen hatte, eine offene Handelsgesellschaft mit dem bisherigen Gesellschafter des Erblassers fortzusetzen, dem Gesellschafter aber einen größeren Gewinnanteil zu gewähren. Nach dem RG. 17. Nov. 1899 (Bd. 45 S. 215, JW. S. 840[40. 41]) enthält diese Verfügung das Vermächtnis des Rechts auf einen Vertragschluß. Der Wert soll nicht ohne weiteres auf Grund des bisherigen Reingewinnes nach §§ 15 ff. EStG., sondern unter Berücksichtigung aller Verhältnisse (Einlage, bisheriger und künftiger Nutzen, Mehrarbeit, Gefahr) nach §§ 14, 20, 21 ESt G. gefunden werden.

h) V. der Erbschaftssteuer. Wenn der Erblasser die Zahlung der ESt., die nach § 29 EStG. den Erwerber des Anfalles trifft, einem anderen aufgetragen hat, so ist der Erwerber des Anfalles über den Wert der Zuwendung hinaus um den Betrag der ESt. bereichert. Der zu ermittelnde Betrag der Bereicherung muß die Zuwendung und die ESt. decken, so daß nach Abzug der ESt. der Betrag der Zuwendung bleibt (FM. 24. Jan. 1890 III 5406, H-G. S. 1039 Nr. 26b; 21. Mai 1891 III 4221; RG. 1. Febr. 1892, Bd. 29 S. 180, ZBl. S. 154, JMBl. S. 141, JW. S. 174[61], Bolze 14 Nr. 571; 4. Juli 1892, Bolze 14 Nr. 571; 9. Jan. 1893, ZBl. S. 181; 30. Jan. 1893, JW. S. 170[50]; 4. Dez. 1893, JW. 1894 S. 72[49]). Bei einem Vermächtnisse wird der Betrag der Bereicherung nach der Gleichung gefunden: 100 abzüglich des Prozentsatzes der ESt. : 100 = Vermächtnis : x. Für ein mit 8 v. H. steuerpflichtiges V. von 650 M. stellt sich die Rechnung 92 : 100 = 650 : x oder $x = \frac{650 \cdot 100}{92}$ = 706,52 M.; das V. beträgt 650 M., das V. der ESt. 56,52 M. oder abgerundet (Tarif AV. 1) 57 M., zusammen 707 M.; hiervon sind 8 v. H. = 57 M. ESt. zu entrichten. Hat der Erblasser angeordnet, daß die den Erben obliegende ESt. vorweg aus dem Nachlasse entrichtet werden soll, und die Erbteile sind nicht alle nach dem gleichen Steuersatze steuerpflichtig, so erwächst denjenigen Erben, deren Erbteile einem höheren Steuersatze unterliegen, aus der Anordnung ein Vorteil (FM. 21. Sept. 1894 III 12235; 15. Juni 1898 III 7943; 15. Sept. 1902 III 11536; 17. Aug. 1904 III 4619). Der Betrag der Bereicherung wird gefunden, wenn man bei den Erbteilen zunächst dieselbe Berechnung wie bei Vermächtnissen anwendet und alsdann die so ermittelten

Beträge nach dem Verhältnisse zu ihrem Gesamtbetrage auf den Betrag der Erbschaft zurückführt. Beispiel: Ein Nachlaß von 9000 M. fällt 3 Erben mit je 3000 M. an und die Erbteile unterliegen der ESt. von 2, 4 und 8 v. H. Nach der oben erwähnten Berechnung beträgt bei einer Zuwendung von 3000 M. der Vorteil einschl. der Befreiung von der ESt. zu 2 v. H. = 3061,22 M., zu 4 v. H. = 3125 M. und zu 8 v. H. = 3260,87 M.; der Nachlaß von 9000 M. ist auf diese Beträge nach ihrem Verhältnisse zu ihrer Gesamtsumme von 9447,09 M. zu verteilen:

a) 9447,09 : 3061,22 =	9000 : x			
	= 2916,34	— (2%)	58,32	= 2858,02
b) 9447,09 : 3125 =	9000 : x			
	= 2977,11	— (4%)	119,08	= 2858,03
c) 9447,09 : 3260,87 =	9000 : x			
	= 3106,55	— (8%)	248,52	= 2858,03
Sa. 9447,09	9000		425,92	8574,08

Die Erben haben von den Beträgen von 2916,34 M., 2977,11 M. und 3106,55 M. die abgerundeten ESt.-Beträge von 58,50 M., 119,50 M. und 249 M., zusammen 427 M., zu entrichten, während sie sonst, wenn die Verteilung der ESt. nicht angeordnet wäre, 420 M. zu zahlen haben würden. Wenn für einzelne Erbteile keine ESt. zu entrichten ist, so sind diese Erbteile mit dem ohne Rücksicht auf die Steuerausgleichung berechneten Betrage in die Gleichung einzustellen. Ist der Nachlaß oder ein Erbteil mit einem Nießbrauche belastet, so wird der Nießbrauch vermindert, wenn die ESt. aus dem Nachlasse bezahlt wird. Der Wert des Nießbrauchs wird nach der für Erbteile angegebenen Rechnung gefunden. Wäre in dem gewählten Beispiele der Erbteil c mit einem zu 8 v. H. steuerpflichtigen Nießbrauche im Werte von 5 · 120 M. = 600 M. belastet, so würden an die Stelle der Gleichung c zwei Gleichungen treten, in welche in einem Falle für den Nießbrauch 600 M. + ESt. 52,1739 M., in dem anderen Falle für den Erbteil (3000 — 600 =) 2400 M. + ESt. 208,6956 Mark einzurücken wären. Das Ergebnis ist, daß die Bereicherung des Nießbrauchers 621,31 M., und zwar 49,70 M. an Vorteil aus der Steuerausgleichung und 571,61 M. an Wert der Nutzung beträgt. Diese Nutzung entspricht dem Betrage des Erbteils von 2858,03 M. Die ESt. ist von 621,31 M. mit rund 50 M. zu entrichten. Der Vorteil des beschwerten Erben beträgt 2286,42 M. + 198,82 M. = 2485,24 M. Wenn die ESt. für Vermächtnisse, Vorausvermächtnisse und Erbteile aus dem Nachlasse bezahlt werden soll, so kommen zunächst die den Nachlaß treffenden Vermächtnisse und Vorausvermächtnisse einschließlich des Vorteils aus der Steuerbefreiung zum Ansatz, wobei, wenn der Nachlaß nicht ausreicht, die Zuwendungen in der oben für Erbteile angegebenen Art auf den Betrag des Nachlasses zurückzuführen sind. Erst dann kommen die Erbteile einschließlich des Vorteils der Steuerbefreiung zur Berechnung (FM. 15. Juni 1898 III 7943). Ein Nießbrauch kommt an derselben Stelle, wie das beschwerte Vermögen in Ansatz. Haben Ehegatten in einer gemeinsamen Verfügung die steuerfreie Gewährung von Zuwendungen an beiderseitige Verwandte angeordnet, und der Nachlaß des einen Ehegatten reicht zur Gewährung der Zuwendungen an seine Verwandten nicht aus, so daß eine Ergänzung aus dem Nachlasse des anderen Ehegatten stattfindet (§ 28 EStG.), so muß (nach der oben angegebenen Gleichung) ermittelt werden, wie viel von dem Nachlasse des einen Ehegatten auf den Vorteil aus der ESt.-Befreiung fällt, weil nur der nach Abzug dieses Vorteils bleibende Betrag von der Zuwendung abgerechnet werden darf, wenn der aus dem Nachlasse des anderen Ehegatten auf die Zuwendung zu rechnende Betrag gefunden werden soll. Beispiel: 2 Vermächtnisse von 600 M. und 1200 M. sind zwei Brüdern eines Ehegatten, dessen Nachlaß 800 M. beträgt, zugewendet; die Vermächtnisse betragen 600 M. und 12,24 M. sowie 1200 M. und 24,49 M.; hierauf sind 800 M. zu verteilen = 261,33 M. und 5,33 M., sowie 522,67 M. und 10,66 M. Bei dem Nachlasse des anderen Ehegatten kommen die Vermächtnisse mit 600 M. — 261,33 M. = 338,67 M. und 1200 M. — 522,67 M. = 677,33 M. in der gewöhnlichen Weise zur Berechnung.

Vermächtnis der ESt. bei Anfällen an Gesinde siehe Tarif A Anm. 2; Befr. 2d Anm. 2.

17. Wer bedacht ist, kann häufig zweifelhaft sein, namentlich wenn eine Zuwendung an den einen zum Vorteile eines anderen beschwert ist. Bei einer Zuwendung an Eltern zur Verwendung für ihre Kinder sind die Kinder bereichert; bei einer Zuwendung an ein Kind mit der Bestimmung, daß die Zinsen bis zum 20. Lebensjahre des Kindes dem Vater als Beihilfe zu den Erziehungs- und Unterhaltskosten zu zahlen seien, hat der FM. (23. Nov. 1882 III 14028, H-G. S. 1042 Anm. 29 c) angenommen, daß lediglich das Kind bereichert sei (s. Anm. 16f). Ist dem Vater jedoch ein wirkliches Vermächtnis mit der Auflage zugewendet, für den Unterhalt des Kindes zu sorgen, so wird der Vater bereichert und nur insoweit beschwert sein, als die Auflage den Umfang seiner Unterhaltspflicht übersteigt (§§ 1601 ff., 1610 BGB.).

18. Bei Überschuldung des Nachlasses hat der Erbe die Vermächtnisse, denen die Vorausvermächtnisse (§ 2150 BGB.) gleichstehen, so zu berichtigen, wie sie im Konkurse zur Berichtigung kommen würden (§§ 1991, 1992 BGB.), wenn also der Erblasser die Rangordnung nicht bestimmt hat (§ 2189 BGB.), nach

Verhältnis des Wertes der V. zur verfügbaren Masse. Haftet der Erbe für die V. unbeschränkt (§§ 1994, 2000, 2005 BGB.), so hat er sie ohne Rücksicht auf die Zulänglichkeit des Nachlasses zu erfüllen (§ 2013). In diesem Falle unterliegen die V. mit ihrem vollen Betrage der ESt. (FM. 17. Okt. 1891 III 11661 Nr. 1).

19. Die freiwillige Erhöhung von V. ist, selbst wenn sie infolge einer nichtigen Verfügung des Erblassers erfolgt ist, nur als Schenkung zu beurteilen (s. Anm. 7a, 9).

20. Durch Übereignung des vermachten Gegenstandes von seiten des Erblassers an den Bedachten durch Rechtsgeschäft unter Lebenden wird das Vermächtnis mit den etwa darauf haftenden Beschwerungen unwirksam, wenn nicht etwas anderes als Wille des Erblassers anzunehmen ist (RG. 30. Sept. 1886, Bd. 16 S. 237; 25. Jan. 1894, JW. S. 132[62]; § 2169 BGB.; Planck V § 2174 Anm. 4); es ist alsdann auch keine ESt. zu entrichten (OTr. 12. Mai 1876, Striethorst 99 S. 7). Die Übereignung muß aber rechtswirksam geschehen sein, so daß der Erwerb nicht erst durch das V. erfolgt (FM. 22. Okt. 1896 III 14652). Wenn der Erblasser die Hingabe aus Freigebigkeit vollzogen hat, so ist an die Stelle des V. eine Schenkung unter Lebenden getreten, für die im Falle einer Beurkundung der Schenkungsstempel zu entrichten sein würde (RG. 5. März 1885, ZBl. S. 126; 13. März 1888, Bolze 5 Nr. 918). Der Schenkungsvertrag kommt durch die Annahme des Antrags zustande, ohne daß es einer ausdrücklichen Erklärung bedarf, wenn nach der Verkehrssitte eine solche Erklärung nicht zu erwarten ist oder der Antragende darauf verzichtet hat (§ 151 BGB.). Die Annahme kann auch nach dem Tode des Antragenden erfolgen, wenn nicht ein anderer Wille des Antragenden anzunehmen ist (§ 153 BGB.). Das

Schenkungsversprechen bedarf zur Giltigkeit der gerichtlichen oder notariellen Beurkundung; jedoch wird der Mangel der Form durch die Bewirkung der Leistung geheilt (§ 518 BGB.; Art. 170 EG. BGB.). Eine Schenkung ist durch Veräußerung vollzogen, wenn die Voraussetzungen erfüllt sind, die je nach dem Gegenstande der Schenkung zur Erfüllung des dinglichen Vertrages erforderlich sind, z. B. die Schenkung eines Grundstücks durch Auflassung (§ 925 BGB.), einer beweglichen Sache, einer Schuldverschreibung oder Aktie auf den Inhaber durch Übergabe oder Einräumung des mittelbaren Besitzes (§§ 929—931 BGB.; Planck II § 518 Anm. 4, § 793 Vorbem. I; Cosack S. 634), einer Forderung an den Beschenkten durch mündlichen Erlaßvertrag (§ 397 BGB.; Planck II § 518 Anm. 4; RG. 17. Jan. 1903, Bd. 53 S. 294), einer anderen Forderung in der Regel durch mündlichen Abtretungsvertrag (§§ 398, 403, 413 BGB.). Auch Forderungen aus den im § 808 BGB. bezeichneten Namenpapieren, nach deren Inhalt der Schuldner an den Inhaber leisten darf, aber nicht muß, z. B. aus Sparkassenbüchern, Depotscheinen usw., können durch mündlichen Vertrag abgetreten werden; dasselbe wird für Schecks gelten, die auf eine bestimmte Person oder auf den Inhaber lauten (Planck II § 808 Anm. 3c, 4b). Zur Übereignung eines Wechsels bedarf es außer dem formlosen Übertragungsvertrage der Übergabe des indossierten Wechsels (RG. 27. Sept. 1881, Bd. 5 S. 82). Für Namenaktien vergl. § 222 HGB. Die Übertragung einer Hypothek, einer Grundschuld oder Rentenschuld erfolgt gemäß §§ 1154, 1192, 1195 BGB. Ein schenkweise erteiltes Schuldversprechen oder Schuldanerkenntnis (§§ 780, 781 BGB.) bedarf der gerichtlichen oder notariellen Form (§ 518 BGB.). Dagegen wird eine Schenkung durch Hingabe eines vom Erblasser ausgestellten eigenen oder akzeptierten gezogenen Wechsels, eines kaufmännischen Verpflichtungsscheins oder durch Annahme einer Anweisung (§ 784 BGB.) rechtsgiltig vollzogen sein (Planck II § 518 Anm. 2).

21. Die Ausschlagung eines Vermächtnisses (§§ 2176—2180 BGB.) erfolgt durch Erklärung gegenüber dem Beschwerten; sie ist vor dem Erbfalle nicht zulässig und kann nicht mehr erfolgen, wenn der Bedachte das V. angenommen hat (FM. 12. Nov. 1903 III 15 362). Die Annahme oder Ausschlagung kann nicht unter einer Bedingung oder Zeitbestimmung erklärt oder auf einen Teil beschränkt werden. Von mehreren V. kann das eine angenommen, das andere ausgeschlagen werden (Wilke V § 2180 Anm. 7). Das Recht zur A. ist vererblich. Wird das V. vom Erben des Vermächtnisnehmers angenommen, so ist die ESt. von dem Anfalle an den Vermächtnisnehmer zu entrichten; außerdem gehört der Gegenstand des V. zum steuerpflichtigen Nachlasse des Vermächtnisnehmers. Für die A. ist keine Form und Frist bestimmt. Eine zum Schein erklärte A. ist nichtig (§ 117 BGB.). Wegen A. zu Gunsten eines andern, Widerruf, Anfechtung, Prüfung und Berücksichtigung der A. gilt im allgemeinen dasselbe wie bei Erbschaften (Anm. 14); ebenso wegen des Verzichts durch Vertrag mit dem Erblasser (Anm. 15; § 2352 BGB.). Über A. bedingter Anfälle s. § 22 Anm. 2.

22. Die Kosten der Erfüllung eines Vermächtnisses fallen, wenn der Erblasser darüber nichts bestimmt hat, dem Beschwerten (Erben usw.) zur Last (Planck V § 2174 Anm. 3a).

23. Die Schenkung von Todes wegen ist eine Schenkung, d. h. eine nach dem Willen der Beteiligten unentgeltliche Zuwendung, durch die jemand aus seinem Vermögen einen andern bereichert (§ 516 BGB.). Sie unterscheidet sich von der Schenkung unter Lebenden durch die mit dem Versprechen verknüpfte Bedingung, daß der Beschenkte den Schenker überlebe (§ 2301). Als Schenkungsversprechen gilt auch ein schenkweise erteiltes Schuldversprechen oder Schuldanerkenntnis der in den §§ 780, 781 BGB. bezeichneten Art. Auf Sch. v. T. finden die Vorschriften über Verfügungen von Todes wegen Anwendung (§ 2301); sie sind als Verträge nur in der Form des Erbvertrages möglich; eine einseitige widerrufliche Verfügung kann nur als letztwillige Verfügung beurteilt werden (§ 2087 BGB.; Planck V § 2301 Anm. 2). Wenn der Schenker die Schenkung durch Leistung des zugewendeten Gegenstandes vollzogen hat, so finden die Vorschriften über Schenkungen unter Lebenden Anwendung, ohne Unterschied, ob die Schenkung durch sofortige Vollziehung bewirkt ist, oder ob zunächst ein Schenkungsversprechen bestanden hat, das von dem Schenker vorzeitig erfüllt worden ist. Die Schenkung ist alsdann dahin auflösend bedingt, daß der Beschenkte den Schenker überlebt (Planck V § 2301 Anm. 3). Wenn das Geschäft als Sch. v. T. zu beurteilen ist, so unterliegt der Erwerb der ESt.; ist es aber als Sch. unter Lebenden anzusehen, so kann nur die Erhebung der Stempelsteuer in Frage kommen (Anm. 20; Tarifstelle 56 LStG., H. S. 527 Anm. II 1).

24. Lehns- und Fideikommißanfälle. Die Landesgesetze über Lehen und Familienfideikommisse sind durch die Reichsgesetzgebung nicht berührt worden (Art. 59 EG. BGB.; vergl. Neubauer, Zusammenstellung des in Deutschland geltenden Rechts betr. Stammgüter, Familienfideikommisse, Familienstiftungen usw., Lehnrecht, Berlin 1879; abgedruckt JMBl. 1879 S. 402 ff.).

a) Die Nachfolge ist eine Einzelnachfolge in das Lehns- oder Fideikommißvermögen, die sich unabhängig von der Erbfolge nach der durch Gesetz, Herkommen oder Stiftungsurkunde bestimmten Ordnung vollzieht. Wenngleich der Nachfolger sein Recht nicht von dem Vorgänger herleitet, mit dessen Wegfall sein Nachfolgerecht wirksam wird, so ist für die Besteuerung doch das Verhältnis zum Vorgänger maßgebend (Tarif AB. 3).

b) Die Veranlassung eines Anfalles kann auch ein anderes Ereignis als der Tod des Vorgängers sein, z. B. der Verlust der Lehnsfähigkeit des Vorgängers. Auch bei Fideikommißstiftungen kann der Verlust des Eigentums in der Stiftungsurkunde vorgesehen sein, z. B. wegen einer Mißheirat.

c) Der Anfall erfolgt mit dem Tode des Vorgängers oder mit dem Eintritte des den Anfall begründenden Ereignisses (§ 206 II 4; § 506 I 18 ALR.). Der Berufene kann den Lehnsanfall mit der Wirkung ausschlagen, daß der Anfall unmittelbar an den Nächstberechtigten gelangt (§ 644 I 18 ALR.) und nur von diesem zu versteuern ist. Verzichtet der Berufene auf den Anfall zu Gunsten eines andern als des Nächstberechtigten, oder, nachdem er den Anfall bereits angenommen hat, so ist der Verzicht ein Rechtsgeschäft unter Lebenden, sei es ein lästiges oder eine Schenkung, und nur für die Lebensdauer des Verzichtenden wirksam; nach dessen Ableben vollzieht sich der steuerpflichtige Anfall an den alsdann zur Nachfolge berechtigten Anwärter (§ 645 I 18). Die gleichen Grundsätze werden auch für Fideikommißanfälle gelten, wenn die Stiftungsurkunde keine Bestimmungen enthält (OTr. 3. Dez. 1877, Striethorst 99 S. 266).

25. Das Lehen (§§ 13—679 I 18 ALR.; § 21 Ges. 15. Febr. 1840, GS. S. 20; Art. 15—20 AG. GBO.; § 49 zu 1 AG. GBG.; vergl. Neubauer — s. Anm. 24 —) ist seit der Aufhebung der Rechte des Lehnsherrn Eigentum des Lehnsbesitzers mit der aus dem Rechte der Lehnfolgeberechtigten sich ergebenden Beschränkung, durch welche der Eigentümer wirtschaftlich im wesentlichen einem Nutznießer gleichgestellt wird. Die Errichtung neuer Lehen mit Ausnahme von Thron- und Außenlehen ist untersagt (Art. 41 preuß. Verfassung; Ges.

5. Juni 1852, GS. S. 319). Die Vorschriften des ALR. über Lehen hatten nur beschränkte Geltung, da in Preußen im Anschlusse an die geschichtliche Landeseinteilung Lehnverbände mit besonderem Lehnrechte bestanden. Diese Verbände sind aufgelöst worden für Ostpreußen: Ges. 16. März 1877, GS. S. 101; Pommern: Ges. 4. März 1867, GS. S. 362, 27. Juni 1875, GS. S. 406; Brandenburg: Ges. 23. Juli 1875, GS. S. 537 (s. auch Sachsen); Sachsen: Ges. 28. März 1877, GS. S. 111, 10. März 1880, GS. S. 215; Schlesien: Ges. 19. Juni 1876, GS. S. 238; Westfalen: Ges. 3. März 1876, GS. S. 112. Über Umwandelung von Lehen in Familienfideikommisse s. außerdem für die Kurmark: Ges. 15. Mai 1852, GS. S. 290; Pommern: Ges. 10. Juni 1856, GS. S. 554; Ostpreußen: Ges. 23. März 1857, GS. S. 169.

Gegenstand der Besteuerung ist nur der Wert des Nutzungsrechtes (§ 26 EStG.). Wenn jedoch das Lehen nach dem Gesetze in der Hand eines zur Nachfolge gelangenden Agnaten oder Mitbelehnten die Lehnseigenschaft verliert, so ist die von dem Agnaten oder Mitbelehnten zu entrichtende ESt. von dem Stammwerte des Lehngutes zu berechnen (Oberlandesger. Celle 25. Juni 1903. 2 U. 428.02; FM. 15. Nov. 1892 III 14253, H.-G. S. 1007 Nr. 10). Die Abfindungen, die in einem solchen Falle den übrigen Mitgliedern der bisher lehntragenden Familie zu gewähren sind, kommen von dem Werte des beschwerten Anfalls in Abzug. Die Empfänger der Abfindungen haben davon keine ESt. zu entrichten, weil ihnen die Abfindungen nicht kraft eines Nachfolgerechtes zugefallen, sondern durch Gesetz aus Billigkeitsgründen als eine Entschädigung für den Wegfall ungewisser Nachfolgerechte zugestanden worden sind. Wenn der Erbe des Lehngutes nach Maßgabe des die Umwandelung des Lehns betreffenden Ges. statt der Gewährung der Geldentschädigungen mit dem Lehn ein

Fideikommiß für die lehnfolgeberechtigte Familie gründet, so ist der Anfall des Lehngutes an ihn nicht nach dem Stammwerte, sondern nach § 26 EStG. zu besteuern, und die etwa schon zuviel erhobene ESt. zu erstatten. Wird aus einer Abfindung eine Familienstiftung begründet, so bleibt der erste Hebungsberechtigte von ESt. befreit, während die später infolge eines Todesfalls eintretenden Anfälle der Hebungen steuerpflichtig sind (FM. 15. Nov. 1892 III 14253, H-G. S. 1007 Nr. 10).

26. Der Begriff der Fideikommißstiftung im Sinne des EStG. ist im § 3 gegeben. Der Paragraph gilt nur noch in den Hohenzollernschen Landen; in den übrigen Landesteilen ist er durch § 35 LStG. förmlich aufgehoben, zugleich aber durch die Tarifstelle 24 LStG. inhaltlich aufrecht gehalten worden. Nach der Begr. S. 58 wurde mit der Begriffsbestimmung die Gleichstellung der deutsch- und römisch-rechtlichen F. in der Besteuerung bezweckt. Die Bestimmung schließt sich der im § 55 I 12 ALR. erfolgten Begrenzung der Nacherbfolge an; daraus ergibt sich, daß der erste Erwerber nicht mitgezählt werden darf, sondern mehr als 2 Nachfolger vorhanden sein müssen (H-Sp. S. 645). Aus der anderen Begrenzung der Nacherbfolge in den §§ 2191, 2109 BGB. werden sich keine Schwierigkeiten ergeben. Ob eine F. vorliegt, muß aus der Stiftungsurkunde entnommen werden; die Anordnung einer F. kann z. B. in einem Veräußerungsverbote oder in der vorgesehenen Nachfolgeordnung gefunden werden. Als F. ist die Stammgutserklärung eines Rittergutes der Calenberg-Göttingen-Grubenhagenschen Ritterschaft anzusehen (FM. 11. Febr. 1894 III 1295; RG. 8. Juli 1892, Bd. 30 S. 173, JW. S. 400[22]). Über F. s. ALR. II 4 §§ 47 bis 226; Ges. 15. Febr. 1840, GS. S. 20, 25; Ges. 5. März 1855, GS. S. 175; AG. GBG. § 49 Nr. 1, 2; AG. GBO. Art. 15—20; Eccius IV S. 266 ff. § 242; Neubauer — s. Anm. 24 —.

a) Als F.-Anfälle sind nur die auf Grund stiftungsmäßiger Nachfolgeordnung eintretenden Anfälle anzusehen; anderer Erwerb auf Grund der Stiftungsurkunde, z. B. ein Jahrgeld der Witwe des Vorgängers, unterliegt nicht der ESt. Gegenstand der Besteuerung ist nur der Wert der Nutzungen (§ 26 EStG.).

b) Die Errichtung eines F. kann unter Lebenden oder durch Verfügung von Todes wegen erfolgen (§§ 47, 62, 28 II 4 ALR.); sie bedarf in der Regel der Bestätigung des Landesherrn oder der F.-Behörde (meist Oberlandesgericht: H.-Sp. S. 645 Anm. 7). Zuwendungen an bestehende Stiftungen sind wie Neustiftungen zu beurteilen (Anm. 11; Eccius IV S. 271). Die Bestätigung einer Stiftung, welche bei Lebzeiten des Stifters wirksam werden sollte, wird nach dem Tode des Stifters zulässig sein, wenn der Stifter nach der Verlautbarung gestorben ist. Aus der Natur der Bestätigung folgt, daß sie auf die Zeit der Verlautbarung zurückwirkt, und daß der Stifter mangels einer anderen Berufung als erster Inhaber anzusehen ist (§§ 62, 32 II 4 ALR.; OTr. 10. März 1862, Striethorst 45 S. 111). Die Stiftungsurkunde unterliegt der in der Tarifstelle 24 LStG. bestimmten Stempelsteuer, die, wenn der Stifter sie nicht entrichtet hat, seinem Allodialerben zur Last fällt (§ 12 LStG.). Bei Stiftungen von Todes wegen haftet dafür auch der Erwerber des F.-Anfalles mit dem Anfalle der Nutzungen (H.-Sp. S. 653 Anm. 21). Im Falle der gerichtlichen Bestätigung der Stiftung ist die Stempelsteuer mit den Gerichtskosten zu erheben (H.-Sp. S. 651 Anm. 17).

c) Der Anfall erfolgt zum ersten Male bei einer Errichtung:

I. unter Lebenden mit dem Übergange von dem ersten auf den zweiten Besitzer. Die Widmung des Vermögens durch den Stifter ist ein Geschäft unter Lebenden und begründet keinen Anfall. Beruft der Stifter einen anderen als ersten Fideikommißbesitzer, so ist hiermit eine Schenkung beurkundet (FM. 20. Mai 1888 III 8898). War kein anderer berufen und stirbt der Stifter vor der Bestätigung, so wird ein steuerpflichtiger Anfall an den ersten Nachfolger des Stifters als vorliegend anzunehmen sein (Anm. b).

II. durch Verfügung von Todes wegen mit dem Tode des Stifters (FM 20. Mai 1888 III 8898). In diesem Falle hat das EStA. als Stempelsteueramt die Entrichtung des F.-Stempels (s. b) zu überwachen und, wenn der erste Erwerber eine steuerpflichtige Person ist, die ESt. von dem Anfalle der Nutzungen zu erheben. Die Erhebung der ESt. wird in entsprechender Anwendung der Grundsätze des § 7 schon vor der Bestätigung der Stiftung erfolgen können, unter Vorbehalt der Umrechnung der ESt., falls die Stiftung nicht zu stande kommt (vergl. jedoch Anm. 10).

d) Durch die Aufhebung eines F. wird das der Stiftung gewidmete Vermögen freies Eigentum. Erfolgt die Umwandelung durch Familienschluß, so tritt kein steuerpflichtiger Anfall ein. Wenn aber das Stiftungsvermögen bei einem Anfalle freies Vermögen wird, z. B. weil der letzte Berechtigte keine männlichen Nachkommen hat, so ist die ESt., und zwar von dem Stammwerte des Vermögens zu entrichten. In einem solchen Falle kann der letzte Berechtigte über das F. zwar von Todes wegen, aber nicht unter Lebenden verfügen; die Umwandelung des F. in freies Vermögen erfolgt erst mit dem Tode des letzten Besitzers und dem Anfalle an seine Erben (Eccius IV S. 284; §§ 139, 189 II 4 ALR.).

27. Der Begriff der Familienstiftung ist im EStG. nicht festgelegt und daher dem bürgerlichen Rechte zu entnehmen. An die Stelle der Vorschriften des ALR. II 4 §§ 21 ff. sind mit dem 1. Jan. 1900 die Bestimmungen des BGB. §§ 80 ff. und Art. 1—3 AG. BGB. getreten. Nach Art. 1 § 1 AG. BGB. ist eine

Stiftung, die nach der Stiftungsurkunde ausschließlich dem Interesse der Mitglieder einer bestimmten Familie oder mehrerer bestimmter Familien dient, eine Familienstiftung. Die F. kann zeitlich beschränkt sein. Wenn der Stifter für den Fall des Aussterbens der Familie das Vermögen anderen Zwecken gewidmet hat, so ist neben der Familienstiftung unter einer aufschiebenden Bedingung eine gewöhnliche Stiftung errichtet (KG. 25. März 1901, Jahrb. 21 S. A 214). Ist das in einer Verfügung von Todes wegen geschehen, so ist zunächst nur die Stempelsteuer für die Errichtung der F. und erst beim Eintritt der Bedingung die ESt. fällig (Anm. 11). Nach bei H=Sp. S. 643 Fußnote 4 angeführten Entscheidungen widerspricht es nicht dem Wesen der F., wenn die Nutzungen unter Umständen, z. B. bei vorübergehendem Fehlen von Familienangehörigen, zeitweilig an andere Personen verteilt werden sollen. Hiernach wird von der Verwaltung auch nach dem Inkrafttreten des BGB. verfahren, indem angenommen wird, daß bei sog. gemischten Stiftungen im Sinne der Steuerges. eine F. vorhanden sei, wenn die Stiftung zunächst und überwiegend die Unterstützung der Mitglieder bestimmter Familien bezweckt (Erlaß 21. Nov. 1903, FM. III 15 164, JM. III 6286, M. d. J. 1b 2075; FM. 16. Dez. 1904 III 15 272). Eine Zuwendung für eine solche Stiftung würde hiernach nicht der ESt., sondern der Stempelsteuer unterliegen (Anm. 11).

Die F. erlangt mit der Genehmigung durch das Amtsgericht (jedoch Art. 1 § 1 Abs. 2 AG. BGB.), in dessen Bezirk sie ihren Sitz haben soll, selbständige Rechtspersönlichkeit. Dadurch unterscheidet sie sich einerseits von dem Fideikommisse, an welchem dem Berechtigten das nutzbare Eigentum zusteht, andererseits von einer Zuwendung, die mit einer Auflage zu Gunsten bestimmter Familien beschwert ist. Nach der oben erwähnten Verwaltungsübung kommt es bei sog. gemischten Stiftungen oder gleichartigen Auflagen für die Unterscheidung von anderen Stiftungen und Auflagen im Sinne der Steuerges. auf den Hauptzweck an. Die Abgrenzung ist von Bedeutung, weil F. von den Vorschriften der §§ 7, 8 ESt G. ausgenommen sind (Anm. 11), während andere Stiftungen und Auflagen der ESt. unterliegen. Nach dem bisherigen Recht war für die Beurteilung, ob eine F. vorhanden war, die Widmung entscheidend, während die Verlautbarung und Bestätigung (§§ 29—31 II 4 ALR.) keine wesentlichen Erfordernisse bildeten (RG. 21. März 1895, JW. S. 309[58]; 5. Dez. 1895, JW. 1896 S. 62[32]). Nach dem BGB. ist die Genehmigung wesentlich und deshalb, wenn sie von dem Erben oder dem Testamentsvollstrecker nicht nachgesucht wird, vom Nachlaßgericht einzuholen (§ 83). Die Steuerverwaltung ist befugt, die Genehmigung einer F. zu betreiben, wenn dabei ein Steuerinteresse obwaltet (RG. 23. Dez. 1901 — 1 Y 1048 01; vergl. § 37 Anm. 4). Wegen der Stempelsteuer vergl. Tarifstelle 23, 24 LSt G. und Anm. 26 b.

a) Der Anfall ist nur steuerpflichtig, wenn er infolge Todesfalls an den vermöge einer stiftungsmäßigen Nachfolgeordnung Berufenen gelangt; andererseits ist die Erfüllung dieser beiden Voraussetzungen aber auch genügend zur Begründung der Steuerpflicht; es ist nicht erforderlich, daß der Anfall für die ganze Lebenszeit des Erwerbers erfolgt, sondern er kann z. B. mit der Verheiratung erlöschen; alsdann hat der unmittelbare Nachfolger allerdings keine ESt. zu zahlen (FM. 4. Dez. 1900 III 13 179). Erwerb an Unterstützungen in Fällen eines Bedürfnisses, Ausstattungen usw. ist der ESt. nicht unterworfen (Begr. S. 58; Sten.Ber. des Herrenhauses 1872/73 S. 358). Wegen des ersten Anfalls gilt im wesentlichen dasselbe wie Anm. 26 c (FM. 29. Dez. 1901 III 16 126). Wenn der Erblasser den ersten Bezugsberechtigten selbst berufen hat, so kann seine Absicht dahin gegangen sein, dem Berufenen unabhängig davon, ob die Stiftung genehmigt wird oder nicht, eine Zuwendung zu machen. Eine solche Zuwendung würde als Vermächtnis steuerpflichtig sein (FM. 29. Dez. 1901 III 16126).

b) Gegenstand der Besteuerung ist der Kapitalwert der Hebungen (§ 26). Der Steuersatz wird nach der Verwandtschaft zum Vorgänger bestimmt (Tarif AB. 3).

c) Verzichtet der Berufene schlechthin auf den Anfall, bevor er ihn angenommen hat, so hat er ihn nicht endgiltig erworben und deshalb nicht zu versteuern; der Anfall gelangt alsdann infolge des Todesfalls unmittelbar an denjenigen, der berufen gewesen sein würde, wenn der Verzichtende damals nicht gelebt hätte. Wegen des Verzichts nach der Annahme und zu Gunsten eines andern als des Nächstberechtigten gilt im wesentlichen dasselbe wie Anm. 24 c.

28. Ziffer 4. Die durch Art. 1 des Ges. 19. Mai 1891 zugefügte Vorschrift betrifft nicht den Fall der Todeserklärung (Anm. 4), sondern im bisherigen Geltungsbereiche des Rhein. Rechts den Fall der Verschollenheitserklärung oder der vorläufigen Einweisung des mutmaßlichen Erben in den Besitz und Genuß des Vermögens des Verschollenen (Begr. 1891 S. 11). Da das BGB. diese Einrichtungen nicht aufgenommen hat, so ist die Vorschrift jetzt bedeutungslos. Die Versteuerung ist endgültig, sodaß bei der späteren Todeserklärung (Art. 161 EG. BGB.) eine nochmalige Versteuerung nicht stattfinden darf. Im Falle der Rückkehr des Verschollenen ist die ESt. bis auf den der wirklichen Bereicherung entsprechenden Betrag zu erstatten (Begr. 1891 S. 11). Vergl. Anm. 4.

§. 2. (2).

Fideikommiß- und Familienstiftungen.

In Betreff der von Fideikommiß- und von Familienstiftungen zu entrichtenden Werthstempelabgabe bewendet es bei den bestehenden Vorschriften mit folgenden Maßgaben:

1) die Ermittelung des stempelpflichtigen Werthes erfolgt nach den Bestimmungen in den §§. 14 bis 21 dieses Gesetzes, jedoch ohne Abzug der Schulden;

2) bei Fideikommiß- und Familienstiftungen von Todeswegen ist der Werthstempel binnen 6 Monaten nach dem Todesfall beizubringen und kommen wegen der Verhaftung für die Entrichtung desselben die Bestimmungen der §§. 29 und 30 dieses Gesetzes zur Anwendung.

Der Paragraph ist durch § 35 LStG. mit dem 1. April 1896 aufgehoben und durch die Tarifstellen 23, 24 LStG. ersetzt worden.

§. 3. (3).

Als Fideikommißstiftungen im Sinne dieses Gesetzes sind alle von Todeswegen oder unter Lebenden getroffene Anordnungen anzusehen, kraft deren gewisse Vermögensgegenstände der Familie für immer oder für mehr als zwei Generationen erhalten bleiben sollen.

Der Paragraph gilt nur noch in den Hohenzollernschen Landen. Im übrigen s. § 1 Anm. 26.

§. 4. (4).

Schenkungen unter Lebenden.

Schenkungen unter Lebenden — insbesondere auch die remuneratorischen und die mit einer Auflage belasteten Schenkungen — unterliegen, wenn eine schriftliche Beurkundung derselben stattfindet, einer Werthstempelabgabe von dem Betrage der Schenkung. Als Beurkundung von Schenkungen im Sinne dieser Bestimmung sind alle Schriftstücke über solche Geschäfte anzusehen, bei welchen die Absicht auf Bereicherung des einen Theils gerichtet war, auch wenn das Geschäft in der Form eines lästigen Vertrags abgeschlossen ist. Bei Beurtheilung der Frage, ob die Absicht der Bereicherung des einen Theils anzunehmen ist, sind auch solche Umstände in Betracht zu ziehen, welche aus der Urkunde nicht ersichtlich sind.

Der erforderliche Werthstempel bestimmt sich nach den Vorschriften des anliegenden Tarifs und der §§. 6 bis 25, sowie des §. 27 erster Absatz dieses Gesetzes, indem an Stelle der Verhältnisse des Erblassers und des Erwerbers des Anfalls die Verhältnisse des Gebers, beziehungsweise des Beschenkten berücksichtigt werden.

Im Uebrigen finden auf diese Werthstempelabgabe die Bestimmungen wegen des Urkundenstempels Anwendung. In denjenigen Fällen, in welchen die Versteuerung der Schenkung über die für die Verwendung des Urkundenstempels sonst vorgeschriebene Frist hinaus ausgesetzt bleibt (§§. 22 bis 25 und §. 27 erster Absatz), muss die Urkunde vor Ablauf dieser Frist der von dem Finanzminister zu bestimmenden Steuerbehörde vorgelegt werden, welche die erforderlichen Anordnungen wegen späterer Verwendung des Stempels zu treffen hat und welcher hierfür auf Verlangen Sicherheit zu bestellen ist.

Der Paragraph ist, soweit er nicht in den Hohenzollernschen Landen Geltung hat (Abs. 1 und 2), durch § 35 LStG. mit dem 1. April 1896 aufgehoben worden. An Stelle des 3. Abs. gilt in den Hohenz. L. folgende Vorschrift des Art. 2 Ges. 19. Mai 1891: „Der FM. trifft nähere Bestimmungen über die Art der Entrichtung dieser Abgabe. Für dieselbe haftet jeder Aussteller, sowie jeder spätere Inhaber oder Vorzeiger der Urkunde.“ In den übrigen Landesteilen (mit Ausschluß der Insel Helgoland) ist der Paragraph durch die im wesentlichen gleichlautenden Vorschriften der Tarifstelle 56 LStG. ersetzt worden. Bei der geringen Bedeutung des Paragraphen wird von Erläuterung abgesehen.

§. 5. (5).

Erbschaftssteuerpflichtige Masse.

Die Erbschaftssteuer wird von dem Betrage entrichtet, um welchen diejenigen, denen der Anfall zukommt, durch denselben reicher werden.

Es sind daher der steuerpflichtigen Masse alle zu derselben gehörige ausstehende Forderungen, auch die, welche der Erwerber selbst zur Masse schuldet, oder die ihm erst mit dem Anfall erlassen werden, hinzuzurechnen.

Dagegen kommen von der steuerpflichtigen Masse in Abzug alle Schulden und Lasten, welche mit und wegen derselben übernommen werden. Hierzu werden bei Erbschaften auch gerechnet die Kosten der letzten Krankheit und des Begräbnisses des Erblassers, die gerichtlichen und außergerichtlichen Kosten der Nachlaßregulirung und der im Interesse der Masse geführten Prozesse, nicht aber der Betrag der Erbschaftssteuer selbst und nicht die Kosten der zwischen den Erbinteressenten in deren besonderem Interesse geführten Prozesse.

1. Gegenstand der Besteuerung ist die Bereicherung des Erwerbers durch den Anfall (§ 1 Anm. 1). Nach § 28 EStG. wird die ESt. von dem ganzen Anteile jedes einzelnen Erwerbers eines Anfalles für diesen besonders berechnet. Während hiernach die Bereicherung des Erwerbers aus der Masse zu besteuern ist, sind in Abs. 2, 3 und den §§ 14 ff. nur Vorschriften für die Ermittelung des Betrages der Masse gegeben. Die Bestimmungen sollen jedoch auch für die Ermittelung des Wertes jedes einzelnen Erwerbes gelten (Begr. 1873 S. 60, 1891 S. 16; Komm.Ber. 1891 S. 1616), soweit sich aus Sinn und Zusammenhang keine Beschränkung ergibt. Eine solche folgt z. B. aus dem Grundsatze des § 5 Abs. 1 für die Auslegung des § 17 (§ 17 Anm. 1). Vergl. § 29 Anm. 2.

2. Der Gegenstand des Anfalls ist nach dem für den Anfall maßgebenden bürgerlichen Rechte festzustellen. Für einzelne Anfälle sind jedoch im EStG. Sondervorschriften getroffen, welche die Anwendung der

allgemeinen Vorschriften des bürgerlichen Rechtes ausschließen, z. B. in §§ 26 und 27.

3. Eine Bereicherung bildet nicht nur alles, was das Vermögen und Einkommen unmittelbar oder mittelbar, z. B. durch Ersparung einer Ausgabe, vermehrt, sondern auch jeder andere, in Geld schätzbare Vorteil, z. B. ein Gebrauchsvorteil. Die Ermittelung des Wertes ist nach § 14 auf den gemeinen Wert zur Zeit des Anfalls (§ 1 Anm. 5) zu richten. Für die Wertermittelung sind in den §§ 15—21, 25 weitere Bestimmungen gegeben.

Der Betrag der Bereicherung ergibt sich, wenn von dem Werte des Anfalles die Schulden und Beschwerungen in Abzug gebracht werden (RG. 1. März 1892, JW. S. 188[34]). Bei einer überschuldeten Erbschaft kann keine Bereicherung des Erben, wohl aber eine solche der Vermächtnisnehmer eintreten, wenn der Erbe für die Nachlaßverbindlichkeiten unbeschränkt haftet (§ 1 Anm. 18).

Bei § 5 Abs. 2 und 3 scheint man davon ausgegangen zu sein, daß bei Erbschaften die Ermittelung der Masse die Grundlage für die Feststellung der Bereicherung der einzelnen Erwerber bilde. In der Regel wird auch die Summe der Werte der einzelnen Bereicherungen dem Werte des Reinnachlasses gleichkommen; denn was für einen Erwerber eine Bereicherung bildet, beschwert meist in gleichem Maße den Anfall eines andern. Eine Ausnahme findet im Falle des § 17 statt (§ 17 Anm. 1), weil hier die Grundsätze für die Schätzung der Bereicherung und der Beschwerung nicht immer die nämlichen sind. Ferner sind infolge besonderer Verfügungen des Erblassers Ausnahmefälle möglich, z. B. wenn der Erblasser einer Person eine Rente vermacht hat, die der Beschwerte durch Einkauf bei einer Versicherungsanstalt gewähren soll; in diesem Falle ist die Bereicherung nach § 16 zu ermitteln, während die Beschwerung in dem

Einkaufspreise besteht (§ 16 Anm. 4). Weitere Abweichungen können infolge der Regelung der Steuerpflicht bedingter und betagter Anfälle (§§ 22—24) eintreten. In diesen Fällen und in denen des § 27 kann auch eine mehrfache Besteuerung desselben Gegenstandes stattfinden, und es können Gegenstände, die nicht zum Nachlasse gehört haben, aber an die Stelle von Nachlaßgegenständen getreten sind (vergl. § 2111 BGB.), der Besteuerung unterliegen, weil bei den nach dem Erbfalle erfolgenden Anfällen die beim Anfalle obwaltenden Verhältnisse für die Besteuerung maßgebend sind (vergl. auch § 40 Abs. 2). Wenn z. B. ein Erblasser ein Vermächtnis für den Fall angeordnet hat, daß ein Nachlaßgrundstück künftig vorteilhaft veräußert werde, so unterliegt das Vermächtnis beim Anfalle der Besteuerung (§ 22), obwohl der den Wert des Grundstücks beim Erbfalle übersteigende Erlös nicht zum Nachlasse gerechnet wird (§ 14 Anm. 2). Der Beschwerte hat den ihm verbleibenden Vorteil nicht nachzuversteuern. Wenn sich aber die Bereicherung des Beschwerten durch die Erfüllung des Vermächtnisses vermindert, so ist die zuviel erhobene ESt. zu erstatten (§ 23 Abs. 1). Ebenso ist es zu beurteilen, wenn der Erblasser ein Vermächtnis für den Fall angeordnet hat, daß auf einen Losanleiheschein ein Gewinn fallen sollte (FM. 6. Nov. 1890 III 14097). Eine Bereicherung ist nicht vorhanden, wenn der Erblasser angeordnet hat, daß die Erben auf den Inhaber lautende Losanleihescheine nicht veräußern und den darauf fallenden Gewinn unter sich teilen sollen (§ 14 Anm. 2), oder wenn er bestimmt hat, daß die Zinsen einer vererblichen Zuwendung angesammelt und dem Bedachten mit dem Kapital zu einer späteren Zeit ausgehändigt werden sollen (FM. 20. März 1889 III 4606; RG. 11. Nov. 1889, Bolze 8 Nr. 608, 670), weil in diesen Fällen die Bereicherungen den Bedachten ohnehin auf Grund des Anfalles zukommen.

4. Den Nachlaß des Erblassers bildet sein Vermögen (§ 1922 BGB.), das ist der Inbegriff seiner vererblichen Rechte und Verbindlichkeiten. Unvererblich sind die ihrer Natur nach oder kraft besonderer Vorschrift an die Person des Erblassers geknüpften Rechte und Verbindlichkeiten, z. B. die des Ehemannes oder der Eltern, der Anspruch der Verwandten oder des unehelichen Kindes auf Unterhalt (§§ 1615, 1712 f. BGB.), die Mitgliedschaft in einem Vereine (§ 38 BGB.), der Nießbrauch und die beschränkten persönlichen Dienstbarkeiten, z. B. Wohnungsrecht, Altenteil (§§ 1061, 1090, 1093 BGB.).

Was zum Nachlasse gehört, richtet sich nach dem für die einzelnen Rechtsverhältnisse anwendbaren Rechte; nur in Bezug auf die mit dem Anfalle durch Vereinigung erlöschenden Rechte und Pflichten und hinsichtlich der Nachlaßverbindlichkeiten sind im Abs. 2 und 3 besondere Vorschriften getroffen. Zum Nachlaß kann nur das gehören, was dem Erblasser selbst zustand; es genügt aber, daß dem Erblasser ein Recht zukam, wenn dem Recht auch keine Verbindlichkeit entsprach. Daher gehören auch verjährte Ansprüche zum Nachlasse (§ 222 BGB.); im Falle der Verweigerung der Leistung werden sie allerdings wertlos sein. Besondere Fälle:

I. Zum Nachlasse einer Ehefrau gehören nicht die Nutzungen des eingebrachten Gutes (§ 1383 BGB.) und Vermögensgegenstände, welche die Frau dem Manne zur Bestreitung des ehelichen Aufwandes überlassen hat (§ 1429 BGB.).

II. Einem unter elterlicher Gewalt des Vaters oder der Mutter stehenden Kinde gebühren nicht die Nutzungen seines nicht freien Vermögens (§§ 1649 ff. BGB.). Hat ein dem elterlichen Hausstande angehörendes volljähriges Kind Vermögen der Verwaltung des Vaters oder der Mutter überlassen, so gehören die Einkünfte, welche die Eltern beim Tode des Kindes noch nicht bezogen haben, zum Nachlasse des Kindes (§ 1619 BGB.); hat ein solches Kind den Eltern zur Bestreitung der Kosten des Haushalts etwas aus seinem Vermögen überlassen, so ist im Zweifel anzunehmen, daß die Absicht gefehlt hat, Ersatz zu verlangen (§ 1618 BGB.).

III. Zum Nachlasse der Eltern sind die von Abkömmlingen zur Ausgleichung zu bringenden Beträge nicht zu rechnen (RG. 17. Jan. 1895, JW. S. 175[41]; vergl. §§ 2050 ff., 2316 BGB.). Ebenso sind auch solche Beträge nicht zum Nachlasse zu rechnen, deren Ausgleichung der Erblasser einem anderen gesetzlichen oder erwählten Erben gegenüber angeordnet hat (Planck V § 2050 Anm. 4 e). Der Erbe hat den Erbteil einschließlich des ihm infolge der Teilnahme an der Ausgleichung zukommenden, aber ausschließlich des von ihm selbst zur Ausgleichung zu bringenden Betrages zu versteuern. Eine Verfügung des Erblassers über die Anrechnung eines Betrages wird als Beurkundung einer Schenkung stempelpflichtig sein können (Tarifstelle 56 LStG.).

IV. Verpfändete Gegenstände und Forderungen, denen Gegenforderungen gegenüberstehen, gehören zum Nachlasse; die Gegenansprüche kommen nur als Schulden in Betracht.

V. Gegenstände, die der Erblasser wirksam verschenkt hat, gehören nicht zum Nachlasse (§ 1 Anm. 20), es sei denn, daß der Erbe von dem ihm etwa zustehenden Rechte zum Widerrufe der Schenkung (§ 530 BGB.) Gebrauch gemacht hat.

VI. Leistungen, die der Erblasser durch Vertrag zu gunsten eines Dritten mit der Wirkung bedungen hat, daß dem Dritten das unmittelbare Recht auf die Leistungen zustehe, gehören nicht zum Nachlasse (§§ 328 ff. BGB.). Die Vorschriften des BGB. finden auf die vor ihrem Inkrafttreten abgeschlossenen Verträge keine Anwendung (Art. 170 EG. BGB.); sie entsprechen jedoch hinsichtlich der nachfolgend zu erwähnenden Verträge im allgemeinen dem bisherigen Recht (Planck II § 330 Anm. 1).

a) Wird in einem Lebensversicherungs- oder einem Leibrentenvertrage die Zahlung der Versicherungssumme oder der Leibrente an einen Dritten nach dem Tode des Versprechensempfängers bedungen, so ist im Zweifel anzunehmen, daß der Dritte mit dem Tode des V. unmittelbar das Recht erwerben soll, die Leistung zu fordern (§§ 330 ff.). Es ist nicht erforderlich, daß der Begünstigte in der Versicherungsurkunde benannt ist, sondern es genügt die Bezeichnung im Versicherungsantrage (RG. 27. Okt. 1898, JW. S. 681 [67]). Hat sich der Versprechensempfänger die Befugnis vorbehalten, ohne Zustimmung des Versprechenden an die Stelle des im Vertrage bezeichneten Dritten einen anderen zu setzen, so kann dies im Zweifel auch in einer Verfügung von Todes wegen geschehen (§ 332). Da der Dritte das Recht auf die Leistungen unmittelbar erwirbt, so gehören die Leistungen nicht zum Nachlasse des Erblassers und bilden keinen erbschaftlichen Erwerb des Begünstigten (Planck II § 332 Anm.; RG. 3. Juni 1902, Bd. 51 S. 403). Wenn der Begünstigte nicht unmittelbar berechtigt sein soll, so gehört zwar das Recht auf die Leistung zum Nachlasse; es steht ihm jedoch die Pflicht zur Gewährung der Leistung an den Begünstigten gegenüber. Der Erwerb des Begünstigten beruht auch in diesem Falle auf einem Rechtsgeschäft unter Lebenden und ist der ESt. nicht unterworfen. In allen Fällen kann nur in Frage kommen, ob in dem Vertrage oder in der Verfügung von Todes wegen eine Schenkung beurkundet ist (Tarifstelle 56 LStG.). Wenn der begünstigte Dritte vor dem Erblasser gestorben ist, oder wenn er die Leistung zurückgewiesen hat, so gehört die Leistung zur steuerpflichtigen Masse (Planck II § 331 Anm. 1; § 335 Anm. 2). Dasselbe gilt, wenn die Versicherung nicht zu gunsten eines Dritten, sondern zugunsten der Erben erfolgt ist. Für bisheriges preuß. Recht s. Eccius II § 146 S. 438.

b) Wenn bei einer unentgeltlichen Zuwendung dem Bedachten eine Leistung an einen Dritten auferlegt, oder bei einer Vermögens- oder Gutsübernahme von dem Übernehmer eine Leistung an einen Dritten zum Zwecke der Abfindung versprochen wird, so ist im Zweifel anzunehmen, daß der Dritte das Recht auf die Leistung unmittelbar erwerben soll (§§ 330, 525—527 BGB.; Art. 15 AG. BGB.). Die unmittelbare Berechtigung des Dritten entsteht mit der Vollziehung der Zuwendung oder mit der Übertragung des Vermögens oder des Gutes (Planck II § 330 Anm. 1). Stirbt der Erblasser nach Abschluß des Rechtsgeschäfts, so erfolgt der Erwerb des Dritten nicht aus dem Nachlasse, selbst wenn das Rechtsgeschäft erst von den Erben des Schenkers oder Veräußerers erfüllt wird. Wie zu a kann nur die Erhebung des Schenkungsstempels in Frage kommen. Für bisheriges Recht s. Eccius I § 75 S. 428 ff.

5. Urteile und Vergleiche über Gegenstände und Verbindlichkeiten des Nachlasses sind nach den zu § 1 in Anm. 9 dargelegten Grundsätzen zu berücksichtigen.

6. Einzelne Vermögensgegenstände:

I. Ein Grundstück oder Grundstücksanteil gehört zum Nachlasse, wenn der Erblasser Eigentümer war (§§ 900, 1438, 1922, 2139, 2033 BGB.; § 90 ZVG.). Bei Erwerb des G. durch Rechtsgeschäft muß der Erblasser im Geltungsbereiche des BGB. als Eigentümer in das Grundbuch eingetragen worden sein (§§ 873, 925 BGB.; für die Übergangszeit s. jedoch Art. 189 EG. BGB.). Solange die zur Eintragung führende Auflassung nicht erfolgt ist, gehört zum Nachlasse nur das Recht auf Übertragung des Eigentums des G. Der Wert des Rechts wird zwar dem Werte des G. gleichkommen, die Unterscheidung ist jedoch im Hinblick auf §§ 9—11 bedeutsam. Ein G., das der Erblasser wirksam verkauft hat (§§ 313, 125 ff. BGB.; Art. 12 AG. BGB.), gehört so lange zum Nachlasse, bis der Käufer Eigentümer geworden ist (RG. 10. Okt. 1903, Bd. 55 S. 340); da die Erben jedoch an den Kaufvertrag gebunden sind, so besteht ihre Bereicherung nur in dem Werte der Rechte aus dem Kaufvertrage. Wenn der Erblasser Miteigentümer eines G. nach Bruchteilen ist, so empfiehlt sich eine Feststellung des dem Miteigentume zugrunde liegenden Rechtsverhältnisses.

Die Beteiligten haben den Wert des G. und die für die Beurteilung des Werts erheblichen Verhältnisse anzugeben (§§ 20, 21, 38), z. B. Lage, Größe, Beschaffenheit, Wirtschaftszweck, jährlichen Ertragswert, Kaufpreise aus der letzten Zeit, Feuerversicherungssumme der Gebäude. Durch FME. 18. Febr. 1880 III 824 (H-G. S. 1047) ist empfohlen worden, die Auszüge aus den Grundsteuerbüchern zur Benutzung bei der Wertermittelung einzufordern und bei den Akten zu behalten. Den Organen der ESt.-Verwaltung sind die bei den Vorsitzenden der Veranlagungskommissionen aufbewahrten schriftlichen Ergebnisse der behufs Veranlagung der Ergänzungssteuer vorgenommenen Schätzungen der gemeinen Grundstückswerte zugänglich (FM. 31. Jan. 1896 III 17804/95, H-Sp. S. 119 Anm. 9). Das EStA. soll den Vorsitzenden in der Regel schriftlich unter Benutzung des durch FME. 17. Jan. 1903 III 176 vorgeschriebenen Formulars um Mitteilung der notwendigen Angaben ersuchen. Soweit die Schätzung zum Zwecke der Veranlagung der Ergänzungssteuer unterblieben oder infolge von Grundstücksteilungen, Veränderungen im Gebäudebestande usw. nicht mehr zutreffend ist, soll der Katasterkontrolleur nötigenfalls schriftlich zur Begutachtung des Werts in Anspruch genommen werden (FM. 31. Jan. 1896 s. oben).

Für die Schätzung des Werts der G. behufs Veranlagung der Ergänzungssteuer hat der FM. die technische Anleitung vom 26. Dez. 1893 erteilt. Die Schätzung erfolgt nach den Verhältnissen zur Zeit der Veranlagung, namentlich nach der damaligen Beschaffenheit und Nutzungsweise des G. Als Anhalt dienen die im gewöhnlichen Verkehr für G. gezahlten Kaufpreise und wenn, wie bei land- und forstwirtschaftlich benutzten Grundstücken, Verkäufe wenig vorkommen, die gemeinen Ertragswerte. Die Erwartung künftiger einträglicherer Benutzung kommt nur insoweit in Betracht, als sie den gegenwärtigen Wert bereits beeinflußt, z. B. bei Baustellen. Die Schätzung erstreckt sich auf alle Bestandteile und das gesamte Zubehör, einschließlich des Werts der mit dem G. etwa verbundenen Nutzung an Gemeinde- oder anderem gemeinschaftlichen Vermögen, insbesondere bei landwirtschaftlich benutzten G. auf das lebende und tote Wirtschaftszubehör und die zum Anlage- und Betriebskapital gehörenden Werte, einschließlich der den gewerblichen Nebenbetrieben dienenden Gegenstände, jedoch nicht auf die zum Verkauf bestimmten Vorräte aus früheren Wirtschaftsjahren. G., welche einem bergbaulichen, Handels- oder Gewerbebetriebe gewidmet sind, werden ohne Rücksicht auf ihre Zugehörigkeit zu einer solchen wirtschaftlichen Einheit geschätzt. Schulden und Lasten bleiben bei der Schätzung außer Betracht, weil sie den gemeinen Wert nicht beeinflussen, sondern einen selbständigen Wert haben. Das kann jedoch nicht für die Steuern und gemeinen Lasten gelten, die alle in einem Wirtschaftsgebiete belegenen G. gleichmäßig treffen und deshalb auf die Kaufpreise und gemeinen Werte einwirken. Derartige Lasten werden bei der Schätzung berücksichtigt und können daher nicht besonders in Anschlag gebracht werden. Ablösungsrenten u. dergl. werden nicht zu den gemeinen Lasten zu rechnen sein, weil sie die G. in der Regel verschiedenartig belasten.

Die den EStÄ. obliegende Prüfung wird hiernach in der Regel nur darauf zu richten sein:

a) ob die Wertverhältnisse sich seit der Veranlagung allgemein oder hinsichtlich des G. geändert haben, oder ob Änderungen im Bestande oder Zubehör des G. vorgekommen sind;

b) ob Bestandteile des G. vermöge eines Rechtsverhältnisses, z. B. Grunddienstbarkeiten, dingliche Vorkaufsrechte und subjektiv-dingliche Reallasten (§§ 1018, 1094, 1105 BGB.) berücksichtigt sind.

II. Bergwerke, d. h. die durch staatliche Verleihung begründeten Berechtigungen zum Betriebe eines Bergwerks (Allgem. Berggef. 24. Juni 1865, GS. S. 705), die Anteile am Bergwerkseigentum (Kuxe alten Rechts §§ 227 ff. a. a. O.) und die selbständigen Kohlenabbau-Gerechtigkeiten in den vormals Kgl. sächsischen Landesteilen (Gef. 22. Febr. 1869, GS. S. 401) unterliegen im allgemeinen den für Grundstücke geltenden Vorschriften (Art. 37, 38 AG. BGB.; vergl. Anm. I). Die gewerkschaftlichen Anteile des Allgem. Berggef. §§ 94 ff. (Neukuxe) gehören zum beweglichen Vermögen; sie ähneln in ihrer rechtlichen Natur den Namenaktien. Bei der Wertermittelung wird in geeigneten Fällen die Bergbehörde in Anspruch zu nehmen sein. Die gewerkschaftlichen Anteile bilden vielfach einen Handelsgegenstand; die beim Handel erzielten Preise, welche regelmäßig in Börsenzeitungen u. dergl. veröffentlicht werden, können bei der Wertermittelung als Anhalt dienen.

III. Ausländisches Geld und ausl. Noten sind nach dem für den Aufbewahrungsort maßgebenden Kurse umzurechnen (FM. 8. Febr. 1894 III 16460).

IV. Für Wertpapiere, welche einen Börsenpreis haben, ist der für die Zeit des Anfalls festgestellte Börsenpreis als Wert anzunehmen. Der Gegenbeweis, daß der wahre Börsenpreis ein anderer gewesen sei, ist zulässig (RG. 11. April 1883, Bd. 12 S. 7; FM. 13. Juli 1898 III 9878). Wenn zur Zeit des Anfalls keine Geschäftsabschlüsse stattgefunden haben, so werden vorangegangene oder nachfolgende Abschlüsse einen Anhalt für die Wertermittelung bieten. War die Börse am Tage des Anfalls geschlossen, so wird der Wert nach dem für den vorangegangenen oder nachfolgenden Tag festgestellten Kurse bestimmt werden können (FM. 11. Okt. 1886 III 11450; 27. Dez. 1887 III 16226), wenn nicht in der Zwischenzeit besondere, den Wert beeinflussende Verhältnisse eingetreten sind. Für die Wertbestimmung ist der Börsenpreis des Platzes maßgebend, der dem Aufbewahrungsort der Papiere zunächst gelegen ist. Ist an diesem Platze am Tage des Anfalls kein Preis amtlich festgestellt worden, so können die Preisberichte anderer Börsen und außeramtliche Preisberichte zu Hilfe genommen werden. Der nach der Preisfeststellung einer ausländischen Börse ermittelte Betrag ist zum Kurse kurzer Wechsel umzurechnen (Saling 1. Teil S. 344). Wenn der Kurs einer auswärtigen Börse zu grunde gelegt wird, so können die Kosten der Übersendung der Papiere an den Börsenplatz in Abzug gebracht werden. Ist der Wert nicht zu ermitteln, so kommt § 25 in Anwendung.

Die Feststellung des Börsenpreises von Wertpapieren ist durch die Bekanntmachung des Reichskanzlers vom 28. Juni 1898 (RGBl. S. 915, nachfolgend „Bek." bezeichnet) einheitlich, aber nicht erschöpfend geregelt; außer diesen Bestimmungen werden hier nur diejenigen der Berliner Börse erörtert. Näheres s. Salings Börsenpapiere, 1. Teil, 9. Aufl., Leipzig 1903; 2. und 3. Teil (Salings Börsen-Jahrbuch, 2. Berliner Börse, 3. andere deutsche Börsen), beide Leipzig.

a) Der Kurs. Als gemeiner Wert kommt nur der sog. Kassakurs, nicht der im Zeitgeschäfte oder im sog.

„freien Verkehr“ übliche Preis in Betracht. Der Kurs bedeutet in der Regel M. für 100 M. Auch bei nicht voll gezahlten Aktien wird der Kurs nach Prozenten des Nennwerts und nicht der Einzahlung berechnet; es ist jedoch die fehlende Einzahlung vom Kurse in Abzug zu bringen. Der Wert von Aktien über 4000 M., auf welche 30 v. H. eingezahlt sind, beträgt bei einem Kurse von 120 v. H., da die fehlende Einzahlung mit (100 — 30 =) 70 v. H. vom Kurse abzurechnen ist, 50 v. H. = 2000 M. (Saling 1. Teil S. 341). Bei Wertpapieren, welche gleichzeitig auf deutsche und ausländische Währung lauten, wird der Preisfeststellung die deutsche Währung zu grunde gelegt, wenn nicht auf Grund des § 2 Bek. eine Ausnahme bestimmt worden ist. Im übrigen erfolgt, soweit nicht Ausnahmen zugelassen sind, die Umrechnung in deutsche Währung nach den im § 3 Bek. festgestellten Mittelwerten, die am Kopfe des Kursberichts vermerkt sind. Die Ausnahmen sind im amtlichen Kursbericht vermerkt; vergl. auch Salings Börsen-Jahrbuch.

Stückkurs wird festgestellt für: Versicherungsaktien ohne Rücksicht auf die fehlende Einzahlung, Aktien von Terraingesellschaften, bei welchen satzungsmäßig die Zahlung von Dividende ausgeschlossen ist, Aktien von liquidierenden oder in Konkurs geratenen Gesellschaften, wenn auf die Aktien bereits eine Rückzahlung von Kapital stattgefunden hat, Genußscheine, Lospapiere, die ohne Zinsen gehandelt werden (§ 1 Bek.; Saling 1. Teil S. 342).

Für die Beurteilung der Preise ist die Kenntnis des bei der Feststellung geübten Verfahrens von Wichtigkeit (vergl. Cosack S. 383, Saling 1. Teil S. 219). Die Preise sind sog. Mittelkurse. Beim Überwiegen der Verkaufsaufträge (B. = Brief) für den Tageskurs erhält der Kurs den Zusatz bz. B. oder b. B., beim Überwiegen der Kaufgesuche (G. = Geld) den Zusatz bz. G. oder

b. G. Ist das Übergewicht so erheblich, daß die gegenüberstehenden Aufträge als bedeutungslos erscheinen, so erhält der Kurs, ebenso als wenn nur Verkaufsaufträge (B.) oder Kaufgesuche (G.) vorlägen, den Zusatz B. oder G.; ist es etwas weniger erheblich, so daß ein kleiner Teil der Aufträge zur Ausführung kommen konnte, so erhält der Kurs den Zusatz et bz. B. oder et bz. G. Haben die Verkaufs- und Kaufaufträge, die zum Tageskurse übereinstimmen, annähernd den gleichen Umfang, so erhält der Kurs nur den Zusatz bz. oder b.

Die vor dem Anfalle ausgelosten oder gekündigten Papiere können nicht mehr zum Kurse, sondern nur noch zum Einlösungswerte, der bei Einlösung im Auslande nach dem Kurse kurzer Wechsel zu ermitteln ist, zur Berechnung kommen (Saling 1. Teil S. 344, 473). Waren die Papiere gegen Kursverlust versichert, so gehört auch der sich hieraus ergebende Anspruch zum Nachlasse. Der auf Inhaberlose nach dem Anfalle erzielte Gewinn gehört nicht zur Masse (§ 5 Anm. 3, § 14 Anm. 2); andererseits trifft auch ein späterer Ausfall nicht die Masse.

b) Stückzinsen werden bei Wertpapieren mit festen Zinsen nach dem Zinsfuße, bei dividendentragenden Papieren mit 4 v. H. berechnet. Neben dem Stückkurse kommen keine Zinsen zum Ansatz. Wenn in anderen Fällen der Fortfall der Zinsen bestimmt ist, so wird es im Kursbericht mit fr. Z. oder fr. in der Zinsenspalte vermerkt (§ 4 Bek.). Die Zinsen werden vom Nennwert, bei nicht voll gezahlten Aktien von der Einzahlung berechnet (Saling 1. Teil S. 341). Das Jahr wird mit 360 Tagen, der Monat mit 30 Tagen angesetzt. Wenn der Endpunkt der Zinsberechnung in den Februar fällt, so wird der Februar mit 28 Tagen, in Schaltjahren mit 29 Tagen angesetzt (§ 5 Bek.). Die Zinsen sind seit dem letzten Fälligkeitstage bis einschließlich des Tages des Anfalls zu berechnen (§ 6

Bek.; Saling 1. Teil S. 339). Bei inländischen Aktien, welche nur im Kassageschäft gehandelt werden, sind die Zinsen für das laufende Geschäftsjahr seit dessen Beginn zu berechnen; bei anderen Aktien erfolgt der Ansatz der Stückzinsen auch für das letztverflossene Geschäftsjahr, so lange der Dividendenschein bestimmungsmäßig nicht vom Stücke getrennt werden darf (s. Anm. c). Die Zinsen von Wertpapieren, deren Zins- und Dividendenscheine am 1. Tage eines Monats nach altem Stile fällig werden, sind vom 1. Tage des gleichlautenden Monats neuen Stils zu berechnen (§ 7 Bek.). Ältere Zins- und Dividendenscheine, die von der Berechnung der Stückzinsen nicht betroffen werden, sind mit dem Einlösungswerte anzusetzen, der bei Einlösung im Auslande nach dem Kurse kurzer Wechsel zu ermitteln ist (Saling 1. Teil S. 344). Fehlt bei deutschen oder ausländischen Papieren, die auf einen festen Zins ausschließlich in Taler- oder Reichswährung lauten, der zunächst fällige Zinsschein, so wird der Wert vom Kurswerte abgerechnet (Saling 1. Teil S. 491). Im übrigen ist der Wert fehlender Zinsscheine nach § 18 EStG. in Abzug zu bringen.

c) Der Dividenden- oder Restdividendenschein von inländischen Aktien, welche nur im Kassageschäft gehandelt werden, wird am Schlusse des Geschäftsjahrs der Gesellschaft vom Stücke getrennt und von nun an von der Wertberechnung nach a und b nicht mehr betroffen. Wenn der Erblasser den Schluß des Geschäftsjahrs überlebt hat, so ist der etwa vorhandene Schein für das letzte Geschäftsjahr, ebenso wie ein solcher für frühere Jahre, mit dem Einlösungswerte zur Zeit des Anfalls zum Nachlasse zu rechnen. Der Gewinn von Versicherungsaktien, denen keine Gewinnanteilscheine beigefügt sind, gebührt demjenigen, dem die Aktien bei Schluß des Geschäftsjahrs gehörten (Saling 1. Teil S. 491); er wird deshalb nach diesem

Zeitpunkte neben dem Kurse anzusetzen sein. Der Wert der Gewinnanteile wird nach Schluß des Geschäftsjahrs an der Börse alsbald geschätzt; ist er nicht schätzbar, so wird nach § 25 EStG. zu verfahren sein. Bei den auch auf Zeit gehandelten inländischen und bei ausländischen Aktien wird der Dividendenschein nicht am Schlusse des Geschäftsjahrs, sondern erst an dem vom Börsenvorstande bekannt zu machenden Tage vom Stücke getrennt. Bis dahin werden die Stückzinsen vom Beginn des verflossenen Geschäftsjahres ab berechnet, und die Dividende darf nicht besonders angesetzt werden (Anm. b). Während dieses Zeitraums befindet sich im Kursbericht in der Spalte letzte Dividende der Vermerk i. D. oder i. R. D. = inklusive (Rest-) Dividende. (Vergl. § 8 Bek.; Saling 1. Teil S. 227, 337, 343.)

V. Wechsel sind unverzinslich. Der Betrag inländischer W. wird im Handel um den Diskont vom Kauftage (v. Tage des Anfalls) bis zum Verfalltage gekürzt. Der Bankdiskont und der Privatdiskont ist aus dem Kursbericht ersichtlich. Für ausländische W. werden je nach der Laufzeit (kurze, lange, Mittel-Sichten) Kurse festgestellt. Bei W. mit anderer Laufzeit findet für den Zeitunterschied in der Regel eine Vergütung nach dem Bankdiskont des betreffenden Platzes statt (Saling 1. Teil S. 181, 484). Die Laufzeit börsenmäßig gehandelter W. übersteigt niemals 1 Jahr; bei W. mit längerer Laufzeit erfolgt der Abzug nach §§ 18, 19 EStG. Unsichere Wechselforderungen sind nach § 25 EStG. zu behandeln.

VI. Der Wert einer Forderung auf Leistung eines Geldbetrages wird in der Regel dem Geldbetrage entsprechen. Ist eine F. verzinslich, so sind die ausstehenden Zinsen bis zu dem mitzuzählenden Tage des Anfalles dem Geldbetrage der F. hinzuzurechnen (FM. 2. Aug. 1894 III 6318; 23. Okt. 1897 III 13 487; 19. März 1902 III 2412; 10. Nov. 1904 III 13 332;

§§ 187 Abs. 2; 188 BGB.). Wenn eine F. unverzinslich und noch nicht fällig ist, oder wenn die Zinsen einer F. im voraus erhoben sind, so mindert sich der Wert der F. um den nach §§ 18, 19 EStG. zu veranschlagenden Betrag der Zinsen bis zur Fälligkeit der F. oder des nächsten Zinsenteiles (RG. 4. Dez. 1893, JW. 1894 S. 72 [49]; FM. 2. Juni 1885 III 5853, H=G. S. 1047 Anm. 34 b; §§ 1133, 1217 BGB.). Eine noch nicht fällige hoch verzinsliche und sichere F. hat einen den Geldbetrag übersteigenden Wert, der nach §§ 20, 21 EStG. zu ermitteln ist; für die Schätzung des Mehrwertes wird der den üblichen Zinsfuß überschreitende Zinsbetrag und der Zeitraum bis zur Fälligkeit der F. eine Grundlage bieten (§ 18 EStG.; vergl. § 247 BGB.). Nach denselben Grundsätzen wird bei einer auf einen geringen Zinsfuß festgelegten F. der Minderwert ermittelt werden können.

a) F. an den Erben f. § 5 Abs. 2. Über die Frage, ob die F. an den Alleinerben als unsicher gelten kann f. § 1 Anm. 16 d. Ist der Schuldner Miterbe, so ist er zur Verrechnung der Schuld auf seinen Erbteil berechtigt und verpflichtet; die F. ist daher insoweit nicht unsicher (Planck V § 2039 Anm. 4).

b) Bei Einlagen in Sparkassen, Kreditanstalten und Bankgeschäfte gelten nicht erhobene Zinsen in der Regel als neue verzinsliche Einlagen (§ 248 BGB.).

c) Schuldbuchforderungen gegen das Reich und Preußen (Reichsges. 31. Mai 1891, RGBl. S. 321, 28. Juni 1904, RGBl. S. 251; pr. Ges. 20. Juli 1883, GS. S. 120, 12. April 1886, GS. S. 124, 8. Juni 1891, GS. S. 105, Art. 16 AG. BGB.) sind zum Kurse der Anleihe zu berechnen, aus der sie hervorgegangen sind, weil die Ausreichung der entsprechenden Wertpapiere jederzeit beansprucht werden kann (FM. 4. Jan. 1892 III 15 229, H=G. S. 1045 Nr. 33 b).

d) Versicherungssummen f. Anm. 4 VI a. Zur Masse

gehört, was aus einer Rentenversicherung des Erblassers vom Kaufpreise etwa zurückgewährt wird, ferner, wenn eine Versicherungssumme zum Nachlasse gehört, auch das etwa bestehende Recht auf Gewinnanteile. Eine Kapital- oder Renten-Vers. auf den Todesfall eines Ehegatten gehört nicht zum Gesamtgut der Errungenschaftsgemeinschaft (§ 1522 BGB.); über die Zugehörigkeit zum Gesamtgut der allgem. Gütergemeinschaft oder der Fahrnisgemeinschaft s. Planck IV § 1439 Anm. 1; § 1549 Vorbem. I.

e) Miet- und Pachtbeträge sind bis zum Tage des Anfalls — einschließlich — zum Nachlasse zu rechnen. Soweit sie für die Zeit nach dem Anfalle im voraus erhoben sind, können die nach § 18 EStG. zu berechnenden Beträge von der Masse in Abzug gebracht werden (FM. 27. April 1892 III 5521).

f) Der Anteil am Tilgungsbestand für ein durch Zuschläge zu den Zinsen zu tilgendes Kapital bildet ein selbständiges Guthaben; denn die Ansammlung des T. wirkt nicht ohne weiteres schuldenmindernd (RG. 15. Nov. 1890, Bd. 27 S. 218).

g) Aus einer Rentenschuld (§§ 1199 ff. BGB.) hat der Gläubiger, abgesehen von den Fällen der Kündigung von seiten des Schuldners oder der Zwangsversteigerung des Grundstücks, nur ein Recht auf die Rente. Bei dieser grundsätzlichen Bedeutung des Rechts wird der Wert auf das 25fache des Jahresbetrages der Rente zu veranschlagen sein (§ 15 EStG., RG. 20. Juni 1904 — 1 Y. 639. 04). Entspricht die Ablösungssumme nicht diesem Betrage, so wird die Steuer bei Eintritt der Ablösung erforderlichen Falls anders zu berechnen sein (§ 22 EStG.).

h) Gehalt eines Beamten gehört nur bis zum Todestage — einschließlich — zum Nachlasse, auch wenn es für einen längeren Zeitraum im voraus gewährt worden ist (RG. 22. Dez. 1881, ZBl. 1888 S. 432). Dasselbe wird für Pensionen gelten. Der Betrag für das Gnadenvierteljahr oder den Gnadenmonat gebührt den Hinterbliebenen und gehört nicht zur Masse. Zum Nachlasse des Gesindes gehört im Geltungsbereiche der Ges.Ord. 8. Nov. 1810, GS. S. 101, (§ 99) Lohn und Kostgeld in der Regel (vergl. §§ 86 ff.) nur für die Zeit bis zum Beginne des Krankenlagers; Art. 14 AG. BGB. und § 616 BGB. wird für die meisten Fälle nichts hieran ändern. Vergl. Art. 95 EG. BGB.; § 617 BGB.; Anm. XII d.

i) Leibrenten sind in der Regel im voraus zu entrichten. Hat der Gläubiger den Beginn des Zeitabschnittes erlebt, für den die L. im voraus zu entrichten ist, so gebührt ihm der volle auf den Zeitabschnitt entfallende Betrag (§ 760 BGB.). Ebenso beim Leibgedinge (Art. 15 § 2 AG. BGB.).

k) Der Nießbrauch erlischt mit dem Tode des Berechtigten (§ 1061 BGB.); zum Nachlasse gehören daher nur die Nutzungen bis zum Todestage — einschließlich — (§ 101 BGB.). Bei Aktien sind nicht die Stückzinsen, sondern die wirklichen Früchte (Gewinnanteile) zu berechnen (FM. 13. Febr. 1892 III 15 943/91, 14. Juli 1902 III 4942). Ein vor dem Inkrafttreten des BGB. begründeter N. ist mit dem sich aus den bisherigen Ges. ergebenden Inhalte bestehen geblieben (Art. 184 EG. BGB.); die Vorschriften der §§ 170 f. I 21 ALR., wonach der N. erst mit dem Ablaufe des sog. N.-Vierteljahrs erlischt, dürften jedoch hierdurch nicht aufrecht gehalten sein (Habicht S. 427 Anm. 4; Planck VI Art. 184 Anm. 5 a γ).

VII. Wirtschaftliche Einheiten müssen auch bei der Wertermittelung als solche behandelt werden (z. B. landwirtschaftliche — Anm. I —, gewerbliche oder Handelsbetriebe); denn die Wertermittelung ist auf den gemeinen Wert zur Zeit des Anfalles zu richten (§ 14), und der gemeine Wert wird durch die wirtschaftliche Bedeutung des Gegenstandes bestimmt (FM. 29. Aug. 1902 III

9540; 20. April 1903 III 5163; 30. Dez. 1904 III 13934). Unter Umständen, namentlich in kleineren Verhältnissen, kann die w. E. mit dem Erblasser ihren Zusammenhalt verlieren und daher mit dem Erbfalle zur Auflösung gekommen sein. Auch für die Schätzung des Werts einer w. E. bildet die Feststellung des Werts der einzelnen Bestandteile die Grundlage. Nach dem Verhältnisse des Gesamtbetrages der Einzelwerte (des Anlage- und Betriebskapitals) zu dem unter gewöhnlichen Verhältnissen künftig zu erwartenden Nutzen, sowie unter Würdigung der Gefahr und der gesamten allgemeinen und besonderen wirtschaftlichen Verhältnisse ist der Wert zu bestimmen, der dem Ganzen ohne Rücksicht auf die wirtschaftliche Kraft des Eigentümers zukommt (§§ 20, 21). Bei Gewerbe- und Handelsbetrieben pflegen die buchmäßigen Werte meist dem gemeinen Werte nicht gleichzukommen (Staub I S. 460, Exkurs zu § 141 Anm. 5). Infolge dessen hat der FM. (13. Febr. 1892 III 15943/91, H-Sp. S. 120) angeordnet, daß die ESt Ä. sich die Angabe der Buchwerte nicht genügen lassen, sondern ein Verzeichnis der einzelnen Gegenstände mit Wertangabe und die Feuerversicherungsurkunde einfordern, nach Umständen auch besondere Ermittelungen einleiten sollen. Den Wert des Betriebes beeinflussen die Erzeugungs-, Bezugs- und Absatzverhältnisse, z. B. Fabrikations- und Geschäftsgeheimnisse, Patent-, Muster-, Markenschutzrechte, das Firmenrecht.

VIII. Beteiligung an Gesellschaftsvermögen. Für die Wertermittelung kommen zunächst die Bestimmungen des Gesellschaftsvertrages in Betracht. Häufig enthalten Gesellschaftsverträge eine Vereinbarung, wonach die Erben eines verstorbenen Gesellschafters unbedingt, oder wenn der überlebende Gesellschafter das Unternehmen fortführen will, nur einen Anspruch auf das bilanzmäßige Guthaben des Erblassers, also ein bloßes Forderungsrecht, haben sollen. Ist vereinbart, daß der überlebende Gesellschafter das Unternehmen erwerben darf, ohne daß über die Ermittelung der Abfindung der Erben etwas bestimmt ist, so muß der Wert des Ges.-Vermögens, soweit erforderlich, durch Schätzung ermittelt (§ 738 BGB.) und die Abfindung auf dieser Grundlage festgestellt werden (vergl. Anm VII). Wenn die Beteiligten die Abfindung einwandfrei vertraglich festgestellt haben, so muß die Vereinbarung auch der Steuerfeststellung zugrunde gelegt werden (§ 1 Anm. 9). Die Erbbeteiligten dürfen namentlich nicht bewußt unrichtige Werte bei der Ermittelung der Abfindung angesetzt haben. Wenn die Ges. nach dem Ges.-Vertrage mit dem Erben fortzusetzen ist, so wird der Betrag als Wert der Beteiligung anzusehen sein, der den Erben im Falle einer Auseinandersetzung beim Erbfalle zustehen würde (§ 738 BGB.). Für die Ermittelung dieses Betrages (§§ 20, 21 EStG.) lassen sich bei der Verschiedenartigkeit der Fälle keine allgemeinen Grundsätze aufstellen. Wenn die Bilanz zutreffend ist, so müssen die Guthaben der Gesellschafter abzüglich etwaiger Schuldanteile dem Reinvermögen der Ges. gleichkommen. Meist enthalten die Bilanzen aber dem wirklichen Vermögensstande nicht entsprechende Ziffern, und es bedarf deshalb einer Berichtigung des bilanzmäßigen Betrages der Kapitalanteile. Zu diesem Zwecke wird zunächst zu prüfen sein, ob die Einlagen der Gesellschafter im richtigen Wertverhältnisse zu einander stehen; im übrigen wird der Mehr- oder Minderwert nach dem Verhältnisse der Beteiligung der Gesellschafter am Gewinn und Verlust zu verteilen sein (vergl. Staub I S. 376 Anm. 7, S. 458 Exkurs zu § 141). Wenn die Ges. infolge des Todes des Erblassers in Liquidation treten muß, so ist der Wert der Beteiligung, falls keine Einigung im Sinne des § 21 EStG zu stande kommt, nach dem Ergebnisse der Liquidation festzustellen (§ 25).

Über die Beteiligung an einzelnen Ges.-Arten:

a) Die offene Handelsgesellschaft und die Kommanditgesellschaft (§§ 105 ff., 161 ff. HGB.) wird durch den Tod eines Gesellschafters aufgelöst, wenn sich aus dem Gesellschaftsvertrage nicht etwas anderes ergibt (§§ 131 Nr. 4, 137, 161); der Tod eines Kommanditisten hat die Auflösung der Kommanditges. nicht zur Folge (§ 177). Der Wert der Beteiligung des Kommanditisten entspricht nicht dem Betrage der Einlage, da der K. am Gewinn und in Höhe seiner Einlage auch am Verlust beteiligt ist; für die Wertermittelung gelten vielmehr die oben erörterten Grundsätze (vergl. Staub I S. 537 Anm. 13, Exkurs zu § 177).

b) Bei der stillen Gesellschaft (§§ 335 ff. HGB.) wird der stille Gesellschafter nicht Mitinhaber des Handelsgewerbes; er muß am Gewinn beteiligt sein, während die Beteiligung am Verluste ausgeschlossen sein kann (§ 336). Die Gesellschaft wird durch den Tod des stillen Gesellschafters nicht aufgelöst (§ 339). Als Wert der Beteiligung ist daher der Betrag anzusehen, der dem stillen Gesellschafter im Falle einer Auseinandersetzung beim Erbfalle herauszuzahlen sein würde (§ 340). Für die Wertermittelung gelten die oben erörterten Grundsätze (vergl. Staub I S. 1010 Anm. 3 ff. zu § 340).

c) Die Gesellschaft mit beschränkter Haftung (Ges. 20. April 1892, RGBl. S. 477 in der Fassung des Art. 11 EG. HGB., RGBl. 1898 S. 846) wird durch den Tod eines Gesellschafters nur dann aufgelöst, wenn es im Gesellschaftsvertrage bestimmt ist (§ 60). Die Geschäftsanteile sind veräußerlich und vererblich (§ 15). Der Wert eines Geschäftsanteils wird beim Fortbestehen der Gesellschaft in der Regel nach dem Werte des Unternehmens (Anm. VII) und dem Verhältnisse des Geschäftsanteils zum Stammkapitale zu bestimmen sein (§ 72). Im Falle der Auflösung der Gesellschaft infolge des Todes des Erblassers ist das Ergebnis der Liquidation (§ 66) für die Wertermittelung entscheidend (§ 25 EStG.).

d) Genossenschaften (Ges. 1. Mai 1889, RGBl. S. 55; 12. Aug. 1896, RGBl. S. 695; in der Fassung des Art. 10 EG. HGB., RGBl. 1898 S. 810). Der Genosse gilt im Falle des Todes mit dem Schlusse des laufenden Geschäftsjahres als ausgeschieden (§ 77). Die Auseinandersetzung mit der G. erfolgt nach deren Vermögenslage und dem Bestande der Mitglieder zur Zeit des Ausscheidens auf Grund der satzungsmäßig aufgestellten Bilanz (§ 73). Das Geschäftsguthaben ist binnen sechs Monaten nach dem Ausscheiden auszuzahlen; auf den Reservefonds und das sonstige Vermögen der G. hat der Genosse keinen Anspruch (§ 73). Die Versteuerung wird nach §§ 20, 21, 25 EStG. zu erfolgen haben.

IX. Rechte aus Erbschaften. Wenn der Erblasser als Nacherbe auf dasjenige eingesetzt war, was von der Erbschaft beim Eintritte der Nacherbfolge übrig sein wird, und vor dem Anfalle gestorben ist, so gehört das Recht auf die Nacherbschaft nicht zur steuerpflichtigen Masse (§ 27 Anm. 6c). Dasselbe gilt für das Nachvermächtnis des Überrestes (§ 27 Anm. 5b). Wegen der Zugehörigkeit aufschiebend bedingten Erwerbes zum Nachlasse s. § 22 Anm. 2. Ist durch Rechtsgeschäft unter Lebenden eine ähnliche Rechtslage geschaffen, wie bei der Nacherbfolge, z. B. der Nachlaß eines Elternteils von den Kindern dem überlebenden Elternteile zur Verfügung unter Lebenden überlassen worden, so gehört das Recht eines darauf verstorbenen Kindes auf den beim Tode des überlebenden Elternteiles vorhandenen Überrest nach Maßgabe des § 22 EStG. zum Nachlasse des Kindes. Wenn eine dem Erblasser angefallene Zuwendung mit einem Nießbrauche beschwert ist oder, wenn der Erblasser schlechthin Nacherbe oder Nachvermächtnisnehmer war, so gehört die Zuwendung unter den sich aus § 27 ergebenden Beschränkungen und Ausnahmen zur steuerpflichtigen Masse (§ 27 Anm. 2a, 3b, 4).

Wird ein Erblasser von einem Elternteile überlebt,

so sollen die EStÄ. prüfen, ob der Erblasser wegen der Erbschaft von dem verstorbenen Elternteile abgefunden war, weil Kinder bei Lebzeiten des überlebenden Elternteils häufig keine Teilung verlangen (vergl. § 1 Anm. 14). Für die Feststellung des Erbteils kommen Ausgleichungspflichten (Anm. 4 III) und Ansprüche aus der Gemeinschaft (§§ 2032 ff. BGB.) in Betracht.

X. Sonstige Rechte: Urheberrechte an Werken der Litteratur und der Tonkunst: Ges. 19. Juni 1901, RGBl. S. 227; Verlagsrechte: Ges. 19. Juni 1901, RGBl. S. 217; Urheberrechte an Werken der bildenden Künste: Ges. 9. Jan. 1876, RGBl. S. 4; an Photographien: Ges. 10. Jan. 1876, RGBl. S. 8; an Mustern und Modellen: Ges. 11. Jan. 1876, RGBl. S. 11; an Gebrauchsmustern: Ges. 1. Juni 1891, RGBl. S. 290; Schutzrechte an Patenten und Erfindungen: Ges. 7. April 1891, RGBl. S. 79; an Warenzeichen: Ges. 12. Mai 1894, RGBl. S. 441. Vergl. § 25 Anm. 4.

XI. Die Wirtschaftsgegenstände, Kostbarkeiten, Kleidung (Titel 5—18) können titelweise zum Gesamtwerte angegeben werden, wenn der Wert durch die Feuerversicherungsurkunde oder in anderer Weise glaubhaft gemacht wird (§ 6 Anw.).

Waren, welche einen Börsen- oder Marktpreis haben, sind nach dem Preise zur Zeit des Anfalles zu veranschlagen (vergl. Anm. IV).

XII. Zu den Nachlaßverbindlichkeiten gehören außer den von dem Erblasser herrührenden Schulden die den Erben als solchen treffenden Verbindlichkeiten, insbesondere aus Pflichtteilsrechten, Vermächtnissen und Auflagen (§§ 1967 ff. BGB.). Es dürfen nur solche Verbindlichkeiten von der steuerpflichtigen Masse abgezogen werden, zu deren Erfüllung der Erbe rechtlich verpflichtet ist (RG. 11. Dez. 1879, Gruchot 24 S. 1083). Auch die im § 5 Abs. 2 besonders aufgeführten Kosten können nur dann von der Masse in Abzug kommen, wenn sie ihr wirklich zur Last fallen (FM. 18. Febr. 1880 III 824, H=G. S. 1046). Leistungen, welche der Erbe nur aus Rücksichten auf den Anstand oder infolge einer sittlichen Pflicht bewirkt hat, sind nicht abzugsfähig, weil sie nicht zur Tilgung einer Schuld, sondern ohne eine rechtliche Verbindlichkeit erfolgt sind. Anders verhält es sich, wenn verjährte Ansprüche vom Erben getilgt sind; denn die Leistungen sind auf Schulden erfolgt, wenn der Verpflichtete auch nach Vollendung der Verjährung zur Verweigerung der Leistung berechtigt war (§§ 222, 207 BGB.). Die Steuerbehörde kann sich auf die Befugnis des Erben nicht berufen, wenn der Erbe selbst keinen Gebrauch davon gemacht hat. Eine verjährte Forderung des Erben wird nicht als bestehend anzusehen sein, wenn der Erblasser bereits den Einwand der Verjährung erhoben hatte. Aufwendungen, die der Erwerber eines Anfalles für den Erblasser gemacht hat, um die Zuwendung zu erlangen, gehören nicht zu den Schulden (§ 1 Anm. 6). Bedingte Ansprüche sind nach § 23, ungewisse oder nachträglich ermittelte Ansprüche nach § 25 Abs. 2 zu berücksichtigen.

Der Abzug der Nachlaßverbindlichkeiten erfolgt von der Masse, auch wenn ein Miterbe aus Freigebigkeit die Berichtigung übernommen hat. Was ein Gläubiger erläßt, kommt der Masse zu gute. Bei mehreren Miterben wirkt der einem von ihnen erklärte Erlaß zu Gunsten aller, wenn nicht der Miterbe allein begünstigt werden sollte (§§ 423 ff. BGB.).

Eine Schuld ist soviel wert, als der Schuldner bei einer Leistung nach den Verhältnissen zur Zeit des Anfalls zur Befriedigung des Gläubigers aufzuwenden haben würde. Diesen Grundsatz hat das OTr. (17. Mai 1878, Bd. 82 S. 88) in einem Falle ausgesprochen, in welchem es dem Schuldner freigestellt war, eine amortisierbare Pfandbriefschuld in Pfandbriefen zum Tages=

kurse zu tilgen; dabei führte es weiter aus, daß bei der Wertsermittelung nur die gewöhnliche, nicht die außergewöhnliche von dem Willen und den Mitteln des Schuldners abhängige Tilgungsart zu berücksichtigen sei. Dieser Zusatz scheint nicht völlig zutreffend. Denn, da der Wert einer Schuld vom Standpunkte des Schuldners aus zu beurteilen ist, so kann von mehreren in den Willen des Schuldners gestellten Erfüllungsarten nur die leichteste in Betracht kommen (§ 22 Anm. 1 b). Dagegen ist der Hinweis auf die Mittel des Schuldners am Platze. Allerdings kommt es, da der gemeine Wert der Schuld zu ermitteln ist, nicht auf die persönlichen Verhältnisse des Schuldners, sondern darauf an, in welcher Weise jeder Erwerber eines Anfalles lediglich nach dem Stande des angefallenen Vermögens und nach den Regeln einer ordentlichen Wirtschaft die Verbindlichkeiten erfüllen könnte. Wahlweise erfüllbare Verbindlichkeiten sind z. B.: Rentenschulden (Anm. VI g), Reallasten (§ 64 Ges. 2. März 1850, GS. S. 77), Ablösungsrenten (§ 23 Ges. 2. März 1850, GS. S. 112). Das Recht des Gläubigers solcher Schulden ist bedingt, und der Wert des Forderungsrechts deshalb anders festzustellen (Anm. VI g).

Die Verbindlichkeiten sind dem ESTA. dem Grunde und Betrage nach glaubhaft zu machen (§ 38 Abs. 2). Das ESTA. soll sie auf Grund der Belege prüfen und die Akten so führen, daß die V. nach dem Betrage und Grunde nachgeprüft werden können (FM. 15. Jan. 1898 III 12108/97; 10. Nov. 1904 III 13332; 28. Dez. 1904 III 16280). Bei Ausgaben, wie Beerdigungskosten, Löhnen, Mieten usw., welche ihrer Natur nach gesetzlich dem Nachlasse zur Last fallen und ihrem Betrage nach angemessen erscheinen, kann von der Belegung abgesehen werden (FM. 18. Febr. 1880 III 824, H-G. S. 1046); dagegen nicht bei Darlehns-, Geschäftsschulden usw. (FM. 26. Okt. 1894 III 14434, H-G. S. 1047 Fußnote 1). Der Nachweis des Bestehens einer Schuld kann z. B. geführt werden durch eine Erklärung des Gläubigers, bei einer verzinslichen Schuld durch die Zinsenquittung über den beim Anfalle laufend gewesenen Zinsenteil, bei Geschäftsschulden nach Umständen durch ordnungsmäßig geführte Handelsbücher. Über Ansprüche eines Miterben an die Masse sind zweckmäßig die anderen Miterben zu hören (FM. 23. April 1892 III 5652, H=G. S. 1048 Nr. 34 c). Wenn die Schulden nicht oder nicht genügend nachgewiesen werden, so kann es sich empfehlen, auf Grund des § 39 EStG. eine eidesstattliche Versicherung zu fordern (FM. 23. April 1892, wie vor).

a) Eine Geldschuld ist im allgemeinen ebenso zu veranschlagen, wie die entsprechende Forderung (Anm. VI; Wechsel: Anm. V). Wenn eine Schuld unverzinslich und noch nicht fällig ist, oder wenn die Zinsen im voraus bezahlt sind, so mindert sich der Wert der Schuld um den nach § 18 EStG. zu ermittelnden Betrag der Zinsen bis zur Fälligkeit der Schuld oder des nächsten Zinsenteiles (FM. 2. Juni 1885 III 5853, H=G. S. 1047 Anm. 34 b; 27. Jan. 1894 III 741, H=G. S. 1039 Anm. 25 d). Das gilt trotz § 272 BGB. Bei Verbindlichkeiten aus Wechseln, Hypotheken, Grundschulden und bei Gesamtschulden ist zu prüfen, ob der Erblasser der eigentliche Schuldner war oder ob ihm Ersatzansprüche zustanden (§§ 420 ff., 1164 ff., 1172 ff. BGB.).

b) Vermächtnisse (§§ 1 Anm. 1 b, 16—22), Auflagen (§ 1 Anm. 1 c), Pflichtteilsrechte (§ 1 Anm. 1 a). Über das Verhältnis zwischen Bereicherung und Beschwerung durch Vermächtnisse usw. vergl. Anm. 3. Vermächtnisse usw. sind nur soweit Nachlaßverbindlichkeiten, als nicht einzelne Erben oder Vermächtnisnehmer damit beschwert sind; sie stehen allen Verbindlichkeiten im Range nach und sind nach der sich aus den §§ 1991

Abs. 4, 1979, 2187 ff. BGB. und § 226 KO. ergebenden Reihenfolge zu berichtigen. Das Vermächtnis der ESt. ist bei dem Anfalle des Beschwerten in Abzug zu bringen, da der § 5 Abs. 3 EStG. nur den Abzug der den eigenen Anfall treffenden ESt. verbietet (§ 1 Anm. 16h; a. M. Sch.-E. S. 29). Nichtige Vermächtnisse und Auflagen sind nicht abzugsfähig (RG. 11. Dez. 1879, Gruchot 24 S. 1083; FM. 19. Nov. 1894 III 15344, H.-G. S. 1245 Nr. 77b; § 1 Anm. 7). Auflagen können nur dann als Verbindlichkeiten berücksichtigt werden, wenn die Vollziehung von dem Beschwerten gefordert wird (§§ 2194 ff. BGB.), wenn der Beschwerte sie vollzieht oder die Vollziehung sicher stellt (§ 6 Anm. 3). Über die Umrechnung der in ausländischer Währung ausgedrückten Vermächtnisse und Auflagen vergl. § 244 BGB. Wenn die Zahlung im Auslande erfolgen muß, so wird die Bereicherung des Vermächtnisnehmers nach dem für den Erfüllungsort maßgebenden Kurse, die Beschwerung nach dem am Ursprungsort der Leistung für Zahlungen am Erfüllungsorte geltenden Kurse (kurzer Wechselkurs) umzurechnen sein. Ein Anspruch aus § 1969 BGB. wird auch einem von mehreren Miterben zustehen. Pflichtteilsansprüche kommen nur in Abzug, wenn sie geltend gemacht werden. Die Annahme der Vermächtnisse usw. ist dem EStA. nachzuweisen, wenn es für den Gesamtbetrag der ESt. erheblich ist (FM. 19. Nov. 1890 III 9705 Nr. 2).

c) Wohnungsmiete kann nur bis zu dem Zeitpunkte berechnet werden, zu welchem die Lösung des Mietverhältnisses möglich war (§§ 569, 565 BGB.; Art. 171 EG. BGB.). Die Schuld mindert sich um den Wert der Nutzung der Wohnung durch den Erben (FM. 15. Nov. 1904 III 13214) oder um den Betrag, der durch Vermietung erzielt wird. Vergl. § 1969 BGB. und § 1 Anm. 1b.

d) Lohn und Kostgeld des Gesindes sind nur bis zu dem Zeitpunkte anzusetzen, zu welchem die Lösung des Dienstverhältnisses möglich war, im Geltungsbereich der Gesindeord 8. Nov. 1810 (GS. S. 101) bis zur nächsten gesetzlichen Ziehzeit (§ 101), d. i. bei städtischem Gesinde bis zum Schlusse des Kalendervierteljahrs (§ 42). Ist der Tod des Erblassers erst nach Ablauf der Kündigungsfrist von 6 Wochen (bei städtischem) oder 3 Monaten (bei Landgesinde) vor der Ziehzeit (§ 112) erfolgt, so ist dem zu häuslichen Verrichtungen angenommenen Gesinde der bare Lohn, jedoch ohne Kost oder Kostgeld, noch für das folgende Vierteljahr zu zahlen, während landwirtschaftliches Gesinde noch ein Jahr zu behalten ist (§ 102). Monatweise gemietetes Gesinde erhält Lohn und Kostgeld, wenn die Herrschaft vor dem 15. Monatstage stirbt, nur für den laufenden, sonst auch für den folgenden Monat (§ 106). Versprochene Geschenke bilden keine Schuld (§ 34). Wenn der Erbe die Dienste des Gesindes außer zur Nachlaßordnung verwendet, so wird der Lohn usw. um den Wert der Dienstleistungen zu kürzen sein. Vergl. Art. 95 EG. BGB.; Art. 14 AG. BGB.; Ges.Ord. f. d. Rheinprov. 19. Aug. 1844, GS. S. 410, durch Verord. 21. Sept. 1847, GS. S. 356, in die Kreise Rees und Duisburg eingeführt; Ges.Ord. 11. April 1845 für Neu-Vorpommern und Rügen, GS. S. 391; für die neueren Landesteile: Zusammenstellung bei Kuhlenbeck Anm. zu Art. 95 EG. BGB. und in Stranz und Gerhard, Preuß. Ausführungsgesetz zum BGB., Berlin 1900, Anm. zu Art. 14.

e) Persönliche Steuern des Erblassers sind bis zum Ablaufe des Sterbemonats zu entrichten; ein zuviel gezahlter Betrag kann zurückgefordert werden (§ 59 Eink.-Steuer-Ges. 24. Juni 1891, GS. S. 175; § 39 Erg.-Steuer-Ges. 14. Juli 1893, GS. S. 134; § 60 Kom.-Abg.-Ges. 14. Juli 1893, GS. S. 152).

f) Ansprüche Angehöriger. Die gesetzliche Unterhaltspflicht des Erblassers gegenüber Verwandten erlischt mit seinem Tode (§ 1615 BGB.); dagegen bleibt sie einem unehelichen Kinde gegenüber bestehen (§ 1712 BGB.). Das Schenkungsversprechen einer in wiederkehrenden Leistungen bestehenden Unterstützung wirkt ohne besondere Verpflichtung nicht über den Tod des Versprechenden (§ 520 BGB.). Wenn Eltern oder Voreltern ihren Abkömmlingen oder diese jenen Unterhalt gewährt haben, so ist im Zweifel anzunehmen, daß die Absicht gefehlt hat, von dem Empfänger Ersatz zu verlangen (§ 685 BGB.). Ein dem elterlichen Hausstande angehöriges Kind kann für Dienste im Haushalte keine Vergütung, und für Aufwendungen zur Bestreitung der Kosten des Haushalts im Zweifel keinen Ersatz beanspruchen (§§ 1617, 1618 BGB.). Dasselbe gilt für die Frau gegenüber dem Manne (§§ 1356, 1429 BGB.). Anderen Personen steht kein Anspruch aus einer Geschäftsführung (Leistung von Diensten, Unterhalt usw.) zu, wenn sie nicht die Absicht hatten, Ersatz zu verlangen (§ 685 BGB.; FM. 6. April 1901 III 4185; 20. Sept. 1904 III 11910; 1. Okt. 1904 III 12594; 3. Nov. 1904 III 14181; vergl. § 1 Anm. 6 und 1 b; § 1969 BGB.).

g) Die Kosten der letzten Krankheit sind nur dann Schulden, wenn sie nach dem Tode des Erblassers aus dem Nachlasse zu berichtigen sind; hat sie ein Dritter bei Lebzeiten des Erblassers bezahlt, so kommt es darauf an, ob er Ersatz zu beanspruchen hat (Anm. f). Die Kosten sind keine Schulden, wenn sie gesetzlich oder vertraglich einem Dritten zur Last fallen, z. B. dem Ehemann, der Ehefrau (§ 1360 BGB.; FM. 18. Febr. 1880 III 824, H.-G. S. 1046), den Eltern (§§ 1602 ff. BGB.) oder demjenigen, der sich durch Erbvertrag gegen eine Zuwendung des Erblassers zu dessen Pflege verpflichtet hat (§ 1 Anm. 6). Hat ein Dritter gesetzlich oder vertraglich, z. B. als Dienstherr (§ 617 BGB.; Art. 95 EG. BGB.; §§ 86 ff. Ges.Ord. — GS. 1810 S. 101 —), auf Grund einer Schadensersatzpflicht (§ 843 BGB.; Art. 42 EG. BGB.), einer Krankenversicherung oder eines Leibgedingsvertrages die Kosten zu ersetzen, so gehört der Ersatzanspruch zum Nachlasse.

h) Die Kosten des Begräbnisses des Erblassers fallen dem Erben zur Last (§ 1968 BGB.). Besteht ein gesetzlicher (§ 844 BGB.; Art. 42 EG.) oder vertraglicher Ersatzanspruch, so bildet er eine Nachlaßforderung. Ehegatten, Eltern und andere unterhaltspflichtige Personen haften erst nach dem Erben. Wenn der Erblasser durch Auflage Anordnungen über die Beerdigung getroffen hat, so sind die erwachsenden Kosten als Lasten zu berücksichtigen (Anm. b). Für andere Fälle kann aus § 1968 BGB., wonach der Erbe die Kosten der standesmäßigen Beerdigung (§ 1610 BGB.) zu tragen hat, keine Einschränkung der zu berücksichtigenden Kosten abgeleitet werden; denn der Paragraph regelt nur die Ersatzpflicht des Erben. Im EStG. ist der Abzug der Beerd.-Kosten allgemein zugelassen, weil nur die Bereicherung des Erben besteuert werden soll. Aus diesem Grunde wird auch der Begriff der Begräbniskosten im weiteren Sinne aufzufassen sein. Von der Verwaltung sind z. B. zu den Kosten gerechnet worden: Die Ausgaben für einen ortsüblichen Leichenschmaus (FM. 25. Mai 1890 III 3972), für Trauerkleider des Gesindes, wenn die Gewährung der Ortssitte entspricht (FM. 11. Okt. 1886 III 11450; 18. Nov. 1892 III 12561 Nr. 10), für einen Leichenstein (FM. 6. Aug. 1878 III 8664/5, H.-G. S. 1045 Nr. 30c; keine eigentliche Nachlaßverbindlichkeit: Planck V § 1968 Anm. 2), für Überführung der Leiche in die Heimat des Erblassers, für Herrichtun des Grabes. Dagegen sind nicht als Beerd.-Kosten anzusehen: Die Kosten für Grabpflege und für Trauerkleider Angehöriger (vergl. Wilke V § 1968

Anm., wonach die Ortssitte entscheiden soll, ob die Kosten der Trauerkleider für arme Verwandte Nachlaßverbindlichkeiten sind). Wenn der Erblasser die Gewährung von Trauerkleidern verfügt hat, so liegt ein Vermächtnis vor (FM. 25. Juni 1895 III 8649 zu 9; 20. Febr. 1896 III 736 zu 8).

l) Zu den Kosten der Nachlaßordnung gehören die Kosten der Todeserklärung des Erblassers (§ 971 CPO.), der Eröffnung einer Verfügung von Todes wegen, der Sicherung des Nachlasses, der Nachlaßpflegschaft, der Nachlaßverwaltung und der Inventarerrichtung (§ 3 preuß. GKG., § 1975 BGB.), des Aufgebots der Nachlaßgläubiger, des Nachlaßkonkurses (§§ 58, 224 KO.), des Auseinandersetzungsverfahrens vor dem Gericht oder dem Notar (Art. 28 preuß. FG.); die Verbindlichkeiten, welche für den Erben gegenüber einem Nachlaßpfleger, Nachlaßverwalter, Konkursverwalter, Testamentsvollstrecker, einem Erben, der die Erbschaft ausgeschlagen hat, oder einem Dritten aus der Geschäftsführung dieser Personen zum Zwecke der Nachlaßordnung entstanden sind (§§ 85, 224 KO.; 1836, 1915, 1960 ff., 1987, 2221, 2022, 683 BGB.; FM. 18. Mai 1903 III 6805 betr. Test.Vollstr.; § 6 Anm. 4a), ferner Aufwendungen des Erben, die ihm im Falle des § 1978 BGB. zu ersetzen sind. Die Kosten der Erfüllung der Vermächtnisse und Auflagen fallen dem Beschwerten zur Last (§ 1 Anm. 22), die Kosten der Leistung der Nachlaßverbindlichkeiten dem Nachlasse. Zu den Nachlaßverbindlichkeiten können unter Umständen auch die Kosten eines Rechtsbeistandes gerechnet werden, den der Erbe zur ordnungsmäßigen Berichtigung der Schulden (§§ 1991, 1992 BGB.) in Anspruch genommen hat (Planck V § 1992 Anm. 1). Ist zur Zeit des Erbfalls die Geburt eines Erben zu erwarten, so kann die Mutter, falls sie außer stande ist, sich selbst zu unterhalten, bis zur Entbindung standesmäßigen Unterhalt aus dem Nachlasse oder dem Erbteile des Kindes verlangen (§ 1963 BGB.).

Außer den erwähnten, dem Erben gesetzlich zur Last fallenden Kosten sind alle sonstigen durch gerichtliche oder außergerichtliche Nachlaßordnung entstehenden Kosten zu berücksichtigen (FM. 25. Jan. 1891 III 210). Wenn nur ein Erbe vorhanden ist, so werden nur die Kosten in Betracht kommen, die der Erbe aufwenden muß, um die Verfügungsgewalt über die ohne weiteres in sein Eigentum übergegangenen Gegenstände zu erlangen (z. B. Erbscheinkosten). Sind mehrere Erben vorhanden, so werden alle zum Vollzuge der Auseinandersetzung erforderlichen, der Gesamtheit der Erben zur Last fallenden Kosten von der Masse in Abzug gebracht werden können, z. B. die zur Erlangung eines gemeinsamen Erbscheins und für den Erbschein (§ 2357 BGB.) selbst aufgewendeten Kosten, die Kosten des Erbteilungsvertrages, eines gemeinsamen Bevollmächtigten zur Nachlaßordnung, sowie die angemessenen Aufwendungen eines Erben zur Besorgung der Nachlaßordnung (Reise-, Versäumniskosten usw.). Die Auseinandersetzung unter den Erben kann nach §§ 752 ff. BGB. durch Teilung in Natur oder Verkauf und Teilung des Erlöses erfolgen. Im 1. Falle können die Kosten der Übertragung des Eigentums (der Übergabe oder Umschreibung im Grundbuche), im 2. Falle die Kosten des Verkaufes oder der Versteigerung berücksichtigt werden. Die Kosten der Beförderung von Nachlaßsachen an einen Erben, der sie erworben hat, fallen dem einzelnen Erben zur Last. Auch andere für einen einzelnen Miterben aufgewendete Kosten treffen den Miterben allein, z. B. die Kosten eines Bevollmächtigten den Vollmachtgeber, die eines Abwesenheitspflegers den abwesenden Miterben; selbst die Kosten eines Testamentsvollstreckers können einen einzelnen Beteiligten betreffen (§ 6 Anm. 4a).

k) Prozeßkosten sind zu berücksichtigen, wenn der Rechtsstreit auf Vermehrung oder Verteidigung der Masse gerichtet war und ein Ersatzanspruch gegen Dritte nicht besteht oder nicht verwirklicht werden kann. Ein Rechtsstreit wird nicht zum Vorteile der Masse geführt sein, wenn er schuldhaft, z. B. durch Säumnis, veranlaßt ist. Der Rechtsstreit braucht nicht von allen und für alle Erbbeteiligten geführt zu werden; denn § 5 gilt grundsätzlich auch für die Feststellung des Betrages eines jeden Anfalles (Anm. 1). Die Kosten eines Rechtsstreites mit Nachlaßgläubigern und Schuldnern können sowohl die ganze Masse als auch einzelne Anfälle belasten (vergl. § 2060 BGB.). Auch bei Vermächtnissen können Prozeßkosten in Abzug kommen, z. B. wenn das Verm. streitige Ansprüche betrifft oder damit behaftet ist. Unter den zwischen Erbinteressenten in deren besonderen Interesse geführten Prozessen könnte man mit Rücksicht auf den Gegensatz zu den im Interesse der Masse geführten Prozessen nur solche Rechtsstreite verstehen, welche der Masse zum Vorteile gereichen. Andererseits lassen sich unter den zwischen Erbinteressenten geführten Rechtsstreiten jedoch nur solche verstehen, bei welchen beide Teile Erbbeteiligte sind, aber nicht solche, in welchen der Erbschafts- oder Vermächtnisanspruch als solcher gegen Unberechtigte verfolgt oder verteidigt wird. Bei den Verhandlungen in der Kom. des AH. (S. 3) wurde ein Antrag abgelehnt, die Worte „in deren besonderen Interesse" durch „über deren Berechtigung am Nachlasse" zu ersetzen, nachdem der Regierungsvertreter die beanstandeten Worte für entbehrlich und Änderungen für nicht geraten gehalten hatte. Wenn hieraus Schlüsse zu ziehen sind, so können sie wohl nur zur Unterstützung der weitergehenden Auslegung führen, die auch wegen der Natur der ESt. als Bereicherungssteuer den Vorzug verdient. Geht man davon aus, so kann es keinen Unterschied machen, ob der Gegner ein Fremder oder ein wegen eines anderen Anfalles Beteiligter ist; denn jeder Anfall kommt für sich in Betracht (Anm. 1). Nicht abzugsfähig scheinen z. B. die Kosten der zwischen Miterben lediglich über die Teilung des Nachlasses geführten Rechtsstreite.

§. 6. (6).

Zuwendungen zur Vergeltung übernommener Leistungen.

Insoweit eine Zuwendung zur Vergeltung für Leistungen bestimmt ist, welche mit dem Anfall übernommen werden und welche im Geldwerth zu veranschlagen sind, kommt der Werth dieser Leistungen von der Zuwendung in Abzug.

1. Als Zuwendung kann jede Zuwendung im Sinne des § 1 in Betracht kommen, ohne Unterschied, ob sie in einem Kapitale oder fortlaufenden Bezügen besteht (Begr. S. 59). Der Wert der Z. und der Wert der Leistung sind gegeneinander abzuwägen; nur der Mehrwert der Z. ist zu besteuern, sofern er 150 M. übersteigt (Befr. 1). Diese Bestimmung bildet einen besonderen Anwendungsfall der allgemeinen Vorschrift des § 5 Abs. 1, 3 (Komm.Ber. 1873 S. 3).

2. Die Bestimmung der Zuwendung zur Vergeltung der Leistungen muß nicht mit ausdrücklichen Worten erfolgen, sondern es ist nach den Umständen des einzelnen Falles zu entscheiden, ob in einer Zuwendung die Bestimmung einer Vergütung zu erblicken ist, oder ob der Bedachte den Anspruch auf eine solche neben der Zuwendung geltend machen kann. Ist ein bestimmter Betrag zur Vergeltung von Leistungen bestimmt, für welche der Bedachte ohnehin Vergütung

fordern könnte, so hat die Zuwendung, nur soweit sie eine angemessene Vergeltung übersteigt, die Natur des Vermächtnisses (Planck V § 2221 Anm. 2).

3. **Die Leistungen** werden meist durch Auflage angeordnet; sie können aber auch ein Untervermächtnis bilden, das den Vorteil eines Dritten bezweckt, z. B. bei der Verwaltung eines Erbteils durch den Testamentsvollstrecker den Vorteil des Erben (Anm. 4). Ferner können L. des Bedachten in Betracht kommen, durch deren Vollziehung die Zuwendung bedingt ist (§ 2075 BGB.).

Die häufigste Form der Beschwerung, die Auflage, ist eine selbständige letztwillige Verfügung; daher hat die Unwirksamkeit der A., z. B. die Unmöglichkeit der Vollziehung, die Unwirksamkeit der unter der A. gemachten Zuwendung nur zur Folge, wenn anzunehmen ist, daß der Erblasser die Zuwendung nicht ohne die A. gemacht haben würde (§§ 2195, 2085 BGB.). Andererseits stehen Zuwendung und Beschwerung in einem solchen Zusammenhange, daß die A., wenn der Beschwerte nicht Erbe oder Vermächtnisnehmer wird, von demjenigen zu vollziehen ist, dem der Wegfall des Beschwerten unmittelbar zu statten kommt (§§ 2192, 2161 BGB.). Die A. begründet eine Verbindlichkeit (§ 1967 BGB.), zu deren Erfüllung der Beschwerte nach § 2194 BGB. angehalten werden kann. Dennoch wird die Vollziehung häufig nur von dem guten Willen des Beschwerten abhängen. In einem solchen Falle wird der Abzug nur soweit erfolgen können, als der Beschwerte die Vollziehung der A. bewirkt oder sicher gestellt hat (§ 5 Anm. 6 XII b). Ein Abzug findet nicht statt, wenn der Erblasser keine Verbindlichkeit begründen, sondern nur einen Wunsch aussprechen wollte (§ 5 Anm. 6 XII). Ist eine A. aufschiebend bedingt, z. B. durch die Berufung als Nachfolger des Testamentsvollstreckers, so ist die Zuwendung unverkürzt zu versteuern; nach Eintritt der Bedingung kann der Abzug des Werts und die Erstattung der zuviel gezahlten ESt. beansprucht werden (§ 23).

Die Leistungen können in irgend einem Tun oder Unterlassen bestehen. Der Abzug des Werts ist jedoch davon abhängig, daß die Leistungen:

a) mit dem Anfalle übernommen werden. Die vor dem Anfalle dem Erblasser geleisteten Dienste bleiben außer Betracht (RG. 8. Jan. 1892, ZBl. S. 94, JMBl. S. 150; RG. 5. März 1894, Bolze 18 Nr. 647; FM. 20. Sept. 1904 III 11910; § 1 Anm. 6; § 5 Anm. 6 XII f); ebenso Leistungen, mit denen der Bedachte nicht beschwert ist, sondern die er freiwillig, z. B. auf Wunsch der Erben übernommen hat (RG. 8. Jan. 1892). Eine Leistung wird insoweit nicht mit dem Anfalle übernommen, als ohnehin eine Verpflichtung zur Leistung bestand (FM 18. Nov. 1892 III 12561 Nr. 2); der Paragraph ist daher nicht anwendbar, wenn der Erblasser Beamten und Arbeitern seiner Fabrik zur Anspornung ihres Fleißes neben der Besoldung etwas zugewendet (vergl. RG. 5. Mai 1894, JW. S. 248[31], Bolze 18 Nr. 647 mit Angabe: 5. März 1894), oder wenn der Bedachte sich sonst ohne Rücksicht auf die Zuwendung durch Vertrag mit dem Erblasser zu den Leistungen verpflichtet hatte.

b) im Geldwerte geschätzt werden können. Die einem Verein bei einer Zuwendung gemachte Auflage, den Erblasser als immerwährendes Mitglied aufzuführen, bildet keine nennenswerte Last (FM. 9. Aug. 1902 III 9920). Es kommt nicht darauf an, ob die Leistungen einen Kostenaufwand oder nur Mühe verursachen, und ob dem Leistenden eine Vergütung zustehen würde, wenn der Erblasser sie ihm nicht zugebilligt hätte (FM 15. Jan. 1892 III 14927 betr. Gegenvormund). Für die Schätzung des Wertes gelten die §§ 14—25. Die Festsetzung der Vergütung durch den Erblasser ist nicht maßgebend (RG. 8. Jan. 1892, s. a, Bolze 14 Nr. 570). Der Beschwerte hat den Wert der Leistungen anzugeben und die Beweismittel beizubringen (§§ 20, 38); im Rechtsstreite liegt ihm die Beweislast ob (OTr. 1. Mai 1876, H.G. S. 1050 Nr. 37a).

4. Einzelfälle: a) Testamentsvollstrecker. Besteht keine gesetzliche oder übliche Taxe, so ist der Wert der Leistungen unter Berücksichtigung des Umfangs und der Schwierigkeit der Amtsführung, des Werts des Nachlasses und der Fähigkeit des Beschwerten zu ermitteln. Ist der T. ein Rechtsanwalt, so gibt die Gebührenordnung einen Maßstab. Es kommen nur solche Leistungen in Betracht, die dem T. aufgetragen worden sind oder gesetzlich obliegen (Anm. 3a; §§ 2203 ff. BGB.). Sind dem T. Leistungen zum Vorteile des Erben oder eines Vermächtnisnehmers aufgetragen worden, z. B. die Verwaltung einer Zuwendung, so ist zwar der Abzug bei der Zuwendung des T. zu bewirken, andererseits aber der Vorteil des Begünstigten zu besteuern (FM. 13. Febr. 1892 III 15 943/91, 23. Okt. 1897 III 13 487). Die Vergütung des T. für die Nachlaßordnung ist Masseschuld (§ 5 Anm. 6 XII i). Außer der Vergütung kann der T. Ersatz für Aufwendungen beanspruchen (Planck V § 2221 Anm. 4). Im Falle der Kündigung des Amtes als T. gilt § 2196 BGB.; vergl. § 15 Anm. 2.

b) Rechtsanwalt als Beistand des Testamentsvollstreckers wie zu a (RG. 8. Nov. 1886, Bolze 3 Nr. 969).

c) Auflage der Pflege von Gräbern. Wenn der Erblasser den Umfang und die Dauer der Leistung nicht bestimmt hat, so entscheidet das billige Ermessen des Beschwerten (§§ 2192, 2156 BGB.). Die Dauer wird durch die Liegezeit der Gräber und die Unmöglichkeit der Vollziehung der Auflage begrenzt (§ 2196 BGB.); meist wird auch der Tod des Beschwerten als Endpunkt anzusehen sein. Unter Umständen kann die Verpflichtung zur Leistung als immerwährende gelten (FM. 30. Juni 1897 III 8074).

d) Auflage zur Verrichtung von Gebeten usw. Die üblichen Gebühren geben einen Anhalt für die Schätzung.

§. 7. (7).

Stiftungen.

Vermögen, welches zur Begründung einer angeordneten oder einem Erben, Vermächtnißnehmer u. s. w. aufgetragenen Stiftung — mit Ausschluß der Fideikommiß- und der Familienstiftungen (§. 2) — gewidmet ist, wird hinsichtlich der Versteuerung ebenso behandelt, als ob dasselbe der schon begründeten Stiftung angefallen wäre, vorbehaltlich der anderweiten Feststellung und Nachforderung oder Erstattung der Steuer, falls die Stiftung nicht oder nicht in der angeordneten Weise zur Ausführung gelangt. Für die eintretendenfalls nachzuerhebenden Steuerbeträge kann Sicherheitsbestellung gefordert werden.

1. Die Anwendung des Paragraphen setzt voraus, daß der Erblasser mit der Verfügung von Todes wegen die Errichtung einer neuen selbständigen Stiftung beabsichtigte (Begr. S. 59). Die Vorschrift beruht auf ähnlichen Erwägungen wie die Bestimmung im § 84 BGB., wonach eine Stiftung, die erst nach dem Tode des Stifters genehmigt wird, für Zuwendungen des Stifters als schon vor dessen Tode entstanden gilt. Infolge dieser Bestimmung des BGB. können auch Zuwendungen des Stifters an die von ihm durch Rechtsgeschäft unter Lebenden errichtete, aber noch nicht rechts-

fähig gewordene Stiftung nach den Grundsätzen des § 7 behandelt werden. Bereits bestehende Stiftungen haben Anfälle wie jede andere natürliche oder Rechtsperson zu versteuern (Begr. S. 59; § 1 Anm. 10). Zuwendungen an eine von einem Dritten beabsichtigte oder bereits errichtete, aber noch nicht rechtsfähig gewordene Stiftung sind aufschiebend bedingt und fallen erst mit der Genehmigung an (§ 22 ESt G.; §§ 2101, 2178 BGB.).

Der Paragraph ist nicht nur anwendbar, wenn der Erblasser das Stiftungsgeschäft selbst vollzogen hat, sondern auch dann, wenn er die Vollziehung einem anderen zur Auflage gemacht hat. Der Erblasser muß wenigstens den Zweck der Stiftung bestimmen, sonst ist die Auflage unwirksam (§ 2193 BGB.). Bleibt bei der Unwirksamkeit der Auflage die Zuwendung wirksam (§ 2195 BGB.), so hat sie der Erwerber ohne Rücksicht auf die Auflage zu versteuern. Auf Zuwendungen unter einer Auflage, die nicht die Errichtung einer selbständigen Stiftung zum Gegenstande hat, findet § 8 Anwendung.

2. Über Fideikommiß- u. Familien-Stiftungen s. § 1 Anm. 11.

3. Zur Begründung der Steuerpflicht wird die Annahme aufgestellt, daß die beabsichtigte Stiftung schon bestehe. Die Steuerpflicht entsteht mit dem Zeitpunkte, mit welchem der Anfall an eine beim Erbfalle bereits bestehende Stiftung ohne Rücksicht auf die etwa erforderliche Genehmigung der Zuwendung (§ 1 Anm. 10) gelangt sein würde. Die ESt. ruht auf dem der Stiftung gewidmeten Vermögen und fällt daher zunächst dem Beschwerten und später der Stiftung zur Last (§ 29). Wenn die Stiftung nicht in der angeordneten Art zur Ausführung kommen kann, so ist die ESt. anders festzustellen. Die im § 42 Abs. 2 bestimmte Klagefrist beginnt mit dem Eintritte des die Unausführbarkeit bedingenden Ereignisses.

a) Die Stiftung des Erblassers bedarf zur Erlangung der Rechtsfähigkeit der Genehmigung des Königs (§ 1 Anm. 10). Die Versagung der Genehmigung hat die Unwirksamkeit der Zuwendung zur Folge (Planck I § 84 Anm. 3). Wird die Genehmigung von dem Erben oder dem Testamentsvollstrecker nicht nachgesucht, so hat sie das Nachlaßgericht einzuholen (§ 83 BGB.). Die Steuerbehörde kann die Einholung der Genehmigung durch das Nachlaßgericht betreiben, wenn die Genehmigung dem Fiskus zum Vorteile gereichen würde (§ 1 Anm. 27). Ebenso kann sie die Bestellung eines Pflegers für die Stiftung gemäß § 1960 BGB. erwirken (§ 37 Anm. 4).

b) Die Auflage der Errichtung einer Stiftung muß rechtsverbindlich sein (FM. 24. Juni 1890 III 5406, H-G. S. 1052 Nr. 42); ein bloßer Wunsch des Erblassers, dessen Erfüllung in das freie Belieben des Bedachten gestellt sein soll, begründet weder eine Steuerpflicht noch einen Abzug von der Zuwendung (FM. 11. Okt. 1873 III 15 156, H-G. S. 1052 Nr. 41c). Das Bestehen einer Verbindlichkeit des Beschwerten wird aber für sich allein zur Begründung der Steuerpflicht genügen, ohne daß es darauf ankommt, ob ein Berechtigter vorhanden ist, der die Vollziehung der Auflage erzwingen kann (§ 2194 BGB.). Wenn die Vollziehung der Auflage wegen eines von dem Beschwerten zu vertretenden Umstandes unterbleibt oder verzögert wird, so kann sich der Beschwerte weder der Besteuerung der Zuwendung ohne Abzug des Wertes der Auflage entziehen (FM. 21. Sept. 1889 III 14 244, H-G. S. 1084 Anm. 72b), noch sich auf das Unterbleiben der Vollziehung berufen, da anzunehmen ist, daß der Vorbehalt im § 7 sich nicht auf eine verschuldete Nichtausführung bezieht. Die Berücksichtigung der Auflage wird deshalb in einem solchen Falle davon abhängen, ob dem Fiskus daraus Vorteil erwächst.

Wenn die Genehmigung der Stiftung auf das Gesuch des Beschwerten verweigert wird, so ist die Wiederholung des Gesuches statthaft, es sei denn, daß die Gründe für die Versagung in der Anordnung des Erblassers liegen. Errichtet der Beschwerte die Stiftung in wesentlich anderer Art, als sie der Erblasser angeordnet hat, so hat er die Auflage nicht zur Ausführung gebracht, sondern aus eigenem Willen eine Stiftung errichtet.

4. Der Betrag der ESt. wird durch das Wesen der Stiftung bestimmt, das sie nach ihrer Entstehung gemäß der Anordnung des Erblassers gewonnen hat (Tarif C e; D; Befr. 2 g und k). Auch in dem Falle Anm. 3 b kommt nicht die Steuerpflicht des mit Errichtung der Stiftung Beauftragten, sondern die der Stiftung in Betracht, und zwar auch dann, wenn der Beauftragte für seine Person Steuerbefreiung genießt (RG. 8. Nov. 1894, Bd. 34 S. 273, JW. 1895 S. 53 [50], ZBl. 1895 S. 33, JMBl. 1895 S. 318). Die Stiftung kann mit Rückwirkung auf den Anfall die Anerkennung als milde Stiftung nachsuchen (Tarif 2g, Anm. 10e, auch 8, 9).

Wenn der Erblasser selbst Personen benannt hat, denen die Wohltaten der Stiftung zukommen sollen, so haben diese Personen keine ESt. zu entrichten, weil die Benennung nur einen Bestandteil der Stiftung bildet und deshalb nicht dahin führen kann, die Benannten ungünstiger zu stellen, als die später eintretenden Berechtigten (FM. 8. Juli 1875 III 8292, H=G. S. 1051 Nr. 41 a). Ist das Recht der benannten Personen aber nicht von der Erfüllung der stiftungsmäßigen Bedingungen abhängig, so werden die Zuwendungen als steuerpflichtige Vermächtnisse zu beurteilen sein.

5. Über Sicherstellung s. § 29 Anm. 4.

§. 8. (8).

Zuwendungen zu milden 2c. Zwecken.

Sind ohne Begründung einer Stiftung Zuwendungen zu milden, gemeinnützigen oder öffentlichen Zwecken angeordnet oder einem Erben, Vermächtnißnehmer 2c. Leistungen zu gleichen Zwecken aufgetragen, so werden dieselben hinsichtlich der Versteuerung ebenso behandelt, als ob zu demselben Zwecke eine Stiftung im Betrage der Zuwendung beziehungsweise Leistung angeordnet wäre.

Die auf solche Zuwendungen entfallende Steuer ist von den mit der Zuwendung Belasteten zu entrichten und kann, wenn dieserhalb keine andere Anordnung getroffen ist, auf die Zuwendung beziehungsweise Leistung selbst angerechnet werden.

1. Die Widmung von Vermögen zu bestimmten Zwecken kann der Erblasser außer durch Errichtung einer neuen rechtsfähigen Stiftung oder durch eine die Errichtung einer solchen bezweckende Auflage (§ 7) auch erreichen durch eine Zuwendung:

a) an eine Rechtsperson oder einen nicht rechtsfähigen Verein zu ihren Zwecken oder

b) an eine natürliche oder Rechtsperson oder eine Gesellschaft von Personen (z. B. einen nicht rechtsfähigen Verein) unter einer dem Zwecke entsprechenden Auflage, wobei er die Vollziehung der Auflage auch einem anderen als dem Beschwerten, z. B. dem Testamentsvollstrecker, übertragen kann.

Der Fall a wird nach der Rechtsprechung des RG. von § 8 selbst dann nicht betroffen, wenn die Widmung des Vermögens nur zu einem oder einigen der mehreren

Zwecke der Empfänger erfolgt ist, weil der Erblasser keine neue Zweckbestimmung getroffen, sondern die Empfänger, welche die angeordneten Zwecke bereits verfolgen, mit einem Vermögensvorteil (Erbschaft oder Vermächtnis) bedacht hat (RG. 20. Nov. 1886, Bolze 3 Nr. 970; 23. Okt. 1891, Bolze 13 Nr. 592, JW. S. 532[21]; 20. Febr. 1896, JW. S. 258[64]; 1. Nov. 1899, Bd. 45 S. 197, JW. S. 786[30]; 8./15. Jan. 1901, JW. S. 96[48]; 31. Mai 1904, JW. S. 424[47], ZBl. S. 213). Soweit der Sachverhalt aus den Entscheidungen ersichtlich ist, handelte es sich bei den entschiedenen Fällen um Zuwendungen an milde Stiftungen zu wenigstens einem ihrer milden Zwecke. Für diese Fälle sind die Entscheidungen zutreffend; dagegen erscheint der daraus abgeleitete Grundsatz als eine zuweit gehende Verallgemeinerung; denn nach diesem Grundsatze müßte z. B. eine Zuwendung an eine Stadtgemeinde für eine Gemeindeschule die Steuerpflicht der Stadtgemeinde teilen (Tarifstelle D), während doch die Befr. 2h Platz greift. Ebenso müßte eine Zuwendung an eine in der Hauptsache nicht milde Stiftung zu einem ihrer milden Zwecke der Steuerpflicht der Stiftung unterworfen werden, während andererseits eine Zuwendung an eine anerkannte milde Stiftung für einen ihrer nicht milden Nebenzwecke steuerfrei bleiben müßte. Dies Ergebnis würde dem Zwecke des § 8 gerade zuwiderlaufen und weist darauf hin, daß die Bestimmung des § 8 als eine Ergänzung des Tarifs aufzufassen ist. Sie betrifft nicht nur ein besonderes, sondern jedes Zweckvermögen, lediglich mit der Einschränkung, daß die Befreiungen des Tarifs vorgehen. Hierbei kommt die Natur der Befr. in Betracht, die keineswegs eine rein persönliche, sondern eine gemischt persönliche und sachliche ist (Befr. 2f Anm. 1; 2g Anm. 2; 2h Anm. 5; 2i Anm. 3). Infolge dessen schließt nicht jede Zweckbestimmung die Anwendung der Befr. aus, sondern nur eine solche, welche außerhalb des sachlichen Inhaltes der Befr. liegt. Auch bei Anwendung des § 8 bedarf es — abgesehen von dem Besitze der Rechtspersönlichkeit — der Erfüllung der im Tarife bezeichneten Erfordernisse, da § 8 nur eine Ergänzung, keine Erweiterung des Tarifs bezweckt. Eine Zuwendung zu milden Zwecken ist daher nur dann steuerfrei, wenn die milden Zwecke anerkannt werden (Anm. 4). Soweit die Voraussetzungen einer Tarifstelle im Einzelfalle nicht ersetzt werden können, ist die Anwendung der Stelle auch mit Hilfe des § 8 ausgeschlossen; denn sonst würden die gemischt persönlich-sachlichen Befr. ihrer persönlichen Natur entkleidet. Wenn das beabsichtigt wäre, so würden wohl von vornherein rein sachliche Befr. aufgestellt worden sein.

Im Falle b wird der Bedachte insoweit nicht bereichert, als er infolge der mit der Zuwendung verknüpften Zweckbestimmung beschwert ist. Ohne eine besondere Vorschrift würde der Beschwerte den Abzug des Wertes der Beschwerung beanspruchen können, während andererseits kein Berechtigter vorhanden wäre, der zur Versteuerung angehalten werden könnte. Nach der Begr. wollte man den Abzug des Wertes der Beschwerung nicht verbieten und den Beschwerten zur Versteuerung heranziehen, sondern im Gegenteile die Versteuerung von der Person des Beauftragten unabhängig machen und dafür lediglich den bestimmten Zweck entscheidend sein lassen. Aus diesem Grunde ist die Steuerpflicht so geregelt, als wenn eine Stiftung zu gleichem Zwecke angeordnet wäre, indem man sich den Zweck als gewissermaßen personifiziert gedacht hat (Begr. S. 59). Hiernach ist das Zweckvermögen der Versteuerung nach § 8 selbst dann unterworfen, wenn es einer nach dem Tarife von der ESt. befreiten natürlichen oder Rechtsperson angefallen oder von dem Beschwerten in Erfüllung der Auflage übertragen worden ist (RG. 5. Febr. 1881, JMBl. S. 84, ZBl. S. 85; 10. März 1887,

JMBl. S. 322, ZBl. S. 500; 27. Mai 1892, JW. S. 324[51], ZBl. S. 381; 8. Nov. 1894, Bd. 34 S. 273, JW. 1895 S. 53[30], JMBl. 1895 S. 318, ZBl. 1895 S. 33, Bolze 19 Nr. 733; 21. Okt. 1895, JW. S. 611[78]; 8. Jan. 1901, JW. S. 96[48]; 31. Mai 1904, JW. S. 424[47], ZBl. S. 213; FM. 19. März 1904 III 3741, 10. Mai 1904 III 5342, betr. dem deutschen Reichsfiskus gemachte Auflage).

Die Steuer trifft den Beschwerten, der dafür aus dem Zweckvermögen Ersatz beanspruchen kann, wenn der Erblasser nichts anderes bestimmt hat. Der Beschwerte hat die Rechte und Pflichten des Steuerpflichtigen, auch wenn die Ausführung der Auflage einem anderen (z. B. dem Testamentsvollstrecker) übertragen worden ist; er hat z. B. die Anmeldung zu bewirken (§ 32) und würde zu einem Antrage auf Aussetzung der Versteuerung befugt sein, wenn das Zweckvermögen mit einem Nießbrauche belastet ist (§ 27). Die Personen, denen der Beschwerte auf Grund der Auflage etwas geleistet hat, haben weder ESt. zu entrichten noch irgend eine Steuerpflicht zu erfüllen.

2. Zuwendungen und Leistungen im Sinne des Paragraphen haben im Falle der Anm. 1a die rechtliche Natur von Erbschaften oder Vermächtnissen und im Falle der Anm. 1b diejenige von Auflagen (§ 2193 BGB.; § 7 Anm. 3b; § 1 Anm. 1c). Der § 8 findet für die Besteuerung anderer als der in Anm. 1a bezeichneten Erbschaften und Vermächtnisse keine Anwendung, namentlich nicht für die Besteuerung des Vermächtnisses an mehrere, bei welchem der Beschwerte oder ein Dritter zu bestimmen hat, was jeder erhalten soll (§ 2153 BGB.), z. B. an die Arbeiter des Erblassers (§ 2071 BGB.; RG. 9. Jan. 1893, Bd. 30 S. 287, Bolze 16 Nr. 601, ZBl. S. 181) oder für die Armen (§ 2072 BGB.). Ob eine Auflage oder ein Vermächtnis vorliegt, kann oft zweifelhaft sein; eine einheitliche Auf-

lage ist angenommen worden bei einer Zuwendung an eine Loge für ihre wohltätigen Stiftungen (FM. 30. Juni 1900 III 7577). Wenn der Erblasser die Zinsen eines Kapitals dauernd zu bestimmten Zwecken gewidmet hat, so ist anzunehmen, daß er das Kapital selbst gemeint hat. Die Verfügungen des Erblassers müssen rechtsverbindlich sein (§ 7 Anm. 3 b).

3. Die Zwecke, welche der Erblasser bestimmt hat, sind für die Besteuerung ausschließlich maßgebend (FM. 31. Okt. 1893 III 11958, H-G. S. 1054 Nr. 44 c; 17. April 1897 III 4562; RG. 8. Nov. 1894 — Anm. 1 b —), selbst wenn der Beauftragte die Zuwendung zu anderen im EStG. noch mehr begünstigten Zwecken verwendet hat, z. B. wenn er sie einer milden Stiftung oder einem Ortsarmenverbande überwiesen hat (RG. wie vor; RG. 13. Okt. 1881, H-G. S. 1119 Nr. 142 c; FM. 27. Dez. 1887 III 16226; 12. Mai 1897 III 4661). Jedes vom Erblasser besonderen Zwecken gewidmete Vermögen kommt für sich als Besteuerungsgegenstand in Betracht. Hat der Erblasser eine einheitliche Zuwendung ungetrennt verschiedenen Zwecken gewidmet, so ist die Bestimmung des Berechtigten, wieviel für jeden Zweck aufzuwenden ist (§ 2193 BGB.), auch für die Besteuerung maßgebend (RG. 1. Nov. 1899, Bd. 45 S. 197). Auf die bei der Zweckbestimmung gewählten Worte, z. B. milde oder wohltätige Zwecke, ist kein entscheidendes Gewicht zu legen, sondern es muß der wirkliche Wille des Erblassers erforscht werden (Planck V § 2064 Vorbem. 4; FM. 8. Jan. 1904 III 17581/03; 12. Nov. 1904 III 14639). Nach diesen Grundsätzen ist z. B. eine Zuwendung an einen Magistrat zur Verteilung an wohltätige Anstalten nach Tarifstelle C e zu besteuern, auch wenn milde Stiftungen bei der Verteilung berücksichtigt worden sind (FM. 8. Mai 1891 III 6282, H-G. S. 1056 Nr. 45 d).

Auflagen sind nur steuerpflichtig, wenn die Zwecke milde, gemeinnützige oder öffentliche sind (§ 1 Anm. 1 c).

Der Begriff der öffentlichen Zwecke wird sich mit dem der gemeinnützigen decken. Gemeinnützig sind auch die in Tarifstelle C e bezeichneten wohltätigen und Unterrichtszwecke (Tarifstelle C e Anm. 1).

4. **Der Betrag der ESt.** ist nach dem Tarif zu bestimmen. In der Begr. (S. 59) ist nur auf Tarifstelle C e bezug genommen; es kann aber auch Tarifstelle D in Anwendung kommen; außerdem kann eine Zuwendung als eine solche zu milden Zwecken anerkannt und dadurch den anerkannten milden Stiftungen (Befr. 2 g) gleich gestellt werden (FM. 9. April 1897 III 3604). Die Anerkennung einer Zuwendung als einer solchen zu milden Zwecken steht der Steuerverwaltung zu; sie darf nur dann erfolgen, wenn eine Stiftung mit gleichen Zwecken als milde anerkannt werden könnte (FM. 2. Juli 1897 III 8206). Eine mit einer besonderen Zweckbestimmung nicht verknüpfte Zuwendung an einen nicht rechtsfähigen Verein wird daher auch dann als eine solche zu milden Zwecken anerkannt werden dürfen, wenn die Zwecke des Vereins zwar nicht ausschließlich aber doch hauptsächlich milde sind (Befr. 2 g Anm. 10 f VI). Aus der sachlichen Natur der Befr. (Anm. 1 a) folgt, daß die Anerkennung von der Sicherung der Verwendung zu den bestimmten Zwecken abhängig zu machen ist (Begr. S. 47; Tarifstelle C e Anm. 3; Befr. 2 g Anm. 10 c). Durch FME. 10. Febr. 1899 III 733 I ist den PStD. die Entscheidung darüber übertragen, ob eine Zuwendung als eine solche zu milden Zwecken anzuerkennen ist; in zweifelhaften Fällen ist die Entscheidung des FM. einzuholen. Die Ermächtigung bezieht sich auf alle nach § 8 zu beurteilenden Zuwendungen ohne Ausnahme (Anm. 1), also auch auf Zuwendungen an juristische Personen zu einem ihrer milden Nebenzwecke (FM. 3. Dez. 1904 III 15366). Wenn das Vorliegen einer Zuwendung zu milden Zwecken unbedenklich angenommen werden kann, so soll das ESt A. vor Aus-

fertigung der Feststellungsbescheinigung die Akten dem PStD. vorlegen, und dieser soll mit möglichster Beschleunigung über die Anerkennung befinden. Glaubt das ESt A. dagegen, daß eine Zuwendung nicht als eine solche zu milden Zwecken anzuerkennen sei, so soll es die ESt. berechnen und den Beteiligten überlassen, die Befreiung von der ESt. nachzusuchen (FM. 1. Sept. 1900 III 9585).

Das Erfordernis der Sicherung der Verwendung zu den bestimmten Zwecken kann von dem Beauftragten nachträglich erfüllt werden (Begr. S. 68; Tarifstelle C e Anm. 3), z. B. dadurch, daß er die Zuwendung mit einer entsprechenden Auflage einer Rechtsperson überweist, die hinreichende Gewähr für die Vollziehung bietet. Das kann zur Folge haben, daß eine Zuwendung unter einer einheitlichen Auflage verschiedenen Steuersätzen unterliegt (RG. 1. Nov. 1899. Bd. 45 S. 197); soweit ein wohltätigen Zwecken gewidmetes Vermögen einer Rechtsperson überwiesen wird, die Anspruch auf Befr. oder auf den Steuersatz von 4 v. H. hat, ist es mit 4 v. H., soweit die Verwendung nicht gesichert ist, mit 8 v. H. zu besteuern (FM. 17. Okt. 1891 III 11661 Nr. 8).

5. Fideikommiß- und Familien-Stiftungen sind von der Anwendung des § 8 ausgenommen (§ 1 Anm. 11, 26, 27). In einem Falle, in welchem der Erblasser die Zinsen eines Kapitals für die Dauer von 20 Jahren für bedürftige Verwandte und Verschwägerte nach dem Ermessen des Testamentsvollstreckers bestimmt hatte, ist angenommen worden, daß keine Familienstiftung, sondern eine nach § 8 (mit 8 v. H. vom Werte des Zinsenkapitals) zu besteuernde Auflage angeordnet sei (RG. 28. Sept. 1891, Gruchot 36 S. 1097).

6. Zuwendungen an Rechtspersonen bedürfen auch dann der Genehmigung, wenn sie unter einer Auflage erfolgt sind (§ 1 Anm. 10). Eine Ge-

nehmigung ist nicht erforderlich, wenn die Rechtsperson nur mit der Verteilung von Vermächtnissen beauftragt ist (Anm. 2).

Vorbemerkungen zu §§ 9 bis 11.

1. Früherer Wortlaut nach dem ESt. von 1873:

Im Auslande befindliches Vermögen.

§. 9. Grundstücke und Grundgerechtigkeiten, welche außerhalb Landes liegen, gehören nicht zur steuerpflichtigen Masse. Anderes im Auslande befindliches Vermögen eines Erblassers, welcher bei seinem Ableben Inländer war, unterliegt der Versteuerung, falls davon im Auslande keine oder eine geringere Erbschaftssteuer, als nach Vorschrift dieses Gesetzes, zu entrichten ist. Im letzteren Falle findet die Anrechnung der im Auslande erweislich gezahlten Erbschaftssteuer auf die diesseitige Steuer statt.

Im Inlande befindliches Vermögen.

§. 10. Von dem Anfall inländischer Grundstücke, Grundgerechtigkeiten oder deren Nutzungen ist die Erbschaftssteuer zu erheben ohne Unterschied, ob der Erblasser Inländer oder Ausländer war, und ob derselbe seinen Wohnsitz im Inlande hatte oder nicht.

Anderes im Inlande befindliches Vermögen eines Erblassers, welcher bei seinem Ableben Ausländer war, unterliegt der Versteuerung nicht, wenn in dem Staate, wohin dasselbe verabfolgt werden soll, die gleiche Rücksicht hinsichtlich des Nachlasses diesseitiger Angehöriger beobachtet wird.

2. Internationales ESt.-Recht. Die Vorschriften der §§ 9—11 beruhen auf dem Grundsatze, daß der Anfall nicht als solcher, sondern nach den Bestandteilen des Nachlasses, die sich im In- oder Auslande befinden können, zu besteuern ist (RG. 16. April 1885, Bd. 13 S. 278, JMBl. S. 343, ZBl. S. 190), und daß das Vermögen des Erblassers vorzugsweise der Steuerhoheit des Staates unterliegt, in dessen Gebiet es sich beim Erbfalle befindet (FM. 24. Jan. 1902 III 565). Bei der Besteuerung des Grundvermögens herrscht fast allgemein der Grundsatz des § 9; dagegen ist die Besteuerung des sonstigen (beweglichen) Vermögens in den einzelnen Staaten nicht immer von der Lage des Vermögens, sondern auch von der Staatsangehörigkeit oder dem Wohnsitze oder Aufenthaltsorte des Erblassers abhängig gemacht worden. Im EStG. 1873 war die Steuerpflicht des beweglichen Vermögens an die Staatsangehörigkeit des Erblassers geknüpft, während jetzt nach dem EStG. 1891 der Wohnsitz des Erblassers entscheidend ist (§ 10). Die Vorschriften der §§ 10, 11 regeln zugleich die Vermeidung von Doppelbesteuerungen, die bei der Verschiedenartigkeit der ESt.-Gesetzgebung der einzelnen Staaten eintreten könnten; das Reichsges. wegen Beseitigung der Doppelbesteuerung v. 13. Mai 1870, BGBl. S. 119, findet für die ESt. keine Anwendung (RG. 30. Nov. 1896, JW. 1897 S. 16[41]; 8. März 1897, Bd. 39 S. 11).

Die ESt. trifft den Erwerber des Anfalles (§ 29); die Steuerhoheit des Staates wird aber bei dem beweglichen Vermögen von der Person des Erblassers abgeleitet, und zwar aus der Herrschaft über seine Person, wenn seine Staatsangehörigkeit die Steuerpflicht begründet und aus der Gewalt über das Vermögen, wenn sein Wohnsitz, an dem das Vermögen sich gewöhnlich befindet, für die Steuerpflicht entscheidend ist (Komm.Ber. 1873 S. 6). In beiden Fällen ist die Staatsangehörigkeit des Erwerbers des Anfalles grundsätzlich ohne Bedeutung (§ 1); sie kann nur bei der Ausübung des Vergeltungsrechtes in Betracht kommen (§ 11 Anm. 1).

Wenn die Steuerpflicht durch den Wohnsitz des Erblassers begründet wird, so ist sie zwar aus der Herrschaft über das Vermögen des Erblassers abgeleitet, aber nicht durch die Herrschaft bedingt, da sie grundsätzlich auch das im Auslande befindliche Vermögen ergreift und nur durch das Vorzugsrecht des auswärtigen Staates beschränkt wird. Daraus folgt, daß aufschiebend bedingter oder befristeter Erwerb und der Erwerb des Nachfolgers in den Überrest der preuß. ESt. unterliegt, wenn der Erblasser seinen Wohnsitz im Inlande hatte, und zwar selbst dann, wenn der Berechtigte vor dem Anfall verstorben ist und ein anderer Staat diese Vererbung besteuern sollte. Dagegen gehört das Recht auf einen solchen Anfall auch nicht zum Nachlasse eines vorverstorbenen, in Preußen wohnhaften Berechtigten, wenn der Erblasser in Preußen keinen Wohnsitz hatte (§ 22 Anm. 2, § 27 Anm. 6c). Bei der gewöhnlichen Nachfolge oder der Beschwerung eines Vermögens mit einem Nießbrauche gehört das Stammvermögen grundsätzlich zum Nachlasse des vorverstorbenen Erwerbers (§ 27 Anm. 2, 5); wenn aber die Versteuerung ausgesetzt worden ist, so erfolgt sie später nach § 27 Abs. 1, selbst wenn ein anderer Staat die Zwischenvererbungen besteuern sollte. Da die Aussetzung der Versteuerung eine Ausnahme ist, so setzt die daran geknüpfte Regelung der Steuerpflicht einen in Preußen steuerpflichtigen Erbfall voraus. Stirbt ein in Preußen wohnhafter Erwerber eines Anfalles, dessen Besteuerung im Auslande ausgesetzt worden ist, so gehört der Erwerb grundsätzlich zu der in Preußen steuerpflichtigen Masse. Es dürfte jedoch dem Sinne des Ges. entsprechen, hiervon eine Ausnahme zu machen, wenn die im Auslande erfolgte Aussetzung der Versteuerung dieselben Wirkungen hat, wie in Preußen, wenn also die Zwischenvererbungen nicht unmittelbar, sondern mittelbar dadurch besteuert werden, daß die von den Steuerpflichtigen erhobene Abgabe die Zwischenvererbungen mit abgilt (§ 27 Anm. 3 b). Die Lage des Vermögens beim Erbfalle ist für die Steuerpflicht aller Anfälle ein für allemal entscheidend, auch wenn die Anfälle erst nach dem Erbfalle eintreten (§§ 22—24, 27). Diese Auffassung wird durch den mit dem EStG. von 1895 dem § 10 zugefügten Abs. 2 bestätigt. Hiernach wird bei einem erst nach dem Erbfalle erfolgenden Anfalle der Erwerb aus dem inländischen Nachlasse nach dem Verhältnisse der Masse, die sich beim Erbfalle im Inlande befand, zu dem damals vorhandenen gesamten Nachlasse zu bestimmen sein. Vergl. § 10 Anm. 3.

3. *Unter Inland* ist nicht das Staatsgebiet, sondern der Geltungsbereich des EStG. beim Erbfalle zu verstehen (Anm. vor § 1). Zum Inlande werden auch die außerhalb des Hoheitsgebietes eines anderen Staates auf See befindlichen Schiffe und ihr Bereich gehören, wenn der Heimathafen im Geltungsgebiete des EStG. liegt (vergl. RG. 18. Nov. 1901, JW. 1902 S. 33[34]). **Kriegsschiffe** bleiben auch beim Einlaufen in die Eigengewässer eines fremden Staates exterritorial. Dasselbe gilt für Handelsschiffe usw. beim Durchfahren fremder Küstengewässer. Fahren Handelsschiffe aber in die Eigengewässer eines fremden zivilisierten Staates ein, so stehen sie während der Dauer ihres Aufenthalts unter der Hoheit des fremden Staates, und der Heimatstaat kann seine Hoheit nur soweit üben, als der fremde Staat von seinem Rechte keinen Gebrauch macht (von Holtzendorff, Handbuch des Völkerrechts, Bd. 2, Hamburg 1887, §§ 87, 88, 90; Bluntschli, Das moderne Völkerrecht der ziv. Staaten, Nördlingen, 1878, §§ 317 ff.).

§. 9. (9. 10 f. Vorbem. 1).

Unbewegliches Vermögen.

Grundstücke und Grundgerechtigkeiten, welche außerhalb Landes liegen, gehören nicht zur steuer-

pflichtigen Masse. Von dem Anfall inländischer Grundstücke oder Grundgerechtigkeiten oder deren Nutzungen ist die Erbschaftssteuer zu erheben, ohne Unterschied, ob der Erblasser Inländer oder Ausländer war und ob derselbe seinen Wohnsitz im Inlande hatte oder nicht.

1. Unter unbeweglichem Vermögen sind nur die vermöge ihrer Natur unbeweglichen Grundstücke und die mit dem Eigentum an einem Grundstücke verbundenen Grundgerechtigkeiten, aber nicht andere Vermögensgegenstände begriffen, welche nach der Gesetzgebung wie Grundstücke behandelt oder zum unbeweglichen Vermögen gerechnet werden. Aus diesem Grunde wurde bei der Kommissionsberatung (Komm.Ber. 1873 S. 5) allseitig anerkannt, daß die alten Bergwerksanteile, auf welche die für Grundstücke geltenden Vorschriften Anwendung finden (§ 231 Allgem. Bergges. 24. Juni 1865, GS. S. 705; Art. 37 XIII AG. BGB.), ebenso wie die zum beweglichen Vermögen gehörenden Neukuxe (§ 101 Allgem. Berggef; Art. 37, IX AG. BGB.) zu behandeln seien. Die Regelung erfolgte, weil § 9 im Verhältnisse zum Auslande unabänderliches Recht bilden sollte; ganz ist die Einwirkung des jeweiligen Landesrechtes freilich nicht ausgeschlossen; denn die Frage, was Bestandteil eines Grundstückes ist und was als Grundgerechtigkeit anzusehen ist, wird im allgemeinen nur nach den jeweiligen Gesetzen des Orts, an welchem das Grundstück oder das herrschende Grundstück sich befindet, entschieden werden können (RG. 18. März 1902, Bd. 51 S. 101, JW. S. 264 [36]; RG. 27. Okt. 1903 — VII. 234.03 —; 23. Sept. 1904, JW. S. 543 [13]). Die Regelung wird meist zur Folge haben, daß wirtschaftliche Einheiten für die Besteuerung in ihre beweglichen und unbeweglichen Bestandteile aufzulösen sind (vergl. Anm. 3).

2. Auch Miteigentum an unbeweglichem Vermögen unterliegt der Besteuerung nach § 9. Bei dem Bestehen einer Gemeinschaft (§§ 741 ff., 1008 ff. BGB.) gehört jedem Teilhaber ein entsprechender Bruchteil. Wenn der Erblasser bei einer Gesellschaft im Sinne der §§ 705 ff. BGB. beteiligt war, so gehörte ihm, wenn nichts anderes vereinbart war, kein Bruchteil an den einzelnen Gegenständen des Gesellschaftsvermögens oder an dem Gesamtvermögen, sondern nach den Grundsätzen des sog. Eigentums zur gesamten Hand nur ein Anspruch darauf, daß ihm bei der Auseinandersetzung ein seiner Beteiligung entsprechender Anteil zugewiesen werde (Planck II § 719 Anm. 1, 2; RG. 11. Dez. 1903, Bd. 56 S. 206; 3. Juni 1904, Gruchot 48 S. 1039). Daran ändert der Umstand nichts, daß die Gesellschaft durch den Tod des Erblassers aufgelöst worden ist (§§ 727, 731 ff. BGB.). Die Rechte aus dem Gesellschaftsverhältnisse gehören zum beweglichen Vermögen. Wenn der Erblasser der Gesellschaft ein Grundstück nur zur Benutzung überlassen hat, so gehört das Grundstück zu seinem Nachlasse (§ 732 BGB.). Dieselben Grundsätze gelten bei der Beteiligung des Erblassers an einer offenen Handelsgesellschaft (RG. 26. Jan. 1904, Bd. 56 S. 430), Kommanditgesellschaft (Staub, Exkurs zu § 122, Anm. 12; § 161 Anm. 12, 13) oder an einer Gesellschaft mit Rechtspersönlichkeit. Ähnlich gestaltet sich die Rechtslage, wenn der Erblasser als Miterbe an einem in der Erbengemeinschaft befindlichen Nachlasse beteiligt war, da das Verhältnis der Miterben im BGB. als Gemeinschaft zur gesamten Hand geordnet worden ist (Planck V Anm. 3 vor § 2032). Der Erbteil gehört daher zum beweglichen Vermögen. Die Gemeinschaft wird durch die an keine Form gebundene Auseinandersetzung gelöst (Planck V Anm. 1 vor § 2042). Bleiben nach Durchführung der Auseinandersetzung einzelne Nachlaßgegenstände allen oder einigen Miterben gemeinsam, so besteht

nur eine gewöhnliche Gemeinschaft nach Bruchteilen (Planck V § 2042 Anm. 1).

3. **Grundstücke**; vergl. § 5 Anm. 6 I; über den Begriff: Planck III 2. Abschnitt Vorbem. I. Wenn ein G. nur zum Teil im Inlande liegt, so ist nur der Teil steuerpflichtig; vergl. über die Verteilung der Schulden und Lasten: § 13 EStG., der Rechte: §§ 1025, 1109 BGB. Der Steuerpflicht der G. unterliegen alle Bestandteile (§§ 93—96, 890 BGB.; RG. 19. Sept. 1903, Bd. 55 S. 284), zu denen auch die mit dem Eigentum an dem Grundstücke verbundenen Rechte (Anm. 4) z. B. Grundgerechtigkeiten, subjektiv-dingliche Vorkaufsrechte und Reallasten (§§ 1094, 1105 je Abs. 2 BGB.), sowie subjektiv-dingliche Gewerbeberechtigungen (Planck VI Art. 74 Anm. 1) gehören; dagegen ist die Steuerpflicht des beweglichen Zubehörs (§§ 97, 98 BGB.) nach den §§ 10, 11 zu beurteilen. Im Verhältnisse zum Königreiche Sachsen soll nach einem Übereinkommen das bewegliche Zubehör eines Landgutes (§ 98 zu 2 BGB.) die Steuerpflicht des Gutes selbst teilen (s. Anhang VI bei Sachsen Anm. II 3).

4. **Die Grundgerechtigkeit** ist ein Recht auf einen beschränkten Gebrauch oder eine beschränkte Nutzung eines (dienenden) Grundstücks zum Vorteile eines (herrschenden) Grundstücks oder auf Ausschließung der Ausübung eines Rechts, das sich aus dem Eigentum des dienenden G. dem herrschenden G. gegenüber ergibt (Eccius III S. 383; Planck III § 1018 Vorbem.). Die Grundgerechtigkeiten sind Bestandteile des herrschenden Grundstücks und beeinflussen dessen Wert (Anm. 3). Die Grunddienstbarkeiten (§ 1018 BGB.) sind Grundgerechtigkeiten. Von den subjektiv-dinglichen Grundgerechtigkeiten sind die selbständigen Gerechtigkeiten (Art. 40 AG. BGB.) zu unterscheiden, welche selbständige, weder an das Eigentum eines Grundstücks noch an eine bestimmte Person gebundene Rechte sind, auf die infolge gesetzlicher Be-

stimmung die Vorschriften für Grundstücke Anwendung finden (RG. 22. Dez. 1903, Bd. 57 S. 32; Eccius III S. 551). Hierher gehören: Erbbaurecht (§ 1017 BGB.), Bergwerkseigentum und selbständige Kohlenabbaugerechtigkeiten (§ 5 Anm. 6 II), Schiffsmühlen- und Fährgerechtigkeiten (§§ 51, 229, 230 II 15 ALR.; Art. 65 EG. BGB.), Fischereigerechtigkeiten (§ 170 I 9 ALR.; Art. 69 EG. BGB.), Realgewerbeberechtigungen (Art. 74 EG. BGB.) z. B. Apothekenprivilegien (JMBl. 1840 S. 113). Die selbständigen Gerechtigkeiten sind von der Besteuerung nach § 9 ausgenommen (Anm. 1), selbst wenn sie einem Grundstück im Grundbuche zugeschrieben sind. Die Vorschrift des § 890 Abs. 2 BGB. beruht auf der Erwägung, daß die Grundstücke nicht von Natur, sondern künstlich abgeteilt sind. Grundstücke und Gerechtigkeiten sind aber von Natur verschieden. Eine entsprechende Anwendung des § 890 BGB. nötigt daher nicht zu dem Schlusse, daß die Gerechtigkeit, obwohl ihre Selbständigkeit bestehen bleibt, Bestandteil des Grundstücks wird.

5. Der Anfall der Nutzungen ist gleichbedeutend mit dem Anfall des Nutzungsrechts (§§ 26, 27); ausstehende Nutzungen, die nicht Bestandteile des Grundstücks sind, z. B. Miet- und Pachtbeträge (FM. 5. März 1892 III 16369/91, H-G. S. 1068 Nr. 52) oder die Ausbeute einer Saline (FM. 19. Sept. 1891 III 9902 Nr. 4) unterliegen nicht der Besteuerung nach § 9.

6. Über die Verteilung von Schulden und Lasten s. § 13. Nach § 889 BGB. erlischt das Recht an einem fremden Grundstücke nicht dadurch, daß der Eigentümer des Grundstücks das Recht oder der Berechtigte das Eigentum an dem Grundstücke erwirbt. Die Eigentümerhypothek oder Grundschuld (§§ 1163, 1168, 1170, 1171, 1177, 1192, 1196, 1199 BGB.) ist hiernach, mit der sich aus § 1178 BGB. ergebenden Beschränkung, gegenüber dem Eigentum an dem Grund-

stück ein selbständiges Vermögensrecht (§ 2165 Abs. 2 BGB.; Planck V Anm. 3). Die Ausübung der dinglichen Rechte ruht zwar während der Vereinigung mit dem Eigentum in einer Person; die Selbständigkeit tritt jedoch hervor, wenn ein Nießbrauch an dem Grundstücke besteht oder die Zwangsvollstreckung in das Grundstück betrieben wird, da die Rechte alsdann nicht, wie das Eigentum, allen Rechten nachstehen (Planck III § 889 Anm. 2). Hiernach können Eigentümerhypotheken und Grundschulden bei der Besteuerung des unbeweglichen Vermögens nicht als erloschen behandelt werden, sondern sie müssen als selbständige Gegenstände des beweglichen Vermögens nach §§ 10, 11 besteuert werden. Das gilt auch dann, wenn der Eigentümer einem anderen gegenüber zur Löschung verpflichtet ist (§ 1179 BGB.; Planck III Anm. 4), solange die Löschung nicht erfolgt ist, oder wenn eine Hypothek nur eine Sicherungshypothek, insbesondere eine sog. Maximalhypothek ist (Planck III § 1185 Anm. 2c). Wegen der Gesamthypothek vergl. §§ 1172—1174 BGB. Auch der aus Zinsenzuschlägen gebildete Tilgungsbestand ist ein selbständiger Vermögensgegenstand (§ 5 Anm. 6 VI f).

§. 10. (9. 10; s. Vorbem. 1 vor § 9).

Bewegliches Vermögen.

Anderes als das im §. 9 bezeichnete Vermögen ist der Erbschaftssteuer unterworfen, wenn der Erblasser bei seinem Ableben seinen Wohnsitz in Preussen hatte oder die vorläufige Ausfolgung des Nachlasses (§. 1 Ziffer 4) von einem Preussischen Gericht verfügt ist, das ausserhalb Preussens belegene Vermögen indessen nur dann, wenn davon in dem auswärtigen Staate keine, oder eine geringere Abgabe, als nach den Vorschriften dieses Gesetzes zu entrichten ist. Im letzteren Fall wird die in dem auswärtigen Staate erweislich gezahlte Abgabe auf die diesseitige Steuer angerechnet.

Hatte der Erblasser bei seinem Ableben keinen Wohnsitz, so unterliegt das Vermögen der diesseitigen Erbschaftssteuer, insoweit es bei seinem Ableben in Preussen sich befindet.

1. Für die Steuerpflicht des beweglichen Vermögens kommen, abgesehen von den nach § 11 geltenden Ausnahmen, die drei Fälle in Betracht, daß der Erblasser

a) einen Wohnsitz im Inlande hatte. Das Vermögen ist steuerpflichtig, auch wenn der Erblasser außerdem einen Wohnsitz im Auslande hatte. Einer Doppelbesteuerung wird durch die Zulassung der Anrechnung der ausländischen ESt. zwar nicht vorgebeugt, aber doch eine Schranke gezogen.

b) keinen Wohnsitz im Inlande, aber einen solchen im Auslande hatte. Das Vermögen ist steuerfrei.

c) überhaupt keinen Wohnsitz, aber Vermögen im Inlande hatte. Das inländische Vermögen ist steuerpflichtig.

Der Fall der Todeserklärung ist nicht besonders geregelt; es kommt deshalb auch hier darauf an, ob und wo der Erblasser zu der Zeit, die als seine Todeszeit gilt, einen Wohnsitz hatte. Der Fall, daß die vorläufige Ausfolgung des Nachlasses von einem preußischen Gericht verfügt ist, ist jetzt bedeutungslos (§ 1 Anm. 28).

2. Als bewegliches Vermögen sind alle Vermögensgegenstände anzusehen, die nicht der Steuerpflicht nach § 9 unterliegen (RG. 16. April 1885, Bd. 13 S. 278, ZBl. S. 190, JMBl. S. 343, Bolze 1 Nr. 1438).

Die Überschriften der §§ 9, 10 sind durch das ESt G. von 1891 eingefügt worden ohne die Absicht, eine sachliche Änderung zu treffen (Komm.Ber. S. 1616).

3. Der Lage des beweglichen Vermögens ist für die Steuerpflicht Bedeutung beigelegt, weil man denjenigen Staat, in dessen Gebiet sich das Vermögen befindet, vorzugsweise zur Ausübung der Steuerhoheit für berechtigt hielt (§ 9 Vorbem. 2). Die Frage, wo sich ein Gegenstand befindet, ist nach den beim Erbfalle obwaltenden Verhältnissen zu entscheiden (§ 9 Vorbem. 2; RG. 16. April 1885, s. Anm. 2); nur wenn dies nicht möglich ist, z. B. weil es sich um künftige (§§ 22, 24) oder ganz ungewisse oder unsichere (§ 25) Ansprüche handelt, werden spätere Verhältnisse maßgebend sein. Die Lage eines Vermögensgegenstandes wird nach den im Verkehr allgemein herrschenden Anschauungen zu beurteilen sein. Das RG. hat in dem Urt. 16. April 1885 (Anm. 2) ausgeführt, daß nach dem allgemeinen Sprachgebrauche, von dem der Gesetzgeber nicht abgewichen sei, unter im Auslande befindlichem Vermögen eines inländischen Gläubigers solches Vermögen zu verstehen sei, dessen Verabfolgung in das Inland beansprucht werden könne. Unbilligkeiten, die sich etwa daraus ergeben, daß die Verkehrsanschauungen über die Lage des Vermögens nicht in allen Staaten übereinstimmen, werden mit Hilfe des § 11 gemildert werden können, da die Verkehrsanschauungen zum materiellen Inhalte des ESt G. gehören.

a) Körperliche Sachen befinden sich dort, wo sie ein räumliches Dasein haben. Dasselbe wird für Inhaberpapiere gelten, deren Erwerb und Verlust nach den Vorschriften des Sachenrechts zu beurteilen ist (Planck II § 793 Vorbem. I; Staub § 179 Anm. 9; FM. 10. Jan. 1888 III 18 651; 8. April 1888 III 6268; 26. Jan. 1889 III 1212; 12. Mai 1890 III 6041), weil sie nicht bloß zum Nachweise der Berechtigung dienen, sondern Träger der dem jeweiligen Inhaber verbrieften Rechte sind. Den Inhaberpapieren werden Orderpapiere (Wechsel, Reichsbankanteile, die meisten Namenaktien usw.) gleichgeachtet, sobald sie mit offenem Übertragungsvermerk versehen sind (Staub § 179 Anm. 9; §§ 234, 1362 BGB.; RG. 25. Sept. 1893, JW. S. 472 [17]), weil die Rechte daraus von jedem geltend gemacht werden können. Das ist auch für die Besteuerung ausschlaggebend (FM. 18. Aug. 1881 III 10 242; 16. März 1882 III 4326/81). Orderpapiere ohne offenen Übertragungsvermerk können den Inhaberpapieren nicht gleichgestellt werden (Staub a. a. O.). Dasselbe gilt für Papiere, in welchen der Schuldner einen bestimmten Gläubiger anerkannt, sich aber vorbehalten hat, an jeden Inhaber ohne Prüfung der Berechtigung zu leisten, z. B. Sparkassenbücher, häufig auch Niederlegungsscheine, Pfandscheine, Versicherungsurkunden (§ 808 BGB.). Zu den Inhaberpapieren gehören z. B. Schuldverschreibungen und Aktien auf den Inhaber (§ 793 BGB.; § 179 HGB.), Grundschuldbriefe auf den Inhaber (§§ 1195, 1199 BGB.), Lose, Zins-, Renten- und Gewinnanteilscheine (§ 804 BGB.), aber nicht Erneuerungsscheine, die nur Ausweispapiere sind (§ 805 BGB.). Der Gewinnanteilschein wird auch bei Namenaktien gewöhnlich auf den Inhaber ausgestellt und bildet dann ein selbständiges Inhaberpapier (Staub § 213 Anm. 13). Daraus ergibt sich, daß die Lage der Gewinnanteilscheine und der nackten Aktie und somit die Steuerpflichtigkeit besonders zu bestimmen ist. Ein Wertpapier verliert die Eigenschaft als Inhaberpapier, wenn es auf den Namen umgeschrieben (§ 806 BGB.; Art. 18 AG. BGB.), oder wenn die Forderung in das Reichs- oder Staatsschuldbuch eingetragen wird (§ 5 Anm. 6 VI c). Die im § 807 BGB. bezeichneten Karten, Marken usw können die Natur eines Inhaberpapiers oder eines Berechtigungsausweises haben.

b) Objektiv-dingliche Rechte z. B. Erbbaurecht (§§ 1012 ff. BGB.), Nießbrauch (§ 1030), beschränkte persönliche Dienstbarkeiten (§ 1090), Vorkaufsrecht (§ 1094), Reallasten (§ 1105), Hypothek, Grundschuld, Rentenschuld (§§ 1113 ff.), befinden sich am Orte der belasteten Sache; ausgenommen sind Grundschulden, die so bestellt sind, daß der Grundschuldbrief auf den Inhaber lautet (Anm. a; §§ 1195, 1199 BGB.). Wenn neben dem dinglichen Rechte ein Anspruch aus einem Schuldverhältnisse besteht, so wird es zur Bestimmung der Lage des Rechts auf die Bedeutung ankommen, welche jedem Gegenstande beizumessen ist, oder mit anderen Worten darauf, ob die Befriedigung voraussichtlich durch den persönlichen Schuldner oder durch den Eigentümer des Grundstücks oder von beiden teilweise erfolgen wird. Die Lage braucht nicht notwendig für den ganzen Anspruch einheitlich festgestellt zu werden. Bei Hypotheken und Grundschulden wird das dingliche Recht in der Regel die Hauptsache bilden (FM. 18. Aug. 1881 III 10 242; 16. März 1882 III 4326/81), weil es sich um auf die Dauer berechnete Schuldverhältnisse handelt, deren Erfüllung nach der Verkehrssitte nicht durch den ursprünglichen Schuldner, sondern durch den Eigentümer des Grundstücks erfolgt. Eigentümerhypotheken und Grundschulden werden stets als am Orte des Grundstücks befindlich gelten. Für andere Hypotheken wird dieser Satz dahin einzuschränken sein, daß für den durch den Wert des Grundstücks nicht gedeckten Betrag die persönlichen Verhältnisse des Schuldners maßgebend sind. Bei Sicherungshypotheken wird häufig, namentlich bei nicht auf die Dauer berechneten Schuldverhältnissen, der persönlichen Forderung das Hauptgewicht beizulegen und das dingliche Recht nur soweit in Betracht zu ziehen sein, als nach den persönlichen Verhältnissen des Schuldners keine Befriedigung zu erwarten ist. Das wird insbesondere bei Hypotheken für Schuldverschreibungen auf den Inhaber und bei solchen über einen Höchstbetrag gelten (§§ 1187 ff. BGB., § 837 CPO.). § 13 Abs. 3 ESt G. läßt sich gegen diese Auffassung nicht anführen, weil er die Belastung des Grundstücks betrifft und diese auch nach Befriedigung des Gläubigers als Eigentümerhypothek oder Grundschuld besteht (vergl. § 2166 BGB.). Eine Gesamthypothek oder Grundschuld wird in der Regel auf die einzelnen Grundstücke nach dem Verhältnisse ihres Wertes zum Werte aller Gr. zu verteilen sein, auch wenn die Gr. verschiedenen Eigentümern gehören; der Wert ist dabei unter Abzug der im Range vorgehenden Belastungen zu bestimmen (vergl. §§ 2167 f. BGB.; für die Eigentümerhypothek usw. s. §§ 1172 f. BGB.). Eine Vormerkung begründet noch kein dingliches Recht, sondern stellt ein Sicherungsmittel dinglicher Natur dar (Planck III § 883 Anm. 2). Die Lage ist daher nach der Natur des sichergestellten Rechts zu bestimmen. Für dingliche Rechte an selbständigen Gerechtigkeiten gilt entsprechend dasselbe wie für Rechte an Grundstücken.

Pfandrechte an Schiffen sind ähnlich gestaltet wie Hypotheken (§§ 1259 ff. BGB.). Während jedoch die Hypothek meist eine dauernde Beleihung des Grundstücks darstellt, bleibt bei der Verpfändung eines Schiffes die persönliche Forderung die Hauptsache. Die Lage der Forderung wird daher in der Regel zunächst nach den persönlichen Verhältnissen des Schuldners zu bestimmen sein. Dasselbe gilt noch mehr, wenn Pfandrechte an anderen beweglichen Sachen oder an Rechten bestellt sind (§§ 1204 ff., 1273 BGB.).

c) Geldforderungen (soweit sie nicht für den Handelsverkehr geeignet sind — Anm. a) sind ihrer Natur nach dazu bestimmt, durch Zahlung getilgt zu werden, und ihr Wert richtet sich daher nach den vorhandenen Befriedigungsmitteln. Deshalb kommt es für die Beurteilung der Lage einer Forderung darauf an, wo die voraussichtlich zur Befriedigung des Gläubigers dienenden Mittel sich beim Erbfalle befinden. Aus diesen Erwägungen hat das RG. entschieden, daß eine Forderung sich im Auslande befinde, wenn der Schuldner ein Ausländer und dafür ein ausländisches Grundstück verpfändet sei (RG. 16. April 1885 bei Anm. 2; vergl. Anm. b). Hiernach wird aus der Natur der Verbindlichkeit und den Verhältnissen des Schuldners zu bestimmen sein, wo eine Forderung sich befindet. Die Beurteilung wird vom Wohnsitze des Erblassers aus stattzufinden haben, weil die Steuerhoheit des Staates an den Wohnsitz geknüpft ist. Auf den Erfüllungsort kommt es nicht an (§ 269 BGB.). Eine Forderung an einen ausländischen Schuldner, welche auf den Geschäftsbetrieb einer inländischen Niederlassung oder auf die Bewirtschaftung eines inländischen Gutes bezug hat, wird als im Inlande befindlich anzusehen sein, wenn die Befriedigung aus den inländischen Mitteln des Schuldners möglich ist (vergl. § 21 CPO.). Aber auch wenn das Schuldverhältnis nicht auf bestimmte Befriedigungsmittel weist, wird eine Forderung an einen ausländischen Schuldner nach der Verkehrssitte als eine inländische zu behandeln sein, soweit der Schuldner im Inlande zur Befriedigung des Gläubigers geeignete Mittel besitzt (§ 23 CPO.). Ausländische Befriedigungsmittel sind dem Zugriffe des Gläubigers im Inlande entzogen und werden deshalb nicht in Betracht kommen können, selbst wenn der Schuldner seinen Wohnsitz im Inlande hat. In der Regel wird allerdings bei persönlichen Forderungen der Wohnsitz oder Wohnort des Schuldners als Ort der Forderung zu gelten haben (§ 9 Vorbem. 2; § 23 CPO.; FM. 1. Juli 1885 III 8456 II; 8. April 1888 III 6268; 26. Jan. 1889 III 1212; 12. Mai 1890 III 6041; RG. 1. Mai 1902, JW. S. 310[3]), da der Schuldner dort den Mittelpunkt seiner Erwerbstätigkeit und seiner Vermögensverwaltung hat und meist nicht bekannt sein wird, wo sich sein Vermögen befindet.

Ist für eine Forderung Bürgschaft geleistet, so werden die Verhältnisse des Bürgen nur in Betracht zu ziehen sein, wenn der Schuldner nicht leistungsfähig ist, oder wenn die Einrede der Vorausklage ausgeschlossen ist (§§ 771 ff. BGB.). Bei einer Gesamtschuld wird es auf die Leistungspflicht der Schuldner im Verhältnisse unter einander nicht ankommen; die Forderung wird schon dann eine inländische sein, wenn der Gläubiger voraussichtlich im Inlande Befriedigung erlangen kann. Die abweichende Beurteilung bei Gesamthypotheken und Grundschulden (Anm. b) scheint gerechtfertigt, weil Hypotheken und Grundschulden nach der Verkehrsauffassung weniger an der Person des Gläubigers, als an den Grundstücken haften und deshalb mit größerem Recht von dem Staate, in welchem die Grundstücke sich befinden, der Steuerhoheit unterworfen werden.

d) Rechte aus Namen-Aktien und Interimsscheinen befinden sich an dem im Statut bestimmten Sitz der Aktiengesellschaft (§ 182 zu 1 HGB.), weil die Akt.Ges. als Rechtsperson Eigentümerin des Gesellschaftsvermögens ist, und die Aktionäre keine dinglichen Rechte am Gesellschaftsvermögen oder obligatorische Rechte gegen die Gesellschaft haben. Wenn die Aktien mit offenem Übertragungsvermerke versehen sind, so werden sie wie Inhaberpapiere zu behandeln sein (Anm. a). Der Sitz der Akt.Ges. ist ein einheitlicher; eine Zweigniederlassung stellt nicht den Sitz dar (Staub § 182 Anm. 10). Nach Auflösung der Gesellschaft steht den Aktionären ein obligatorischer Anspruch auf den Liquidationserlös zu (Staub § 300 Anm. 12), dessen Ort nach Anm. c zu bestimmen ist. Ebenso ist der Anspruch auf den festgestellten Gewinnanteil obligatorischer Natur (vergl. Anm. a; Staub § 213 Anm. 6 ff.). Über Genußscheine vergl. Staub, Exkurs zu § 179.

e) Kuxe neueren Rechts befinden sich am Sitze der Gewerkschaft, der durch die Lage des Bergwerks bestimmt wird (§ 96 Allgem. Berggeſ.). Die Rechtslage ist ähnlich wie bei vielen Namenaktien (Anm. d). Die nach dem ALR. zu beurteilenden Gewerkschaften haben keine Rechtspersönlichkeit, sondern das Vermögen steht im Miteigentum der Gewerken; daher wird die Lage der Anteile durch die Lage der einzelnen Vermögensgegenstände bestimmt (§ 9 Anm. 1, 2; § 5 Anm. 6 II).

f) Andere gesellschaftliche Anteile befinden sich am Sitze der Gesellschaft, wenn die Gesellschaft Rechtspersönlichkeit besitzt (Anm. d); wenn sie keine Rechtsp. hat, so wird die Lage eines Anteils nach der Lage der Bestandteile des Gesellschaftsvermögens und dem Verhältnisse ihres Wertes zum Gesamtvermögen zu bestimmen sein. Ebenso wird die Lage eines

g) Erbteils in der Regel nach der Lage der Bestandteile der Erbschaft (vergl. Art. 28 EG. BGB.) und dem Verhältnisse ihres Wertes zum Werte der Erbschaft zu bestimmen sein.

h) Andere Rechte. Bei anderen Ansprüchen auf eine Leistung als Geldforderungen (Anm. c), wird der Ort des Anspruchs aus der Natur des Schuldverhältnisses zu entnehmen sein, z. B. bei einer Sachleistung aus der Lage der Sache (§ 13 Anm. a). Andere Rechte werden sich in der Regel dort befinden, wo sie auszuüben sind, z. B. Patentrechte u. dergl. dort, wo sie Schutz genießen (§ 5 Anm. 6 X).

4. Der Wohnsitz ist nicht gleichbedeutend mit dem Wohn- oder Aufenthaltsort, sondern er ist ein rechtlicher Begriff, der bei dem Mangel einer Erklärung im EStG. nach dem z. Zt. des Erbfalles geltenden Rechte zu verstehen ist. Das BGB. enthält in den §§ 7—11 allgemein gültige Vorschriften über den Wohnsitz, welche auch für die Steuerpflicht entscheidend sind, während andere Sondervorschriften, durch welche der Wohnsitz nur für

gewisse Rechtsverhältnisse, z. B. den Gerichtsstand, die Unterstützungspflicht usw., bestimmt ist, nicht in Betracht kommen. Nach § 7 BGB. begründet jemand an einem Orte seinen Wohnsitz, wenn er sich dort ständig niederläßt und eine ständige Niederlassung beabsichtigt. Der Wohnsitz wird aufgehoben, wenn die Niederlassung mit dem Willen aufgehoben wird, sie aufzugeben. Der Wille kann in beiden Fällen, allerdings ohne rückwirkende Kraft, nachfolgen; er braucht nicht ausdrücklich erklärt zu sein (Planck I § 7 Anm. 2 ff.). Wer vor einer Reise seinen Hausstand aufgelöst hat, hat damit seinen Wohnsitz nicht aufgegeben, wenn er nach der Reise an den Ort zurückkehren will. Andererseits behält jemand den Wohnsitz, auch wenn er ihn aufheben will, solange, bis er ihn tatsächlich aufgegeben hat. Hiernach ist es möglich, daß jemand gleichzeitig an mehreren Orten seinen Wohnsitz hat (§ 7 Abs. 2 BGB.; Anm. 1 a), oder daß er keinen Wohnsitz hat (Anm. 1 c). Über den Wohnsitz einzelner Personen gelten besondere Vorschriften:

a) § 8 BGB., wonach eine geschäftsunfähige oder in der Geschäftsfähigkeit beschränkte Person ohne den Willen ihres gesetzlichen Vertreters einen Wohnsitz weder begründen noch aufheben kann (§§ 104, 106, 114, 115 BGB.). Zwischen Preußen und der freien Hansestadt Bremen ist vereinbart worden, daß von dem Nachlasse eines aus Bremen stammenden und dort bevormundeten Geisteskranken, der nicht nur auf kurze Zeit zu Heilungszwecken, sondern auf längere Zeit zum Zwecke dauernder Pflege in einer preuß. Anstalt untergebracht und dort gestorben ist, die preuß. ESt., und im umgekehrten Falle die bremische ESt. erhoben werde. Man nahm hierbei an, daß es nur des Willens des gesetzlichen Vertreters bedürfe, die tatsächlichen Verhältnisse zu erzeugen, welche die Begründung des Wohnsitzes zur Folge haben, ohne daß damit die Vorstellung von den Rechtsfolgen verbunden zu sein brauche (FM. 13. März 1902 III 2803, ZBl. S. 77). Der Vereinbarung ist allgemeine Bedeutung beizumessen (Planck I S. 62).

b) §§ 10, 1354 BGB.: Ehefrau.

c) § 11 BGB.: Kind.

d) Art. 14, § 1 AG. BGB.: Durch das Gesindeverhältnis allein wird kein Wohnsitz begründet; es müssen die allgemeinen Voraussetzungen erfüllt werden.

e) § 9 BGB.: Militärpersonen, d. h. Personen des Soldatenstandes und Militärbeamte, welche zum deutschen Heere oder der Kaiserlichen Marine gehören (vergl. Mil.StrafGes.B. § 4 und Anlage I, RGBl. 1872 S. 174, 204, 1880 S. 169; BGBl. 1867 S. 131 §§ 2, 13; RGBl. 1874 S. 45 § 38). Beamte haben keinen gesetzlichen Wohnsitz an ihrem Amtssitze; auch für die im Auslande angestellten Beamten und für Personen, welche das Recht der Exterritorialität genießen, gelten keine Ausnahmen von den allgemeinen Bestimmungen (Planck I § 9 Vorbem. I). Die sog. Exterritorialen sind keineswegs so zu behandeln, als wenn sie sich in ihrem Heimatsstaate befänden, sondern sie genießen nur die nach Völkerrecht oder Staatsverträgen bestehenden Befreiungen, z. B. vom Gerichtszwange, der Polizeigewalt und verschiedenen Steuern (Eccius I S. 39; § 36 Einltg. ALR.; Befr. 1 Anm. 3).

5. Die Anrechnung der ESt., die von dem im Auslande befindlichen Vermögen nach den Gesetzen des auswärtigen Staates fällig und erweislich entrichtet ist, kann nur auf denjenigen Betrag der preuß. ESt. erfolgen, welcher denselben Nachlaßteil und denselben Erwerber trifft (FM. 3. Dez. 1891 III 14827). Die Umrechnung ausländischer Währung erfolgt nach dem Wechselkurse auf den Zahlungsort für die Zahlungszeit (§ 5 Anm. 6 V). Wenn die ausländische ESt. erst

nach Entrichtung der preuß. E.St. bezahlt wird, so kann die Erstattung der zuviel erhobenen preuß. E.St. beansprucht werden (§ 42 Abs. 2). Vergl. Anhang VI.

§. 11. (9. 10; s. Vorbem. vor § 9).

In Bezug auf den Nachlass von Personen, welche in solchen Staaten ihren Wohnsitz gehabt haben oder Angehörige solcher Staaten gewesen sind, in welchen die Erbschaftssteuer nach anderen, als den im §. 10 angegebenen Grundsätzen erhoben wird, kann der Finanzminister zum Zweck der Ausgleichung und thunlichster Vermeidung von Doppelbesteuerungen Abweichungen von der Vorschrift des §. 10 in der Art anordnen,

1) dass die Erhebung der Preussischen Erbschaftssteuer für das nicht in Grundstücken oder Grundgerechtigkeiten bestehende Vermögen, unabhängig von dem Wohnsitz des Erblassers, zu erfolgen hat, sofern derselbe Preussischer Staatsangehöriger war;
2) dass die Erhebung der Preussischen Erbschaftssteuer für das nicht in Grundstücken oder Grundgerechtigkeiten bestehende Vermögen, unabhängig von dem Wohnsitz und der Staatsangehörigkeit des Erblassers, zu erfolgen hat, falls das Vermögen in Preussen sich befindet.

1. Abweichungen können nur von der Vorschrift des § 10 (nicht 9) und nur unter den in Ziffern 1 und 2 bezeichneten Voraussetzungen bestimmt werden.

Die Anordnungen dürfen nur zur Ausgleichung und tunlichsten Vermeidung von Doppelbesteuerungen getroffen werden. Sie sind daher nur gegenüber solchen Staaten zulässig, die überhaupt ESt. erheben und die Erhebung nach anderen als den im § 10 niedergelegten Grundsätzen geregelt haben; außerdem müssen sie, innerhalb des im § 11 gegebenen Rahmens, der Gesetzgebung des auswärtigen Staates angepaßt werden. Ziffer 1 gestattet Abweichungen im Verhältnisse zu Staaten, welche die Erhebung der ESt. von der Staatsangehörigkeit des Erblassers abhängig gemacht haben, Ziffer 2 gegenüber Staaten, welche die Steuerpflichtigkeit an die Lage des Vermögens geknüpft haben. Ziffer 2 scheint aber außerdem als eine Handhabe zur Übung des Vergeltungsrechtes gedacht zu sein, wobei man ebenso wie bei § 10 davon ausging, daß jeder Staat ein Vorzugsrecht zur Besteuerung des in seinem Gebiete befindlichen Vermögens habe (§ 9 Vorbem. 2). Das Vergeltungsrecht soll zur Ausgleichung, also nur in einem den Gesetzen des anderen Staates entsprechenden Maße, und unter tunlichster Vermeidung von Doppelbesteuerungen geübt werden. Die Ausübung wird nicht dahin führen dürfen, den Erwerb eines Preußen doppelt zu besteuern; andererseits folgt aus der Natur der Bestimmung als Vergeltungsrechts, daß die Besteuerung des Anfalles von inländischem Vermögen an Ausländer auch dann zulässig ist, wenn ein auswärtiger Staat davon ESt. erhebt (FM. 24. Jan. 1902 III 565), vorausgesetzt, daß die Erhebung der ausländischen ESt. nicht einem mit Preußen getroffenen Übereinkommen entspricht (Anhang VI, Italien, Anm. III). Erscheint eine besondere Anordnung des FM. über die Besteuerung eines Anfalles angezeigt, so hat das EStA. die Entscheidung einzuholen (FM. 15. Nov. 1904 III 13214). Eine Zusammenstellung allgemeiner Anordnungen s. Anhang VI.

Über die Ermittelung von Erbfällen im Auslande gestorbener Personen, welche in Preußen staatsangehörig oder wohnhaft waren oder dort Vermögen hinterlassen haben, s. Anh. I Anm. 4 zu § 1 Anw.

2. Unter inländischem Vermögen ist hier dasselbe zu verstehen wie bei § 10 Anm. 3. Der FM. scheint berechtigt, zur Ausgleichung und tunlichsten Vermeidung von Doppelbesteuerungen Bestimmung zu treffen, ob Vermögensgegenstände als im Inlande befindlich zu behandeln sind (§ 10 Anm. 3; Anhang VI, Italien, Anm. I, II). Demnach kann der FM. im Falle der Ziffer 1 Gegenstände von der Besteuerung nach § 10 ausnehmen und der Steuerpflicht nach § 9 unterwerfen (§ 9 Anm. 3).

3. Über Staatsangehörigkeit vergl. Reichsgesetz 1. Juni 1870, BGBl. S. 355; Art. 41 EG. BGB. Eine Person kann gleichzeitig Angehörige mehrerer Bundesstaaten oder des Reiches und außerdeutscher Staaten sein (von Rönne I S. 614 Anm. 1, S. 620).

§. 12.

Besondere Fälle der Versteuerung.

In denjenigen Fällen, in welchen bei Genehmigung von Schenkungen und letztwilligen Zuwendungen an Korporationen und andere juristische Personen diese die Verpflichtung übernehmen, einen Theil des Empfangenen oder des Werthes derselben an Angehörige des Schenkgebers oder Erblassers herauszugeben, haben letztere das auf diese Weise ihnen Zufliessende so zu versteuern, als ob es ihnen von dem Schenkgeber oder Erblasser selbst zugewandt worden wäre.

§ 12 betrifft die Besteuerung einer Bereicherung, die eine juristische Person Angehörigen des Erblassers zu verschaffen sich verpflichtet hat, um die Genehmigung einer ihr gemachten Zuwendung zu erlangen (vergl. § 1 Anm. 10). Der Erwerb der Angehörigen ist kein erbschaftlicher und würde daher beim Fehlen einer besonderen Vorschrift steuerfrei sein. Nach der Begr. 1891 (S. 15/16) wird vor Genehmigung einer Zuwendung geprüft, ob der Erblasser durch übertriebene Freigebigkeit sittliche Pflichten gegen hilfsbedürftige Angehörige verletzt hat. Nur, was aus Anlaß der Prüfung, oder, um einer Beanstandung der Zuwendung vorzubeugen, den Angehörigen zugewiesen wird, ist steuerpflichtig; was eine Rechtsperson freiwillig ohne Rücksicht auf die Genehmigung der Zuwendung leistet, ist von den Empfängern nicht zu versteuern (FM. 28. Mai 1897 III 6259) und darf bei dem Anfalle der juristischen Person nicht in Abzug gebracht werden. Unter Angehörigen sind alle begriffen, denen gegenüber der Erblasser nach Auffassung der prüfenden Behörde durch die Zuwendung an die juristische Person eine sittliche Pflicht verletzt hat (FM. 17. April 1903 III 4171). Die Bereicherung braucht nicht aus der Zuwendung des Erblassers zu stammen; sie kann in Kapital, Nutzungen, Leistungen usw. bestehen. Wenn die Leistungen unter der Bedingung übernommen werden, daß die Zuwendung genehmigt werde, und das wird im Zweifel anzunehmen sein, so erfolgt der Erwerb mit der Genehmigung (§ 158 f. BGB.; FM. 25. April 1893 III 4910), und dieser Zeitpunkt ist für die Steuerpflicht, insbesondere die Wertermittelung, entscheidend. Sind Leistungen vor dem Inkrafttreten des EStG. 1891 unter einer aufschiebenden Bedingung versprochen, so sind sie steuerpflichtig, wenn der Erwerb sich bei Eintritt der Bedingung unter der Herrschaft dieses Ges. vollzieht (FM. 19. März 1895 III 3813).

§ 13. (11).

Vertheilung der Schulden und Lasten.

Schulden und Lasten, welche nur auf einem nach §§. 9, 10 und 11 steuerfreien oder steuerpflichtigen Theile der Masse haften, kommen bei Berechnung der Steuer nur bei demjenigen Theile in Abzug, auf welchem sie haften.

Schulden und Lasten, welche sowohl auf dem steuerfreien, als auf dem steuerpflichtigen Theile der Masse haften, kommen von letzterem nur nach dem Verhältniß dieses Theiles zur gesammten Masse in Abzug.

Hypothekarische Schulden, für welche der Eigenthümer zugleich persönlich haftet, gelten als zunächst das Grundstück belastend, und kommen nur rücksichtlich des durch das Grundstück nicht gedeckten Betrages bei der übrigen Masse in Anrechnung.

Über Schulden und Lasten s. § 5 Anm. 6 XII. Zu den Schulden gehören auch Verbindlichkeiten aus Pflichtteilsrechten, Vermächtnissen und Auflagen (§ 5 Anm. 6 XII b; FM. 12. Sept. 1885 III 11511; 28. Juli 1902 III 9077). Da die Vermächtnisse und Auflagen jedoch allen anderen Verbindlichkeiten nachstehen, so müssen im Falle einer Überschuldung des Nachlasses, die auf Vermächtnissen und Auflagen beruht, die anderen Verbindlichkeiten auf die Vermächtnisse und Auflagen verteilt werden, und zwar nach §§ 1990 ff., 2187 ff. BGB. in der Regel verhältnismäßig ohne Rücksicht auf die Art des Vermächtnisses (Geld- oder Sach-V.; Planck V § 2188 Anm.). Über Vermächtnis eines Nießbrauches

s. Vorbem. 7 vor § 15. Es kommt nicht darauf an, aus welchen Mitteln der Erbe die Verbindlichkeiten berichtigt, sondern darauf, welche Bestandteile des Nachlasses nach den Vorschriften des Paragraphen als belastet gelten. Die Verb. können haften:

a) Auf einem Gegenstand. Unter haften im Sinne des Abs. 1 wird nicht nur eine dingliche Belastung (§ 10 Anm. 3 b), sondern auch eine obligatorische Verpflichtung zur Leistung eines bestimmten Gegenstandes oder aus bestimmten Vermögensteilen verstanden werden müssen; daher haftet ein Vermächtnis eines bestimmten Gegenstandes auf diesem Gegenstande, ein Vermächtnis, mit dem der Vermächtnisnehmer eines Grundstücks beschwert ist, auf dem Grundstücke und ein Vermächtnis, das nach der Bestimmung des Erblassers aus dem Erlöse von Wertpapieren gewährt werden soll, auf den Wertpapieren (vergl. § 10 Anm. 3 h). Die Anwendung des Abs. 1 setzt voraus, daß die Verbindlichkeiten auf einzelnen Bestandteilen des Nachlasses ausschließlich haften. Eine Ausnahme hiervon bildet Abs. 3, der auf Beschluß der Kom. des AH. zugefügt wurde, um eine Streitfrage zu entscheiden (Komm.Ber. S. 7). Die Vorschrift beruht offenbar, wie § 2166 BGB., auf der Erwägung, daß die dingliche Verpflichtung die Hauptsache bilde; sie gilt aber ohne Einschränkung und bezieht sich daher abweichend von § 2166 auch auf sog. Kautionshypotheken (vergl. Planck III § 1047 Anm. 2 b γ). Hieraus ergeben sich keine Schwierigkeiten. Ist ein mit einer Kautionshypothek belastetes Grundstück Gegenstand eines Vermächtnisses, so ist der ganze Betrag der Kautionshyp. als Last in Abzug zu bringen; dagegen ist der Vermächtnisnehmer um denselben Betrag bereichert, weil ihm die dem Erblasser zustehende Eigentümerhyp. oder Grundschuld vermacht ist, der Erbe den Gläubiger befriedigen und dem Vermächtnisnehmer dadurch die Eigentümerhyp. oder Grundschuld verschaffen muß. Der Anspruch auf die Eigentümerhyp. oder Grundschuld ist ein selbständiges zum beweglichen Vermögen gehörendes Recht. Ein durch eine Vormerkung (§ 883 BGB.) dinglich gesichertes obligatorisches Recht bildet im Sinne des § 13 EStG. eine unter Umständen noch ungewisse (§ 25) Belastung des Grundstücks. Mit einer Schuld sind in der Regel Tilgungsbeträge, Kosten und Zinsen anzusetzen. Wenn jedoch die Haftung für Hypotheken und Grundschulden sich auf Früchte des Grundstücks, insbesondere Miet- und Pachtzinsforderungen erstreckt (§§ 1120 ff. BGB.), so werden die Zinsen und Leistungen aus Rentenschulden zunächst auf die Früchte zu verrechnen sein (vergl. § 1047 BGB.). Öffentliche Lasten des Grundstücks treffen das Grundstück (§ 10 Nr. 3 ZVG.); sie werden jedoch in der Regel gleichfalls auf die Früchte zu rechnen sein (vergl. § 1047 BGB.).

Abs. 3 wird auch auf Hypotheken an einem selbständigen Rechte zu beziehen sein, auf welches die für Grundstücke geltenden Vorschriften Anwendung finden (§ 9 Anm. 4); dagegen kann er auf Belastungen beweglicher Sachen (z. B. Schiffe) oder Rechte mit persönlichen Schulden nicht ausgedehnt werden (§ 10 Anm. 3 b; Planck III § 1047 Anm. 2 d).

b) Auf mehreren Gegenständen. Gesamthypotheken und Grundschulden kommen nach Abs. 2 in Verbindung mit Abs. 3 zunächst nur bei dem Werte der Grundstücke in Abzug. Die Verteilung auf mehrere Grundstücke wird, da Abs. 2 keine Anwendung findet, nach Verhältnis des Wertes der Grundstücke erfolgen müssen (Planck III § 1047 Anm. 2 b δ); der Wert ist unter Abzug der vorgehenden Belastung zu berechnen (§§ 2167 f. BGB.). Gehören die Grundstücke verschiedenen Eigentümern, so wird auf die Leistungspflicht der Schuldner im Verhältnisse zu einander Rücksicht zu nehmen sein (§§ 1172, 1173 BGB.), da hierdurch die

Belastung und deren Wert bestimmt wird (§ 5 Anm. 6 XII a).

c) Auf dem Nachlasse. Hierher gehören alle anderen Verbindlichkeiten, namentlich auch Geldvermächtnisse (FM. 12. Sept. 1885 III 11511; 28. Juli 1902 III 9077), die nicht auf bestimmte Bestandteile des Nachlasses angewiesen sind. Wenn Gegenstände, z. B. Grundstücke mit besonderen Verbindlichkeiten, belastet sind, so dürfen die übrigen Schulden und Lasten nur auf den Betrag des Wertes verteilt werden, der nach Abzug der besonderen Verbindlichkeiten verbleibt. Auf vermachte Gegenstände dürfen Schulden im Falle einer Überschuldung der Erbschaft verteilt werden, weil die Vermächtnisse allen Schulden nachstehen (s. Eingang der Anm.).

§. 14. (12).

Ermittelung des Werthes der Masse.

Die Ermittelung des Betrages der Masse ist, ohne Rücksicht auf die für andere Zwecke vorgeschriebenen Abschätzungsgrundsätze, auf den gemeinen Werth zur Zeit des Anfalles zu richten.

1. Der Wert ist ein wirtschaftlicher Begriff, der im BGB. deshalb ohne weiteres als gegeben angenommen worden ist. Die Bestimmung im § 14 ist offenbar im Anschluß an §§ 111—118 I 2 ALR. getroffen, da sie nach der Begr. (S. 60) die Berücksichtigung des außerordentlichen Wertes und des Wertes der besonderen Vorliebe ausschließen soll (§§ 114, 115 a. a. O.). Nach § 112 a. a. O. ist der Nutzen, welchen eine Sache (ein Gegenstand) einem jeden Besitzer gewähren kann, ihr gemeiner Wert. Unter jedem Besitzer ist nur ein solcher B. zu verstehen, der von dem Gegenstand einen zweckentsprechenden Gebrauch machen kann.

Der gemeine Wert ist der Verkaufs- oder Verkehrswert, der durch den Preis bestimmt wird, welcher im gewöhnlichen Geschäftsverkehr nach der Beschaffenheit des Gegenstandes ohne Rücksicht auf andere ungewöhnliche oder lediglich persönliche Verhältnisse zu erzielen ist (RG. 19. Nov. 1879, Gruchot 24 S. 409; 11. Okt. 1880, Bd. 3 S. 241; 5. Juli 1901, JW. S. 665[41]). Der gem. W. wird dem Schätzungswerte (§§ 237, 501 BGB.) entsprechen; dagegen wird der Ertragswert (§§ 1515, 2049, 2312 BGB.; Art. 137 EG.; Art. 83 AG.) meist hinter dem gem. W. zurückbleiben, weil bei der Feststellung nur der Ertrag berücksichtigt wird, den der Gegenstand gewährt, aber nicht der Ertrag, den er gewähren kann; die Aussicht auf künftigen Nutzen wird aber häufig schon vorher den Wert, z. B. den einer Baustelle, beeinflussen. Auf den außerordentlichen Wert, den ein Gegenstand nicht für jeden Beteiligten, sondern nur für eine bestimmte Person unter ungewöhnlichen Verhältnissen hat, kommt es nicht an; ebensowenig auf den Wert der besonderen Vorliebe, den ein Gegenstand nicht in Wirklichkeit, sondern nur in der Einbildung eines einzelnen hat. Der Sammlungswert von Postzeichen, Münzen usw. und der Wert von Altertümern ist als gemeiner Wert anzusehen. Als außerordentlicher Wert würde z. B. der Wert zu bezeichnen sein, den ein Grundstück für einen Nachbar bloß um deswillen hat, weil er es zur Vergrößerung einer Fabrikanlage gebraucht. Vergl. § 1 Anm. 16d.

2. Zeit und Ort sind für die Wertbestimmung von Bedeutung, weil der Wert ein wirtschaftlicher, durch die jeweiligen zeitlichen und örtlichen Wirtschaftsverhältnisse bedingter und daher schwankender Begriff ist. Zeitlich maßgebend ist die Zeit des Anfalles (§ 1 Anm. 5); für die Wertermittelung ist daher die wirtschaftliche Bedeutung entscheidend, die den Gegenständen zu dieser Zeit ohne Rücksicht auf die wirtschaftliche Kraft des Erblassers und Erwerbers zukommt (§ 5 Anm. 6 I, VII). Künftige Verhältnisse kommen nur soweit in Betracht, als sie den gegenwärtigen Wert bereits beeinflussen, z. B. bei einer Baustelle. Auch der Umstand, daß Gegenstände zunächst dem freien Verkehr entzogen sind, kann die Berücksichtigung künftiger Verhältnisse rechtfertigen. Wenn z. B. Wertpapiere bei einer Bank lagern, so kann der Zeitpunkt für die Wertermittelung entscheidend sein, mit welchem jeder Erwerber ohne Rücksicht auf persönliche Verhältnisse zur Verwertung in der Lage gewesen wäre. Mit dieser Einschränkung bleiben alle nach dem Anfalle eingetretenen Wertveränderungen, z. B. Kurssteigerungen und Verluste oder der Ausfall einer Hypothekenforderung (FM. 14. Febr. 1900 III 1575) außer Betracht. Wenn die Beteiligten nach dem Anfalle Nachlaßbestandteile verkauft haben, so kann die Berücksichtigung des Preises weder zu ihrem Vorteil noch zu ihrem Nachteile verlangt werden, falls der Preis dem gemeinen Werte beim Anfalle nicht entspricht (OTr. 13. Juni 1864, Bd. 53 S. 293; RG. 5. Juli 1901, JW. S. 665 [41]; FM. 14. Okt. 1889 III 15344; 14. Febr. 1894 III 1933). Zweifelhaft kann sein, welche Bedeutung bei den auf den Inhaber lautenden Losen und Losanleihen dem nach dem Anfalle etwa gezogenen Gewinne beizulegen ist, da der Erwerb aufschiebend bedingt ist. Man wird annehmen dürfen, daß § 22 keine Anwendung findet, wenn es sich um Rechte handelt, welche einen den bedingten Erwerb umfassenden gegenwärtigen gemeinen Wert haben, wie er sich bei Lotterielosen im Kaufpreise und bei Losanleihen im Börsenpreise ausdrückt (§ 22 Anm. 1; FM. 6. Mai 1890 III 14097). Daraus ergeben sich die bei § 5 Anm. 3, 6 IVa angedeuteten Folgen. Die §§ 22 Satz 3 f., 23 und 25 enthalten keine grundsätzliche Ausnahme von § 14, weil darin die Zurückführung des Wertes auf die Zeit des Anfalles vorgesehen ist. Der für die Wertermittelung maßgebende Ort ist gesetzlich nicht bestimmt. Er wird ohne Rücksicht auf die Person des Erblassers und der Erwerber nach der Natur des Rechts festzustellen sein. Bei Eigentum an körperlichen Sachen und den ihnen gleich zu stellenden Rechten (§ 10 Anm. 3a) wird der Ort, wo die Gegenstände sich befinden, bei Rechten aus Schuldverhältnissen in der Regel der Ort, wo die Leistung zu erfolgen hat (§ 269 BGB.; Planck II § 280 Anm. 4), bei anderen Rechten, etwa der Ort, wo sie auszuüben sind, in Betracht kommen.

3. Gegenstand der Wertermittelung ist der Nachlaß (§ 5 Anm. 4, 6) und die Bereicherung des Erwerbers (§ 5 Anm. 3).

4. Schätzungsgrundsätze sind im EStG. nur für wiederkehrende Nutzungen und Leistungen (§§ 15 bis 18) und die Nutzung eines Geldkapitals (§ 19) aufgestellt; die Anwendung der für andere Zwecke gegebenen Schätzungsgrundsätze, z. B. für die Zwecke ritterschaftlicher Kreditanstalten, ist ausgeschlossen, um die Gleichmäßigkeit der Besteuerung nicht in Frage zu stellen (Begr. S. 60; RG. 2. Jan. 1900, JW. S. 142 [31]). Über das Verfahren bei der Wertermittelung s. §§ 20, 21.

Vorbemerkungen zu §§ 15—18.

1. Die Grundsätze der Paragraphen gelten sowohl für die Schätzung der bei Lebzeiten des Erblassers entstandenen, den Nachlaß vermehrenden und vermindernden, als auch der erst durch den Anfall begründeten Nutzungen und Leistungen (Begr. 1873 S. 60; 1891 S. 16; Komm.-Ber. 1891 S. 1616; § 5 Anm. 3; RG. 29. April 1892, JW. S. 284 [50], JMBl. S. 337).

Unter N. und L. sind Nutzungsrechte oder Rechte auf wiederkehrende Leistungen zu verstehen. Die Vorschriften können daher zur Bestimmung des Wertes eines

Gegenstandes nach dem Ertrage nicht in Anwendung kommen, selbst wenn der Wert, wie z. B. bei Urheberrechten, durch die Nutzung erschöpft wird. Dadurch wird nicht ausgeschlossen, daß sie auch in solchen Fällen einen gewissen Anhalt für die Schätzung bieten.

2. Nutzungen sind die Früchte einer Sache oder eines Rechts sowie die Vorteile, welche der Gebrauch der Sache oder des Rechts gewährt (§§ 99, 100 BGB.). Unter Leistung ist jedes Tun oder Unterlassen zu verstehen (§ 241 BGB.). Der Wert wiederkehrender N. oder L. ist je nach der Dauer auf ein Vielfaches des einjährigen Wertes zu veranschlagen; denn das Wort „Betrag" ist in §§ 15, 19, wie an anderen Stellen (§§ 5 Abs. 1, 14, Befr. 1), mit „Wert" gleichbedeutend (§§ 26, 27). Die Anwendung der Vorschriften setzt voraus, daß der Jahreswert der N. oder L. feststeht oder schätzbar ist. In welchen Zeiträumen die N. oder L. wiederkehren, ob regelmäßig oder unregelmäßig, in gleichen oder wechselnden Beträgen, ist unerheblich, wenn nur ein einjähriger Durchschnittswert ermittelt werden kann (RG. 5. März 1894, JW. S. 248 [31], [32], Bolze 18 Nr. 647). Ist die Ermittelung nicht möglich, so muß der Wert des ganzen Rechts usw. nach §§ 20, 21, 25 festgestellt werden. Das Vielfache des einjährigen Wertes der N. oder L. darf den gemeinen Wert des beschwerten Gegenstandes nicht übersteigen; bei immerwährenden und auf bestimmte Zeit eingeschränkten N. oder L. kann es ihm gleichkommen; im übrigen wird es dahinter zurückbleiben.

3. Der einjährige Wert der N. eines Geldkapitals ist im Zweifel nach § 19 zu veranschlagen. Da keine weiteren Schätzungsgrundsätze aufgestellt sind, so ist in allen anderen Fällen der wirkliche Wert zu ermitteln (FM. 13. Febr. 1892 III 15943/91; 28. Juni 1904 III 5623; 19. Nov. 1904 III 12298). Wenn der Jahresbetrag nicht feststeht, so ist ein Durchschnittsbetrag festzustellen. Die Ermittelung ist auf den gemeinen Wert zur Zeit des Anfalles zu richten (§ 14). Der Wert braucht nicht der tatsächlichen N. zu entsprechen, sondern er wird dem Vorteile gleichkommen, den jeder Erwerber bei wirtschaftlicher Ausübung haben kann. Auch die Berücksichtigung künftiger Verhältnisse ist nicht ausgeschlossen, soweit sie den gegenwärtigen Wert des Rechts als eines Ganzen mitbestimmen, z. B. die unausbleibliche Steigerung der Unterhaltungskosten eines älteren Hauses. Wollte man solche Verhältnisse, die auch den gemeinen Wert des Gegenstandes selbst beeinflussen (§ 14 Anm. 2), unberücksichtigt lassen, so würde ein Mißverhältnis zwischen dem Werte der N. oder L. und dem des Stammvermögens entstehen. Der einjährige Wert der N. oder L. ist nicht der rohe, sondern der reine Wert. Der Jahreswert der N. eines Grundstücks wird nach dem Durchschnitt der letzten drei Jahre ermittelt werden können (FM. 6. Febr. 1888 III 495, H-G. S. 1075 Nr. 58); ebenso der Reingewinn eines Fabrikunternehmens (RG. 5. März 1894, Bolze 18 Nr. 647). Bei erheblicher Schwankung wird der Durchschnitt eines längeren Zeitraums zu Grunde zu legen sein. Von Nutzungsrechten mit schwankendem Jahresertrage kommen namentlich der Nießbrauch, die Vorerbschaft und der Fideikommißanfall in Betracht. Wenngleich diese Rechte im ESt G. einander gleichgestellt sind (§§ 26, 27), so wird bei der Wertermittelung doch der Umfang der Rechte zu berücksichtigen sein.

a) Bei städtischen Grundstücken wird zunächst der Rohertrag nach dem Durchschnitt der letzten drei Jahre und der Wert der einjährigen Nutzung der von dem Nutznießer selbst benutzten Räume anzusetzen sein; hiervon kommen, erforderlichenfalls mit einem Durchschnittswerte in Abzug: die gewöhnlichen Erhaltungskosten (§§ 1041, 2124 BGB.), die Feuerversicherungsbeiträge (§ 1045), die öffentlichen und privatrechtlichen das Grundstück betreffenden Lasten, namentlich die Zinsen der Hypotheken und Grundschulden sowie die auf Grund einer Rentenschuld zu entrichtenden Leistungen (§§ 1047, 2126). Die Zinsen sind nach ihrem wirklichen Werte zu berechnen (§ 19 ESt G. Anm. 1, 2). Die als Zuschläge zu den Zinsen zu entrichtenden Tilgungsbeträge hat der Fideikommißbesitzer zu Gunsten des Fideikommisses zu leisten (RG. 16. Dez. 1892, JW. 1893 S. 147[45]); ebenso wird sie der Nießbraucher eines Vermögens oder einer Erbschaft zu tragen haben, da sie bei ordnungsmäßiger Verwaltung aus den Einkünften bestritten werden (§§ 1088, 1089 BGB.). Aus diesem Grunde wird man annehmen dürfen, daß die Tilgungsbeträge, als nicht auf den Stammwert gelegt, auch dem Nießbraucher eines Grundstücks und dem Vorerben zur Last fallen (§§ 1047, 2126 BGB.). Zu berücksichtigen ist, ob Leistungen, z. B. Tilgungsbeträge, während der Dauer des Nutzungsrechtes erlöschen (FM. 8. Sept. 1893 III 9467). Ein Abzug ist auch für die Verwaltungskosten oder die eigene Verwaltungstätigkeit zulässig.

b) Bei landwirtschaftlichen Grundstücken sind dem Durchschnittsertrage die Gebrauchsvorteile zuzurechnen. Wenn das Grdstck. verpachtet ist, so kann der Jahreswert der Nutzung nach dem Durchschnitte der in den letzten drei Jahren gezogenen Pacht ermittelt werden (FM. 30. April 1904 III 5520, betr. eine Jagdnutzung); es kann aber auch die Lösbarkeit des Pachtverhältnisses und die Möglichkeit, das Grdstck. vorteilhafter oder weniger vorteilhaft zu nutzen, in Betracht gezogen werden müssen. Von dem rohen Nutzungswerte können die Kosten der Bewirtschaftung einschließlich des Wertes der eigenen Arbeit, die Kosten der gewöhnlichen Ausbesserungen und der Ergänzung des Inventars (§§ 1048, 2124 BGB.), die Hagel- und Viehversicherungsbeiträge (§ 1045) abgezogen werden. Bei Leistungen von unbestimmter Dauer, z. B. Altenteilen, ist zu beachten, ob ihre Dauer geringer zu veranschlagen ist als die der Nutzung (FM. 8. Sept. 1893 III 9467). Vergl. Anm. a.

c) Bei einer Baustelle hat der Nießbraucher die bisherige wirtschaftliche Bestimmung aufrecht zu halten (§§ 1036 ff. BGB.). Daraus folgt noch nicht, daß er das Grundstück unbebaut liegen lassen darf, wenn die Bebauung nach den Regeln einer ordentlichen Wirtschaft erforderlich ist (Planck III § 1037 Anm. 4); freilich wird weder der Nießbraucher noch der Eigentümer zur Bebauung verpflichtet sein. Wenn der Nießbraucher das Grdstck. bebaut hat, so kann er das Gebäude wieder abbrechen lassen oder Ersatz seiner Verwendungen fordern (§§ 1049, 256 BGB.) oder, wenn dieser Anspruch nicht begründet ist, einen Anspruch wegen ungerechtfertigter Bereicherung geltend machen (Planck III § 1049 Anm. 2). Der Nießbraucher ist verpflichtet, dem Eigentümer die Bebauung zu gestatten; der Nießbrauch erstreckt sich alsdann auf die Gebäude, da sie wesentliche Bestandteile des Grdstcks. bilden (§ 94 BGB.). Der Vorerbe ist zur Bebauung berechtigt, aber nicht verpflichtet; macht er von dem Rechte Gebrauch, so hat er dieselbe Rechtsstellung wie der Nießbraucher (§ 2125 BGB.). Der Nacherbe ist zur Bebauung nicht berechtigt. Über Rechte des Fideikommißbesitzers s. Eccius IV S. 273. Hiernach wird es häufig nicht möglich sein, die Nutzung einer Baustelle sofort festzustellen, und es wird, wenn keine Einigung zu erzielen ist (§ 21), nach § 25 zu verfahren sein.

d) Wenn ein Nachlaß oder ein Vermögen mit einem Nießbrauche belastet ist, so ist der Wert der einjährigen Nutzung der einzelnen Bestandteile je für sich festzustellen (§§ 1085 ff. BGB.); ebenso sind die dem Nießbraucher obliegenden Leistungen (§ 1088) zu ermitteln.

e) Der Nießbrauch an dem Erbteile eines Miterben belastet nicht die Bestandteile des Nachlasses, sondern den Erbteil als ein Ganzes (§ 2033 BGB.; Planck III § 1089 Anm. 2); daher finden die §§ 1068 ff. und im Verhältnisse zu den Miterben nach § 1066 die §§ 2032 ff. BGB. Anwendung. Da das Erbteil kein Geldkapital ist (§ 19), so muß der Wert der einjährigen Nutzung nach dem wirklichen Ertragswerte wie zu d ermittelt werden.

4. Der Beginn der N. oder L. fällt nicht immer mit dem Anfalle zusammen. Die Paragraphen betreffen die Schätzung des Wertes künftiger N. oder L. für den gegenwärtigen Zeitpunkt ihres Beginnes; sie sind demnach nicht anwendbar, soweit die N. oder L. die Zeit vor dem Anfalle betreffen, vielmehr sind die Rückstände einfach zusammenzurechnen (RG. 28. Sept. 1887, Bd. 19 S. 416). Daher wird ein Vorerbe oder Nießbraucher die bis zum Anfalle aufgelaufenen, noch nicht fälligen Miet- und Pachtgelder, sowie die vorhandenen, noch nicht von der Sache getrennten Früchte neben dem künftigen Werte der Nutzung zu versteuern haben (§ 101 BGB.; § 19 EStG. Anm. 3). Die Vorschriften der §§ 15 ff. sind ferner nicht geeignet zur Schätzung des gegenwärtigen Werts einer mit einem künftigen Zeitpunkte beginnenden N. oder L. In derartigen Fällen wird die Bereicherung oder Beschwerung meist aufschiebend bedingt oder ungewiß betagt und, soweit nicht § 17 anwendbar ist, nach §§ 22—24 zu behandeln sein. Aber auch für den Fall, daß eine N. oder L. gewiß und bestimmt betagt ist, fehlt es an einer Schätzungsvorschrift. Die Steuerverwaltung ermittelt, wenn eine auf bestimmte Zeit, z. B. drei Jahre, eingeschränkte N. oder L., z. B. von jährlich 100 M., gewiß zu einem bestimmten Zeitpunkt, z. B. 4 Jahre, nach dem Erbfalle beginnt, den Wert beim Erbfalle derart, daß zunächst der Kapitalwert für die Gesamtzeit von 7 Jahren nach § 18 auf 624,20 M. berechnet und davon der Wert für die Zeit von 4 Jahren mit 377,50 M. abgezogen wird, so daß

als Kapitalswert für die späteren 3 Jahre der Betrag von 246,70 M. verbleibt (H-Sp. S. 111). Ebenso wird der Wert einer N. oder L. von immerwährender oder unbestimmter Dauer (§ 15), die mit einem bestimmten späteren Zeitpunkt gewiß beginnt, zunächst für diesen Zeitpunkt berechnet, und der so gefundene Betrag durch Abrechnung der Zinsen zu 4 v. H. für die Zwischenzeit nach § 18 auf die Zeit des Anfalles zurückgeführt werden können (H. S. 84 Anm. 5 b). Die Zurückführung nach einem anderen, z. B. dem Hoffmannschen Verfahren, ist nicht zulässig (FM. 9. Juni 1902 III 2046). Betagte N. oder L., bei denen der Beginn gewiß, die Zeit des Beginns aber ungewiß ist, sind grundsätzlich nach § 24 zu behandeln. Bei immerwährenden N. oder L. ist die wirtschaftliche Lage jedoch ebenso, als wenn das Kapital angefallen und mit der N. eines Dritten beschwert wäre; es scheint daher zulässig, nach § 27 Abs. 1 zu verfahren. Ist z. B. einer Stadt ein bei dem Ableben oder der Verheiratung der beim Erbfalle 40jährigen Witwe des Erblassers zahlbares Vermächtnis mit der Auflage zugewendet, von den Zinsen jährlich 100 M. zu wohltätigen Zwecken zu verwenden, so beträgt der Wert der Auflage beim Beginne der L. 25 × 100 = 2500 M. und beim Erbfalle 4 v. H. von 2500 M. = 100 M. × 12½ = 1250 M. weniger, also 1250 M. Wäre die Auflage nur beim Ableben der Witwe zu erfüllen, so müßte ihr Wert von 2500 M. um 4 v. H. = 100 M. × 14 = 1400 Mark geringer auf 1100 M. geschätzt werden.

5. Bei Änderung einer N. oder L. mit dem Eintritte einer aufschiebenden Bedingung ist der bedingte Erwerb und die Belastung nach §§ 22—24 zu behandeln. Da die ESt. jedoch die wirtschaftliche Bereicherung treffen soll, und da ferner nicht beabsichtigt sein wird, einen bedingt Bereicherten ungünstiger zu stellen, als einen unbedingt Bereicherten (Vorbem. 6), so wird man annehmen dürfen, daß eine bloße Änderung des Rechts unerheblich ist, selbst wenn deshalb gesonderte rechtliche Anfälle vorhanden sind, sofern nur eine zusammenhängende wirtschaftliche Bereicherung besteht (§ 22 Anm. 5). Wenn z. B. an die Stelle eines Nießbrauches bei der Verheiratung des Berechtigten eine gleich hohe lebenslängliche Rente treten soll, so ist eine einheitliche Bereicherung auf die Lebenszeit des Berechtigten zu besteuern. Ist der Jahresbetrag der Rente geringer als der Jahreswert des Nießbrauches, so ist im Betrage der Rente eine lebenslängliche Bereicherung (§ 16) und zum Jahreswerte des Nießbrauchs abzüglich des Betrages der Rente eine Bereicherung auf unbestimmte Zeit (§§ 15, 16) eingetreten. Wenn der Jahresbetrag der Rente den Jahreswert des Nießbrauches übersteigt, so ist zunächst nur der Wert des Nießbrauches, aber auf die Lebenszeit des Berechtigten, zu besteuern, während die bedingte Bereicherung durch den Mehrbetrag der Rente nach §§ 22 bis 24 zu behandeln ist. Nach gleichen Grundsätzen ist zu verfahren, wenn eine auf bestimmte Zeit eingeschränkte N. oder L. ganz oder teilweise in einer späteren N. oder L. auf Lebenszeit enthalten ist (FM. 24. Jan. 1884 III 9104/83; 18. Juni 1904 III 1498; 30. Dez. 1904 III 13934). Eine entsprechende Anwendung dieser Grundsätze wird auch möglich sein, wenn die spätere Bereicherung oder Beschwerung nach § 15 zu schätzen ist. Vergl. § 22 Anm. 5; § 17 Anm. 1, 2.

6. Die auflösend bedingten N. und L. von unbestimmter Dauer sind von der Anwendung der §§ 22—24 ausdrücklich ausgeschlossen. Die Besteuerung der N. und L. und der Abzug der in solchen N. und L. bestehenden Beschwerung nach §§ 15—18 soll, abgesehen von dem Falle des § 16 Abs. 2, endgiltig sein, weil die hiermit verknüpften Unbilligkeiten nicht für so schwerwiegend erachtet wurden, um deshalb die für die Verwaltung und die Steuerpflichtigen belästigenden Erstattungen und Nachforderungen auszuschließen (Begr.

S. 61 zu §§ 19, 20; Komm.Ber. S. 9; FM. 7. Nov. 1894 III 14920, ZBl. S. 520; RG. 5. März 1894 — Vorbem. 2 —). Auch in dem RGE. 2. März 1896 (Gruchot 40 S. 647, JW. S. 258[65]) ist dieser Grundsatz anerkannt; es wird aber trotzdem angenommen, daß die Vorschriften der §§ 15—18 und 22—24 nebeneinander anwendbar sein könnten. Es handelte sich um eine Zuwendung von jährlich 600 M., die für die Lebenszeit des Berechtigten zahlbar sein sollten, wenn eine Grube eine bestimmte Ausbeute gewähren würde. Die Steuerbehörde hatte den Wert der L. nicht nach § 16 bestimmt, sondern die einzelnen L. nach dem Erwerbe und schließlich mehr als das nach § 16 zu berechnende Vielfache der L. besteuert, während das RG. entschied, daß dies Vielfache nicht überschritten werden dürfe, weil der bedingt Berechtigte nicht schlechter gestellt werden könne, als der unbedingt Berechtigte. Abweichend hiervon geht das RG. in dem Urt. 5. März 1894 (Vorbem. 2) von der zutreffenden Annahme aus, daß der Anfall von N. und L. im Sinne des § 22 nur dann aufschiebend bedingt sei, wenn die Bedingung den Erwerb des ganzen Rechtes selbst, und nicht nur den einer einzelnen N. oder L. oder deren Betrag betreffe, und daß daher die Zuwendung eines Gewinnanteils ausschließlich nach §§ 15 ff. zu besteuern sei, obwohl der Erwerb der einzelnen L. von der Erzielung eines Gewinnes und von dessen Betrage abhänge. Der § 16 ist ebenso wie die §§ 15, 17 nur eine Schätzungsvorschrift, deren Anwendung voraussetzt, daß die Besteuerung auf Grund eines bestimmbaren Jahreswertes im voraus erfolgt (Vorbem. 2). Muß die Besteuerung nachträglich bewirkt werden, so besteht kein Anlaß, statt der wirklichen Bereicherung einen angenommenen Wert zugrunde zu legen. Wenn sich also kein Jahreswert der L. feststellen ließ, und der Wert nach §§ 20, 21 nicht ermittelt werden konnte, so mußte er nach § 25 bestimmt werden, wobei der Betrag der späteren L. auf die Zeit des Anfalles des Rechtes selbst zurückzuführen war (§ 14), so daß von einer Benachteiligung des Erwerbers nicht die Rede sein konnte (vergl. Komm.Ber. 1873 S. 7 zu § 15).

7. Im Verhältnisse zu §§ 9—11 kommen N. und L. als Lasten nach § 13 zur Verteilung. Bei einem Nießbrauche an einer Erbschaft oder einem Erbteile ist die Jahresnutzung des in- und ausländischen Vermögens je für sich zu ermitteln. Die Jahresleistungen, die dem Nießbraucher kraft des Nießbrauches an einzelnen Gegenständen obliegen würden, z. B. Hypothekenzinsen, sind auf die N. der Gegenstände zu rechnen (§ 13 Abs. 1, 3), während die übrigen L. (§ 13 Abs. 2) nach dem Verhältnisse der verbleibenden N. des in- und ausländischen Vermögens zu ihrem Gesamtbetrage zu verteilen sind. Das im § 13 Abs. 2 bestimmte Verhältnis kann nicht maßgebend sein, weil die L. nicht auf der Masse, sondern nur auf den N. haften.

§. 15. (13).

Bei immerwährenden Nutzungen und Leistungen wird das *Fünfund*zwanzigfache ihres einjährigen Betrages, bei Nutzungen und Leistungen von unbestimmter Dauer, sofern nicht die Vorschriften in den §§. 16 und 17 Anwendung finden, oder anderweite die längste Dauer begrenzende Umstände nachgewiesen werden, das Zwölfundeinhalbfache des einjährigen Betrages als Kapitalwerth angenommen.

Vergl. Vorbem. zu § 15 und Anm. zu §§ 16—18.

1. Immerwährende N. und L. sind solche, deren Aufhören nach dem gewöhnlichen Laufe der Dinge für absehbare Zeit nicht zu erwarten ist, und die namentlich

durch den Wechsel in der Person des Berechtigten und Verpflichteten nicht berührt werden, z. B. Grunddienstbarkeiten, Reallasten, dauernde Auflagen (H-Sp. S. 106 Anm. 11 c); die Ablösbarkeit durch Zahlung eines Kapitals steht der Anwendung der Schätzungsvorschrift nicht ohne weiteres entgegen (§ 5 Anm. 6 VI g und 6 XII). Der Wert war früher auf das 20fache des einjährigen Wertes zu veranschlagen; die jetzige Fassung beruht auf dem ESt. 1895.

2. N. und L. von unbestimmter Dauer sind solche von länger andauerndem Bestande, die in absehbarer Zeit gewiß erlöschen, bei denen die Zeit des Wegfalls aber so unbestimmt ist, daß die Dauer von vornherein auch nicht annähernd geschätzt werden kann (RG. 8. Juli 1889, Bd. 24 S. 373). Die Schätzung des Wertes auf das 12½fache ist ausgeschlossen:

a) Bei auf die Lebenszeit einer oder mehrerer Personen beschränkten N. und L. (§§ 16, 17); ist die Dauer der N. oder L. jedoch außerdem an den Eintritt eines anderen ungewissen Ereignisses, z. B. die Verheiratung, geknüpft, so darf das 12½fache des Jahreswertes nicht überschritten werden (FM. 21. Aug. 1883 III 10923; 24. Jan. 1884 III 9104/83; 7. Nov. 1894 III 14920, ZBl. S. 520). Die Anwendung des § 16 Abs. 2 wird dadurch nicht ausgeschlossen.

b) Wenn andere die Dauer begrenzende Umstände nachgewiesen werden. Nach der Begr. S. 60 soll die Schätzung auf das 12½fache zur Vermeidung von Härten nicht stattfinden, wenn eine hinlänglich sichere Schätzung der mutmaßlichen Dauer möglich ist. Das wird gelten müssen ohne Rücksicht darauf, ob sich bei der Schätzung nach der mutmaßlichen Dauer mehr oder weniger ergibt, als das 12½fache, weil sowohl der Bereicherte als auch der Beschwerte vor Härten bewahrt werden sollen. Die Dauer wird z. B. schätzbar sein: für die in der Regel gleiche Zeit einer bestimmten Berufsstellung (Begr. S. 60), eines Studiums (FM. 31. Jan. 1891 III 648), eines Rechtsstreites (RG. 8. Juli 1889, Bd. 24 S. 373) oder bis zur Erlangung einer Erwerbsstellung (FM. 31. Jan. 1891 III 648; jedoch RG. 16. Juni 1892, JW. S. 330[3]). In allen diesen Fällen erfolgt die Ermittelung des Wertes nach § 18; jedoch darf das Vielfache nach § 16 nicht überschritten werden, wenn die N. oder L. auch durch die Lebensdauer begrenzt wird (FME. wie Anm. a). Die Dauer der N. oder L. muß nach den beim Anfalle obwaltenden Verhältnissen bestimmbar sein (§ 14). Dadurch wird die Berücksichtigung später eintretender Umstände nicht ausgeschlossen, wenn sie nur eine genauere Feststellung der an sich bestimmbaren Dauer ermöglichen und vor Bezahlung der Steuer geltend gemacht werden. Die Berücksichtigung nach der Steuerzahlung hervortretender Umstände ist grundsätzlich ausgeschlossen (Vorbem. 6 vor § 15). Im Falle des Erlöschens der N. oder L. innerhalb eines Jahres wird jedoch § 16 Abs. 2 Anwendung finden. Die Vorschrift scheint sich nach ihrer Stellung im Ges. zwar nur auf den Fall zu beziehen, daß die N. oder L. infolge des Todes des Berechtigten erlischt; da sie jedoch Unbilligkeiten verhüten soll, so wird man sie im Hinblick auf den äußeren und inneren Zusammenhang der §§ 15 und 16 auf den gleichartigen Fall anwenden dürfen, wenn eine durch ein anderes unbestimmtes Ereignis bedingte N. oder L. infolge des Eintritts dieses Ereignisses erlischt.

3. Belastung einer N. oder L. mit einer anderen N. oder L. s. § 16 Anm. 3.

§. 16. (14).

Der Werth von Leibrenten, Nießbrauchsrechten auf Lebenszeit und anderen auf die Lebenszeit des Berechtigten, oder einer anderen Person beschränkten

Nutzungen oder Leistungen bestimmt sich nach dem zur Zeit des Anfalles erreichten Lebensalter der Person, bei deren Tode die Nutzung oder Leistung erlischt, und wird bei einem Lebensalter derselben

von	15 Jahren oder weniger			auf das	18 fache
über	15 Jahre	bis zu	25 Jahren	auf das	17 fache
-	25	- -	35	- -	16 -
-	35	- -	45	- -	14 -
-	45	- -	55	- -	12 -
-	55	- -	65	- -	8½ -
-	65	- -	75	- -	5 -
-	75	- -	80	- -	3 -
-	80	- auf das			2 -

des Werthes der einjährigen Nutzung beziehungsweise Leistung angenommen.

Ist jedoch die Nutzung oder Leistung schon innerhalb eines Jahres nach dem Anfalle erloschen, so wird der Werth derselben nur nach Maßgabe ihrer wirklichen Dauer bestimmt und das Zuvielgezahlte erstattet.

Vergl. Vorbem. zu §§ 15—18 und Anm. zu §§ 15, 17, 18.

1. Im EStG. 1873 war das Vielfache unter Zugrundelegung eines 5%igen Zinsfußes bestimmt; die jetzige Fassung beruht auf dem EStG. 1891.

2. Auf die Lebenszeit eines Menschen (mehrerer M. s. § 17), sei es des berechtigten oder eines anderen, beschränkte N. oder L., ohne Unterschied, ob sie bereits bei Lebzeiten des Erblassers bestanden oder erst mit dem Anfalle entstanden sind (Vorbem. 1 zu § 15), z. B. Leib-

renten (§§ 759 ff. BGB.), Nießbrauchsrechte (§§ 1030 ff. BGB.), Vorerbschaft (§ 27 Abs. 2 EStG.), Fideikommißanfälle (§ 26 EStG.), Alimente (RG. 29. April 1892, JW. S. 284 [30]), Leibgedinge (Art. 15 AG.BGB.), sind nach dem zur Zeit des Anfalles (§ 1 Anm. 5) erreichten Alter derjenigen Person zu veranschlagen, bei deren Tode die N. oder L. erlöschen. Diese Berechnung findet auch dann statt, wenn die N. oder L. dem Berechtigten noch einige Zeit nach dem Erlöschen des Rechts kraft dessen Inhaltes zustehen (z. B. § 760 Abs. 3 BGB.). Für den Fall, daß es sich um ein neues Recht handelt, s. Vorbem. 4 vor § 15; § 17 Anm. 2. Beginnt eine N. oder L. erst nach dem Erbfalle, so sind Anfall und Beschwerung aufschiebend bedingt, und der Wert ist nach dem beim späteren Anfalle erreichten Lebensalter der betreffenden Person zu bestimmen (§§ 22, 23; FM. 29. Mai 1897 III 6608). Eine Ausnahme gilt nach § 17 für den Abzug der Beschwerung aus einer mehreren Personen zustehenden N. oder L. Die Schätzung einer lebenslänglichen N. oder L. darf nicht nach § 16 erfolgen, wenn die Dauer außerdem auf andere unbestimmte oder auf bestimmte Zeit eingeschränkt ist und sich nach § 15 oder 18 ein geringerer Wert ergibt (§ 15 Anm. 2a).

Bei der Feststellung des Lebensalters ist der Tag der Geburt mitzurechnen, so daß das Lebensjahr mit dem Ablaufe des Tages vor dem Geburtstage vollendet wird (§§ 186 ff. BGB.; Planck I § 187 Anm. 2)

3. Bei Belastung eines lebenslänglichen Nießbrauches mit einer lebenslänglichen Rente kommt der Kapitalwert der Rente von dem des Nießbrauches in Abzug, wobei der Wert der Rente, wenn der Rentenempfänger die ältere Person ist, nach seinem Alter und, wenn er die jüngere Person ist, nach dem Alter des Nießbrauchers zu berechnen ist. In dem 2. Falle belastet

der Mehrwert der Rente nicht den Nießbraucher, sondern beim Mangel einer anderen Verfügung denjenigen, dem der Wegfall des Nießbrauches zu statten kommen würde. Der Abzug der Rente erfolgt unbeschadet der Vorschrift des § 16 Abs. 2 endgiltig (§§ 17, 23 Abs. 2), so daß der Vorteil, welcher dem Nießbraucher oder dem sonst Beschwerten etwa dadurch erwächst, daß der Rentenempfänger vor ihm stirbt, nicht besteuert werden kann (FM. 18. Dez. 1896 III 13928; 14. Juni 1899 III 4741, ZBl. S. 143). Beschwert die Rente jedoch einen aufschiebend bedingten Anfall, z. B. einen dem 1. folgenden 2. Nießbrauch, so kommt sie bei diesem Anfalle erst beim Eintritt der Bedingung nach Maßgabe der dann obwaltenden Verhältnisse in Abzug, so daß sie außer Betracht bleibt, wenn sie inzwischen erloschen ist. Nach denselben Grundsätzen ist zu verfahren, wenn eine auf Lebens- oder andere unbestimmte Zeit oder auf bestimmte Zeit eingeschränkte R. oder L. mit irgend einer L. beschwert ist; denn die Beschwerung besteht nur für die Dauer des beschwerten Rechts und kann als Belastung nur ebenso wie das Recht selbst veranschlagt werden (FM. 8. Sept. 1893 III 9467).

4. Ist eine Rente durch Ankauf zu gewähren, so besteht die Beschwerung in dem Kaufpreise, die Bereicherung in der durch die Leistung des Beschwerten erworbenen, nach § 16 zu veranschlagenden Rente (FM. 6. Juli 1894 III 9009; 8. Sept. 1904 III 11287). Beschwerung und Bereicherung werden daher meist nicht übereinstimmen (§ 5 Anm. 3). Wenn der Ankauf nicht gelingt oder nur mit unverhältnismäßigen Aufwendungen möglich ist, so wird der Beschwerte die Rente selbst zu leisten haben (§ 2170 Abs. 2 BGB.); a. M. anscheinend Sch-C. S. 60 Anm. I d ß.

5. Die Endgiltigkeit der Besteuerung (Vorbem. 6 vor § 15) ist durch die Vorschrift des Abs. 2 aus Billigkeitsgründen eingeschränkt worden. Die von der Kom. des AH. (Ber. S. 7) zur Verdeutlichung angefügte Bestimmung, wonach das Zuvielgezahlte erstattet werden soll, schließt die Nachbesteuerung des von der Beschwerung Befreiten nicht aus, da die §§ 15 ff. die Schätzung der Bereicherung und der Beschwerung betreffen (Vorbem. 1 vor § 15; FM. 26. Juni 1884 III 7120, Labus S. 33; RG. 29. April 1892, JMBl. S. 337, JW. S. 284[50]). Die Vorschrift gilt auch für Fideikommißanfälle (§ 26; FM. 31. März 1890 III 2026, H-G. S. 1077 Nr. 62). Über die Anwendung auf N. und L., die auf andere unbestimmte oder außerdem auf bestimmte Zeit beschränkt sind, sowie in den Fällen des § 17 s. § 15 Anm. 2 a, b; § 17 Anm. 3.

6. Die einjährige Frist beginnt mit dem Anfalle (RG. 5. März 1894, JW. S. 249[33], Bolze 18 Nr. 647; § 1 Anm. 5). Bei Berechnung der Frist wird der Tag des Anfalles nicht mitgezählt (§ 187 BGB.); das Ende der Frist tritt daher mit dem Ablaufe des Tages ein, der durch seine Benennung dem Tage des Anfalls entspricht, und wenn der Tag in dem Jahre fehlt, mit dem Ende des Monats (§ 188), ohne Rücksicht darauf, ob der letzte Tag ein Sonn- oder Feiertag ist (§ 193 BGB.; a. M. Sch-C. S. 60 zu II b). Als Zeitpunkt des Erlöschens der N. oder L. gilt ebenso wie im 1. Abs. der Tod oder das Ereignis, durch dessen Eintritt die N. oder L. auflösend bedingt war, auch wenn die N. oder L. dem Berechtigten oder seinen Erben gesetzlich für eine beschränkte Zeit nachher gebührt (Anm. 2; § 15 Anm. 2 a, b). Wenn die N. oder L. erst nach Ablauf eines Jahres, sei es auch nur kurze Zeit nachher und vor Feststellung der ESt., erloschen ist, so ist der Wert der N. oder L. nicht nach § 16 Abs. 2, sondern nach §§ 15, 16 Abs. 1 und § 17 zu bestimmen (FM. 15. Mai 1897 III 4337; 29. Mai 1897 III 6608; 29. Mai 1901 III 6410; 12. Nov. 1904 III 14521).

§. 17. (15).

Ist die Dauer der Nutzungen oder Leistungen von der Lebenszeit mehrerer Personen dergestalt abhängig, daß beim Tode der zuerst versterbenden die Nutzung oder Leistung erlischt, so ist für die nach §. 16 vorzunehmende Werthermittelung das Lebensalter der ältesten Person maßgebend. Wenn die Nutzung oder Leistung bis zum Tode der letztversterbenden Person fortdauert, erfolgt die Berechnung nach dem Lebensalter der jüngsten Person.

1. Sind mehrere Personen mit einer N. oder L. bedacht, so steht sie ihnen im Zweifel, soweit namentlich nach §§ 2066–2069 BGB. nicht etwas anderes anzunehmen ist, zu gleichen Teilen zu (§§ 2157, 2091 BGB.). Es ist Auslegungsfrage, ob die N. oder L. erlischt, wenn ein Berechtigter nach dem Anfalle verstirbt, oder ob sie den Mitberechtigten anfällt. Ist eine solche Nachfolge, wenn auch nicht bis zum Ableben aller Berechtigten bestimmt, so ist § 17, allerdings nur für die Schätzung der durch die N. oder L. verursachten Beschwerung, anwendbar, während sonst nur eine Mehrzahl einzelner, nach § 16 zu veranschlagender N. oder L. vorhanden ist. Außerdem findet § 17, und zwar für die Bestimmung der Bereicherung und der Beschwerung Anwendung, wenn die N. oder L. nur einem Berechtigten zusteht, aber von der Lebenszeit mehrerer Personen abhängig ist, zu denen der Berechtigte selbst gehören kann. Daß § 17 auch auf die zum Nachlasse gehörigen Rechte und Verbindlichkeiten sich bezieht, ist bereits hervorgehoben (Vorbem. 1 vor § 15). Die erwähnten beiden Anwendungsfälle des § 17 liegen für die Besteuerung deshalb verschieden, weil § 17 die Vorschriften der §§ 5, 28, 29, 22 unberührt läßt, wonach

die Bereicherung eines jeden Erwerbers je für sich, und wenn der Anfall aufschiebend bedingt ist, erst beim Anfalle zu besteuern ist; für den 1. Fall wird daher durch § 17 nur der Abzug der Beschwerung von dem belasteten Vermögen geregelt, da nur die Belastung von dem Leben mehrerer Personen abhängt (RG. 9. Nov. 1891, ZBl. 1892 S. 56, JMBl. 1892 S. 70; 26. Sept. 1892, Bolze 15 Nr. 541, JW. S. 515[35]; FM. 22. Okt. 1879 III 12457; 17. Dez. 1895 III 16831). In der Begr. (S. 60) heißt es, daß von der komplizierten Ermittelung der mutmaßlichen Lebensdauer mehrerer verbundener Personen abgesehen werden solle. Hieraus läßt sich für die Schätzung der Beschwerung eine Beschränkung der Anwendung des Paragraphen auf den Fall, daß mehrere Personen den Anfall gleichzeitig erwerben, nicht ableiten; denn auch bei gleichzeitigem Erwerbe einer mehreren Personen zukommenden N. oder L. besteht keine wirkliche Verbindung, sondern jede berechtigte hat einen entsprechenden Anteil und beim Ableben einer von ihnen vollzieht sich eine Nachfolge in ihren Anteil. Die Vorschrift ist daher auch dann anzuwenden, wenn dieselbe N. oder L. mehreren Personen nacheinander zustehen soll (FM. 11. Dez. 1881 III 14187; 2. Febr. 1882 III 745; 24. Jan. 1884 III 9104/83), da der Beschwerte sich in beiden Fällen in derselben wirtschaftlichen Lage befindet. Voraussetzung ist, daß die N. oder L. während ihrer ganzen Dauer in ihrem Werte im wesentlichen unverändert bleibt, weil gesetzlich der Wertermittelung ein bestimmbarer Jahreswert zu grunde gelegt ist (Vorbem. 2 vor § 15). Vermindert oder erhöht sich die N. oder L. beim Tode einer Person, so wird es für die Besteuerung nicht darauf ankommen, ob rechtlich eine neue N. oder L. beginnt, vielmehr wird die Anwendung der §§ 22—24 auszuschließen sein, wenn nur wirtschaftlich eine zusammenhängende Beschwerung besteht (Vorbem. 5 vor § 15). Vermindert sich die N.

oder L. beim Tode einer Person, so besteht eine wirtschaftliche Beschwerung in dem verminderten Betrage für die Lebenszeit der jüngsten und im übrigen auf die Lebenszeit der ältesten Person. Erhöht sich die R. oder L. beim Tode einer Person, so ist der Wert nach dem geringeren Betrage und dem Lebensalter der jüngsten Person auf Grund des § 17 zu bestimmen und der Wert der von einer aufschiebenden Bedingung abhängigen Erhöhung nach § 23 Abs. 2 zu berücksichtigen. Beispiel: 3 Geschwistern, A 66, B 67 und C 76 Jahre alt, ist eine bis zum Tode des letztlebenden zahlbare jährliche Rente von 600 M. vermacht, also einem jeden zunächst eine Rente von 200 M. Der Wert der Bereicherungen beträgt: A 5 × 200 M. = 1000 M., B 5 × 200 M. = 1000 M., C 3 × 200 M. = 600 M., zusammen 2600 M., und der Wert der Beschwerung 5 × 600 M. = 3000 M. Stirbt eines der Geschwister, z. B. C nach 3 Jahren, so fällt sein Anteil den überlebenden zu und ist von ihnen nach dem alsdann erreichten Lebensalter zu versteuern (§ 22), von A bei dem Alter von 69 Jahren 100 M. × 5 = 500 M., und von B bei dem Alter von 70 Jahren ebensoviel; stirbt nach weiteren 8 Jahren B, so hat A bei seinem Alter von 77 Jahren 300 M. × 3 = 900 M. zu versteuern. Der Gesamtbetrag der Bereicherungen beläuft sich auf 2600 + 1000 + 900 M. = 4500 M., während die Beschwerung 3000 M. beträgt (FM. 31. Jan. 1891 III 648; 8. Juni 1892 III 5795; 10. Mai 1899 III 5791; 11. Febr. 1904 III 1778). Die Steuerbehörde kann Sicherstellung der ESt. von den bedingten Anfällen beanspruchen. Vergl. § 29 Anm. 4.

2. Für andere R. oder L. ist keine dem § 17 entsprechende Vorschrift getroffen, jedoch scheint die sinngemäße Anwendung für die Schätzung der Beschwerung geboten. Ist z. B. zwei Personen ein Nießbrauch bis zur Verheiratung dergestalt vermacht, daß

im Falle einer Verheiratung der Anteil der verheirateten der anderen anwächst, so würde bei Nichtanwendung des § 17 zunächst das 12½fache eines jeden Anteils und bei der Verheiratung der einen berechtigten das 12½fache des Zuwachses der anderen, allerdings unter Zurückführung des Wertes auf die Zeit des Anfalles des belasteten Vermögens, als Beschwerung zu behandeln sein. Dadurch würde aber die Versteuerung eines mit einer N. belasteten Vermögens in einer Weise erschwert werden, die mit der Erleichterung in § 27 Abs. 1 nicht vereinbar wäre. Der § 17 wird daher bei der gleichartigen Lage des Beschwerten in den erwähnten Fällen, die den Gesetzgebern vermutlich nicht vorgeschwebt haben, zur Anwendung zu bringen sein, indem ihm eine allgemeine Bedeutung beigemessen wird. Danach würde die ganze Beschwerung auf das 12½fache des Jahreswertes zu veranschlagen sein. Aus denselben Gründen wird die Beschwerung durch eine aufschiebend bedingte oder ungewiß betagte N. oder L. (§§ 23 f.), die sich als Fortsetzung einer solchen von bestimmter Dauer auffassen läßt (Anm. 1), einheitlich für beide N. oder L. auf den nach §§ 15 oder 18 zu ermittelnden Wert der zusammenhängenden N. oder L., und zwar auf den höheren, angenommen werden können. Ist die 2. N. oder L. gewiß betagt, so ist die Beschwerung durch die beiden N. oder L. je für sich zu veranschlagen, wobei der Wert der 2. auf die Zeit des Anfalles zurückzuführen ist (Vorbem 4 vor § 15). Beginnt eine N. oder L. von bestimmter Dauer unbedingt nach einer solchen von unbestimmter Dauer, z. B. für die Erben des Berechtigten (§ 16 Anm. 2), so wird angenommen werden können, daß der bestimmte Zeitraum nach Verlauf einer Zeit beginnt, welche dem Vielfachen der 1. N. oder L. (§§ 15 bis 17) entspricht. Folgt auf eine N. oder L. von bestimmter oder unbestimmter Dauer eine sie umfassende N. oder L. von immerwährender Dauer, so besteht die

Beschwerung nur in der letzteren. Die Beschwerung durch mehrere aufeinanderfolgende N. oder L. von bestimmter Dauer ist auf die Dauer aller N. oder L. einheitlich nach § 18 zu berechnen. Soweit eine 2. aufschiebend bedingte N. oder L sich nicht als Fortsetzung der 1. N. oder L. ansehen läßt, bewendet es bei §§ 23, 24 (s. Anm. 1).

3. Der § 16 Abs. 2 wird in den Fällen des § 17, und zwar auch dann anwendbar sein, wenn die N. oder L. nicht erlischt, sondern nur anders einzuschätzen ist.

§. 18. (16).

Bei auf bestimmte Zeit eingeschränkten Nutzungen oder Leistungen ist der Kapitalwerth der gesammten Nutzungen beziehungsweise Leistungen für den Zeitpunkt des Anfalls unter Zugrundelegung eines vierprozentigen Zinsfußes nach der beigefügten Tabelle. Hülfstabelle zu ermitteln. Ist jedoch die Dauer der Nutzung oder Leistung noch außerdem durch die Lebenszeit einer oder mehrerer Personen bedingt, so darf der nach §§. 16 und 17 zu berechnende Kapitalwerth nicht überschritten werden.

1. Der Kapitalwert der auf bestimmte Zeit eingeschränkten N. oder L. soll nicht durch einfache Zusammenrechnung der einzelnen N. oder L., sondern unter Berücksichtigung des Zwischenzinses nach der unter Zugrundelegung eines 4%igen Zinsfußes aufgestellten Tabelle gefunden werden. Der Tabelle des ESiG. 1873 war der Zinsfuß von 5 v. H. zu grunde gelegt. Die Vorschrift gilt für die Schätzung der Bereicherung und Beschwerung durch bestehende oder infolge des Erbfalls entstehende N. oder L. (Vorbem. 1 vor § 15).

Sie schließt andere Schätzungsarten aus, z. B. das Hoffmann'sche Verfahren (FM. 9. Juni 1902 III 2046), ist aber unanwendbar, wenn die Dauer der N. oder L. auch von dem Leben einer oder mehrerer Personen oder von einem unbestimmten Ereignisse abhängt und der Wert infolgedessen nach §§ 15—17 auf einen geringeren Betrag als nach § 18 zu bestimmen ist (Begr. S. 60; FM. 7. Nov. 1894 III 14 920, ZBl. S. 520). Der Zeitpunkt des Erlöschens der N. oder L. braucht nicht genau bestimmt zu sein, sondern es genügt, wenn eine hinlänglich sichere Schätzung der mutmaßlichen Dauer möglich ist (§ 15 Anm. 2 b). Fristberechnung s. §§ 186 ff. BGB. Beginn vor oder nach dem Erbfall s. Vorbem. 4 vor § 15; § 17 Anm. 2.

2. Die Berechnung erfolgt, z. B. für eine auf 7 Jahre eingeschränkte N. oder L. von jährlich 100 M., derart, daß man den in der Tabelle bei der Jahreszahl vermerkten Betrag von 6,242 M. mit dem Jahreswert der N. oder L. von 100 M. vervielfältigt = 624,20 M. Ist die Dauer nicht auf volle Jahre beschränkt, so darf weder das angefangene Jahr als ein volles gerechnet, noch der gegenwärtige Wert der N. oder L. für die überschießende Zeit angesetzt werden, sondern der Wert ist, wenn das gewählte Beispiel beibehalten und eine Dauer von 90 Tagen zu grunde gelegt wird, zu suchen, indem der Unterschied zwischen den in der Tabelle für das letzte volle (7.) und das folgende (8.) Jahr angegebenen Beträgen von 7,002 M. und 6,242 M. = 0,76 M. und hiervon der dem Bruchteile des Jahres (90/360) entsprechende Betrag von 0,19 M. ermittelt und mit dem Jahreswerte der N. oder L. von 100 M. vervielfältigt wird = 19 M. Der Gesamtwert für 7 Jahre 90 Tage beträgt mithin 624,20 M. + 19 M. = 643,20 M. (H-Sp. S. 110 zu I; FM. 21. Mai 1874 III 7043; 1. Nov. 1904 III 12 457).

3. Über die Endgiltigkeit der Besteuerung s. Vorbem. 6 vor § 15; über die Anwendung des § 16 Abs. 2 s. § 15 Anm. 2 b.

§. 19. (17).

Der einjährige Betrag der Nutzung eines Geldkapitals ist, wenn er nicht anderweitig feststeht, zu vier vom Hundert anzunehmen.

1. Frühere Fassung nach dem ESt G. 1873:

„Nutzungen eines Kapitals sind zu fünf vom Hundert jährlich zu veranschlagen, soweit nicht eine die anderweite Verfügung über das Kapital ausschließende Beschränkung auf einen geringeren Prozentsatz nachgewiesen wird".

Der Zinsfuß ist mit Rücksicht auf die veränderten Geldverhältnisse auf 4 v. H. festgestellt worden; im übrigen enthalten die Quellen des EStG. 1891 keine Begründung der neuen Fassung. Offenbar sollte schärfer zum Ausdrucke gebracht werden, daß der Paragraph nur die N. eines Geldkapitals betreffe. Zweifelhaft scheint, was mit dem Ersatz der Stelle „soweit" usw. durch die Worte „wenn er nicht anderweitig feststeht" beabsichtigt ist. Es ist möglich, daß man den wesentlichen Inhalt der früheren Bestimmung in anderer Fassung wiedergeben wollte, weil die frühere Fassung mangelhaft schien, da nur von einem geringeren Prozentsatze die Rede war. Die Änderung kann aber auch mit der Einfügung des Wortes Geldkapital und dem gesetzlichen Zinsfuße einer Geldschuld in Verbindung gebracht werden, woraus sich folgern ließe, daß die Vorschrift nur im Zweifel, wenn ein Kapital noch nicht tatsächlich genutzt wird, Anwendung finde, und das Wort „feststeht" im Sinne von „festgestellt werden kann" zu verstehen sei. Die Steuerverwaltung hat in ständiger Übung die erste Auslegung vertreten, wonach eine inhaltliche Änderung nicht erfolgen sollte, und daher ein anderer Zinsfuß als 4 v. H. nur dann angenommen werden darf, wenn das Kapital zu diesem Zinsfuße derart festgelegt ist, daß eine Änderung des Zinsfußes für die ganze Dauer der Nutzung ausgeschlossen scheint (FM. 16. April 1896 III 4076; 18. Dez. 1896 III 16 660; 15. Mai 1897 III 4337; 18. Juli 1897 III 7084; 11. Nov. 1897 III 14 232; 26. März 1904 III 2465). Die Anwendung des § 19 wird nicht zulässig sein, wenn es sich um unsichere Forderungen handelt und die besondere Vorschrift im § 25 Platz greift.

2. Die Nutzung ist vom Kapitalbetrage, nicht vom Kapitalwerte, z. B. vom Kurswerte von Wertpapieren, zu berechnen. Das kann bei der in Anm. 1 erwähnten weiteren Auslegung des Paragraphen zu unbefriedigenden Ergebnissen führen, wenn § 19 im Zusammenhange mit § 27 Abs. 1 zur Anwendung kommt, und sich deshalb zu gunsten einer nur im Zweifel zulässigen Anwendung des § 19 geltend machen lassen (Vorbem. 3 vor § 15). Das RG. (11. Juni 1894, Bd. 33 S. 328, Bolze 19 Nr. 731, JW. S. 445 [80]) hat aus dem früheren Wortlaut (Anm. 1) gefolgert, daß § 19 die Schätzung der einem Nießbraucher obliegenden Verpflichtung zur Verzinsung einer Schuld nicht betreffe, hierfür vielmehr die rechtsverbindlich bestehende Zinsenschuld zu grunde zu legen sei. Diese Auffassung scheint im ersten Punkte zutreffend, im zweiten aber nicht unbedingt; denn der gemeine Wert einer künftigen Zinsenschuld braucht keineswegs auf Grund des gegenwärtigen Betrages ermittelt zu werden, wenn der Nutznießer zur Tilgung der Schuld berechtigt ist (§§ 1087, 2120 BGB.), und nach dem Stande des Stammvermögens und den Regeln ordnungsmäßiger Wirtschaft die Tilgung angebracht ist.

3. Geldkapitalien sind bares Geld und zum Stammvermögen gehörende Rechte auf eine Leistung in Geld (RG. 2. Juni 1902, JW. S. 403 [31]), z. B. Hypotheken, Grundschulden, Darlehen, Schuldverschreibungen auf Namen oder Inhaber, Geldvermächtnisse, dagegen nicht: Aktien, Kuxe, gesellschaftliche Anteile, Erbteile, Renten. Zum Stammvermögen sind die nach § 101 Ziffer 2 BGB. dem Nutzungsberechtigten nicht gehörigen, beim Anfalle laufenden Nutzungen zu rechnen. Wegen Miet- und Pachtgelder und anderer Früchte s. Vorbem. 4 vor § 15.

§. 20. (18).

Den Werth aller anderen Gegenstände anzugeben, liegt den Steuerpflichtigen beziehungsweise den im §. 37 bezeichneten Verpflichteten ob. Wer der Verpflichtung zur Angabe des Werthes auf ergangene Aufforderung der Steuerbehörde nicht genügt, hat die durch amtliche Ermittelung desselben entstehenden und mit der Steuer einzuziehenden Kosten zu tragen.

1. Die Verpflichtung zur Wertangabe wird außerdem in §§ 25, 35 hervorgehoben. Sie ist den im § 37 bezeichneten Verpflichteten in der Reihenfolge und dem Umfange, wie sie dort bestimmt sind, auferlegt. Die Hervorhebung des Steuerpflichtigen im § 20 deutet darauf hin, daß die übrigen Verpflichteten als Geschäftsführer des Steuerpflichtigen angesehen sind (§ 21 Anm. 2). Aus dem Zusammenhange der Bestimmungen ergibt sich, daß §§ 20, 21 nur Platz greifen, wenn der Anfall steuerpflichtig geworden ist (§ 1 Anm. 5), aber nicht, wenn für künftige Anfälle Sicherstellung der ESt. verlangt werden soll; in diesen Fällen besteht nur die

Verpflichtung nach §§ 35 ff. Steuerpflichtig ist jeder, der nicht persönlich von der ESt. befreit ist (Befr. 2). Wegen der Befr. 1 des Tarifs kann keine Befreiung von der Verpflichtung zur Wertangabe beansprucht werden (§ 35 Anm. 1). Die Verpflichtung des Steuerpflichtigen bezieht sich auf alle aktiven und passiven Bestandteile der für die Berechnung der ESt. von seinem Anfalle in Betracht kommenden Masse (§ 35 Anm. 1, 2; § 36). Der Eingang des Paragraphen läßt erkennen, daß bei Nutzungen und Leistungen (§§ 15—18) nur der Jahreswert anzugeben ist. Eine Begründung der Wertangabe kann nicht gefordert werden, wohl aber eine Auskunft über tatsächliche Verhältnisse, welche eine Würdigung des Wertes gestatten (§ 38).

2. Die Richtigkeit der Wertangabe soll § 21 sichern. Die Abgabe einer unrichtigen Wertangabe ist nicht strafbar (Komm.Ber. 1873 S. 18); eine Bestrafung kann jedoch eintreten, wenn der Verpflichtete die Richtigkeit der Wertangabe eidesstattlich versichert hat, obwohl er die Unrichtigkeit kannte oder aus Fahrlässigkeit nicht kannte (§ 39 Anm. 3). An die Wertangabe ist weder die Steuerbehörde noch der Steuerpflichtige gebunden, solange keine Einigung im Sinne des § 21 getroffen ist. Der Steuerpflichtige kann daher seine Angabe berichtigen; geschieht dies erst nach Bezahlung der auf Grund der Wertangabe geforderten ESt., so wird dem Steuerpflichtigen die Beweislast obliegen, und zwar auch dann, wenn die Wertangabe nicht von ihm selbst, sondern von einem anderen Verpflichteten gemacht war, da diese Personen gesetzlich als Vertreter des Steuerpflichtigen gelten (Anm. 1).

3. Die Unterlassung der ausdrücklich geforderten Wertangabe hat zur Folge, daß der Verpflichtete die durch die amtliche Ermittelung des Wertes entstehenden Kosten zu tragen hat. Satz 2 soll diese Verpflichtung außer Zweifel setzen; er läßt nicht den Schluß zu, daß

die Kostenpflicht den einzigen Nachteil bilden und die Anwendung des § 38 ausgeschlossen sein soll, wie Sch.=E. S. 63 Anm. IV und das RG. (11. Dez. 1896, Strafs. 29 S. 247), das die Frage allerdings nicht zu entscheiden hatte, annehmen. Im § 35 ist ausdrücklich hervorgehoben, daß zur Vollständigkeit des Verzeichnisses die erforderlichen Wertangaben gehören und im § 38 ist der Steuerbehörde das Recht gegeben, die Ergänzung des Verzeichnisses zu erzwingen. Bei Beratung des § 37 (Komm.Ber. 1873 S. 14/15) wurde ein Antrag, wonach der Steuerpflichtige berechtigt sein sollte, zu verlangen, daß der Nachlaß amtlich auf seine Kosten festgestellt werde, aus dem Grunde abgelehnt, weil die Steuerbehörde hierzu häufig nicht im stande sein würde, z. B. wenn der Nachlaß sich im Auslande befinde. Diese Gründe treffen auch für die Wertermittelung zu.

4. Bei der Wertermittelung soll ohne Weitläufigkeiten verfahren (§ 6 Anw.) und die Entstehung von Kosten tunlichst vermieden werden (Ziff. 6 Ausf. LStG.), jedenfalls, solange nicht feststeht, ob ein Ersatzpflichtiger vorhanden ist (FM. 26. Juli 1901 III 8949). Vorschriften über Ermittelung des Werts einzelner Gegenstände s. § 5 Anm. 6. Der ermittelte Wert kann im Verwaltungs= und Rechtswege angefochten werden (§§ 31, 42); ebenso ist die Steuerbehörde zur Änderung des Wertansatzes berechtigt (RG. 21. Okt. 1892, IW. S. 492 [45]). Wegen der Kosten des Rechtsstreites wird § 93 CPO. zu Gunsten des Fiskus anwendbar sein können.

5. Die Kosten der Wertermittelung treffen den aufgeforderten Verpflichteten (Anm. 1) persönlich; sind mehrere gemeinschaftlich aufgefordert worden, so werden sie zu gleichen Anteilen verpflichtet sein (§ 420 BGB.); sind aber mehrere derart aufgefordert worden, daß die Aufforderung an den einen erst erlassen ist, nachdem der andere eine solche nicht befolgt hat, so wird jeder für

den Gesamtbetrag verpflichtet sein (vergl. § 21 Anm. 3). Da die Kosten mit der ESt. einzuziehen sind, so wird die Haftung für die ESt. (§§ 29, 30) auch auf die Kosten zu erstrecken sein. Die Ersatzpflicht besteht auch, wenn die Ermittelungen ergeben, daß die Befr. 1 des Tarifs Platz greift (Anm. 1). Die Kosten können alsdann besonders im Verwaltungszwangsverfahren eingezogen werden (§ 21 Anm. 3; Verord. 15. Nov. 1899, GS. S. 545). Wegen der Verpflichtung zum Tragen der Kosten ist der Rechtsweg zulässig (H-Sp S. 120 Anm. 10). Die Forderung und das Rückforderungsrecht verjähren in vier Jahren (Art. 8 § 1 Nr. 2, 4 AG.BGB.). Über die Verrechnung s. § 25 Anh. Dienstvorschr. LStG.

§. 21. (19).

Trägt die Steuerbehörde Bedenken, die Werthangabe (§. 20) als richtig anzunehmen, und findet eine Einigung hierüber mit den Steuerpflichtigen nicht statt, so ist die Steuerbehörde befugt, selbständig den Werth zu ermitteln und danach die Steuer zu erheben. Die Kosten der Wertsermittelung fallen dem Steuerpflichtigen zur Last, wenn der ermittelte Werth den von dem Steuerpflichtigen angegebenen Werth um mehr als 10 Prozent übersteigt. Die etwa gezahlten Kosten werden erstattet, wenn im Verwaltungswege oder im Rechtswege (§. 42) die Ermäßigung des Werthes auf einen nicht zum Kostenersatz verpflichtenden Betrag erfolgt.

1. Die Wertangaben (§ 20) sind von der Steuerbehörde zu prüfen (§ 38). Die dabei hervorgetretenen Bedenken sind dem Steuerpflichtigen mitzuteilen, und

es ist zu versuchen, eine Einigung über den Wert zu erzielen (FM. 21. Juni 1901 III 7703). Erst wenn das nicht gelingt, soll die Steuerbehörde den Wert selbständig feststellen. Die Steuerpflichtigen sollen zur Einreichung von Gutachten Sachverständiger weder unmittelbar noch mittelbar aufgefordert werden, weil den Gutachten infolge der Befugnis der Steuerbehörde zur selbständigen Wertsermittelung doch keine entscheidende Bedeutung beigelegt werden kann (FM. 6. Febr. 1888 III 495, 27. April 1892 III 5521, H-G. S. 1075 Nr. 58, S. 1078 Nr. 67a; FM. 15. März 1895 III 3285). Über Wertsermittelung s. § 20 Anm. 4.

2. Die Einigung ist als eine Vereinbarung gedacht, durch welche die Wertsermittelung zwischen der Steuerbehörde und den Steuerpflichtigen nach Art eines Vergleiches im Wege gegenseitigen Nachgebens (§ 779 BGB.) derart zum Abschlusse gebracht wird, daß beide Teile gebunden und Nachforderungen und Erstattungen von ESt. ausgeschlossen sind (RG. 10. Dez. 1894, Bd. 34 S. 280, JW. 1895 S. 78 [33–34], Bolze 19 Nr. 734). Der Abschluß der Einigung wird meist durch Antrag und Annahme (§§ 145 ff. BGB.) zu stande kommen. Die Wertangabe (§ 20) bildet keinen Antrag, sondern der Abschluß der Einigung setzt voraus, daß die Steuerbehörde die Wertangabe den Beteiligten gegenüber beanstandet hat (RG. 21. Okt. 1892, JW. S. 493 [40]). In der Nachprüfung oder der Forderung von Unterlagen für eine Nachprüfung ist noch keine Beanstandung enthalten. Eine Einigung liegt daher nicht vor, wenn der angegebene Wert nach erfolgter Prüfung der Steuerberechnung zu grunde gelegt worden ist (RG. wie vor). Dagegen kann eine Einigung z. B. dadurch zu stande kommen, daß die Steuerbehörde die erklärten Bedenken aufgibt, oder einen neuen Vorschlag des Steuerpflichtigen (RG. 10. Dez. 1894; s. oben) oder einen von ihr selbst ermittelten Wert, den der Steuerpflichtige aus-

drücklich oder stillschweigend anerkennt, der Steuerberechnung zu grunde legt (§ 151 BGB.; H-Sp. S. 118 Anm. 7).

Zum Abschlusse der Einigung sind auch die EStÄ. befugt (RG. 10. Dez. 1894, s. oben); sie sollen die Einigung nur mit Vorbehalt der Abänderung durch die vorgesetzten Dienstbehörden treffen (FM. 19. Febr. 1895 III 2381). Auf der anderen Seite ist nur der Steuerpflichtige selbst oder sein Vertreter, und, wenn mehrere Steuerpflichtige beteiligt sind, jeder für seinen Anfall zum Abschlusse befugt; die übrigen in § 37 bezeichneten Personen gelten, abweichend von § 20, nicht gesetzlich als Vertreter des Steuerpflichtigen und können daher nur auf Grund einer Vertretungsmacht handeln (§ 20 Anm. 1). Der Vertretene wird unmittelbar berechtigt; seine Verpflichtung hängt aber davon ab, daß der Fiskus die Stellvertretung beweist (§ 179 BGB.).

3. Die Kosten der Wertermittelung treffen grundsätzlich den Fiskus (H-Sp. S. 120 Anm. 10). Dem Fiskus steht ein Ersatzanspruch zu, wenn eine Einigung über den Wert versucht worden, aber nicht gelungen ist, und alsdann ein Wert amtlich ermittelt worden ist, der den angegebenen Wert um mehr als 10 v. H. übersteigt (FM. 26. Juli 1901 III 8949). Wird die Wertangabe während des Ermittelungsverfahrens geändert, so ist die Ersatzpflicht für die bis dahin entstandenen und die späteren Kosten je besonders zu beurteilen (FM. 17. Okt. 1899 III 12778). Ersatzpflichtig ist derjenige Steuerpflichtige, mit welchem keine Einigung zu erzielen war. Betrifft eine Wertermittelung den Anfall mehrerer Ersatzpflichtiger, so wird jeder einen seiner Beteiligung entsprechenden Anteil schulden (§ 420 BGB.). Die Haftung für die ESt. (§§ 29, 30) erstreckt sich nicht auf die Kosten. Die Kosten können im Verwaltungszwangsverfahren eingezogen werden (Verord. 30. Juli 1853, GS. S. 909; 1. Febr. 1858, S. 85; 30. Juni 1845,

S. 444; 24. Nov. 1843, S. 351; 22. Sept. 1867, S. 1553). Über Zulässigkeit des Rechtsweges, Verjährung und Verrechnung s. § 20 Anm. 5.

§. 22. (20).

Bedingter Erwerb.

Vermögen, dessen Erwerb von dem Eintritt einer aufschiebenden Bedingung abhängt, unterliegt der Besteuerung erst bei dem Eintritt der Bedingung. Die Steuerbehörde kann jedoch Sicherstellung der alsdann zu entrichtenden Steuer fordern. Unter einer auflösenden Bedingung erworbenes Vermögen — mit Ausnahme der Nutzungen von unbestimmter Dauer, welche lediglich nach den Bestimmungen in den §§. 15 bis 17 zu behandeln sind — ist wie unbedingt erworbenes zu versteuern. Beim Eintritt der Bedingung wird aber die gezahlte Steuer bis auf den der wirklichen Bereicherung entsprechenden Betrag erstattet.

1. Erwerb ist der rechtliche Erwerb eines Eigentums- oder Forderungsrechtes, nicht der tatsächliche Erwerb. Bei dem von dem Eintritte einer aufschiebenden Bedingung abhängigen Erwerbe kommt es nicht darauf an, ob schon vorher eine rechtlich gesicherte, vererbliche Anwartschaft auf den künftigen Erwerb besteht (§§ 160 ff. BGB.), sondern es entscheidet der mit dem Eintritte der Bedingung erfolgende Rechtserwerb. Daß im § 22 unter Erwerb nur der Rechtserwerb zu verstehen ist, folgt aus dem Zusammenhange der ESt. mit dem Erbrecht und dem Mangel einer besonderen Begriffsbestimmung, die bei einer Abweichung vom Erbrechte dringend

erforderlich gewesen wäre. Dasselbe ergibt sich aus einer Vergleichung mit §§ 25, 27; denn § 25 betrifft gerade Fälle, in welchen wegen Mangels einer gegenwärtigen tatsächlichen Bereicherung eine die Besteuerung hindernde Ungewißheit besteht; und dem § 27 Abs. 1 liegt die Annahme zu Grunde, daß die Steuerpflicht bereits mit dem Rechtserwerbe eintrete. Im übrigen gibt die Fassung des § 22 keinen Anhalt, daß unter Erwerb bei einer aufschiebenden Bedingung etwas anderes zu verstehen sei, wie bei einer auflösenden Bedingung. Bei auflösend bedingtem Erwerbe erlischt die Bereicherung aber mit dem Eintritte der Bedingung, selbst wenn der Besitz noch fortbesteht. Durch den Mangel des tatsächlichen Besitzes eines rechtlich erworbenen Gegenstandes wird meist nur der Wert beeinflußt werden. Wenn aber nur der Wert des Erwerbes von künftigen ungewissen Ereignissen abhängt, so findet § 22 keine Anwendung, sondern es kommt lediglich darauf an, ob und in welchem Maße die künftigen Verhältnisse den Wert zur Zeit des Anfalles beeinflussen (§ 14 Anm. 2; § 25 Anm. 1, 4). Andererseits wird § 22 nicht anzuwenden sein, wenn zwar wirklich eine den Rechtserwerb betreffende Bedingung in der Schwebe ist, das Recht aber trotzdem einen gegenwärtig schätzbaren gemeinen Wert hat. Daß nur die infolge der Ungewißheit bestehende Unmöglichkeit, die Bereicherung zu schätzen, zu der im § 22 enthaltenen Regelung geführt hat, ergibt die Ausnahme der Nutzungen von unbestimmter Dauer, deren Wert auf Grund der §§ 15 ff. veranschlagt werden kann. Bei dieser Bedeutung des Paragraphen wird man ihn auf solche Gegenstände, deren Wert ohne besondere Schätzungsvorschrift im wirtschaftlichen Verkehr ohne weiteres feststeht, nicht ausdehnen dürfen. Als Gegenstände dieser Art kommen z. B. auf den Inhaber lautende Lose und Losanleihen in Betracht (§ 14 Anm. 2).

a) § 22 findet nicht nur Anwendung, wenn der Anfall an eine Bedingung geknüpft ist, sondern auch, wenn Gegenstände zum Nachlasse gehören, die der Erblasser unter einer beim Anfalle noch schwebenden Bedingung erworben hatte (Begr. S. 61; FM. 26. Sept. 1902 III 11704).

b) § 22 trifft Bedingungen aller Art, mögen sie durch Gesetze oder Willenserklärungen begründet sein (RG. 21. Nov. 1892, JW. 1893 S. 90[19]). Was unter einer Bedingung zu verstehen ist, muß nach dem für den Erwerb maßgebenden Rechte beurteilt werden. Das bloße Wollen des Berechtigten oder Verpflichteten ist keine Bedingung; für den gegenüberstehenden Verpflichteten oder Berechtigten wird aber eine Bedingung vorhanden sein (§ 5 Anm. 6 XII). Über die Befugnis des Erblassers, eine Verfügung von Todes wegen von dem Willen eines anderen abhängig zu machen s. §§ 2065, 2048, 2151—2156, 2192 f. BGB. Die Bestimmung darüber, ob eine Bedingung erfüllt ist, kann einem anderen überlassen werden (Planck V § 2065 Anm. 1 Abs. 2). Diejenigen, die auf Grund der Bestimmung des Dritten etwas aus dem Nachlasse erwerben, haben die ESt. nach ihrem Verhältnisse zum Erblasser zu entrichten (RG. 18. Jan. 1894, JW. S. 153[15], Bolze 18 Nr. 646).

c) Die Wirkungen der einem Rechtsgeschäfte hinzugefügten Bedingung bestimmen sich, wenn das Rechtsgeschäft vor dem 1. Jan. 1900 vorgenommen worden ist, nach dem früheren Rechte (Planck VI Art. 153 Vorbem. 2 e). Für die erbrechtlichen Verhältnisse ist das für den Erbfall geltende Recht auch bei späteren Anfällen maßgebend (Art. 213 EG.BGB.).

2. Aufschiebend bedingter Erwerb wird erst mit dem Eintritte eines zukünftigen ungewissen Ereignisses wirksam (§ 158 BGB.), wenngleich schon während der Schwebezeit der Bedingung eine rechtlich gesicherte Anwartschaft besteht (§§ 166 ff. BGB.). Die an den Eintritt der Bedingung geknüpften Folgen können auf einen früheren Zeitpunkt zurückgezogen werden (§ 159 BGB.). Der Anfall einer unter aufschiebender Bedingung gemachten Zuwendung erfolgt erst beim Eintritt der Bedingung (§§ 2139, 2177 BGB.); im Zweifel ist anzunehmen, daß die Zuwendung nur gelten soll, wenn der Bedachte den Eintritt der Bedingung erlebt (§§ 2074, 2108, 2066 BGB.). Bei der Besteuerung aufschiebend bedingten Erwerbes handelt es sich nicht um eine bloße Aussetzung der Besteuerung, sondern um ein Hinausschieben des Entstehens der Steuerpflicht; daher erfolgt die Besteuerung nach dem beim Eintritte der Bedingung geltenden EStG. (Anm. 6) und nach den alsdann obwaltenden, in jeder Hinsicht, namentlich auch für die Wertermittelung, maßgebenden Verhältnissen. Wenn die bedingten Rechte vererblich sind, so begründen die während der Schwebezeit der Bedingung eingetretenen weiteren Vererbungen keine Steuerpflicht, vielmehr haben die beim Eintritte der Bedingung vorhandenen Berechtigten den Erwerb so zu versteuern, als wenn er ihnen vom ursprünglichen Erblasser unmittelbar angefallen wäre (Komm.Ber. 1873 S. 9; FM. 16. Dez. 1887 III 14 250, H-G. S. 1078 Nr. 68a; 19. Nov. 1890 III 9705 Nr. 11; 26. Sept. 1902 III 11 704). Das wird auch gelten, wenn der Erwerb auf einen früheren Zeitpunkt zurückbezogen ist; infolge der Zurückbeziehung wird der Wert sich um die Zwischennutzung erhöhen (Vorbem. 4 vor § 15). Nach dieser Regelung kann die Steuerpflicht auch eintreten, wenn der bedingt Berufene eine steuerfreie Person ist, sofern nämlich der Anfall infolge weiterer Vererbung bis zum Eintritte der Bedingung an Personen gelangt ist, die nach ihrem Verhältnisse zum Erblasser ESt. zu entrichten haben. Ist das Recht auf einen bedingten Erwerb unter Lebenden begründet, so bestimmt sich die Steuerpflicht nach dem Verhältnisse der schließlichen Erwerber zu demjenigen Erblasser, von dem das bedingte Recht zum ersten Male vererbt worden ist, während das Recht bei den dazwischen liegenden Weitervererbungen nicht zur steuerpflichtigen Masse gehört. Die Regelung entspricht derjenigen der Nacherbfolge in den Überrest (§ 27 Anm. 6c).

Die Annahme und Ausschlagung einer aufschiebend bedingten Zuwendung kann erst nach dem Erbfalle, aber schon vor dem Anfalle erfolgen (Planck V § 2180 Anm. 4a; § 1 Anm. 14, 21). Ob die Annahme der Nacherbschaft schon vor dem Anfalle erfolgen kann, ist streitig, aber anscheinend überwiegend bejaht (Wilke V § 2142 Anm. 1; Kuhlenbeck II § 2142 Anm. 1; § 1946 BGB.); verneint von Planck V § 2142 Anm. 3. Das Recht zur Veräußerung vor dem Anfalle räumt auch Planck (V § 2371 Vorbem. 5) dem Nacherben ein. Eine während der Schwebezeit der Bedingung von dem bedingt Berechtigten vollzogene entgeltliche oder unentgeltliche Verfügung über das Recht ist ohne Einfluß auf die später eintretende Steuerpflicht. Eine unentgeltliche Verfügung kann Schenkung sein (RG. 10. Okt. 1895, ZBl. 1896 S. 6). Es scheint nicht richtig, wenn das RG. (12. Nov. 1894, Bolze 19 Nr. 732) annimmt, daß die Steuerpflicht durch einen vorzeitigen, entgeltlichen Verzicht ausgeschlossen werde. Wegen Sicherstellung s. § 29 Anm. 4.

3. Auflösend bedingter Erwerb (Anm. 1) besteht bis zum Eintritte eines zukünftigen ungewissen Ereignisses, mit welchem er wieder aufhören soll (§ 158 BGB.). Aus diesem Grunde soll die Steuerpflicht wie bei einem unbedingten Anfalle nach den beim Anfalle obwaltenden Verhältnissen entstehen. Mit dem Eintritte der Bedingung wird die Steuerpflicht nicht wieder aufgehoben, sondern nur nach Maßgabe des nun feststehenden Tatbestandes auf den der wirklichen Bereicherung entsprechenden Umfang eingeschränkt. Daraus ergibt sich, daß eine inzwischen eingetretene Änderung in der

Person der Steuerpflichtigen außer Betracht bleibt, und daß der Wert der Bereicherung zwar nach den Verhältnissen beim Eintritte der Bedingung zu ermitteln, aber auf die Zeit des Anfalles zurückzuführen ist (§ 14). Dies folgt auch daraus, daß die Vorschrift der Billigkeit entspricht und keine Benachteiligung des bedingt Berechtigten gegenüber dem unbedingt Berechtigten bezweckt. Unter der wirklichen Bereicherung ist nicht schlechthin die tatsächliche, sondern diejenige Bereicherung zu verstehen, die infolge der Wirkung der Bedingung nach dem Inhalte des Anfalles bestehen bleibt. Hat der Steuerpflichtige für zuviel gezogenen Vorteil Ersatz zu leisten, so kommt der Anspruch nach § 5 von der Bereicherung in Abzug. Der Wert eines endgültig erworbenen Teiles des Stammvermögens wird nach dem Verhältnisse zum Werte des beim endgültigen Erwerbe vorhandenen Gesamtvermögens auf einen entsprechenden Teil des beim Anfalle ermittelten Wertes des Vermögens zu bestimmen sein. Wenn dem Berechtigten nur die Nutzungen des Vermögens bleiben, so kommt in Frage, ob als wirkliche Bereicherung die einzelnen Nutzungen anzusehen sind, deren Wert nach § 18 auf die Zeit des Anfalles zurückzuführen wäre. Eine derartige Wertermittelung würde nach längerer Dauer des Rechtes und bei in kleinen Teilen erworbenen Nutzungen, wenn überhaupt, nur mit unverhältnismäßiger Mühe zu bewirken sein. Man wird deshalb und im Hinblick auf den zwischen den §§ 22 und 23 bestehenden Zusammenhang (Begr. S. 61) annehmen dürfen, daß es, wie in § 23 Abs. 2, so angesehen werden soll, als wenn der Berechtigte von vornherein nur ein Nutzungsrecht erworben habe, und der Zeitpunkt der Endigung sogleich bekannt gewesen wäre (FM. 24. Jan. 1884 III 9104/83; 17. Okt. 1891 III 11661 Nr. 4; 18. Dez. 1896 III 14177; 8. Sept. 1902 III 10795). Diese Auslegung steht mit der Bestimmung im § 16 Abs. 2 im Einklange, nach welcher es bei den bis zum Eintritt einer auflösenden Bedingung fortdauernden Nutzungen auch nicht auf die wirkliche Bereicherung, sondern nur auf die wirkliche Dauer ankommen soll. Der Wert der Jahresnutzung ist nach dem Werte oder dem Durchschnittswerte, und der Kapitalwert nach § 18 zu bestimmen. Ist der auflösend bedingte Anfall unter der Herrschaft des ESTG. 1873 erfolgt, so ist der Kapitalwert der Nutzung nach den Vorschriften dieses Ges. zu ermitteln, selbst wenn die Nutzung erst unter der Herrschaft des ESTG. 1891 erloschen ist. Die Veranschlagung der Nutzung nach §§ 15—17 ist nicht zulässig, weil diese Vorschriften bloße Schätzungsvorschriften sind, die nicht die Bestimmung des wirklichen Wertes, sondern die Schätzung des mutmaßlichen Wertes einer künftigen Nutzung oder Leistung bezwecken, und keine Veranlassung besteht, die mit der Anwendung dieser Vorschriften verknüpften Unbilligkeiten auch dann eintreten zu lassen, wenn die Nutzung erst nachträglich zu besteuern ist (Vorbem. 6 vor § 15; FM. 8. Sept. 1902). In den FME. 24. Jan. 1884, 17. Okt. 1891, 18. Dez. 1896 ist nachgelassen worden, daß bei der Berechnung der Bereicherung nach § 18 das Vielfache der §§ 15—17 nicht überschritten werde.

Bei dem Eintritte der auflösenden Bedingung wird meist der Erwerb des unter einer entsprechenden aufschiebenden Bedingung Berechtigten zu besteuern sein. Da hiernach der 1. Erwerber die Nutzung und der 2. Erwerber das ganze Stammvermögen zu versteuern haben, so können Fälle, in denen nach den Verhältnissen beim 1. Anfalle der 1. und 2. Erwerber den gleichen Steuersatz zu entrichten haben würden, mit der Versteuerung des ganzen Stammvermögens nicht als erledigt gelten (FM. 20. Febr. 1896 III 736 Nr. 4).

Über die Ausnahme der Nutzungen und der Rechte auf Leistungen von unbestimmter Dauer s. Vorbem. 6 vor § 15. § 18 ist in der Bekanntmachung vom 24. Mai

1891, abweichend von § 23, im § 22 nicht erwähnt, obwohl es im EStG. von 1873 richtig „§§ 13 bis 16" heißt (§ 15 Anm. 2b).

4. **Auflösend und aufschiebend bedingte** Erwerbe, die der Erblasser selbst an den Eintritt eines Ereignisses geknüpft hat, stehen meist in einem solchen Zusammenhange, daß zunächst der unter auflösender Bedingung Berechtigte von dem Erwerbe die ESt. zu entrichten hat, die ihm beim Eintritte der Bedingung bis auf den seiner Bereicherung entsprechenden Betrag erstattet wird; alsdann hat der unter der entsprechenden aufschiebenden Bedingung Berechtigte den Erwerb zu versteuern. Ausnahmen ergeben sich daraus, daß der Vorerbe und Vorvermächtnisnehmer nur als Nießbraucher gelten (§ 27 Abs. 2 Satz 1), während sie rechtlich Eigentümer des Anfalles sind (§§ 2100 ff., 2191 BGB.). Der selbstverständliche Wegfall des Vorerben usw. ist keine Bedingung im Sinne des § 22 (§§ 2074, 2108, 2177, 2191 BGB.). Daraus folgt, daß die §§ 22 und 27 Abs. 2 Satz 1 sich gegenseitig ausschließen. Die letztere Vorschrift setzt voraus, daß der Eintritt der Nachfolge gewiß und nicht aufschiebend bedingt ist (FM. 24. Jan. 1884 III 9104/83). Ist die Nachfolge aufschiebend bedingt, so wird der Anfall an den Vorerben usw. meist auflösend bedingt sein, und es sind daher beide Anfälle nach § 22 zu versteuern. Ist dagegen das Erlöschen der Vorerbschaft usw. gewiß und nur ungewiß, wer Nachfolger wird, so hat der Vorerbe usw. von vornherein nur den Anfall der Nutzung, und zwar endgiltig, zu versteuern, während der Anfall an den Nachfolger, als aufschiebend bedingt, nach § 22 zu besteuern ist (FM. 16. Nov. 1899 III 14165; 12. Juni 1900 III 6416). Wenn von mehreren nur der eine oder der andere zur Nachfolge berufen ist und alle die gleiche ESt. zu entrichten haben würden, so kann die Angelegenheit mit Einwilligung der Steuerpflichtigen

durch Erhebung der ESt. von dem Stammvermögen gemäß § 27 Abs. 1 endgiltig erledigt werden (FM. 6. Juli 1885 III 8961).

5. Wenn eine Nutzung oder Leistung und aufschiebend bedingt das entsprechende Stammvermögen einer Person zugewendet ist, so könnte man nach dem Wortlaute des Ges. annehmen, daß zunächst die N. oder L. endgiltig nach den §§ 15—18, und beim Eintritte der Bedingung das Stammvermögen nach den dann obwaltenden Verhältnissen, also ohne Abzug der N. oder L. zu besteuern sei (Anm. 2; Vorbem. 6 vor § 15). Bei einer solchen Besteuerung würde der aufschiebend bedingt Berechtigte wesentlich ungünstiger wie ein unbedingt Berechtigter gestellt werden; er würde auch, da seine Nutzung zwar als Bereicherung, aber nicht als Beschwerung weiter in Betracht gezogen würde, ungünstiger behandelt, wie der Erwerber eines mit der Nutzung eines Dritten beschwerten Kapitals (§ 27 Anm. 1 c). Das kann aber nicht beabsichtigt sein (Vorbem. 5, 6 vor § 15). Allerdings wird auch eine völlige Gleichstellung des bedingt und unbedingt Berechtigten nicht am Platze sein, weil der bedingt Berechtigte die ESt. erst später entrichtet. Eine Benachteiligung des bedingt Berechtigten würde deshalb nicht bestehen, wenn man annehmen dürfte, daß der Ausschluß der Nutzungen von unbestimmter Dauer von der Besteuerung des auflösend bedingten Erwerbes sich nicht auf Fälle beziehe, in denen die Nutzung in einem späteren aufschiebend bedingten Erwerbe enthalten ist. Diese Annahme scheint nach der Begr. (S. 61) gerechtfertigt, da der Ausschluß nur erfolgt ist, um für die überwiegende Mehrzahl der Fälle die für die Verwaltung und die Steuerpflichtigen belästigenden Erstattungen und Nachforderungen einzuschränken. Wenn aber infolge Eintritts einer Bedingung eine Nachforderung nötig wird, so liegt kein Anlaß vor, die von

derselben Bedingung abhängende, demselben Steuerpflichtigen zu gute kommende Erstattung zu versagen. Die Steuerverwaltung hat in folgender Weise Stellung genommen:

a) Unter der Voraussetzung, daß im einzelnen Falle keine Abweichung geboten erscheint, hat der FM. auf Grund des § 40 eine allgemeine Ermächtigung erteilt, dem Nießbraucher eines ihm unter aufschiebender Bedingung zugewendeten Vermögens zu gestatten, sogleich bei Beginn des Nießbrauchs an dessen Stelle das Stammvermögen zu versteuern. Der Erwerber ist zu einer Erklärung unter der Verwarnung aufzufordern, daß er gesetzlich zunächst den ihm angefallenen Nießbrauch, und beim Eintritte der Bedingung das Stammvermögen ohne Anrechnung der Nießbrauchsteuer [oder unter Anrechnung nur eines Teiles der Nießbrauchsteuer (Anm. b)] zu versteuern habe, wenn er nicht sofort die Steuer von dem Stammvermögen entrichte. Wird die Versteuerung des Stammvermögens sofort bewirkt, so ist der Fall so zu behandeln, als ob der Berechtigte das Vermögen unter einer auflösenden Bedingung, also dergestalt erworben hätte, daß es herauszugeben sein würde, wenn das eine aufschiebende Bedingung darstellende Ereignis nicht eintritt. Beim Ausbleiben der Bedingung würde dann die gezahlte Steuer bis auf den der wirklicheren Bereicherung entsprechenden Betrag zu erstatten und die Versteuerung des Stammvermögens von dem endgiltigen Erwerber zu fordern sein. Dasselbe Verfahren ist für den Fall zugelassen worden, daß einer Person zunächst eine Rente und an deren Stelle unter einer aufschiebenden Bedingung ein Kapital vermacht worden ist, das dem 25fachen Jahresbetrage der Rente gleichkommt (FM. 16. Dez. 1887 III 14250, H-G. S. 1078 Nr. 68a).

b) Wenn ein Vermächtnisnehmer zunächst die Nutzung eines Kapitals [oder eine Rente] und an deren Stelle mit dem Eintritte einer aufschiebenden Bedingung ein Kapital erhält, so ist er bei dem Anfalle des Kapitals im Sinne des § 5 ESt G. nicht um den vollen Betrag des Kapitals, sondern nur insoweit als bereichert anzusehen, als das Kapital selbst den Kapitalwert der dem Vermächtnisnehmer bereits zustehenden Nutzung (oder Rente) übersteigt. Dieser Kapitalwert kann indessen zur Zeit des Anfalls des Kapitals nicht mehr in der ursprünglichen zur Zeit des Anfalles der Nutzung (oder Rente) berechneten Höhe, sondern nur mit demjenigen Betrage in Anrechnung kommen, der sich nach dem beim Eintritt der Bedingung erreichten Lebensalter des Vermächtnisnehmers ergibt (FM. 9. Nov. 1893 III 13 662, ZBl. S. 326; 26. Febr. 1899 III 2357; 12. Aug. 1899 III 10 247). Bei Ermittelung des anrechnungsfähigen Kapitalwertes der Rente kann nur der Jahreswert zugrunde gelegt werden, der die auf 4 v. H. anzunehmende Jahresnutzung des Kapitals nicht übersteigt. Der FM. hat sich die weitere Entschließung für den Fall, daß die Nutzung oder Rente nicht nach §§ 16, 17, sondern nach § 15 auf das $12^1/_2$fache zu veranschlagen war, ausdrücklich vorbehalten.

Beispiel zu b: Einer Person im Alter von zwanzig Jahren ist eine Rente von 200 M. jährlich und an deren Stelle bei der Verheiratung ein Kapital von 3000 M. vermacht und die bedachte verheiratet sich mit 27 Jahren. Zunächst sind 4 v. H. von 3000 M. = 120 Mark als auf die Lebenszeit (× 17 = 2040 M.) und 80 M. als auf unbestimmte Zeit erworben (× $12^1/_2$ = 1000 M.) zusammen 3040 M. zu versteuern und bei der Zuwendung des Beschwerten in Abzug zu bringen. Nach der Verheiratung des Bedachten ist das Kapital von 3000 M. abzüglich des Wertes der entsprechenden Rente von 120 M. × 16 = 1920 M. also im Betrage von 1080 M. zu versteuern, so daß im ganzen 3040 M. + 1080 M. = 4120 M. versteuert werden. Als Beschwerung kommen nur das Kapital von 3000 M. und der Wert des Rentenbetrages von 80 M. mit 1000 M. – 4000 M. in Abzug (§ 23 Anm. 2).

6. Früheres Recht. Das Stempelgesetz von 1822 und die Verord. von 1867 (Einleitg. I, III) enthielten keine grundsätzlichen Vorschriften über die Steuerpflicht bei bedingten Anfällen, sondern nur folgende in Betracht kommende Bestimmung (§ 16 Abs. 1 bezw. § 5 Abs. 2): „Für Nutzungen, welche dem Erben, Donatar oder Legatar erst in Zukunft anheimfallen sollen, kann die Zahlung der Erbschaftsabgabe nicht eher verlangt werden, bis der Anfall wirklich erfolgt ist.“ Unter Anfall wurde der Eintritt in das Nutzungsrecht verstanden. Die Bestimmung wurde nur auf den Anfall des Nutzungsrechtes, aber nicht auf ein bereits angefallenes Stammvermögen bezogen, dessen Nutzung dem Erwerber noch nicht zustand (§ 27 Anm. 9). Die Steuerpflicht eines Erwerbes von Stammvermögen wurde daher durch den Zeitpunkt des rechtlichen Anfalles bestimmt. Der Anfall einer aufschiebend bedingten oder ungewiß betagten Zuwendung vollzieht sich nach gemeinem und rheinischem Rechte erst mit dem Eintritte der Bedingung oder des Zeitpunktes (Dernburg, Pand., 7. Aufl. III S. 155, 207 ff.; Zachariä IV § 726). Dasselbe gilt für den so bedingten oder betagten Anfall einer Erbschaft nach dem ALR. (Eccius IV S. 545). Solche Anfälle werden daher erst beim Eintritte der Bedingung nach dem dann geltenden Steuergesetze steuerpflichtig, auch wenn der Erbfall vor dem 1. Jan. 1874 erfolgt ist (RG. 1. Juli 1892, JW. S. 383 [43]; FM. 16 Dez. 1887 III 14250, H-G. S. 1078 Nr. 68a, unter Berufung auf ein RGE. 18. Okt. 1881). Der Anfall aufschiebend bedingter oder ungewiß betagter Vermächtnisse erfolgt nach dem ALR. in der Regel mit dem Todestage des Erblassers (Eccius IV S. 629), und mit dem Eintritte der Bedingung wird der Erwerb nur vollendet (RG. 10. Okt. 1895, JW. S. 607 [54]). Das

RG. (17. Nov. 1887, Bolze 5 Nr. 916) hat deshalb entschieden, daß solche, schon vor dem 1. Jan. 1874 angefallenen Vermächtnisse nach den früheren Ges. zu besteuern seien, auch wenn die Bedingung erst später eingetreten sei. Dagegen hat der FM. wiederholt angeordnet, daß die Besteuerung trotz der besonderen landrechtlichen Bestimmungen nach dem beim Eintritte der Bedingung geltenden Ges. geschehen solle (8. Juli 1876 III 6382, 16. Dez. 1887 III 14250, H=G. S. 1005 Nr. 3a, 1078 Nr. 68a). Durch eine gewisse Betagung wird der Anfall nicht hinausgeschoben. Auflösend bedingter Erwerb ist auch nach Eintritt der Bedingung nach dem beim Anfalle geltenden Steuergesetze zu beurteilen.

§. 23. (21).

Bedingte Belastung.

Den Werth der steuerpflichtigen Masse vermindernde Lasten und Leistungen werden, soweit sie vom Eintritt einer aufschiebenden Bedingung abhängen, nicht berücksichtigt. Beim Eintritt der Bedingung ist das Zuvielgezahlte von der Steuerbehörde zu erstatten.

Lasten, deren Fortdauer von einer auflösenden Bedingung abhängt — mit Ausnahme der Leistungen von unbestimmter Dauer, deren abzuziehender Werth nach den Bestimmungen in den §§. 15 bis 18 sich berechnet — werden wie unbedingte in Abzug gebracht. Beim Eintritt der Bedingung ist derjenige Steuerbetrag nachzuerheben, welcher mehr zu entrichten gewesen sein würde, wenn der Zeitpunkt des Eintritts der Bedingung bei Berechnung der Steuer bekannt gewesen wäre. Die Steuerbehörde kann Sicherstellung dieses Anspruchs fordern.

1. Die Belastung ist nach § 23 zu behandeln, nicht nur, wenn sie auf einer Verfügung des Erblassers von Todes wegen beruht, sondern auch, wenn sie eine Schuld des Erblassers bildete (§ 22 Anm. 1a). Die §§ 22 und 23 beruhen im wesentlichen auf gleichen Grundsätzen; die vom Eintritte einer

2. aufschiebenden Bedingung an wirksamen Lasten und Leistungen (Vorbem. 2 vor § 15) sind jedoch anders behandelt als aufschiebend bedingter Erwerb (§ 22 Anm. 2); denn ihr Wert muß stets auf die Zeit des Anfalles des beschwerten Erwerbes zurückgeführt werden (§ 14 Anm. 2; § 22 Anm. 3). Die Lasten und Leistungen werden allerdings erst beim Eintritte der Bedingung berücksichtigt, weil sich vorher nicht übersehen läßt, ob und in welchem Maße die Beschwerung entstehen wird. Nach dem Eintritte der Bedingung ist es aber so anzusehen, als wenn der Zeitpunkt des Eintrittes von vornherein bekannt gewesen wäre. Infolge dieser Regelung stimmen Bereicherung und Beschwerung durch den nämlichen Anfall nicht überein (§ 5 Anm. 3; § 22 Anm. 2, 4). Hat der Erblasser z. B. einer Person zu ihrer Verheiratung 10 000 M. vermacht, und die Verheiratung erfolgt vier Jahre nach dem Erbfalle, so besteht die Bereicherung in 10 000 M., die Belastung des Erben in dem Betrage von 10 000 M. abzüglich des Wertes der nach § 18 zu veranschlagenden Nutzung für vier Jahre.

Auch der Wert aufschiebend bedingter Lasten und Leistungen von unbestimmter oder bestimmter Dauer (§§ 15—18) muß auf die Zeit des Anfalls zurückgeführt werden. In den Fällen der §§ 16, 17 findet die Zurückführung ohne weiteres infolge des Alterns der betreffenden Personen statt. Bei anderen L. und L. erfolgt die Zurückführung wie bei einer gewiß betagten Bereicherung unter Zugrundelegung einer 4 %igen Verzinsung und der Zeit zwischen Anfall und Eintritt der Bedingung (Vorbem. 4 vor § 15).

3. Auflösend bedingte Lasten werden zunächst wie unbedingte in Abzug gebracht; beim Eintritte der Bedingung wird der Wert der Beschwerung so berechnet, als wenn der Zeitpunkt des Eintritts schon bei Berechnung der ESt. bekannt gewesen wäre. Der Wert ist also auf die Zeit des Anfalles des beschwerten Erwerbes zurückzuführen (§ 22 Anm. 3).

Wegen der Leistungen von unbestimmter Dauer, worunter auch Belastungen durch Nutzungen zu verstehen sind, s. § 22 Anm. 3; Vorbem. 6 vor § 15.

Über Sicherstellung s. § 29 Anm. 4.

4. Beispiel zu §§ 22, 23: Nachlaß 20000 M.; Erbe Bruder A; Vermächtnis an nicht verwandten B bei der Verheiratung 6000 M. I. Berechnung beim Erbfall: A erhält 20 000 M.; ESt. 2 v. H. = 400 M.; für die ESt. von 6000 M. zu 8 v. H. = 480 M. kann Sicherheit verlangt werden. II. Berechnung nach Verheiratung des B zwei Jahre später: B erhält 6000 M.; ESt. 8 v. H. = 480 M. A hat zu versteuern 20 000 M. abzüglich (6000 M. — [4 v. H. auf zwei Jahre nach § 18 = 470,88 M. =) 5529,12 M. 14 470,88 M. mit 2 v. H. = 289,50 M.; da er 400 M. bezahlt hat, so sind 110,50 Mark auf die ESt. von 480 M., für die A haftet (§ 29) zu verrechnen, so daß noch 369,50 M. zu bezahlen sind.

§. 24. (22).

Die in den §§. 22 und 23 enthaltenen Bestimmungen sind gleichmäßig auch auf die von einem Ereigniß, welches nur hinsichtlich des Zeitpunktes seines Eintrittes ungewiß ist, abhängigen Erwerbungen, Lasten und Leistungen anzuwenden.

1. *Ein Anfangs- oder Endtermin*, dessen Eintritt ungewiß ist und die Wirkung eines Rechtsgeschäftes oder einen Anfall befristet, steht im Sinne des EStG. der Bedingung völlig gleich. Nach der Begründung S. 61 soll auch der dies certus an incertus quando der Bedingung gleichgeachtet werden, obwohl er eigentlich keine Bedingung, sondern nur einen A. oder E. bedeutet, dessen Eintritt gewiß und nur zeitlich ungewiß ist (§§ 163, 2066, 2074, 2103—2108, 2177, 2191 BGB.; Planck I § 163, V § 2074 Anm. 2, § 2177). Die Gleichstellung des derart befristeten mit dem bedingten Erwerbe gilt nur dann, wenn die Zwischennutzung nach §§ 15—18 nicht veranschlagt werden kann (§ 27). Ist ein Vermächtnis eines bestimmten zur Erbschaft gehörigen Gegenstandes gewiß und bestimmt befristet, so gebühren dem Vermächtnisnehmer die seit dem Anfalle gewonnenen Früchte (§§ 2184, 99 BGB.), wenn kein anderer Wille des Erblassers anzunehmen ist (Planck V § 2184 Anm. 5). Ein derart befristetes, z. B. ein Jahr nach dem Erbfalle zahlbares Geldvermächtnis hat der Beschwerte nicht vor Eintritt der Fälligkeit zu verzinsen, sondern erst, wenn er in Verzug kommt (§§ 284, 288 BGB.). Wenn die nach § 18 zu veranschlagende Nutzung für die Zwischenzeit dem Beschwerten gebührt, so hat er die Bereicherung zu versteuern, während der Vermächtnisnehmer den Abzug als Belastung selbst dann beanspruchen kann, wenn die Last zur Zeit der Steuerfeststellung bereits erloschen ist (RG. 1. Febr. 1892, Bd. 29 S. 180, JW. S. 174[61], JMBl. S. 141, ZBl. S. 154; 4. Dez. 1893, JW. 1894 S. 72[49]; 11. Juni 1894 — s. § 27 Anm. 2, 3; FM. 29. Aug. 1896 III 11095). Vergl. § 1 Anm. 16 b—e. Hat der Erblasser eine Verzinsung des Vermächtnisses angeordnet, aber zu einem dem üblichen nicht entsprechenden Zinssatze, so ist der Unterschied zwischen beiden Sätzen bis zur Fälligkeit als Bereicherung und Beschwerung zu berechnen. Die

Verwaltung nimmt an, daß bei dieser Ermittelung der Bereicherung und Beschwerung der Zinssatz von 4 v. H. als Wert der Nutzung zugrunde zu legen sei (FM. 1. Nov. 1904 III 12 457; vergl. § 19 Anm. 1).

2. Nutzungen und Leistungen befristet s. Vorbem. 4—6 vor § 15.

§. 25. (23).

Unsichere Forderungen.

Unsichere Forderungen und andere zur sofortigen Werthermittelung nicht geeignete Gegenstände kommen mit einem muthmaßlichen Werthe in Rechnung, den der Steuerpflichtige in Vorschlag bringt. Findet keine Einigung statt, so kann die Steuerbehörde von dem angegebenen Werth die Steuer einziehen und die Berichtigung des Werthansatzes, sowie die entsprechende Nachforderung oder Erstattung der Steuer bis zum Ausgange derjenigen Verhandlungen vorbehalten, von welchen die Bezahlung der Forderung beziehungsweise die Werthsermittelung abhängt.

Sind bei Berechnung der Steuer ungewisse oder noch unbekannte Ansprüche an die Masse außer Berücksichtigung geblieben, so wird, wenn dieselben später zur Verwirklichung gelangen, das Zuvielgezahlte von der Steuerbehörde zurückerstattet.

1. Die Wertermittelung unsicherer Forderungen und anderer zur sofortigen Schätzung nicht geeigneter

Gegenstände ist im Anschluß an §§ 20, 21 geregelt. Während §§ 20, 21 voraussetzen, daß der gemeine Wert bestimmbar ist, bezieht sich § 25 auf solche Fälle, in denen beim Anfalle ein von §§ 22—24 nicht betroffener Zustand der Ungewißheit besteht, der zunächst eine zutreffende Wertermittelung hindert, aber in absehbarer Zeit gehoben sein wird, so daß alsdann die Feststellung des Wertes erfolgen kann. Es handelt sich hiernach um eine auf dem Grundsatze der §§ 5 Abs. 1, 14 aufgebaute, lediglich das Verfahren betreffende Sondervorschrift, durch welche die Anwendung der allgemeinen Schätzungsvorschriften (§§ 15—21) ausgeschlossen wird. Die Bestimmung beruht auf der Annahme, daß es Sache des Steuerpflichtigen sei, sich rechtzeitig über die in Betracht kommenden Verhältnisse zu unterrichten und die Ungewißheit, jedenfalls vor Bezahlung der ESt., geltend zu machen. Hat der Steuerpflichtige dies unterlassen, so bewendet es bei den allgemeinen Vorschriften der §§ 5, 14—21. Ein Unterschied in den Besteuerungsgrundsätzen wird dadurch nicht herbeigeführt, da es in beiden Fällen auf den gemeinen Wert z. Zt. des Anfalles ankommt; Verschiedenheiten bestehen jedoch insofern, als im Falle des § 25 die Steuerbehörde zunächst nur von dem vorgeschlagenen Werte ESt. erheben darf und außerdem insofern, als nach § 25 beim Mangel einer Einigung der Ausgang der Verhandlungen, von welchen die Wertermittelung abhängt, ein Ereignis im Sinne des § 42 Abs. 2 bildet.

Wird die Ungewißheit geltend gemacht, so hat der Steuerpflichtige den mutmaßlichen Wert vorzuschlagen; es genügt, wenn er einen Anspruch als wertlos bezeichnet (Komm.Ber. S. 9). Durch Unterlassung der Wertangabe würde der Steuerpflichtige sich der Vorteile des § 25 begeben, und es würden die allgemeinen Vorschriften der §§ 20, 21 Platz greifen. Die Steuerbehörde hat die Wertangabe zu prüfen (§ 38); sie kann einwenden, daß § 25 keine Anwendung finde, weil eine Ungewißheit nicht bestehe, und den Wert selbständig feststellen (§ 21 Anm. 1; RG. 13. Nov. 1879, Strafs. 1 S. 99). Wird der Erwerb als ungewiß anerkannt, so kann die Steuerbehörde mit dem Steuerpflichtigen eine Einigung versuchen, durch welche die Wertermittelung endgültig abgeschlossen wird (§ 21 Anm. 2), oder die Steuer von dem angegebenen Werte einziehen und die Berichtigung des Wertansatzes vorbehalten. Ein von dem Steuerpflichtigen unter Berufung auf die Unsicherheit gemachter Wertvorschlag gilt als Vergleichsantrag, an den der Antragende gebunden ist (Komm.Ber. S. 9), wenn er die Bindung nicht ausgeschlossen hat; deshalb muß auch die Steuerbehörde, wenn sie den angegebenen Wert zu Grunde legt, ohne sich daran binden zu wollen, sich die Berichtigung des Wertansatzes vorbehalten (§ 21 Anm. 2). Durch den Vorbehalt erlischt auch die Bindung des Steuerpflichtigen. Ist keine Einigung zustande gekommen, so erfolgt zunächst nur eine vorläufige Versteuerung, bei der die Steuerbehörde nicht mehr als den vorgeschlagenen Wert besteuern darf; nach Ausgang der Verhandlungen, von denen die Wertermittelung abhängt, kann die Berichtigung von beiden Seiten beansprucht werden. Der Ausgang bildet ein Ereignis, mit dessen Eintritt die Verjährung des Klagerechts beginnt (§ 42 Abs. 2; RG. 15. Febr. 1901, Bd. 48 S. 301, JW. S. 270 [46]). Unter Ausgang ist nicht die Beendigung, sondern der Eintritt eines solchen Zustandes zu verstehen, welcher eine Wertsermittelung ermöglicht. Eine Berichtigung des Wertansatzes kann schon dann beansprucht werden, wenn die Ungewißheit nur teilweise gehoben, z. B. eine Abzahlung geleistet worden ist. Nicht jeder Ausgang ist maßgebend, sondern nur ein solcher, welcher die Feststellung des gemeinen Wertes erlaubt; Voraussetzung ist daher, daß der Erwerber sein Recht in zweckentsprechender Weise verfolgt oder verwertet hat.

Sicherstellung der künftig etwa zu entrichtenden ESt. kann nicht gefordert werden (FM. 23. Nov. 1904 III 14 959); über Erstattungen s. § 42 Anm. 2.

2. Durch die Aussetzung der Versteuerung wird nicht der Eintritt der Steuerpflicht (§ 22 Anm. 2), sondern nur der Zeitpunkt der Steuererhebung hinausgeschoben. Der später ermittelte Wert ist daher auf die Zeit des Anfalles zurückzuführen, d. h. es ist so anzusehen, als wenn der Ausgang schon beim Anfalle hätte vorausgesehen werden können (§ 22 Anm. 3). Von einer unverzinslichen Forderung werden daher die Zwischenzinsen abzurechnen sein. Die nach dem Anfalle aufgekommenen Zinsen gehören nicht zur steuerpflichtigen Masse. Wenn aber eine Forderung ganz oder zum Teile ausgefallen ist, so können die von dem ausgefallenen Betrage aufgekommenen Zinsen nicht außer Betracht gelassen werden, weil der Nutzen den Wert der Forderung mitbestimmt. Dieser Bedeutung der Nutzungen ist im § 27 Abs. 1 Rechnung getragen. Der Kapitalwert der Zinsenteile wird durch Zurückführung der Beträge nach § 18 auf die Zeit des Anfalls zu ermitteln sein (§ 22 Anm. 3). Ebenso wird der Wert anderer Nutzungen und Leistungen zu bestimmen sein (Vorbem. 6 vor § 15).

3. Unter Forderung ist jedes Recht auf eine Leistung zu verstehen, z. B. auch eine Grundschuld. Eine Forderung ist unsicher, wenn nach den beim Anfalle obwaltenden Verhältnissen ungewiß ist, ob und in welchem Umfange Befriedigung erfolgen wird. Künftige Verhältnisse können nur nach § 14 Anm. 2 in Betracht gezogen werden. Verjährte Forderungen sind wertlos, wenn der Schuldner die Erfüllung verweigert (§ 222 BGB.). Wegen des Befreiungsvermächtnisses s. § 1 Anm. 16d. Auf die persönlichen Verhältnisse des Erwerbers der Forderung, z. B. darauf, ob er zur Aufrechnung befugt ist, wird es nach § 14 nicht ankommen. Bei Beurteilung des Werts einer infolge des Anfalles durch Vereinigung erlöschenden Schuld des

Erben ist auf die Besserung der Verhältnisse durch den Anfall Rücksicht zu nehmen. Wenn ein Miterbe Schuldner einer Nachlaßford. ist, so darf und muß er sich die Schuld auf den Erbteil anweisen lassen (Planck V § 2039 Anm. 4), und die Schuld ist daher insoweit nicht unsicher.

Die Unsicherheit braucht nicht streng nachgewiesen zu werden, andererseits sind nackte Behauptungen nicht genügend (Komm.Ber. S. 9); der Steuerpflichtige hat vielmehr die zur Würdigung des Wertes dienenden Angaben über die nach der Natur des Rechtes verschiedenartigen Verhältnisse tunlichst glaubhaft zu machen. Bei Geldforderungen werden die Vermögens- und Erwerbsverhältnisse sowie die Aussichten des Schuldners oder der Mehrheit von Schuldnern, der Bürgen und der aus anderen Gründen haftenden Personen, sowie die Möglichkeit der Rechtsverfolgung in Betracht zu ziehen sein. Bei Hypotheken kommt es auf den Wert des Grundstücks und die der Forderung vorstehende Belastung sowie darauf an, ob frühere Eigentümer für die Forderung haften (§ 416 BGB.). Fällt eine Hypothek bei der Zwangsversteigerung des Grundstücks oder eine Forderung im Konkursverfahren aus, so bleibt das Forderungsrecht bestehen; über die Wirkung eines Zwangsvergleiches s. §§ 193 ff. KO.

Die Kosten der Einziehung beschweren den Erwerb, soweit kein Ersatz erlangt werden kann (§ 5 Anm. 6 XII k.). Wegen Berücksichtigung von Vergleichen s. § 5 Anm. 5, § 1 Anm. 9.

4. Andere zur sofortigen Wertsermittelung nicht geeignete Gegenstände sind unbedingte und unbetagte Rechte, deren Wert von künftigen ungewissen Ereignissen abhängt und vor deren Eintritt nicht zuverlässig geschätzt werden kann, z. B. streitiges Eigentum (Begr. S. 61), streitige Forderungen (Komm.Ber. S. 9) oder Vermächtnisse, Urheber- und Patentrechte (§ 5 Anm. 6 X) und

Nutzungsrechte, deren Jahreswert nicht bestimmbar ist (Vorbem. 2, 3 vor § 15).

5. Abs. 2 ist von der Kom. des AH. (S. 10) zugefügt worden, nachdem zuvor aus § 4 des Entwurfes (§ 5) eine Bestimmung gestrichen war, wonach nur die bei Berechnung der ESt. feststehenden Schulden in Abzug kommen sollten. Über die Beschwerung durch ungewisse Ansprüche hatte der Regierungsvertreter bemerkt, daß man bisher eine Masse, auf welcher ungewisse Ansprüche lasteten, in deren Betrage als nicht liquide behandelt und insoweit vor Beseitigung der Ansprüche nicht besteuert habe. Durch die Ablehnung eines dieser Erklärung entsprechenden Antrages und die Annahme des Abs. 2 hat die Kom. zum Ausdrucke gebracht, daß die Steuerbehörde ungewisse Ansprüche zunächst unberücksichtigt lassen könne (RG. 15. Febr. 1901, Bd. 48 S. 301, JW. S. 270 [44]). Aus diesem Grunde scheint eine Einigung, deren Zulässigkeit das RG. in dem erwähnten Urteil mit Unrecht annimmt, nicht vorgesehen zu sein. Ein ungewisser Anspruch kommt nicht erst mit der Befriedigung des Gläubigers, sondern schon dann zur Verwirklichung, wenn die Verbindlichkeit zwischen Gläubiger und Schuldner gewiß wird (RG. 15. Febr. 1901 — wie vor —), ein unbekannter Anspruch dann, wenn der Verpflichtete von seiner Verbindlichkeit überzeugt wird. Mit diesem Zeitpunkte beginnt die im § 42 Abs. 2 bestimmte Klagefrist.

Wie unbekannte Ansprüche nachträglich zu berücksichtigen sind, so müssen auch später ermittelte Nachlaßbestandteile nachträglich angegeben und besteuert werden (Komm.Ber. S. 10).

§. 26. (24).

Betrag der Lehns- und Fideikommißanfälle.

Lehns- und Fideikommißanfälle, sie mögen in Gütern oder Kapitalien bestehen, sowie Anfälle aus

Familienstiftungen werden nach Maßgabe des Werths der einjährigen Nutzung und des Lebensalters des Erwerbenden nach Vorschrift des §. 16 versteuert.

Vergl. § 1 Anm. 24—27 über Anfall, Vorbem. vor § 15 und Anm. zu § 16 über Nutzungen, Tarif AB. 3 über Verwandtschaftsverhältnis zum letzten Inhaber.

§. 27. (25).

Erwerb der Substanz ohne die Nutzung.

Ist einem Erben, Vermächtnißnehmer u. s. w. Vermögen angefallen, dessen Nutzung einem Dritten zusteht, so wird dasselbe um den nach Vorschrift der §§. 15 ff. berechneten Werth der Nutzung geringer angeschlagen, wenn der Erwerber der Substanz die Versteuerung bei dem Anfall bewirkt. Wird die Aussetzung der Versteuerung der Substanz bis zur Vereinigung der Nutzung mit der Substanz beantragt, so findet der vorstehend angeordnete Abzug nicht statt. Vielmehr erfolgt alsdann die Besteuerung nach Maßgabe der bei Beendigung der Nutznießung des Dritten obwaltenden Verhältnisse, und wenn inzwischen eine weitere Vererbung der Substanz eingetreten sein sollte, ohne Entrichtung einer Steuer für die dazwischen liegenden Anfälle dergestalt, als ob der in die Nutzung eintretende Erwerber der Substanz das Eigenthum unmittelbar von dem ursprünglichen Erblasser erworben hätte. Bei Aussetzung der Versteuerung ist die Steuer auf

Verlangen der Steuerbehörde aus der Masse auf Kosten des Erwerbers der Substanz sicherzustellen.

Bei fideikommissarischen Substitutionen wird der Fiduziar als Nießbraucher und der Fideikommissar als Substanzerbe des herauszugebenden Vermögens behandelt. Ist jedoch das Fideikommiß auf dasjenige beschränkt, was beim Tode des Fiduziars noch vorhanden sein werde (quidquid supererit), so haben sowohl der Fiduziar von dem vollen Betrage des Anfalles, als der Fideikommissar von dem vollen Betrage des an ihn herausgegebenen Vermögens, nach ihrem Verwandtschaftsverhältniß zum Erblasser die Erbschaftssteuer zu entrichten.

1. Abs. 1 regelt die Besteuerung eines angefallenen Stammvermögens, dessen Nutzung zunächst nicht dem Erwerber, sondern einem anderen zusteht; er betrifft nicht die Besteuerung der Nutzung, die nach §§ 15—19 unabhängig davon zu erfolgen hat, ob der Erwerber des Stammvermögens die Versteuerung sofort bewirkt oder die Aussetzung beantragt (RG. 12. Juli 1883, Bd. 9 S. 300; 1. Juli 1892, JW. S. 383 [43]).

a) Der Anfall des Stammvermögens muß erfolgt sein und darf nicht aufschiebend bedingt oder ungewiß betagt sein; denn die §§ 22, 24 und 27 schließen sich gegenseitig aus (§ 22 Anm. 4; § 24 Anm. 1).

b) Eine Nutzung auf Lebens- oder andere unbestimmte oder auf bestimmte Zeit muß das Vermögen beschweren, also das Recht zum Bezuge der Früchte und zum Gebrauche eines Gegenstandes (Vorbem. 2 vor § 15). Es kommt nicht darauf an, ob die Beschwerung erst mit dem Erbfalle entstanden ist oder schon vorher auf dem Vermögen lastete (Begr. S. 62; Anm. 2a, 3a u. c). Dagegen begründet eine vermöge eines familienrechtlichen Verhältnisses des Erwerbers des Anfalles erst nach dem Anfalle entstehende Nutzung nicht die Anwendung des § 27 (§ 1 Anm. 16 f). Nach seinem klaren Wortlaute ist Abs. 1 nicht anwendbar, wenn eine Rente oder eine andere Leistung den Anfall beschwert; in einem solchen Falle kann nur der Abzug der Beschwerung, aber nicht die Aussetzung der Versteuerung des beschwerten Vermögens beansprucht werden. Die verschiedenartige Regelung ist offenbar beabsichtigt; denn während in der Begr. (S. 62) bei Schilderung des früheren Rechtszustandes zwischen Beschwerung durch eine Nutzung und durch Renten, Pensionen, Kapitalzinsen usw. unterschieden ist, ist bei Erläuterung des Entwurfes nur von Nutzung und Substanz die Rede. Der Grund wird darin zu suchen sein, daß die sofortige Versteuerung als Regel betrachtet und die Aussetzung als eine Ausnahme nur deshalb zugelassen ist, weil der Erwerber des nackten Stammvermögens noch nicht in dessen Besitz gelangt ist und die ESt. nicht daraus entnehmen kann. Als Nutzungen kommen z. B. in Betracht: Nießbrauch, Erwerb des Vorerben und Vorvermächtnisnehmers, Nutzungspfandrecht (Vorbem. 3 vor § 15).

c) Einem Dritten oder mehreren (§ 17) muß die Nutzung zustehen. Ist der Nutzungsberechtigte zugleich Erwerber des Stammvermögens unter einer Bedingung, so findet § 22 Anwendung (§ 22 Anm. 4, 5).

2. Die sofortige Versteuerung bildet die Regel; dabei wird der Wert des Anfalles um den nach §§ 15—19 zu berechnenden Wert der dem Dritten zustehenden Nutzung geringer angeschlagen. Der Abzug dieses Wertes der Nutzung muß auch dann stattfinden, wenn die Nutzung bei Feststellung der ESt. erloschen ist oder einen geringeren Wert hat, z. B. weil der Berechtigte inzwischen älter geworden ist; denn die Vorschriften können

im Zusammenhange nur dahin aufgefaßt werden, daß die Steuerpflicht (§ 1 Anm. 5) grundsätzlich bei dem Anfalle nach den alsdann obwaltenden Verhältnissen begründet und dem Steuerpflichtigen die Vergünstigung eingeräumt werden sollte, die Aussetzung der Versteuerung zu beantragen. Dagegen sollten die Verzögerung oder Unterlassung der Erfüllung der Steuerpflicht nicht besondere Nachteile neben den allgemeinen Folgen nach sich ziehen (RG. 11 Juni 1894, Bd. 33 S. 328, Bolze 19 Nr. 730, JW. S. 445 [79]; § 24 Anm. 1). Die Besteuerung ist endgültig; Ausnahme s. § 16 Anm. 5, 6.

a) Stirbt der Erwerber des Stammvermögens vor Beendigung der Nutzung des Dritten, so liegt ein neuer Anfall von ihm an seine Erben usw. vor, für den § 27 wiederum Anwendung findet. Sind die Erben nach dem Verhältnisse zu ihrem Erblasser steuerpflichtige Personen, so können sie namentlich Aussetzung der Besteuerung beantragen.

b) Schuldner der ESt. ist der Erwerber des Stammvermögens (§ 29 Satz 1); nach der Begr. (S. 63) hat man es abgelehnt, den Nutzungsberechtigten zur vorschußweisen Zahlung der ESt. zu verpflichten. Da der Schuldner die ESt. aus dem Erwerbe noch nicht entnehmen kann, so hat man ihm zur Vermeidung von Härten das Recht eingeräumt, die

3. Aussetzung der Besteuerung zu beantragen.

a) Ein Antrag auf Aussetzung der Versteuerung muß gestellt werden. Ist kein Antrag gestellt, sondern die Besteuerung aus einem anderen Grunde unterblieben, z. B. weil die Steuerbehörde zunächst keine Kenntnis von dem Anfalle erlangt hat, so darf eine nachträgliche Besteuerung, selbst nach Vereinigung der Nutzung und des Stammvermögens, nur nach den in Anm. 2 erörterten Grundsätzen geschehen. Zu dem Antrage ist nur der Steuerpflichtige selbst oder ein Vertreter berechtigt; hat ein anderer den Antrag gestellt, so soll die

Einwilligungserklärung des Steuerpflichtigen gefordert werden (FM. 13. Febr. 1892 III 15943/91 Nr. 1; 27. Sept. 1893 III 11328). Von mehreren Steuerpflichtigen kann jeder für seinen Anfall die Aussetzung beantragen. Der Antrag kann gestellt werden, solange die ESt. nicht vom Steuerpflichtigen selbst oder mit seinem Willen von einem anderen bezahlt ist. Wenn der Antrag auf Aussetzung einmal gestellt und von der Steuerbehörde angenommen ist, so ist die Rücknahme nicht mehr zulässig; der Steuerpflichtige kann jedoch die Abfindungsversteuerung nachsuchen (FM. 19. Nov. 1890 III 9705[13]; 13. Febr. 1892 III 15943/91 Nr. 1; 4. Juli 1892 III 7926; 27. Sept. 1893 III 11328).

b) Die Wirkung des Antrages besteht darin, daß die Steuerpflicht bei dem Anfalle wieder aufgelöst und bis zur Vereinigung von Nutzung und Stammvermögen hinausgeschoben wird. Für die Besteuerung sind die bei Beendigung der Nutzung des Dritten obwaltenden Verhältnisse in jeder Hinsicht maßgebend; deshalb findet der Abzug des Wertes der Nutzung nicht statt, und die in die Nutzung eintretenden Erwerber des Stammvermögens, seien sie Erben oder Vermächtnisnehmer des ersten Erwerbers, haben den Anfall so zu versteuern, als wenn sie ihn unmittelbar vom ursprünglichen Erblasser erworben hätten; namentlich bestimmt sich der Steuersatz nach ihrem Verhältnisse zum ursprünglichen Erblasser. Die Bestandteile des Anfalles und ihr Wert sind nach den Verhältnissen bei Beendigung des Nutzungsrechtes festzustellen (FM. 16. Mai 1887 III 5749; 19. Nov. 1890 III 9705[4, 13]; 30. Dez. 1904 III 13934; RG. 21. Okt. 1892, JW. S. 493[45]). Hat der Nutznießer für verbrauchbare Sachen oder wegen Veränderungen oder Verschlechterungen Ersatz zu leisten (§§ 1037 ff., 1067, 1075, 1084 BGB.), so gehören die Ersatzansprüche zur Masse; etwas anderes soll wohl auch im FME. 16. Dez. 1887 III 14250 (H-G. S. 1079 Nr. 68a) nicht gesagt sein, wenn es darin heißt, daß einen Schadensersatzanspruch begründende Wertverminderungen nicht zu berücksichtigen seien. Wegen des Tilgungsbestandes s. Vorbem. 3a vor § 15.

Wenn während der Dauer der Nutzung des Dritten weitere Vererbungen des Stammvermögens eingetreten sind, so bleiben die Vererbungen steuerfrei, weil es bei Aussetzung der Versteuerung so angesehen wird, als ob nur ein unmittelbarer Anfall vom ursprünglichen Erblasser an die bei Vereinigung von Nutzung und Stammvermögen vorhandenen Berechtigten erfolgt wäre, und das Vermögen nicht zum Nachlasse der vorher verstorbenen Erwerber gehört hätte. Hat der vorverstorbene Erwerber C eines ihm von A angefallenen, mit dem Nießbrauche des B belasteten Vermögens seinen Nachlaß mit einem Nießbrauchvermächtnisse an D beschwert, welches sich nach Erlöschen des Nießbrauches des B auf den Anfall von A erstreckt, so haben D den Nießbrauch und der Erbe des C den Stammwert des Anfalles, beide nach dem Verhältnisse zu A, zu versteuern (FM. 27. Okt. 1896 III 14755). Der Erbe des C wird wegen des Nießbrauches des D nicht die weitere Aussetzung der Versteuerung beantragen können, weil § 27 sich ebenso wie § 5 nur auf die mit und wegen des Anfalles übernommenen, aber nicht auf die von dem Erwerber erst begründeten Lasten bezieht. Da der Nießbrauch des D auch nicht zum steuerpflichtigen Nachlasse des C gehört, so kann auch aus diesem Grunde keine weitere Aussetzung der Versteuerung erfolgen. Für derartige Fälle enthält das EStG. keine besonderen Vorschriften, und es muß deshalb bei der Regel bewenden, wonach die Versteuerung beim Anfalle zu erfolgen hat (Anm. 2).

Eine Veräußerung des Stammvermögens während der Dauer der Nutzung berührt die Steuerpflicht nicht; ein unentgeltlicher Verzicht zu gunsten des Nutzungsberechtigten ist als Schenkung zu beurteilen (RG. 10. Okt. 1895, ZBl. 1896 S. 6). Ebenso ist ein entgeltlicher oder unentgeltlicher Verzicht des Nutzungsberechtigten auf die einmal angenommene Nutzung für die Steuerpflicht ohne Einfluß, da das Nutzungsrecht nicht erlischt, sondern nur die Ausübung überlassen wird (§ 1059 BGB.; RG. 24. Febr. 1885, ZBl. S. 124, JMBl. S. 161, Bolze 1 Nr. 1440).

c) Der erste Erwerber des Stammvermögens muß eine steuerpflichtige Person sein; genießt er Steuerbefreiung, so kann die Aussetzung der Besteuerung gar nicht in Frage kommen (Sten.Ber. 1872/73 S. 1144), und deshalb können auch die durch den Antrag bedingten Wirkungen (Anm. b) nicht eintreten. Stirbt der erste Erwerber während der Dauer der Nutzung unter Hinterlassung steuerpflichtiger Rechtsnachfolger, so findet § 27 Abs. 1 Anwendung (FM. 9. Febr. 1894 III 1505).

d) Sicherstellung s. § 29 Anm. 4; Verjährung s. § 50 Anm. 3a.

4. Abs. 2 betrifft die durch Verfügung von Todes wegen angeordnete Nacherbfolge (RG. 21. Nov. 1892, JW. 1893 S. 90[49]), auch die des BGB. (FM. 7. Nov. 1902 III 13853), das Nachvermächtnis und das gewiß befristete Untervermächtnis (§§ 2100 ff., 2191, 2186 BGB.), und zwar sowohl, wenn der Erblasser die Anordnung selbst getroffen hat, als auch, wenn er Nacherbe usw. eines anderen geworden ist und seine Rechte weiter vererbt hat, soweit in dem zuletzt erwähnten Falle die Steuerpflicht nicht ohne weiteres (Anm. 6c) oder infolge eines früher gestellten Antrages auf Aussetzung der Versteuerung ausgeschlossen ist (Anm. 3b). Der Absatz regelt die Steuerpflicht des ersten Erwerbers und die des Nachfolgers. Bei der gewöhnlichen Nacherbfolge soll der Vorerbe usw. als Nießbraucher und der Nachfolger als Erwerber des Stammvermögens angesehen werden (auch nach BGB.: FM. 7. Nov. 1902 III 13853); es

treten daher sofort beim Erbfalle 2 Anfälle neben einander ein, der des Nießbrauches an den Vorerben usw. (§§ 15—19) und der des Stammvermögens an den Nacherben usw. (Anm. 2, 3). Bei der Nacherbfolge usw. in den Überrest folgen die Anfälle nacheinander, da sowohl der Vorerbe usw. als der Nacherbe usw. bei dem Anfalle das ganze Vermögen zu versteuern haben (RG. 9. Jan./24. Febr. 1890, JW. S. 169 [49], Gruchot 34 S. 738, Bolze 9 Nr. 601; 22. Dez. 1898, Bd. 43 S. 209, JW. 1899 S. 119 [87]). Was unter die bezeichneten Begriffe fällt, ist nach dem für den Anfall geltenden Rechte zu beurteilen; das für den Erbfall geltende Recht bleibt für die später eintretenden Anfälle maßgebend (Art. 213 EG.BGB.). Als Nacherbfolge wird es nicht anzusehen sein, wenn jemand seine Erben oder seine selbst zu wählenden Erben (§ 22 Anm. 1b) nachgeordnet sind. Dagegen ist eine Nacherbfolge bestimmt, wenn jemand seine gesetzlichen Erben nachfolgen sollen. Ein Nachvermächtnis ist vorhanden, wenn einem Kinde seine Kinder nachgeordnet sind, und die Ehefrau einen dem Pflichtteile entsprechenden Betrag erhalten soll (FM. 1. April 1904 III 191; 14. Dez. 1904 III 13700). Die Pupillar- und Quasipupillarsubstitution (§§ 521 ff. II 2 ALR.) wird von § 27 nicht betroffen. Derartige Verfügungen sind übrigens wirkungslos geworden, wenn der Unmündige den 31. Dez. 1899 überlebt hat und die Verfügung nicht als Einsetzung eines Nacherben aufrecht erhalten werden kann (Planck VI Art. 214 Anm. 2d).

5. **Bei der gewöhnlichen Nacherbfolge** geschieht der Anfall an den Nacherben erst mit dem Eintritte des Falles der Nacherbfolge (§ 2139 BGB.); dasselbe gilt für den Erwerb des Nachvermächtnisses (§ 2191). Trotzdem soll es nach dem EStG., sobald der Nacherbe usw. die vererbliche, von keiner aufschiebenden Bedingung oder ungewissen Befristung abhängige Anwartschaft auf den künftigen Anfall erworben hat, so angesehen

werden, als wenn das Vermögen dem Nacherben unter Beschwerung mit einem bloßen Nießbrauche angefallen wäre. Die Steuerpflicht tritt daher bereits mit dem Voranfalle ein, und es handelt sich nicht um ein Recht des Nacherben, den künftigen Anfall im voraus zu versteuern; denn sonst könnte die Steuerpflicht bei Vererbungen in der Zwischenzeit nicht von neuem entstehen. Sondern es handelt sich um ein Recht, die Aussetzung der Versteuerung zu beantragen, die Steuerpflicht also wieder aufzulösen (Anm. 2, 3). Wenn die Anwartschaft des Nacherben aufschiebend bedingt oder ungewiß befristet ist, so erfolgt auch im Sinne des EStG. der Anfall erst beim Eintritte des Ereignisses oder des Zeitpunktes; die §§ 22, 24 und 27 schließen sich also gegenseitig aus (§ 22 Anm. 4). Wenn die Anwartschaft auflösend bedingt ist, so wird der Anfall selbst aufschiebend bedingt sein, da die Bedingung sich vor Eintritt der Nachfolge verwirklichen kann (RG. 10. Okt. 1895, ZBl. 1896 S. 6).

a) Der Nacherbe gilt im Zweifel zugleich als Ersatzerbe; entspricht dies nicht dem Willen des Erblassers, so sind die gesetzlichen Erben die Vorerben (§§ 2102, 2105 BGB.). Fällt der Nacherbe vor dem Erbfalle weg, so wird der Vorerbe unbeschränkter Erbe, wenn ein anderer Wille des Erblassers weder erklärt noch anzunehmen ist (z. B. § 2069 BGB.). Unter denselben Voraussetzungen ist die dem Nacherben angefallene Anwartschaft vererblich (§ 2108 BGB.). Die Vererblichkeit ist nicht anzunehmen, wenn die Nacherbfolge in anderer Weise als durch den selbstverständlichen Wegfall des Vorerben bedingt ist (§ 2074 BGB.), oder, wenn der Erblasser einen Ersatzerben für den Nacherben berufen hat, oder die Abkömmlinge eines zum Nacherben Berufenen als Ersatzerben gelten (Planck V § 2108 Anm. 3); in den zuletzt erwähnten Fällen ist die Berufung als Ersatzerbe auf den Fall der Nacherbfolge zu beziehen.

über Annahme und Ausschlagung s. § 22 Anm. 2; § 1 Anm. 14. Schlägt der Nacherbe die Erbschaft vor oder nach dem Anfalle aus, so verbleibt sie dem Vorerben, soweit der Erblasser nicht etwas anderes bestimmt hat, z. B. durch Berufung eines Ersatzerben (§ 2142 BGB.; Planck V § 2142 Anm. 4; s. dort auch wegen Wegfalls des Nacherben aus anderen Gründen). Hat der Nacherbe den Anfall versteuert und ihn später ausgeschlagen, so ist die Ausschlagung als ein den Erwerb auflösendes Ereignis anzusehen und die ESt. zu erstatten (§ 22 Anm. 3). Der Vorerbe hat die infolge der Ausschlagung eintretende weitere Bereicherung als aufschiebend bedingten Erwerb zu versteuern (§ 22 Anm. 5). Die Zerlegung des rechtlich einheitlichen Anfalles an den Vorerben in einen Anfall der Nutzung und einen bedingten Anfall des Stammes scheint mit Rücksicht auf die vom bürgerlichen Rechte abweichende, den wirtschaftlichen Verhältnissen Rechnung tragende Regelung der Steuerpflicht geboten. Die Klagefrist (§ 42 Abs. 2) und die Verjährung (§ 50) beginnen mit der Ausschlagung, die Verjährung jedoch nur, wenn keine Sicherheit aus der Masse bestellt ist.

Wenn der Vorerbe einen Teil des Stammvermögens zurückbehalten darf, z. B. nach gemeinem Rechte $^1/_4$, so hat er insoweit das Stammvermögen zu versteuern; denn die vom Ges. begründete Annahme bezieht sich nur auf das herauszugebende Vermögen.

b) Das Nachvermächtnis (§ 2191 BGB.) wird der Vorschrift des § 27 zu unterstellen sein, obwohl nur die Nacherbfolge erwähnt ist; denn die Bestimmung ist wirtschaftlicher Natur, und die wirtschaftlichen Verhältnisse sind in beiden Fällen im wesentlichen dieselben. Das gleiche gilt für ein gewiß betagtes Untervermächtnis, durch welches einem Bedachten eine Leistung anderen Inhaltes auferlegt ist, als er selbst zu fordern hatte

(Planck V § 2191 Anm. 1). Über Annahme und Ausschlagung s. Anm. a; § 22 Anm. 2; § 1 Anm. 21.

c) Für die Besteuerung gilt dasselbe wie Anm. 2, 3. Bei Aussetzung der Versteuerung vergl. über Veränderungen im Bestande der Erbschaft §§ 2111 ff. BGB. Der Vorerbe ist zu unentgeltlichen Verfügungen nur nach Maßgabe des § 2113 Abs. 2 BGB. befugt. Wenn die Verfügungen hiernach unwirksam sind, so kann die Unwirksamkeit von jedem, der ein rechtliches Interesse hat, also auch von der Steuerbehörde, geltend gemacht werden (Planck V § 2113 Anm. 2). Der Nacherbe hat nach Eintritt der Nacherbfolge Anspruch auf Herausgabe der ungerechtfertigten Bereicherung gegen den Dritten (§§ 812 ff. BGB.) und Anspruch auf Schadensersatz gegen den Vorerben. Hat der Vorerbe dem Nacherben die Erbschaft unentgeltlich übereignet, so ist die Hingabe nicht als Schenkung, sondern als vorzeitige Herausgabe der Erbschaft zu beurteilen (RG. 24. Febr. 1885, siehe Anm. 3b; RG. 8. Juni 1891 — IV 100/91 —; FM. 14. Nov. 1897 III 14238; 8. Aug. 1904 III 10416); nur die Überlassung der Nutzung kann als Schenkung gelten (wie vor). Durch die Herausgabe wird der Zeitpunkt und Umfang der Steuerpflicht nicht berührt. Ebensowenig wird die Steuerpflicht durch eine Veräußerung der Rechte des Nacherben beeinflußt (Anm. 3b).

6. Nachfolge in den Überrest einer Erbschaft oder eines Vermächtnisses (Anm. 4; §§ 2137, 2191 BGB.).

a) Der Vorerbe usw. hat von dem vollen Betrage des Anfalles ESt. zu entrichten, selbst wenn er bald nach dem Anfalle gestorben und wirtschaftlich nur unerheblich bereichert ist, oder wenn er nach dem maßgebenden Rechte dem Nachfolger einen Teil herauszugeben hat, z. B. nach gemeinem Recht ein Viertel der Erbschaft, oder wenn er nach einem unverbindlichen Wunsche des Erblassers das Vermögen tunlichst erhalten soll (FM. 16. April 1890 III 2593, H=G. S. 1087 Nr. 79 b); auf ähnliche, in jedem Falle bestehende Beschränkungen (§ 2138 Abs. 2 BGB.) ist im EStG. keine Rücksicht genommen worden. Die Besteuerung ist endgültig; es erfolgt daher keine Steuererstattung, wenn der Vorerbe usw. den Anfall nicht oder nur teilweise verbraucht hat. Die Vorschrift bezieht sich nur auf den Fall, daß die Nachfolge beim Tode des Vorerben usw. eintritt, und nicht auf Fälle, in welchen sie sich beim Eintritte einer anderen Bedingung im Sinne des EStG. verwirklicht, z. B. bei der Verheiratung des Vorerben. Da es sich um eine Ausnahme von der Regel des § 22 Satz 3, 4 handelt, so scheint eine enge Auslegung am Platze, zumal sich annehmen läßt, daß nur der Fall getroffen werden sollte, wenn der Vorerbe usw. seine Stellung während seiner ganzen Lebenszeit inne hat. Ist die auflösende Bedingung nicht eingetreten, und hat der Vorerbe usw. seine Stellung lebenslänglich behalten, so wird die Besteuerung auf Grund des § 27 aufrecht gehalten werden können.

b) Der Nachfolger des ersten Erwerbers hat die ESt. von dem vollen Betrage des an ihn herauszugebenden Vermögens nach seinem Verhältnisse zum ursprünglichen Erblasser zu entrichten, ohne Rücksicht darauf, ob die Nachfolge mit dem Tode des Vorgängers oder beim Eintritt einer aufschiebenden Bedingung erfolgt ist (§ 22 Anm. 2). Die Steuerpflicht des Nacherben usw. entsteht erst mit dem Anfalle, der sich beim Eintritte des Falles der Nachfolge vollzieht; vorher bestehen keinerlei Verpflichtungen, weder zur Anmeldung des Voranfalles, noch zur Sicherstellung von ESt.; denn die Sondervorschrift des § 27 schließt die allgemeine Bestimmung des § 22 aus. Der Besteuerung unterliegen die Bestandteile des Anfalles nach ihrem Werte beim Anfalle. Wegen Veränderungen im Bestande der Erb=

schaft und unentgeltlicher Verfügungen des Vorerben gilt dasselbe wie Anm. 5 c (Planck V § 2138 Anm. 3; a. M. Wilke V § 2138 Anm. 2, der nur Schadensersatzpflicht des Vorerben annimmt). Im übrigen ist der Vorerbe nur schadensersatzpflichtig, wenn er den Nachlaß in der Absicht vermindert hat, den Nacherben zu benachteiligen (§ 2138 Abs. 2 BGB.). Wegen vorzeitiger Herausgabe der Erbschaft oder einzelner Bestandteile an den Nacherben und Veräußerung der Rechte des Nacherben gilt dasselbe wie Anm. 5 c

c) Stirbt der Nacherbe vor dem Anfalle, so haben seine Rechtsnachfolger den Anfall nach ihrem Verhältnisse zum ursprünglichen Erblasser zu versteuern, z. B. hat derjenige, dem der Nacherbe durch Verfügung von Todes wegen den Nießbrauch an seinem Nachlasse eingeräumt hat, wenn ihm infolgedessen der Nießbrauch auch an der Nacherbschaft zukommt, den Erwerb nach seinem Verhältnisse zum ursprünglichen Erblasser zu versteuern (FM. 27. Okt. 1896 III 14755; Anm. 3 b). Der Anspruch auf den Anfall der Nacherbschaft gehört nicht zur steuerpflichtigen Masse des vor dem Anfalle verstorbenen Berechtigten (RG. 9. Jan./24. Febr. 1890, 22. Dez. 1898, s. Anm. 4). Bei dieser Regelung kann die Steuerpflicht infolge Weitervererbung auch dann eintreten, wenn der zunächst Berufene eine steuerfreie Person ist (Anm. 3 c; § 22 Anm. 2; FM. 3. Mai 1895 III 6203; 8. Febr. 1902 III 903). Der FM. (3. Mai 1893 III 5455, ZBl. S. 180) hatte deshalb angeordnet, daß Erbfälle, bei denen als Nacherben steuerfreie Personen in Betracht kommen, in die Tabelle und das Stundungsregister aufzunehmen seien, wenn vor dem Anfalle steuerpflichtige Personen an die Stelle der steuerfreien treten konnten. Später ist mit Rücksicht auf das geringe Steueraufkommen aus solchen Erbfällen genehmigt worden (FM. 30. Juli 1902 III 7848, ZBl. S. 224), daß eine allgemeine Überwachung nicht mehr stattfinde, und die bestehenden Stundungsfälle im Stundungsregister gelöscht werden, wenn nicht schon feststehe oder durch eine vor Aufhebung der Überwachung erlassene Anfrage festgestellt werde, daß steuerpflichtige Personen an die Stelle der steuerfreien getreten seien. Die zur Löschung kommenden Erbfälle sollten ausnahmsweise der Revision nicht unterworfen und deshalb nicht in die Nachtragstabelle aufgenommen werden; die Löschung sollte unter Angabe des Tages der Verfügung in der Tabelle vermerkt werden, in welcher die Erbfälle vor der Aufnahme in das Stundungsregister verzeichnet waren, und die Akten unter die Belagsakten zu diesen Tabellen eingereiht werden (FM. 27. Jan. 1903 III 15726/02). Auf Vererbungen der erwähnten Art ist beim Erbfalle des Vorerben und des vorverstorbenen Nacherben zu achten.

Wegen Vererblichkeit der Anwartschaft des Nacherben gilt dasselbe wie Anm. 5 a. Ist der Nacherbe ein Abkömmling des Erblassers, so werden seine Abkömmlinge an seine Stelle treten. Infolge dessen wird der Fall, daß an die Stelle steuerfreier Nacherben steuerpflichtige treten, künftig nur selten vorkommen.

§ 27 findet keine Anwendung, wenn durch Vertrag unter Lebenden eine ähnliche Rechtslage, wie bei der Nacherbfolge in den Überrest geschaffen ist (§ 5 Anm. 6 IX).

d) Die Unterscheidung zwischen der gewöhnlichen und der Nacherbfolge in den Überrest wird häufig Schwierigkeiten bereiten. Nachfolge in den Überrest ist im Zweifel anzunehmen, wenn der Erblasser den Vorerben zur freien Verfügung über die Erbschaft ermächtigt (§ 2137 Abs. 2 BGB.; ebenso bisher nach ALR.: FM. 16. April 1890 III 2593, H.-G. S. 1087 Nr. 79 b), oder ihn von allen im § 2136 BGB. bezeichneten Beschränkungen befreit hat. Der Erblasser kann durch Befreiung des Vorerben von einzelnen Beschränkungen Zwischenformen schaffen, z. B. durch Befreiung von den Vorschriften der

§§ 2113 Abs. 1, 2114 den Nacherben für einzelne Bestandteile auf den Überrest beschränken wollen. Die Befreiung des Vorerben von der Pflicht zur Sicherheitsleistung begründet noch nicht die Annahme, daß der Nacherbe auf den Überrest eingesetzt sein sollte (FM. 8. Jan. 1888, H-G. S. 1086 Nr. 79 a), zumal, da dem Nacherben die allgemeinen Sicherungsmaßregeln der §§ 916 ff. CPO. zu Gebote stehen (Planck V § 2128 Anm. 4).

Nacherbfolge in den Überrest ist angenommen worden:

I. bei der Anordnung: der Fiduziar soll, wenn er Not leidet, die Substanz für sich verwenden können (FM. 7. Aug. 1858 III 17557, H-G. S. 1086 Nr. 78 d).

II. wenn ein Nießbraucher mit Einwilligung der Testamentsvollstrecker über das Stammvermögen verfügen darf, sobald die Einwilligung erteilt wird. Der Nießbraucher hat zunächst die Nutzung und nach Erteilung der Einwilligung das Stammvermögen zu versteuern (§ 22 Anm. 5). Für den Anfall an den Nacherben bildet die Einwilligung eine auflösende Bedingung (§ 22 Anm. 3; FM. 18. Nov. 1892 III 12561 Nr. 12).

7. **Vermächtnisse** und Auflagen, mit welchen der Erblasser den Nacherben usw. beschwert hat, sind mittelbar aufschiebend befristet oder bedingt (Planck V § 2177 Anm. 2) und steuerlich ebenso zu behandeln, wie der Anfall an den beschwerten Nacherben usw. (Anm. 5, 6). Es ist Auslegungsfrage, ob das V. oder die A. auch gelten soll, wenn der Beschwerte nicht Erbe usw. wird (§ 2161 BGB.). Bei der Nachfolge in den Überrest kann der Erblasser eine Beschränkung des Vorerben usw. durch die Vermächtnisse usw. beabsichtigt haben, z. B. bei dem Vermächtnis eines bestimmten Gegenstandes; in der Regel wird aber anzunehmen sein, daß der Anfall der Vermächtnisse davon abhängt, wieviel der Vorerbe usw. übrig läßt.

8. Über gemeinschaftliche Verfügungen von Ehegatten s. § 28.

9. Das frühere Steuerrecht enthielt keine dem § 27 entsprechende, sondern nur die bei § 22 Anm. 6 erwähnte Vorschrift. Danach konnte das Stammvermögen zwar besteuert werden; man trug aber Bedenken, das $12^1/_2$fache des Jahreswertes der Nutzung als Beschwerung in Abzug zu bringen, und veranschlagte die Nutzung unter Zugrundelegung des Alters des Nutzungsberechtigten auf einen Bruchteil des Stammvermögens (Begr. S. 62). War eine Einigung über den Wert der Beschwerung mit dem Steuerpflichtigen nicht zu erzielen, so konnte die Besteuerung gegen Sicherheitsleistung bis zur Vereinigung der Nutzung mit dem Stammvermögen ausgesetzt werden (JMBl. 1842, Beilage zum 42. Stück § 18). Nach der Vereinigung wurde die Steuer so erhoben, als wenn das Vermögen sogleich ohne Beschwerung angefallen wäre. War das Vermögen in der Zwischenzeit weiter vererbt worden, so hatte der schließliche Erwerber außer der ESt. für seinen Anfall die ESt. für die Anfälle seiner Vorgänger zu entrichten, die in jedem Falle nach dem Verhältnisse eines jeden Steuerpflichtigen zu seinem Vorgänger ohne Rücksicht auf die Beschwerung berechnet wurde. Für die Besteuerung eines jeden Anfalles ist das jeweilig geltende Steuergesetz anwendbar (FM. 28. Mai 1886 III 5705; 23. Juni 1887 III 1858).

Im Gebiete des ALR. behandelte man den Vorerben als Nießbraucher und den Nacherben als Erwerber des Stammes (JMBl. 1842 a. a. O. § 9 i; § 466 I 12 ALR.). Nach rheinischem Rechte ist der Anfall an den Nacherben dahin aufschiebend bedingt, daß der Nacherbe den Vorerben überlebt (§ 22 Anm. 6). Nach gemeinem Rechte darf der Fiduziar $^1/_4$ der Erbschaft zurückbehalten; eine Trennung von Nutzung und Stamm besteht daher nur für $^3/_4$. Für diesen Teil wird dasselbe gelten wie im Gebiete des ALR.

Bei der Nacherbfolge in den Überrest hatte zunächst der Vorerbe die ganze Erbschaft und beim Eintritte der Nacherbfolge der Nacherbe das an ihn herauszugebende Vermögen nach dem Verhältnisse zum Erblasser zu versteuern (FM. 28. Febr. 1831 III 3083, Schmidt I S. 223). War der Nacherbe vorher verstorben, und sein Recht weitervererbt worden, so besteuerte man — wie bei der gewöhnlichen Nacherbfolge s. oben — nachträglich alle Vererbungen, als wenn sie unbeschwert erfolgt wären, nach dem Verhältnisse des Erben zum unmittelbaren Vorgänger (FM. 7. Febr. 1902 III 1027). Wenn der Erblasser vor dem 1. Jan. 1874 gestorben ist, so werden die bis zu diesem Zeitpunkte eingetretenen Weitervererbungen steuerfrei bleiben müssen, wenn der Fall der Nacherbfolge unter Herrschaft des EStG. eintritt, weil die erst damit begründete Steuerpflicht alle zwischenliegenden Anfälle ergreift.

§. 28. (26).

Berechnung der Steuer.

Die Erbschaftssteuer wird nach dem ganzen Antheile jedes einzelnen Erwerbers eines Anfalles für diesen besonders berechnet. Haben Ehegatten in einer gemeinschaftlichen letztwilligen Verfügung Verwandte des einen oder beider Ehegatten zu Erben eingesetzt oder mit Zuwendungen bedacht, und bleibt zweifelhaft, von welchem der beiden Ehegatten der Anfall erfolgt ist, so wird angenommen, daß der Anfall von dem dem Steuerpflichtigen am nächsten verwandten Ehegatten erfolgt sei, soweit der Nachlaß des letzteren reicht. Kann der Betrag des Nachlasses des zuerst verstorbenen Ehegatten

nicht ermittelt werden, so ist derselbe behufs Berechnung der Steuer auf die Hälfte des beim Tode des letztlebenden Gatten vorhandenen Vermögens anzunehmen. Bleibt jedoch nur in Betreff einzelner Vermögensgegenstände zweifelhaft, zu welchem Nachlaß sie gehören, so wird angenommen, daß dieselben zum Nachlaß jedes Ehegatten zur Hälfte gehören.

1. Satz 1. Die Worte „für diesen" werden auf Erwerber zu beziehen sein; danach ist die ESt. für jeden Erwerber besonders zu berechnen von dem Gesamtbetrage der von demselben Erblasser herrührenden wirtschaftlichen Bereicherung ohne Rücksicht auf den Rechtsgrund. Das wird auch gelten, wenn die Steuerpflicht mehrerer rechtlich besonderer Anfälle nicht gleichzeitig entsteht. Die Abrundung der ESt. auf volle 50 Pf. darf nur einmal stattfinden (Tarif AB. 1; FM. 10. Mai 1899 III 5791; RG. 26. Sept. 1892, Bolze 15 Nr. 541) und zwar auch dann, wenn die Zuwendungen verschiedenen Steuersätzen unterliegen, wie z. B. Kapital und Renten für Gesinde, oder Zuwendungen von Ehegatten, bei denen rechtlich nur ein Ehegatte als Erblasser gilt. Vergl. Befr. 1 Anm. a.

2. Satz 2 ff. Das RG. 14. Okt. 1904 (ZBl. 1905 S. 18) hat ausgeführt, daß das EStG. keine zur Lösung des im § 28 erwähnten Zweifels geeigneten Vorschriften enthalte, und daß deshalb als ergänzende Vorschriften die Bestimmungen des privaten Erbrechts herangezogen werden müßten; wenn hiernach § 2269 BGB. zur Anwendung zu bringen sei, so sei damit der nur im Zweifel anzuwendenden Vorschrift des § 28 der Raum für die Anwendbarkeit entzogen, da der § 2269 BGB. im Gegensatz zu den Vorschriften des ALR. für gemein-

schaftliche Testamente eine Vermutung begründe, die kraft Gesetzes jeden ihr entgegenstehenden Zweifel beseitige. Von ähnlichen Erwägungen ist das RG. 19. Mai 1903 (Gruchot 47 S. 985) bei einem Falle ausgegangen, in welchem Ehegatten als Erben des Letztlebenden gemeinschaftlich einen Dritten berufen hatten, indem es als für die Besteuerung maßgebend annahm, daß der Dritte Erbe des Letztlebenden sei, und die Berufung von seiten des Verstorbenen mit der Annahme der Erbschaft durch den überlebenden erledigt sei. Diese Auslegung hat sich die Steuerverwaltung unter Aufgabe der bis dahin geübten entgegengesetzten Auslegung zu eigen gemacht (FM. 14. Jan. 1905 III 16585/04). Die Auslegung beruht auf der Annahme, daß die nach § 28 zu lösenden Zweifel den rechtlichen Anfall betreffen. Wenn das der Fall wäre, so würde für die Anwendung des § 28 von vornherein kein Raum gewesen sein, da zivilrechtliche Zweifel stets ihre Lösung im Zivilrechte finden. Die Lösung solcher Zweifel kann auch nicht als Aufgabe eines Steuerges. gedacht sein; es ist vielmehr anzunehmen, daß eine von der rechtlichen Gestaltung unabhängige steuerrechtliche Vorschrift aufgestellt werden sollte, um nach Möglichkeit den Anschauungen des Lebens über den Ursprung der Bereicherung Rechnung zu tragen und dadurch eine von dem Zufalle, welcher Ehegatte zuerst verstirbt, losgelöste gerechtere Besteuerung zu erzielen. Für diese Annahme sprechen die Stellung der Vorschrift im Ges. und die Überschrift, „Berechnung der Steuer", sowie die selbständigen Bestimmungen über die Feststellung des Nachlasses (Satz 3, 4). Geht man hiervon aus, so kommt es garnicht darauf an, wer Erblasser ist, da die Bemessung der ESt. unter einer bloßen Annahme erfolgen soll. Die nach § 28 zu lösenden Zweifel betreffen danach die Frage, welcher von den Ehegatten bei Errichtung der Verfügung von Todes wegen die Zuwendung ohne Rücksicht auf die rechtliche Gestaltung gewollt hat (Oberlandesger. Kiel 21. Jan. 1904 — 1 U 278.03 —). Der Vorschrift liegt ein ähnlicher Gedanke zu Grunde, wie den Bestimmungen über die Bindung der Ehegatten an korrespektive Verfügungen in gemeinschaftlichen Testamenten, da auch diese Bestimmungen auf der Annahme beruhen, daß trotz der juristischen Gestaltung in § 2269 BGB. gemeinschaftliche Verfügungen zum Zwecke eines von beiden Ehegatten beabsichtigten wirtschaftlichen Erfolges vorhanden seien (Planck V § 2270 Anm. 4 b; hier folg. Anm. c I). In dem zuletzt erörterten Sinne hatte auch die Steuerverwaltung den § 28 bis zur Stellungnahme des RG. gehandhabt (FM. 28. Okt. 1901 III 13 426; 25. Juni 1903 III 8938; 7. Sept. 1904 III 11 636). Von einer Erläuterung des § 28 konnte nicht abgesehen werden, weil ihm nach der zuerst erörterten Meinung für die nach dem ALR. zu beurteilenden Erbfälle auch ferner Bedeutung beigemessen wird. Die Zahl dieser Fälle wird nicht gering sein, weil §§ 2269, 2280 BGB. keine Anwendung finden, wenn auch nur einer der Ehegatten vor dem 1. Jan. 1900 gestorben ist (Planck VI Art. 214 Anm. 4 e). Voraussetzungen für die Anwendung des § 28 sind:

a) daß die Ehegatten die Zuwendungen in einer gemeinschaftlichen Verfügung von Todes wegen (Testament, Erbvertrag, Ehevertrag) angeordnet haben. Wenn die Ehegatten in der Verfügung dem überlebenden Ehegatten das Recht zur Verfügung von Todes wegen eingeräumt haben (Planck V § 2271 Anm. 3 a), so ist die Anwendung des § 28 soweit, aber auch nur soweit, ausgeschlossen, als der Überlebende von der Befugnis Gebrauch gemacht hat (RG. 4. Juli 1890, JW. S. 286[10], Bolze 10 Nr. 678; 17. Febr. 1902 — VII 440.01; FM. 18. Okt. 1904 III 12 664). Der Überlebende wird nicht als Erblasser gelten, wenn er nur eine ihm in zulässiger Weise eingeräumte Bestimmung zur Ergänzung des Willens des Verstorbenen getroffen hat (RG. 18. Jan. 1894 —

s. § 22 Anm. 1 b —). Der zuerst Verstorbene wird nicht als Erblasser anzusehen sein, wenn er rechtlich nicht Erblasser ist und wegen Mangels einer Bindung des Überlebenden an die Verfügung auch wirtschaftlich nicht dafür gelten kann (Anm. c I).

b) Beide Ehegatten müssen gestorben (FM. 15. April 1904 III 4328) und beide Erbfälle in Preußen in gleicher Weise steuerpflichtig sein. Das folgt aus der Natur der Vorschrift, in welcher der Anfall als ein einheitlicher gedacht ist, der lediglich zum Zwecke der Berechnung der ESt. zerlegt wird. Besteht diese Einheit nicht, weil nur ein Erbfall in Preußen steuerpflichtig ist, so kann von einer Zerlegung nicht die Rede sein, und es fehlt deshalb an einer Voraussetzung für die Anwendung.

c) Die Absicht der Ehegatten, wer die Zuwendung machen wollte, darf nicht erkennbar, sondern muß zweifelhaft sein. Es ist daher kein Raum für die Anwendung, wenn Ehegatten gemeinschaftlich über einen zur Masse gehörigen Gegenstand verfügt haben, weil als Zuwendender derjenige Ehegatte anzusehen ist, welchem der Gegenstand gehört hat. Die Ehegatten pflegen ihr Vermögen meist als eine Einheit und ihre Verwandten als gemeinschaftliche Verwandte zu betrachten und demgemäß zu verfügen. Bei der Erforschung des Willens darf deshalb auf die Wahl der Worte kein entscheidendes Gewicht gelegt werden, zumal da sie häufig auf Zufälligkeiten beruht (FM. 30. Jan. 1892 III 400, H=G. S. 1090 Nr. 81). § 28 findet daher Anwendung, wenn Ehegatten jemand zum Erben des beim Tode des Längstlebenden vorhandenen gemeinschaftlichen Vermögens berufen, oder wenn sie Vermächtnisse aus diesem Vermögen angeordnet haben (RG. 1. Febr. 1886, Gruchot 30 S. 1035, Bolze 2 Nr. 1333; FM. 30. Jan. 1892, wie vor). Ebenso wird er anwendbar sein, wenn Ehegatten in derselben Verfügung je für sich übereinstimmende Anordnungen über das gemeinschaftliche Vermögen getroffen haben, selbst wenn jeder nur über sein Vermögen verfügt hat.

Die Anwendung des Paragraphen hängt nicht davon ab, daß die Ehegatten sich gegenseitig zum Erben eingesetzt, wohl aber davon, daß sie ihr Vermögen als eine Einheit aufgefaßt haben, die nach dem Ableben beider Ehegatten ohne Rücksicht auf den Ursprung von dem einen oder dem anderen den gemeinsam Berufenen anfallen soll. Bei Anfällen, die vor dem Ableben des überlebenden Ehegatten erfolgen, kann es nicht zweifelhaft sein, von wem die Zuwendung beabsichtigt ist. Es ist auch kein Hinausschieben der Steuerpflicht bezweckt, sondern nur die Berechnung der ESt. für einen einheitlichen Anfall geregelt. Die Steuerverwaltung ha in Fällen, in welchen Verwandten des überlebenden Ehegatten für den Fall ihrer Verheiratung eine Zuwendung aus dem gemeinsamen Vermögen gemacht war, wenn die Verheiratung und die Gewährung der Zuwendung vor dem Ableben des überlebenden Ehegatten erfolgte, es so angesehen, als wenn zur Hälfte ein Vermächtnis vom verstorbenen und zur Hälfte eine im Testamente beurkundete Schenkung vom überlebenden Ehegatten vorhanden wäre (FM. 4. Okt. 1899 III 11231; 11. Nov. 1904 III 13869). Einen Maßstab für die Zerlegung würden auch die Vermögensmassen beider Ehegatten bieten (Anm. 3 b). Im übrigen handelt es sich um eine Frage der Auslegung, ob eine in einer Verfügung von Todes wegen beurkundete Schenkung beider Ehegatten oder des einen von ihnen, oder ob ein Vermächtnis des zuerst verstorbenen Ehegatten oder ein, ungeachtet der Verheiratung, erst nach dem Ableben beider Ehegatten wirksames Vermächtnis vorhanden ist. Nur in dem zuletzt erwähnten Falle kann die Anwendung des § 28 in Frage kommen.

Besondere Anwendungsfälle:

I. §§ 2269, 2280 BGB. s. Eingang der Anm. Ebenso wie in Fällen des § 2269 BGB. wird es zu beurteilen sein, wenn die Ehegatten sich gegenseitig zum Erben eingesetzt und je für sich übereinstimmende Verfügungen für den Fall getroffen haben, daß der eine den anderen überlebe. Hat nur einer derartige Verfügungen getroffen, so ist er allein Zuwendender. Bei den zuerst erwähnten Fällen hängt der rechtliche Anfall von dem Zufalle ab, welcher Ehegatte zuerst verstirbt, und von diesem Zufalle sollte die Steuerpflicht offenbar nach Möglichkeit losgelöst und davon abhängig gemacht werden, wer zuwenden wollte und auf welche Zuwendung die Bereicherung wirtschaftlich zurückzuführen ist. Wirtschaftlich ist aber auch der zuerst verstorbene Ehegatte Zuwendender, wenn die Verfügungen der Ehegatten in einem solchen Verhältnisse stehen, daß der überlebende Ehegatte daran gebunden ist. Besteht keine solche Bindung, z. B., weil nur Verwandte des überlebenden Ehegatten bedacht sind, oder weil die Eheleute einander von der Bindung befreit haben, so wird der zuerst Verstorbene auch wirtschaftlich nicht als Zuwendender gelten können (Anm. a).

II. Wenn in den Nachlaß des zuerst versterbenden Ehegatten der überlebende als Vorerbe und Verwandte zu Nacherben berufen sind, die auch den überlebenden Ehegatten unmittelbar beerben sollen, und sich erst beim Tode des Überlebenden entscheidet, wer Nacherbe des zuerst verstorbenen Ehegatten wird, so daß die Nacherben und die unmittelbaren Erben die nämlichen Personen sind. Ist dagegen das Recht der Nacherben vererblich, so daß die Nacherben und die unmittelbaren Erben verschiedene Personen sein können, so ist die Absicht der Erblasser, je für sich zuzuwenden, deutlich erkennbar, und § 28 könnte, streng genommen, nicht angewendet werden. Bei solchen vererblichen Anfällen, die durch den Nießbrauch oder die gewöhnliche Vorerbschaft des überlebenden Ehegatten beschränkt sind, tritt die Steuerpflicht schon mit dem Anfalle der Anwartschaft ein (§ 27), woran durch § 28 nichts geändert wird (vergl. Anm. c Abs. 2). Bei der Nacherbfolge in den Überrest tritt die Steuerpflicht der Anfälle von beiden Ehegatten gleichzeitig ein. Deshalb hat die Steuerverwaltung in diesem Falle, auch wenn die Berufenen von dem zuerst verstorbenen Ehegatten eine vererbliche Anwartschaft erworben hatten, den § 28 insoweit angewendet, als eine Vererbung nicht eingetreten war. Soweit die Erben aber den Anfall von dem zuletzt verstorbenen Ehegatten nicht erworben haben, ist der Anfall von den Nachfolgern lediglich nach dem Verhältnisse zu dem zuerst verstorbenen Ehegatten zu versteuern.

Die Steuerpflicht der Vermächtnisse ist nach denselben Grundsätzen zu beurteilen, wie die der Erbteile. Auch hier wird § 28 angewendet, wenn die Ehegatten ihr gemeinsames Vermögen beschwert haben, und rechtlich die Annahme besteht, daß jeder Ehegatte seinen Nachlaß mit dem ganzen Vermächtnisse beschweren wollte (Eccius IV S. 487 Anm. 38); denn Erblasser sind beide Ehegatten. Dies tritt hervor, wenn der Nachlaß des zuerst verstorbenen Ehegatten nicht ausreicht. Ausgenommen bleibt auch hier der Fall, daß der Vermächtnisnehmer den Anfall von dem überlebenden Ehegatten nicht erlebt hat. Vergl. Anm. c Abs. 2.

d) Verwandte des einen oder beider Ehegatten müssen bedacht sein. Da aus dem Bestehen einer Verwandtschaft der Zuwendungswille gefolgert wird, so wird man unter Verwandten nicht nur rechtlich, sondern auch natürlich Verwandte (RG. 8. Mai 1890 IV 21. 90) und Verschwägerte verstehen dürfen; es scheint auch zulässig, die Vorschrift auf Familien- und Fideikommißstiftungen zu beziehen. Bei Beurteilung der Nähe der

Verwandtschaft wird auf die Grundsätze des Tarifs Rücksicht zu nehmen sein, da die Abstufung der Steuer nach der Nähe der Verwandtschaft die Vorschrift veranlaßt hat. Die Bestimmung wird ihrem Wortlaute entsprechend auch Platz greifen, wenn die Verwandtschaft keine steuerliche Begünstigung des Bedachten begründet. Verwandte eines Ehegatten stehen unter einander gleich, ohne Rücksicht auf den Grad der Verwandtschaft. Bei Zuwendungen an Personen, die mit beiden Ehegatten gleich nahe oder mit keinem Ehegatten verwandt sind, ist im Zweifel anzunehmen, daß die Ehegatten ihre Nachlaßmassen im Verhältnisse des Wertes zur Gesamtmasse belasten wollten (RG. 17. Febr. 1902 und FM. 26. April 1902 III 5299, ZBl. S. 96, 97).

3. Berechnung der Steuer. Die Steuerverwaltung geht von der Annahme aus, daß bei Verteilung der Nachlaßmassen der Ehegatten die Vermächtnisse als Nachlaßverbindlichkeiten vor den Erbteilen zu berücksichtigen seien (FM. 30. Jan. 1892 III 400, H.-G. S. 1089 Nr. 81; 25. Juni 1892 III 8331; 20. Febr. 1896 III 736[3]; 2. März 1901 III 2349). Diese Annahme liegt auch dem RGE. 17. Febr. 1902 — VII 440. 01 — (Anm. 2d) zugrunde. Infolge dieser Annahme müßte ein V., mit dem ein Erbe usw. beschwert ist, als Schuld des Beschwerten behandelt und bei der Verteilung nicht nach den Verhältnissen des Bedachten, sondern nach denen des Beschwerten berücksichtigt werden. Das Ges. läßt auch die Auslegung zu, daß kein Unterschied gemacht werden solle, ob Verwandte „zu Erben eingesetzt oder mit Zuwendungen bedacht" sind, weil der Besteuerung der Zuwendungswille zugrunde gelegt werden soll, den die Erblasser durch Erbeinsetzung nicht minder betätigen, wie durch Vermächtnis. Nach der Auffassung der Steuerverwaltung kommen bei dem Nachlasse eines jeden Ehegatten in Ansatz:

a) zunächst die Vermächtnisse und Erbteile, die jeder

Ehegatte allein zugewandt hat, z. B. Vermächtnisse bestimmter Gegenstände;

b) demnächst die gemeinsamen Vermächtnisse an die eigenen Verwandten zum vollen Betrage und daneben mit gleichem Range solche Vermächtnisse an Personen, die mit beiden Ehegatten gleich nahe oder gar nicht verwandt sind, jedoch nur mit dem Betrage, der dem Verhältnisse des Wertes jedes Nachlasses (abzüglich a) zur gemeinsamen Masse (abzüglich a) entspricht (Anm. 2d);

c) zuletzt die gemeinsam zugewandten Erbteile nach den zu b erörterten Grundsätzen, also an Verwandte zum vollen Betrage, im übrigen nach Verhältnis der nach Abzug von a und b noch verfügbaren Massen.

Soweit der Nachlaß eines Ehegatten nicht ausreicht, ist er auf die Zuwendungen derjenigen Klasse (a—c), bei welcher sich die Unzulänglichkeit ergibt, verhältnismäßig zu verteilen. Der Fehlbetrag und der ganze Betrag der den folgenden Klassen angehörenden Zuwendungen ist aus dem Nachlasse des anderen Ehegatten zu ergänzen. Bei Auflagen wird aus dem Zwecke zu entnehmen sein, auf wessen Willen sie zurückzuführen sind; z. B. ist der Wert einer gemeinsamen Auflage zur Erhaltung der Gräber beider Ehegatten oder zur Führung des Amtes als Testamentsvollstrecker auf die Nachlaßmassen nach ihrem Verhältnisse zu einander zu verteilen (FM. 18. Nov. 1892 III 12561 Nr. 7; Anm. 5). Dagegen wird anzunehmen sein, daß eine Auflage zur Erhaltung der Familiengräber eines Ehegatten von diesem allein gewollt ist. Eine Zuwendung an den Testamentsvollstrecker ist, soweit sie den Wert der Auflage übersteigt, nach § 28 zu besteuern (§ 6; Planck V § 2221 Anm. 2).

4. Spätere Anfälle. Da im § 28 Satz 2 ff. die Berechnung der ESt. unter der Voraussetzung geregelt ist, daß die Anfälle gleichzeitig steuerpflichtig werden (Anm. 2c), so ergeben sich Schwierigkeiten, wenn Ver-

wandte des einen Ehegatten denen des anderen nachgeordnet sind. Sind die Nachfolger schlechthin Nacherben, so ist der Erwerb abzüglich des Wertes der Nutzung bei der Verteilung zu berücksichtigen; wenn die Nacherben die Aussetzung der Besteuerung beantragt haben, so kann der Ursprung des später einschließlich der Nutzung zu besteuernden Vermögens nach dem Verhältnisse festgestellt werden, in welchem die von den Ehegatten herrührenden Bestandteile des nackten Stammvermögens gestanden haben. Bei der Nacherbfolge in den Überrest fehlt es aber an einem geeigneten Maßstabe für eine andere Verteilung, weil Vor- und Nacherben den ganzen Anfall zu versteuern haben. Das für den Anfall an den Vorerben ermittelte Verhältnis kann für die Besteuerung des Nacherben nicht maßgebend sein, weil die im § 28 aufgestellte Annahme nur eine gerechte Abmessung der ESt. bezweckt. Die Vorschrift versagt daher in Fällen dieser Art, und die Besteuerung des Anfalles des Nacherben wird deshalb lediglich danach erfolgen können, von wem der Erwerb rechtlich angefallen ist (Anm. 2c I, II). Wenn der Erwerb durch den Eintritt eines Ereignisses für den 1. Erwerber auflösend und für den 2. aufschiebend bedingt ist, so dürfte dem 1. Erwerber die Wohltat des § 28 nicht bloß aus dem Grunde zu versagen sein, weil beide Ehegatten über das Vermögen verfügt haben. Bei Eintritt der Bedingung kann eine neue Ermittelung des Ursprungs der Bereicherung erfolgen, wenn nur der Erwerb der bedingt Berechtigten in Betracht kommt; wenn aber noch andere Erwerber beteiligt sind, deren Anfall endgiltig steuerpflichtig geworden ist, so versagt § 28 auch hier, und es kann für die Besteuerung aller Anfälle nur darauf ankommen, von wem der rechtliche Anfall erfolgt ist. Die abweichende Beurteilung bei der Nacherbfolge, wo § 28 nur für den Anfall des Nacherben für unanwendbar gehalten ist, beruht darauf, daß der Vorerbe seinen Erwerb entweder wie ein Nutznießer oder wie jeder andere Erbe endgiltig zu versteuern hat, während die Besteuerung anderen bedingten Erwerbes vor Eintritt der Bedingung keine endgiltige Bedeutung hat. Diese vorläufige Bedeutung steht aber gerade der Anwendung des § 28 entgegen, weil die endgiltig erfolgten Anfälle auch endgiltig versteuert werden müssen.

5. Der Nachlaß eines jeden Ehegatten ist von den nach §§ 37, 38 Verpflichteten gesondert anzugeben (FM. 18. Dez. 1884 III 15039, H=G. S. 1089 Nr. 80 b). Bei der Feststellung der Nachlaßmassen ist das gesetzliche oder vertragliche Güterrecht zu berücksichtigen. Zusammenstellung der früheren preuß. Güterrechte siehe JMBl. 1879 S. 32, 43, 56, 66, 74. Über Begründung des ges. Güterrechts nach früherem Rechte s. Eccius IV S. 66 ff., 514 ff. Von den Güterrechten kommen hauptsächlich in Betracht:

a) Die allgemeine Gütergemeinschaft, die Errungenschaftsgemeinschaft und die Fahrnisgemeinschaft. In der Regel wird es dem Willen der Erblasser entsprechen, daß das zur Gemeinschaft gehörige Vermögen in der Hand des überlebenden Ehegatten weiter eine Einheit bilde, und es wird daher beim Ableben des überlebenden Ehegatten die Hälfte des Gesamtgutes als Nachlaß eines jeden Ehegatten anzusehen sein (vergl. JW. 1899 S. 15[48], 1900 S. 304[28], 606[12]; H=G. S. 1090 Nr. 82 a).

b) Die Verwaltungsgemeinschaft. Stirbt die Frau vor dem Manne, so ist das eingebrachte Vermögen nach dem Stande anzunehmen, der sich bei einer bis zu ihrem Tode fortgesetzten ordnungsmäßigen Verwaltung ergibt. Für die Beurteilung der nach dem Tode eines der Ehegatten eingetretenen Vermögensveränderungen kommt die rechtliche Stellung des überlebenden Ehegatten als Nießbraucher (§ 27 Anm. 3 b), als Vorerbe (§ 27 Anm. 5 c, 6 b) oder als Erbe gemäß §§ 2269, 2280 BGB. (vergl. jedoch Anm. 2) in Betracht. Auch in den Fällen der §§ 2269, 2280 wird das Vermögen des zuerst verstorbenen Ehegatten als eine sich fortpflanzende Sondermasse anzusehen sein. Die Beiträge zum Tilgungsbestande einer vom Erblasser aufgenommenen, durch Zinsenzuschläge zu tilgenden Darlehnshypothek hat der Nießbraucher und der Vorerbe zum Vorteile des Nachlasses des Erblassers zu leisten (§ 15 Vorbem. 3a).

c) Die Gütertrennung.

Die im 3. und 4. Satze des § 28 aufgestellte steuerrechtliche Annahme betrifft die aktiven und passiven Bestandteile des Nachlasses; sie gilt jedoch nur im Zweifel, wenn der Ursprung der Bestandteile nicht zu ermitteln ist, oder wenn kein geeigneterer Maßstab vorhanden ist. Ist der überlebende Ehegatte Vorerbe bei einer Nacherbfolge in den Überrest, so werden die Ehegatten ihr Vermögen oft als eine bis zum Tode des letztlebenden Ehegatten bestehende Einheit betrachtet haben, und es ist deshalb im Zweifel anzunehmen, daß Schulden, welche der überlebende Ehegatte innerhalb seiner Befugnis begründet hat, die Nachlaßmassen nach ihrem Verhältnis zu einander belasten sollen. Dasselbe gilt für die Kosten der Nachlaßordnung, der Testamentsvollstreckung (FM. 2. März 1901 III 2349) und die Kosten der Beerdigung des zuletzt verstorbenen Ehegatten (RG. 17. Febr. 1902 — VII 440. 01 —). Schenkungen und andere Verfügungen, zu denen der überlebende Ehegatte in Bezug auf den Nachlaß des zuerst Verstorbenen nicht befugt war, können nur den Nachlaß des Verfügenden beschweren (§ 27 Anm. 5c).

§. 29. (27).

Haftung für die Steuer.

Die Erbschaftssteuer trifft den Erwerber des steuerpflichtigen Anfalles. Für dieselbe haftet die ganze steuerpflichtige Masse (§. 5), aus welcher auch auf Erfordern für die Versteuerung bedingter Anfälle Sicherheit bestellt werden muß (§§. 22 und 28).

Erben und Miterben sind bis auf Höhe des aus der Erbschaft Empfangenen für die von allen den Nachlaß betreffenden Anfällen zu entrichtende Erbschaftssteuer solidarisch verpflichtet.

Hinsichtlich der in diesem Gesetze den Erben und Miterben aufgelegten Verpflichtungen werden Erwerber eines Universalvermächtnisses oder eines Vermächtnisses unter einem Universaltitel den Erben und Miterben gleichgeachtet.

1. Schuldner der ESt. ist der Erwerber des steuerpflichtigen Anfalles, auch wenn der Erblasser einem anderen die Entrichtung der ESt. aufgetragen hat (§ 1 Anm. 16 h). Das Schuldverhältnis kann ohne Zustimmung des Fiskus nicht geändert werden (§§ 414 ff., 2382 BGB.). Die Schuld entsteht mit dem Eintritte der Steuerpflichtigkeit des Anfalles (§ 1 Anm. 5), ungeachtet der späteren Zahlbarkeit der Steuer (§ 41); deshalb kann bei dem Vorliegen eines Arrestgrundes schon vor der Fälligkeit der Steuerforderung ein Arrest vollzogen werden (§ 53 VZV.; §§ 916 ff. CPO.). Neben der Verbindlichkeit des Erwerbers besteht die Verpflichtung anderer Personen nach den Vorschriften des bürgerlichen Rechtes, z. B. eine solche des gütergemeinschaftlichen Ehegatten (§§ 1459 ff., 1529 ff., 1549, 1556, 2008 BGB.), des Erbschaftskäufers, eines ferneren Käufers oder desjenigen, der eine Erbschaft durch ein anderes Rechtsgeschäft erworben hat (§§ 2379, 2385, 2382 BGB.; Haidlen IV § 2382 Anm.; §§ 462 ff. I 11 ALR.). Auch gegen diese Personen kann das Verwaltungszwangsverfahren angeordnet werden (§ 3 VZV.; Art. 4 Ausf.).

2. Die steuerpflichtige Masse haftet nur für ESt., die von Anfällen der im § 1 Ziffer 1 und 4 bezeichneten Art zu entrichten ist; denn bei Lehns- und Fideikommißanfällen, sowie bei Anfällen von Hebungen aus Familienstiftungen kann von einer steuerpfl. Masse nicht die Rede sein (vergl. § 29 Abs. 2, § 37 Ziffer 2). Aus der Bezugnahme auf § 5, dem die Annahme zu Grunde liegt, daß der ganze Nachlaß die steuerpfl. Masse bilde (§ 5 Anm. 1), folgt, daß die ganze an sich steuerpfl. Nachlaßmasse, einschließlich der steuerfreien Anfälle, für die ESt. haftet. Das RG. (25. Nov. 1889, JW. S. 522[28]) hat allerdings angenommen, daß unter der steuerpflichtigen Masse die Masse des betreffenden steuerpflichtigen Anfalles zu verstehen sei. Diese Auffassung ist aber unhaltbar, da ein dahingehender Antrag als mit §§ 35, 37 unvereinbar bei der Beratung in der Kom. des AH. abgelehnt worden ist (Komm.Ber. S. 11; Sten.Ber. S. 1148). Das ergibt sich ferner daraus, daß nach Abs. 2 auch steuerfreie Erben als Vertreter der Masse für die gesamte ESt. haften sollen. Auf die den Umfang der steuerpfl. Masse einschränkenden §§ 9, 10 ist nicht besonders hingewiesen; die Steuer kann jedoch nicht auf den im Auslande befindlichen Nachlaßbestandteilen haften, die der Steuerhoheit des Staates entzogen sind. Die gesetzliche Haftung der Masse begründet kein dingliches gegen Dritte wirksames Recht, sondern nur ein Schuldverhältnis der Erben, das auch Dritten gegenüber geltend gemacht werden kann. Die Haftung dauert, solange die Masse als eine solche vorhanden ist; sie erstreckt sich nicht mehr auf veräußerte (Komm.Ber. S. 11) oder einem Vermächtnisnehmer ausgeantwortete Gegenstände. Nach Teilung der Erbschaft greift die besondere Vorschrift im Abs. 2 Platz (Anm. 3). Die ESt. ist hiernach keine Nachlaßverbindlichkeit, da sie weder eine vom Erblasser herrührende Schuld ist, noch den Erben als solchen schlechthin zur Last fällt (§ 1967 BGB.); sie wird daher weder vom Aufgebot der Nachlaßgläubiger (§§ 1970 ff. BGB.), noch vom Nachlaßkonkurse (§§ 214 ff. KO.) oder den Bestimmungen in §§ 2060 ff. BGB. betroffen.

3. Erben und Miterben sind mit der im Abs. 3 für das frühere Geltungsgebiet des rheinischen Rechts bestimmten Maßgabe (Begr. S. 63; RG. 8. Jan. 1884, Bd. 11 S. 305) diejenigen Personen, welche nach dem den Anfall begründenden Erbrechte darunter zu verstehen sind. Der Vorerbe ist wirklicher Erbe (§ 2100 BGB.; RG. 21. Sept. 1899, JW. S. 710[33], betr. ALR.); wenn er im § 27 Abs. 2 zur Ermittelung seiner Bereicherung einem Nießbraucher gleichgestellt ist, so kann daraus nicht gefolgert werden, daß die Gleichstellung auch im Sinne des § 29 liege; denn im § 29 ist nicht der wirtschaftlichen, sondern der rechtlichen Stellung des Erben, als Vertreters der Erbschaft, Rechnung getragen (Komm.-Ber. S. 11; Sten.Ber. S. 1149; anders entschieden: RG. 9. April 1886, Bolze 3 Nr. 967). Der Nacherbe ist erst vom Eintritte der Nacherbfolge an Erbe und haftet erst von da an, allerdings auch für die schon früher fällig gewordene ESt. (§ 2139 BGB.). Der Nießbraucher eines Nachlasses oder eines Erbteiles ist als Vermächtnisnehmer nur Schuldner der den eigenen Anfall treffenden ESt. (RG. 8. Jan. 1884, Bd. 11 S. 305). Die Zuwendung des Pflichtteiles ist im Zweifel nicht als Erbeinsetzung anzusehen (§ 2304 BGB.).

a) Erben und Miterben haften ohne Rücksicht darauf, ob ihr eigener Anfall steuerpflichtig ist, für die von allen den Nachlaß betreffenden Anfällen zu entrichtende ESt. (Sten.Ber. S. 1148), während Vermächtnisnehmer — abgesehen von der Ausnahme im Abs. 3 —, sowie Erwerber einer Schenkung von Todes wegen oder eines der im § 1 Nr. 2, 3 bezeichneten Anfälle nur für die ihren Anfall treffende ESt. verpflichtet sind (RG. 9. April 1886, Bolze 3 Nr. 967; FM. 25. Mai 1882 III 7178, H-G. S. 1093 Nr. 87). Die Haftung erstreckt sich auch auf die ESt. von Anfällen, die erst später steuerpflichtig werden (§§ 22, 27), oder, welche die Befreiung des Bedachten von einer Schuld betreffen (Komm.Ber. S. 11).

b) Die Erben haften nicht nur als Bürgen, sondern als Selbstschuldner (RG. 9. Dez. 1881, JMBl. 1882 S. 377), und zwar als Gesamtschuldner (§§ 421 ff. BGB.). Die Haftung für die Steuer von einem anderen, als dem eigenen Anfalle, ist nicht auf die empfangenen Nachlaßgegenstände, sondern auf den Betrag beschränkt, um welchen der Erbe durch die Erbschaft (nicht auch durch ein Vorausvermächtnis) wirtschaftlich bereichert worden ist; der Erbe kann daher nicht in Anspruch genommen werden, wenn er aus der Erbschaft noch nichts empfangen hat (FM. 2. April 1898 III 4698; Begr. S. 63; Komm.Ber. S. 11). Eine weitere Haftung der Erben kann nach §§ 30, 43 (Anm. c) oder nach den Vorschriften des bürgerlichen Rechts eintreten, z. B. wegen Vernichtung, Beschädigung oder Unterdrückung einer Verfügung von Todes wegen (§§ 2259, 2300, 823 Abs. 2 BGB.; § 274 ¹ StGB.). Die Verpflichtung des Erben geht auf seine Erben über, sie wird auch einem Käufer (FM. 20. Dez. 1895 III 17625) oder anderen Erwerber der Erbschaft obliegen (§§ 2379, 2382, 2385 BGB.). Vergl. Anm. 1.

c) In der Begr. (S. 63) wurde angenommen, daß der Erbe nach § 30 befugt sei, bei Ausantwortung der Zuwendungen die davon zu entrichtende ESt. zurückzubehalten oder Sicherstellung zu fordern. An dieser Annahme wird man festhalten dürfen, obwohl das AH. die im Entwurfe vorgeschlagene Haftung des Inhabers der Erbschaft beseitigt hat; denn die Ablehnung erfolgte nur, weil dem Worte Inhaber eine zu weitgehende Bedeutung hätte beigelegt werden können. Es scheint deshalb zulässig, aus dem Zusammenhange der Bestimmungen zu folgern, daß der Erbe nicht schlechter gestellt sein dürfe, als sein Vertreter oder ein anderer Vertreter des Nachlasses. Andererseits muß man dann den Schluß ziehen, daß der Erbe auch nach Maßgabe des § 30 EStG. für die ESt. hafte. Nach bürgerl. Rechte würde der Erbe ein Zurückbehaltungsrecht nur nach Maßgabe des § 273 BGB. (vergl. auch §§ 2014 ff.) und beim Bestehen eines Arrestgrundes geltend machen können.

4. Sicherheit kann die Steuerverwaltung für künftige Steuerforderungen — nicht auch für Nebenleistungen an Kosten — gemäß §§ 7, 22—24, 27 beanspruchen. Die Geltendmachung des Anspruches hängt vom Ermessen der Steuerverw. ab; es wird davon Abstand zu nehmen sein, wenn die Möglichkeit des Eintritts der Steuerpflicht eine ganz entfernte ist (vergl. § 1986 BGB.), oder eine Gefährdung der Steuerforderung nicht zu befürchten ist.

a) Die Steuerforderung wird in den Fällen der §§ 22—24, 27 nicht endgültig bestimmbar sein, da die Berechnung nach den beim Eintritte der Steuerpflicht obwaltenden Verhältnissen erfolgt. Der sicherzustellende Betrag wird nach den gegenwärtigen und solchen Verhältnissen zu ermitteln sein, mit deren Eintritt während des Schwebezustandes gerechnet werden darf. Bei einer Änderung der Verhältnisse kann Erhöhung oder Minderung der Sicherheit beansprucht werden. Zu berücksichtigen ist, ob beim Eintritte der Steuerpflicht die von einem anderen Anfalle erhobene ESt. auf die nachzuerhebende Steuer angerechnet werden kann.

b) Die Steuerverwaltung hat nur einen obligatorischen Anspruch auf Sicherstellung aus der Masse gegen die Vertreter der Masse, die Erben (Anm. 2). Das wird auch im Falle des nicht besonders erwähnten § 7 gelten. Im Falle des § 27, in welchem ein Steuerpflichtiger vorhanden ist, durch dessen Antrag die Steuerpflicht hinausgeschoben worden ist, soll die Sicherheit auf Kosten des Erwerbers der Substanz bestellt werden; es haftet dafür aber die ganze Masse, nicht nur die steuerpflichtige Substanz (anders RG. 25. Nov. 1889, JW. S. 522 [28]). Die Steuerverw. muß sich mit der Sicherheit begnügen, welche die Masse gewährt (FM. 22. Dez. 1876 III 14254, 19. Aug. 1886 III 9882, HG. S. 1091/2 Nr. 85 a, c) zur Zeit der Erhebung des Anspruchs auf Sicherstellung; sie darf die geeignetsten Bestandteile der Masse in Anspruch nehmen. Es können auch nicht zur Masse gehörige Gegenstände als Sicherheit angenommen werden; diese haften aber nicht, wie die Masse, für die gesamte ESt., sondern nur für die ESt., auf welche sich die Pfandbestellung bezieht. Wenn die Steuerverw. durch Verwahrung der Sicherheit Gefahr und Lasten übernimmt (§§ 1215 ff., 688 ff. BGB.), so darf nicht mehr Sicherheit angenommen werden, als erforderlich ist. Wird die Sicherheit, z. B. durch Wertminderung, ungenügend, so ist sie zu ergänzen (§ 240 BGB.).

c) Am geeignetsten zur Sicherstellung sind leicht verwertbare Gegenstände, bei denen die Pfandhaltung möglichst mühe- und gefahrlos ist, z. B. Buchforderungen gegen das Reich oder den Staat (ZBl. 1899 S. 138). Bei Beurteilung der Tauglichkeit (Anm. b) soll die Steuerverw. nicht von den Vorschriften der §§ 232 ff. BGB., welche die Leistungspflicht begrenzen, sondern von den Grundsätzen für die Sicherstellung gestundeter Abgaben ausgehen, wenn sie milder sind (FM. 13. Febr. 1900 III 1310).

I. Mit inländischen Grundstücken kann Sicherheit durch Bestellung einer Verkehrs- oder Sicherungshypothek geleistet werden (§§ 1113 Abs. 2, 1184, 1190 BGB.). Die H. muß tunlichst mündelsicher sein (§ 238 BGB.; Art. 73 AG.; Planck 1 § 238 Anm. 2). Bei Fabrikgrundstücken und ähnlichen G. ist nur der dauernde Wert zu berücksichtigen (FM. 11. Nov. 1890 III 13657, ZBl. S. 204). Da die Sicherheit bestellt werden soll, so hat das EStA. die Verpflichteten zu veranlassen, die Eintragung der Hypothek herbeizuführen; es empfiehlt sich, die gewünschte Fassung der Eintragung mitzuteilen. Wird der Aufforderung zur Hypothekbestellung keine Folge geleistet, und ist die Einziehung des sicher zu stellenden Betrages nicht möglich (Anm. d I), oder liegt Gefahr im Verzuge, so kann das EStA. durch Vermittelung der Vollstreckungsbehörde die Eintragung einer Sicherungshypothek im Zwangsverfahren veranlassen, sofern der sicher zu stellende Betrag 300 M. übersteigt (§ 51 VZB.; § 866 CPO.).

II. Hypothekenforderungen und Grundschulden an inländischen Grundstücken: wegen des Wertes s. I. Zur Bestellung des Pfandrechts genügt bei Briefhypotheken oder Briefgrundschulden die Verpfändung in schriftlicher Form und die Übergabe des Briefes (§§ 1274, 1154, 1192 BGB.; Art. 33 § 1 AG.BGB.), bei Inhabergrundschulden die formlose Einigung und die Übergabe des Briefes (§§ 1195, 1293, 1205 BGB.); bei Buchhypotheken oder Buchgrundschulden bedarf es der Beobachtung der im § 873 BGB. vorgeschriebenen Form. Mit Rücksicht auf §§ 892, 893 BGB. empfiehlt es sich, stets die Eintragung der Verpfändung in das Grundbuch zu verlangen (§ 1154 Abs. 2 BGB.; s. Anm. I). Der Brief ist in jedem Falle in Verwahrung zu nehmen (FM. 5. März 1900 III 2546).

III. Schuldbuchforderungen gegen das Reich oder einen Bundesstaat können unter denselben Voraussetzungen als Sicherheit angenommen werden wie die Wertpapiere, deren Aushändigung der Gläubiger gegen Löschung der Ford. verlangen kann; vergl. für preußische Sch.: ZBl. 1886 S. 14, 1890 S. 52; Reichssch.: ZBl. 1899 S. 137; ferner Erlasse 22. Dez. 1899 III 14271, 25. Juni 1903 III 510.

IV. Wertpapiere (§§ 234, 235 BGB.) bieten soweit Sicherheit, als sie nach den Grundsätzen der Reichsbank beleihungsfähig sind (§ 91[6] Kassenanw.; FM. 13. Febr.

1900 III 1310). Preußische Staatspapiere sind zum vollen zur Zeit der Sicherstellung bestehenden Kurse, jedoch nicht über den Nennwert anzunehmen (FM. 3. Febr. 1868, ZBl. S. 127). Dasselbe gilt für deutsche Reichsanleihen (ZBl. 1884 S. 113, § 91 [6] Kassenanw.) und Reichsbankanteile (ZBl. 1887 S. 477). Wegen geringen Kursfalles nach Bestellung der Sicherheit bedarf es keiner Ergänzung der S. (ZBl. 1868 S. 127).

Zur Bestellung der Sicherheit genügt bei Inhaberpapieren die Einigung über die Begründung des Pfandrechts und die Übergabe der Papiere (§§ 1293, 1205 BGB.); bei durch Indossament übertragbaren Papieren bedarf es der Einigung und der Übergabe des indossierten Papiers (§ 1292 BGB.).

An Stelle der Niederlegung der Wertpapiere ist die Niederlegung der Depotscheine einzelner Banken über die Wertpapiere zugelassen worden, zunächst der Depotscheine der Reichsbank durch FME. 9. Aug. 1882, ZBl. S. 298, auf dessen Bestimmungen bei den späteren Zulassungen im allgemeinen verwiesen worden ist. Die Bestimmungen sind mit Rücksicht auf das BGB. durch FME. 17. Dez. 1902 III 12536 dahin geändert, daß in der Verpfändungsverhandlung an Stelle der Worte des vorletzten Satzes „ohne jedes gerichtliche" usw. bis „Tageskurse" zu setzen ist „in dem in § 1235 Abs. 2 BGB. bezeichneten Wege" und hinter „bezahlt zu machen" einzuschalten ist: „Die Vorschriften im § 1234 BGB. finden nach Vereinbarung keine Anwendung". Den PStD. ist überlassen, bei Verpfändung von Wertpapieren, die keinen Börsenpreis haben, die Ausschließung der Vorschriften der §§ 1236, 1237 Satz 2, 1238, 1239 BGB. vereinbaren zu lassen. Später ist die Annahme folgender Niederlegungsscheine zugelassen worden: Der Kur- und Neumärkischen Ritterschaftl. Darlehnskasse in Berlin: ZBl. 1900 S. 422, der Schles. landschaftl. Bank in Breslau: ZBl. 1900 S. 579, der Ostbank für Handel und Gewerbe in Posen: ZBl. 1901 S. 169, der Pomm. landschaftl. Darlehnskasse in Stettin: ZBl. 1901 S. 191, der Landschaftl. Bank der Prov. Sachsen: ZBl. 1901 S. 238, der Ostpr. landschaftl. Darlehnskasse in Königsberg: ZBl. 1902 S. 170, der Westpr. landschaftl. Darlehnskasse in Danzig: ZBl. 1903 S. 150, der Preuß. Zentralgenossenschaftskasse: ZBl. 1904 S. 273.

V. Sparkassenguthaben bei öffentlichen Sparkassen werden zur Sicherstellung geringerer Steuerbeträge angenommen, obwohl die Sparkassen die Berücksichtigung der Verpfändung in den Satzungen auszuschließen pflegen. Der Verpflichtete hat das Sparkassenbuch zu hinterlegen und nachzuweisen, daß der Gläubiger die Verpfändung der Sparkasse angezeigt hat (§§ 1280, 808 BGB.); ferner soll festgestellt werden, daß der Sparkasse Einwendungen und Forderungen gegen den Gläubiger nicht zustehen (FM. 28. Juni 1897 III 5529).

VI. Bares Geld wird als Depositum behandelt (§ 66 Kassenanw.). Eine Verzinsung erfolgt nicht. Wenn der Schuldner eine künftige ESt.-Schuld im voraus berichtigen will, so ist der Betrag als ESt. zu verrechnen (FM. 16. Jan. 1900 III 666).

d) Verfahren bei der Sicherstellung und Behandlung der Sicherheit s. § 12 Anw. und §§ 85 ff. Kassenanw.

I. Bestellung. Wird der Aufforderung zur Sicherheitsbestellung nicht Folge geleistet, so hat das EStA. die zwangsweise Einziehung zu veranlassen (§ 12 Anw.; § 53 VZV.; § 916 CPO.); die Vollstreckung kann nur in die Masse erfolgen (Anm. b).

Soweit zur Verpfändung die Übergabe von Sachen und Urkunden erforderlich ist, erfolgt sie an das von dem EStA. zu bestimmende Haupt-Zoll- oder Haupt-Steueramt (§ 12 Anw.). Zur Verstärkung der Kassensicherheit für Inhaberpapiere dürfen die mit schwächeren Sicherungsvorrichtungen ausgestatteten Ämter nach Anordnung der PStO. die Wertpapiere einem anderen Amte zur Aufbewahrung überweisen. Die Zins-, Gewinnanteil- und Erneuerungsscheine bleiben bei dem überweisenden Amte, welchem auch die Verwaltung der Sicherheit obliegt. Die Tätigkeit der Verwahrungsstelle beschränkt sich auf die Annahme von dem überweisenden Amte, die Verwahrung und die Rückgabe an dieses Amt. Den Beteiligten dürfen keine Weiterungen erwachsen. Die Niederlegung und Rückgabe hat deshalb ungetrennt bei einem Amte zu erfolgen. Die getrennte Aufbewahrung ist den Beteiligten aber bekannt zu geben. Sie sollen auch auf den Schutz hingewiesen werden, den ihnen eine Umschreibung der Wertpapiere auf den Namen gewähren würde (Art. 18 AG. BGB.). Vergl. ZBl. 1900 S. 3.

Bei Pfandbestellung mit Inhaberpapieren können dem Niederleger die Zins- und Gewinnanteilscheine für einen vier Jahre nicht übersteigenden Zeitraum gelassen werden; ebenso können sie später jedesmal für einen ferneren Zeitraum von höchstens 4 Jahren auf einmal ausgeliefert werden; der Erneuerungsschein ist stets in Verwahrung zu nehmen und zu halten (ZBl. 1881 S. 86).

Es empfiehlt sich wegen des Umfangs der Haftung (Anm. b) und zur Erleichterung der Rückgabe den Eigentümer der Sicherheit festzustellen (vergl. auch §§ 1207, 1234 BGB.); ferner ist es zweckmäßig, die Ausschließung des § 1234, unter Umständen der §§ 1236 usw. BGB. zu vereinbaren (Anm. c IV).

II. Verwahrung. Der Fiskus haftet dem Verpfänder für schuldhafte Verletzung der Verwahrungsfrist (§§ 1215, 688 ff. BGB.) und dem Eigentümer nach §§ 989, 991 Abs. 2 BGB. Die Verwahrungsstelle ist nicht verpflichtet, die Auslosung oder Kündigung von Wertpapieren zu überwachen oder die Zinsscheine einzulösen oder zu erneuern (Planck II § 688 Anm. 3c); sie soll dies jedoch tun, ohne dafür verantwortlich zu sein (§§ 99 bis 101 Kassenanw.).

III. Über die Rückgabe der Sicherheit hat das ErbStA. zu entscheiden; zur regelmäßigen Ausgabe der Zinsscheine wird das HA. im voraus ermächtigt werden können. Die Rückgabe der Sicherheit ist zu veranlassen, soweit der Grund der Leistung nicht mehr besteht oder die Steuerforderung erloschen ist (§§ 1223 ff., 1252 BGB.; § 90[1] Kassenanw.). Bei der Herausgabe ist der Niederlegungsschein zurückzugeben; kann der Schein oder ein Ausschlußurteil nicht beigebracht werden, so ist die Entscheidung des PStD. einzuholen (§ 95 Kassenanw.). Die Rückgabe der Sicherheit wird nur erfolgen können, wenn der Berechtigte in öffentlich beglaubigter Form (§ 129 BGB.; § 167 FG.; Art. 31 ff. preuß. FG.) anerkennt, daß seine Rechte aus dem Scheine erloschen seien (§ 371 BGB.). Ist der Berechtigte nicht bekannt oder verzögert er die Rücknahme der Sicherheit, so kann die Hinterlegung unter Verzicht auf die Rücknahme erfolgen (§§ 372 ff. BGB.); wegen Leistung an die Erben des Berechtigten s. § 2039 BGB. Die Erbfolge kann durch Erbschein oder Ausfertigung einer formgiltigen Verfügung von Todes wegen glaubhaft gemacht werden (RG. 1. Mai 1903, Bd. 54 S. 343). Über Befriedigung aus dem Pfande s. §§ 1228—1241 BGB.

§. 30. (28).

Gesetzliche Vertreter und Bevollmächtigte der Erbinteressenten, Testamentsexekutoren und Nachlaßverwalter, sowie die Verwalter von Familienstiftungen, dürfen die Erbschaft, einzelne Erbtheile, Vermächtnisse oder Schenkungen, beziehungsweise die Hebungen aus der Familienstiftung, nur nach Berichtigung oder Sicherstellung der darauf treffen-

den Erbschaftssteuer ausantworten und bleiben im entgegengesetzten Falle für die Steuer verhaftet.

1. Das Verbot der Ausantwortung bezweckt die Sicherung der Steuererhebung, namentlich bei Anfällen an Ausländer (Sten.Ber. S. 1154). Die im § 30 bezeichneten Personen sind nicht Schuldner der ESt., sondern sie haften nur im Falle einer Zuwiderhandlung gegen das Verbot, wenn die ESt. von den Schuldnern nicht zu erlangen ist. Die Haftung tritt nicht ein, wenn die Personen in den bezeichneten Eigenschaften keine Verfügungsgewalt über Gegenstände der steuerpflichtigen Masse (§ 29 Anm. 2) hatten (RG. 25. Nov. 1889, JW. S. 522[28], Bolze 9 Nr. 600), oder wenn sie die Gegenstände weder den Erbbeteiligten, noch für sie einem anderen herausgegeben, sondern darüber in anderer gesetzlicher Weise verfügt haben, z. B. zur Tilgung von Nachlaßverbindlichkeiten. Haben mehrere Personen die Verfügung über die Masse, z. B. Testamentsvollstrecker (§ 2224 BGB.), so werden im Falle einer Zuwiderhandlung gegen das Verbot der Ausantwortung diejenigen nicht haftpflichtig sein, welche nachweisen können, daß sie die Ausantwortung nicht zu hindern vermochten. Die Haftung bezieht sich nur auf die ESt., nicht auf Nebenleistungen. Das RG. hat in der erwähnten Entscheidung angenommen, daß die Haftung des Bevollmächtigten eines Erben sich auf die das ausgeantwortete Vermögen unmittelbar treffende ESt., aber nicht auf ESt. beziehe, für welche der Erbe bloß hafte (§ 29 Abs. 2). Es geht dabei, ohne auf den Gebrauch des Wortes „treffen" (§ 29 Satz 1) und die Natur der Vorschrift als einer Ausnahme entscheidendes Gewicht zu legen, davon aus, daß § 30 eine Folge der im § 29 bestimmten Haftung der Masse darstelle; denn der Bevollmächtigte soll als Inhaber der Masse für die ESt. aufkommen. Geht man von dem im § 29 Anm. 2 bezeichneten Begriffe

der Masse aus, so muß man annehmen, daß gesetzliche Vertreter und Bevollmächtigte auch für die ESt. aufzukommen haben, welche die von ihnen vertretenen Erbbeteiligten selbst als Inhaber der Masse zu entrichten haben würden. Die Haftung aller Verpflichteten wird durch den Wert der ausgeantworteten Gegenstände begrenzt. Die Verpflichteten können sich durch Zurückhaltung eines Betrages für die ESt. von der Haftung nicht befreien (Begr. S. 63). Das Verbot der Ausantwortung erlischt mit Berichtigung der ESt. oder mit Bekanntgabe einer Entscheidung der Steuerbehörde, wonach keine ESt. zu erheben ist, ferner mit Leistung der Sicherheit oder ausdrücklichem oder stillschweigendem Verzicht der Steuerverwaltung auf Sicherstellung. In Bezug auf Anfälle, die erst später steuerpflichtig werden, wird das Verbot erst vom Eintritt der Steuerpflicht an gelten, da eine beständige Beschränkung in solchen Fällen, in welchen Sicherstellung gefordert werden konnte, offenbar nicht beabsichtigt ist. Für andere erst nachträglich geforderte ESt. haften die im § 30 bezeichneten Personen, wenn sie Gegenstände der Masse ausgehändigt haben, obwohl ihnen das Bestehen einer Steuerforderung bekannt oder aus Fahrlässigkeit unbekannt war (§ 276 BGB.). Die Ausantwortung darf selbst bei Erlöschen der das Verbot begründenden Rechtsstellung weder an die Erbbeteiligten, noch an einen Nachfolger im Amte geschehen (Sten.Ber. S. 1153 ff., betr. Bevollmächtigte). Erlischt die Rechtsstellung infolge Todes der Personen, so wird mit der Verpflichtung zur Herausgabe des Vermögens auch das entgegenstehende Verbot auf die Erben übergehen. Die Steuerbehörden sollen die Verpflichteten in geeigneten Fällen rechtzeitig auf ihre Haftbarkeit hinweisen (FM. 28. April 1897 III 4877; 28. Jan. 1898 III 1212). Eine Haftung in weiterem Umfange kann nach § 43 eintreten.

2. Die Aufzählung der Verpflichteten ist erschöpfend. Nach dem Entwurfe sollten der Inhaber der Erbschaft, namentlich der Nießbraucher und dessen Erben, hinzutreten; dies wurde von der Kom. des AH. abgelehnt (Komm.Ber. S. 12). Die Bezeichnungen der Verpflichteten sind im juristisch-technischen Sinne zu verstehen (RG. 8. Jan. 1884, Bd. 11 S. 305).

a) Gesetzliche Vertreter sind die in Verbindung mit einer Rechtsstellung kraft Gesetzes mit Vertretungsmacht versehenen Personen, z. B. der Vater oder die Mutter für ein eheliches Kind (§§ 1630, 1686 BGB.; Art. 69 § 4 AG.), die Adoptiveltern (§§ 1757, 1765 BGB.), der Vormund (§§ 1793, 1897 BGB.; Art. 78 AG.), der Pfleger (§§ 1909, 1915 BGB.), der Nachlaßpfleger für die Erben (§ 1962 BGB.; Planck V § 1942 Vorbem. 5a), der Beistand, wenn er die Rechte und Pflichten eines Pflegers hat (§ 1693 BGB.), die zur Vertretung einer Rechtsperson berufenen Personen. Dagegen sind nicht gesetzliche Vertreter: der Gegenvormund für den Mündel (§ 1799 BGB.), der Ehemann für die Ehefrau (Planck IV S. 79), der Konkursverwalter für den Gemeinschuldner (§ 6 KO.; RG. Bd. 29 S. 29). Auf gesetzliche Vertreter des Erblassers findet § 30 keine Anwendung. Unter Erbinteressenten sind alle Erwerber von Anfällen der in §§ 1, 12 bezeichneten Art zu verstehen. Vergl. auch Anm. b, d.

b) Bevollmächtigte sind durch Willenserklärung berufene Vertreter (§ 166 Abs. 2 BGB.), dagegen nicht Geschäftsführer ohne Auftrag (§ 677 BGB.). Der Bevollmächtigte haftet nicht nur als Vertreter aller Erbinteressenten (Anm. a); es genügt, wenn er einen Erbinteressenten vertritt (RG. 25. Nov. 1889, JW. 522[28]). Bevollmächtigte des Erblassers gehören nicht zu den haftbaren Personen (Anm. a); wenn die Vollmacht mit dem Tode des Erblassers nicht erlischt, so ist der Bevollmächtigte Vertreter der Erben und als solcher haftbar (§§ 168, 620, 672 BGB.). Konsularbehörden sind, auch wenn sie nach Staatsverträgen als Bevollmächtigte der Erben gelten, weder gesetzliche, noch erwählte Vertreter, noch Nachlaßverwalter, sondern gerichtliche Behörden zur Ordnung des Nachlasses. Der Umfang der Vollmacht ist unerheblich; der V. muß aber als solcher die Verfügung über Gegenstände der Masse gehabt und die Gegenstände herausgegeben haben (Anm. 1).

c) Testamentsvollstrecker (§§ 2197 ff., 2205, 2213 BGB.).

d) Nachlaßverwalter ist nicht jeder Verwalter eines Nachlasses, z. B. der Nießbraucher; die Bezeichnung ist vielmehr im juristisch-technischen Sinne zu verstehen (RG. 8. Jan. 1884, Bd. 11 S. 305). Es kommen daher nur in Betracht der für den Nachlaß der Erblassers bestellte Nachlaßverwalter (§§ 1985 ff. BGB.) und Konkursverwalter (§§ 214, 6 KO.). Vergl. Anm. a, b.

e) Verwalter einer Familienstiftung sind die Mitglieder des Vorstandes (§§ 86, 26 BGB.; Art. 1—3 AG.).

§. 31. (29).

Verwaltung der Steuer.

Die Verwaltung des Erbschaftssteuerwesens wird unter Leitung des Finanzministers von den Provinzialsteuerbehörden durch die Erbschaftssteuerämter geführt, welchen innerhalb der ihnen von dem Finanzminister anzuweisenden Geschäftsbezirke die Feststellung und Einziehung der zu erhebenden Erbschaftssteuerbeträge und die Aufsicht über die Beobachtung der Vorschriften dieses Gesetzes obliegt. Dieselben erhalten nach Vorschrift der betreffenden Ministerien von denjenigen, welchen die Führung der Todtenlisten obliegt, periodische Auszüge aus letzteren nach Maßgabe der für diesen Zweck anzuordnenden Formulare, ingleichen von den Gerichten beglaubigte Abschriften der eröffneten letztwilligen Verfügungen und der Todeserklärungen.

1. Den EStÄ. liegt die gesamte Verwaltung der ESt. ob, soweit sie nicht durch das EStG. (§§ 40, 48) oder besondere Bestimmungen anderen Behörden übertragen ist; sie sind innerhalb ihrer Zuständigkeit Vertreter des Steuerfiskus (RG. Bd. 34 S. 280; § 21 Anm. 2; § 25 Anm. 1). Über die Einrichtung der EStÄ. s. FME. 2. Dez. 1873, ZBl. 1874 S. 17, und H-Sp. S. 377 Anm. 5; über die aus der Verbindung mit den Stempelsteuerämtern sich ergebenden Pflichten s. § 4 Anw. f. Geschäftsführung der Vorstände der Stempelsteuerämter; die Geschäftsbezirke s. Anhang III; über die örtliche Zuständigkeit s. § 5 Anw. Anm.

Die Akten des EStA. sind nicht öffentlich und anderen als den am Erbfalle Beteiligten nicht vorzulegen (FM. 13. Juli 1898 III 9859: nur den Erben). § 810 BGB. findet nur für privatrechtliche Verhältnisse, nicht auf Akten einer öffentlichen Behörde Anwendung. Den Erbbeteiligten können, wenn nicht besondere Bedenken obwalten, Auszüge und Abschriften aus den Akten erteilt werden (FM. 5. Jan. 1897 III 41), die auf Verlangen beglaubigt werden. Hierfür sind Schreibgebühren zu entrichten (§ 612 BGB.), die nach Maßgabe des § 30 Anh. Dienstvorschr., tunlichst durch die Feststellungsbescheinigung (§ 41), zur Einforderung und Verrechnung zu bringen sind (ZBl. 1898 S. 4). Beglaubigte Abschriften und Auszüge sind nach Tarifstellen 1, 11 LStG. stempelpflichtig, Abschriften jedoch nur, wenn die Erteilung innerhalb der Zuständigkeit des EStA. erfolgt ist, z. B., weil die Urschrift sich nur in den Akten des

EStA. befindet und sein Zeugnis deshalb nicht ersetzt werden kann (RG. 13. Jan. 1903, ZBl. S. 135). Vergl. Anw. § 1 Anm. 5, § 10 Anm. 5; Anh. V.

2. Die PStD. sind den EStÄ. zunächst übergeordnet; sie sind zuständig zur Entscheidung auf Beschwerden über die EStÄ., Vertretung des Fiskus im Rechtsstreite (§ 42 Anm. 5), Prüfung der erledigten Totenlisten, ESt.-Tabellen und Belagsakten (§ 14 Anw.), Erstattung von ESt. (§ 42 Anm. 2), Stundung, Gewährung von Teilzahlungen und Niederschlagung uneinziehbarer ESt. (§ 41 Anm. 3, 4). Über Organisation der PStD. siehe H-Sp. S. 375 Anm. 3; Stellung des PStD. zum Oberpräsidenten s. GS. 1826 S. 1 ff.

3. Dem FM. steht die Leitung der gesamten ESt.-Verwaltung zu. Zur Wahrung der Einheitlichkeit der Verwaltung erfolgt im FM. die Nachprüfung einzelner ESt.-Akten. Der FM. entscheidet über weitere Beschwerden gegen Verfügungen des PStD. und über Anträge auf Aversionalversteuerung (§ 40). Wegen Stundungen und Teilzahlungen s. § 41 Anm. 3. Wenn bei dem FM. über eine ESt.-Forderung Beschwerde geführt ist, so soll die Einziehung der Steuer, sofern im Einzelfalle nicht besondere Bedenken obwalten, bis zum Eingange der Entscheidung ausgesetzt werden (FM. 27. Mai 1890 III 3224). Dasselbe wird bei Anbringung von Stundungsgesuchen usw. gelten. ESt.-Akten, die dem FM. außerhalb des Nachprüfungsverfahrens eingereicht werden, sind bei der PStD. zuvor in rechtlicher und rechnerischer Hinsicht zu prüfen. In dem Berichte ist hervorzuheben, daß die Prüfung erfolgt ist und wie etwa entdeckte Mängel beseitigt werden sollen (FM. 9. April 1893 III 3585; 9. Febr. 1897 III 919; 7. Febr. 1898 III 592; 13. Mai 1899 III 5108; 6. Juni 1904 III 7394).

4. Andere Behörden und Beamte haben der Steuerverwaltung jede statthafte Unterstützung zu ge-

währen. Eine in der Regierungsvorlage enthaltene derartige Bestimmung wurde von der Kom. des A.H. als nicht in das Ges. gehörige bloße Unterweisungsvorschrift abgelehnt (Komm.Ber. S. 18). Auch Behörden anderer Bundesstaaten sind zur Beistandsleistung verpflichtet (Ges. 9. Juni 1895, RGBl. S. 256). Als hauptsächlich verpflichtet kommen in Betracht:

a) Standesbeamte s. § 1 Anw. Anm. 2.

b) Amtsgerichte s. § 1 Anw. Anm. 5. In besonderen Fällen kann die Übersendung der Urschrift einer eröffneten Verfügung von Todes wegen verlangt werden (Planck V § 2264 Anm. 4).

Wer eine Verfügung von Todes wegen in Besitz hat, ist verpflichtet, sie dem Nachlaßgericht unverzüglich einzureichen, sobald er von dem Tode des Erblassers Kenntnis erlangt (§§ 2259, 2300 BGB.). Die Erfüllung der Verpflichtung kann das EStA. im Klagewege betreiben, wenn es ein rechtliches Interesse an der Eröffnung hat (Planck V § 2259 Anm. 2). Meist wird kein Anlaß vorhanden sein, da das Nachlaßgericht befugt ist, die Einreichung der Verfügung durch Ordnungsstrafen (in Preußen auch durch Gewalt: Art. 17 preuß. FG.) zu erzwingen und einen vermutlichen Besitzer zur Leistung des Offenbarungseides anzuhalten (§ 83 FG.), und von dieser Befugnis auf Ersuchen des EStA. Gebrauch machen wird, weil es jede statthafte Rechtshilfe gewähren soll. Befindet sich die Verfügung von Todes wegen bei einer anderen Behörde als einem Gericht oder in amtlicher Verwahrung eines Notars, so hat das Gericht die Ablieferung von Amts wegen zu veranlassen (§§ 2259 BGB.). Das EStA. kann die Vorlegung einer Verfügung von Todes wegen auf Grund des § 38 erzwingen (§ 38 Anm. 4); es hat sie alsdann an das Gericht abzuliefern (§ 2259 BGB.).

Das Verbot der Eröffnung einer Verfügung von

Todes wegen ist nichtig (§§ 2263, 2300 BGB.), auch bei gemeinschaftlichen Testamenten und Erbverträgen (KG. 2. Juni 1902, Jahrb. 24 S. A 183). Das Gericht hat die Eröffnung von Amts wegen zu bewirken, sobald es von dem Tode des Erblassers Kenntnis erlangt (§§ 2260, 2261 BGB.). Ein vom EStA. beglaubigter Auszug aus der Totenliste genügt, um dem Gericht den Tod des Erblassers glaubhaft zu machen (LG. Potsdam und Berlin II). Bei gemeinschaftlichen Testamenten und bei Erbverträgen dürfen nur solche Verfügungen uneröffnet bleiben, die der Überlebende allein getroffen hat (§§ 2273, 2300 BGB.). Von Planck V § 2273 Anm. 3b und in dem erwähnten KG.-Beschluß 2. Juni 1902 wird angenommen, daß Bestimmungen eines gemeinschaftlichen Testamentes, die von jedem Ehegatten nur für den Fall getroffen sind, daß er der Überlebende sein würde, beim Tode des Erstverstorbenen unverkündet bleiben dürfen, wenn sie sich von den Verfügungen des Überlebenden nicht trennen lassen. Das scheint nicht unbedenklich; denn es handelt sich immerhin um Verfügungen des Verstorbenen, deren Bedeutung der verkündende Richter nicht zu entscheiden hat (KG. 9. Juli 1901. 1 Y 509. 01). Das EStA. kann die Eröffnung von Verfügungen von Todes wegen oder mit Unrecht nicht verkündeten Bestandteilen im Beschwerdeverfahren betreiben (§§ 19 ff. FG.; KG. 9. Juli 1901 — s. oben —).

c) Polizeibehörden s. § 2 Anw. Anm. 1; wegen Mitteilungen der Regierungen über Sterbefälle s. § 1 Anw. Anm. 4.

d) Behörden der Verwaltung der direkten Steuern sind verpflichtet, Auskunft über die Einkommens- und Vermögensverhältnisse der Steuerpflichtigen zu erteilen (FM. 19. Juni 1895 III 9150). Vergl. § 5 Anm. 6 I.

e) Haupt- und Unterämter der Verwaltung der indir. Steuern.

§. 32. (30).

Anmeldung des Anfalles.

Jeder, dem ein Anfall der im §. 1 bezeichneten Art zukommt, ist verpflichtet, denselben binnen drei Monaten, nachdem er davon Kenntniß erlangt hat, dem zuständigen Erbschaftssteueramte schriftlich anzumelden, ohne Unterschied, ob die Erwerbung des Anfalles bereits stattgefunden hat oder nicht. Ist der Verpflichtete in außereuropäischen Ländern oder Gewässern abwesend, so werden die vorstehende und die im §. 35 bestimmte zweimonatliche Frist auf sechs Monate verlängert.

Es wird vermuthet, daß spätestens am dreißigsten Tage nach dem Eintritt des Anfalles der zur Anmeldung Verpflichtete, wenn er in Europa sich aufhält, Kenntniß von dem Anfall erlangt hat, vorbehaltlich des der Steuerbehörde obliegenden Beweises eines früheren und des dem Steuerpflichtigen obliegenden Beweises eines späteren Zeitpunktes.

1. Verpflichtet zur A. ist jeder, dem ein Anfall der im § 1 bezeichneten Art aus dem der Steuerhoheit des Staates unterworfenen Vermögen (§§ 9—11) zukommt, ohne Rücksicht darauf, ob er davon ESt. zu entrichten hat oder nicht. Der Wortlaut des Eingangs des Paragraphen ist durch das EStG. 1891 an Stelle der folgenden Fassung im EStG. 1873 gesetzt worden: „Jeder, dem ein steuerpflichtiger Anfall (§ 1) zukommt usw." Die Reg.-Vorlage 1872 enthielt außerdem einen von der Kom. des AH. abgelehnten § 30, wonach steuerfreie und ausgeschlagene Anfälle auf besondere Auf-

forderung des ESt A. anzumelden waren. Nach der Begr. 1891 (S. 250 zu 10) sollte durch die neue Fassung das Mißverständnis beseitigt werden, als ob nur derjenige zur A. verpflichtet sei, dem die Steuerbehörde nachweise, daß der Anfall den steuerpflichtigen Wert (Befr. 1) erreiche. Der für die Änderung geltend gemachte Grund, daß die Befreiung eine Ausnahme sei, deren Bestehen der Erwerber des Anfalles nachweisen müsse, trifft für alle Befreiungen zu. Man wird deshalb, zumal in Anbetracht des klaren Wortlautes des Ges., der in der Begr. und im Komm.Ber. (S. 1616) niedergelegten Auffassung, daß die Änderung nur redaktioneller Natur und geeignet sei, das erwähnte Mißverständnis zu beseitigen, keine Bedeutung beimessen dürfen (vergl. RG. 6. Nov./28. Dez. 1900, Bd. 47 S. 341, ZBl. 1901 S. 84). Auch der Zweck der A., der Steuerbehörde eine vorläufige Nachricht und Gelegenheit zur selbständigen Prüfung der Steuerpflicht zu geben, spricht gegen eine einschränkende Auslegung, zumal da es nicht selten zweifelhaft sein wird, ob ein Anfall steuerpflichtig ist.

Die Pflicht zur A. setzt einen Anfall im Sinne der §§ 1, 8, 12 voraus (§ 1 Anm. 5; § 8 Anm. 1b); sie entsteht daher nicht, wenn noch kein Anfall, sondern nur ein Recht darauf erworben ist. Dagegen soll es keinen Unterschied machen, ob der erfolgte Anfall bereits endgiltig erworben ist oder noch ausgeschlagen werden kann. Nach der Regelung im § 27 erfolgt der steuerpflichtige Anfall an den Nacherben bei der gewöhnlichen Nacherbschaft schon mit dem Voranfalle (§ 27 Anm. 5; OTr. 25. Okt. 1877, ZBl. 1878 S. 209, Oppenhoff, Rechtspr. 18 S. 666). Dagegen ist der Nacherbe in den Herrest, ebenso wie ein aufschiebend bedingt oder betagt Berechtigter, erst beim Eintritte der Nacherbfolge, der Bedingung oder des Zeitpunktes zur Anmeldung verpflichtet (§ 27 Anm. 6b; § 22 Anm. 2; § 24 Anm. 1). Wenn der Erwerber eines mit einem Nießbrauche beschwerten Vermögens oder der gleich gestellte Nacherbe die Aussetzung der Besteuerung des Anfalles beantragt haben, so ist damit die Steuerpflicht wieder aufgelöst worden, und es tritt bei Vereinigung von Nutzung und Stammvermögen ein von neuem anzumeldender Anfall ein (§ 27 Anm. 3b, 5). Wer einen Anfall form- und fristgerecht ausgeschlagen hat, ist zur A. nicht mehr verpflichtet.

Die Anmeldungspflicht ist nur dem Erwerber des Anfalls selbst oder seinem gesetzlichen Vertreter auferlegt worden (Begr. S. 63; § 37 Abs. 2); sie kann jedoch von den im § 33 bezeichneten Personen mit Wirkung für den Verpflichteten erfüllt werden.

2. Die Anmeldefrist beträgt 3 Monate. Erhält der Verpflichtete in außereuropäischen Ländern oder Gewässern (nicht auch Island und Fär-Öer; a. M. Sch-C. S. 103 Anm. III) Kenntnis von dem Anfalle, so fällt die Anmeldefrist mit der Frist zur Einreichung des Nachlaßverzeichnisses und der Deklaration zusammen und beide betragen insgesamt 6 Monate, nicht je 6 Monate. Der geringe Unterschied der Gesamtfristen ist daraus zu erklären, daß das AH. die gewöhnliche Frist um einen Monat erweitert hat, ohne die außergewöhnliche Frist zu ändern.

a) Der Beginn der Frist wird durch den Zeitpunkt bestimmt, mit welchem der Verpflichtete oder, wenn er vorher gestorben ist, seine Rechtsnachfolger oder die gesetzlichen Vertreter (§ 37 Abs. 2) von dem Anfalle und dem Berufungsgrunde Kenntnis erlangt haben; ohne Kenntnis des Berufungsgrundes kann der Verpflichtete eine vollständige A. nicht bewirken (Begr. S. 64; § 1944 BGB.). Im Abs. 2 ist in bezug auf den Zeitpunkt der Kenntnis vom Anfalle für den Verpflichteten, der sich zur Zeit des Anfalles in Europa aufgehalten hat, eine Vermutung aufgestellt, die jedoch nicht durch strikten

Beweis zu widerlegen ist; es genügt, wenn der Verpflichtete seine Angaben glaubhaft macht (Komm.Ber. S. 12). Im übrigen liegt der Steuerbehörde der Beweis für die Kenntnis ob.

Der Beginn der Frist wird dadurch nicht gehindert, daß der Verpflichtete den Anfall noch nicht endgültig erworben hat, weil die Ausschlagungsfrist noch läuft (Begr. S. 64), daß er die tatsächliche Verfügungsgewalt über den Erwerb noch nicht erlangt hat, oder daß der Anfall ihm streitig gemacht wird. Die streitende Partei, welche die A. unterlassen oder verzögert hat, ist strafbar, wenn ihr Anspruch sich als begründet herausgestellt hat.

b) Für die Berechnung der Frist gelten §§ 186 bis 193 BGB. Eine Fristverlängerung findet nicht statt (Planck I § 186 Anm. 2). Die Fristüberschreitung bleibt aber straflos, wenn die rechtzeitige Erfüllung unmöglich war (§ 43 Vorbem. 1 c).

3. Der Schriftform wird genügt, wenn der Aussteller die A. entweder eigenhändig durch Namensunterschrift oder mittels gerichtlich oder notariell beglaubigten Handzeichens unterzeichnet hat, oder gerichtlich oder notariell hat beurkunden lassen (§ 126 BGB.). Tagesangabe ist nicht erforderlich. Eine mündliche Erklärung ist nur wirksam, wenn das EStA. darüber eine unterschriebene Verhandlung aufgenommen hat, wozu es allerdings nicht verpflichtet ist. Ein Bevollmächtigter wird bei der A. eine Vollmachtsurkunde vorzulegen haben (vergl. § 174 BGB.). Die A. eines gesetzlichen Vertreters kann nicht zurückgewiesen werden, wenn die Vertretungsmacht nicht nachgewiesen wird, unbeschadet des Rechts des EStA., die Vertretungsmacht nachträglich zu prüfen. Eine ohne Vertretungsmacht bewirkte A. ist, abgesehen von den Fällen des § 33, nur wirksam, wenn das EStA. sie wegen Mangels der V. nicht beanstandet und der Vertretene sie nachträglich genehmigt hat (§ 180 BGB.).

4. Der Inhalt der A. muß dem Zwecke genügen, dem EStA. Nachricht von dem Anfalle und Gelegenheit zur Prüfung der Steuerpflichtigkeit zu geben (Anm. 1); sie braucht die Steuerberechnung nicht zu ermöglichen (§ 35).

5. Dem zuständigen EStA. ist die A. einzureichen. Über die Zuständigkeit s. § 5 Anm. Die A. bei einem örtlich unzuständigen EStA. wird nicht als unwirksam anzusehen sein (vergl. § 7 FG.: Planck V § 1945 Anm. 1), weil die Zuständigkeit weder im EStG., noch in den Ausführungsbestimmungen geregelt worden ist. Die bei einem unzuständigen EStA. eingegangene A. wird von dem Amte dem zuständigen EStA. zu übersenden sein. Über das Verfahren beim EStA. s. § 6 Anw.

§. 33. (31).

Theilnehmer an einer Erbschaft, sowie die zu Hebungen aus einer Familienstiftung Berufenen werden von der Anmeldungspflicht (§. 32) befreit, wenn die ihnen zukommenden Anfälle von einer der im §. 30 bezeichneten Personen oder einem Mitberechtigten rechtzeitig angemeldet werden.

1. Die bezeichneten Personen (vergl. Anm. 2; § 30 Anm. 2) haben ein Recht, aber keine Pflicht zur A.; haben sie von dem Rechte Gebrauch gemacht, so ist der Erwerber, dessen Anfall sie rechtzeitig angemeldet haben, von der Anmeldungspflicht befreit (§ 32 Anm. 1, 2). Die Befugnis zur Ausübung des Rechtes hängt bei den im § 30 bezeichneten Personen von keiner weiteren Vertretungsmacht ab; ein Bevollmächtigter eines Beteiligten bedarf daher, auch wenn er zugleich für andere Beteiligte handelt, nur der Vollmacht seines Machtgebers (§ 32 Anm. 3).

2. Unter Teilnehmern an der Erbschaft sind, wie im § 37 Ziffer 1, alle Erwerber von Anfällen aus demselben Nachlasse zu verstehen (Erben, Vermächtnisnehmer, Beschenkte von Todes wegen). Als Mitberechtigte sind alle Erwerber von Anfällen anzusehen, die durch denselben Erbfall veranlaßt sind.

§. 34. (32).

Der Empfang der Anmeldung ist von dem Erbschaftssteueramt auf Verlangen auf einem vorzulegenden Duplikate kosten- und stempelfrei zu bescheinigen.

Eine Bescheinigung kann nur verlangt werden, wenn ein gleichlautendes Exemplar der A. vorgelegt wird. Die Vorschrift soll namentlich die im § 33 bezeichneten Personen in den Stand setzen, den zur A. verpflichteten einen Nachweis über die A. zu geben (Begr. S. 63); daher werden nach Bedarf mehrere Bescheinigungen zu erteilen sein.

§. 35. (33).

Verzeichniß und Deklaration.

Innerhalb einer ferneren zweimonatlichen Frist nach Ablauf der Anmeldungsfrist (§. 32) muß dem zuständigen Erbschaftssteueramte ein vollständiges und richtiges, zugleich die erforderlichen Werthangaben enthaltendes Verzeichniß (Inventarium) über die gesamte steuerpflichtige Masse und alle derselben zuzurechnende oder davon in Abzug zu bringende Gegenstände vorgelegt werden. Hiermit ist eine schriftliche Deklaration der die Festsetzung der Erbschaftssteuer bedingenden Verhältnisse zu verbinden und einzureichen.

Eine Verlängerung der Frist ist auf Antrag zu bewilligen, sofern besondere Gründe es erforderlich machen, und muß insbesondere gewährt werden, wenn der Berufene den Anfall noch nicht erworben hat und dies anzeigt.

Hinsichtlich der Einrichtung des Verzeichnisses und der Deklaration sind die nach Bedürfniß von dem Finanzminister zu erlassenden näheren Vorschriften zu beobachten.

1. Eine einheitliche Pflicht zur Einreichung eines V. der ganzen steuerpflichtigen Masse und einer D. aller durch denselben Erbfall veranlaßten Anfälle ist bei Erbschaften (Allodialnachlässen) den im § 37 [1] Satz 1 bezeichneten Personen auferlegt worden, während bei anderen steuerpflichtigen Anfällen (§ 1 [2, 3]) jeder Steuerpflichtige nur wegen seines eigenen Anfalles verpflichtet ist (§ 37 [2]). Dem § 35 liegt, ebenso wie §§ 5, 14 ff. (§ 5 Anm. 1) die Annahme zu Grunde, daß bei Erbschaften die ganze Masse steuerpflichtig sei; deshalb ist im § 36 einschränkend bestimmt, daß bei Erbschaften, an welchen kein steuerpflichtiger Erbe beteiligt ist, das V. und die D. auf die steuerpflichtigen Anfälle beschränkt werden kann. Die Verpflichtung bezieht sich also auch bei Erbschaften nur auf steuerpflichtige Anfälle (§ 37 [1]; RG. 17. Juni 1895, Bd. 36 S. 210, JW. S. 382 [16]). Es soll nur, aber auch mindestens das angegeben werden, was zur Festsetzung der ESt. erforderlich ist. Wenn mehrere Erben vorhanden sind, so bedarf es, wenn auch nur ein Erbteil steuerpflichtig ist, der Einreichung eines V. der ganzen Masse, weil sich der Wert des Erbteils nach dem Betrag der Masse be-

stimmt. Unter steuerpflichtigen und steuerfreien Anfällen sind hier nur solche zu verstehen, die wegen der Person des Erwerbers steuerpflichtig oder frei sind (Befr. 2). Wenn die Befr. 1 in Anspruch genommen wird, so ist der Anfall an sich steuerpflichtig, und das V. mit D. muß eingereicht werden, damit die Steuerbehörde die Steuerpflicht des Anfalles selbständig prüfen kann (§ 32 Anm. 1). Eines V. nebst D. bedarf es nicht, wenn die ganze Masse der Steuerhoheit des Staates nicht unterliegt (§ 10 Abs. 1, § 11 [1]). Erstreckt sich die Steuerhoheit nur auf einen Teil der Masse (§§ 9, 10 Abs. 2, 11 [2]), so bedarf es auch eines V. über den steuerfreien Teil, weil eine Verteilung der Schulden stattfinden muß (§ 13). Wenn die Beteiligten auf eine solche Verteilung verzichten und keine Bedenken bestehen, daß die Lage des Vermögens richtig beurteilt ist, so wird ein Verzeichnis der steuerfreien Bestandteile der Masse nicht erforderlich sein.

Eine Verpflichtung zur Einreichung des V. nebst D. besteht auch, wenn ein Anfall noch nicht erfolgt (§ 22), oder noch nicht steuerpflichtig ist (§ 27 Abs. 1 im Falle der Aussetzung der Versteuerung), die Steuerbehörde aber Sicherstellung der ESt. verlangen kann (FM. 7. Nov. 1902 III 13853); dagegen besteht keine Verpflichtung, wenn weder eine Steuerpflicht noch eine Verpflichtung zur Sicherstellung entstanden ist (§ 27 Anm. 6 b). Ist der Erwerber eines aufschiebend bedingten Anfalles steuerfrei, so wird eine Verpflichtung zur Einreichung des V. und der D. erst entstehen, sobald das Recht auf steuerpflichtige Personen vererbt wird (§ 22 Anm. 2), weil vorher ein, wenn auch bedingter, steuerpflichtiger Anfall nicht vorhanden ist.

V. und D. sind nicht nur vorzulegen, sondern bleiben beim EStA., wie aus § 38 zu folgern ist.

2. Für das Verzeichnis ist keine Form vorgeschrieben; in der § 6 Anw. beigefügten Belehrung ist die Benutzung des für gerichtliche Vermögensverzeichnisse vorgeschriebenen Formulars empfohlen (JMBl. 1899 S. 810, 828). Das V. ist von dem Verpflichteten zu unterschreiben (Muster D zu § 6 Anw.; § 32 Anm. 3). Ein Bevollmächtigter soll seine Berechtigung zur Vollziehung nachweisen (FM. 16. Aug. 1898 III 7130; 19. Nov. 1904 III 12298). Das V. soll vollständig und richtig sein; es sind aber nur wissentliches Verschweigen und wissentlich unrichtige Angaben über Tatsachen unter Strafe gestellt (§ 44); jedoch kann auch bei Fahrlässigkeit Straffälligkeit eintreten, wenn eine eidesstattliche Versicherung abgegeben worden ist (§ 39). In das V. sind die zur Masse gehörigen Gegenstände und Verbindlichkeiten nach den beim Anfalle obwaltenden Verhältnissen unter Angabe des Wertes aufzunehmen (vergl. § 5 Anm. 4, 6). Die Gegenstände sind, soweit es zur Bestimmung des Wertes erforderlich ist, zu beschreiben (s. § 2001 BGB.); bei den Verbindlichkeiten ist der Schuldgrund anzugeben (§ 5 Anm. 6 XII). Wegen summarischer Angabe der zu den Titeln 5—18 gehörigen Gegenstände s. § 6 Anw. Bares Geld, das zur Bezahlung von Verbindlichkeiten verwandt worden ist, vermeintlich wertlose, ungewisse oder streitige Ansprüche dürfen nicht verschwiegen werden (RG. 13. Nov. 1879, Straff. Bd. 1 S. 99).

3. Die Deklaration muß in schriftlicher Form (§ 32 Anm. 3) erfolgen und eine Darlegung aller weiter für die Feststellung der ESt. erheblichen tatsächlichen und rechtlichen Verhältnisse enthalten, z. B. wo der Erblasser seinen Wohnsitz hatte (§ 10), welche Staatsangehörigkeit die Beteiligten besitzen (§ 11), ob Verfügungen von Todes wegen vorhanden und als gültig anerkannt sind, wer als Erbe usw. berufen ist und den Anfall angenommen hat, in welchem persönlichen Verhältnisse die Erwerber zum Erblasser gestanden haben, und aus welchem Grunde eine Steuervergünstigung beansprucht wird, wann Nutzungsberechtigte geboren sind, ob Anfälle streitig sind usw.

Die Reg.-Vorlage enthielt eine Bestimmung, wonach der Deklaration die bezüglichen Bescheinigungen (Geburts-, Trau-, Totenscheine usw.) beizufügen waren. Diese Vorschrift wurde von der Kom. des AH. gestrichen, weil die Beibringung der Kirchenzeugnisse in der Mehrzahl der Fälle entbehrlich, und für die Beteiligten mit Kosten verknüpft sei (Komm.Ber. S. 13). Bei der zweiten Beratung des Entwurfs im AH. beantragte Abg. Dr. Baehr, den dritten Absatz des § 35 zu streichen, weil er befürchtete, daß auf Grund dieser Bestimmung die Verpflichtung zur Einreichung von Standesurkunden wieder ausgesprochen werden könne. Er führte dabei wörtlich aus: „Es war aber, glaube ich, ziemliche Übereinstimmung in der Kom., daß eine Beweisführung dem Deklarationspflichtigen über seine Angaben nicht obliege, daß er deswegen nicht verpflichtet werden könne, Urkunden seinerseits beizubringen" (Sten.Ber. S. 1154/5). Der Reg.-Vertreter bezeichnete die Befürchtung als unbegründet, weil derartige neue Verpflichtungen auf Grund des dritten Abs. nicht eingeführt werden könnten, trat aber der Meinung über die Beweispflicht nicht entgegen, wozu allerdings auch kein Anlaß bestand. Die Meinung des Abgeord. findet im Komm. Ber. keine Stütze. Eher ließe sich aus der Bemerkung, die Beibringung der Zeugnisse sei in der Mehrzahl der Fälle entbehrlich, der Schluß ziehen, daß die Kom. von der Beweispflicht des Steuerpflichtigen ausging und die Verpflichtung bei Beschränkung auf Ausnahmefälle annehmbar gefunden haben würde. Die Kom. trug nur Bedenken, die Verpflichtung als eine allgemeine und erzwingbare zu begründen. Dagegen wollte sie an den allgemeinen Regeln über die Beweislast nichts ändern; danach hat derjenige, der unter Berufung auf eine Familienverbindung oder ein anderes Verhältnis eine

Steuervergünstigung beansprucht, die den Anspruch begründenden Tatsachen zu beweisen (§ 42 Anm. 7). Wird der Beweis dem EStA. nicht geführt, so kann kein Zwang geübt werden, da Standesurkunden den Anfall nicht betreffen (§ 38 Abs. 2). Dagegen kann die ESt. ohne Rücksicht auf das angebliche Verhältnis erfordert und die Beweisführung im Rechtsstreite abgewartet werden.

4. Die zweimonatige Frist beginnt mit dem Ablaufe der Anmeldefrist (§ 32). Die Bestimmung ist ungewöhnlich, und wird darauf zurückzuführen sein, daß man den Regelfall vor Augen hatte, wenn die zur Anmeldung und zur Einreichung des V. und der T. Verpflichteten (§ 37) die nämlichen sind. Das ist aber nicht immer der Fall, z. B. dann nicht, wenn ein Testamentsvollstrecker oder Nachlaßverwalter vorhanden ist. Unter Umständen, z. B. wenn nur aufschiebend bedingte Anfälle in Betracht kommen, braucht eine Anmeldungspflicht überhaupt nicht zu bestehen. In allen diesen Fällen wird man annehmen dürfen, daß — ebenso wie in dem Falle des § 32 Abs. 2 eine sechsmonatige — für den Verpflichteten eine selbständige, einheitliche, fünfmonatige Frist zur Einreichung des V. und der T. bestehe und mit seiner Kenntnis vom Anfalle beginne. Diese Annahme kann auch auf § 33 gestützt werden, wonach Testamentsvollstrecker usw. zur Anmeldung berechtigt sind. Für mehrere verpflichtete Erben beginnt die zweimonatige Frist je besonders. Wegen Fristberechnung s. §§ 186—193 BGB. Die Frist läuft, ohne daß es darauf ankommt, ob der Verpflichtete die Erfüllung innerhalb der Frist bewirken konnte (Planck I § 186 Anm. 2). Ihr Lauf wird namentlich nicht zu gunsten der nachfolgenden Verpflichteten gehemmt, wenn ein Verpflichteter stirbt oder sonst in Wegfall kommt. In solchen Fällen kann

5. Fristverlängerung beantragt werden, die bewilligt werden muß, wenn die Gründe glaubhaft gemacht werden. Verlängerung muß ferner auf Antrag gewährt werden, wenn der Berufene den Anfall noch nicht erworben hat und dies anzeigt und zwar bis zum Zeitpunkt des Erwerbes. Da diese Bestimmung von der Kom. des AH. (Komm.Ber. S. 13) im Hinblick auf die Vorschriften des gemeinen und Rheinischen Rechts über den Erwerb von Anfällen eingefügt worden ist, so kann unter Erwerb nur der rechtliche Erwerb verstanden werden. Die Vorschrift kommt nur dem Erwerber selbst, dagegen nicht anderen Verpflichteten, z. B. dem Testamentsvollstrecker, Nachlaßverwalter usw. zu statten. Vergl. § 37 Anm 1b; § 43 Vorbem. 1e.

6. Zuständigkeit f. § 32 Anm. 5.

§. 36. (34).

Bei Erbschaften, an denen kein steuerpflichtiger Erbe Theil nimmt, sondern bei denen nur steuerpflichtige Vermächtnisse, Schenkungen u. s. w. vorkommen, kann das Verzeichniß und die Deklaration (§. 35) auf die, steuerpflichtige Anfälle betreffenden, Gegenstände und Verhältnisse beschränkt werden.

§. 37. (35).

Die Verpflichtung zur Vorlegung des Verzeichnisses und der Deklaration liegt ob:

1) bei Erbschaften in Bezug auf alle den Nachlaß betreffenden steuerpflichtigen Anfälle, — wenn ein Testamentsvollzieher oder Nachlaßverwalter vorhanden ist, diesem, sonst den Erben, ohne Unterschied, ob sie selbst von den ihnen

zukommenden Anfällen Erbschaftssteuer zu entrichten haben oder nicht. Andere Theilnehmer (Vermächtnißnehmer u. s. w.) sind in Betreff des ihnen zukommenden Anfalles zur Vorlegung des Verzeichnisses und der Deklaration nur auf Aufforderung des Erbschaftssteueramts innerhalb der ihnen bekannt zu machenden Frist verpflichtet;

2) bei den in §. 1 unter 2 und 3 bezeichneten Anfällen — jedem Steuerpflichtigen hinsichtlich des ihm zukommenden Anfalles.

Für Bevormundete, unter Kuratel oder väterlicher Gewalt stehende oder juristische Personen und für Konkursmassen ist die vorerwähnte Verpflichtung und die Verpflichtung zur Anmeldung (§§. 32 ff.) von deren gesetzlichen Vertretern zu erfüllen.

1. Bei Erbschaften liegt die Verpflichtung zur Einreichung des V. und der D. ob:

a) dem Testamentsvollstrecker des Erblassers (§§ 2197 ff. BGB.) oder dem Nachlaßverwalter für den Nachlaß des Erblassers (§§ 1975 ff. BGB.; § 29 Anm. 2d); wegen eines anderen Nachlaßpflegers s. § 30 Anm. 2a. Da die Auflage auf der Verwaltungspflicht beruht, so wird der Nachlaßverwalter allein verpflichtet sein, wenn er den Testamentsvollstrecker von der Verwaltung ausschließt, und der Testamentsvollstrecker wird nur soweit verpflichtet sein, als er zur Verwaltung des Nachlasses berechtigt ist (§ 2208 BGB.). Die Verpflichtung erlischt mit dem Tode der Verpflichteten, unbeschadet der Haftung ihrer Erben für die ESt. (§ 30 Anm. 1). Ob das Ausscheiden aus dem Amte in gleichem Sinne das Erlöschen zur Folge hat, wird davon abhängen, ob durch das Ausscheiden die Erfüllung der Pflicht unmöglich geworden ist. Die Einreichung des V. und der D. durch einen nachfolgenden Verpflichteten (Anm. 1 b, 2) kommt dem zunächst Verpflichteten zu statten.

b) den Erben, wenn kein Nachlaßverwalter oder Testamentsvollstrecker verpflichtet ist, oder, wenn deren Verpflichtung vor der Erfüllung erloschen ist; neben dem Nachlaßverw. oder Testamentsvollstr. sind die Erben nur nach Maßgabe der §§ 38, 39 verpflichtet. Über den Kreis der Verpflichteten s. § 29 Anm. 3. Die Verpflichtung aus § 37 beruht, wie sich aus § 29 Abs. 3 ergibt, auf der Rechtsstellung des Erben als Vertreters der Masse, einschließlich der vermachten Gegenstände, auf welche der Vermächtnisnehmer nur ein Forderungsrecht hat. Die Verpflichtung erstreckt sich nicht auf Gegenstände, in welche eine Sondernachfolge stattfindet (§ 37 Abs. 1 Ziffer 2). Mehrere Erben sind Gesamtverpflichtete (§ 421 BGB.; Begr. S. 40); durch die Erfüllung von seiten eines Verpflichteten werden daher alle befreit. Die Verpflichtung der Miterben wird sich nicht auf solche Anfälle erstrecken, die bei einer Sondernachfolge in ein Vermächtnis oder Erbteil eintreten, nachdem die betreffenden Gegenstände aus der Masse bereits ausgeschieden waren. Nach dem in Deutschland geltenden Recht wird in der Regel ein Erbe vorhanden sein. Über unbekannte Erben s. Anm. 4.

2. Andere Teilnehmer an einer Erbschaft als Erben (§ 33 Anm. 2) sind nur auf Aufforderung des EStA. und nur in betreff ihres eigenen Anfalles verpflichtet, wenn der Anfall bereits erworben (§ 35 Abs. 2) und in dem bei § 35 Anm. 1 bezeichneten Sinne steuerpflichtig ist. Persönlich steuerfreie Teilnehmer sind nicht verpflichtet (RG. 17. Juni 1895, Bd. 36 S. 210, JW. S. 382 [16]; FM. 6. April 1901 III 3473); das folgt aus § 36, nach welchem eine sachliche Verpflichtung grund-

sätzlich nur für steuerpflichtige Anfälle besteht, ferner daraus, daß nach dem ESt G. 1873 nicht einmal eine Anmeldungspflicht bestand (§ 32 Anm. 1) und daß nicht, wie im ersten Satz der Ziffer 1, auch die steuerfreien Erwerber erwähnt sind. Die Verpflichtung steht selbständig neben der im ersten Satz begründeten.

3. Gesetzliche Vertreter und zwar auch andere als die hier benannten (§ 30 Anm. 2a) haben die Pflichten zu erfüllen, welche den Vertretenen obliegen würden, wenn sie handlungsfähig wären. Mehrere gesetzliche Vertreter sind Gesamtverpflichtete, wenn sich aus ihrer Vertretungsbefugnis keine Beschränkung ergibt. Die Erfüllung der Verpflichtungen kann auch durch erwählte Vertreter erfolgen (§ 32 Anm. 3).

4. Ist kein Verpflichteter bekannt, so kann das EStA. die Bestellung eines Nachlaßpflegers bei dem Nachlaßgericht beantragen (§§ 1960 BGB.; 72, 73 FG.) und erforderlichenfalls durch Beschwerde betreiben (§ 20 FG.), wenn eine den Kosten entsprechende Masse vorhanden ist. Ist der Fiskus als gesetzlicher Erbe berufen, so gilt der Erbfall erst als erledigt, wenn der Nachlaß der zuständigen Behörde übergeben worden ist. Zu dem Antrage auf Nachlaßverwaltung (§ 1981 BGB.) oder Konkurseröffnung (§ 217 KO.) ist das EStA. nicht berechtigt, weil die ESt. keine Nachlaßschuld ist (§ 29 Anm. 2).

§. 38. (36).

Fernere Ermittelungen.

Das Erbschaftssteueramt hat die Richtigkeit und Vollständigkeit der vorgelegten Verzeichnisse und Deklarationen zu prüfen und die Verpflichteten (§. 37) zur Erledigung der ihnen bekannt gemachten

Erinnerungen innerhalb der zu bestimmenden Frist anzuhalten. Jeder, dem ein der Erbschaftssteuer unterworfener Anfall (§. 1) zukommt, ist zur Ertheilung der von dem Erbschaftssteueramt erforderten Auskunft über die auf den Anfall bezüglichen thatsächlichen Verhältnisse, soweit sie auf die Festsetzung der Steuer für den an ihn selbst oder an andere Theilnehmer an der Erbschaft u. s. w. gelangenden Anfall von Einfluß sein können, verpflichtet.

Auf Verlangen müssen dem Erbschaftssteueramte die den Anfall betreffenden Urkunden zur Einsicht vorgelegt werden, insbesondere letztwillige Verfügungen, Erwerbsdokumente und die Beweismittel über die von der Masse abzuziehenden Schulden und andere Ansprüche, auf Grund deren Abzüge von der Masse gemacht, oder Theile derselben ausgeschieden werden sollen.

Wird in den vorgedachten Fällen den Aufforderungen des Erbschaftssteueramts nicht genügt, so kann dasselbe die Säumigen durch Festsetzung und Einziehung von Ordnungsstrafen bis zu dem Betrage von sechszig Mark zur Befolgung seiner Anordnungen anhalten, auch das zur Erledigung derselben Nöthige auf Kosten der Säumigen beschaffen.

1. Über Prüfung des Nachlaßverzeichnisses s. § 5 Anm. 6, § 14 Anw. Anm. 1. Das Nachlaßverzeichnis und andere von den Erbbeteiligten eingereichte rechnerische Aufstellungen sind von den Rechnungsbeamten des EStA. als richtig zu bescheinigen (FM. 11. Okt.

1886 III 11450; ebenso eingereichte Taxen: FM. 20. Febr. 1896 III 736 [12]). Wegen Wertprüfung s. § 21 Anm. 1.

2. Erinnerungen haben die im § 37 bezeichneten Personen in der dort bestimmten Reihenfolge und dem gleichen Umfange zu erledigen. Wenn mehrere Gesamtverpflichtete vorhanden sind, so kann das ESt A. sich an jeden, also auch an einen anderen als denjenigen halten, der das V. und die D. eingereicht hat. Die Pflicht zur Erledigung erstreckt sich auf alles, was für die Feststellung der ESt. oder der Sicherheit für künftige ESt. erheblich ist oder sein kann, namentlich auf Wertangaben (§ 20 Anm. 1, 3). Aus der Natur der Pflicht folgt, daß der Verpflichtete sich über Tatsachen, die ihm nicht bekannt sind, erforderlichenfalls zu unterrichten hat. Die Verpflichtung steht und fällt mit dem Recht des Fiskus zur Forderung einer ESt. oder Sicherstellung (§ 50); sie bezieht sich auch auf Erinnerungen, die erst nachträglich, z. B. nach Zahlung der ESt., bekannt gemacht werden.

3. Abs. 1 Satz 2 setzt voraus, daß dem EStA. ein V. und eine D. bereits vorliegen und zur Prüfung „fernere Ermittelungen" erforderlich erscheinen (§ 37 Ziffer 1 Satz 2). Die Pflicht zur Auskunfterteilung soll das EStA. in den Stand setzen, die bessere Auskunft zu erlangen, welche die einzelnen Miterben, Vermächtnisnehmer usw. etwa erteilen können (Begr. S. 64). Die Auskunft kann daher auch zur Prüfung der Richtigkeit der von einem anderen gemachten Angaben gefordert werden. Zur Erteilung der Auskunft ist jeder Erwerber eines bereits steuerpflichtig gewordenen Anfalles (§ 35 Anm. 1; § 37 Anm. 2) oder sein gesetzlicher Vertreter verpflichtet (FM. 28. Febr. 1895 III 2018, Loeck, S. 84). Persönlich steuerfreie Erwerber (Befr. 2) sind nicht verpflichtet; das folgt aus dem Wortlaute und der Entstehungsgeschichte des Ges.; denn die Kom. des A.-H.

hat eine im dritten Abs. des Paragraphen der Reg.-Vorlage vorgesehene Bestimmung abgelehnt, wonach Erwerber steuerfreier Anfälle zur Anmeldung gezwungen werden konnten (§ 32 Anm. 1). Die Auskunft ist nur über die auf den eigenen Anfall bezüglichen tatsächlichen Verhältnisse zu erteilen, soweit sie für die Festsetzung der Steuer für diesen oder einen an andere Teilnehmer an der Erbschaft usw. (§ 33 Anm. 2) gelangenden Anfall von Einfluß sein können. Die Beschränkung der Pflicht zur Auskunfterteilung auf die den eigenen Anfall betreffenden tatsächlichen Verhältnisse folgt aus dem Wortlaute und aus dem Zwecke der Bestimmung, die Erlangung einer besseren Auskunft zu ermöglichen; da eine bessere Auskunft regelmäßig nur von dem Erwerber selbst zu erwarten ist. Es wäre auch ungewöhnlich und mit § 37 Ziffer 1 Satz 2 unvereinbar, wenn z. B. Vermächtnisnehmer über Erbanfälle Auskunft erteilen sollten. Da der Verpflichtete zur Versicherung der Richtigkeit und Vollständigkeit seiner Angaben angehalten werden kann, so wird er Ermittelungen anzustellen haben, zu denen er vorzugsweise in der Lage ist. Über Dauer der Pflicht s. Anm. 2.

4. Die Vorlegung der den „Nachlaß bezw. Anfall" betreffenden Urkunden muß das EStA. nach der Begr. (S. 65) mindestens in dem vorgesehenen Umfange verlangen können. Hieraus und aus der Ablehnung der Verpflichtung zur Vorlegung von Standesurkunden (§ 35 Anm. 3) ist zu schließen, daß die Verpflichtung eine begrenzte ist. Die Aufzählung ist allerdings nur eine Beispielsammlung und keine erschöpfende (FM. 5. Sept. 1899 III 10169). Außerdem wird die Vorlegung verlangt werden dürfen, wenn die Urkunden für die Feststellung der ESt. von Bedeutung sein können und entweder zum Nachlasse oder einem Verpflichteten allein oder gemeinschaftlich mit einem anderen gehören, und wenn der Verpflichtete sie besitzt oder beschaffen kann.

Steht dem Verpflichteten nur die Einsichtnahme zu (§§ 809—811 BGB.), so hat er der Steuerbehörde die Ausübung dieses Rechts zu gestatten. Die Urkunden brauchen noch nicht vorhanden zu sein, was sich daraus ergibt, daß Beweismittel über abzuziehende Schulden usw. jedenfalls beizubringen sind, selbst wenn sie erst hergestellt werden müssen (§ 5 Anm. 6 XII). Gutachten über den Wert werden nicht gefordert werden dürfen, weil die Wertermittelung im EStG. erschöpfend geregelt ist (§§ 20, 21; § 21 Anm. 1). Die Verpflichtung bezieht sich nur auf die Vorlegung der Urkunden, nicht auf Herstellung von Abschriften oder Übersetzungen in fremden Sprachen abgefaßter Urkunden (Ziffer 12 Bek. LStG.); Die Urkunden müssen auf Verlangen zurückgegeben werden.

Die Verpflichtung zur Vorlegung von Urkunden hat, wie sich aus der Überschrift und dem Zusammenhange ergibt, gleichfalls (Anm. 2, 3) zur Voraussetzung, daß eine Verpflichtung aus § 37 besteht und bereits erfüllt ist.

Die Verpflichtung wird den in Abs. 1 bezeichneten in demselben Umfange, wie die Pflicht zur Erledigung von Erinnerungen und zur Auskunfterteilung, obliegen.

5. Abs. 3 setzt voraus, daß die Verpflichteten einen Schriftsatz eingereicht haben, der als Verz. und Deklar. gelten kann, und daß den von dem EStA. gemäß Abs. 1 Satz 1 oder 2 oder Abs. 2 gestellten Anforderungen aus Vorsatz oder Fahrlässigkeit garnicht oder nicht vollständig genügt worden ist; er kann daher nicht als Grundlage dienen, um die Erfüllung der in §§ 37 und 39 begründeten Verpflichtungen zu erzwingen (FM. 28. Febr. 1895 III 2018, Loeck S. 84).

a) Das EStA. ist befugt, die Erledigung der nach Abs. 1 und 2 zulässigen Anforderungen durch Strafen zu erzwingen und gleichzeitig oder nach Erschöpfung der Strafgewalt das Erforderliche auf Kosten der Säumigen zu beschaffen. Die Strafbefugnis erlischt, wenn die Anforderung von dem Verpflichteten oder einem anderen erledigt ist; denn die Strafe soll keine Sühne für eine strafbare Handlung, sondern ein Zwangsmittel gegen Widerwillige und Säumige bilden (Begr. S. 65). Die vor der Erledigung festgesetzten Strafen bleiben bestehen, wenn dem Bestraften ein Verschulden zur Last fällt.

b) Gegen dieselbe Person ist wegen Nichterledigung derselben Anforderung eine Wiederholung der Straffestsetzung zulässig; jedoch dürfen alle Strafen zusammen 60 M. nicht übersteigen. Hierfür spricht der Wortlaut des Ges., die Erklärung des Reg.-Vertreters in der Kom. AH., „daß der Entwurf die Wiederholung der Ordnungsstrafe bei dem Maximum von 20 Talern für zulässig erachtet habe" und die ähnliche, aber deutlichere Fassung des § 7 Abs. 2 LStG. Wegen einer neuen selbständigen Anforderung kann die Strafbefugnis auch gegen denselben Verpflichteten von neuem geübt werden. Bei einer Verpflichtung mehrerer zur Erledigung kann die Strafgewalt jedem Widerwilligen oder Säumigen gegenüber erschöpft werden. Die Strafe trifft jeden persönlich; sie kann nur gegen solche Personen festgesetzt werden, die bei Zustellung der Festsetzungsverfügung geschäftsfähig sind.

c) Über das Festsetzungsverfahren s. § 13 Anm. Das Verfahren findet auch gegen Militärpersonen statt. Gegen die Vertreter von Reichsbehörden oder unmittelbaren oder mittelbaren Staatsbehörden kann die Erledigung nur durch Beschwerde bei den vorgesetzten Dienststellen betrieben werden. Der Straffestsetzung braucht keine Mahnung oder Androhung vorauszugehen; es pflegt aber zu geschehen (§ 7 Abs. 2 LStG.). Die Aufforderung oder wenigstens die Mahnung müssen die Bestimmung einer Frist zur Erledigung enthalten haben und dem Verpflichteten nach den für Zustellungen in Verwaltungssachen geltenden Vorschriften (ZBl. 1900 S. 85) zugestellt sein.

Die Festsetzung einer Strafe kann weder im Straf- noch im Zivilrechtswege, sondern nur durch Beschwerde im Verwaltungswege angefochten werden (FM. 28. Febr. 1895 III 2018, Loeck S. 84; H-Sp. S. 117). Die Beschwerde ist an keine Frist gebunden und kann noch nach Zahlung der Strafe angebracht werden. Die Einziehung der Strafe erfolgt im Verwaltungszwangsverfahren (§ 21 Anm. 3; H-Sp. S. 117). § 47 Satz 2 bezieht sich nach seiner Stellung im Ges. und dem Zusammenhange mit Satz 1 nur auf die in §§ 43 ff. bestimmten Geldstrafen, nicht auf die Erzwingungsstrafe (vergl. § 51 Abs. 2 BGB.). Der Eintragung als Hypothek steht § 866 Abs. 3 CPO. entgegen. Im Konkurse kann die Strafe nicht geltend gemacht werden (§ 63 [3] KO.). Während der Dauer des Konkursverfahrens ist die Vollstreckung in das gesamte Vermögen des Schuldners nicht statthaft, wenn nicht ein Recht auf Aussonderung oder Absonderung besteht (§§ 14, 43 ff. KO.). Die Vollstreckung in den Nachlaß des Bestraften dürfte dem Wesen der Erzwingungsstrafe zuwiderlaufen (Art. 16 preuß. FG.). Zur Niederschlagung der Strafe wegen Uneinziehbarkeit wird der PStD. befugt sein.

d) Die Niederschlagung oder Erstattung einer Strafe wegen unrechtmäßiger Festsetzung oder nachträglicher Entschuldigung erfolgt durch den PStD. (FM. 28. März 1896 III 4079). Mit Bonnenberg S. 509 Anm. 2 ist anzunehmen, daß schon das EStA. zur Niederschlagung und, solange die endgültige Verrechnung noch nicht erfolgt ist, zur Erstattung der Strafe befugt ist. Jedenfalls wird es zur Löschung der Strafe ermächtigt sein, wenn die Festsetzung nicht ordnungsmäßig erfolgt war. Die Erstattung wird durch Absetzung von der Einnahme verrechnet (§ 19 StHG.).

e) Die Strafe steht in keiner Beziehung zu den in §§ 43 ff. bestimmten Strafen. Die Strafen können nebeneinander festgesetzt werden.

6. Wegen der Ermittelungen s. § 20 Anm. 4.
7. Wegen der Kosten s. § 13 Anw.; § 21 Anm. 3. Die Kosten treffen den zur Erledigung Verpflichteten persönlich, selbst wenn die Ermittelungen ergeben, daß die Anfälle 150 M. nicht übersteigen.

§. 39. (37).

Eidesstattliche Versicherungen.

Das Erbschaftssteueramt ist berechtigt, denjenigen, welchen ein nach §. 1 der Erbschaftssteuer unterworfener Anfall zukommt, eine Versicherung an Eidesstatt über die Richtigkeit und Vollständigkeit des vorgelegten Verzeichnisses und der Deklaration oder einzelner Theile derselben (§§. 35 und 36), und der erforderten ferneren Angaben (§. 37), abzunehmen. Die eidesstattliche Versicherung ist nach näherer Bestimmung des Erbschaftssteueramts vor ihm selbst oder der deshalb requirirten Behörde schriftlich oder mündlich abzugeben.

1. Die Befugnis zur Abnahme einer eidesstattlichen V. kann ohne Angabe von Gründen ausgeübt werden. Nach der bei der Beratung des Ges. zum Ausdruck gebrachten Absicht (Komm.Ber. S. 15; Sten.Ber. S. 1156/7) soll davon jedoch nur ausnahmsweise Gebrauch gemacht werden, wenn begründete Bedenken gegen die Vollständigkeit und Richtigkeit der Angaben obwalten (§ 6 Abs. 4 Anw.; FM. 2. Aug. 1894 III 6318). Es wird daher davon Abstand zu nehmen sein, soweit die Angaben entweder ohnehin glaubhaft scheinen, oder in anderer Weise glaubhaft gemacht werden können, z. B. durch Urkunden, Zeugen usw. (§ 5 Anm. 6 XII). Eine

eidesstattliche V. soll, wenn nicht besondere Bedenken obwalten, als genügend angesehen werden, die bekräftigten Tatsachen, z. B. die Voraussetzungen für einen eigenen Anspruch des Steuerpflichtigen gegen die Masse, glaubhaft zu machen (FM. 20. März 1889 III 4606, H-G. S. 1097 Nr. 101). Die Befugnis des EStA. zur Forderung der V. erlischt nicht mit der Bezahlung der ESt., sondern erst mit dem Besteuerungsrechte selbst (§ 50; RG. 15. Mai 1882, Jahrb. 3 S. 287, GA. 31 S. 291).

2. Verpflichtet zur Abgabe der V. ist nur der Steuerpflichtige im Sinne der Anm. 1 zu § 32 oder sein gesetzlicher Vertreter (FM. 18. Nov 1892 III 12561, HG. S. 1108 Nr. 128; 18. Nov. 1898 III 13515); eine Stellvertretung wird nur auf Grund eines Sonderrechts zulässig sein. Wenn mehrere Verpflichtete vorhanden sind, so kann das EStA. jeden, oder alle gleichzeitig oder nacheinander zur Abgabe der V. auffordern. Eine Verpflichtung wird nicht bestehen, wenn der Steuerpflichtige bereits über denselben Gegenstand den Offenbarungseid geleistet hat (§ 2006 BGB.). Wer die V. oder den Offenbarungseid einmal geleistet hat, wird zur wiederholten Leistung nur verpflichtet sein, wenn Grund zu der Annahme besteht, daß ihm später weitere Gegenstände usw. bekannt geworden sind (§ 2006 BGB., § 903 CPO.). Gegen die Forderung auf Abgabe der V. findet nur Beschwerde statt. Wenn Antrag auf gerichtliche Entscheidung über einen auf Grund der §§ 45, 48 erlassenen Strafbescheid gestellt worden ist, so unterliegt die Frage, ob und in welchem Umfange die V. an Eidesstatt erforderlich und wie sie abzugeben war, nicht der gerichtlichen Nachprüfung (RG. Straff. 13 S. 161).

3. Der Umfang der Verpflichtung zur Abgabe der V. wird durch die Verpflichtungen des Steuerpflichtigen nach §§ 37, 38 beschränkt; innerhalb dieser Grenzen bestimmt ihn das EStA. Bezieht sich die V. auf die Vollständigkeit und Richtigkeit des Verz. und der Dekl. (§ 35 Anm. 2, 3), so erstreckt sie sich auf alles, was für die Steuerfeststellung erheblich ist, nicht nur auf Tatfragen, sondern auch auf Rechtsfragen und Wertangaben (RG. 11. Dez. 1896, Strafs. 29 S. 247). Ist ein zweifelhafter Anspruch nicht angegeben worden, so ist das Verz. unvollständig, wenn sich später ergibt, daß der Anspruch zur Zeit der V. bestand.

4. Die Norm (vergl. § 260 BGB.) und Form der V., sowie Ort und Frist (§ 45) zur Abgabe bestimmt das EStA. Wenn das EStA. die V. in schriftlicher Form fordert (§ 126 BGB.), so soll die Beglaubigung der Unterschrift durch eine öffentliche Behörde oder einen öffentlichen Beamten verlangt werden (FM. 27. Okt. 1887 III 14807[97]). Das EStA. oder die von ihm ersuchte Behörde sind befugt, den Verpflichteten zur mündlichen Erklärung der V. vorzuladen (§ 6 Anw.). Die preuß. Gerichte haben dem Ersuchen um Abnahme der V. zu entsprechen (§ 38 Verord. 2. Jan. 1849, GS. S. 1). Über die Verpflichtung der Behörden anderer Bundesstaaten s. Ges. 9. Juni 1895, RGBl. S. 256; für Sachsen-Weimar s. Anh. VI.

5. Zwangsmittel stehen dem EStA. nicht zu Gebote (§ 38 Anm. 5; Komm.Ber. S. 17 zu § 42).

6. Die strafrechtlichen Folgen einer Unterlassung der Abgabe der V. trotz wiederholter Aufforderung sind im § 45 bestimmt. Wer eine V. an Eidesstatt wissentlich oder fahrlässig falsch abgibt, ist nach §§ 156, 163 StGB. strafbar. Die Straffälligkeit des Anstifters und Gehilfen ist im Falle des § 156 nach §§ 48, 49 StGB. zu beurteilen. Bei fahrlässiger Handlungsweise tritt in den Fällen des § 163 Abs. 2 Straflosigkeit ein.

7. Die Ableistung des Offenbarungseides würde das EStA. nach § 260 BGB. (nicht § 2006 f.

§ 29 Anm. 2) fordern können, wenn § 39 nicht eine Sondervorschrift wäre, welche die allgemeine Pflicht des Schuldners ausschließen soll (Begr. S. 65; Sten.Ber. S. 1156 f.).

§. 40. (38).

Aversionalversteuerung.

Der Finanzminister ist ermächtigt, ausnahmsweise von der Vorlegung des Verzeichnisses (§. 35) auf Antrag der Steuerpflichtigen ganz oder zum Theil abzusehen und ein Aversionalquantum für die Erbschaftssteuer anzunehmen; auch die Aversionalversteuerung solcher Anfälle, deren Versteuerung sonst noch ausgesetzt bleiben müßte, zu gestatten.

Wenn ein überlebender Ehegatte mit mehreren Kindern die eheliche Gütergemeinschaft fortsetzt, so wird die Versteuerung des beim Tode eines Kindes an dessen Geschwister oder deren Deszendenten gelangenden Anfalles bis zur Auflösung der Gütergemeinschaft ausgesetzt und erfolgt nach Maßgabe des alsdann vorhandenen Vermögens.

1. Die Abfindungsversteuerung ist eine Ausnahme von der regelmäßigen Besteuerung, die nur aus besonderen Gründen zugelassen werden soll. Im Ges. ist die Anwendung für solche Anfälle hervorgehoben, deren Versteuerung sonst ausgesetzt bleiben müßte, weil die sofortige Erledigung des Steuerfalles dem Steuerpflichtigen und der Verwaltung erwünscht sein muß (Begr. S. 65). An und für sich ist die A. für alle im § 1 bezeichneten Anfälle zulässig, wenn zur Feststellung

der ESt. die Vorlegung des Verzeichnisses (§§ 35, 36) erforderlich wäre. Für die Zulassung sollen persönliche Bedenken gegen eine Offenlegung der Verhältnisse nicht entscheidend sein; sie können aber auch nicht grundsätzlich unberücksichtigt bleiben (Begr. S. 65). Ein ausreichender Anlaß zur A. liegt in der Regel nicht vor, wenn der Anfall nur in Wertpapieren besteht (FM. 8. Juli 1871 III 9268, H-G. S. 1099 Nr. 104f).

Die A. kann für alle oder einzelne Anfälle bewilligt werden, je nachdem, wieweit sie durch die Verhältnisse gerechtfertigt wird; ebenso kann sie auf einen Teil der Masse oder des Anfalles eingeschränkt werden (Begr. S. 65).

2. Der Antrag auf A. muß von dem Steuerpflichtigen selbst oder seinem gesetzlichen Vertreter gestellt werden und einen bestimmten Vorschlag nebst Begründung enthalten. Da die Abfindungssumme dem mutmaßlichen Betrage der ESt. entsprechen soll, so wird der Antragende eine allgemeine Übersicht über die in Betracht kommenden Verhältnisse geben müssen. Der Antragende ist an sein Angebot nach Maßgabe der §§ 145 ff. BGB. gebunden. Die Annahme oder Ablehnung des Antrages steht im Belieben des FM. Für einige Fälle hat der FM. die Befugnis allgemein den EStÄ. übertragen; vergl. § 22 Anm. 5a; auch im § 6 Abs. 5 Anw., betr. bewegl. Sachen, wird eine solche Übertragung zu erblicken sein.

3. Durch die Annahme des Antrages, oder durch ein Angebot im Sinne des § 150 Abs. 2 BGB. und dessen ausdrückliche oder stillschweigende Annahme, z. B. durch Zahlung des geforderten Betrages (§ 151 BGB.), kommt ein Vergleich zustande, an den beide Teile gebunden sind (Begr. S. 65; RG. 8. März 1886, JW. S. 159[52]). Nach- und Rückforderung von ESt. sind nicht zulässig. Ist die Steuerverwaltung durch arglistige Täuschung, z. B. durch wissentlich falsche Angaben, zu

dem Vertrage bewogen worden, so kann sie ihn anfechten (§ 123 BGB.). Durch einen anderen Irrtum über den Bestand des Anfalles usw. wird die Giltigkeit des Vergleiches nicht berührt, weil die Ungewißheit eine Voraussetzung des Vergleiches bildet (Planck II § 779 Anm. 2 b). Gegen diese Wirkung können die Beteiligten sich durch Einschränkung auf einen bestimmten Sachverhalt sichern.

4. Mit Abs. 2 ist im Anschlusse an das frühere Recht (AKO. 20. Febr. 1833, v. Kamptz Jahrb. 41 S. 261; § 5 Verord. 1867) kein Hinausschieben der Steuerpflicht (wie § 22 Anm. 2, § 27 Anm. 3 b), sondern nur eine Vertagung der Steuerberechnung (Sten.Ber. S. 1144) bis zur Auflösung der Gütergemeinschaft bezweckt. Alsdann erfolgt die Berechnung nach Maßgabe des nun vorhandenen Vermögens. Sind während der Dauer der Gütergemeinschaft mehrere Kinder ohne Abkömmlinge gestorben, so werden — anders wie bei §§ 22, 27 — alle Anfälle nachträglich versteuert. Der Fiskus kann keine Sicherstellung der Steuer fordern.

Die Vorschrift bezieht sich nur auf Anfälle an Geschwister oder deren Abkömmlinge und auf den Anteil des verstorbenen Kindes an dem Gesamtgute der fortgesetzten Gütergemeinschaft, nicht auf den Anteil des Kindes an dem Sonder- und Vorbehaltsgute des verstorbenen Ehegatten. Ob die Gütergemeinschaft auf Gesetz oder Vertrag beruhte, ist gleichgiltig; sie muß aber bis zum Tode des Kindes fortgesetzt worden sein, und die Fortsetzung muß gesetzlich vorgeschrieben oder zugelassen sein. Wenn die Beteiligten nur die Abschichtung nur unterlassen haben, so besteht unter ihnen nur eine zufällige Gemeinschaft, wie bei Miterben, ohne die eigentümlichen Wirkungen der ehelichen Gütergemeinschaft (Eccius IV S. 94).

Die Bestimmung im Abs. 2 wird infolge der Vorschrift im § 1490 BGB., wonach der Anteil eines Abkömmlings am Gesamtgute nicht zu seinem Nachlasse gehört, bald bedeutungslos sein (vergl. §§ 1546, 1557 BGB.).

§. 41. (39).

Feststellung der Steuer.

Ist die Erbschaftssteuer berechnet, so ertheilt das Erbschaftssteueramt eine kosten- und stempelfreie Bescheinigung, welche den Betrag der steuerpflichtigen Masse, die einzelnen Anfälle, das Verwandtschaftsverhältniß, die Beträge der von den einzelnen Steuerpflichtigen zu entrichtenden Steuer angiebt und zugleich die Anweisung zur Entrichtung der Steuer enthält. Die Verzögerung der Auseinandersetzung der Erben darf die Entrichtung der Steuer nicht aufhalten, soweit der Nachlaß zu deren Zahlung liquid ist.

1. Eine einheitliche Feststellungsbescheinigung über alle gleichzeitig zu entrichtenden Steuerbeträge ist zu erteilen, weil dies der Regelung der Deklarationspflicht in §§ 35—37 entspricht (Komm.Ber. S. 16). Da für die im § 1 Nr. 2, 3 bezeichneten Anfälle keine einheitliche Deklarationspflicht besteht, so wird jeder Steuerpflichtige für sich eine F. beanspruchen dürfen (§ 37 Abs. 1 Nr. 2). Auch sonst können aus besonderen Gründen mehrere einzelne F. erteilt werden, weil die Vorschrift nicht zwingenden Rechts ist, sondern nur eine Erleichterung für die Steuerbehörden bezweckt. Aus diesem Grunde darf und soll, wenn ein Teil der ESt. festgestellt werden kann und die Feststellung eines anderen Teiles von weitläufigen Ermittelungen abhängt, der feststehende Teil alsbald gefordert werden (FM.

25. Sept. 1883 III 11632); namentlich, wenn es sich um einen erheblichen Betrag handelt (FM. 12. Nov. 1890 III 14817; 5. April 1891 III 4427). Die F. kann jedem für die Steuer Verpflichteten (§§ 29, 30) zugesandt werden; bei der Auswahl wird jedoch den Verhältnissen Rechnung zu tragen sein. Über Form und Behandlung der F. s. § 12 Anm.

2. Die Feststellungsbescheinigung begründet nicht den Anspruch des Fiskus auf die ESt., da dieser bereits mit dem Anfalle entsteht (§ 1 Anm. 5), sondern nur die Verpflichtung zur Entrichtung der Steuer (RG. 11. Juni 1894, Bd. 33 S. 328), und zwar auch dann, wenn sie als eine vorläufige bezeichnet ist (RG. 16. Mai 1899, Bd. 44 S. 207, JW. S. 460[84]). Der Schuldner hat die ESt. auf seine Kosten und Gefahr an die ihm bezeichnete Kasse zu zahlen (§ 270 BGB.); er kann sich der Verpflichtung nicht durch Erhebung der Feststellungsklage entziehen; das Gericht, bei welchem die Feststellungsklage anhängig gemacht worden ist, ist nicht befugt, die Einstellung des Zwangsverfahrens anzuordnen (RG. 20. März 1890, Bd. 25 S. 406; 11. Nov. 1902, JW. 1903 S. 19[18]). Über die Aussetzung der Einziehung im Falle der Beschwerdeführung beim FM. s. § 31 Anm. 3. Ebenso wird die Aussetzung erfolgen können, wenn eine Beschwerde beim PStD. angebracht worden ist (Ziffer 26 Abs. 4 Bek. LStG.).

Die F. ist für beide Teile nur soweit bindend, als ihr ein Vergleich zugrunde liegt (§ 21 Anm. 2; § 40 Anm. 3). Die Steuerverwaltung kann Steuer nachfordern; ebenso kann sie eine Steuerforderung, die sie, z. B. infolge irrtümlicher Rechtsauffassung, fallen gelassen hatte, wieder aufnehmen, oder eine Steuer fordern, nachdem sie bereits eine Bescheinigung erteilt hatte, wonach keine ESt. zu erheben sei (RG. 9. Dez. 1881, JMBl. 1882 S. 377; 8. Jan. 1892, ZBl. S. 94, JMBl. S. 150; 21. Okt. 1892, JW. S. 492[45], Bolze 15

Nr. 542; FM. 16. April 1896 III 4076; 14. Dez. 1904 III 13700).

3. Die Fälligkeit der ESt. tritt mit dem Ablaufe der in der F. bestimmten Zahlungsfrist ein (FM. 2. Okt. 1899 — zu II 3 — s. Anh. IV). Stundungen und Teilzahlungen dürfen nur ausnahmsweise unter besonderen Umständen gewährt werden. Bis zum Abschlußtermin — dem 30. April oder vorhergehenden Werktage (§ 21 Kassenanw.) — desjenigen Rechnungsjahres, in welchem die Steuer fällig geworden ist, können die PStD. Stundung usw. bewilligen, darüber hinaus nur mit Genehmigung des FM. (§ 17 StHG.). Dem Schuldner ist die Verzinsung der Schuld für die Dauer der Stundung usw. in der Regel zur Bedingung zu machen (FM. 12. März 1877 III 3284). Ferner ist die Steuer vor der Stundung tunlichst sicher zu stellen (FM. 13. Sept. 1879 zu 4, ZBl. S. 253). Dabei finden nicht die besonderen Bestimmungen über die Sicherstellung noch nicht fälliger ESt. (§ 29 Anm. 4), sondern die allgemeinen Vorschriften über die Sicherstellung fälliger indirekter Steuern Anwendung (ZBl. 1881 S. 86). Bei Bewilligung von Teilzahlungen ist der Vorbehalt zu machen, daß beim Ausbleiben einer T. die zwangsweise Beitreibung des ganzen Restes der Schuld erfolgen könne (vergl. Ziffer 11 Dienstvorschr.). Die Teilleistungen sind zunächst auf die Zinsen zu verrechnen (§ 367 BGB.). Wenn auch Kosten geschuldet werden, so kommen sie nach der Verwaltungsübung erst nach der ESt. zur Verrechnung (vergl. Ziffer 11 Dienstvorschr.). Über Stundung in Strafsachen s. § 47 Anm. 2; Leistung eines Dritten s. § 267 BGB.

4. Den Vollstreckungstitel für die ESt. bildet die Feststell.-Besch. (§ 29 Anm. 1—3). In Preußen erfolgt die Einziehung der Steuer auf Grund der VZV. und der Ausf. zur VZV. durch die mit der Empfangnahme der Steuer beauftragten Ämter als Vollstreckungs-

behörden. Die HA. sind Aufsichtsbehörden; die PStD. können anordnen, daß sie an Stelle bestimmter Unterämter oder für gewisse Arten von Zwangsvollstreckungen regelmäßig die Verrichtungen der Vollstreckungsbehörde übernehmen (ZBl. 1879 S. 253). Über Vollstreckungsbeamte ZBl. 1900 S. 589, JMBl. 1900 S. 648, ZBl. 1901 S. 26, 111; über Zwangsvollstreckung gegen Gemeinden usw. s. Eccius I S. 574 Anm. 73. Die Zwangsversteigerung unbeweglichen Vermögens und die Abnahme des Offenbarungseides soll nur mit Genehmigung des PStD. betrieben werden (Art. 35, 80 Ausf. zur VZV.; FM. 13. Sept. 1879 zu B, ZBl. S. 253; FM. 8. März 1880 III 2894, H.-G. S. 60 Nr. 70). Im Konkurse des Steuerschuldners kann für die ESt. das Vorrecht aus § 61[2] KO. beansprucht werden (FM. 12. April 1893, ZBl. S. 152; vergl. RG. Bd. 21 S. 46, Bd. 28 S. 87).

Behörden anderer Bundesstaaten haben bei Einziehung der ESt. nach Maßgabe des Reichsges. 9. Juni 1895 (RGBl. S. 256) oder weitergehender Vereinbarungen in Staatsverträgen Rechtshilfe zu leisten. Für die Beitreibung im Auslande werden die wegen der Gerichtskosten vom JM. getroffenen Bestimmungen (JMBl. 1887 S. 153 Nr. 46) als Richtschnur dienen können. Zur Führung der Verhandlungen mit dem Konsul und — mit Genehmigung des FM. — zur Klageerhebung wird der PStD. berufen sein.

Die PStD. sind befugt, ESt. als niedergeschlagen in Abgang zu stellen, wenn die Uneinziehbarkeit durch fruchtlose Zwangsvollstreckung dargetan, auch keinem Beamten ein Versehen zur Last zu legen ist (FM. 14. Sept. 1891 III 12226 II; Nr. 7[3] Ausf. StHG.). Dieselbe Befugnis steht ihnen zu, wenn mit Sicherheit anzunehmen ist, daß die Steuer nicht einziehbar sein werde (FM. 9. März 1899 III 2903). Die Niederschlagungsverfügung wird in Urschrift oder beglaubigter Abschrift Rechnungsbelag (FM. 2. Okt. 1899 unter II[2], s. Anh. IV).

Die niedergeschlagenen Beträge sind bei der PStD. und dem HA. behufs Aufnahme in die dem Landtage mitzuteilende Übersicht anzuschreiben (§ 18 StHG.; Nr. 7[4] Ausf.).

5. Nicht liquid ist der Nachlaß, wenn keine Zahlungsmittel vorhanden sind, oder wenn die vorhandenen Mittel zur Zahlung fälliger Verbindlichkeiten verwendet werden müssen und es nicht möglich ist, durch Veräußerung oder Belastung der übrigen Nachlaßgegengegenstände Mittel zu beschaffen. Der Umstand, daß ein Grundstück verkauft oder versteigert werden soll, darf die Entrichtung der ESt. nicht aufhalten, weil der Wert, nicht der Erlös, für die Steuerfeststellung in Betracht kommt (FM. 19. Juli 1871, H-G. S. 1100 Nr. 107). Die bei Sch-C. S. 119 zu VI aus dem FME. 26. Nov. 1844 III 25437, HG. S. 1100 Nr. 107, abgeleitete Ansicht, daß ungewisse Ansprüche Dritter die Liquidität beeinträchtigen, ist mit § 25 Abs. 2 (§ 25 Anm. 5) unvereinbar.

§. 42. (40).

Zulässigkeit des Rechtsweges.

Die Bestimmungen in den §§. 11 und 12 des Gesetzes, betreffend die Erweiterung des Rechtswegs, vom 24. Mai 1861 (Gesetz-Samml. S. 241) finden auch auf die nach Vorschrift dieses Gesetzes zu entrichtende Erbschaftssteuer Anwendung. Eines Vorbehaltes bei Zahlung der Erbschaftssteuer (§. 12 des Gesetzes vom 24. Mai 1861) bedarf es nicht.

Insoweit die gänzliche oder theilweise Erstattung der erlegten Steuer wegen eines nach deren Festsetzung eingetretenen Ereignisses verlangt werden

kann, ist die Klage bei Verlust des Klagerechts binnen Jahresfrist nach dem Eintritt des Ereignisses anzubringen.

1. Im EStG. 1873 war auch auf §§ 13, 14 Ges. 24. Mai 1861 und Art. 5 Verord. 16. Sept. 1867 (GS. S. 1515) bezug genommen; im EStG. 1891 ist die Verweisung unterblieben, weil die Vorschriften infolge der späteren Gesetzgebung hinfällig geworden waren. Nach § 35 LStG. sind nunmehr auch §§ 11, 12 Ges. 24. Mai 1861 aufgehoben und ersetzt worden durch § 26 LStG.: „In Beziehung auf die Verpflichtung zur Entrichtung einer Stempelabgabe ist der Rechtsweg zulässig. Die Klage ist bei Verlust des Klagerechts binnen sechs Monaten nach erfolgter Beitreibung oder geleisteter Zahlung gegen diejenige Provinzialsteuerbehörde zu richten, in deren Verwaltungsbezirk die Steuer erfordert worden ist. Usw."

Abs. 1 des § 42 ist nunmehr bedeutungslos, dagegen ist Abs. 2 unberührt geblieben (RG. 15. Febr. 1901, Bd. 48 S. 301, JW. S. 270[46]).

2. Im Verwaltungswege steht jedem, der sich durch eine Entscheidung des EStA. geschädigt fühlt, die Beschwerde beim PStD. und gegen dessen Entscheidung beim FM. offen (§ 31 Anm. 2, 3). Die vorgesetzten Behörden können auch von Amts wegen jederzeit in das Steuerermittelungs- und Erhebungsverfahren eingreifen und eine Nachforderung oder Erstattung von Steuer anordnen (RG. 6. Juni 1887, Gruchot Bd. 31 S. 1034, JW. 319[33]).

Über Steuererstattung enthält das EStG. keine grundsätzlichen, sondern nur Einzelvorschriften (§§ 7, 8, 16, 22—25). Die Verpflichtung zur Erstattung ist daher ergänzend nach den allgemeinen Vorschriften des BGB. (§§ 812 ff.) zu bestimmen (Planck VI Art. 104 Anm. 1). Die Erstattung darf auch von Amts wegen erfolgen

(§ 15 Abs. 1 Ziffer 2 Anw.; FM. 3. Okt. 1890, ZBl. S. 190). Das geschieht aber nur ausnahmsweise beim Vorliegen besonderer Billigkeitsgründe, keinesfalls, wenn es sich um eine verhältnismäßig geringfügige Überhebung handelt. Ermittelungen sollen nicht lediglich zu dem Zwecke angeordnet werden, um festzustellen, ob eine Steuerüberhebung stattgefunden hat (FM. 4. Dez. 1896 III 15301). Nach Ablauf der Klagefrist hängt die Erstattung lediglich vom Ermessen der Steuerbehörden ab. In solchen Fällen wird sie versagt, wenn die Erhebung der Steuer einem von der Verwaltung ständig geübten Grundsatze entsprach, der erst später infolge gerichtlicher Entscheidungen oder aus anderen Gründen aufgegeben worden ist (H-Sp. S. 336 Anm. 4). Der Anspruch auf Erstattung verjährt in 30 Jahren (§ 195 BGB.). Mit Rücksicht darauf, daß der Steueranspruch des Fiskus in 10 Jahren verjährt (§ 50), ist jedoch bestimmt worden, daß überhobene ESt. nicht mehr erstattet werden solle, wenn der Antrag erst nach Ablauf von 10 Jahren seit der Leistung gestellt werde (FM. 25. Juli 1902 III 9320; 29. Juli 1904 III 9896). In den Fällen des § 42 Abs. 2 soll die Erstattung nur erfolgen, wenn der Antrag binnen Jahresfrist nach Eintritt des Ereignisses angebracht worden ist (FM. 15. Okt. 1890 III 9848). Nach Vollendung der Verjährung des Erstattungsanspruches kann die Steuer nur mit königlicher Ermächtigung erstattet werden (§ 18 StHG.). Es entspricht nicht der Verwaltungsübung, die Erstattung oder den Erlaß von ESt. im Gnadenwege herbeizuführen, wenn die Bereicherung durch den Anfall dem Steuerpflichtigen zu gute gekommen ist (FM. 2. Juni 1899 III 4702; 28. Nov. 1904 III 14971).

Zum Empfange des zu erstattenden Betrages ist grundsätzlich der Einzahler berechtigt (RG. 30. Mai 1899, Bd. 44 S. 223); hat der Einzahler jedoch nur als Vertreter der Masse oder der Steuerpflichtigen geleistet, so wird er die Fortdauer seiner Berechtigung nachweisen müssen. Wenn ein Steuerbetrag erstattet worden ist in der irrtümlichen Annahme, daß er zuviel erhoben sei, so ist der Fiskus zur Wiedereinziehung befugt (RG. 20. Nov. 1893 — H-Sp. S. 356 Fußnote 36 —; RG. 9. Jan. 1896, JW. S. 112 [51]).

Über das Verfahren s. § 15 Anw.

3. Der Rechtsweg ist allgemein und unbedingt zugelassen (RG. 14. Dez. 1896, Gruchot 41 S. 413; 10. Mai 1897, JW. 376 [34]). Daher ist die Rückforderung der Steuer auch im Mahnverfahren (§ 688 CPO.; RG. 17. Sept. 1889, Bd. 24 S. 195, JW. S. 427 [19]) oder durch Hauptintervention (§ 64 CPO.) zulässig; der Beitritt als Nebenintervenient ist im Falle des § 69 CPO. wie die Klageerhebung wirksam (H-Sp. S. 352 Anm. 12). Das Klagerecht steht auch zu, wenn die ESt. noch nicht bezahlt ist und die Voraussetzung des § 256 CPO. vorliegt, der Kläger also ein rechtliches Interesse daran hat, daß das Rechtsverhältnis durch richterliche Entscheidung alsbald festgestellt werde (RG. 6. Juni 1887, Gruchot 31 S. 1034, JW. S. 319 [33]; 24. Febr. 1893, Bd. 31 S. 30, JW. S. 204 [31]; 17. Juni 1895, Bd. 36 S. 210, JW. S. 382 [16]). Mit der Feststellungsklage kann eine Klage auf Rückgabe einer geleisteten Sicherheit verbunden werden, oder die Klage kann lediglich auf Rückgabe einer Sicherheit gerichtet werden (RG. 1. Nov. 1901, Gruchot 46 S. 1160, JW. S. 861 [63]). Die Voraussetzung für die Zulässigkeit der Feststellungsklage ist z. B. erfüllt, wenn das EStA. Zahlung der ESt., Sicherheitsleistung, Einreichung des Nachlaßverzeichnisses und der Deklaration oder andere Leistungen gefordert hat, die nur bei Steuerpflichtigkeit eines Anfalles geschuldet werden, ferner, wenn das EStA. mit der Einleitung des Strafverfahrens gedroht hat (RG. 17. Juni 1895 — wie vor —). Wird die ESt. im Laufe des Rechtsstreites bezahlt, so kann die

Feststellungs- in die Leistungsklage umgewandelt werden; es ist aber nicht erforderlich (§ 268 CPO.; RG. 16. Jan. 1889, Bd. 23 S. 416). Nach Zahlung der ESt. ist in der Regel nur noch die Leistungsklage zulässig (RG. 3. Mai 1881, Bd. 4 S. 437; 29. Mai 1888, Gruchot 32 S. 1178; 2. Dez. 1899, Gruchot 45 S. 939; 3. Juli 1903, JW. S. 313 [4]); auch der eigentliche Steuerschuldner, welcher dem Einzahler der ESt. den Betrag noch nicht ersetzt hat, wird die Klage auf Rückzahlung an den Einzahler zu richten haben. Wenn die Feststellungsklage angebracht worden ist, so kann der Antrag nachträglich berichtigt werden (RG. 16. Jan. 1889 — wie vor —; 28. Nov. 1901, JW. 1902 S. 19 [5]). Umgekehrt kann auch eine Leistungsklage in eine Feststellungsklage übergeleitet werden (RG. 11. Nov. 1902, JW. 1903 S. 19 [46]). Über die Einwirkung der Klagerhebung auf das Steuererhebungsverfahren s. § 41 Anm. 2; über die Wirkung des auf die Feststellungsklage ergangenen Urteils s. § 325 CPO.; RG. Bd. 29 S. 345; Bd. 50 S. 417; JW. 1894 S. 361 [8].

Das Recht zur Erhebung der Leistungsklage steht jedem zu, der die ESt. selbst oder durch einen Vertreter bezahlt hat, oder, der als Steuerschuldner oder aus anderen Gründen dem Einzahler den Betrag zu ersetzen hat. Zur Erhebung der Feststellungsklage ist jeder befugt, der ein rechtliches Interesse an der Feststellung der Leistungspflicht hat.

4. Jeglicher Streit über die Verpflichtung zur Entrichtung einer ESt. kann im Rechtswege zum Austrage gebracht werden, ohne daß zuvor Beschwerde bei der Verwaltungsbehörde geführt zu werden braucht (RG. 9. Mai 1887, JW. 279 [32]; 6. Juni 1887, Gruchot 31 S. 1034, JW. S. 319 [33]; 21. April 1892, JW. S. 283 [48]; FM. 2. März 1902 III 2615). Der Anspruch kann auf Rückgewährung der ESt. oder der Sicherheit oder auf Feststellung des Rechtsverhältnisses gerichtet sein (Anm. 3).

Mehrere Ansprüche desselben Klägers gegen dieselbe fiskalische Stelle können in einer Klage geltend gemacht werden (§ 260 CPO.); mehrere Kläger als Streitgenossen s. §§ 59 ff. CPO.

Die Leistungsklage muß darauf gestützt werden, daß die Leistung ohne rechtlichen Grund erfolgt, oder daß der Grund später weggefallen sei (§ 812 BGB.). Als Nebenforderungen kommen in Betracht:

a) Verzugszinsen zu 4 v. H. (§ 288 BGB.) auch für Kaufleute (RG. 5. Jan. 1899, JW. S. 118[65]; § 352 HGB.). Die Verpflichtung zur Verzinsung eines überhobenen Steuerbetrages beginnt, sobald der Fiskus mit der Leistung in Verzug gerät, anderenfalls mit der Rechtshängigkeit des Anspruches (§§ 288, 291, 818, 819 BGB.), und zwar auch dann, wenn die Leistung der Steuer erzwungen worden ist. Der Fiskus kommt nicht in Verzug, wenn sein gesetzlicher Vertreter infolge eines entschuldbaren Irrtums zur Leistung nicht verpflichtet zu sein glaubt (§ 276 BGB.; Planck II § 291 Anm.); Verzugszinsen sind daher erst vom Eintritt der Rechtshängigkeit an zu entrichten, wenn nicht nachgewiesen wird, daß der fiskalische Vertreter den Mangel eines gesetzlichen Grundes des Steueranspruches gekannt oder früher erfahren hat (RG. 17. Febr. 1903, Bd. 54 S. 24, JW. S. 129[18]). Über Eintritt der Rechtshängigkeit s. §§ 263, 281, 693, 695 CPO. Die Zinsen bilden im Verhältnisse zur Steuer nur eine Nebenforderung. Der Anspruch darauf kann selbständig im Rechtswege verfolgt werden, wenn die Steuer erstattet worden ist; die Verjährung des Klagerechts, die Zuständigkeit des Gerichts und die Zulässigkeit der Revision sind alsdann nach der Hauptforderung zu beurteilen (RG. 21. April 1892, Bd. 29 S. 237; 7. Febr. 1901, JW. S. 177[41]; 13. Juni 1902, JW. S. 450[23], Gruchot 48 S. 126; Ger.-Hof zur Entscheid. von Kompetenzkonfl. 12. Dez. 1896, JMBl. 1897 S. 279). Eine Erweiterung der Klage auf Zinsen ist nur innerhalb der im § 26 LStG. bestimmten Frist zulässig (RG. 13. Juni 1902, wie vor).

b) Die Kosten der Mahnung und Vollstreckung, welche nach § 16 VZV. mit der Steuer zugleich beizutreiben sind. Aus dem BGB. läßt sich keine allgemeine Verpflichtung des Fiskus zum Ersatze herleiten (vergl. § 717 CPO.); ein Ersatzanspruch wird daher nur dann bestehen, wenn die Zwangsvollstreckung sich als eine zum Schadensersatz verpflichtende Handlung darstellt, für welche der Fiskus einzustehen haben würde (H. S. 205 Anm. b; vergl. § 839 BGB.). Ein solcher Anspruch ist keine Nebenforderung und unterliegt nicht der hier bestimmten Klagefrist. Dasselbe gilt für die in den §§ 20, 21, 38, 43 und 49 bezeichneten Kosten (H-Sp. S. 349 Anm. 7 Abs. 5).

5. Der preuß. Steuerfiskus wird im Rechtsstreite durch denjenigen PStD. vertreten, welchem das ESt A. unterstellt ist, das die ESt. gefordert hat, ohne Rücksicht darauf, an welche Kasse die Steuer gezahlt ist oder gezahlt werden soll (RG. 3. Dez. 1883, ZBl. 1884 S. 22; 5. Dez. 1889, Bd. 25 S. 247). Über die Einlassung auf den Rechtsstreit und die Durchführung, die dem FM. zu erstattenden Berichte und die Zivilprozeßnachweisung s. Ziffer 19 Dienstvorschr. Der Präsident des RG. hat angeordnet, daß dem Anwalt des Fiskus von jedem Urteile in einem Steuerprozesse außer der Ausfertigung noch ein Abdruck ausgehändigt werde (H-Sp. S. 359 Anm. 21 D). Abschrift der rechtskräftigen Entscheidungen — der Urteile des RG., auch wenn sie auf Zurückverweisung lauten — ist dem FM. ohne Verzug einzureichen (FM. 14. Jan. 1901 III 578). Haben mehrere Instanzen entschieden, so sind Abschriften der Urteile der Vorinstanzen in der Regel entbehrlich; etwa erforderliche Erläuterungen sind im Berichte zu geben.

6. Zuständig für den Rechtsstreit ist:

a) sachlich ohne Rücksicht auf den Wert des Streitgegenstandes für das Mahnverfahren das Amtsgericht (§ 689 CPO.; RG. 17. Sept. 1889, Bd. 24 S. 195) und für die Klage das Landgericht (§ 39 Abs. 1 Nr. 4 AG.GVG., Art. 130 zu V preuß. FG.). Wegen Verzugszinsen s. Anm. 4 a.

b) örtlich das Gericht, in dessen Bezirk der zur Vertretung des Fiskus berufene PStD. seinen Amtssitz hat (§ 18 CPO.).

Wird dem Fiskus der Streit verkündet, so kann es sich empfehlen, dem Streitverkünder beizutreten, weil die tatsächlichen und rechtlichen Unterlagen der Entscheidung für den späteren Prozeß maßgebend sind (§ 74 Abs. 3 CPO.), und zwar auch dann, wenn das erkennende Gericht für den Anspruch gegen den Fiskus sachlich unzuständig sein würde. Vergl. Anm. 10 c.

7. Im gerichtlichen Verfahren hat der Kläger die Voraussetzungen des Klagerechts und der Zuständigkeit des angerufenen Gerichts zu beweisen. Im übrigen verteilt sich die Beweislast nach dem Grundsatze, daß derjenige, welcher einen Anspruch erhebt, die den A. begründenden Tatsachen, und derjenige, welcher die Befreiung von dem Anspruche des Gegners geltend macht, die den Anspruch aufhebenden Tatsachen zu beweisen hat (RG. 13. April 1883, Bd. 9 S. 337; 13. Mai 1896, Gruchot 41 S. 173; 20. Mai 1896, JW. S. 370 [5]). Wenn die Steuer infolge Aufforderung der Steuerbehörde bezahlt worden ist, so ist grundsätzlich anzunehmen, daß die Leistung unfreiwillig zur Abwendung der Zwangsvollstreckung erfolgt ist, und deshalb ist der Fiskus als diejenige Partei anzusehen, welche einen Anspruch erhebt; denn die dem Fiskus gewährte Möglichkeit, die Steuer ohne weiteres einzuziehen, kann an der nach dem materiellen Rechte zu beurteilenden Beweislast nichts ändern (RG. 30. Mai 1890, Bd. 26 S. 56; 8. Juli

1892, Bd. 30 S. 173, JW. S. 400 [31]). Weist der Fiskus aber nach, daß der Kläger die Zahlung in der Meinung geleistet hat, die Forderung sei begründet, so hat der Kläger das Nichtbestehen der Verbindlichkeit darzutun (Planck II § 813 Anm. 2 d). Bei der negativen Feststellungsklage ist der Fiskus grundsätzlich beweispflichtig (RG. 13. April 1883, 20. Mai 1896, wie vor; 22. Sept. 1896, JW. S. 597 [7]). Der Kläger ist beweispflichtig für den Anspruch auf Verzugszinsen (Anm. 4 a), wenn er Verjährung oder Tilgung der ESt. einwendet oder wegen besonderer Verhältnisse (Verwandtschaft, Bestehen von Schulden usw.), Befreiung von der ESt., Besteuerung mit einem geringeren als dem Normalsatze von 8 v. H. oder eine andere Minderung der ESt. beansprucht (§ 35 Anm. 3).

Eine Änderung der Klage ist nach Maßgabe der §§ 264, 268, 269, 527 CPO. zulässig, eine Erweiterung in der Hauptsache oder in Bezug auf Nebenforderungen jedoch nur innerhalb der Klagefrist (Anm. 4 a, 10 c I). Der Fiskus kann die rechtliche Begründung seines Anspruches beliebig ändern (RG. 28. Mai 1894, JW. S. 379 [61]), auch — mit der aus § 529 Abs. 3 CPO. sich ergebenden Beschränkung für die Berufungsinstanz — eine auf anderer tatsächlicher Grundlage beruhende Gegenforderung zur Aufrechnung stellen (§ 387 BGB.), z. B. einen Stempelsteuerbetrag (RG. 16. April 1896, Gruchot 40 S. 1092; 6. Nov./28. Dez. 1900, Bd. 47 S. 330, JW. 1901 S. 95 [44], ZBl. 1901 S. 78, JMBl. 1901 S. 127 und 1902 S. 40). Vergl. § 41 Anm. 2.

8. Die Kosten des Rechtsstreites fallen in der Regel dem unterliegenden Teile zur Last (§§ 91 ff. CPO.). Hat der Fiskus durch sein Verhalten keine Veranlassung zur Klage gegeben und den Anspruch ohne Widerspruch sofort anerkannt, so ist der Kläger kostenpflichtig (§ 93 CPO.). Es kommt nicht darauf an, ob der zur Vertretung des Fiskus im Rechtsstreite berufene PStD.

von der Einforderung der Steuer Kenntnis hatte, weil die Steuerverwaltung für die Mißgriffe ihrer Behörden verantwortlich ist (RG. 9. Mai 1887, JW. S. 279 [32]; 21. April 1892, JW. S. 283 [48]). Dagegen wird der Fiskus keine Veranlassung zur Klage gegeben haben, wenn der Kläger seine Steuerpflichten nicht oder nicht gehörig erfüllt (vergl. §§ 20, 25, 35—38), insbesondere einen den Steuersatz beeinflussenden Umstand der Verwaltung auf Verlangen nicht nachgewiesen hat (§ 35 Anm. 3; Tarif C d Anm.; Tarif C e Anm. 3), oder wenn die Steuerberechnung auf den eigenen Angaben des Steuerpflichtigen oder des Klägers beruht. Wegen der Kosten der Revisionsinstanz vergl. § 97 Abs. 3 CPO.

Dem Fiskus steht in dem Verfahren vor dem RG. Gebührenfreiheit zu; er hat nur bare Auslagen zu zahlen (§ 98 GKG.). In dem Verfahren vor den Landesgerichten hat er keine Gebühren (§ 119 Abs. 1, § 8 Ziffer 1 preuß. GKG.) und, zur Vermeidung von Zahlungen aus einer Staatskasse in die andere, auch keine Auslagen zu entrichten. Wenn dem Fiskus Kosten des Verfahrens auferlegt sind, so dürfen Gebühren auch vom Gegner nicht erhoben werden, und erhobene sind zurückzuzahlen (§ 98 GKG.). Dieser unmittelbare Anspruch gegen den Justizfiskus schließt den Anspruch an den Steuerfiskus auf Erstattung solcher Gebühren aus (RG. 24. Okt. 1898, JW. S. 643 [14]). Schreibgebühren für Abschriften und Ausfertigungen, welche nicht von Amts wegen zu erteilen sind, hat der Kläger stets zu zahlen, unbeschadet des Erstattungsanspruches an den Steuerfiskus. Andere Auslagen sollen vom Kläger nicht gefordert werden, wenn der Fiskus sie zu erstatten haben würde; sind sie aber bereits bezahlt, so erfolgt die Erstattung nicht von der Gerichtskasse, sondern vom Steuerfiskus. Auslagen gelten auch dann als gezahlt, wenn sie durch einen Vorschuß oder einen nicht verbrauchten Gebührenvorschuß gedeckt sind. Hat der Fiskus Kosten des Verfahrens übernommen, so sollen die Bestimmungen über die Behandlung der Auslagen auch für Gebühren Anwendung finden (JM. 16. April 1884, JMBl. S. 78, ZBl. S. 86; JM. 8. Dez. 1902, JMBl. S. 302, ZBl. 1903 S. 11). Ob ein Vorschuß verbraucht ist, muß erforderlichenfalls durch Anfrage bei Gericht festgestellt werden; wenn ein Gebührenvorschuß auf Auslagen verrechnet ist, so soll der Gegner des Fiskus den Nachweis führen (FM. 8. Jan. 1903, ZBl. S. 12).

Sind dem Fiskus die Kosten ganz oder überwiegend auferlegt worden, so bedarf es in der Regel nicht der gerichtlichen Kostenfestsetzung; dagegen ist das Festsetzungsverfahren zu betreiben (§§ 104 ff. CPO.), wenn der Gegner Erstattung zu leisten hat und sie nicht anbietet, weil der Fiskus zur Einziehung im Verwaltungszwangsverfahren nicht befugt ist. Wegen Prüfung der Kostenrechnungen s. FM. 23. März 1883, ZBl. S. 92. Die Rechnungen sind von dem Justitiar mit der Bescheinigung der Richtigkeit oder Angemessenheit der Ansätze und von einem Rechnungsbeamten mit der Bescheinigung der rechnerischen Richtigkeit zu versehen. Die Anweisung erfolgt auf Kapitel 10 Titel 7 des Etats. Solange die Kostenpflicht nicht feststeht, sind die Kosten des Fiskus vorschußweise zu verausgaben; werden sie mangels einer Verpflichtung oder wegen Unvermögens nicht erstattet, so erfolgt die endgiltige Verrechnung; anderenfalls ist der wiedervereinnahmte Betrag auf den Vorschuß zu verrechnen.

9. Die Leistungen des Fiskus an zurückzuzahlender Steuer, an Zinsen und Kosten hat der Gläubiger an der fiskalischen Kasse in Empfang zu nehmen (Art. 11 AG.BGB.). Die Pflicht zur Verzinsung hört auf, wenn der Gläubiger sich mit der Annahme im Verzuge befindet, also mit dem Angebote der Leistungen (§§ 301, 293 ff. BGB.). Über Zwangsvollstreckung gegen den Fiskus s. § 15⁴ EG. CPO.;

§ 33 Teil I Tit. 35, Anh. § 242 Allgem. Ger. Ordg.; JMBl. 1882 S. 59, 1881 S. 160. Der rechtskräftig festgestellte Anspruch auf die zu erstattende ESt. verjährt in 30 Jahren, auch wenn nur eine Feststellung auf Grund einer Feststellungsklage erfolgt ist (§ 218 BGB.; Planck I § 218 Anm. 1).

Die zurückgezahlte ESt. ist als Erstattung bei der ESt. zu verausgaben (§ 19 StHG.); Verzugszinsen werden bei Kapitel 10 Titel 8a verrechnet. Wegen Anweisung der Zinsen s. § 29 Anh. Dienstvorschr.

10. Die Klagefrist ist eine Verjährungsfrist (RG. 23. Sept. 1886, ZBl. 1887 S. 119, JMBl. 1887 S. 114; 27. Sept. 1886, Bd. 17 S. 206; 17. Jan. 1890, Bd. 24 S. 199; 16. Mai 1899, Bd. 44 S. 207, JW. S. 460[84]; 14. Dez. 1896, Gruchot 41 S. 413). Es finden daher im allgemeinen die für Verjährung geltenden Vorschriften Anwendung. Eine Vereinbarung, wonach die Verjährung im voraus ausgeschlossen oder erschwert wird, ist unwirksam (§ 225 BGB.). Da die Verjährung im Prozesse jedoch nur auf Grund eines Einwandes des Fiskus zu berücksichtigen ist (H-Sp. S. 357), so kann die Anstellung von Prozessen über Fragen, deren gerichtliche Entscheidung bevorsteht, dadurch vermieden werden, daß der PStD. eine Zusicherung erteilt, wonach er den Einwand der Verjährung nicht erheben wird, wenn die Klage alsbald nach Bekanntwerden der Entscheidung angebracht wird. Die Frist ist nur für die Klage auf Rückzahlung der ESt. bestimmt; die Klage auf Rückgabe einer Sicherheit wird innerhalb der gewöhnlichen Verjährungsfrist zulässig sein, da sie die Verpflichtung zur Entrichtung einer ESt. nur vor der Bezahlung der ESt. betreffen kann (vergl. RG. 1. Nov. 1901, Gruchot 46 S. 1160, JW. S. 861[62]). Wegen der Feststellungsklage s. Anm. 3.

a) Der Beginn der Frist wird nach ausdrücklicher Vorschrift im § 26 LStG. durch den Zeitpunkt der Zahlung oder Beitreibung der Steuer bestimmt; als

Zahlungszeit ist die Zeit des Eingangs bei der zur Empfangnahme befugten Kasse anzusehen; bei der Beitreibung kommt es auf die Zeit an, zu welcher die beitreibende Stelle den Erlös empfangen hat. Der Lauf der Frist beginnt auch dann mit der Zahlung oder Beitreibung, wenn die ESt. nur vorläufig festgestellt und die Erstattung eines etwa überhobenen Betrages in Aussicht gestellt worden ist (RG. 16. Mai 1899, s. oben). Ist aber ein Betrag vor Feststellung der ESt. gezahlt und die Steuer später auf einen geringeren Betrag festgestellt worden, so kann der zuviel gezahlte Betrag nicht als ESt. angesehen werden; die Rückforderung unterliegt daher nicht der Beschränkung durch § 26 LStG. Dasselbe gilt, wenn die ESt. für einen aufschiebend bedingten Anfall oder sonst ein Betrag vor Eintritt der Steuerpflicht (§ 1 Anm. 5) gezahlt worden ist, jedoch mit der Maßgabe, daß die Klagefrist spätestens mit dem Ablaufe von 6 Monaten seit Eintritt der Steuerpflicht endigt (H-Sp. S. 357). Die Rückforderung kann von vornherein ausgeschlossen sein, wenn die Leistung unbedingt auch für den Fall erfolgt ist, daß kein Anspruch entsteht (Planck II § 813 Anm. 2c).

b) Die Berechnung der Frist erfolgt gemäß §§ 28, 35 LStG. nach den Bestimmungen der CPO. (§ 222); es ist jedoch anzunehmen, daß der Lauf der Frist durch die Gerichtsferien nicht gehemmt wird (vergl. § 223 CPO.; H-Sp. S. 369 Anm. 6).

c) Die Hemmung (Anm. b) und Unterbrechung der Verjährung ist nach den allgemeinen Vorschriften der §§ 202 ff., 208 ff. BGB. zu beurteilen. Die Unterbrechung kann namentlich erfolgen:

I. Durch Zustellung der Leistungs- oder Feststellungsklage (s. Anm. 3; § 253 CPO.). Die Klage gegen einen anderen als den zur Vertretung des Fiskus zuständigen PStD. wirkt nicht die Unterbrechung der Verjährung (Anm. 5; RG. 11. Mai 1894, JW. S. 360[8]). Die

Unterbrechung erfolgt in dem Umfange, in welchem ein Anspruch geltend gemacht wird (RG. 24. März 1904, Bd. 57 S. 372). Wegen Zulässigkeit einer Klageerweiterung s. Anm. 7. Die Unterbrechung der Verjährung des weiteren Anspruches erfolgt durch Geltendmachung in der mündlichen Verhandlung (§ 281 CPO.). Über die Dauer der Unterbrechung, namentlich beim Ruhen des Rechtsstreits, s. § 211 BGB. Wird eine Klage unter Vorbehalt der Rechte eingeschränkt, so ist die Verjährung auch für den vorläufig zurückgestellten Anspruch unterbrochen (RG. 9. Jan. 1900, JW. S. 165[30]). Wird die Klage aber ihrem ganzen Inhalte nach zurückgenommen oder durch ein nicht in der Sache selbst entscheidendes Urteil rechtskräftig abgewiesen (z. B. wegen Unzuständigkeit des Gerichts — RG. 17. Jan. 1890, Bd. 24 S. 199), so gilt die Unterbrechung als nicht erfolgt, sofern nicht binnen einer Ausschlußfrist von 6 Monaten von neuem Klage erhoben wird (§ 212 BGB.). Wenn der Rechtsstreit in anderer Art ohne eine abschließende Entscheidung rechtskräftig erledigt ist, z. B. durch Abweisung wegen mangelhafter Begründung der Klage, so beginnt der Lauf einer neuen Verjährungsfrist (§§ 211, 217 BGB.).

II. Durch Zustellung eines Zahlungsbefehls (§ 209 BGB.; §§ 693, 166 Abs. 2, 207 Abs. 2 CPO.; Anm. 3); die Unterbrechung gilt als nicht erfolgt, wenn die Wirkungen der Rechtshängigkeit erlöschen (§ 213 BGB.; §§ 697, 700, 701 CPO.).

III. Durch Geltendmachung der Aufrechnung im Prozesse (§ 209 BGB.). Über Zulässigkeit der A. siehe §§ 387 ff., besonders 395 BGB.; über die Dauer der Unterbrechung s. § 215 BGB.

IV. Durch Streitverkündung (§ 209 BGB.; §§ 72 ff. CPO.). Eine Str. kann z. B. eine für die Steuer haftbar gemachte Person erlassen, wenn sie gegen den Steuerpflichtigen wegen Ersatzes der Steuer Klage erhebt und fürchtet, daß die Steuerforderung bemängelt werde. Über Dauer der Unterbrechung s. § 215 BGB. Vergl. Anm. 6.

V. Durch Anerkennung des Anspruchs (§ 208 BGB.; FM. 4. Jan. 1889 III 23641, H=G. S. 49 Anm. 52e; RG. 16. Mai 1899, Bd. 44 S. 207) von seiten des zuständigen PStD. (§ 15 Anw.).

11. Abs. 2 ist von der Kom. des AH. angefügt (Ber. S. 17). Nach dem Wortlaute des Ges. und des Komm.Ber. ist die Vorschrift nicht nur auf die im EStG. vorgesehenen Fälle (§ 7 Anm. 3, § 8, § 10 Anm. 5, § 16 Abs. 2, §§ 22 bis 25), sondern auf alle Ereignisse zu beziehen, durch deren Eintritt der Steueranspruch gemindert oder aufgehoben wird (vergl. § 1 Anm. 4, 13a); das RG. (22. Jan. 1894, JW. S. 134[11]) hat dies dahingestellt sein lassen. Die Frist ist eine Verjährungsfrist, für welche die Erläuterungen unter 10 gelten; sie beginnt mit dem Eintritte des den Erstattungsanspruch zur Entstehung bringenden Ereignisses. Was als ein Ereignis im Sinne dieser Vorschrift anzusehen ist, kann zweifelhaft sein, da im Ges. selbst einmal eine Veränderung des objektiven Tatbestandes (§§ 7, 10, 16 Abs. 2, 22 bis 24), und ein andermal eine Veränderung des subjektiven Tatbestandes (§ 25), nämlich das Bekanntwerden von Schulden, als Ereignis hingestellt ist. Die Entscheidung wird davon abhängen, welcher Tatbestand der ersten Steuerberechnung zu grunde gelegen hat; gegenüber einem objektiven Tatbestande können daher nur objektive Veränderungen und umgekehrt berücksichtigt werden. Eine Änderung in der rechtlichen Beurteilung des Tatbestandes kann niemals als Ereignis angesehen werden. Bei Veränderungen des subjektiven Tatbestandes kann die Klagefrist für mehrere Berechtigte zu verschiedener Zeit beginnen. Im Falle einer Veränderung des objektiven Tatbestandes kommt der Erstattungsanspruch erst mit dem Ereignisse zur Entstehung, und die Verjährung beginnt daher erst mit diesem Zeitpunkte

(§ 198 BGB.). In anderen Fällen besteht der Erstattungsanspruch von vornherein, und es ist nur der ihn begründende Tatbestand nicht bekannt. Die Verj. beginnt daher mit der Zahlung der ESt., und das Klagerecht wird auch nur unter der Voraussetzung gewährt sein, daß der Anspruch selbst nicht in der Zwischenzeit verjährt ist (Anm. 2). Vergl. § 50 Anm. 3a.

Vorbemerkungen zu §§ 43—48.

1. Das Landesstrafrecht über Verletzungen der Steuergesetze ist durch § 2 Abs. 2 EG. StGB. aufrecht gehalten; die Landesgesetzgebung ist auch zum Erlasse neuer derartiger Strafbestimmungen befugt (RG. 1. Mai 1880, Annalen 2 S. 1). Die besonderen Strafbestimmungen im EStG. schließen die Anwendung des gemeinen Strafrechtes auf Handlungen aus, die lediglich den Tatbestand des Steuerstrafrechts erfüllen; z. B. kann eine Zuwiderhandlung gegen § 44 Abs. 1 EStG. nicht als Betrug bestraft werden (Sten.Ber. S. 1161 ff., 1341 ff.; RG. Straff. 28. Okt. 1880, Bd. 2 S. 405; 13. Juli 1891, Bd. 22 S. 121; 2. Juli 1894, Bd. 26 S. 48, JW. S. 498[6]). Andererseits wird eine Handlung, die, den Tatbestand des Steuerstrafrechts überschreitend, zugleich das gemeine Strafrecht verletzt, mit keiner Steuerstrafe geahndet, wenn das gemeine Strafrecht angewendet worden ist (§ 44 Abs. 2 EStG.). Soweit das EStG. keine Sondervorschriften enthält (vergl. §§ 44 Abs. 2, 47, 50 Abs. 4), finden die allgemeinen Vorschriften des StGB. Anwendung:

a) Die Handlung ist eine Übertretung, wenn sie mit Geldstrafe bis zu 150 M. bedroht ist, sonst ein Vergehen (§ 1 StGB.). Die Zuwiderhandlung gegen § 43 Abs. 2 ist stets Übertretung, gegen § 45 stets Vergehen. Im übrigen ist die Unterordnung unter diese Begriffe von dem Betrage der ESt. oder davon abhängig, ob die ESt. nicht ermittelt werden kann (Olshausen § 1 Anm. 10). Die Unterscheidung ist wegen des Mindestbetrages der Strafe und der Strafbarkeit der Beihilfe von Bedeutung (§§ 27, 49 StGB.).

b) Der Versuch ist nicht strafbar (§ 43 StGB.).

c) Anstiftung und Beihilfe (§§ 48, 49 StGB.) sind nur bei vorsätzlichen Zuwiderhandlungen strafbar. Dadurch wird die Bestrafung wegen Anstiftung usw. zu Zuwiderhandlungen gegen §§ 43 Abs. 2, 46 EStG. nicht ausgeschlossen; denn es genügt, wenn der Täter absichtlich gehandelt hat, sei es auch ohne Kenntnis der strafrechtlichen Norm (der Verpflichtungen aus §§ 32—37 EStG.) und ohne die Absicht, Steuer zu hinterziehen (RG. 19. März 1892, Straff. Bd. 22 S. 427, JW. S. 267 [14]; Olshausen § 48 Anm. 18; a. M.: RG. Straff. Bd. 25 S. 38).

d) Strafbar sind nur natürliche, nicht juristische Personen; anstelle j. P. sind ihre gesetzlichen Vertreter zur Erfüllung der Steuerpflichten verbunden (§ 37 Abs. 2). Mehrere Täter sind jeder für sich strafbar, ohne daß einer für die Strafe des andern haftet; das gilt namentlich auch für mehrere gesetzliche Vertreter (§ 37 Abs. 2), da eine dem § 17 Abs. 6 LStG. entsprechende Bestimmung nicht besteht (§ 47 StGB.; H-Sp. S. 257 Anm. 16; RG. 10. Jan. 1896, Straff. Bd. 28 S. 103).

e) Strafausschließung s. § 44 Abs. 2 EStG.; §§ 51 ff. StGB. Straflosigkeit tritt auch ein, wenn die rechtzeitige Erfüllung der Steuerpflicht unmöglich war (H-Sp. S. 252 Anm. 7). Das Hindernis braucht nicht von vornherein bestanden zu haben; es genügt, wenn es die sonst mögliche Erfüllung vereitelt hat.

f) Nur im Geltungsbereiche des EStG. begangene Zuwiderhandlungen sind strafbar, aber auch dann, wenn der Täter Ausländer ist. Unterlassungen sind stets strafbar, weil die Handlungen im Inlande zu vollziehen gewesen wären (H. S. 161 Anm. 2, Olshausen § 3

Anm. 4 c). Zuwiderhandlungen, welche durch ein an die Steuerbehörde gesandtes Schreiben begangen sind, werden als im Inlande verübt anzusehen sein (Olshausen § 3 Anm. 5). Anstiftung und Beihilfe sind strafbar, wenn die Haupttat im Inlande begangen ist (RG. 14. Juni 1894, ZBl. S. 516; Olshausen § 3 Anm. 9). Die Strafvollstreckung ist nur im Reichsgebiete (Ges. 9. Juni 1895, RGBl. S. 256) und in solchen Staaten möglich, welche Rechtshilfe gewähren.

2. Die Strafen sind nicht bestimmt, die Erfüllung der gesetzlichen Verpflichtungen zu erzwingen, sondern die Zuwiderhandlungen zu ahnden (Komm.Ber. S. 17). Das gilt namentlich auch für die im § 48 Abs. 2 bestimmte Strafe, obwohl sie ebenso, wie die Erzwingungsstrafe des § 38, als Ordnungsstrafe bezeichnet ist. Eine Wiederholung der Bestrafung ist bei dieser Natur der Strafen nicht zulässig (FM. 14. Okt. 1888 III 17083, 28. Febr. 1895 III 2018, Bonnenberg S. 45 Anm. 17, S. 208 Anm. 15). Die Aufhebung oder Milderung einer Strafe kann durch Einlegung eines Rechtsmittels (§ 48) oder im Gnadenwege betrieben werden (§ 47 Anm. 2). Die ordentlichen Steuerstrafen treffen auch Beamte, die als Vertreter öffentlicher Behörden (§ 37 Abs. 2) Zuwiderhandlungen begehen.

§. 43. (41).

Strafbestimmungen.

Wer die gesetzliche Verpflichtung zur Anmeldung eines steuerpflichtigen Anfalles, oder zur Vorlegung des Verzeichnisses und der Deklaration (§. 35) innerhalb der vorgeschriebenen, beziehungsweise auf Antrag verlängerten Frist nicht erfüllt, hat die durch die amtlichen Ermittelungen entstehenden Kosten zu tragen, die in Folge seiner Säumigkeit etwa ausfallenden Steuerbeträge zu ersetzen und verfällt außerdem in eine dem doppelten Betrage der Erbschaftssteuer von dem betreffenden Anfalle gleiche Geldstrafe, wenn aber der Betrag der Erbschaftssteuer nicht ermittelt werden kann, in eine Geldstrafe bis zu dreitausend Mark.

Ist jedoch nach den obwaltenden Umständen anzunehmen, oder kann der Angeschuldigte nachweisen, daß die rechtzeitige Erfüllung der Verpflichtung nicht in der Absicht, die Erbschaftssteuer zu hinterziehen, unterlassen sei, so tritt statt der vorgedachten Geldstrafe nur eine Ordnungsstrafe bis zu einhundertfünfzig Mark ein.

Diese Ordnungsstrafe kann ohne vorgängige Einleitung eines Strafverfahrens von dem zuständigen Erbschaftssteueramte bis auf Höhe von sechszig Mark durch besonderen, die Entscheidungsgründe enthaltenden Bescheid festgesetzt werden, gegen welchen dem Angeschuldigten der Rekurs oder die Berufung auf den Rechtsweg wie gegen ein Strafresolut der Steuerbehörden (§. 48) zustehen. Die Einziehung der Steuer erfolgt unabhängig von der Bestrafung.

1. Abs. 1 und 2 treffen dieselbe Zuwiderhandlung, und zwar Abs. 1 schlechthin, Abs. 2 nur in denjenigen Fällen, in denen die Erfüllung der Verpflichtung — allerdings verspätet — erfolgt, und auf Grund bestimmter Tatsachen anzunehmen ist, daß keine Steuerhinterziehung beabsichtigt war. Die Anwendung des

Abs. 2 ist schon dann ausgeschlossen, wenn der Verpflichtete sich seiner Pflicht möglicherweise bewußt war (RG. 29. Mai 1899, ZBl. S. 297). Bei Feststellung des Tatbestandes hat die Untersuchungsbehörde auch aufzuklären, ob eine Steuerhinterziehung beabsichtigt war.

Die Zuwiderhandlungen sind bei Erfüllung des objektiven Tatbestandes strafbar, ohne Rücksicht darauf, ob der Täter vorsätzlich gehandelt hat oder nicht. Bei Abs. 1 handelt es sich stets um vorsätzliche Unterlassung oder Zögerung. Auch die Übertretung des Abs. 2 kann vorsätzlich erfolgen, z. B. wenn der Verpflichtete die rechtzeitige Erfüllung bewußt unterläßt, weil er nicht verpflichtet zu sein glaubt; sie kann aber auch aus Nachlässigkeit begangen werden (RG. Strafs. 19. März 1892 — Vorbem. 1 c —). Die Strafbefugnis aus Abs. 2 soll mit Milde geübt werden (FM. 2. Dez. 1873, ZBl. 1874 S. 17, zu II 3).

2. Strafbar ist, wer die Verpflichtung zur Anmeldung eines steuerpflichtigen Anfalles (§ 32) oder zur Vorlegung des Verzeichnisses und der Deklaration (§§ 35—37) nicht oder nicht rechtzeitig erfüllt hat, und auch durch die Erfüllung von seiten eines anderen nicht befreit worden ist (§ 33, § 37 Anm. 1 b). Die nachträgliche Erfüllung kann also die Bestrafung nicht ausschließen (OTr. 25. Okt. 1877, ZBl. 1878 S. 209; Anm. 1).

a) Während jeder Anfall anzumelden ist (§ 32 Anm. 1), wird eine Zuwiderhandlung nur bestraft, wenn der Anfall steuerpflichtig ist. Eine Bestrafung ist ausgeschlossen, wenn vor Ablauf der Anmeldungsfrist das Verz. und die Deklar. eingereicht werden, und diese Schriftstücke sich auf den Anfall beziehen.

b) Die Verpflichtung zur Einreichung des Verzeichnisses und der Deklaration besteht auch, wenn der Nachlaß überschuldet ist, oder der Anfall 150 M. nicht übersteigt (§ 35 Anm. 1); Bestrafung kann jedoch nicht erfolgen, weil die Strafvorschrift die Verpflichtung zur Entrichtung einer ESt. voraussetzt, wie die Bestimmung der Strafe auf das Doppelte der ESt. ergibt. Die Einreichung der Deklar. ist mit derjenigen des Verz. zu verbinden (§ 35); es handelt sich mithin um eine einheitliche Verpflichtung, als deren Hauptgegenstand der Regel nach allerdings die Einreichung des Verz. angesehen worden ist. Das ergibt auch im § 43 der Gebrauch des Wortes „und" zwischen Verz. und Deklar. im Gegensatze zu dem vorhergehenden „oder". Da wegen Unvollständigkeit und Unrichtigkeit der Angaben eine Bestrafung nur nach § 44 erfolgen darf und daher ausgeschlossen ist, wenn die Angaben nach bestem Wissen oder fahrlässig mangelhaft gemacht sind (Sten.Ber. S. 1159 ff., 1340 ff.), so wird eine Bestrafung auf Grund des § 43 nicht eintreten können, wenn nur das Verz. oder die Deklar. eingereicht worden ist. Es kann dann nur die Vervollständigung auf Grund des § 38 herbeigeführt werden (vergl. § 44 Anm. 2).

3. Mehrere strafbare Handlungen begeht, wer zunächst die Anmeldungspflicht und dann die Pflicht zur Einreichung des Verz. und der Deklar. verletzt; er ist daher wegen jeder Zuwiderhandlung besonders zu bestrafen (§ 78 StGB.). Daß es sich trotz der Zusammenfassung um zwei Strafbestimmungen handelt, folgt schon aus dem Gebrauche des Wortes „oder". Noch deutlicher ergibt es sich aus der Begr. (S. 65 f.), wo zunächst auf § 9 der Verord. von 1867 hingewiesen ist, der mit klaren Worten zwei Straftaten hervorhob, und dann weiter ausgeführt ist, daß die Regelung der Verpflichtungen der Steuerpflichtigen ihren Zweck verfehlen würde, wenn nicht „außer der Anmeldung" die Vorlegung des Verz. und der Deklar. und die Abgabe der eidesstattlichen Versicherung durch Strafvorschriften sichergestellt würden. Auch der Zweck der Vorschrift nötigt zu dieser Auf-

fassung; denn, wenn eine fortgesetzte Handlung angenommen werden dürfte, so würde, nachdem die Strafe wegen Verletzung der Anmeldungspflicht verwirkt ist, die Vorlegung des Verz. und der Deklar. nicht mehr durch Strafbestimmung gesichert sein.

4. Die Festsetzung der Strafe kann erst erfolgen, wenn die ESt. ermittelt worden ist, oder die Ermittelung sich als unausführbar erwiesen hat. Die Ordnungsstrafe beträgt mindestens 1 M. (§ 27 StGB.); im übrigen muß sie geringer sein als die ordentliche Steuerstrafe (Abs. 1), weil Abs. 2 eine Milderung bezweckt (H.-Sp. S. 260 Anm. 3). Daher muß auch der Festsetzung der Ordnungsstrafe die Ermittelung der ESt. vorangehen (FM. 14. Okt. 1888 III 17083; 28. Febr. 1895 III 2018). Das EStA. darf die Ordnungsstrafe bis zu 60 M. ohne vorherige Einleitung eines Strafverfahrens durch Strafbescheid festsetzen (Abs. 3; § 5 Abs. 4 VStG.), der den Erfordernissen der §§ 459 StPO. und 36 VStG. genügen muß. Eine wiederholte Festsetzung gegen dieselbe Person ist nicht zulässig (Vorbem. 2). Hält das EStA. eine höhere Ordnungsstrafe als 60 M. für angemessen, so muß es die Einleitung des Strafverfahrens veranlassen. Vergl. § 13 Anm.

5. Die Ersatzpflicht für Kosten und Steuer trifft den Verpflichteten persönlich, mehrere V. als Gesamtschuldner, wegen schuldhafter oder fahrlässiger (Vorbem. 1 c) Verletzung der Pflicht zur Anmeldung oder zur Einreichung des Verz. und der Deklar.

a) Die Verpflichtung für die Kosten ist nicht davon abhängig, ob eine ESt. zu entrichten ist; denn, da die Ersatzpflicht eine Folge der Verletzung der Verpflichtungen aus §§ 32, 35 f. ist, so kann hier unter einem steuerpflichtigen Anfall nur dasselbe verstanden werden, wie in jenen Paragraphen (§ 32 Anm. 1; § 35 Anm. 1). Zu ersetzen sind nur die Kosten solcher Ermittelungen, die infolge der Unterlassung notwendig waren. Vergl. §§ 20 Anm. 5 (Rechtsweg, Verjährung), § 21 Anm. 3 (Verwaltungszwangsverfahren).

b) Die Pflicht zum Ersatze der infolge Säumigkeit oder Unterlassung etwa ausfallenden Steuer hat zur Voraussetzung, daß die Steuer von den Schuldnern (§§ 29, 30) nicht zu erlangen ist, aber bei rechtzeitiger Erfüllung der Verpflichtungen zur Anmeldung usw. zu erlangen gewesen wäre, und daß der Ausfall eine Folge der Pflichtverletzung ist. Unter ausgefallener Steuer wird verjährte Steuer nicht zu verstehen sein (vergl. RG. 27. März 1893, JW. S. 279 [51]). Der Ersatzanspruch entsteht erst, wenn die Uneinziehbarkeit der ESt. festgestellt ist, und kommt garnicht zur Entstehung, wenn die ESt. verjährt, ohne daß eine solche Feststellung erfolgt ist.

Ein Zusammenhang zwischen der Säumigkeit und dem Ausfall ist nicht anzuerkennen, wenn die Verwaltung ohnehin in der Lage war, die ESt. rechtzeitig zu ermitteln und einzuziehen, z. B. auf Grund der Auszüge aus den Totenlisten (RG. wie vor), oder wenn während der Säumnis keine nachteilige Veränderung in den Verhältnissen des Schuldners eingetreten ist. Auf den Anspruch finden die §§ 42, 50 EStG. Anwendung, da es sich, wie bei § 30, um eine Verpflichtung für die ESt., nicht um eine Schadensersatzpflicht handelt.

§. 44. (42).

Die Bestimmungen des §. 43 finden gleichmäßig Anwendung auf denjenigen, welcher wissentlich zu einem steuerpflichtigen Anfalle gehörige Gegenstände, zu deren Angabe er verpflichtet ist, verschweigt, oder über die Thatsachen, welche die Steuerpflichtigkeit, die Höhe des Steuersatzes oder des Steuerbetrages bestimmen, wissentlich unrichtige Angaben macht.

Eine Bestrafung findet jedoch nicht statt, wenn der Pflichtige auf erforderte eidesstattliche Versicherung seine Angaben berichtigt. Auch fällt die hier vorgeschriebene Bestrafung hinweg, wenn die Täuschung mittelst Urkundenfälschung oder eidesstattlicher Versicherung unternommen ist und wegen dieser Vergehen Bestrafung eintritt.

1. Die Absicht, Steuer zu hinterziehen, ist Voraussetzung für die Strafbarkeit des Täters. Das OTr. (13. Sept. 1876, ZBl. 1877 S. 77, Oppenhoff, Rechtsprechung des OTr., Berlin Bd. 17 S. 555) hat jedoch angenommen, daß es genüge, wenn wissentlich etwas verschwiegen oder über wirklich — nicht nach der Meinung des Erklärenden — erhebliche Tatsachen wissentlich eine unrichtige Angabe gemacht würde (ebenso Sch-C. S. 137). Hierfür spricht allerdings der Wortlaut des ersten Abs. Aber schon aus dem Wortlaute des zweiten Abs. „wenn die Täuschung unternommen ist", muß gefolgert werden, daß böse Absicht des Täters vorausgesetzt wird. Das Wort „Täuschung" kann auch nicht wegen der im Anschlusse daran bezeichneten Vergehen gewählt sein; denn die Bestrafung wegen Abgabe einer unrichtigen eidesstattlichen Versicherung setzt keine böse Absicht voraus. Noch deutlicher sprechen die Gesetzesquellen für die vertretene Ansicht. In der Reg.-Vorlage war von einer beabsichtigten Täuschung die Rede und die Strafe des 10fachen Steuerbetrages vorgesehen, weil es sich um Versuche vorsätzlicher Täuschung handele, die dem Betruge nahestehen, unter Umständen mit ihm zusammenfallen (Begr. S. 66). Der zum Ges. gewordene Antrag des Abg. Bähr sollte nach der Erklärung des Antragstellers

dieselben Taten mit Strafe bedrohen, wie die Reg.-Vorlage (Sten.Ber. S. 1160). Der Reg.-Vertreter erklärte sich gegen den Antrag, weil darin für die strafbarste Absicht und die strafbarsten Fälle keine Strafverschärfung vorgesehen, und weil er dahin zu deuten sei, daß ein Verschweigen aus Nachlässigkeit, das sonst von § 43 in Verbindung mit § 35 getroffen würde, überhaupt nicht bestraft werde. Diese Folgerung wurde bei den weiteren Verhandlungen als eine richtige anerkannt, und es wurde ferner mehrfach zum Ausdruck gebracht, daß § 44 nur auf solche Zuwiderhandlungen zu beziehen sei, die dem Betruge zum Verwechseln ähneln (Sten.Ber. S. 1159 ff., 1340 ff., 1837 ff.). Außerdem wurde die Bestimmung im Abs. 2 Satz 1 damit begründet, daß es sich nur um einen straflosen Versuch handele (Sten.Ber. S. 1838); von einem solchen kann aber nicht die Rede sein, wenn die Absicht, Steuer zu hinterziehen, nicht zum Tatbestande gehört.

2. Verschweigen wird nur bestraft, wenn ein nach §§ 37, 38 Verpflichteter bei Einreichung des Verzeichnisses oder Erteilung weiterer Auskunft (in der Absicht, Steuer zu hinterziehen — s. Anm. 1 —) Gegenstände nicht angegeben hat, obwohl er wußte, daß sie zu einem steuerpflichtigen Anfall gehören. Verschweigen anderer erheblicher Angaben, z. B. in die Deklaration gehöriger, ist straffrei; es kann nur Ergänzung gefordert werden (§ 38). Wenn das Verschweigen ohne Einfluß auf den Steuerbetrag ist, so tritt keine Bestrafung ein.

3. Unrichtige Angaben müssen bewußt über nach Meinung des Erklärenden erhebliche Tatsachen gemacht sein (s. Anm. 1 über a. M. des OTr.). Wegen unrichtiger Wertangaben kann keine Bestrafung erfolgen, da es sich nicht um Tatsachen handelt (§ 20 Anm. 2). Strafbar sind nur die zu Angaben verpflichteten Personen, da die Strafbestimmungen eines Steuergesetzes sich regelmäßig nur gegen diejenigen richten, welche die

ihnen auferlegten Pflichten verletzen (a. M. Sch=E. S. 137). Unbeteiligte können nur nach gemeinem Strafrecht verfolgt werden (Vorbem. 1 zu § 43).

4. Strafausschließung wird auch eintreten, wenn der Täter, ohne zur Abgabe einer eidesstattlichen Versicherung aufgefordert zu sein, seine Angaben aus freiem Entschlusse berichtigt; denn auch in diesem Falle handelt es sich nur um einen Versuch (Anm. 1). Die Berichtigung muß während des gesetzlichen Steuerermittelungsverfahrens aus freiem Entschlusse im Steuerinteresse — nicht zur Erlangung einer Erstattung — erfolgen (OTr. 13. Sept. 1876 s. Anm. 1).

Die Zuwiderhandlung ist nicht Betrug (Vorbem. 1 vor § 43). Urkundenfälschung s. §§ 267 ff. StGB.; eidesstattliche Versicherung s. § 39 Anm. 6.

§. 45. (43).

Wer der Verpflichtung zur Abgabe der eidesstattlichen Versicherung auf wiederholte Aufforderung (§. 39) innerhalb der zu bestimmenden Frist nicht genügt, wird mit einer Geldstrafe von fünfundsiebenzig bis dreitausend Mark bestraft.

Strafbar ist, wer zur Abgabe der e. V. verpflichtet ist (§ 39), der Pflicht aber trotz mindestens zweimaliger Aufforderung des EStA. oder der von diesem ersuchten Behörde innerhalb einer wenigstens in der letzten Aufforderung bestimmten ausreichenden Frist nicht genügt hat. Die Zuwiderhandlung ist bei Erfüllung des objektiven Tatbestandes strafbar, ohne Rücksicht darauf, ob der Täter vorsätzlich gehandelt hat oder nicht. Befolgung der Aufforderung nach Ablauf der Frist schließt die Strafe nicht aus. Vergl. Vorbem. vor § 43, Anm. 6 zu § 39.

§. 46,

betreffend Zuwiderhandlungen gegen § 4 Abs. 3 Satz 2, ist aufgehoben (§ 4 Anm.). In den Hohenzollernschen Landen gilt seit 1. Juli 1891 folgende Vorschrift des Art. 2 Ges. v. 19. Mai 1891:

Jeder Aussteller einer steuerpflichtigen Schenkungsurkunde, welcher die von dem Finanzminister in Bezug auf die Entrichtung der Steuer erlassenen und gehörig bekannt gemachten Bestimmungen oder die von der zuständigen Steuerbehörde in dieser Hinsicht getroffenen und ihm besonders mitgetheilten Anordnungen unbefolgt läßt, verfällt wegen Hinterziehung der Abgabe in die Strafe des Vierfachen derselben, oder, falls ihr Betrag noch nicht feststeht, in eine Geldstrafe bis zu dreitausend Mark. An Stelle dieser Strafe tritt eine Ordnungsstrafe bis zu einhundertfünfzig Mark, wenn aus den Umständen hervorgeht, daß eine Hinterziehung der Abgabe nicht erfolgen konnte oder nicht beabsichtigt war.

Die Strafe kann gegen jeden Inhaber der Urkunde verfolgt werden, auf welcher sich kein Vermerk über die Entrichtung der Steuer findet, vorbehaltlich seines Rückgriffs gegen den Aussteller. Kann er indeß nachweisen, daß er erst nach dem Tode des Ausstellers in den Besitz der Urkunde gelangt ist, so kann die Strafe von ihm nicht eingezogen werden.

§. 47. (44).

Die Umwandlung der in den §§. 43, 44, 45 und 46 bestimmten Geldstrafen, zu deren Zahlung der Verurtheilte unvermögend ist, in eine Freiheitsstrafe findet nicht statt. Auch darf zur Beitreibung von Geldstrafen ohne Zustimmung des Verurtheilten, insofern dieser ein Inländer ist, kein Grundstück subhastirt werden.

1. Im zweiten Satz muß es statt „Inländer" „Deutscher" heißen (§ 54 Abs. 2 VStG.; Art. 3 Reichsverfassung). Vergl. § 11 Anm. 3. Im Falle des Verlustes der Reichsangehörigkeit kann die Versteigerung betrieben werden. Die zwangsweise Eintragung als Sicherungshypothek ist zulässig (§ 54 VStG.). Geht ein derart belastetes Grundstück in das Eigentum eines anderen als des Bestraften über, so bleibt die Zulässigkeit der Versteigerung der im § 47 bestimmten Beschränkung unterworfen. Auf die Lage des Grundstücks kommt es nicht an. Die Zustimmung zur Versteigerung ist an keine Form gebunden, wird aber dem Vollstreckungsgericht nachgewiesen werden müssen. Die Beschränkung bezieht sich nicht auf ESt. und Kosten; hierfür gilt § 51 Abs. 2 VZV.; wegen der Erzwingungsstrafe s. § 38 Anm. 5c. Ohne Beschränkung zulässig ist die Zwangsverwaltung (§§ 51, 52 VZV.; § 866 CPO.), sowie jede Zwangsvollstreckung in Berechtigungen, für welche die sich auf Grundstücke beziehenden Vorschriften gelten (H-Sp. S. 313 Anm. 5).

2. Über Beitreibung s. §§ 52—57 VStG. und § 41 Anm. 4. Die Vollstreckung gegen Militärpersonen liegt den Steuerbehörden oder Civilgerichten ob (§ 2 Mil.Str.Ger.Ord. 1. Dez. 1898, RGBl. S. 1189). Über Vollstreckung in den Nachlaß des Verurteilten s. § 30 StGB.; Vollstr. während des Konkurses s. § 38 Anm. 5c; über Aussetzung der Vollstreckung, wenn Absendung eines Gnadengesuches nachgewiesen wird s. ZBl. 1877 S. 3, Ziffer 15 Abs. 2 Dienstvorschr.

Über Begnadigung s. Allerh. Erlaß 26. Sept. 1897, betr. Übertragung von Strafniederschlagungs- und Strafmilderungsbefugnissen in Zoll- und Steuersachen, GS. S. 402, und Allgem. Verfg. des FM., betr. Weiterübertragung von gleichen Befugnissen, 6. Okt. 1897, ZBl. S. 408, JMBl. S. 267.

Die Einziehung der ESt. erfolgt unabhängig von der Bestrafung (§ 43 Abs. 3). Ist die Einziehung bei Beendigung des Strafverfahrens ausnahmsweise noch nicht erfolgt, so kann der PStD., wenn er für Strafe und Kosten Abtragung in Teilzahlungen oder Ausstand bewilligt, die Bewilligung gleichzeitig und ebenso für die Abgabe aussprechen, auch über den Abschluß des Rechnungsjahres hinaus. Ferner kann der PStD. in solchen Fällen, in welchen unter den obwaltenden Umständen von einer Bestrafung abgesehen worden ist, für die Steuern und Kosten über den Abschluß des Rechnungsjahres hinaus Stundung und Teilzahlungen bewilligen (Ausf. StHG. Ziffer 6 [4]). Die Bewilligung der Teilzahlungen hat unter dem Vorbehalt zu erfolgen, daß beim Ausbleiben einer Teilzahlung die zwangsweise Beitreibung des ganzen Restes geschehen könne. Es darf davon abgesehen werden, die Teilbeträge zunächst auf die Abgabe zu verrechnen; im übrigen geschieht die Verrechnung zunächst auf die Strafe und dann auf die Kosten (FM. 28. Mai 1903, ZBl. S. 215, JMBl. S. 142). Vergl. § 41 Anm. 3.

§. 48. (45).

In Betreff des administrativen und gerichtlichen Strafverfahrens kommen — vorbehaltlich der Bestimmung im dritten Absatze des §. 43 — dieselben Vorschriften zur Anwendung, nach welchen sich das Verfahren wegen Zollvergehen bestimmt.

1. Strafverfahren vergl.:
   a) StPO. §§ 459—462, 464—469.
   b) BStG. nebst Ausführungsvorschriften 15. Sept. 1897, ZBl. S. 334, JMBl. S. 249, sowie Be-

kanntmachung des FM. 6. März 1899, betr. Zustellungen im Verw.Strafverf., ZBl. S. 49, FMBl. S. 123.

c) Anweisung für die Buchführung in Strafsachen 18. März 1898, ZBl. S. 183; § 10 Anw. f. HÄ.

d) FME. 21. März 1892, ZBl. S. 152, betr. Einreichung von Abschriften der gerichtlichen Urteile an den FM. (vergl. § 42 Anm. 5).

e) Bonnenberg, Das Strafverfahren in Zoll- und Steuersachen, 2. Aufl., Berlin 1899.

2. Militärgerichtsbarkeit erstreckt sich nicht auf Zuwiderhandlungen gegen das EStG. (§ 2 Mil.Straf-Ger.Ord. 1. Dez. 1898, RGBl. S. 1189).

§. 49. (46).

Kosten.

Die Verhandlungen in Erbschaftssteuerangelegenheiten — mit Ausnahme derjenigen in Strafprozessen, hinsichtlich deren es bei den bestehenden Vorschriften bewendet — sind kosten- und stempelfrei.

Die Steuerpflichtigen und die in den §§. 37 und 38 bezeichneten sonstigen Verpflichteten sind zur Tragung des durch die Verhandlungen mit ihnen erwachsenden Porto verbunden.

1. Die Kosten- und Stempelbefreiung erstreckt sich auf das ganze Steuerermittelungsverfahren, einschließlich des Beschwerdeverfahrens und des Verfahrens wegen Erstattung von ESt., aber nicht auf solche Angelegenheiten, die nicht der Steuerermittelung dienen. Daher sind für auf Antrag erteilte Abschriften und Auszüge aus den Akten Schreibgebühren und bei Beglaubigung Stempel zu entrichten (§ 31 Anm. 1). Die Stempelbefreiung wird sich nicht auf Vollmachten be-

ziehen, weil der Bevollmächtigte gesetzlich nicht zu Verhandlungen verpflichtet ist (§§ 37, 38). Ausnahmen von der Kostenbefreiung sind in §§ 20, 21, 38, 43 und für das Strafverfahren (§ 48 EStG., §§ 45 ff. BStG.) bestimmt.

2. Im 2. Abs. ist die Verpflichtung zum Tragen des Portos ausdrücklich ausgesprochen, um keinen Zweifel hierüber zu lassen (Begr. S. 66); es sollte also wohl nur die früher auf Verwaltungsvorschriften (§ 2 Instruktion 22. Dez. 1869, ZBl. 1870 S. 3) beruhende Portopflicht für „Sendungen in Erbschaftsstempelsachen" gesetzlich festgelegt werden. Die Verpflichtung gilt daher für das ganze Steuerermittelungsverfahren im Sinne der Anm. 1, namentlich auch für die Sendung der kosten- und stempelfreien Feststellungsbescheinigung (§ 41; FM. 27. April 1901 III 5476). Portofrei sind solche Sendungen, die ausschließlich im Staatsinteresse erfolgen, z. B. die Sendung der Anleitung (§ 6 Anw.; FM. 30. Nov. 1893 III 14784, H.G. S. 1247 Nr. 83), eines Bescheides auf eine begründete Beschwerde (FM. 8. Dez. 1870, ZBl. 1871 S. 322) oder solche Schreiben, die infolge schuldhafter unrichtiger Behandlung der Angelegenheit durch die Steuerbehörde erforderlich geworden sind. Wenn die Steuerbehörde von unrichtiger Rechtsauffassung ausgegangen ist, so kann darin nicht ohne weiteres ein Verschulden erblickt werden.

Bei den im Steuerinteresse erfolgenden Verhandlungen wird der Umfang der Verpflichtung zum Tragen des Portos durch den Umfang der Verpflichtung zu Verhandlungen bestimmt (§§ 32 Anm. 1, 35 Anm. 1, 37, 38). Die Verpflichtung trifft denjenigen, mit dem verhandelt wird, persönlich, unbeschadet eines Ersatzanspruches an die Steuerpflichtigen oder diejenigen von ihnen, um deren Anfälle es sich handelt.

Die Verpflichteten haben ihre Sendungen portofrei zu machen; ist das nicht oder nicht ausreichend geschehen, so ist der Umschlag der Sendung der Postanstalt, mit einem entsprechenden Vermerk versehen, zurückzugeben zur nachträglichen Einziehung des Portos vom Absender (ZBl. 1870 S. 5 § 9). Sendungen des EStA. sind, mit der Aufschrift „Portopflichtige Dienstsache" bezeichnet und mit dem Dienstsiegel versehen, unfrankiert abzulassen (ZBl. 1894 S. 130 §§ 1, 6). Wird die Annahme verweigert, so ist das Porto, möglichst mit der ESt., einzuziehen und bei dem Hauptamt als erstattetes Porto zu verrechnen (§ 54 Kassenanw.); Verwaltungszwangsverfahren ist zulässig (§ 21 Anm. 3). Wenn portopflichtige Sendungen aus besonderen Gründen portofrei abgelassen sind, so kann die Wiedereinziehung der tarifmäßigen Porto- und Gebührenbeträge erfolgen, obwohl sie durch die Abfindung gedeckt sind (ZBl. 1894 S. 131 § 5).

Porto für andere als die im Abs. 2 bezeichneten Verhandlungen, z. B. amtliche Ermittelungen, darf nur in den besonders vorgesehenen Fällen wieder eingezogen werden (§§ 20, 21, 38, 43).

Vergl. Bestimmungen des Staatsministeriums über die geschäftliche Behandlung der Postsendungen in Staatsdienstangelegenheiten vom 7. Febr. 1894 (ZBl. S. 129) und allgem. Verf. des FM. 9. März 1894 (ZBl. S. 126), auch ZBl. 1902 S. 282. Sendungen an Behörden anderer Bundesstaaten und an schweizerische Behörden sind frei zu machen. Die empfangende Behörde ist zur Einziehung des Porto von einem Zahlungspflichtigen befugt, ohne den Betrag der absendenden Behörde erstatten zu müssen (ZBl. 1874 S. 10; 1878 S. 33).

3. Andere Postgebühren als Porto betrifft Abs. 2 nicht, z. B. nicht Zustellungsgebühren. Sendungen mit Zustellungsurkunde müssen deshalb portofrei abgelassen werden. Das Porto für die Hinsendung kann von dem Verpflichteten wieder eingezogen werden, das Porto für Rücksendung der Zustellungsurkunde aber nicht, weil die

Beurkundung ausschließlich im Staatsinteresse erfolgt und die Rücksendung keine Verhandlung zwischen der Steuerbehörde und dem Empfänger der Sendung darstellt. Einschreibungsgebühren können nur dann wieder eingezogen werden, wenn der Empfangsberechtigte die Zusendung unter Einschreiben beantragt hat. Wenn zurückverlangte Schriftstücke eingeschrieben eingesandt worden sind, so ist darin ein stillschweigender Antrag auf Rücksendung unter Einschreiben zu finden.

§. 50. (47).

Verjährung.

Die Erbschaftssteuer — mit Ausnahme der bereits zur Hebung gestellten Steuerbeträge — verjährt in zehn Jahren nach Ablauf des Kalenderjahres, in welchem der steuerpflichtige Anfall erworben, oder, wenn schon amtliche, auf die Ermittelung der Steuer gerichtete Handlungen vorgenommen sind, nach Ablauf des Kalenderjahres, in welchem die letzte derartige Handlung vorgenommen ist.

Zur Hebung gestellte Steuerbeträge verjähren in vier Jahren nach Ablauf desjenigen Kalenderjahres, in welches der letzte Tag der Zahlungs- oder Stundungsfrist fällt, beziehungsweise in welchem die letzte auf die Beitreibung des Rückstandes gerichtete amtliche Handlung vorgenommen ist.

Die Verjährung sichergestellter Steuerforderungen kann nicht vor Ablauf desjenigen Jahres, in welchem die Sicherheit erloschen ist, beginnen.

Die Strafverfolgung von Zuwiderhandlungen gegen die Vorschriften dieses Gesetzes verjährt in drei Jahren, die Vollstreckung der rechtskräftig dieserhalb erkannten Strafen verjährt in fünf Jahren.

1. Eine nach früherem Recht begonnene Verj. gleichartiger Ansprüche und strafrechtlicher Folgen gleichartiger Straftaten kann durch das EStG. beeinflußt worden sein. Soweit das EStG. die Verjährungsfrist verkürzt hat, ist die Verj., wenn sie nach früherem Rechte nicht vorher vollendet worden ist, mit Ablauf der kürzeren Frist seit dem Inkrafttreten des EStG. — dem 1. Jan. 1874 — vollendet worden. Soweit das EStG. die Frist verlängert hat, kann die Verj. erst ihr Ende erreichen, wenn seit dem Beginn der im EStG. bestimmte Zeitraum erfüllt ist (RG. 1. Juli 1889, Bd. 24 S. 266, JW. S. 330[11]; 25. April 1902, Bd. 51 S. 224; Eccius I S. 49; FM. 28. Jan. 1890 III 16990/89, H=G. S. 1106 Nr. 119 c). Beginn und Unterbrechung der Verj. bestimmen sich für die Zeit vor dem 1. Jan. 1874 nach früherem Recht.

2. Für Stempel (§§ 2, 3, 4, 46) und Kosten (§§ 20, 21, 38, 43, 49) findet § 50 keine Anwendung.

3. Nicht zur Hebung gestellte ESt. verjährt nach Abs. 1 und 3.

a) Der Beginn der Verj. erfolgt allen für denselben Betrag Verpflichteten gegenüber gleichzeitig mit dem Ablaufe des Kalenderjahres, in welchem der steuerpflichtige Anfall erworben ist. Der Anfall ist im Sinne des EStG. erworben, wenn der Erwerb die Steuerpflicht begründet (§ 1 Anm. 5). Bei dem Anfalle eines mit der Nutzung eines Dritten belasteten Vermögens beginnt die Verj. der ESt. daher grundsätzlich mit dem Anfalle des beschwerten

Vermögens. Wird die Aussetzung der Versteuerung beantragt, so kommt der Steueranspruch in Wegfall, und es entsteht später beim Erlöschen der Nutzung ein neuer Steueranspruch, dessen Verj. mit dem Entstehen von neuem beginnt (§ 27 Anm. 2, 3). Eine Aussetzung der Versteuerung ohne einen darauf gerichteten Antrag hindert nicht den Lauf der Verj. Ebenso verhält es sich bei einem Anfalle an den nicht auf den Überrest beschränkten Nacherben, obwohl der Rechtserwerb sich erst mit dem Eintritte der Nacherbfolge vollzieht; denn bei der Regelung der Steuerpflicht sah man bereits den Voranfall als einen hinreichenden Erwerb an, um daran die Steuerpflicht zu knüpfen und der Steuerbehörde die Aufgabe zu stellen, die Ermittelung der ESt. in Angriff zu nehmen (§ 27 Anm. 5). Für die Fälle des § 25 Abs. 1 wird man annehmen dürfen, daß infolge des Vorbehalts der Versteuerung der Zeitraum bis zum Ausgange der daselbst erwähnten Verhandlungen in die Verjährungsfrist nicht einzurechnen ist. Im übrigen findet nach Abs. 3 eine Hemmung der Verj. nur statt, wenn die ESt. sichergestellt ist (§ 29 Anm. 4b); denn die bestimmte Fassung der Vorschrift in Abs. 1 läßt erkennen, daß die Anwendung der Bestimmungen des bürgerlichen Rechts über Hemmung der Verj. ausgeschlossen sein soll (H-Sp. S. 363 Anm. 7; RG. 27. März 1893, JW. S. 279[31]); die Verj. beginnt daher auch dann, wenn die Steuerbehörde keine Kenntnis von dem Anfalle hat (RG. wie vor), z. B. weil keine Anmeldung erfolgt ist, oder eine Verfügung von Todes wegen nicht eröffnet worden ist. Wenn in einer Todeserklärung die Todeszeit des Erblassers und damit der Erwerb des Anfalles in die Vergangenheit gelegt worden ist, so entsteht der Anspruch auf die ESt. erst mit der Todeserklärung (§ 1 Anm. 4). Da ein Anspruch vor seiner Entstehung nicht gut verjähren kann, so kann es zweifelhaft scheinen, ob trotzdem der Wortlaut des Ges. entscheidend bleibt. Das ist zu bejahen, weil die Bestimmung kurzer Verjährungsfristen erfolgt ist, um die Erörterung weit zurückliegender Erbfälle zu vermeiden, bei denen die Feststellung der Steuer meist mit Schwierigkeiten verknüpft sein, und die Einziehung als Härte empfunden werden würde. Solche Härten würden unvermeidlich sein, wenn eine Reihe aufeinander gefolgter Vererbungen desselben Vermögens nachträglich auf einmal besteuert würde. Das ist im Ges. selbst durch die ähnliche Verhältnisse regelnde Bestimmung im § 27 Abs. 1 anerkannt. Es läßt sich übrigens nicht folgern, daß der Erwerb des Anfalls erst mit der Todeserklärung erfolgt sei, weil nicht schlechthin die wirtschaftliche Bereicherung, sondern der erbrechtliche Anfall nach seinem wirtschaftlichen Umfange besteuert wird. Das tritt im Falle einer Vererbung des Vermögens in der Zwischenzeit hervor, da dann nicht ein Erwerb, sondern jede Vererbung zu besteuern ist (§ 1 Anm. 4). In dieser Hinsicht liegt es nicht anders, als wenn der wirkliche Tod eines Verschollenen nachträglich bekannt wird.

b) Berechnung der Frist s. §§ 186 ff. BGB.

c) Die Unterbrechung der Verj. hat die Wirkung, daß die bis dahin verstrichene Frist für die Verj. nicht in Betracht kommt und der Lauf der Verj. von neuem beginnt (§ 217 BGB.), und zwar mit Ablauf des Kalenderjahres, in welchem die Unterbrechung beendigt ist. Die Unterbrechung kann nur durch amtliche auf Ermittelung der Steuer gerichtete Handlungen erfolgen; denn die Bestimmung im ESt G. ist erschöpfend und schließt die Anwendung anderer Vorschriften des bürgerlichen Rechtes aus (H-Sp. S. 364 Anm. 9; H. S. 212 Anm. 6). Eine Handlung ist auf Ermittelung der ESt. gerichtet, wenn sie in einer dahin zielenden Absicht vorgenommen ist; erfolgreich oder zweckmäßig braucht sie nicht zu sein (FM. 2. Nov. 1904 III 14252); sie darf aber nicht ohne einen die vielleicht gehegte Absicht verwirklichenden Inhalt sein, wie z. B. eine sog. Reproduktionsverfügung (RG. Strafs. 6. Febr. 1891, Bd. 21 S. 308). Die Anordnung der Eintragung eines Erbfalls in das Stundungsregister wird in der Regel mit der Absicht getroffen sein, die ESt. zu ermitteln, sobald ein gegenwärtig bestehendes Hindernis weggefallen ist; sie wird deshalb als eine Ermittelungshandlung anzusehen sein (RG. Strafs. 6. Febr. 1891 — s. oben —). Ob das Hindernis in Wirklichkeit bestand oder nur infolge eines tatsächlichen oder Rechtsirrtums angenommen worden ist, scheint unerheblich, weil die Handlung nur gerichtet zu sein braucht und es nicht schadet, wenn sie infolge falscher Einrichtung nicht durchschlägt. Daher wird die Verj. durch die in Ausübung einer Überwachung des Erlöschens eines Nießbrauches (§ 27) bewirkte Einsicht in ein Adreßbuch unterbrochen, selbst wenn dabei das Fortleben des Nießbrauchers infolge Personenverwechselung irrtümlich festgestellt worden ist. Die Handlung braucht nicht nach außen gerichtet zu sein oder zur Kenntnis des Steuerpflichtigen zu kommen (FM. 2. Nov. 1904 III 14252); es genügt eine Handlung im inneren Geschäftsbetriebe, z. B. die Absetzung einer Verfügung, selbst wenn sie noch der weiteren Ausführung bedarf; jede Ausführungshandlung ist eine besondere Handlung. Die Entgegennahme eines Einganges, z. B. der Totenlisten, ist noch keine Handlung. Die Handlungen müssen als amtliche Handlungen in Ausübung des Amtes zur Ermittelung der ESt. vorgenommen sein. Die örtliche Zuständigkeit ist nicht erforderlich. Die Unterbrechung erfolgt nur in Bezug auf die ESt., deren Ermittelung beabsichtigt ist (FM. 11. Juli 1900 III 8428), aber allen Schuldnern gegenüber, auch wenn die Handlung an einen von ihnen gerichtet war. Die Übersendung der Totenliste an das EStA. ist keine Ermittelungshandlung; denn die Standesbeamten sind weder zur Ermittelung der ESt. zuständig, noch können sie die Ermittelung beabsichtigen, da sie alle Sterbefälle aufnehmen, um das EStA. in den Stand zu setzen, die ESt. zu ermitteln. Ebenso liegt es bei der Übersendung der Abschriften der Testamente usw. durch die Gerichte. Auch der Einleitung des Strafverfahrens kann aus ähnlichen Gründen eine unterbrechende Wirkung fehlen (FM. 22. Aug. 1894, ZBl. S. 451).

d) Die Wirkung der Verj. ist nach demjenigen bürgerlichen Rechte zu beurteilen, unter dessen Herrschaft die Verj. vollendet ist. Nach dem BGB. ist der Schuldner infolge der Verj. berechtigt, die Leistung zu verweigern. Das zur Befriedigung eines verjährten Anspruchs Geleistete kann nicht zurückgefordert werden, auch wenn die Leistung in Unkenntnis der Verj. erfolgt ist. Die Wirkung der Verj. wird durch ein späteres vertragsmäßiges Anerkenntnis oder eine Sicherheitsleistung des Verpflichteten beseitigt (§ 222 BGB.). Ein einseitiges Anerkenntnis kann diese Wirkung nur haben, wenn es in Kenntnis der Verj. abgegeben und als Verzicht auf die Einrede der Verj. aufzufassen ist (Planck I § 222 Anm. 3 b). Die Verj. schließt die Aufrechnung nicht aus, wenn die verjährte Forderung zu der Zeit, zu welcher sie gegen die andere Forderung aufgerechnet werden konnte, noch nicht verjährt war (§ 390 BGB.). Über Wirkung der Verj. nach ALR. s. §§ 568 ff. I 9; Eccius I S. 327 ff.

Der Anspruch gegen die für die ESt. haftenden Personen (§ 30) verjährt gleichzeitig mit der Forderung gegen die Schuldner (§ 29), weil die Haftpflicht durch den Bestand der Hauptverbindlichkeit bedingt ist (H-Sp. S. 362 Anm. 5; H. S. 211 Anm. 3).

Von Einforderung verjährter ESt. wird in der Verwaltung Abstand genommen (H-Sp. S. 363 Anm. 8). In einem bei H-Sp. S. 363 Note 14 erwähnten FME.

16. Sept. 1896 III 12543 ist die Erstattung verjährter Stempelsteuer angeordnet worden, weil aus der voraussichtlich ohne Kenntnis der Verj. geleisteten Zahlung ein Verzicht auf den Einwand der Verj. nicht entnommen werden könne. Der Einwand der Verj. braucht nicht spätestens bei der Zahlung der ESt. erhoben zu werden; denn es ist grundsätzlich anzunehmen, daß die Leistung der ESt. unfreiwillig zur Abwendung der Zwangsvollstreckung erfolgt ist (§ 42 Anm. 7). Der Schuldner ist infolge der Vollstreckungsbefugnis des Fiskus nicht immer in der Lage, den Anspruch genügend zu prüfen. Die Zahlung der ESt. ist deshalb nur als eine vorläufige Erfüllung anzusehen, durch die das Rückforderungsrecht innerhalb der Klagefrist in keiner Weise beeinträchtigt wird. Daher wird auch der Einwand der Verj. noch innerhalb der Klagefrist erhoben werden können.

4. Zur Hebung ist die ESt. gestellt mit der nach Abschluß des Ermittelungsverfahrens (Abs. 1) erfolgten Absendung der Überweisungsverfügung an das mit der Erhebung betraute HA.; denn schon mit der Ermittelung der ESt. ist der Grund für die im Abs. 1 bestimmte längere Verjährungsfrist weggefallen. Auf die Zustellung der Feststellungsbescheinigung an den Zahlungspflichtigen kommt es deshalb nicht an; außerdem soll die Verj. nicht gegen jeden Zahlungspflichtigen besonders, sondern gegen alle gleichzeitig beginnen. Für den Beginn ist der Ablauf der Zahlungsfrist bestimmend. Mit diesem Zeitpunkte wird die ESt. fällig (§ 14 StHG.; FM. 2. Okt. 1899 zu II 3, ZBl. S. 231) und die Zahlungspflicht aller für die ESt. Verpflichteten begründet, wenn vorläufig auch nur einer in Anspruch genommen worden ist. Das folgt aus der einheitlichen Natur der Feststellungsbescheinigung (§ 41 Anm. 1) und aus der Regelung der Verj. im Abs. 1, wonach die Verj. gegen alle Schuldner einheitlich läuft. Sobald die ESt. ermittelt und zur

Hebung gestellt ist, kann Abs. 1 keine Anwendung mehr finden, auch nicht gegen solche für die ESt. Verpflichteten, die noch nicht in Anspruch genommen sind. Nur zu wenig ermittelte und zur Hebung gestellte ESt. unterliegt weiter der Verj. nach Abs. 1.

a) Hemmung der Verj. findet nur infolge Stundung oder Sicherstellung statt (Anm. c, 3a).

b) Berechnung der Frist s. §§ 186 ff. BGB.

c) Die Unterbrechung der Verj. erfolgt unter Ausschluß der Vorschriften des bürgerlichen Rechts lediglich nach § 50 (H-Sp. S. 364 Anm. 9; H. S. 212 Anm. 6). Die Wirkung der Unterbrechung ist dagegen aus dem bürgerlichen Recht zu bestimmen. Die Bestimmung ist weiter gefaßt als die entsprechende Bestimmung im § 27 LStG. Eine Stundung muß naturgemäß nachgesucht sein; denn sonst könnte die Verj. durch Stundung ausgeschlossen werden. Zur Unterbrechung genügt die Absetzung der Stundungsverfügung. Wegen des Begriffs der Vornahme einer amtlichen auf die Beitreibung gerichteten Handlung genügt eine Verweisung auf Anm. 3c. Eine eigentliche Vollstreckungshandlung ist nicht erforderlich; daher reicht schon die Anordnung einer Vollstreckung aus. Eine Pfändung wird, ebenso wie die Verwahrung einer Sicherheit, als eine fortgesetzte Handlung zu betrachten sein.

Eine Unterbrechung wirkt nur gegen denjenigen Schuldner oder Haftpflichtigen, gegen welchen die Unterbrechungshandlung gerichtet ist (§ 425 BGB.; anders nach ALR. I 9 § 576). Die für die ESt. Haftenden (§ 30) können sich infolge der akzessorischen Natur ihrer Verbindlichkeit darauf berufen, daß die ESt gegen alle Schuldner verjährt sei, auch wenn gegen sie selbst eine Unterbrechung stattgefunden hat (vergl. Planck II § 768 Anm. 4). Eine dem Testamentsvollstrecker oder Nachlaßverwalter bewilligte Stundung oder eine Beitreibung in den Nachlaß wirkt gegen alle Erben.

Über die Folgen der Unterbrechung s. Anm. 3c.

d) Wegen Wirkung der Verj. vergl. Anm. 3d, gegen für die ESt. Haftende auch Anm. 4c.

5. Die Strafverfolgung von Zuwiderhandlungen gegen §§ 43—45 (nicht 38 und 46) und die Strafvollstreckung wird durch Verj. ausgeschlossen (§ 66 StGB.). Vergl. Vorbem. vor § 43.

a) Die Frist beginnt:

I. für die Strafverfolgung in den Fällen der §§ 43 und 45 mit Ablauf des letzten Tages der dort erwähnten Fristen, in dem Falle des § 44 mit dem Tage der Absendung der Erklärung an das EStA. (§ 67 Abs. 4 StGB.);

II. für die Vollstreckung mit dem Tage, an welchem das Urteil rechtskräftig (§ 70 Abs. 2 StGB.) oder der amtsrichterliche Strafbefehl (§ 450 StPO.) oder der Strafbescheid der Verwaltungsbehörde (§ 53 VStG.) vollstreckbar geworden sind.

b) Die Unterbrechung der Verj. bewirkt, daß die Verj. mit dem Tage der Unterbrechung von neuem beginnt. Die Unterbrechung findet nur rücksichtlich der Tat und des Täters statt, auf welche die Unterbrechungshandlung sich bezieht (§ 68 StGB.). Sie kann erfolgen:

I. bei der Verfolgung nach Maßgabe der §§ 68, 69 StGB. in der Fassung vom 26. März 1893, RGBl. S. 133, und § 459 Abs. 3 StPO. Die Unterbrechung durch Strafbescheid erfolgt mit dessen Vollendung — dem Tage des Erlasses — ohne daß es auf die Zustellung ankommt (KG. 29. März 1894, Jahrb. 15 S. 272, ZBl. S. 375; RG. 5. Juli 1902, ZBl. S. 254; FM. 6. Nov. 1902, ZBl. S. 293). Andere Handlungen der Verwaltungsbehörden unterbrechen die Verj. nicht. Es sind deshalb erforderlichenfalls einzelne Handlungen des Amtsrichters als Strafrichters zu beantragen (RG.

Straff. 14 S. 134, 18 S. 401, 29 S. 234), oder die Sache ist zum gerichtlichen Verfahren abzugeben.

II. bei der Vollstreckung nach § 72 StGB.

Die Übergangsbestimmungen

in §§ 48 (Inkrafttreten, Rückwirkung, Überleitung s. Einleitung III 1, 2) und 49 (Aufhebung früherer Ges. und Ermächtigung des FM. zur Ausführung des Ges.) des EStG. 1873 sind in die vom FM. veröffentlichte neue Fassung des Ges. nicht übernommen worden.

Vorbemerkungen zum Tarif.

1. Grundsätze für die Besteuerung s. Einleitung IV. Den Maßstab für die Besteuerung bildet hauptsächlich die Familienverbindung zwischen Erblasser und Erwerber. Familienverbindungen entstehen durch Ehe, Abstammung von gemeinschaftlichen Vorfahren (Blutsverwandtschaft) und Rechtshandlungen (Annahme an Kindesstatt, Legitimation, Einkindschaft). Die Entstehung von Familienverbindungen ist in den verschiedenen Rechtsgebieten nicht gleichmäßig geregelt. Durch die allgemeinen Vorschriften des Tarifes wurde eine Milderung des Einflusses der Verschiedenheit in den Bestimmungen der einzelnen Familienrechte zur Herbeiführung einer größeren Gleichmäßigkeit in der Besteuerung angestrebt. Man war sich jedoch bewußt, daß eine völlige Beseitigung der Ungleichmäßigkeiten, z. B. in Bezug auf Brautkinder und unter dem Versprechen der Ehe erzeugte Kinder, nicht erreicht werde (Begr. S. 67). Daraus folgt, daß in Ermangelung einer Bestimmung im EStG. die Verwandtschaft usw. nach dem im einzelnen Falle maßgebenden Familienrecht zu beurteilen ist, ferner, daß die allgemeinen Vorschriften des Tarifs nur die für die Beteiligten ungünstigeren, nicht die günstigeren Bestimmungen des Familienrechts ausschließen. Mit dieser Maßgabe ist, soweit die deutschen Gesetze Anwendung finden, vom Inkrafttreten des BGB. an die Verwandtschaft nach den Vorschriften des BGB. und des EG. zu bestimmen (Vorbem. 3). Auf den Begriff der Verwandtschaft, der dem für den Erbfall maß-

gebenden gesetzlichen Erbrechte zu Grunde liegt, kommt es nicht an (Eccius IV S. 490 Anm. 1).

2. **Das Familienverhältnis** ist für die Besteuerung maßgebend, welches bei Eintritt der Steuerpflichtigkeit bestand (§ 1 Anm. 5) oder, z. B. infolge Rückwirkung einer Rechtshandlung (§§ 1733, 1753 BGB.), als bestehend gilt. Wenn zwischen Erblasser und Erwerber mehrfache Familienverbindung bestand, so ist der Steuersatz nach demjenigen Verhältnisse zu bestimmen, welches den geringsten Steuersatz rechtfertigt, und zwar auch dann, wenn der Anfall durch ein anderes Verhältnis begründet worden ist (§ 1927 BGB.). Durch Abstammung entstandene Familienverbindung wird durch Begründung einer rechtsgeschäftlichen Verbindung nicht aufgehoben. Familienverbindungen müssen rechtsgültig begründet sein (RG. 28. März 1889, JW. S. 182[40]). Das Bestehen muß derjenige beweisen, der sich darauf beruft (§ 42 Anm. 7). Das EStA. soll sich das Bestehen rechtsgeschäftlicher Verbindungen regelmäßig nachweisen lassen; im übrigen wird meist kein Nachweis gefordert. Die Vorlegung von Standesurkunden kann nicht erzwungen werden (§ 35 Anm. 3).

3. **Familienrecht** s. §§ 1297 ff. BGB.; Fränkel, Das Familienrecht des BGB., Hannover 1898; Jacobi, Das persönliche Eherecht des BGB., 2. Aufl., Berlin 1899; Opet, Das Verwandtschaftsrecht des BGB., Berlin 1899. Internationales Familienrecht s. Art. 13—22 EG.BGB.; Übergangsvorschriften s. Art. 198, 201, 202, 207—209.

Tarif,

nach welchem die Erbschaftssteuer zu erheben ist.

Allgemeine Vorschriften.

1) Die Steuer beträgt mindestens fünfzig Pfennig und steigt von fünfzig Pfennig zu fünfzig Pfennig.

2) Bei Bestimmung des Steuersatzes kann nicht auf ein Verhältniß zurückgegangen werden, welches durch richterliches Erkenntniß oder Vertrag schon vor dem Eintritt des Anfalles zu bestehen aufgehört hat, namentlich werden Anfälle, die nach erfolgter Trennung einer Ehe oder nach aufgehobener Einkindschaft eintreten lediglich nach demjenigen Steuersatze versteuert, welcher ohne Rücksicht auf das aufgehobene Verhältniß anwendbar ist.

3) Der Steuersatz von Lehns- und Fideikommiß-anfällen, ingleichen von Hebungen aus Familien-stiftungen (§. 1 Nr. 2 und 3 des Gesetzes) wird nach dem Verwandtschaftsverhältniß zwischen dem letzten Inhaber des Lehns oder Fidei-kommisses, beziehungsweise der Hebungen aus

der Familienstiftung und dem Steuerpflichtigen bestimmt.

4) Zu den Deszendenten einer Frau werden auch uneheliche Kinder derselben und deren Deszendenten gerechnet.

5) Vor der Ehe geborene uneheliche Kinder einer Frau werden — außer im Falle der Legitimation durch nachfolgende Ehe — zu den Stiefkindern des Ehemannes derselben gerechnet.

6) Den legitimirten Kindern eines Mannes werden diejenigen außer der Ehe erzeugten Kinder gleichgeachtet, welche erweislich gegen denselben die Rechte ehelicher Kinder in anderer Art als durch nachfolgende Ehe erworben haben.

7) Eheliche und uneheliche Kinder derselben Mutter, ingleichen eheliche und legitimirte Kinder desselben Vaters werden als halbbürtige Geschwister angesehen.

AB. 1. Vergl. § 28 Anm. 1; Befr. 1 Anm. a.

AB. 2 bezieht sich, wie sich schon aus der Entstehungsgeschichte ergibt, nur auf familienrechtliche, nicht auf Dienstverhältnisse. Nach der Begr. (S. 66) ist AB. 2 aus § 4 der Verord. 1867 übernommen. Dieser § 4 handelte aber nur von Bestimmung der Verwandtschaftsgrade (vergl. Tarifstelle A Anm. 1 d). Das Verhältnis muß vor dem Anfalle im Sinne des ESTG., d. h. vor dem Entstehen der Steuerpflicht (§ 1 Anm. 5), aufgehört haben zu bestehen. In AB. 2 ist nur von Bestimmung des Steuersatzes die Rede; die Vorschrift gilt jedoch allgemein für die Beurteilung der Steuerpflichtigkeit, also auch für die Frage, ob eine Befreiung Anwendung findet.

Tod und Todeserklärung heben die Wirkungen von Familienverbindungen nicht auf. Für die Anwendung der AB. 2 kommen in Betracht:

a) Ehe. Das Scheidungsurteil muß bei Lebzeiten beider Ehegatten rechtskräftig geworden sein (§ 628 CPO.). Mit Aufhebung der ehelichen Gemeinschaft treten die mit der Scheidung verbundenen Wirkungen ein; jedoch ist die Eingehung einer neuen Ehe ausgeschlossen; auch in Bezug auf die Anfechtbarkeit und die Einwendung der Nichtigkeit gilt die Ehe als fortbestehend (§ 1586 BGB.). Wird die eheliche Gemeinschaft wieder hergestellt, so fallen die mit der Aufhebung verbundenen Wirkungen ohne weiteres weg (§ 1587). Nach vorherrschender Meinung bleibt die Ehe dem Bande nach bestehen (Leske II S. 821). Schon aus dem Wortlaute, wonach die Ehe zu bestehen aufgehört haben und getrennt sein muß, ist zu folgern, daß die Anwendung der AB. 2 voraussetzt, daß die Ehe dem rechtlichen Bande nach nicht mehr bestand; hierfür spricht außerdem die Begr. (S. 66), nach welcher AB. 2 aus § 4 der Verord. 1867 übernommen ist, in dem es hieß: „Namentlich ist dies auf geschiedene Ehegatten und aufgehobene Einkindschaften anwendbar, und werden Anfälle, welche nach erfolgter Trennung der Ehe . . .“ Es ist deshalb anzunehmen, daß durch Aufhebung der ehelichen Gemeinschaft die Anwendung der Befr. 2 c nicht ausgeschlossen wird.

Die früher zulässige beständige Trennung von Tisch und Bett steht der Ehescheidung gleich, die einstweilige Trennung aber nicht (§§ 734, 735 II 1, Anh. § 81 ALR.).

Eine nichtige Ehe gilt nicht als Ehe, wenn sie nicht in das Heiratsregister eingetragen worden ist (§§ 1324, 1329 BGB.); im übrigen ist sie zunächst als gültig anzusehen, bis sie für nichtig erklärt oder durch Tod, Wiederverheiratung im Falle der Todeserklärung oder Scheidung aufgelöst worden ist (§ 1329 BGB.). Bis dahin darf die Nichtigkeit auch von der Steuerverwaltung nur im Wege der Nichtigkeitsklage geltend gemacht werden (§ 1329 BGB.; § 632 CPO.). Wenn die Steuerverwaltung im Rechtsstreite sich auf die Nichtigkeit einer bestehenden Ehe beruft, so muß sie die Aussetzung des Verfahrens beantragen und die Nichtigkeitsklage erheben (§ 151 CPO.). Das auf eine Nichtigkeitsklage ergehende Urteil wirkt für und gegen alle, sofern es bei Lebzeiten beider Ehegatten rechtskräftig wird (§ 629 CPO.).

Wird eine anfechtbare Ehe von dem Berechtigten angefochten, so ist sie als von Anfang an nichtig anzusehen (§ 1343 BGB.); sonst ist die Ehe giltig. Die Anfechtung ist nach Auflösung der Ehe ausgeschlossen; es sei denn, daß die Auflösung durch den Tod des zur A. nicht berechtigten Ehegatten herbeigeführt worden ist (§ 1338 BGB.). Die Anfechtung erfolgt, solange die Ehe nicht aufgelöst ist, durch Erhebung der Anfechtungsklage, später durch Erklärung gegenüber dem Nachlaßgericht (§§ 1341, 1342 BGB.). Wird die Klage zurückgenommen, so gilt die A. als nicht erfolgt (§ 1341 BGB.). Während des Rechtsstreites kann die Nichtigkeit nicht anderweit geltend gemacht werden (§ 1343 BGB.); hängt die Entscheidung eines anderen Rechtsstreites davon ab, ob eine durch Klage angefochtene Ehe anfechtbar ist, so ist das Verfahren auf Antrag auszusetzen (§ 152 CPO.). Das auf die Anfechtungsklage ergehende Urteil wirkt, sofern es bei Lebzeiten beider Ehegatten rechtskräftig geworden ist, für und gegen alle (§§ 628 f. CPO.). Wenn die Ehegatten oder einer von ihnen vor rechtskräftiger Erledigung der Klage gestorben sind, oder wenn die Anfechtung nach dem Tode eines Ehegatten erfolgt ist, so kann die Nichtigkeit der Ehe von jedem ohne weiteres geltend gemacht werden.

Lebt ein für tot erklärter Ehegatte, und hat der andere Ehegatte sich wieder verheiratet, so ist mit Eingehung der neuen Ehe die frühere Ehe aufgelöst worden;

es sei denn, daß die beiden neuen Ehegatten bei der Eheschließung gewußt haben, daß der für tot Erklärte lebt (§§ 1348 ff. BGB.). AB. 2 trifft hier zwar nicht zu; die Wirkung der Auflösung der Ehe zwingt aber von selbst dazu, nach denselben Grundsätzen zu verfahren.

Wegen Schwägerschaft s. Anm. zu Tarif C b.

b) Aufhebung der Annahme an Kindesstatt oder des zwischen dem Annehmenden und den außer dem Kinde Beteiligten bestehenden Rechtsverhältnisses durch Vertrag (§§ 1768, 1769 BGB.). Die Aufhebung tritt mit der Bekanntmachung der gerichtlichen Bestätigung in Kraft (§ 67 FG.). Nach dem Tode des Annehmenden ist die Bestätigung nur in den Fällen des § 1753 Abs. 2 BGB. zulässig; sie hat alsdann dieselbe Wirkung, wie wenn sie vor dem Tode erfolgt wäre (§ 1770 BGB., Vorbem. 2 zum Tarif). Durch Verheiratung des Annehmenden mit dem Angenommenen oder dessen Abkömmlinge wird das Rechtsverhältnis zwischen den übrigen an der Annahme Beteiligten nicht berührt (§ 1771 BGB.). Vergl. ALR. II 2 § 714 f.

c) Aufhebung der Einkindschaft durch gerichtlichen Vertrag oder Scheidung der betreffenden Ehe (ALR. II 2 §§ 750, 751).

AB. 3 s. § 1 Anm. 24—27.

AB. 4—7 enthalten Vorschriften, die mit Rücksicht auf die Verschiedenheit der Bestimmungen der Familienrechte über Verwandtschaft durch uneheliche Geburt zur Herbeiführung größerer Gleichmäßigkeit in der Besteuerung gegeben worden sind; sie sollen für die Beteiligten günstigere Bestimmungen des Familienrechts nicht ausschließen (Vorbem. 1 zum Tarif).

a) Ob ein Kind als eheliches oder uneheliches anzusehen ist, bestimmt sich regelmäßig nach den zur Zeit der Geburt geltenden Gesetzen (Planck VI Art. 203 Vorbem. 2, Art. 208 Anm. 5). Eine Ausnahme gilt für Kinder aus einer vor dem Inkrafttreten des BGB. geschlossenen nichtigen oder ungültigen Ehe, deren Ehelichkeit, auch wenn sie nach dem Inkrafttreten des BGB. geboren sind, nach den bisherigen Gesetzen zu beurteilen ist (Art. 207 EG.BGB.). Die rechtliche Stellung eines vor dem Inkrafttreten des BGB. geborenen unehelichen Kindes bestimmt sich vom Inkrafttreten des BGB. an, also ohne Rückwirkung, mit einigen nicht in Betracht kommenden Einschränkungen nach den Vorschriften des BGB. Inwieweit jedoch einem solchen Kinde aus einem besonderen Grunde, z. B. wegen Erzeugung im Brautstande, die rechtliche Stellung eines ehelichen Kindes zukommt, ist nach den früheren Gesetzen zu beurteilen (Art. 208 EG.BGB.).

b) Ein nach Eingehung der Ehe — wenn auch erst nach der Wiederauflösung — geborenes Kind ist ehelich, wenn die Frau es vor oder während der Ehe empfangen und der Mann innerhalb der Empfängniszeit (§ 1592 BGB.) der Frau beigewohnt hat; es sei denn, daß es den Umständen nach offenbar unmöglich ist, daß die Frau das Kind von dem Manne empfangen hat (§ 1591 BGB.). Die Unehelichkeit eines Kindes, das während der Ehe oder innerhalb 302 Tagen nach der Auflösung der Ehe geboren ist, kann nur geltend gemacht werden, wenn der Mann die Ehelichkeit angefochten hat oder, ohne das Anfechtungsrecht verloren zu haben, gestorben ist (§ 1593 BGB.). Auch Lehns- und Fideikommißanwärter können die Ehelichkeit eines Kindes anfechten (ALR. II 2 § 17; Art. 59 EG.BGB.). Die Anfechtung hat aber nur für das Nachfolgerecht, nicht für den Personenstand Bedeutung (Planck IV § 1593 Anm. 4). Die Anfechtung der Ehelichkeit ist ausgeschlossen, wenn der Mann das Kind nach der Geburt als das seinige anerkannt hat (§ 1598), oder, wenn ein Jahr verflossen ist, seit der Mann die Geburt des Kindes erfahren hat (§ 1594 BGB.). Die Anfechtung der Ehelichkeit erfolgt bei Lebzeiten des Kindes durch Erhebung der Anfechtungsklage, später durch Erklärung gegenüber dem Nachlaßgerichte (§§ 1596 f. BGB.). Die Anfechtung ist als nicht erfolgt anzusehen, wenn die Klage zurückgenommen wird, oder der Mann vor Erledigung des Rechtsstreites das Kind als das seinige anerkennt (§ 1596 BGB.). Das Urteil wirkt für und gegen alle, wenn es bei Lebzeiten beider Parteien rechtskräftig wird (§ 643 CPO.); die Unehelichkeit des Kindes kann deshalb vor Erledigung des Rechtsstreites nicht anderweit geltend gemacht werden (§ 1596 BGB.). Hängt die Entscheidung eines anderen Rechtsstreites davon ab, ob ein Kind, dessen Ehelichkeit durch Anfechtungsklage angefochten worden ist, unehelich ist, so ist das Verfahren auf Antrag auszusetzen (§ 153 CPO.). Die Unehelichkeit eines Kindes kann hiernach von jedem ohne weiteres geltend gemacht werden: auf Grund des auf die Anfechtungsklage ergangenen, bei Lebzeiten beider Parteien rechtskräftig gewordenen Urteiles, wenn der Rechtsstreit durch Tod des Mannes oder Kindes erledigt ist (§§ 641, 628 CPO.), wenn die Anfechtung durch Erklärung gegenüber dem Nachlaßgerichte erfolgt ist, oder wenn der Mann gestorben ist, ohne das Anfechtungsrecht verloren zu haben.

Wegen eines Kindes, das nach Wiederverheiratung einer Frau geboren wird und ein eheliches Kind des ersten und zweiten Mannes sein kann, s. § 1600 BGB.

Für ALR. s. Eccius IV § 219 S. 131 ff.

c) Ein Kind aus einer nichtigen oder infolge Anfechtung nichtig gewordenen Ehe, das im Falle der Giltigkeit der Ehe ehelich sein würde, gilt nur dann als unehelich, wenn beide Ehegatten die Nichtigkeit oder Anfechtbarkeit der Ehe bei der Eheschließung gekannt haben, oder wenn die Nichtigkeit der Ehe auf einem Formmangel beruht, und die Ehe nicht in das Heiratsregister eingetragen worden ist (§ 1699 BGB.; Planck

IV § 1699 Anm. 6). Zwischen dem Kinde, das als eheliches gilt, und den Eltern und deren Verwandten besteht Verwandtschaft, als wenn die Ehe giltig gewesen wäre. War nur dem Vater die Nichtigkeit usw. der Ehe bei der Eheschließung bekannt, so hat er nicht die sich aus der Vaterschaft ergebenden Rechte (§ 1701 BGB.), auch nicht wegen der ESt. (Befr. 2 a). Das Kind hat aber die Rechte eines ehelichen Kindes (Befr. 2 b); auch auf das Verhältnis des Kindes zu den Verwandten des Vaters ist die Kenntnis des Vaters von der Nichtigkeit der Ehe ohne Einfluß (Planck IV § 1701 Anm. 4). Wer sich auf die Unehelichkeit des Kindes oder auf den Mangel der Rechte aus der Vaterschaft beruft, muß die Nichtigkeit der Ehe geltend machen (Anm. a zu AV. 2) und die Kenntnis der Eltern oder des Vaters beweisen. Für ALR. s. Eccius IV § 219 S. 132 Anm. 1.

d) Ein uneheliches Kind erlangt dadurch, daß sich der Vater mit der Mutter verheiratet, mit der Eheschließung, also ohne Rückwirkung, ohne weiteres und unbeschränkt die rechtliche Stellung eines ehelichen Kindes (§ 1719 BGB.), sodaß namentlich Verwandtschaft zwischen ihm und den Verwandten des Vaters entsteht. Ist die nachfolgende Ehe nichtig oder infolge Anfechtung nichtig geworden, so finden die Ausführungen unter c entsprechende Anwendung (§ 1721 BGB.). Die Legitimation ist ausgeschlossen, wenn das Kind bereits als eheliches Kind eines anderen anzusehen ist (Anm. a) oder dafür erklärt worden ist (§ 1735 BGB.); dagegen steht es der Legitimation nicht entgegen, wenn ein anderer als der Ehemann die Vaterschaft anerkannt hat (§ 1718 BGB.) oder zur Anerkennung verurteilt ist (Planck IV § 1719 Anm. 1). Die Legitimation kann nach dem Tode des Kindes für dessen Abkömmlinge erfolgen (§ 1722 BGB.). Die Legitimation kann jeder bestreiten, sofern sie nicht durch ein für und gegen alle wirkendes Urteil festgestellt ist (§§ 640, 641, 643 CPO.). Wer sich auf die Legitimation beruft, muß sie beweisen. Die Beweisführung ist durch § 1720 BGB. erleichtert. Wird ein Anerkenntnis der Vaterschaft (§ 1720 Abs. 2) beigebracht, so liegt die Beweislast demjenigen ob, der die Leg. bestreitet. Die Steuerverwaltung soll sich mit der bloßen Angabe, daß die Leg. erfolgt sei, nicht begnügen, sondern sich Gewißheit verschaffen. (Anm. zu Tarif C d).

Für ALR. s. Eccius IV § 219, II S. 137.

o) Kindesunterschiebung und Verwechselung kann von jedem unbeschränkt geltend gemacht werden.

AB. 4. Uneheliche Kinder (s. Vorbem.), und zwar auch die vor dem Inkrafttreten des BGB. geborenen, haben seit dem Inkrafttreten des BGB. im Verhältnisse zur Mutter und zu den Verwandten der Mutter die rechtliche Stellung eines ehelichen Kindes (§ 1705 BGB.; Art. 208 EG.). Zwischen dem Kinde und den Verwandten der Mutter besteht also gegenseitige Verwandtschaft. Die AB. 4 bezieht sich nur auf das Verhältnis der Abkömmlinge zur Mutter, nicht umgekehrt (vergl. AB. 5—7). Die Frage, ob die Mutter zu den Aszendenten gehört, ist nach dem maßgebenden bürgerlichen Recht zu beantworten, nach dem BGB. also zu bejahen.

AB. 5. Uneheliche Kinder (s. Vorbem. zu AB. 4 bis 7) sind Stiefkinder des Ehemannes der Mutter, wenn sie vor oder während der Ehe, aber nicht, wenn sie nach Lösung der Ehe geboren sind (Planck IV § 1590 Anm. 1, 3). Die Vorschrift regelt nicht das Verhältnis des Mannes zu den Kindern (AB. 4, 6); der Mann gilt jedoch seit dem Inkrafttreten des BGB. als Stiefvater der vor oder während der Ehe geborenen unehelichen Kinder seiner Frau (Planck a. a. O.; VI Art. 4 Anm. 2).

AB. 6 betrifft nur das Verhältnis des Kindes zum Vater, nicht zu den Verwandten des Vaters, und nicht das Verhältnis des Vaters zum Kinde (AB. 4, 7). Legitimierte Kinder sind ohne Rücksicht auf die Art der Legitimation von ESt. befreit (Befr. 2 b). Die Befreiung wird hier auch solchen unehelichen Kindern eingeräumt, welche gegen ihren Vater die Rechte ehelicher Kinder auf andere Art als durch Legitimation erworben haben, z. B. durch Erzeugung im Brautstande (vergl. die in Haidlen III bei § 1705 bezeichneten Landesgesetze) oder durch Annahme an Kindesstatt (§ 1757 BGB.; FM. 18. Mai 1888 III 3666). Abkömmlinge des Kindes sind diesem nur gleichgestellt, wenn sich die Wirkungen der Annahme auf sie erstrecken. Wegen der Beweispflicht s. § 35 Anm. 3; § 42 Anm. 7, 8.

AB. 7. Mehrere uneheliche Kinder derselben Mutter sind Halbgeschwister, ohne Rücksicht darauf, ob sie denselben Erzeuger haben oder nicht (Anm. AB. 4). Zwischen unehelichen Kindern und dem Vater entsteht keine Verwandtschaft; sind die Kinder mit verschiedenen Müttern erzeugt, so sind sie auch unter sich nicht verwandt. Unter legitimierten Kindern sind hier die auf andere Art als durch nachfolgende Ehe legitimierten (Vorbem. d zu AB. 4—7) und solche Kinder zu verstehen, die den legitimierten gleich zu achten sind (AB. 6). Legitimierte und eheliche Kinder desselben Vaters sollen als halbbürtige Geschwister angesehen werden, auch wenn das nach bürgerlichem Rechte nicht der Fall sein würde (vergl. § 1737 BGB.). Die Vorschrift bezieht sich nach ihrem Wortlaute nicht auf das Verhältnis mehrerer legitimierter Kinder desselben Vaters von verschiedenen Müttern zu einander (vergl. § 606 II 2 ALR.). Die Abkömmlinge der unter Nr. 7 bezeichneten Kinder sind als Abkömmlinge von Halbgeschwistern zu behandeln (Tarif B b).

Der Anfall wird versteuert:

A. mit Einem vom Hundert des Betrages, wenn er gelangt an Personen, welche dem Hausstande des Erblassers angehört und in demselben in einem Dienstverhältniß gestanden haben, sofern der Anfall in Pensionen, Renten oder anderen auf die Lebenszeit der Bedachten beschränkten Nutzungen besteht, die ihnen mit Rücksicht auf dem Erblasser geleistete Dienste zugewendet werden;

B. mit Zwei vom Hundert des Betrages, wenn er gelangt an:
  a) adoptirte oder in Folge der Einkindschaft zur Erbschaft berufene Kinder und deren Deszendenten,
  b) voll- oder halbbürtige Geschwister und deren Deszendenten;

C. mit Vier vom Hundert des Betrages, wenn er gelangt an:
  a) vorstehend nicht benannte Verwandte bis einschließlich zum sechsten Grade der Verwandtschaft,
  b) Stiefkinder und deren Deszendenten und Stiefeltern,
  c) Schwiegerkinder und Schwiegereltern,
  d) natürliche, aber von dem Erzeuger erweislich anerkannte Kinder,
  e) außerdem sind mit Vier vom Hundert des Betrages zu versteuern alle Anfälle und

Zuwendungen, welche ausschließlich zu wohlthätigen, gemeinnützigen oder Unterrichtszwecken bestimmt sind, insofern solche nicht einzelne Familien oder bestimmte Personen betreffen und die wirkliche Verwendung zu dem bestimmten Zwecke gesichert ist;

D. mit Acht vom Hundert des Betrages: in allen anderen Fällen.

A. I. Nach der Begr. (S. 67) hat man die in den früheren Ges. enthaltene Bezeichnung „Hausoffizianten und Dienstboten des Erblassers" aufgegeben und durch eine selbständige Begriffsbestimmung ersetzt, weil mit der dem ALR. entnommenen Bezeichnung „Hausoffizianten" in den übrigen Rechtsgebieten kein bestimmter Sinn verknüpft war. Auf die aufgegebenen Bezeichnungen darf deshalb bei der Auslegung nicht zurückgegangen werden (RG. 19. Juni 1888, JW. S. 315[23]; 22. Sept. 1890, JMBl. 1891 S. 24, JW. S. 365[16]). Vorbedingungen für die Anwendung der Tarifstelle sind:

a) Daß der Erwerber dem Hausstande des Erblassers angehört hat. Unter Hausstand ist die häusliche Gemeinschaft zu verstehen (RG. 19. Juni 1888; 22. Sept. 1890 — s. oben —), in demselben Sinne, wie im § 617 BGB. Der Begriff der häuslichen Gemeinschaft ist nach den Anschauungen des Lebens zu bestimmen. Es ist nicht notwendig, daß der Dienstpflichtige mit dem Dienstherrn in einem Hause wohnt; z. B. kann Gesinde in einem besonderen Gesindehause oder in einem vom Erblasser gemieteten, von seiner Wohnung getrennten Raume (FM. 21. Mai 1904 III 6598) wohnen. Andererseits ist das bloße Wohnen im Hause nicht allein genügend. Das Bestehen einer häuslichen Gemeinschaft wird anzunehmen sein, wenn der Dienstpflichtige keine eigene Hauswirtschaft führt, sondern seine Mahlzeiten aus der Wirtschaft des Dienstherrn empfängt (Planck II § 617 Anm. 4c); umgekehrt wird es nicht anzunehmen sein, wenn der Bedienstete in einer abgesonderten Wohnung einen eigenen selbständigen Haushalt führt, mögen ihm hierzu auch Naturalien vom Dienstherrn verabfolgt werden (RG. 22. Sept. 1890 — s. oben —; FM. 5. Febr. 1889 III 780, H.-G. S. 1107 Nr. 124a). Aus dem Begriffe der Gemeinschaft folgt, daß ein auf längere Dauer berechnetes Verhältnis bestanden haben muß; zur Aushilfe oder zu vorübergehender Krankenpflege angenommene Personen werden nicht zum Hausstande zu rechnen sein. Vergl. Anm. c.

b) Der Erwerber muß im Hausstande in einem Dienstverhältnisse gestanden haben. Nach dem RG. 22. Sept. 1890 (s. oben) soll es auf die Art der Dienste nicht ankommen. Das kann jedoch so allgemein nicht als zutreffend anerkannt werden; denn wenn der Erwerber nicht nur dem Hausstande angehört, sondern auch „in demselben" in einem Dienstverhältnisse gestanden haben muß, so kann doch nur ein solches Dienstverhältnis in Betracht kommen, welches die Verpflichtung zu Diensten im Hausstande oder in der Hauswirtschaft begründet hat. Es sollten nur solche Personen begünstigt werden, die infolge der häuslichen Gemeinschaft und der Natur des Dienstverhältnisses in besonders nahen Beziehungen zum Erblasser standen. Die Steuerermäßigung kommt daher solchen Personen nicht zu, die ausschließlich in einem Gewerbe-, Handels- oder ähnlichen wirtschaftlichen Betriebe bedienstet waren, z. B. als Werkführer, Geselle (FM. 18. Mai 1888 III 9211), Lehrling, Handlungsgehilfe (FM. 30. Aug. 1882 III 11181), Inspektor (FM. 20. Okt. 1899 III 11131), Förster, Tagelöhner usw. Das Dienstverhältnis braucht die Erwerbstätigkeit des Dienenden nicht vollständig oder hauptsächlich in Anspruch zu nehmen. Aus dem

Begriffe des Wortes Dienstverhältnis folgt, daß nicht nur tatsächlich Dienst geleistet, sondern ein Dienstvertrag bestanden haben muß, durch welchen der eine Teil zur Leistung von Diensten, der andere zur Leistung einer Vergütung dafür verpflichtet ist (§§ 611, 612 BGB.; §§ 1, 32 Gesindeordn. 8. Nov. 1810, GS. S. 101; vergl. § 5 Anm. 6 XII d; FM. 5. Febr. 1889 — s. Anm. a —; 18. Nov. 1892 III 12561 Nr. 1; 18. Nov. 1898 III 13515; 20. Sept. 1904 III 11910). Auf die Art der Vergütung kommt es an sich nicht an; nur wegen des Erfordernisses der Zugehörigkeit zum Hausstande wird es wichtig sein, ob Kost gewährt worden ist, da die Nichtgewährung von Kost gegen die Zugehörigkeit zum Hausstande streitet (FM. 5. Febr. 1889 — s. Anm. a —). Das Bestehen eines Dienstverhältnisses im Hausstande ist angenommen worden bei einer Erzieherin der Kinder des Erblassers (FM. 23. Jan. 1886 III 13970), Gesellschafterinnen (RG. 19. Juni 1888 — s. oben; auch Bolze 6 Nr. 804 —; FM. 14. Jan. 1890, ZBl. S. 18), einer Wirtschafterin (FM. 8. April 1854 III 7666, H-G. S. 1110 Nr. 134c); dagegen ist es verneint worden bei Offiziersburschen, weil sie nur zu persönlichen Dienstleistungen bei dem Offizier abkommandiert und vom Truppenteil verpflegt werden (FM. 10. Mai 1894 III 2776, H-G. S. 1112 Nr. 135b). Vergl. Anm. c.

c) Der Hausstand muß derjenige des Erblassers sein. Nach dem Sprachgebrauche ist diese Voraussetzung nicht nur, wenn der Erblasser Vorstand des Haushaltes war, sondern schon dann erfüllt, wenn er unter auf die Dauer berechneten Verhältnissen Mitglied der häuslichen Gemeinschaft war. Wenn die Herrschaft eine Familie bildete, so kann die Ermäßigung für Zuwendungen von allen Familienmitgliedern Anwendung finden. Das Bestehen einer Familienverbindung zwischen den herrschaftlichen Mitgliedern der häuslichen Gemeinschaft ist nicht erforderlich. Auch der Dienstvertrag braucht nicht gerade zwischen dem Erblasser und dem Bedachten geschlossen zu sein; es genügt, wenn der Bedachte in dem Hausstande, dem der Erblasser angehört hat, in einem Dienstverhältnisse gestanden und den Erblasser in Ausübung seiner Dienstpflicht bedient hat (Anm. e).

d) Die häusliche Gemeinschaft und das Dienstverhältnis müssen überhaupt bestanden „haben"; es ist nicht notwendig, daß sie noch bei der Zuwendung oder beim Anfalle bestanden haben (FM. 17. Juni 1852, ZBl. S. 162; 28. Jan. 1888 III 1654; 26. Jan. 1889 III 668). Wie lange sie bestanden haben, ist unerheblich.

e) Die Zuwendungen müssen zur Belohnung für Dienste bestimmt sein, die dem Erblasser während des Dienstverhältnisses im Hausstande (Anm. b, c), wenn auch nicht gerade in Erfüllung der Dienstpflicht, geleistet worden sind. Die Absicht, zu belohnen, braucht bei der Zuwendung nicht zum Ausdrucke zu kommen, sondern kann auf jede Art ermittelt werden. In der Regel wird sie ohne weiteres vermutet werden können (FM. 17. März 1890 III 3096).

f) Pensionen bilden nur soweit den Gegenstand einer Zuwendung, als das Gesinde keinen Rechtsanspruch hat (§ 1 Anm. 16 e). Es sind darunter in Geld bestehende oder in Geld schätzbare, in gewissen Zeitabschnitten in gleicher Weise wiederkehrende Leistungen zu verstehen, welche den Wert des früheren Lohnes nicht übersteigen und zur Versorgung des Bedachten bestimmt sind. Renten sind andere in gewissen Zeitabschnitten in gleicher Weise wiederkehrende Leistungen aller Art (Planck II § 759 Vorbem. II). Ob der Bedachte mehrere gleiche Leistungen tatsächlich erworben hat, ist unerheblich; es genügt, wenn wiederkehrende Leistungen zugewendet sind. Von der Zuwendung einer Rente ist die Zuwendung eines in Teilen zahlbaren Kapitals zu unterscheiden. Über Nutzungen vergl. Vorbem. 2 vor § 15. Die gewöhnliche Vorerbschaft wird, ebenso wie m § 27 Abs. 2, dem Nießbrauche gleichzustellen und als Nutzungsrecht zu behandeln sein, weil es hier nur auf die wirtschaftliche Bedeutung des Rechtes ankommt (§ 29 Anm. 3). Die Ermäßigung findet Anwendung ohne Rücksicht auf den Wert der Zuwendung (FM. 17. März 1890 III 3096).

g) Die Dauer des Rechts muß auf die Lebenszeit des Bedachten beschränkt sein. Das Gewicht ist nicht auf Lebenszeit, sondern auf beschränkt zu legen. Das Recht darf also von kürzerer anderer unbestimmter oder bestimmter Dauer sein (§§ 15—18; FM. 1. Dez. 1894 III 15774; 14. Okt. 1896 III 12586).

2. Wenn der Erblasser die Zahlung der die Zuwendung treffenden ESt. einem anderen als dem Erwerber der Zuwendung auferlegt hat, so ist der sich daraus ergebende Vorteil keine Zuwendung im Sinne der Tarifstelle A, sondern ein nach dem allgemeinen Tarif zu besteuernder Anfall (FM. 6. Juli 1894 III 9009; 30. Okt. 1897 III 12385). Beispiel: Eine mit dem Erblasser nicht verwandte Köchin ist mit einer Rente im Kapitalwerte von 9000 M. bedacht; die ESt. soll der mit der Rente Beschwerte tragen. Die ESt. beträgt 1 v. H. = 90 M., der Vorteil aus der Steuerentlastung (97 M. 82 Pf.) rund 98 M. und die Steuer davon 8 v. H. = 8 M. (§ 1 Anm. 16 h). Der Betrag der Zuwendung erhöht sich um den Vorteil aus der Steuerentlastung von 98 M. auf 9098 M.; derselbe Betrag kommt als Beschwerung in Abzug.

3. Vergl. Befr. 2 d; § 28 Anm. 1.

B a. 1. Die Wirkungen der Annahme an Kindesstatt bestimmen sich nach den Ges., welche zur Zeit der Annahme in Kraft waren (Art. 209 EG. BGB.). Ist der Abschluß des Annahmevertrages vor, die Bestätigung aber erst nach dem Inkrafttreten des BGB. erfolgt, so wird das Rechtsverhältnis nach früherem Rechte zu beurteilen sein, wenn die Bestätigung nicht begründende, sondern nur bestätigende Natur hatte (vergl. Planck VI Art. 209 Anm. 1 c). Wegen des internationalen Rechts s. Art. 22 EG. BGB. Das EStA. soll die Rechtsgiltigkeit der Annahme prüfen (Vorbem. 2 zum Tarif). Nach dem BGB. muß der Annahmevertrag bei gleichzeitiger Anwesenheit beider Teile vor Gericht (Amtsgericht) oder einem Notar geschlossen und alsdann von dem Amtsgericht bestätigt werden, in dessen Bezirk der Annehmende zur Zeit der Nachsuchung der Bestätigung seinen Wohnsitz oder in Ermangelung eines inländischen Wohnsitzes seinen Aufenthalt hat (§§ 1750, 1741 BGB.; §§ 65 ff., 167 FG.). Die Annahme tritt mit Bekanntmachung der Bestätigung an den Annehmenden oder, wenn sie nach dem Tode des Annehmenden zulässig ist (§ 1753 BGB.), mit der Bekanntmachung an das Kind in Kraft (§ 1754 BGB.; § 67 FG.). Wenn die Bestätigung nach dem Tode des Annehmenden zulässig und erfolgt ist, so hat sie auch in Bezug auf die Besteuerung dieselbe Wirkung, wie wenn sie vor dem Tode erfolgt wäre (§ 1753 BGB.; Vorbem. 2 zum Tarif). Die Bestätigung heilt nicht Mängel des Geschäfts. Fehlt es an einem wesentlichen Erfordernisse oder ist ein solches infolge Anfechtung einer Erklärung weggefallen (§§ 1754 bis 1756 BGB.), so ist die Annahme trotz der Bestätigung nichtig, und die Nichtigkeit kann von jedem ohne Einschränkung geltend gemacht werden, falls nicht bereits eine für und gegen alle wirkende Entscheidung vorhanden ist (§§ 640, 643 CPO.; Planck IV Vorbem. 4 vor § 1741). Die Beweislast trifft denjenigen, der die Unwirksamkeit behauptet. Die Wirkungen der Annahme erstrecken sich auf die Abkömmlinge des Kindes, auf einen zur Zeit des Vertragschlusses schon vorhandenen Abkömmling und dessen später geborene Abkömmlinge aber nur dann, wenn der Vertrag auch mit dem schon vorhandenen Abkömmling geschlossen ist (§ 1762 BGB.;

anders bisher ALR. II 2 § 707). Wenn in der Tarifstelle von „adoptierten Kindern und deren Deszendenten" die Rede ist, so sind doch nur Abkömmlinge gemeint, auf welche sich die Wirkungen der Annahme erstrecken; denn der Grund für die Bestimmung eines geringeren Steuersatzes ist das Bestehen des mit der Annahme verknüpften Verhältnisses, wie sich aus AB. 2 ergibt. Uneheliche, von ihrem Vater angenommene Kinder und die Abkömmlinge, auf welche sich die Wirkungen der Annahme erstrecken, genießen Steuerfreiheit (AB. 6 Anm.). Das angenommene Kind tritt nicht in die Familie des Annehmenden ein; es besteht auch keine Schwägerschaft zwischen dem Ehegatten des Annehmenden und dem Kinde und dem Ehegatten des Kindes und dem Annehmenden (§ 1763 BGB.). Mehrere angenommene Kinder sind unter sich nicht verwandt. Eine nach früherem Recht entstandene Familienverbindung (ALR. II 2 § 710) ist durch das Inkrafttreten des BGB. nicht beseitigt worden (Planck VI Art. 209 Anm. 2); es finden daher zu gunsten der auf solche Art verbundenen Personen die Tarifstellen C a bis C c Anwendung.

2. Die Einkindschaft (§§ 717 ff. II 2 ALR.) ist dem BGB. fremd; zulässig ist die Annahme der Stiefkinder an Kindesstatt (§ 1757 Abs. 2 BGB.). Durch die E. wurden sowohl Familienverbindungen als auch Erbrechte begründet (Eccius IV S. 145 ff.). Zweifelhaft ist, ob die Familienverbindungen nach dem Inkrafttreten des BGB. bestehen geblieben sind; (verneint von Planck VI Art. 209 Anm. 5). Nach dem Wortlaute der Tarifstelle gewinnt es den Anschein, als wenn das Gewicht auf die erbrechtlichen Wirkungen der E. gelegt sei. Deshalb wird gefordert, daß das Kind oder dessen Abkömmlinge infolge der E. zur Erbfolge, wenn auch nicht gerade zu dem Anfalle berufen seien. Daß der Berufungsgrund nicht ausschlaggebend sein sollte, ergibt sich aus der AB. 2, in welcher es dann einer Hervor-

hebung der E. nicht bedurft hätte. Dafür spricht auch die Entstehungsgeschichte. Die Tarifstelle ist aus der Verord. 1867 (Tarif B b) übernommen worden, wobei das Wort „nur", das zwischen „adoptierte oder" und „in" stand, weggelassen ist; die AB. 2 ist aus § 4 der Verord. hervorgegangen, worin bestimmt war, daß bei Feststellung der Verwandtschaft auf aufgehobene E. nicht zurückgegangen werden dürfe. Die Entstehungsgeschichte der AB. 2 könnte sogar zu der Annahme führen, daß es auf die Familienverbindung ankomme. Nach dem Wortlaute der Bestimmungen genügt jedoch das Bestehen der E. und ihrer erbrechtlichen Wirkungen. Deshalb ist auch die Aufhebung der Familienverbindung durch das Inkrafttreten des BGB. ohne Bedeutung.

B b. Vollbürtige Geschwister haben aus ehelicher Abstammung (Vorbem. zu AB. 4—7) beide Eltern gemeinsam. Halbbürtige Geschwister haben nur den Vater oder die Mutter gemeinsam. Über Behandlung ehelicher und unehelicher Kinder als Halbgeschwister s. Anm. zu AB. 7. Sogenannte zusammengebrachte Kinder, d. h. Kinder des Mannes aus einer früheren Ehe und vor der Ehe geborene Kinder der Frau, sind untereinander weder verwandt noch verschwägert.

C a. Der Grad der Verwandtschaft ist nach der Zahl der die Verwandtschaft vermittelnden Geburten, ohne Unterscheidung zwischen vollbürtiger oder halbbürtiger Verwandtschaft, zu bestimmen (§ 1589 BGB.). Rein natürliche Verwandtschaft genügt nicht, sondern das Bestehen der Verwandtschaft muß in dem EStG. oder dem maßgebenden Familienrecht (Vorbem. zum Tarif) auch anerkannt sein. Andererseits wird eine allein durch Rechtsakt begründete Familienverbindung, wenngleich sie an sich keine Verwandtschaft ist, im Sinne des EStG. als solche gelten müssen, weil in der Tarifstelle C a, nachdem vorher in Tarifstelle B a adoptierte usw. Kinder aufgeführt sind, von „vorstehend nicht benannten Verwandten" die Rede ist (Haidlen III § 1589 Anm. 3). Vergl. über Wirkungen der:

1. Abstammung aus gültigen und nichtigen Ehen und der Legitimation durch nachfolgende Ehe: Vorbem. zu AB. 4—7.

2. unehelichen Abstammung im Verhältnis zur Mutter und deren Verwandten: Anm. zu AB. 4. Ein uneheliches Kind und dessen Vater gelten nicht als verwandt (§ 1589 BGB.; § 639 II 2 ALR.). Natürliche Kinder haben 8 v. H. ESt. zu entrichten; wenn sie vom Erzeuger erweislich anerkannt sind, so haben sie selbst, jedoch nicht ihre Abkömmlinge 4 v. H. ESt. zu zahlen (Tarifstelle C d). Für ehelich erklärte Kinder und deren Abkömmlinge (§§ 1736 f. BGB.) sowie die den legitimierten gleichgestellten Kinder (AB. 6) sind steuerfrei (Befr. 2 b). Der uneheliche Vater hat 8 v. H. ESt. zu zahlen; wenn er die Rechte eines ehelichen Vaters, z. B. durch Ehelichkeitserklärung oder Annahme an Kindesstatt, erlangt hat (§§ 1736/7, 1757, 1762 BGB.), so ist er steuerfrei (Befr. 2 a). Ist ein für ehelich erklärtes Kind nicht Abkömmling des Legitimierenden (§ 1735 BGB.), so finden die Befr. 2 a und b keine Anwendung; wohl aber ist die Tarifstelle C a anwendbar, weil beide Beteiligten zu einander die rechtliche Stellung von Verwandten, und zwar wie ein Vater und ein eheliches Kind, einnehmen (s. oben). Die Verwandten des Legitimierenden sind mit dem Kinde nicht verwandt (§ 1737 BGB.).

3. Annahme an Kindesstatt und Einkindschaft: Anm. zu Tarifstelle B a. Auf Anfälle von dem Angenommenen an den Annehmenden findet, wenn die Befr. 2 a mangels natürlicher Abstammung nicht zutrifft, Tarifstelle C a Anwendung, falls rechtlich ein Verhältnis wie zwischen Kind und Vater anerkannt wird (s. oben).

C b. Stiefverbindung entsteht mit der Eheschließung, als eine Schwägerschaft in gerader Linie, zwischen dem einen Ehegatten und den Abkömmlingen des anderen (§ 1590 BGB.). Eine nichtige oder infolge Anfechtung nichtig gewordene Ehe begründet keine Stiefverbindung; über die Berufung auf die Nichtigkeit s. Anm. a zu AB. 2. Stiefeltern sind die Ehegatten des Vaters oder der Mutter des Kindes; mit den Vorfahren des Ehegatten steht das Kind in keiner Familienverbindung. Stiefkinder eines Ehegatten sind die in einer früheren Ehe erzeugten Kinder des anderen Ehegatten. Zu den Stiefkindern des Mannes gehören auch die vor oder während der Ehe geborenen unehelichen Kinder der Frau; umgekehrt gilt seit dem Inkrafttreten des BGB. der Mann als Stiefvater solcher unehelichen Kinder (Anm. zu AB. 5). Zwischen unehelichen, wenn auch erweislich anerkannten oder für ehelich erklärten Kindern und der Frau des Vaters besteht keine Stiefverbindung (§ 1737 BGB.). Ob nach ALR. (II 2 §§ 603 ff.) keine Stiefverbindung zwischen der Frau und dem legitimierten Kinde des Mannes bestand, wenn kein Familienvertrag geschlossen war, kann zweifelhaft sein. Die Verwaltung hat das Bestehen einer Stiefverbindung angenommen (FM. 28. Jan. 1888 III 1654 Nr. 6). Auch nach gemeinem Recht galt eine solche als bestehend (RG. 17. Mai 1895 III 44/95). Durch Annahme an Kindesstatt entsteht keine Stiefverbindung zwischen dem Ehegatten des Annehmenden und dem Kinde (§ 1763 BGB.; anders ALR. II 2 § 686). Die Stiefverbindung dauert fort, auch wenn die Ehe, durch welche sie begründet wurde, infolge Todes, Scheidung oder Wiederverheiratung im Falle der Todeserklärung gelöst worden ist (§ 1590 BGB.). Ebenso ist die Frage wegen der Fortdauer der Schwägerschaft nach Lösung der Ehe für ALR. von Dernburg, pr. Recht III § 1 S. 3 unter Betonung der Zweifelhaftigkeit beantwortet. Auch der FM. hat die Frage bejaht (17. Juli 1873, H-G. S. 1106 Nr. 122, betr. Schwiegerverbindung), unter Verweisung auf die der

AB. 2 entsprechenden älteren Bestimmungen. Auf die Art der Lösung der Ehe wird es nicht ankommen; denn die AB. 2 findet nicht schon Anwendung, wenn eine Ehe geschieden ist, sondern es muß zugleich das durch die Ehe begründete Verhältnis zu bestehen aufgehört haben. Nach Auflösung der Ehe durch Tod usw. kann keine Schwägerschaft mehr entstehen; die Kinder, welche dann noch geboren werden und nicht mehr als eheliche Kinder aus der aufgelösten Ehe gelten, sind nicht Stiefkinder des früheren Ehegatten des Vaters oder der Mutter (Planck IV § 1590 Anm. 3; FM. 19. Juni 1884 III 15201/83).

C c. Die Schwiegerverbindung ist, ebenso wie die Stiefverbindung, Schwägerschaft in gerader Linie. Sie entsteht zwischen dem einen Ehegatten und den — wenn auch bereits verstorbenen — Eltern und Voreltern — nicht Stiefeltern — des anderen Ehegatten mit der Eheschließung. Die Tarifstelle kommt jedoch nicht allen Verschwiegerten zu gute; denn nach dem Sprachgebrauche können unter Schwiegereltern und Schwiegerkindern einerseits nicht die Voreltern und andererseits nicht die Ehegatten von Enkeln und weiteren Abkömmlingen verstanden werden. Es ist auch nicht anzunehmen, daß eine Abweichung von dem Sprachgebrauche beabsichtigt worden ist, zumal da auch unter dem Ausdrucke Kinder niemals alle Verwandte in absteigender Linie begriffen werden (AB. 4; Tarif B a, C b, C d), und da ferner die Abkömmlinge von Stiefkindern erst durch das EStG. den Stiefkindern gleichgestellt worden sind (Begr. S. 67). Wenn man für die entfernteren Verschwiegerten den Satz von 4 statt 8 v. H. hätte bestimmen wollen, so würde man wohl die Tarifstellen C b und C c zu einer Tarifstelle, betr. „Verschwägerte in gerader Linie", zusammengefaßt haben. Der Ehegatte eines unehelichen Kindes wird nur mit der Mutter und deren Voreltern verschwägert (Anm. zu AB. 4). Durch Ehelichkeitserklärung und Annahme an Kindesstatt wird keine Schwiegerverbindung begründet (§§ 1737, 1763 BGB.); ob das nach dem ALR. der Fall war, wenn kein Familienvertrag geschlossen war, ist zweifelhaft (II 2 §§ 604, 686, 708). Von der Verwaltung ist das Bestehen einer Schwiegerverbindung angenommen worden (FM. 9. März 1875 III 3029, H-G. S. 1107 Nr. 125, betr. Adoptivkind). Über Nichtbegründung der Schwägerschaft durch nichtige Ehe und Dauer der Schwägerschaft s. Anm. zu Tarifstelle C b.

C d. bezieht sich nur auf das Verhältnis des Kindes selbst — nicht seiner Abkömmlinge (FM. 26. Jan. 1882 III 1001, Labus S. 67; FM. 25. Jan. 1891 III 211; 30. Dez. 1892 III 16578) — zum Vater — nicht seinen Voreltern (FM. 17. Okt. 1891 III 11661, H-G. S. 1108 Nr. 127) — und nicht umgekehrt auf das Verhältnis des Vaters zum Kinde. Eheliche Abkömmlinge eines unehelichen Kindes und ein uneheliches Kind eines ehelichen Sohnes des Erblassers, sowie der uneheliche Vater eines Erblassers haben 8 v. H. ESt. zu entrichten. Über die Frage, ob ein Kind ehelich oder unehelich ist s. Vorbem. zu AB. 4—7. Wenn ein Kind danach als eheliches Kind eines Mannes gilt, kann es trotz des Anerkenntnisses eines anderen Mannes nicht als dessen natürliches Kind angesehen werden (Vorbem. d zu AB. 4—7). Die Anwendung der Tarifstelle setzt außer der natürlichen Zeugung voraus, daß der Vater das Kind erweislich als das seinige anerkannt hat. Die Anerkennung bedarf keiner Form; sie kann schriftlich, z. B. im Testament, mündlich oder durch Handlungen erfolgen (OTr. 8. Febr. 1878, Bd. 81 S. 222, Striethorst 98 S. 278). Ob der Anerkennungswille durch Gewährung von Unterhalt oder durch Zuwendungen von Todes wegen genügend betätigt ist, wird nach Lage des Einzelfalles zu entscheiden sein. Die Beweislast in Bezug auf die Anerkennung trifft den Steuerpflichtigen (§ 35 Anm. 3; § 42 Anm. 7, 8). Die Steuer-

JW. S. 455[41]; 4. Dez. 1893, Bd. 32 S. 326; 23. Sept. 1895, ZBl. S. 415; 6. Okt. 1898, ZBl. S. 453, JMBl. 1899 S. 168; 21. Dez. 1900, JW. 1901 S. 95[46]). Es muß aber immerhin ein leibliches oder geistiges Bedürfnis bestehen, dessen Befriedigung nicht nur für die Bedürftigen, sondern auch für die Allgemeinheit von Nutzen ist (vergl. RG. 21. Febr. 1895, JW. S. 212[50]; 16. Jan. 1903, Bd. 55 S. 294); das würde z. B. nicht der Fall sein, wenn der Bedürftige sich ohne Schwierigkeit selbst helfen könnte. Als Zuwendungen zu wohltätigen Zwecken sind angesehen worden: Stipendienstiftungen für Studierende, denen die Mittel zum Studium fehlen (RG. 8. Nov. 1886 — s. oben —; 10. März 1887, ZBl. S. 500, JMBl. S. 322; 31. Mai 1904, JW. S. 424[47], ZBl. S. 213), und zwar auch dann, wenn die Wohltaten nicht ausdrücklich für Bedürftige bestimmt sind, eine solche Beschränkung aber anzunehmen ist (FM. 3. März 1896 III 2412); ferner eine Zuwendung an einen Verein, soweit er die Ehrung des Andenkens Verstorbener durch Verrichtung von Gebeten bezweckte, weil damit einem sittlichen und religiösen Gefühle genügt würde (RG. 6. März 1899, JW. S. 292[42]); richtiger scheint die Stellung dieses Zweckes unter den umfassenderen Begriff gemeinnützig; denn, wenn nicht allgemein das religiöse Gefühl gepflegt werden sollte, so hätte es darauf ankommen müssen, ob die Angehörigen der Verstorbenen in der Lage waren, die Verrichtung der Gebete selbst besorgen zu lassen. Als wohltätig sind nicht angesehen worden: Zuwendungen an Pensionskassen, deren Mitglieder fortlaufende Beiträge zahlten und dadurch für ihre Witwen und Waisen einen von der Bedürftigkeit unabhängigen Anspruch auf Pension erwarben (RG. 9. Nov. 1885, Gruchot 32 S. 1067; 21. Febr. 1895, JW. 212[50]; 21. Dez. 1900, JW. 1901 S. 95[46]), Zuwendungen an einen Verein und an die Wittwenkasse einer Loge, bei welchen ähnliche Verhältnisse bestanden (FM. 13. Juli 1898 III 9458; 16. Jan. 1900 III 15868/99; 9. April 1904 III 3778; 6. Febr. 1905 III 16471/04), ferner eine Zuwendung zur Verstärkung des Pensionsfonds eines städtischen Orchesters (RG. 16. Jan. 1903, Bd. 55 S. 294, JW. S. 112 [46]; der Zweck wurde als gemeinnützig angesehen — s. Anm. b —).

b) Gemeinnützig sind Zwecke, die unmittelbar dem gemeinen Besten dienen (Begr. S. 68), also nicht einzelnen Familien oder bestimmten Personen, sondern der Allgemeinheit zu gute kommen und förderlich sind (RG. 28. Sept. 1891, Gruchot 36 S. 1097; 30. Jan. 1896, Gruchot 40 S. 1073, JW. S. 275 [37]). Eine Veranstaltung kommt der Allgemeinheit zu gute, wenn sie unbeschränkt oder unter gewissen Bedingungen jedermann zugänglich ist (Anm. 2). Sie kann der Allgemeinheit förderlich sein, auch wenn sie zugleich auf Erzielung von Einnahmen gerichtet ist. Die Zuwendung muß ausschließlich für das gemeinnützige Unternehmen bestimmt sein; es schadet jedoch nicht, wenn sie gleichzeitig für den Unternehmer eine Erleichterung oder eine angemessene Vergütung für aufgetragene gemeinnützige Leistungen (§ 6) enthält. Häufig wird es sich um zuschußbedürftige Unternehmen, die infolge der Zuwendung nicht einträglich werden, oder um Veranstaltungen handeln, bei welchen der Gewinn des Unternehmers auf einen ohnehin gesicherten Ertrag eingeschränkt ist. Aber auch eine Zuwendung für andere einträgliche Unternehmungen kann gemeinnützigen Zwecken dienen, wenn sie für nicht gewinnbringende Einrichtungen bestimmt ist, oder wenn der Erblasser dem Eigentümer des Unternehmens bei der Zuwendung den Verzicht auf einen der Zuwendung entsprechenden Gewinn zur Bedingung gemacht hat. Eine Zuwendung an eine Stadt behufs Errichtung eines größeren zu Konzerten, theatralischen Aufführungen und ähnlichen Zwecken bestimmten Gebäudes ist als ausschließlich gemeinnützig anerkannt worden, weil es sich um ein zur Förderung höherer Kunst, nicht zu Erwerbszwecken bestimmtes Unternehmen handelte (RG. 30. Jan. 1896, s. oben). Ebenso wurde eine Zuwendung an eine Stadtgemeinde zur Verstärkung des Pensionsfonds des städtischen Orchesters als gemeinnützig angesehen, weil die Erblasserin nicht für die Mitglieder des Orchesters sorgen, sondern die Stadt in die Lage setzen wollte, infolge günstiger Aussichten ein gutes Personal heranzuziehen und so gute Musik zu pflegen (16. Jan. 1903, Bd. 55 S. 294, JW. S. 112 [48]). Gemeinnützige Unternehmen können z. B. sein: Baugesellschaften, Eisenbahngesellschaften, Sparkassen im Sinne von § 5 Abs. 1 zu g, Tarifstellen 25 a Abs. 2 und 58 I Befr. c LStG. Als gemeinnützigen Zwecken dienend sind anerkannt worden Zuwendungen: an eine Stadt zur Verschönerung der Stadt und zur Feier vaterländischer Gedenktage (FM. 6. Jan. 1878 III 14275, H=G. S. 1055 Nr. 45 a), zur Anlegung eines Stadtparkes (FM. 3. Sept. 1904 III 11 461), für Schulkinder zu Festlichkeiten aus Anlaß vaterländischer Feiern (FM. 25. März 1903 III 3771), zur Errichtung von Denkmälern für deutsche Kaiser (FM. 26. März 1902 III 3921), zur Belohnung besonders pflichttreuer städtischer Krankenwärter (FM. 11. Juli 1885 III 9081), an einen Verschönerungs-Verein (FM. 22. Februar 1898 III 1555), an freiwillige Feuerwehren (FM. 14. Mai 1904 III 6469), an Tierschutzvereine (FM. 22. Febr. 1896 III 2520), zu religiösen und Missionszwecken (FM. 9. April 1898 III 4947; 23. Sept. 1898 III 11404; 10. Dez. 1898 III 16659; 14. Aug. 1902 III 9662). Nicht als gemeinnützig sind allgemein städtische Zwecke (FM. 16. März 1900 III 661) und die Zwecke von Pensionskassen der unter a am Schlusse bezeichneten Art (vergl. die dort erwähnten Entsch.) angesehen worden. In dem RGE. 16. Jan. 1903 ist die Anwendung der Tarifstelle damit begründet, daß die Erblasserin durch die Zuwendung an die

Pensionskasse nur das gemeinnützige Musikinstitut fördern wollte.

c) Unterrichtszwecke sind darauf gerichtet, Unterricht aller Art — z. B. zur Aneignung nützlicher Kenntnisse oder Fertigkeiten, zur Bildung des Körpers, Geistes oder Gemütes — ohne Ansehen der Person des Lernenden zu fördern. Der Begriff deckt sich nicht mit dem Begriff von Schulzwecken, sondern ist umfassender. Unterrichtszwecken dienen z. B. Zuwendungen: an eine Hochschule für die Wissenschaft des Judentums (RG. 8. Nov. 1886, Bolze 3 Nr. 968), an ein Kloster, dessen Glieder Unterrichtszwecke verfolgen (FM. 4. April 1900 III 3908), zur Belohnung von Schülern (M. d. g. A. 13. April 1882 U II 5488, Labus S. 16), zur Ausbildung von Lehrlingen auf gewerblichen Fachschulen. Der FM. (18. Juli 1903 III 9859) hat sich bereit erklärt, für Schenkungen zu dem zuletzt erwähnten Zwecke ausnahmsweise den Erlaß des Stempels an Allerhöchster Stelle zu beantragen. Das wird auch für die ESt. von Zuwendungen von Todes wegen gelten sollen.

2. Die Zuwendungen dürfen nicht einzelne gewisse Familien oder individuell bestimmte Personen betreffen, mag die Zahl der Berechtigten auch nicht unbeträchtlich sein, sondern sie müssen der Allgemeinheit zu gute kommen. Es schadet jedoch nicht, wenn Verwandte des Erblassers unter sonst gleichen Verhältnissen bevorzugt werden sollen (§ 49 II 19 ALR.). Eine Zuwendung kann auch dann der Allgemeinheit zu gute kommen, wenn die Vorteile nicht unbeschränkt, sondern nur unter gewissen Bedingungen jedermann zugänglich sind, z. B. nur Einwohnern einer Stadt oder Angehörigen eines Standes oder eines Vereins mit nicht geschlossenem Mitgliederkreise (Anm. 1 b). Zuwendungen zu Gunsten einzelner Familien, die als Familien- oder Fideikommißstiftungen anzusehen sind, unterliegen nicht der ESt. (§ 1 Anm. 11, 26, 27; § 8 Anm. 5). Andere Zuwen-

bungen sind mit 8 v. H. steuerpflichtig. Eine Familie wird durch den Kreis der durch Abstammung von einander oder von gemeinsamen Vorfahren oder durch Ehe (Ehegatten, Verschwägerte — RG. 28. Sept. 1891, Gruchot 36 S. 1097 —) verbundenen Personen gebildet (Planck IV S. 3).

Es kann in Frage kommen, ob die Steuerermäßigung nur auf die einem inländischen Gemeinwesen nützlichen Zwecke Anwendung findet, weil sie auf der Erwägung zu beruhen scheint, daß die ohnehin dem Staatswesen zu gute kommenden Zuwendungen nicht durch Abgaben geschmälert werden sollten. Es würde hierzu aber wohl einer dem Schlußabsatz der Befr. entsprechenden Bestimmung bedurft haben, da auch die einem ausländischen Gemeinwesen dienenden Zwecke immerhin gemeinnützige sind. Jedenfalls wird die erwähnte Auffassung nicht mehr zur Geltung gebracht werden können, nachdem die Zusatzbestimmung zu den Befr. ohne Berücksichtigung der Tarifstelle C. e getroffen worden ist. Hiernach scheint es an sich für die Besteuerung unerheblich, wo sich das begünstigte Gemeinwesen befindet, und ob der Zweck im In- oder Auslande zu erfüllen ist. Jedoch werden diese Umstände bei der Beurteilung, ob die Verwendung gesichert ist, in Betracht zu ziehen sein. In der Regel wird eine Sicherung der Verwendung nicht vorhanden sein, wenn die Verwendung ohne die Möglichkeit einer Überwachung durch deutsche Behörden im Reichsauslande erfolgen soll. Die Sicherung der Verwendung muß der Steuerbehörde aber nachgewiesen werden (Anm. 3).

3. Die Verwendung zu den bestimmten Zwecken muß gesichert sein und die Sicherung der Steuerbehörde nachgewiesen werden (RG. 21. Okt. 1895, JW. S. 611 [76]; 27. Juni 1899, JW. S. 548 [61]). In der Begr. (S. 68) ist ausgeführt: „Der einzig entscheidende Gesichtspunkt besteht in der Frage, ob die Zuwendung auch wirklich

zu den bezeichneten Zwecken verwendet wird, und hierüber kann der Steuerbehörde die erforderliche Überzeugung verschafft, nötigenfalls aber der eventuelle Steueranspruch sicher gestellt werden." Hiernach kommt es für die Frage nach der Sicherung der Verwendung nicht auf die Verhältnisse beim Anfalle, sondern auf die spätere wirkliche Verwendung an (FM. 12. Nov. 1904 III 14639). Ist die Verwendung bereits zur Zeit der Steuerberechnung als gesichert anzusehen, so ist die Tarifstelle anwendbar, unbeschadet des Rechts der Steuerbehörde auf Nachforderung von Steuer, wenn die Verwendung nicht bestimmungsmäßig erfolgt. Wird die Sicherung nicht alsbald nachgewiesen, so kann die Steuerbehörde die Tarifstelle D anwenden oder Sicherstellung des Unterschieds von 4 v. H. verlangen. Erfolgt die Sicherung nachträglich, so kann die Rückgewährung der ESt. oder der Sicherheit beansprucht werden. Der Eintritt der Sicherung wird ein Ereignis im Sinne des § 42 Abs. 2 bilden. Bei diesen Besteuerungsgrundsätzen kann es vorkommen, daß eine zu einem einheitlichen gemeinnützigen Zwecke bestimmte Zuwendung verschieden zu besteuern ist; wenn nur ein Teil der Zuwendung bestimmungsmäßig verwendet wird, so kommt die Tarifstelle C e nur für diesen Teil, im übrigen die Tarifstelle D in Anwendung.

Die Verwendung muß sachlich gesichert sein (RG. 21. Okt. 1895, s. oben); jedoch kann auch die Berücksichtigung persönlicher Verhältnisse des mit der Verwendung Beauftragten nicht grundsätzlich versagt werden (FM. 17. April 1897 III 4562; 4. Febr. 1899 III 1402), namentlich, wenn es sich nicht um eine dauernde Auflage handelt. Ob die Verwendung gesichert ist, bildet eine nach den eigentümlichen Verhältnissen des Einzelfalles zu beantwortende Tatfrage. Im Rechtsstreite ist daher die tatsächliche Feststellung des Berufungsgerichts für das Revisionsgericht bindend (RG. 27. Juni 1899, JW. S. 548[61]). Bei einer Zuwendung an eine nicht rechtsfähige Gesellschaft, die unter Aufsicht des Vorstandes der jüdischen Synagogengemeinde stand und deren Vermögen im Falle der Auflösung der Gesellschaft zu wohltätigen Zwecken verwendet werden sollte, ist es für erheblich erachtet worden, daß die Gesellschaft ihre wohltätigen Zwecke über 100 Jahre lang satzungsmäßig erfüllt hatte (RG. 6. März 1899, JW. S. 292[42]). Die Verwendung ist ferner als gesichert angesehen worden, wenn sie erfolgte oder beaufsichtigt wurde durch: eine deutsche öffentliche Behörde oder einen deutschen öffentlichen Beamten in amtlicher Eigenschaft (RG. 16. Jan. 1903, Bd. 55 S. 294, betr. Stadtgemeinde; FM. 6. Jan. 1878 III 14275, H-G. S. 1055 Nr. 45a und RG. 8. Nov. 1886, Bolze 3 Nr. 968, beide betr. Magistrat; FM. 8. Mai 1891 III 6282, H-G. S. 1056 Nr. 45d, betr. Gemeindevorstand in Weimar; 4. Sept. 1899 III 11293, betr. Oberbürgermeister), eine unter Aufsicht eines deutschen Staates stehende Rechtsperson, z. B. eine deutsche Religionsgesellschaft (FM. 13. Nov. 1888 III 21044, H-G. S. 1056 Nr. 45c und RG. 8. Nov. 1886, Bolze 3 Nr. 968, beide betr. jüdische Gemeinden in Preußen) oder auch nur einen Geistlichen kraft seiner kirchendienstlichen Stellung (RG. 27. Juni 1899, JW. S. 548[61]), einen Orden oder eine ordensähnliche Kongregation (RG. 2. Jan. 1899 I Y. 608.98 — H. S. 537 Anm. d — unter Hinweis auf die Aufsicht des preuß. Staates — GS. 1875 S. 217 —), einen von einem deutschen Staate mit Rechtspersönlichkeit beliehenen Verein (RG. 8. Nov. 1886, Bolze 3 Nr. 968; 6. März 1899, JW. S. 292[42], betr. preußische Vereine). Liegt bei einer fortdauernden Auflage die Verwendung einem Vereine ob, so muß sie auch für den Fall der Auflösung des Vereins gesichert sein (FM. 13. Nov. 1888 III 21044, H-G. S. 1056 Nr. 45c; 25. April 1896 III 5721). Die Verwendung ist nicht ohne weiteres als gesichert anzusehen, wenn sie einem nicht rechtsfähigen Verein (FM.

11. Mai 1896 III 6512) oder dem Erben, Testamentsvollstrecker oder einer anderen Privatperson (RG. 21. Okt. 1895, JW. S. 611 [76]) aufgetragen ist; sie wird jedoch als gesichert gelten können, wenn die zuständige Behörde im öffentliche Interesse die Vollziehung verlangt (§ 2194 BGB.; Art. 7 Verord. 16. Nov. 1899, GS. S. 562), oder der Beauftragte die Vollziehung einer genügende Gewähr bietenden Rechtsperson weiter übertragen hat. Vergl. Befr. 2g Anm. 10c.

Befreiungen.

Von der Erbschaftssteuer befreit ist:

1) jeder Anfall, welcher den Betrag von einhundertfünfzig Mark nicht *übersteigt* mit Ausnahme des Falles, daß lediglich in Folge des Abzuges des Werthes der einem Dritten zustehenden Nutzung (§. 27 des Gesetzes) der Werth der Substanz sich *auf* den Betrag von einhundertfünfzig Mark vermindert;

2) jeder Anfall, welcher gelangt an:
   a) Aszendenten,
   b) Deszendenten, sofern dieselben aus gültigen Ehen abstammen oder legitimirt sind. Auch uneheliche Kinder haben von dem Nachlasse ihrer Mutter oder deren Aszendenten keine Erbschaftssteuer zu entrichten,
   c) Ehegatten,
   d) Personen, welche dem Hausstande des Erblassers angehört und in demselben in einem

Dienstverhältniß gestanden haben, sofern der Anfall den Betrag von neunhundert Mark nicht übersteigt. Bei einem höheren Betrage ist die von dem ganzen Betrage zu berechnende Steuer nur soweit zu entrichten, als dieselbe aus dem die Summe von neunhundert Mark übersteigenden Betrage entnommen werden kann,

e) den Fiskus und alle öffentlichen Anstalten und Kassen, welche für Rechnung des Staates verwaltet werden oder diesen gleichgestellt sind,

f) Orts- oder Landarmenverbände zur Verwendung für Hülfsbedürftige,

g) öffentliche Armen-, Kranken-, Arbeits-, Straf- und Besserungsanstalten; ferner *öffentliche* Waisenhäuser, vom Staate genehmigte Hospitäler und andere Versorgungsanstalten, *ferner vom Staate genehmigte Vereine für die Kleinkinderbewahranstalten, sowie* Stiftungen, welche als milde ausdrücklich anerkannt sind,

h) öffentliche Schulen und Universitäten, öffentliche Sammlungen für Kunst oder Wissenschaft,

i) Deutsche Kirchen und andere Deutsche Religionsgesellschaften, denen die Rechte juristischer Personen zustehen,

k) *Kassen oder Anstalten, welche die Unterstützung der Arbeitnehmer oder Bediensteten des Erb-*

lassers, sowie der Angehörigen derselben bezwecken.

l) Insoweit noch außerdem nach den bestehenden Bestimmungen subjektive Befreiungen vom Erbschaftsstempel, beziehungsweise von der Erbschaftsabgabe bestehen, welche nach den Landesgesetzen nur gegen Entschädigung aufgehoben werden können, oder auf besonderem landesherrlich verliehenen Privilegium beruhen, finden dieselben gleichmäßig auch auf die fernerhin zu entrichtende Erbschaftssteuer Anwendung.

In den Fällen zu f, g und h erstreckt sich die Befreiung nur auf inländische Anstalten, Stiftungen, Vereine u. s. w., kann jedoch auch ausländischen Anstalten, Stiftungen, Vereinen u. s. w. gewährt werden, wenn der auswärtige Staat Preussen gegenüber die gleiche Rücksicht übt.

Vorbem. Die Befr. 1 ist rein sachlicher, die Befr. 2 l rein persönlicher Natur. Die Befr. 2 a—d sind persönliche Befr. mit Rücksicht auf das Verhältnis des Erwerbers des Anfalles zum Erblasser, die Befr. 2 e—k persönliche, sachlich begründete Befr., die deshalb das doppelte Gepräge persönlicher und sachlicher Befr. tragen (§ 8 Anm. 1 a).

Befr. 1. In der mit dem 1. April 1896 außer Kraft getretenen Fassung des EStG. stand an Stelle des Wortes „übersteigt" das Wort „erreicht", und an Stelle von „auf" das Wort „unter".

a) Unter Anfall ist nicht jeder rechtlich selbständige Anfall, sondern die gesamte erbrechtliche Bereicherung eines Erwerbers infolge des Erbfalles zu verstehen; denn es wird nicht der Anfall als solcher, sondern die Bereicherung aus der steuerpflichtigen Masse besteuert (§ 5 Anm. 1; § 28 Anm. 1; § 41). Deshalb müssen die einzelnen selbständigen Anfälle auch dann zusammengerechnet werden, wenn sie nicht gleichzeitig erfolgt sind, und es ist daher ein unbedingter Erwerb im Werte von nicht mehr als 150 M. nach zu versteuern, wenn der Erwerber nach Erfüllung einer Bedingung von demselben Erblasser einen weiteren Betrag und damit im ganzen mehr als 150 M. erworben hat (FM. 8. Sept. 1904 III 11287), vorausgesetzt, daß die Verjährung dann noch nicht erfüllt ist. Zweifelhaft kann sein, ob die Anwendung der Befr. von dem Betrage des Erwerbes aus der an sich steuerpflichtigen (§ 5) oder aus der im Inlande steuerpflichtigen Masse (§§ 9—11) abhängt. In Anhalt hat man bei einer gleichlautenden Bestimmung die erste Auslegung gebilligt (Staatsmin. 1. Sept. 1885. 3943 I), indem man von der Annahme ausging, daß die Befr. zu gunsten des Steuerpflichtigen wegen der Geringfügigkeit der Bereicherung und nicht im Interesse der Verwaltung wegen der Geringfügigkeit des Besteuerungsgegenstandes eingeführt sei. In diesem Sinne wird auch in Preußen die Befr. 2d in Bezug auf Beträge bis 900 M. ausgelegt (Anm. zu Befr. 2d). Bei Zuwendungen im Sinne des § 28 Satz 2—4 kommt es darauf an, ob nach dem Erbrechte beide Ehegatten als Erblasser anzusehen sind. Wenn das der Fall ist und der Anfall von einem Ehegatten 150 M. nicht übersteigt, so ist der Anfall von diesem Ehegatten steuerfrei (FM. 29. Okt. 1894 III 14149; 15. Sept. 1904 III 11986). Ist aber nach dem Erbrechte nur ein Ehegatte als Erblasser anzusehen, so ist der Anfall bei einem Betrage von mehr als 150 M. steuerpflichtig, auch wenn er nach § 28 in 2 Zuwendungen zerlegt werden muß, die nicht je für sich den steuerpflichtigen Betrag erreichen; denn § 28 betrifft nicht die Steuerpflichtigkeit des Anfalles, sondern lediglich die Bestimmung der Steuer, während die Frage, wer Erblasser ist, nach dem Erbrechte zu beantworten ist. Eine Benachteiligung der Steuerpflichtigen kann daraus nicht entstehen, weil die Abrundung der ESt. (AB. 1) nur einmal erfolgen darf (§ 28 Anm. 1). Bei Besteuerung von Zuwendungen im Sinne des § 8 kommt es nicht darauf an, wieviel die bei der Verteilung berücksichtigten Personen erhalten haben (§ 8 Anm. 1—3), wohl aber bei der Versteuerung eines Vermächtnisses an mehrere, welches nach Bestimmung des Beschwerten oder eines Dritten unter die Bedachten verteilt werden soll (§ 8 Anm. 2).

b) Eine Nutzung unterliegt der ESt. nur, wenn der Kapitalwert 150 M. übersteigt. Das mit dem Nutzungsrechte eines Dritten (§ 27 Anm. 1 c) beschwerte Stammvermögen ist steuerpflichtig, wenn der Wert ohne Abzug der Beschwerung 150 M. übersteigt; dabei ist es unerheblich, ob die Nutzung gleichzeitig mit dem Anfalle entstanden ist oder schon vorher bestand (§ 27 Anm. 1 b). Ist ein Anfall mit einer Rente oder einer anderen wiederkehrenden Leistung beschwert, so wird er nur dann steuerpflichtig sein, wenn der Wert nach Abzug des Wertes der Beschwerung 150 M. übersteigt (§ 27 Anm. 1 b).

Befr. 2a) Aszendenten des Erblassers sind die natürlichen Vorfahren ohne Unterschied des Grades (Eltern, Großeltern und weitere Voreltern), soweit die zwischen ihnen und dem Erblasser bestehende Blutsverwandtschaft in dem maßgebenden bürgerlichen Recht anerkannt ist. Zu den Vorfahren eines unehelichen Kindes gehören, wenn die Verwandtschaft nach dem BGB. zu bestimmen ist, die Mutter und ihre Vorfahren; allgemein gilt das nicht, weil AB. 4 nur das Verhältnis der Deszendenten zur Mutter betrifft, nicht umgekehrt. Der Vater eines unehelichen Kindes und die weiteren Vorfahren gelten nur dann als Aszendenten, wenn sie die rechtliche Stellung des ehelichen Vaters oder der Voreltern erlangt haben. Vergl. wegen des Vaters und der weiteren Vorfahren von Kindern aus nichtigen Ehen Vorbem. c zu AV. 4—7; wegen der Wirkungen späterer Eheschließung des Vaters mit der Mutter Vorbem. d daselbst, der Ehelichkeitserklärung Anm. 2 zu Tarifstelle C a, der Annahme an Kindesstatt durch den natürlichen Vater Anm. zu AV. 6 und Anm. 1 zu Tarifstelle B a. Personen, die, ohne zu den Vorfahren zu gehören, nur durch Rechtsakt (Annahme an Kindesstatt) die rechtliche Stellung der Eltern erlangt haben, sind nicht Aszendenten, sondern haben 4 v. H. ESt. zu entrichten (Anm. zu Tarifstelle C a; Tarifstelle C b; a. M. Sch-C. S. 160 Anm. III); denn nach der Bedeutung des Wortes Aszendenten können darunter nur Verwandte in der natürlichen aufsteigenden Linie verstanden werden. Auch zu den Deszendenten werden nur natürliche Abkömmlinge gerechnet (Befr. 2 b; Tarifstelle B a). Es kann auch nicht beabsichtigt sein, die an Kindesstatt Angenommenen ungünstiger zu stellen, als die Annehmenden.

Befr. 2 b) Deszendenten sind eheliche oder als ehelich geltende Abkömmlinge des Erblassers ohne Unterschied des Grades (vergl. Vorbem. zu AV. 4—7). Die Bestimmung, wonach die Abkömmlinge aus giltigen Ehen abstammen müssen, darf nicht wörtlich, sondern nur in dem Sinne verstanden werden, daß die Abkömmlinge wegen der Ehe als ehelich gelten müssen; die Befr. wird daher auf Kinder aus nichtigen Ehen Anwendung finden, wenn die Kinder als ehelich anzusehen sind. Für diese Auffassung spricht, daß die Legitimation ohne Rücksicht auf die Art, also auch die Legitimation durch nachfolgende nichtige Ehe der Abstammung aus der Ehe gleichgestellt ist, ferner der ganze Aufbau des Tarifs; denn es kann nicht beabsichtigt sein, Kinder, die als ehelich gelten, härter als Adoptivkinder und ebenso wie uneheliche Kinder zu besteuern (vergl. Tarifstellen B a; C a und d). Uneheliche Kinder und deren Abkömmlinge (AB. 4) genießen für Anfälle von der Mutter und deren Vorfahren Befr. von der ESt., ohne Rücksicht darauf, ob nach bürgerlichem Recht Verwandtschaft besteht (vergl. Anm. zu AB. 4). Im Verhältnisse zum Vater und dessen Vorfahren steht den unehelichen Kindern und ihren Abkömmlingen nur dann Befr. zu, wenn sie legitimiert sind. Nach dem Regier.-Entwurfe sollte die Befr. auf die durch nachfolgende giltige Ehe legitimierten Abkömmlinge beschränkt sein. In der Kom. des AH. wurde die gegenwärtige Fassung hergestellt, um die „Gleichstellung aller unehelichen legitimierten Kinder“ und „die sonstige Gleichberechtigung nach dem Gesetze auch hier durchzuführen“ (Komm.Ber. S. 21). Hieraus ergibt sich, daß es zwar nicht auf die Art der Legitimation, wohl aber darauf ankommen sollte, daß die Kinder infolge der Legitimation gleichberechtigt seien, also die vollen Rechte legitimierter ehelicher Kinder haben. Hierfür spricht auch die die Befr. 2 b erweiternde AB. 6. Die Befr. ist für Anfälle vom Vater den Abkömmlingen eingeräumt worden, welche nach Rhein. Recht legitimiert sind, ohne die vollen Rechte ehelicher Kinder erlangt zu haben (FM. 12. Jan. 1882 III 17986/81). Als Legitimation im Sinne der Befr. kommt die Legitimation durch nachfolgende Ehe (Vorbem. d zu AB. 4—7) oder durch Ehelichkeitserklärung in Betracht. Die rechtliche Stellung eines vor dem Inkrafttreten des BGB. legitimierten Kindes bestimmt sich nach den bisherigen Gesetzen (Art. 209 EG.BGB.). Über Ehelichkeitserklärung wird im Anschlusse an Anm. 2 zu Tarifstelle C a bemerkt: Die E. tritt mit dem Zeitpunkte des staatlichen Erlasses ohne Rückwirkung in Kraft; die Wirkungen erstrecken sich ohne weiteres auf Abkömmlinge des Kindes, auch auf nicht mehr oder noch nicht vorhandene (§§ 1736, 1737 BGB.). Die E. kann nicht nach dem Tode des Kindes erfolgen; wenn sie nach dem Tode des Vaters zulässig und erfolgt ist, so hat sie auch in Bezug auf die ESt. dieselbe Wirkung, wie wenn sie vor dem Tode erfolgt wäre (§ 1733 BGB.). Die E. heilt nicht den Mangel von Voraussetzungen für die E. (Ausnahme § 1735 BGB.). Wegen Einwendung der Unwirksamkeit und der Beweislast gilt dasselbe wie bei der Annahme an Kindesstatt (Anm. 1 zu Tarifstelle B a; Planck IV § 1723 Vorbem. 3). Das durch die E. geschaffene Rechtsverhältnis kann nicht wieder aufgehoben werden (Planck IV § 1723 Vorbem. 5).

Befr. **2c)** Die durch Ehe begründete Familienverbindung muß beim Eintritt der Steuerpflicht bestehen (Anm. zu AB 2). Vergl. §§ 1303 ff. BGB.; Vorbem. 3 zum Tarif.

Befr. **2d)** Über Zugehörigkeit zum Hausstande und Dienstverhältnis s. Anm. 1 zu Tarifstelle A.

1. Die Befr. bezieht sich nicht nur auf Kapitalzuwendungen, sondern auch auf Zuwendungen von Pensionen usw. (Tarifstelle A), überhaupt auf Zuwendungen aller Art. Unter Anfall ist hier ebenso wie bei Befr. 1 die gesamte erbrechtliche Bereicherung aus der steuerpflichtigen Masse (dem Nachlasse) zu verstehen; mehrere Anfälle von demselben Erblasser sind daher auch dann zusammenzurechnen, wenn sie nicht gleichzeitig erfolgt sind (FM. 25. Juni 1895 III 8649[3]). Ebenso ist im Falle des § 28 die Frage, welcher Ehegatte der Erblasser ist, im Sinne der Anm. a zu Befr. 1 zu beantworten. Wenn nur ein Teil des Erwerbes in Preußen steuerpflichtig ist, so ist der Betrag der gesamten, nicht nur der aus Preußen erfolgenden Bereicherung für die Anwendung der Befr. maßgebend (FM. 18. Juni 1904

III 1498). Die Befr. wird auch Platz greifen, wenn der Wert der rechtlichen Anfälle zwar 900 M. übersteigt, sich jedoch infolge Beschwerung mit dem Nutzungsrechte eines anderen auf 900 M. oder weniger vermindert. Die Bestimmung in Befr. 1 stellt sich als Ausnahme dar und hat keine allgemeine Bedeutung. Die Besteuerung der Anfälle an im Hausstande Bedienstete sollte anscheinend gerade davon abhängen, daß diesen Personen ein Betrag von mindestens 900 M. unverkürzt bleibe (Anm. 2).

2. Übersteigt die Bereicherung 900 M., so ist sie ihrem ganzen Werte nach, einschließlich des Betrages von 900 M., steuerpflichtig, jedoch unter der Einschränkung, daß sie durch die Entrichtung der ESt. nicht auf einen Betrag unter 900 M. vermindert werden darf (FM. 7. Okt. 1890 III 12878, H-G. S. 112 Nr. 135 c). Danach ist ein Anfall im Werte von 925 M., der sonst 8 v. H. ESt. mit 74 M. erfordern würde, nur mit 25 M. zu besteuern. Die Ermäßigung im 2. Satz der Befr. greift auch Platz, wenn die ESt. nach Anordnung des Erblassers von einem anderen als dem Bereicherten bezahlt werden soll. Das ergibt sich aus dem Gebrauch des Wortes „kann" am Schlusse des 2. Satzes und daraus, daß nach dem 1. Satze der Erwerb bei einem Betrage bis zu 900 M. unbedingt befreit ist. Durch eine Entlastung von der ESt. erfährt der Bedachte jedoch im Betrage der ESt. eine weitere Bereicherung, die von der Ermäßigung nicht betroffen wird, weil sie außerhalb des Betrages von 900 M. liegt und ihre Besteuerung zu keiner Schmälerung der 900 M. führt. In dem gewählten Beispiele würde daher statt einer ESt. von 25 M. eine solche von 27 M. 50 Pf. zu entrichten sein (§ 1 Anm. 10 h).

Befr. **2 e)** steht zu:

a) allen Anstalten und Kassen, welche nicht selbständige Rechtspersönlichkeit besitzen, sondern Organe der einheitlichen Rechtsperson des preußischen Staates sind, für dessen Rechnung verwaltet und deshalb mit ihren gesamten Einnahmen und Ausgaben in den Staats-haushalts-Etat aufgenommen werden. Vergl. Aufzählung bei H-Sp. S. 80 Anm. 7 Abs. 1.

b) Anstalten und Kassen, die, ohne zum Organismus des Staates zu gehören, der alleinigen Verfügung des Staates unterliegen oder vom Staate allein oder mit Hilfe von Zuschüssen anderer Personen zu unterhalten sind (vergl. Aufzählung bei H-Sp. S. 80 Anm. 7 Abs. 2). Wenn die Verfügung oder Unterhaltung dem Staate gemeinschaftlich mit anderen Personen zukommt, so wird die Befr. soweit anwendbar sein, als die Zuwendung infolge einer Bestimmung des Erblassers oder auf Grund des zwischen den Beteiligten bestehenden Rechts-verhältnisses dem Fiskus zum Vorteile gereicht; denn die Befr. ist auf die Identität des Bereicherten mit dem Steuerfiskus zurückzuführen. Auch bei A. und K., für welche der Staat nur Bürgschaft oder die Leistung bestimmter Zuschüsse übernommen hat, kann die Befr. unter gleichen Voraussetzungen Anwendung finden. Die A. und K. müssen öffentliche sein und für Rechnung des Staates ver-waltet werden oder wenigstens solchen A. und K. derart gleichgestellt sein, daß die Zuwendung dem Fiskus zu gute kommt. Die A. und K. brauchen noch nicht vorhanden zu sein; sie können durch die Zuwendung ins Leben ge-rufen werden, sie brauchen auch keine selbständige Rechts-persönlichkeit zu besitzen und nicht unter unmittelbarer staatlicher Verwaltung zu stehen. Mit dem Begriffe öffentlicher A. und K. ist es verträglich, daß sie unter mittelbarer staatlicher Verwaltung (der Selbstverwaltung) stehen. Hieraus ergibt sich, daß die Befr. keine rein persönliche, sondern zugleich eine sachliche für fiskalische Zwecke ist. Sie ist zwar nicht auf die Person des Fiskus, aber auf fiskalische Zwecke beschränkt; andererseits kommt sie nicht jeder Zuwendung unter einer Zweckbestimmung zu gunsten des Fiskus, sondern nur einer solchen zu gute, bei welcher die an die Person geknüpften Voraussetzungen erfüllt sind. Zuwendungen an den Fiskus unter einer seinen Zwecken fremden Zweckbestimmung sind nach § 8 steuerpflichtig (§ 8 Anm. 1).

Die Befr. kann auswärtigen Staaten nicht allgemein, sondern nur für die in Befr. 2 f—h bezeichneten öffentlichen Anstalten eingeräumt werden (anders § 5 Abs. 2 LStG.). Dem Fiskus des Deutschen Reiches wird Befreiung von der ESt. zustehen, obwohl abweichend von anderen Ges. (§ 5 Abs. 1 zu b LStG.; § 8 Abs. 1 Ziffer 1 preuß. GKG.) im EStG. hierüber keine Bestimmung enthalten ist. Die Vorschriften der anderen Ges. bestätigen nur die schon vor ihrem Erlasse herrschend gewesene Meinung, wonach dem Reichsfiskus mindestens in dem gleichen Umfange wie dem Landesfiskus Befreiung von Steuern und Gebühren zusteht (FM. 6. Sept. 1874, ZBl. S. 218; 7. Nov. 1902 III 13908; 19. März 1904 III 3741; JM. 9. Juni 1875, JMBl. S. 154; Laband Bd. 4 S. 344; a. M.: Sch-E. S. 162 Anm. VIIa). Die Befreiung wird auf Anstalten und Kassen auszudehnen sein, welche den Reichsanstalten und Kassen gleich zu stellen sind. Zuwendungen an Truppenteile sind steuerfrei (FM. 28. Jan. 1888 III 1654[18]; Art. 62 ff. Reichsverfassung). Wegen Befreiung des Königs und der Mitglieder des kgl. Hauses s. Anm. 2a zu Befr. 2l.

Befr. 2f) kommt nur preuß. Orts- und Landarmenverbänden zu, denen nach dem Reichsges. 6. Juni 1870, BGBl. S. 360, in der Fassung v. 12. März 1894, RGBl. S. 259, und dem preuß. Ges. 8. März 1871, GS. S. 130, die öffentliche Armenpflege obliegt (FM. 17. Juli 1894 III 9546, H-G. S. 1115 Nr. 139g). Auf Grund des Schlußabsatzes des Tarifs kann sie auch den Organen der öffentlichen Armenpflege eines auswärtigen Staates eingeräumt werden. Nach dem Ges. 8. März 1871 bilden in der Regel jede Gemeinde und jeder Gutsbezirk für sich einen Ortsarmenverband; es können aber auch mehrere Gemeinden und Gutsbezirke zu einem einheitlichen Ortsarmenverband (Gesamtarmenverband) vereinigt sein. Landarmenverbände sind meist für jede Provinz geschaffen worden (§§ 2, 7, 9, 26 ff. Ges. 8. März 1871; Rehbein und Reincke IV S. 891 Anm. 46).

1. Die Befr. ist nicht nur persönlicher, sondern auch sachlicher Natur, wie der Zusatz „zur Verwendung für Hilfsbedürftige" erkennen läßt. In der Reg.-Vorlage handelte es sich um eine rein sachliche Befr.; denn danach sollten auch andere Zuwendungen zur Austeilung des Kapitals oder der Zinsen an Arme ohne Rücksicht auf die Person des mit der Austeilung Beauftragten befreit sein. In der Kom. des AH. wurde dieser Vorschlag zwar abgelehnt, aber nur, weil die Besteuerung derartiger Zuwendungen im § 8 geregelt sei, und in bedenklicher Art dem Pauperismus Vorschub geleistet werde, wenn auch anderen als den unter Aufsicht des Staates stehenden oder vom Staate anerkannten Anstalten und Verbänden ohne weiteres Anspruch auf Befreiung gewährt werde (Komm.Ber. S. 21/22). Hiernach sollte die Befr. ihrer sachlichen Natur nicht entkleidet, sondern nur in der Anwendung beschränkt werden. Aus der sachlichen Natur der Befr. folgt, daß der Armenverband nicht ausdrücklich als solcher bedacht zu sein braucht, es vielmehr genügt, wenn eine Rechtsperson, die zugleich den Armenverband darstellt, z. B. eine Stadt, die für sich einen eigenen Ortsarmenverband bildet, unter einer der Befr. entsprechenden Auflage bedacht ist (RG. 24. Sept. 1889, Bd. 24 S. 293, JW. S. 427[21], Bolze 8 Nr. 669, ZBl. 1890 S. 23, MBl. 1890 S. 37; 4. Dez. 1893, Bd. 32 S. 326; FM. 23. Dez. 1882 III 16215, 7. Okt. 1890 III 12878, 30. Jan. 1893 III 1187,

H.=G. S. 1113 Nr. 139b, S. 1112 Nr. 135c, S. 1114 Nr. 139f). Die Entscheidungen betrafen nur Fälle, in denen die Auflage sich auf den ganzen Anfall bezog; in einem Falle, in welchem eine Stadt als Erbin berufen war unter der Auflage, einen gewissen Betrag vorzugsweise verschämten Armen zu gute kommen zu lassen, hat das RG. (15. Nov. 1895, JW. 1896 S. 19 [74]) ausgeführt, daß in der Belastung der Erbin mit der Auflage eine von der Zuwendung der Erbschaft zu unterscheidende besondere Zuwendung an die Stadt in ihrer Eigenschaft als Armenverband nicht gefunden werden könne; vielmehr sei bei einer einheitlichen Zuwendung einem Teile der Erbschaft durch Auflage die Bestimmung zu wohltätigen Zwecken gegeben und insoweit die Besteuerung auf Grund des § 8 und der Tarifstelle C e gerechtfertigt. Diese Ausführungen scheinen zu weit zu gehen und der sachlichen Natur der Befr. nicht zu entsprechen; denn aus dieser Natur folgt, daß die Zuwendung gerade mit einer Auflage verknüpft sein muß. Die Auflage braucht nicht die ganze Zuwendung, sondern nur einen erkennbaren Teil zu betreffen. In dem gegebenen Falle könnte daher nur in dem Worte „vorzugsweise“ ein Bedenken gefunden werden. Nach dem jetzt geltenden Recht würde dies Bedenken nicht mehr bestehen, weil nach §§ 2192, 2156 BGB. die Stadt zu bestimmen hätte, wieviel sie für verschämte Arme verwenden wolle. Vergl § 8 Anm. 3.

Die Zuwendungen müssen unmittelbar für den Armenverband bestimmt sein (FM. 11. Febr. 1898 III 1907). Auf Zuwendungen im Sinne des § 2072 BGB. findet die Befr. 2f Anwendung, da unter der öffentlichen Armenkasse der Gemeinde der Ortsarmenverband für die Gemeinde zu verstehen ist (Planck Anm. 1a; FM. 10. Jan. 1900 III 15999/99). Die Befr. kommt anderen Rechtspersonen nicht zu, auch wenn sie durch Vertrag mit dem

Armenverbande einen Teil der öffentlichen Armenpflege übernommen haben. Zuwendungen an solche Rechtspersonen zur Verwendung für Hilfsbedürftige können jedoch als steuerfreie Zuwendungen zu milden Zwecken anerkannt werden (§ 8 Anm. 4).

2. Die Zuwendungen müssen ausschließlich zur Verwendung für Hilfsbedürftige zur Linderung leiblicher Not bestimmt sein. Die Zweckbestimmung deckt sich mit den Aufgaben der Armenverbände; daher ist eine ausdrücklich dem Armenverbande, wenn auch ohne besondere Zweckbestimmung, gemachte Zuwendung steuerfrei. Bei einer Zuwendung an eine Ortsgemeinde oder einen Provinzialverband ist die Zweckbestimmung aber erforderlich, weil sonst der Verband nicht in seiner Eigenschaft als Armenverband bedacht ist. Das Reichsges. über den Unterstützungswohnsitz (s. vor Anm. 1) enthält keine Bestimmung über die Art und das Maß der einem Hilfsbedürftigen zu gewährenden Unterstützung, sondern nur darüber, was der eigentlich verpflichtete Armenverband dem Armenverband, welcher die Unterstützungen gewährt hat, erstatten muß. Im § 1 des preuß. Ges. (s. vor Anm. 1) ist nur der Umfang der Unterstützungspflicht, mithin das Mindestmaß bestimmt. Daher kann aus diesen Ges. keine Beschränkung des Begriffes der Hilfsbedürftigkeit abgeleitet, auch nicht gefolgert werden, daß es sich um Personen handeln müsse, welche den Unterstützungswohnsitz erworben haben (RG. 24. Sept. 1889, s. Anm. 1; FM. 12. Aug. 1890 III 9515; 11. Okt. 1893 III 12594; 12. Sept. 1898 III 12522). Hilfsbedürftig sind Personen, die sich in einer leiblichen Notlage befinden (vergl. Befr. 2g Anm. 10f). Eine Notlage wird anerkannt, nicht nur, wenn es sich um völlig Verarmte handelt, für welche die öffentliche Armenpflege bereits eingetreten ist, sondern auch, wenn die Zuunterstützenden in ihrer wirtschaftlichen Lage stark bedroht sind und vor der Gefahr bewahrt werden sollen, in Not zu geraten (vor-

beugende Armenpflege), namentlich bei sog. verschämten Armen (FM. 22. Nov. 1897 III 11 522; 27. Aug. 1898 III 12 011; 4. Sept. 1899 III 11 293). Die Bestimmung zu wohltätigen Zwecken ist zu weitgehend (RG. 4. Dez. 1893, Bd. 32 S. 326; 8. Nov. 1894, JW. 1895 S. 53[50]). Vergl. auch Anm. 10 f I—IV zu Befr. 2 g. Als steuerfrei sind anerkannt Zuwendungen an einen Ortsarmenverband: zur Gründung einer Bürgerrettungsanstalt (FM. 25. April 1879 III 3326, H-G. S. 1113 Nr. 139 a), für arme Lehrerwitwen (FM. 23. Dez. 1882 III 16 215, H-G. S. 1113 Nr. 139 b), zur Christbescherung für arme Kinder (FM. 9. Mai 1888 III 7618, H-G. S. 1113 Nr. 139 c), für bedürftige ehrbare Einwohner (FM. 30. Jan. 1893 III 1187, H-G. S. 1114 Nr. 139 f), zur anständigen Bekleidung bedürftiger Konfirmanden (FM. 11. Okt. 1893 III 12594), zur Gewährung von Aussteuern im Betrage von 200 M. an arme Mädchen (FM. 18. März 1903 III 3408).

I. Befr. 2 g) hatte vor der Änderung durch das EStG. 1895 folgenden Wortlaut:

„öffentliche Armen-, Kranken-, Arbeits-, Straf- und Besserungsanstalten; ferner Waisenhäuser, vom Staate genehmigte Hospitäler und andere Versorgungsanstalten, oder andere milde Stiftungen, welche vom Staate als solche ausdrücklich oder durch Verleihung der Rechte juristischer Personen anerkannt sind."

In der Begründung (S. 67) war hierzu bemerkt:

Die Bestimmung entspricht im wesentlichen den bestehenden Vorschriften. Durch Kabinetts-Order v. 16. Jan. 1827 wurde zur Erledigung vorhandener Zweifel anerkannt, daß die in der Deklaration v. 27. Juni 1811 (GS. S. 313) „den Angelegenheiten der Kirchen, Armenanstalten, Waisenhäuser, milden Stiftungem, Schulen, Universitäten, desgleichen den Straf- und Besserungsanstalten gewährte Stempelfreiheit auch auf die Zuwendungen, welche solchen Instituten durch Schenkungen oder letztwillige Verordnungen anfallen" fortdauernd Anwendung finde.

Bei Ausführung dieser Bestimmung hat nur die Befreiung der milden Stiftungen zu vielen Zweifeln und großer Unsicherheit der Entscheidung Anlaß gegeben. Es ist von Anfang an festgehalten, daß die den milden Stiftungen verliehene subjektive Befreiung nur den vom Staate anerkannten, ausdrücklich oder stillschweigend genehmigten Armen- und anderen Versorgungsanstalten (Hospitälern usw.) und in denselben Verhältnissen befindlichen ähnlichen Stiftungen zustehe; über die näheren Voraussetzungen dieses Erfordernisses — die Art und Weise der staatlichen Genehmigung, die Begrenzung des Begriffes der milden Stiftung, der bekanntlich selbst auf bloß gemeinnützige Unternehmungen von Vereinen angewandt worden ist — haben nicht immer gleiche Grundsätze geherrscht. . . . .

Eine festere Regelung des Gegenstandes ist deshalb dringend notwendig, um die unerläßliche Gleichmäßigkeit der Besteuerung herzustellen. Der Entwurf schlägt vor, die subjektive Befreiung, abgesehen von den namentlich aufgeführten Anstalten, davon abhängig zu machen, daß die milde Stiftung als solche ausdrücklich, oder durch Verleihung unbeschränkter Korporationsrechte, vom Staate anerkannt sei. Beide Erfordernisse sind von dem Belieben der Steuerbehörde unabhängig und entsprechen in materieller Hinsicht der ursprünglichen Absicht der angeordneten Befreiung. . . . .

2. Die Natur der Befr. ist eine gemischt sachliche und persönliche. Diese zwiefache Natur ist nicht nur in der Begr. (Anm. 1), sondern auch in gerichtlichen Entscheidungen (Anm. 10 d) nicht genügend gewürdigt. In der Begr. ist zunächst die frühere Befr., obwohl sie nach ihrem Wortlaut eine solche „in Angelegenheiten der Armenanstalten", also eine rein sachliche, war, als eine subjektive bezeichnet. Ferner heißt es darin, daß den namentlich aufgeführten Anstalten eine subjektive Befr. gewährt werden solle, obwohl die Anstalten nicht namentlich, sondern nach ihrer Zweckbestimmung, also nach sachlichen Merkmalen, bezeichnet sind. Es sind allerdings auch persönliche Eigenschaften, nämlich die Öffentlichkeit, die staatliche Genehmigung oder Anerkennung, hervorgehoben. Diese Eigenschaften stellen aber weder den Grund der Befr. dar, noch sind sie für ihren Inhalt (Rückwirkung, Umfang und Dauer) bestimmend, sondern sie sollen, wie sich aus der Begr. deutlich ergibt, nur gegen Mißbrauch der Befr. gewährleisten. Man hat also die sachliche Sicherung für zweckentsprechende Verwendung, wie sie bei der rein sachlichen Steuerermäßigung in Tarifstelle C e vorgesehen ist, durch die Sicherung in der Person ersetzen wollen, wenn sie darin vermöge einer auf die Dauer berechneten Gestaltung geboten war. Die Anwendung der Befr. hängt nur von der Erfüllung der im Ges. bezeichneten sachlichen und persönlichen Merkmale ab; namentlich ist der Besitz eigener Rechtspersönlichkeit, der für eine rein persönliche Befr. wesentlich wäre, keine Voraussetzung der Befr. Die öffentlichen Anstalten und Waisenhäuser werden meist nicht selbständige Rechtspersonen sein, weil sie im Eigentum oder unter Verwaltung des Reiches, Staates oder eines Gemeindeverbandes stehen müssen (Anm. 4); daher ist der Eigentümer der Anstalt sachlich in Angelegenheiten der Anstalt befreit (FM. 25. Okt. 1901 III 12153; 15. Dez. 1902 III 13497). Bei Hospitälern, Versorgungsanstalten und Kleinkinderbewahranstalten ist die Befr. nur von der staatlichen Genehmigung, nicht auch davon abhängig, ob die Anstalten als milde Stiftungen anerkannt sind oder Rechtspersönlichkeit besitzen (Anm. 4; RG. 22. Nov. 1881, JMBl. 1882 S. 315; 8. Mai 1893, ZBl. S. 270, JMBl. S. 311, Gruchot 37 S. 1120, Bolze 16 Nr. 602). Daraus folgt, daß die Befr auch Platz greift, wenn die Anstalten von einer

Rechtsperson nicht als Alleinzweck, sondern als einzelne Einrichtungen mit staatlicher Genehmigung betrieben werden. Es handelt sich daher auch hier um eine vorwiegend sachliche Befr. in Angelegenheiten der Anstalten. Über die Natur der Befr. milder Stiftungen s. Anm. 10 c—e.

3. Ausländischen Anstalten, Stiftungen usw. steht Befr. nur zu, wenn sie ihnen auf Grund des Schlußabsatzes des Tarifs gewährt worden ist. Öffentliche Anstalten sind inländisch, wenn sie im Eigentum oder unter Verwaltung des preuß. Staates oder einer preuß. Gemeinde stehen, ohne Rücksicht darauf, ob sie sich im In- oder Auslande befinden. Bei unter Verwaltung des Reiches stehenden Anstalten, für welche die Befr. des Reiches keine Anwendung findet, wird es auf die Lage der Anstalt ankommen. Ebenso wird bei Hospitälern, Versorgungsanstalten, Kleinkinderbewahranstalten die Lage der Anstalt entscheidend sein, weil von Preußen nur im Staatsgebiete liegende Anstalten genehmigt werden können. Als milde Stiftungen können wegen der persönlichen Natur der Befr. nur Stiftungen anerkannt werden, die in Preußen ihren Sitz haben und der Staatsaufsicht unterliegen. Außerdem wird wegen der sachlichen Natur der Befr. erforderlich sein, daß die Stiftung dem preußischen Gemeinwesen zu gute kommt, da die Befr. auf der Erwägung beruhen wird, daß Stiftungen, welche dem Staatswesen förderlich sind, vom Staate nicht besteuert werden sollen. Für diese Auslegung spricht auch § 8; denn da hiernach Zuwendungen zu milden Zwecken wie milde Stiftungen behandelt werden sollen, ohne Rücksicht auf die Person des Beauftragten, so kann es für die Anwendbarkeit der Befr. nur darauf ankommen, ob die Zuwendung dem preuß. Gemeinwesen zum Vorteil gereicht (FM. 4. Dez. 1890 III 13948, H-Sp. S. 92 Anm. 30 c). Die Verwaltung hat die erwähnten Bedenken nicht

für ausreichend gehalten, um Stiftungen, welche ihren Zweck im Auslande erfüllen, die Anerkennung als milde Stiftungen zu versagen (FM. 26. Okt. 1901 III 10015; 28. Jan. 1904 III 388).

Wenn eine Rechtsperson als Eigentümerin steuerfreier inländischer und steuerpflichtiger ausländischer Anstalten mit einer Zuwendung bedacht ist, so kommt die Befr. für die inländischen Anstalten nur zur Geltung, wenn der Erblasser den Betrag für diese Anstalten selbst bestimmt oder die Bestimmung in zulässiger Weise einem anderen übertragen hat (§ 8 Anm. 3; Befr. 2 f Anm. 1).

4. Als öffentliche Anstalten werden im Anschlusse an ein Urteil des RG. 22. Nov. 1881 (JMBl. 1882 S. 315), betr. öffentliche Schulen im Sinne der Befr. 2 h (Anm. 1 zu Befr. 2 h), nur solche Anstalten angesehen, welche im Eigentum oder unter Verwaltung des Staates (wohl auch des Reiches) oder eines politischen Gemeindeverbandes (Stadt-, Landgemeinde, Kreis-, Provinzialverband) stehen und der Allgemeinheit dienen, insbesondere, soweit es mit der Natur der Anstalten vereinbar ist, jedermann unbedingt oder unter gewissen Voraussetzungen zugänglich sind (FM. 18. Mai 1894 III 6721, H-G. S. 1122 Anm. 147; 10. Febr. 1899 III 733 II; 25. Okt. 1901 III 12153; KG. 23. Dez. 1901, Jahrb. 23 S. B. 33; 2. März 1903, 1 Y. 116. 03; 12. Okt. 1903, Jahrb. 27 S. B. 3). Das Wort öffentlich ist in Verbindung mit den angeführten Anstalten in ihrer Gesamtheit einer verschiedenen Auslegung fähig. Auf die allgemeine Zugänglichkeit allein kann es nicht ankommen, wie sich aus der Aufführung der Arbeits-, Straf- und Besserungsanstalten ergibt. Dagegen kann es fraglich scheinen, ob das Wort im Sinne von gemeinnützig oder dahin zu verstehen ist, daß die Anstalten öffentlich-rechtlich für die Allgemeinheit bestimmt sein müssen. Die Bezeichnung öffentliche Anstalten findet sich bereits im ALR. II 19 § 50 in Bezug auf Armenanstalten, ohne

Unterschied, ob sie durch öffentliches Recht oder durch Privatbestimmung zu ihrer Aufgabe berufen sind; ferner ist sie in ähnlicher Zusammenstellung, wie im EStG., im § 4 Gerichtskostenges. 10. Mai 1851 enthalten, worin es heißt: „alle öffentlichen Armen-, Kranken-, Arbeits- und Besserungsanstalten, ferner Waisenhäuser und andere milde Stiftungen, insofern sie nicht einzelne Familien oder bestimmte Personen betreffen, oder in bloßen Studienstipendien bestehen". Da das Wort öffentlich nicht mehr auf Waisenhäuser und andere milde Stiftungen bezogen werden kann, so muß der Umstand, daß bei Waisenhäusern usw. eine Einschränkung auf die der Allgemeinheit dienenden Anstalten hinzugefügt ist, zu der Annahme führen, daß das Wort öffentlich einen anderen Sinn hat. Die Begr. zum Ger.Kostenges. (Sten. Ber. 1850/51 Bd. 3 S. 115) gibt keinen sicheren Aufschluß über die Bedeutung: für eine engere Auslegung läßt sich geltend machen, daß die Waisenhäuser und anderen milden Stiftungen nur „in dieselbe Kategorie zu stellen" seien mit „öffentlichen Armenanstalten", weil sie entweder zu den „eigentlichen Armenanstalten" gehören, oder doch „Zuschüsse aus Gemeinde- oder Staatsmitteln zum gemeinen Besten" erhalten." Aus dieser Gegenüberstellung von öffentlichen und anderen Armenanstalten sowie Anstalten, die bloß Zuschüsse aus öffentlichen Mitteln erhalten, läßt sich folgern, daß bei öffentlichen Anstalten die Verwaltung des Staates oder einer Gemeinde vorausgesetzt wurde. Hierfür spricht auch die weitere Ausführung in der Begr., daß den „auf Privatstiftung" beruhenden Studienstipendienstiftungen, auch wenn sie jedem zugänglich seien, Gebührenfreiheit nicht eingeräumt werden solle. In der Begr. zum EStG. (Anm. 1) ist auf die erwähnten Bestimmungen nicht verwiesen, sondern lediglich auf das frühere Stempelrecht, wonach die den milden Stiftungen verliehene Befr. nur den vom Staate anerkannten, ausdrücklich oder stillschweigend genehmigten Armen- und anderen Versorgungsanstalten und in denselben Verhältnissen befindlichen ähnlichen Stiftungen zugebilligt sei. Dabei wurde hervorgehoben, daß wegen der Ungewißheit der bisherigen Voraussetzungen der Befr. eine festere Regelung geboten sei. Hieraus ergibt sich, daß mit dem Worte öffentlich eine festere Begrenzung der Befr. bezweckt wurde; da auch Waisenhäuser, Versorgungsanstalten und milde Stiftungen gemeinnützig sein sollen, so läßt sich annehmen, daß nur den von öffentlichen Körperschaften in Erfüllung der ihnen gestellten gemeinnützigen Aufgaben betriebenen Anstalten ein unmittelbarer Anspruch auf Befr. eingeräumt werden sollte, während bei anderen, durch Privatbestimmung in den Dienst der Allgemeinheit gestellten Anstalten der Anspruch von der staatlichen Genehmigung oder Anerkennung abhängen sollte. Hierfür spricht die Aufführung der Strafanstalten, bei welchen das Wort öffentlich keiner anderen Deutung fähig ist. Diese Auffassung wird durch die Begr. des EStG. 1895 (Sten.Ber. Anl. 3 S. 1562) bestätigt, worin allerdings in anderem Zusammenhange auf das RGE. 22. Nov. 1881 verwiesen und die Einfügung des Wortes öffentlich vor Waisenhäuser als sachlich nicht bedeutend bezeichnet ist, weil private Anstalten zur Aufnahme von Waisen schwerlich vorkommen werden und auch wohl kaum unter den Begriff von Waisenhäusern fallen würden. Im Zusammenhange hiermit kann die bei Beratung des, in Verbindung mit dem EStG. 1895 zustande gebrachten LStG. von einem Reg.-Vertreter abgegebene Erklärung, wonach es einer besonderen Anerkennung des öffentlichen Charakters nicht bedürfe, weil die unter Verwaltung des Staates, der Provinzen, Kreise, Gemeinden und dergl. Korporationen stehenden Anstalten als öffentliche allgemein anerkannt seien (Sten. Ber. 1895 Bd. 5 S. 2712) nur im Sinne der hier vertretenen Auffassung verstanden werden. Diese Folgerung wurde bei der dritten Beratung des ESt G. 1895 im AH. auch tatsächlich gezogen, und aus diesem Grunde die Ablehnung des Zusatzes des Wortes öffentlich vor Waisenhäuser — ohne Erfolg — beantragt (Sten.Ber. 4 S. 2553). In demselben Sinn, wie hier, ist öffentlich auch in Befr. 2 e und h gebraucht. Der Begriff, der im § 24 Abs. 1 h des Kommunalabgabengesetzes mit dem Worte öffentlich verbunden ist, ist ein anderer (KG. 4. Juli 1904. 1 Y. 657. 04).

Die im Eigentum einer Kirche stehenden Anstalten sind nicht öffentliche (FM. 10. Febr. 1899 III 733 II), können aber Befr. nach 2 i genießen, wenn sie der christlichen Liebestätigkeit dienen. Ferner sind nicht öffentlich, schon weil sie nicht der Allgemeinheit, sondern in erster Linie dem begrenzten Kreise der Versicherten oder Mitglieder zu gute kommen: die Heilanstalten der Landesversicherungsanstalten (FM. 16. Dez. 1903 III 16325; 29. Jan. 1904 III 200), der Knappschaftsberufsgenossenschaften und Vereine (KG. 2. März 1903, 4. Juli 1904 — s. oben —; FM. 18. April 1904 III 4663), der Krankenkassenverbände (FM. 20. Dez. 1902 III 14053). Als öffentlich sind Anstalten nicht anzusehen, die nicht in unmittelbarer Verwaltung, sondern nur unter Aufsicht einer Gemeinde stehen und ihr Rechnung zu legen haben (FM. 10. Mai 1894 III 2776, H-Sp. S. 83 Anm. 11).

Das Wort öffentlich bezog sich früher nur auf Armen- bis Besserungsanstalten (RG. 8. Mai 1893, ZBl. S. 270, JMBl. S. 311, Gruchot 37 S. 1120, Bolze 16 Nr. 602); seit dem Inkrafttreten des EStG. ist die Öffentlichkeit auch bei Waisenhäusern, aber nicht bei Hospitälern usw. Voraussetzung der Befr. Für diese Auslegung spricht die Aufstellung besonderer Erfordernisse bei Hospitälern usw. und der oben erwähnte Wortlaut der Begr. (RG. 6. Okt. 1898, JW. S. 652 [34]).

5. Öffentliche Armenanstalten sind Einrichtungen der öffentlichen Armenpflege in dem engen Sinne von Armenhäusern, in denen Hilfsbedürftigen ganz oder teilweise unentgeltlich wenigstens Wohnung geboten wird. Aus dem Wortbegriffe folgt, daß die Armen, wenn auch nur in gemieteten Anstaltsräumen gemeinsam wohnen müssen. Unter besonderen Verhältnissen, namentlich in der Entwicklungszeit oder bei Überfüllung der Anstalt, wird die Gewährung von Unterstützung ohne Wohnung zulässig sein. Die Befr. findet auf Zuwendungen zur Gründung einer Anstalt oder für eine im Entstehen begriffene Anstalt Anwendung (KG. 23. Dez. 1901, Jahrb. 23 S. B. 33). Bei Zuwendungen unter einer Zweckbestimmung greift die Befr. wegen ihrer sachlichen Natur nur Platz, wenn der Zweck zu den allgemeinen Aufgaben der A. gehört, selbst wenn die bedachte Anstalt vermöge reicherer Mittel den bestimmten Zweck schon verfolgt (RG. 27. Mai 1892, ZBl. S. 381, JW. S. 324 [51], 23. Sept. 1895, ZBl. S. 415). Eine Zuwendung an ein städtisches Siechenhaus zur Gewährung von Zuschüssen zu den Bezügen der Siechen ist steuerfrei (FM. 1. Okt. 1896 III 13367), wenn das Maß der Hilfsbedürftigkeit nicht überschritten wird.

6. Öffentliche Krankenanstalten bezwecken die Heilung Kranker, und zwar vorzugsweise die Heilung armer Kranker. Bloße Heilanstalten und wissenschaftlichen Bestrebungen dienende Anstalten fallen nicht unter den Begriff (KG. 4. Juli 1904 — 1. Y. 657. 04). Für diese Auslegung spricht die Zusammenstellung mit den Armenanstalten und der Ursprung der Bestimmung (Anm. 4), der in den Vorschriften des 19. Titels II ALR. zu suchen ist, wo bloße Heilanstalten den Armenanstalten nicht gleichgestellt sind (§ 74). Die Befr. findet nicht auf alle Zuwendungen für Krankenpflege, sondern nur auf solche Anwendung, welche einer für die Krankenbehandlung besonders eingerichteten

oder noch einzurichtenden Anstalt für die regelmäßigen Zwecke öffentlicher Kr. gewidmet sind (Anm. 5). Die Kranken können in die Anstalt aufgenommen oder dort nur mit Rat und Hilfe unterstützt werden. In besonderen Fällen kann ärztliche Behandlung und Pflege auch außerhalb der Anstalt und armen Kranken Pflegegeld usw. gewährt werden (RG. 20. Febr. 1896, Gruchot 40 S. 650, JW. S. 257[62]). Wegen Zuwendungen unter einer Zweckbestimmung s. Anm. 5; Zuwendungen für Kranke müssen für Arme bestimmt sein; Zuwendungen für wissenschaftliche Zwecke sind nach Tarifstelle C e steuerpflichtig.

7. Öffentliche Waisenhäuser dienen nach §§ 32 ff. II 19 ALR. der öffentlichen Armenpflege; ihre Aufgabe besteht darin, hilfsbedürftige, verwaiste Kinder ohne Rücksicht auf die gesellschaftliche Stellung der Eltern so zu erziehen, daß sie in einem Dienstverhältnisse, Handwerke oder ähnlichen Berufe ein Fortkommen finden können. Über Zuwendungen unter einer Zweckbestimmung s. Anm. 5. Eine mit einer Zuwendung verbundene Auflage, weiblichen Waisen eine Mitgift zu gewähren oder befähigten Schülern die Erlangung höherer Bildung möglich zu machen, geht über die bestimmungsmäßigen Aufgaben der Waisenhäuser hinaus und dient wohltätigen Zwecken, welche die Besteuerung nach Tarifstelle C e rechtfertigen, selbst wenn die bedachte Anstalt infolge Privatwohltätigkeit den angeordneten Zweck bereits verfolgt; denn die Befr. ist wegen ihrer vorwiegend sachlichen Natur nur auf die regelmäßigen Zwecke der Waisenhäuser zu beziehen (RG. 27. Mai 1892, ZBl. S. 381, JW. S. 324[51]; 23. Sept. 1895, ZBl. S. 415, JW. S. 513[35]; FM. 4. Dez. 1890 III 14392; Anm. 8). Die Befr. findet nicht auf alle Zuwendungen für Waisen Anwendung; denn aus dem Begriffe des Wortes „Waisenhaus" folgt, daß die Waisen unter Aufsicht gemeinsam wohnen und Pflege und Erziehung erhalten

müssen (RG. 18. Jan. 1897, Jahrb. 16 S. 278). Es ist aber nicht erforderlich, daß hierzu ein der öffentlichen Körperschaft gehöriges Gebäude vorhanden ist; auch gemietete Räume können dazu dienen. Die Anstalt braucht beim Anfalle noch nicht vorhanden zu sein; es genügt, wenn die Entstehung der Anstalt mit der Zuwendung gefördert werden soll (Anm. 5). Unter besonderen Umständen kann es mit dem Zwecke der Waisenhäuser verträglich sein, wenn Waisen außerhalb der Anstalt untergebracht und gepflegt werden (Anm. 5).

Vor dem Inkrafttreten des EStG. 1895 stand die Befr. allen Waisenhäusern — auch nicht öffentlichen — zu (Anm. 4). Den damals bereits vorhandenen nicht öffentlichen Waisenhäusern sollte die Befr. gewahrt bleiben (FM. 2. Juni 1902 III 6504).

8. Hospitäler und andere Versorgungsanstalten gehören zu den Einrichtungen der Armenpflege (§§ 32 ff. II 19 ALR.) und haben die Aufgabe, siechen, gebrechlichen oder aus einem anderen Grunde hilfsbedürftigen Personen dauernd oder wenigstens für einen längeren Zeitraum ganz oder teilweise unentgeltlich Aufnahme und Pflege zu bieten. Wie bei den Armenanstalten und Waisenhäusern (Anm. 5, 7) wird eine zur Aufnahme der Hilfsbedürftigen bestimmte Anstalt vorhanden sein müssen; sonst, z. B. wenn Hilfsbedürftige nur in ihren Wohnungen verpflegt werden, ist die Befreiung nicht anwendbar (FM. 6. Dez. 1898 III 16446). Der Zweck der Anstalten darf nicht nur auf Heilung, sondern muß zugleich auf Versorgung der Aufgenommenen gerichtet sein; das ist bei einem Erziehungsheim für schwachsinnige und blödsinnige Mädchen angenommen worden, weil die Erziehung einen langen Aufenthalt in der Anstalt erfordert (RG. 8. Mai 1893, s. Anm. 4). Auch nicht öffentliche Waisenhäuser werden zu den Versorgungsanstalten gerechnet werden können. In § 84 II 19 ALR. sind die Anstalten als Verpflegungs-

anstalten bezeichnet. Daraus läßt sich nicht folgern, daß die Gewährung voller Verpflegung wesentliches Erfordernis sei. In der Regel wird wenigstens Wohnung geboten werden müssen; jedoch scheint es mit dem Wesen der Anstalt verträglich, wenn in besonderen Fällen Unterstützung ohne Aufnahme in die Anstalt gewährt wird (Anm. 5, 6; § 67 II 19 ALR.). Aus der Natur der Anstalten als Armenanstalten folgt, daß die Befreiung auf solche Anstalten keine Anwendung findet, die nicht nur der Not abhelfen, sondern darüber hinaus wohltätige und gemeinnützige Zwecke verfolgen, z. B. Kindern eine höhere wissenschaftliche Ausbildung oder Mädchen eine Mitgift von 1800 M. zu bieten (RG. 6. Okt. 1898, JW. S. 652 [34]; 6. Okt. 1898, ZBl. S. 453, JMBl. 1899 S. 168; Anm. 7), oder einen versicherungsmäßigen Ersatz der infolge Krankheit u. dergl. zu erwartenden Schäden zu gewähren (KG. 20. März 1900, Jahrb. 20 S. B. 17, betr. Knappschaftsvereine). Über Zuwendungen unter einer Zweckbestimmung s. Anm. 5.

Die Befreiung der Hospitäler usw. ist nicht auf öffentliche Anstalten (Anm. 4) beschränkt und nicht von einer besonderen Anerkennung abhängig; sondern sie steht allen staatlich genehmigten Anstalten zu (Anm. 2, 4). Die Genehmigung kann, wie in der Verwaltung im Anschlusse an § 42 II 19 ALR. angenommen wird, auch stillschweigend erfolgen (Anm. 9). Die Anstalten brauchen nicht selbständige Rechtspersönlichkeit zu besitzen (Anm. 2); es kommt auch nicht darauf an, in wessen Eigentum sie sich befinden, da es sich nicht um eine rein persönliche, sondern um eine zugleich sachliche Befreiung in Angelegenheiten der Anstalten handelt. Wird die Anstalt von einer Stiftung betrieben, so wird die Genehmigung der Stiftung (§ 1 Anm. 10) die Genehmigung der Anstalt einschließen; steht sie im Eigentum eines den Betrieb bezweckenden Vereins, so wird in der Eintragung des Vereins in das Vereinsregister eine stillschweigende

Genehmigung der Anstalt gefunden werden können (Anm. 9).

Die Anstalt braucht beim Anfalle noch nicht vorhanden zu sein; es genügt, wenn die Zuwendung für die zu begründende Anstalt bestimmt ist (Anm. 5) und die staatliche Genehmigung der Anstalt nachträglich erfolgt. Die Genehmigung ist zwar Voraussetzung der Befreiung; die Befr. ist aber im wesentlichen sachlicher Natur, und die Genehmigung — ebenso wie die Anerkennung bei milden Stiftungen — bloß als Gewähr dafür gedacht, daß die Befr. nur Anstalten zukommt, bei welchen die Erfüllung des begünstigten Zweckes gesichert scheint. Aus diesem Grunde wird die Genehmigung für die Steuerbefreiung ebenso rückwirkende Kraft üben, wie die Anerkennung für die Befr. der milden Stiftungen (Anm. 10e).

9. Kleinkinderbewahranstalten haben den Zweck, Kinder in meist noch nicht schulpflichtigem Alter aus der ärmeren oder minder bemittelten Bevölkerung vorübergehend, während die Eltern oder Erzieher durch ihre Beschäftigung an der Beaufsichtigung der Kinder behindert sind, ganz oder teilweise unentgeltlich aufzunehmen und zu erziehen, unter Umständen auch zu verpflegen. Den von der Regierung genehmigten Kleinkinderbewahranstalten war durch AKO. 21. April 1841 (ZBl. S. 116, MBl. S. 140) und 28. Febr. 1842 (MBl. S. 200, JMBl. S. 95) Stempelfreiheit in gleichem Umfange wie den öffentlichen Schulen bewilligt worden. In der Begr. des EStG. 1895 (Sten.Ber. Anl. 3 S. 1562) ist angenommen worden, daß diese Befr. durch die Befr. k (jetzt l) aufrecht gehalten sei (Anm. zu Befr. 2 l). Für die Auslegung ist diese Frage nicht von großer Bedeutung, weil die Befr. sachlich auf eine neue Grundlage gestellt ist, indem sie von der Befr. der Schulen losgelöst und mit der Befr. der Armenanstalten und milden Stiftungen in Verbindung gebracht worden ist.

Wegen der persönlichen Voraussetzungen der Befr. wird bei der Auslegung auf die früheren Bestimmungen zurückgegangen werden können. Nach der AKO. 1841 war die Befr. den Vereinen, nach der AKO. 1842 den Anstalten selbst bewilligt worden. Hieraus läßt sich folgern, daß die Vereine nur genannt sind, weil die Anstalten meist von Vereinen betrieben werden, und daß, ebenso wie unter milden Stiftungen auch Vereine usw. verstanden werden, Gesellschaften und Stiftungen den Vereinen gleichgestellt sind (H-Sp. S. 85; FM. 18. Aug. 1904 III 10483, 27. Okt. 1904 III 13945). Es handelt sich daher auch hier um eine mehr sachliche Befr. für die Anstalten, während die der Person des Eigentümers zu erteilende Genehmigung als Gewähr gegen Mißbrauch der Befr. gedacht ist. Die Genehmigung muß deshalb der Person in bezug auf die Anstalt erteilt sein. Nach der in Verwaltung und Rechtsprechung herrschenden Meinung erlangten Vereine für Kleinkinderbewahranstalten durch ausdrückliche oder stillschweigende staatliche Genehmigung Rechtspersönlichkeit (ALR. II 19 § 42; JMBl. 1844 S. 206; OTr. Bd. 23 S. 356, 24. April 1865, Gruchot 10 S. 248, GA. 15 S. 604 Nr. 21). Man nahm deshalb an, daß auch die Befr. durch stillschweigende Genehmigung begründet wurde. Eine solche stillschweigende Genehmigung wurde z. B. darin gefunden, daß eine Kleinkinderbewahranstalt Zuschüsse aus der Staatskasse erhielt (FM. 7. Nov. 1883 III 14317, H-Sp. S. 85) oder unter den Augen der Staatsbehörden öffentlich wirkte (OTr. 24. April 1865 — s. oben —; H-Sp. S. 85). Unter der Herrschaft des BGB. ist mit Rücksicht auf die Bestimmung im § 61 BGB. die Eintragung eines Vereins in das Vereinsregister als stillschweigende staatliche Genehmigung angesehen worden (FM. 27. Febr. 1902 III 2499). Die Genehmigung kann aber auch ferner in jeder Art erfolgen, da die Befr. auch für Anstalten nicht rechtsfähiger Vereine usw. und für solche Anstalten Platz greift, die von einer bereits bestehenden Rechtsperson, z. B. einer Ortsgemeinde, Kirche usw., errichtet werden. Die Anstalt braucht beim Anfalle noch nicht vorhanden zu sein; auch die Genehmigung kann später erfolgen mit rückwirkender Kraft für die Befr. (Anm. 8).

10. Milde Stiftungen sind Stiftungen, deren Hauptzweck darin besteht, hilfsbedürftige Personen durch ganz oder zum Teil unentgeltliche Zuwendungen vor leiblicher Not zu bewahren. Das gilt auch im bisherigen Geltungsbereiche des gemeinen Rechts (RG. 5. Okt. 1900, JW. S. 769[57]).

a) Als Stiftungen im Sinne der Befr. kommen nicht nur Stiftungen des bürgerlichen Rechts, sondern ohne Rücksicht auf die rechtliche Gestaltung alle Rechtspersonen in Betracht, welche Träger eines bestimmten Zwecken gewidmeten Vermögens sein können, z. B. auch Vereine (Begr. 1873 S. 68; RG. 25. April 1881, JMBl. 1882 S. 11; FM. 23. Okt. 1901 III 13210), Gesellschaften mit beschränkter Haftung (FM. 22. Juli 1902 III 8319; 29. Juni 1904 III 6285).

b) Nur anerkannten milden Stiftungen steht Befr. zu. Vor dem Inkrafttreten des EStG. 1895 konnte die Anerkennung als milde Stiftung ausdrücklich oder durch Verleihung der Rechte einer juristischen Person erfolgen (Anm. 1). Aber nicht jede Verleihung der Rechtspersönlichkeit enthielt eine stillschweigende Anerkennung als milde Stiftung, vielmehr mußte die Stiftung auch wirklich milde Zwecke verfolgen, und die Rechtspersönlichkeit ihr in Kenntnis dieses Zweckes verliehen sein (RG. 22. Nov. 1881, JMBl. 1882 S. 315; 22. Sept. 1890, JW. S. 365[16], JMBl. 1891 S. 24; 10. Dez. 1891, Bolze 13 Nr. 597, Gruchot 36 S. 1102, JW. 1892 S. 49[32], JMBl. 1892 S. 279; 23. Sept. 1895, JW. S. 513[36], ZBl. S. 415; 6. Okt. 1898, JW.

S. 652[34]; 6. Okt. 1898, ZBl. S. 453, JMBl. 1899 S. 168). Der Verleihung der Rechtsfähigkeit nur zum Erwerbe von Grundstücken usw. wird keine über diesen Zweck hinausgehende Wirkung beizumessen sein, da in der Kom. des AH. die Worte „der Rechte juristischer Personen" an die Stelle der im Entwurf enthaltenen Worte „unbeschränkter Korporationsrechte" im Einklange mit dem Regier.-Vertreter gesetzt worden sind, eine sachliche Änderung also wohl nicht beabsichtigt ist (FM. 13. Dez. 1875 III 16159; RG. 21. Dez. 1900, JW. 1901 S. 95[46]). Nach der jetzt geltenden Fassung des EStG. kann die Anerkennung nur noch ausdrücklich erfolgen (H-Sp. S. 85 Anm. 17); die Befr. derjenigen Stiftungen, die vor dem 1. April 1896 durch Verleihung der Rechtspersönlichkeit stillschweigend als milde Stiftungen anerkannt waren, sollte jedoch durch das EStG. von 1895 nicht berührt werden (FM. 31. Okt. 1897 III 13457, 2. Juni 1902 III 6504; RG. 21. Dez. 1900, JW. 1901 S. 95[46]). Die ausdrückliche Anerkennung einer Stiftung als einer milden erfolgt entweder bei Gelegenheit der Genehmigung der Stiftung durch den König oder später durch die beteiligten Minister. Für die ESt.-Befreiung würde die Anerkennung durch den FM. ausreichen. Da die Anerkennung als milde Stiftung jedoch eine weiterreichende Bedeutung hat, so werden der Einheitlichkeit wegen der Justizminister und derjenige Minister, dem die Aufsicht über die Stiftung zusteht, bei der Anerkennung beteiligt. Die Anerkennung kann nicht im Rechtswege betrieben werden; der Rechtsweg ist nur über die Frage zulässig, ob die Anerkennung erfolgt ist. Eine ausdrückliche Anerkennung ist darin gefunden worden, daß eine in der Satzung als Armenstiftung oder milde Stiftung bezeichnete Stiftung auf Grund dieser Satzung genehmigt worden ist (RG. 7. Mai 1894, JW. S. 329[61], Bolze 18 Nr. 539; FM. 21. Juni 1904 III 7614). Dagegen liegt keine Anerkennung vor, wenn eine Stiftung von den zur Anerkennung nicht berufenen Organen der Steuerverwaltung als milde Stiftung behandelt worden ist (RG. 6. Okt. 1898, ZBl. S. 456, JMBl. 1899 S. 168).

c) **Voraussetzung** für die Anerkennung einer Stiftung als einer milden ist, daß die Stiftung selbständige Rechtspersönlichkeit besitzt (FM. 26. Juni 1898 III 8842; 12. Dez. 1901 III 11 140; 14. Aug. 1903 III 11 103), sei es auch nur zum Erwerbe von Grundstücken und Kapitalien (FM. 30. Juni 1904 III 7 703; 14 Okt. 1904 III 12040); denn wenn im EStG. 1873 die Befr. milden Stiftungen zugebilligt ist, die als solche ausdrücklich oder durch Verleihung der Rechte juristischer Personen anerkannt sind, so ist anzunehmen, daß auch die ausdrückliche Anerkennung nur Rechtspersonen zu teil werden sollte, zumal da im § 8 EStG. gerade für die Fälle, in welchen Zuwendungen ohne Begründung einer Stiftung gemacht sind, Vorsorge getroffen ist. Anscheinend wollte man eine mit Bedeutung für die Zukunft verknüpfte Anerkennung nur zulassen, wenn durch eine für die Dauer berechnete feste rechtliche Gestaltung der Stiftung für die künftige Erfüllung des Stiftungszweckes Gewähr geleistet war. Unselbständige einzelne Einrichtungen einer Stiftung oder kirchliche Anstalten können nicht als milde Stiftungen anerkannt werden. Die Besteuerung von Zuwendungen an solche Anstalten richtet sich nach der Person des Eigentümers und dem Zweck der Zuwendung (Befr. 2 i; § 8 Anm. 1).

Das RG. hat angenommen, daß die Zulässigkeit einer Änderung der Zweckbestimmung einer Stiftung der Anwendung der Befr. nicht entgegenstehe, weil die Sicherung der Verwendung des Stiftungsvermögens zu den vorgesehenen Zwecken nicht — wie in der Tarifstelle C e — vorgeschrieben sei, und weil außerdem durch das staatliche Aufsichtsrecht (§§ 37 ff. II 19 ALR.)

gegen mangelhafte und mißbräuchliche Verwendung Vorsorge getroffen sei (RG. 1. Juli 1895, JMBl. 1896 S. 313, Bolze 21 Nr. 669). Eine sachliche Sicherung für die Verwendung wird allerdings nicht verlangt werden können, weil es sich nicht um eine rein sachliche Befr. handelt. Bei einer gemischt sachlich-persönlichen Befr. muß die Sicherung vielmehr durch die Person des Befreiten gewährleistet werden (Anm. 2). Das scheint auch das RG. durch den Hinweis auf das staatliche Aufsichtsrecht anzuerkennen. Die Sicherung der Verwendung würde hiernach nur eine Voraussetzung für die Anerkennung der Stiftung als einer milden und dadurch mittelbar eine solche für die Befr. bilden. Demgemäß wird die Anerkennung von der Verwaltung davon abhängig gemacht, daß die Verwendung des Stiftungsvermögens zu milden Zwecken tunlichst dauernd, namentlich für den Fall der Auflösung eines Vereins, gesichert sei (FM. 9. März 1903 III 3092; 16. März 1904 III 3027; 29. Juni 1904 III 6285; 20. Sept. 1904 III 11831). Wann die Verwendung als gesichert gilt, ist Tatfrage (Anm. 3 Tarifstelle C e). Bei Stiftungen und Vereinen, deren Rechtsfähigkeit auf Verleihung beruht, wird die Verwendung meist durch die staatliche Aufsicht gewährleistet sein (§§ 87, 88 BGB., Art. 82 EG.BGB., Titel 6, 19, Teil II ALR.). Die Verwaltung hat auch eingetragene Vereine, Gesellschaften mit beschr. Haftung usw., welche ihren Zweck ohne staatliche Genehmigung ändern können (§§ 33, 71, 45, 74 BGB.), als milde Stiftungen anerkannt (FM. 30. April 1901 III 5607; 2. Juli 1901 III 7085), wenn den Umständen nach anzunehmen war, daß die Natur des Vereins usw. gewahrt bleiben werde (FM. 16. März 1904 III 3027; 31. Jan. 1905 III 716).

d) Die Befr. ist weder rein persönlicher, noch rein sachlicher, sondern gemischter Natur (Anm. 2). Das RG. hat ausgeführt (29. Okt. 1888, JW. S. 448[21]; 22. Sept.

1890, JMBl. 1891 S. 24, JW. S. 365[18]), daß durch die Beschränkung der Befr. auf anerkannte milde Stiftungen nicht der Begriff der milden Stiftung, sondern nur der Umfang der Steuerbefreiung begrenzt werden sollte, und ferner, daß es sich „um eine subjektive Befr. handele, welche nur den vom Staate anerkannten Stiftungen zukommen solle, damit einer unstatthaften Ausdehnung des Begriffs der milden Stiftungen vorgebeugt werde". Hiermit hat das RG. die sachlichen und persönlichen Erfordernisse der Befr. anerkannt, und in einem weiteren Urt. (6. Okt. 1898, ZBl. S. 455, JMBl. 1899 S. 170) hat es ausdrücklich geprüft, ob die Voraussetzungen der „materiellen" und der „subjektiven" Befr. der milden Stiftungen vorhanden seien. Hätte die Befr. rein persönliche Natur, so müßte man der Anerkennung eine die Befr. begründende Wirkung beimessen, während sie nach dem Wortsinne nur eine anerkennende, erklärende Bedeutung haben kann. Die Befr. ist kein inhaltlich von dem Grunde losgelöstes Privilegium (JM. 5. Jan. 1904 III 6035), sondern ihr Inhalt wird durch die anerkannte milde Natur der Stiftung bestimmt. Sie wird deshalb als eine vorwiegend sachliche Befr. zu bezeichnen sein, die wegen der Vieldeutigkeit des Begriffs der milden Stiftungen auf anerkannte milde Stiftungen beschränkt und insofern eine persönliche Befr. ist. Der eigentliche Grund der Befr. ist die sachliche Natur der Stiftung, während die Anerkennung nur eine Sicherung gegen Mißbrauch der Befr. bilden soll (Anm. c).

e) Die Wirkungen der Anerkennung ergeben sich aus ihrer erklärenden Natur (Anm. d). Danach hat die anerkannte milde Stiftung Anspruch auf Befr. von der ESt. so lange, als der der Anerkennung zu grunde gelegte Sachverhalt im wesentlichen besteht, ohne daß den Behörden und Gerichten eine Nachprüfung zusteht, ob die Stiftung tatsächlich eine milde ist. Bei den nach früherem Recht stillschweigend anerkannten Stiftungen schließt die Prüfung, ob eine Anerkennung erfolgt ist, allerdings eine Prüfung des Wesens der Stiftung ein (Anm. b). Die Anerkennung wird wegen ihrer erklärenden Natur widerruflich sein, sowohl wegen Irrtums und unrichtiger Beurteilung des Wesens der Stiftung, als auch wegen einer in der Auffassung des Begriffs der milden Stiftung eingetretenen Wandlung (FM. 5. Jan. 1904 III 6035). Der Widerruf würde rückwirkende Kraft haben, in dem letzten Falle jedoch nur bis auf die Zeit der Wandlung. Ferner folgt aus der Bedeutung der Anerkennung, daß die Wirkung der A. ohne Widerruf von selbst mit dem Zeitpunkte erlischt, mit welchem der ihr zu grunde gelegte Sachverhalt im wesentlichen geändert wird. Die Anerkennung bezieht sich im Zweifel auf die Stiftung in derjenigen Gestalt, die sie nach ihrer Verfassung zur Zeit der Anerkennung hatte (RG. 8. Jan. 1901, JW. S. 96[48]). Wenn eine in der Satzung nicht vorgesehene Wirksamkeit oder eine Handhabung der Satzung in einem bestimmten Sinne der Anerkennung zu grunde gelegt ist, so würde dem Fiskus der Beweis hierfür obliegen. Von der Verwaltung wird die Anerkennung davon abhängig gemacht, daß die tatsächliche Übung mit dem Wortlaute der Satzung im Einklange steht (FM. 24. Febr. 1903 III 2301), und daß die Satzung den milden Zweck deutlich ergibt. Wenn z. B. das Urteil über die Hilfsbedürftigkeit lediglich dem Vorstande der Stiftung zustehen soll, so kann es erforderlich sein, die objektiven Merkmale der Hilfsbedürftigkeit satzungsmäßig feststellen zu lassen (FM. 10. Sept. 1904 III 11231). Eine mißbräuchliche Verwendung des Stiftungsvermögens berührt nicht die Natur der Stiftung; unter Umständen, namentlich bei fortgesetztem Mißbrauche, wird sie jedoch einen Widerruf der Anerkennung mit Wirkung auf den Beginn des Mißbrauches rechtfertigen, da die ordnungsmäßige Verwendung der Stiftungsmittel eine Voraussetzung bei der Anerkennung bildet. In allen Fällen, in denen die Anerkennung kraftlos wird, bleibt die Befr. für die während der Wirkungsdauer eingetretenen Anfälle bestehen, weil eine objektive Sicherung nicht gefordert ist, sondern die Sicherung als Voraussetzung der Anerkennung gedacht ist (Anm. c).

Auf der erklärenden Natur der Anerkennung beruht auch eine Rückwirkung der Befr. Nach der Begr. (1873 S. 68) können Stiftungen oder Vereine, die bei einem Anfalle noch nicht als milde Stiftungen anerkannt sind, sich um die Anerkennung bewerben, um für den Anfall Befr. zu erlangen. In diesem Umfange wird die Rückwirkung von der Verwaltung anerkannt (FM. 28. Aug. 1903 III 12075, 24. Juni 1904 III 8382). Eine Rückwirkung auf weiter zurückliegende Anfälle wird auch nicht beabsichtigt sein. Wenn die Anerkennung erst infolge einer Änderung des Stiftungszweckes erlangt worden ist, so wirkt sie höchstens bis auf die Zeit der Änderung zurück. Die nach dem Anfalle erfolgte Anerkennung bildet ein Ereignis im Sinne des § 42 Abs. 2 EStG. (RG. 25. April 1881, JMBl. 1882 S. 11).

Wegen Ausschlusses der Zuwendungen zu nicht milden Nebenzwecken von der Befr. s. Anm. f VI.

f) Zur Erläuterung des Begriffs der milden Stiftung:

I. Die zu unterstützenden Personen müssen materiell hilfsbedürftig sein (RG. 5. Okt. 1900, JW. S. 769 [51]; FM. 28. Mai 1895 III 6496). Kranke, die sich in geordneten Vermögensverhältnissen befinden, sind daher im Sinne der Befr. nicht hilfsbedürftig. Die Erwerbsfähigkeit schließt die Hilfsbedürftigkeit nicht aus, da auch arbeitswillige und fähige Personen, z. B. infolge Arbeitsmangels, in Not geraten können; deshalb sind die für hilfsbedürftige Arbeitslose bestimmten sog. Arbeiterkolonien als milde Stiftungen anerkannt worden (FM. 1. Sept. 1903 III 12246). Dagegen ist Herbergen zur

Heimat und Gesellenhäusern, sowie Volksküchen, welche ihre Wohltaten ohne eine solche Beschränkung erweisen, die Anerkennung versagt worden (FM. 8. Sept. 1903 III 12035, 27. Juli 1904 III 8403, 12. Nov. 1904 III 14388). Es ist nicht erforderlich, daß die Zuunterstützenden sich bereits zur Zeit der Unterstützung im höchsten Elende befinden; auch die der vorbeugenden Armenpflege dienenden Stiftungen, welche in wirtschaftlicher Bedrängnis befindliche Personen davor bewahren wollen, der völligen Verarmung anheimzufallen, können als milde Stiftungen anerkannt werden. Hierher gehören z. B. Stiftungen für sog. verschämte Arme (Befr. 2 f Anm. 2), eine Stiftung, welche den Zweck hat, in Not geratene, nicht nur in vorübergehender Geldverlegenheit befindliche Handwerker durch Gewährung zinsenfreier Darlehen zu unterstützen (RG. 22. Sept. 1890, JW. S. 365 [18], JMBl. 1891 S. 24). Dagegen ist eine Stiftung, welche den Zweck verfolgte, Rittergutsbesitzern zinsenfreie Darlehen zu gewähren, um sie im Besitze des Rittergutes zu halten, nicht als milde Stiftung angesehen worden, weil es sich um in vorübergehender Verlegenheit befindliche Personen handelte, die in bevorzugter Lebensstellung gehalten werden sollten (FM. 9. Juli 1904 III 8393). Stiftungen, welche arbeitsscheue Personen sittlich heben und an Arbeit gewöhnen wollen, werden nicht der vorbeugenden Armenpflege, sondern sittlichen und gemeinnützigen Zwecken dienen. Dasselbe ist bei einer Stiftung mit dem Zwecke, Dienstboten heranzubilden, ihnen moralischen Schutz zu gewähren und sie vor den Gefahren der Großstadt zu bewahren, angenommen worden (RG. 8. Jan. 1901, JW. S. 96 [48]). Als milde Zwecke sind ferner nicht angesehen worden: Beseitigung sittlicher und religiöser Notstände (FM. 17. Sept. 1904 III 11319; 9. Dez. 1904 III 15108), Heidenmission (FM. 21. Jan. 1905 III 671). Vergl. Anm. 1 a—c zu Tarifstelle C e; Anm. 2 zu Befr. 2 f.

II. Die Unterstützungen dürfen das Maß der Hilfsbedürftigkeit nicht übersteigen, also nur zur Beseitigung oder Linderung einer Not oder dazu dienen, Personen, die Gefahr laufen, in Not zu geraten, hiervor zu bewahren. Deshalb können Stipendienstiftungen für arme Schüler, mit welchen den Stipendienempfängern zu einer bevorzugten Lebensstellung verholfen werden soll, nicht als milde Stiftungen anerkannt werden (FM. 30. Jan. 1895 III 1040; 30. Juni 1900 III 7577; 14. Aug. 1903 III 11103; s. Anm. 1 a zu Tarifstelle C e). Dasselbe wird für Stiftungen gelten, welche bedürftigen Personen aus den höheren Ständen eine standesmäßige Lebensweise ermöglichen sollen. Dagegen ist eine Stiftung, welche den Zweck verfolgte, Töchtern armer Familien Unterweisung in den notwendigsten häuslichen Arbeiten erteilen zu lassen (FM. 5. Juni 1896 III 6418, H-Sp. S. 86 Anm. 18 b), und eine andere, welche die Ausbildung armer Mädchen zu Dienstboten bezweckte (FM. 2. Juli 1901 III 7085) als milde Stiftung anerkannt worden (vergl. Anm. I). Ferner ist angenommen worden, daß die Gewährung einer geringen Aussteuer an bedürftige weibliche Personen nicht über die Grenzen der Hilfsbedürftigkeit hinausreiche (FM. 11. Okt. 1904 III 8871), und daß auch eine Arbeiterkolonie nicht mehr, als nötig ist, leiste, wenn sie den Kolonisten bei der Entlassung einen, infolge der kurzen Dauer des Aufenthaltes in der Anstalt, geringen Arbeitsverdienst zahle, weil den Kolonisten dadurch der Eintritt in geregelte Lebensbahnen ermöglicht werde (FM. 1. Sept. 1903 III 12 246).

III. Die Unterstützungen können in Leistungen aller Art bestehen, z. B. in der Übertragung von Eigentum, Gebrauchs- oder Nutzungsrechten (Wohnungen, Darlehen s. Anm. I), in Dienstleistungen (Krankenpflege), unter Umständen in der Befreiung von besonders drückenden Verbindlichkeiten.

IV. Die Unterstützungen müssen ganz oder wenigstens zum Teil unentgeltlich erfolgen. Die Unentgeltlichkeit wird dadurch nicht ausgeschlossen, daß die Stiftung sich den Ersatzanspruch vorbehält, falls der Unterstützte später zum Ersatz im stande sein werde (§ 55 II 19 ALR.; RG. 27. Nov. 1879, Gruchot 24 S. 513). Die Unterstützungen erfolgen teilweise unentgeltlich, wenn die Unterstützten Beiträge leisten, die den Aufwendungen der Stiftung an Wert nicht gleichkommen, z. B. für die Aufnahme in eine Anstalt geringe Beiträge zu den Pflegekosten (RG. 10. Dez. 1891, JMBl. 1892 S. 279, JW. 1892 S. 49 [32], Bolze 13 Nr. 597, Gruchot 36 S. 1102; 8. Mai 1893 — s. Anm. 2 —; FM. 8. Juli 1901 III 8133), für Gewährung von Darlehen einen geringen Zins, der die Verwaltungskosten nicht deckt (RG. 22. Sept. 1890, JW. S. 365 [15], JMBl. 1891 S. 24) oder für Aufnahme in eine Arbeiterkolonie die Arbeit eines ungeübten Arbeiters (FM. 1. Sept. 1903 III 12246). Wegen Pensionskassen s. Tarifstelle C. e Anm. 1 a.

V. Die Stiftung muß der Allgemeinheit dienen (vergl. Anm. 4); Familienstiftungen (§ 1 Anm. 27) können nicht als milde Stiftungen anerkannt werden (FM. 21. Nov. 1903 III 15164; 23. Aug. 1904 III 10654; 16. Dez. 1904 III 15272). Wenn Verwandte des Stifters nur unter sonst gleichen Verhältnissen den Vorzug vor anderen Hilfsbedürftigen haben sollen, so ist hierin kein Hindernis für die Anerkennung als milde Stiftung zu finden (FM. 7. Juni 1899 III 6853; § 49 II 19 ALR.). Ferner steht die Beschränkung der Wirksamkeit auf einen zwar begrenzten, aber nicht fest geschlossenen Kreis, z. B. auf die Mitglieder eines unter gewissen Bedingungen jedermann zugänglichen Vereins (FM. 30. Juni 1900 III 7577), der Anerkennung als milde Stiftung nicht entgegen, wenn in dem bestimmten Kreise ein den Stiftungsmitteln entsprechendes Bedürfnis vorhanden und die Verfolgung eines milden Zweckes als Hauptzweckes möglich ist (RG. 21. Dez. 1900, JW. 1901 S. 95[46]).

VI. Nach dem Hauptzweck ist das Wesen einer Stiftung zu beurteilen; es ist nicht erforderlich, daß die Stiftung ausschließlich milde Zwecke verfolgt (RG. 22. Sept. 1890, JW. S. 365[15], JMBl. 1891 S. 24; 7. Mai 1894, JW. S. 329[61], Bolze 18 Nr. 539; 1. Juli 1895, JMBl. 1896 S. 313, Bolze 21 Nr. 669; 23. Sept. 1895, JW. S. 513[36], ZBl. S. 415; 6. Okt. 1898, JW. S. 652[34], ZBl. S. 453, JMBl. 1899 S. 168; 5. Okt. 1900, JW. S. 769[87]). In diesen Entscheidungen ist mehrfach im Gegensatz zum Hauptzwecke von Nebenzwecken die Rede. Streng genommen können unter Nebenzwecken nur solche Zwecke verstanden werden, welche vom Hauptzwecke abhängig sind und ihm dienen sollen, während von dem Hauptzweck unabhängige, selbständige nicht milde Zwecke, die im Verhältnisse zum Hauptzweck geringfügig sind, als nebensächliche Zwecke zu bezeichnen sind. Welchen Sinn das RG. mit dem Worte Nebenzweck verknüpft hat, ist aus den Urteilen nicht deutlich ersichtlich. Nach dem Urt. vom 22. Sept. 1890 handelte es sich um einen wirklichen Nebenzweck, da vorübergehend nicht erforderliche Mittel einstweilen angelegt, mithin dem Hauptzwecke nicht entzogen werden sollten. In dem Urt. vom 7. Mai 1894 hat das RG. unter Nebenzweck allerdings einen selbständigen nebensächlichen Zweck verstanden; es kann hierauf aber kein großes Gewicht gelegt werden, weil der nebensächliche Zweck kein satzungsmäßiger Zweck war, sondern eine besondere Vermögensmasse betraf, für welche die Zuwendung nicht bestimmt war. Die Verwaltung hat angenommen, daß das RG. unter Nebenzwecken auch nebensächliche Zwecke begriffen habe (z. B. FM. 9. März 1903 III 3092). Aus der Natur der Befr. ergibt sich, daß Zuwendungen an die Stiftung, sofern sie vom Erblasser überwiegend für die nebensächlichen nicht milden Zwecke bestimmt sind, von der Befr. nicht betroffen werden, und daß die Anerkennung wirkungslos wird, wenn die nebensächlichen Zwecke infolge solcher Zuwendungen zur Hauptsache geworden sind und die Stiftung dadurch eine andere geworden ist, als sie zur Zeit der Anerkennung war (Anm. 10 e).

Befr. **2 h)** **1. Öffentliche Schulen** sind im Gegensatze zu Privat-Unterrichts- und Erziehungsanstalten Veranstaltungen der öffentlichen Unterrichtsverwaltung (§§ 1, 3, 9 II 12 ALR., Art. 23 ff. Verfassung) oder, nach einer vom RG. gegebenen, von der Verwaltung gebilligten Begriffsbestimmung, Unterrichtsanstalten, die im Eigentum oder unter Verwaltung des Staates (wohl auch des Reiches) oder eines Gemeindeverbandes (Stadt, Kreis, Provinz, Schulgemeinde) stehen und jedermann, wenn auch nur unter gewissen Voraussetzungen, zugänglich sind (RG. 22. Nov. 1881, JMBl. 1882 S. 315; FM. 25. Juni 1895 III 8649[4]). Auf den Gegenstand (Wissenschaft, Kunst, Gewerbe § 54 II 12 ALR.) oder die Art des Unterrichts kommt es nicht an. Als öffentliche Schulen sind namentlich anzusehen: die öffentlichen Volksschulen (Art. 24 ff., 112 Verfassung), die im Eigentume einer Schulgemeinde oder Schulsozietät mit eigener Rechtspersönlichkeit (OTr. 20. Juni 1853, Bd. 25 S. 301; ROHG. 13. April 1875, Bd. 17 S. 80) oder einer politischen Gemeinde (Komm.Ber. 1873 S. 22) stehen können, städtische Gymnasien, Realschulen, höhere Töchterschulen (FM. 18. März 1899 III 3352) und andere höhere Lehranstalten, städtische Fortbildungsschulen, die landwirtschaftlichen und Hebammen-Lehranstalten der Provinzialverbände (FM. 11. Nov. 1902 III 14040; H-Sp. S. 89 Anm. 25), jüdische Sozietätsschulen in den altpreuß. Landesteilen (§§ 64—67, 69 Ges. 23. Juli 1847, GS. S. 263), im ehem. Kurfürstentum Hessen (§ 12 Verord. 30. Dez. 1823, GS. S. 87), im ehem. Herzogtum Holstein (§ 18 Ges. 14. Juli 1863, Ges. u. Min.Bl. S. 167).

Die jüdischen Sozietätsschulen im vorm. Königreich Hannover hatten nicht die Vorrechte öffentlicher Schulen (§ 25 Ges. 30. Sept. 1842, GS. Abt. I S. 211); da sie sich jedoch ihrer Natur nach als öffentliche Schulen darstellen, so sind sie in der Befr. von der ESt. durch das EStG. den anderen öffentlichen Schulen gleichgestellt. Auf die im Eigentum einer Religionsgesellschaft stehenden Schulen findet die Befr. 2 h keine Anwendung; dagegen greift die Befr. 2 i Platz, wenn die Schulen rein kirchlichen Zwecken dienen, z. B. der Ausbildung von Geistlichen (FM. 4. Mai 1898 III 5522, 25. Nov. 1898 III 15952, betr. Fürstbischöfliche und Erzbischöfliche Knabenkonvikte) oder dem Religionsunterricht. Staatliche Schulen (Technische und landwirtschaftliche Hochschulen, die Kaiser Wilhelms-Akademie, die Tierarzneischule, Gymnasien, Realschulen, Schullehrerseminare, Präparandenanstalten, Bergwerks-, Forst- und Schiffahrtsschulen usw.) genießen schon auf Grund der Befr. 2 e Steuerfreiheit.

2. Privatschulen (Anm. 1) haben auf Steuerbefreiung selbst dann keinen Anspruch, wenn sie aus öffentlichen Mitteln unterstützt werden, oder wenn staatliche oder Gemeindebeamte in amtlicher Eigenschaft dem Verwaltungsausschusse angehören (FM. 10. Mai 1894 III 2776, 18. Mai 1894 III 6721, H-Sp. S. 89 Anm. 25).

3. Universitäten s. §§ 67 ff. II 12 ALR. Aufzählung der preuß. Universitäten s. v. Rönne IV S. 727 Anm. 1 b. Über die Zwecke der Universitäten s. auch RG. 10. März 1887, ZBl. S. 500, JMBl. S. 322; 31. Mai 1904, JW. S. 424 [17], ZBl. S. 213 (vergl. Tarif C e Anm. 1 a); danach sind Zuwendungen an Universitäten zu Stipendien für Studierende mit 4 v. H. steuerpflichtig; ebenso entschieden vom FM. 5. April 1902 III 2511, 9. Dez. 1902 III 12395.

4. Öffentliche Sammlungen für Kunst und Wissenschaft sind von der Kom. des AH. in die Befr.

aufgenommen worden (Komm.Ber. 1873 S. 22). Die Befr. betrifft Anfälle zur Begründung oder Förderung einer Sammlung von Gegenständen, an welche ein künstlerisches oder wissenschaftliches Interesse geknüpft ist (Museen, Büchereien usw.). Ein durch Sammlung zur Errichtung eines öffentlichen Denkmals zusammengebrachtes Kapital kann nicht darunter verstanden werden (FM. 26. März 1902 III 3921). Der Begriff der Öffentlichkeit kann bei dem unmittelbaren Zusammenhange mit der Befr. der Schulen nur in demselben Sinne wie bei Schulen und Anstalten der in Befr. 2 g bezeichneten Art ausgelegt werden (Anm. 1; Anm. 4 zu Befr. 2 g). Die Befr. kommt daher auch Sammlungen zu, die nicht mit eigener Rechtspersönlichkeit ausgestattet sind, sondern im Eigentum eines Gemeindeverbandes stehen (RG. 4. Dez. 1893, Bd. 32 S. 326, JW. 1894 S. 72 [48]).

5. Die Natur der Befr. ist dieselbe wie die der öffentlichen Armenanstalten und milden Stiftungen (Befr. 2 g Anm. 2 und 10 d). Ihrem Grunde nach ist die Befr. sachlich, weil die Zwecke der Schulen usw. gefördert werden sollen; persönlich ist sie insofern, als sie auf bestimmte öffentliche Anstalten beschränkt ist. Die sachliche Befr. scheint aus dem Grunde eingeschränkt zu sein, weil die persönlichen Eigenschaften des Eigentümers oder Verwalters der Anstalten dafür Gewähr leisten sollen, daß die Zuwendungen ausschließlich und dauernd den begünstigten Zwecken dienen. Das RG. hat in dem Urt. 4. Dez. 1893 (Anm. 4) die Befr. einer Zuwendung an eine Stadtgemeinde für eine öffentliche Sammlung aus § 8 EStG. abgeleitet, indem es ausführte, daß danach Zuwendungen ohne Begründung einer Stiftung ebenso behandelt werden sollen, als wenn zu demselben Zwecke eine Stiftung angeordnet wäre, im gegebenen Falle also eine unter Verwaltung der Stadtgemeinde stehende Stiftung für eine — hiernach öffentliche — Sammlung. Diese Ableitung ist nicht erforderlich;

denn wenn nach dem Komm.Ber. (1873 S. 22) die Befr. der öffentlichen Schulen sich ohne weiteres auf Gemeindeschulen erstrecken soll, so kann nach dem Zusammenhange der Tarifstelle auch bei öffentlichen Sammlungen keine andere Beurteilung Platz greifen. Das RG. hat auch selbst in einem Urt. 22. Nov. 1881 (s. Anm. 1) eine unmittelbar aus dem Tarife folgende Befr. der Gemeindeschulen angenommenen und in diesem Urt. sowie in einem Urt. 8. Mai 1893 (s. Befr. 2 g Anm. 2) in Bezug auf die gleichartige Befr. 2 g ausgeführt, daß nur für die stillschweigend anerkannten milden Stiftungen die Verleihung der Rechtsfähigkeit zur Voraussetzung der Befr. gemacht sei. Auch für die Befr. der Universitäten bildet der Besitz selbständiger Rechtspersönlichkeit keine Vorbedingung; nach dem Zusammenhange der Tarifstelle ist jedoch erforderlich, daß die U. sich als eine Veranstaltung der öffentlichen Unterrichtsverwaltung darstellt (§ 1 II 12 ALR.). Da die preuß. U. selbständige Rechtspersönlichkeit haben, so ist das nur bei einer Ausdehnung der Befr. auf ausländische U. von Bedeutung (Schlußabsatz der Befreiungen).

6. Der Umfang der Befr. ergibt sich aus ihrer Natur (Anm. 5). Die Befr. hat das Bestehen einer Schule usw. nicht zur Voraussetzung, sondern findet auch auf Zuwendungen an öffentliche Körperschaften zum Zwecke der Begründung einer Schule usw. Anwendung (H-Sp. S. 89 Anm. 25 Abs. 2). Das folgt auch aus den, die sachliche Natur der Befr. bestätigenden §§ 7, 8 ESt G. (§ 8 Anm. 1). Die Befr. erstreckt sich wegen ihrer sachlichen Natur nur auf die bestimmungsmäßigen Zwecke der Schulen usw. von der Art der bedachten Anstalt. Zuwendungen unter einer anderen Zweckbestimmung unterliegen der Steuerpflicht nach §§ 7, 8 in Verbindung mit dem Tarif (§ 8 Anm. 1). Es ist angenommen worden, daß Zuwendungen Schulzwecken dienen, wenn sie zur Ausstattung der Schüler- und

Lehrerbibliothek (FM. 22. Febr. 1898 III 1555), zur Aufbesserung des Lehrergehalts und zur Unterstützung der Lehrer und deren Witwen (FM. 30. Nov. 1898 III 15750) oder zur Gewährung der Mittel an Lehrer zu Erholungsreisen und der Fortbildung dienenden Reisen bestimmt sind (FM. 18. März 1899 III 3352). Dagegen sind Zuwendungen an Schulen zur Errichtung von Freistellen für Schüler (FM. 13. Febr. 1892 III 15943/91, H-G. S. 1122 Anm. 146a) oder zur Veranstaltung von Festlichkeiten für die Schüler an vaterländischen Gedenktagen (FM. 20. Dez. 1895 III 17625; 25. März 1903 III 3771) als den Rahmen der Schulzwecke überschreitend nach § 8 und Tarifstelle Ce steuerpflichtig angesehen worden. Über Stipendienstiftungen s. Anm. 3.

7. Ausländischen Schulen kann die Befr. eingeräumt werden (Anm. zum Schlußabs. der Befr.). Über den Begriff inländischer öffentlicher Anstalten s. Befr. 2g Anm. 3.

Befr. 2i) 1. Nach der Begr. (S. 68) wurde vor dem Inkrafttreten des EStG. die nach § 4 Nr. 2 der Deklaration 27. Juni 1811 (GS. S. 314) und der AKO. 16. Jan. 1827 den Kirchen verliehene Befr. unter Berufung auf § 18 II 11 ALR., wonach die zur Ausübung des Gottesdienstes der vom Staate ausdrücklich aufgenommenen Kirchengesellschaften gewidmeten Gebäude Kirchen genannt werden, ausschließlich den öffentlich aufgenommenen Kirchengesellschaften gewährt (Nr. 5 der Zusammenstellung zum Patent 30. März 1847, GS. S. 121). Diese Befr. sollte durch das EStG. auf andere Religionsgesellschaften, denen die Rechte juristischer Personen zustehen, ausgedehnt werden. Das Wort deutsche vor Kirchen- und Religionsgesellschaften ist vom Herrenhaus eingefügt worden in der Annahme, daß die Befr. auch außerpreußischen Kirchen usw. zustehen sollte, und in der Absicht, sie wenigstens auf deutsche zu beschränken (Sten.Ber. 1872/73 S. 363). Da das Ges.

in dieser Fassung zustande gekommen ist, so steht die Befr. allen deutschen Kirchen usw. zu. Die Befr. ist deshalb im Schlußabsatz der Befr. nicht enthalten. Der Kreis der befreiten Kirchen und anderen Religionsgesellschaften wird durch die Gesetzgebung der deutschen Bundesstaaten bestimmt; und zwar wird es auf die Gesetze desjenigen Bundesstaates ankommen, dessen Hoheit das bedachte Glied der Religionsgesellschaft in bezug auf die Zuwendung unterliegt.

2. **Als Kirchen** sind die in den altpreußischen Landesteilen ausdrücklich aufgenommenen Religionsgesellschaften, d. s. die evangelische Landeskirche und die römisch-katholische Kirche (Eccius IV S. 701), und die in den übrigen Landesteilen und in den deutschen Bundesstaaten gesetzlich anerkannten Kirchen anzusehen. Zur evangelischen Landeskirche der 8 älteren preuß. Provinzen gehören alle Gemeinden, welche sich dem Regimente der landesherrlichen Kirchenbehörden gefügt haben, ohne Rücksicht darauf, ob sie der sog. Union beigetreten sind oder ihren konfessionellen Charakter als lutherische oder reformierte Kirchen rein gewahrt haben (Koch, ALR., 8. Aufl., IV S. 182 ff.; v. Rönne II S. 389 Anm. 4). In den neueren Landesteilen bestehen besondere evangelische Landeskirchen, die mit der Kirche der älteren Provinzen nur das oberste Regiment des Königs gemeinsam haben (v. Rönne II S. 411 ff.). Zur römisch-katholischen Kirche sind auch die altkatholischen Kirchen zu rechnen (Ges. 4. Juli 1875, GS. S. 333; Eccius IV S. 702). Die Befr. der Kirchen wurde früher im Anschlusse an das ALR., in dem unter Kirchen und Kirchengesellschaften nur die örtlichen Kirchengemeinden begriffen waren (§§ 18, 160 ff. II 11; Koch IV S. 170 Anm. 25; Nr. 5 der Zusammenstellung zum Patent 30. März 1847, GS. S. 121), nur den örtlichen Kirchengemeinden eingeräumt (Anm. 1). Diese Auffassung beherrschte auch die Handhabung der gleichliegenden Stempelgesetzgebung (H-Sp.

S. 81 Anm. 8). Demgegenüber hat das RG. (5. Jan. 1897, Bd. 38 S. 324, JW. S. 98 [30]) den bischöflichen Stühlen der römisch-katholischen Kirche Befr. von der ESt. mit der Begründung zugesprochen, daß unter Kirchen nicht nur Kirchengemeinden, sondern alle Organe und Einrichtungen zu verstehen seien, welche notwendige Bestandteile der Kirche und zugleich selbständige Träger rein kirchlichen Zwecken gewidmeten Vermögens seien. Ebenso hat das KG. den Verbänden höherer Ordnung der evangelischen Landeskirche (Ges. 3. Juni 1876, GS. S. 125; 18. Juni 1895, GS. S. 271) Befr. zugesprochen (Beschluß 4. Juli 1898, JMBl. 1900 S. 588, Jahrb. 18 S. 101). Diesen Entscheidungen hat die Verwaltung Folge gegeben (JM. 9. Dez. 1897, JMBl. S. 301; FM. 22. Dez. 1897, ZBl. 1898 S. 59; FM. 25. Nov. 1898 III 15 952; 30. Juli 1901 III 9453). Auch bei dieser weiteren Auslegung kommt die Befr. Stiftungen, Vereinen, geistlichen Gesellschaften (§ 939 II 11 ALR.) usw. nicht zu, die zwar kirchlichen Zwecken dienen und unter kirchlicher Aufsicht stehen, aber nach dem Kirchenrecht nicht Glieder des Gesamtorganismus der Kirche bilden (M. d. g. A. 24. Mai 1897 G I 1154, betr. kirchliche Vereine; FM. 18. März 1898 III 3695, betr. katholische Orden; 4. April 1900 III 3908, 31. Mai 1900 III 5647, betr. evangelische Klöster; 16. Juni 1904 III 7336, betr. eine Gesellschaft mit beschränkter Haftung als Eigentümerin einer Kirche; 28. Mai 1904 III 6494, betr. selbständige Stiftungen für kirchliche Armenpflege). Den politischen Gemeinden ist Befr. von der ESt. in Kirchenangelegenheiten nicht eingeräumt, wie dies im § 5 f LStG. hinsichtlich der Stempelsteuer geschehen ist. Bei Zuwendungen an solche Gemeinden unter einer Beschwerung zu gunsten von Kirchen wird es sich jedoch um ein von der Befr. unmittelbar betroffenes Untervermächtnis handeln.

3. Die Natur der Befr. ist, ebenso wie bei Schulen usw. (Befr. 2 h Anm. 5), die einer gemischt

sachlichen und persönlichen. Dies Wesen der Befr. ergibt sich von selbst aus dem Begriffe der Kirche, als einer verkörperten Zweckbestimmung. Die Natur der Befr. wird durch § 8 EStG. bestätigt (§ 8 Anm. 1). Die Befr. ist persönlich beschränkt auf Körperschaften, welche sich als Glieder der einheitlichen Kirche darstellen, und sachlich auf Zwecke, welche nach der in dem betreffenden Bundesstaate (Anm. 1) anerkannten Kirchenverfassung zu den Aufgaben der Kirche gehören. Bei Zuwendungen unter einer anderen Zweckbestimmung ist die Steuerpflicht nach §§ 7, 8 zu beurteilen (§ 8 Anm. 1; Befr. 2 h Anm. 6). Aus dem Wesen der Befr. und dem Begriffe der Kirche folgt, daß eine kirchliche Körperschaft, deren Wirkungskreis sich teils auf das Deutsche Reich und teils auf das Ausland erstreckt, nur insoweit eine deutsche ist, als sie ihren Zweck im Inlande verfolgt oder der Aufsicht der deutschen Staaten unterworfen ist. Zuwendungen an eine solche Kirche sind daher nur dann von der ESt. befreit, wenn sie für die deutschen Einrichtungen der Kirche bestimmt sind oder eine solche Bestimmung anzunehmen ist. Die Befr. findet wegen ihrer sachlichen Natur auf Zuwendungen für eine zu bildende Kirchengemeinde Anwendung (vergl. Befr. 2 h Anm. 5). Zuwendungen an Kirchen sind als kirchlichen Zwecken dienend anerkannt worden, wenn sie bestimmt waren: zur Aufbesserung des Pfarrgehalts (FM. 31. Okt. 1886 III 11817, H=G. S. 86 Anm. 44 d; 24. Dez. 1898 III 17006), zur Verbesserung der Einkünfte der Predigerwitwen (FM. 22. Mai 1900 III 6074), zur Erbauung der nötigen Räume für Küster und Kirchendiener (FM. 28. Mai 1901 III 3371), zur Abbürdung der Kirchensteuer (FM. 19. Nov. 1893 III 12468), für katholische erzbischöfliche Schulen zur Heranbildung von Geistlichen (Befr. 2 h Anm. 1), für Missionsstellen eines katholischen Bistums in der Diaspora (FM. 28. April 1898 III 5616), zur Pflege des Begräbniswesens und Ehrung der Toten

(KG. 27. Juni 1904, 1 Y 674.04). Zuwendungen an Kirchen für Arme wurden früher als steuerpflichtig angesehen (RG. 5. Febr. 1881, ZBl. S. 85, JMBl. S. 84; M. d. J. und M. d. g. A. 9. Mai 1887, ZBl. S. 133). Nachdem das KG. jedoch die Ausübung christlicher Liebestätigkeit als kirchlichen Zweck anerkannt hat (Beschluß 4. Juli 1898, Jahrb. 18 S. 101, JMBl. 1900 S. 588), ist die Verwaltung dieser Auffassung beigetreten (FM. 5. Juni 1903 III 14637/02; 31. Dez. 1903 III 17579; 26. Jan. 1904 III 16484/03; 26. Febr. 1904 III 343). Die Aufgabe der kirchlichen Armenpflege besteht in der Unterstützung Hilfsbedürftiger (FM. 21. Jan. 1905 III 274; Befr. 2 g Anm. 10 f I und II). Die Befr. greift nur Platz, wenn mit der Zuwendung keine weitergehende Bestimmung zu anderen nicht kirchlichen, z. B. bloß wohltätigen (FM. wie vor) Zwecken verknüpft ist. Eine Zuwendung für eine Einrichtung der kirchlichen Armenpflege, die gleichzeitig anderen kirchlichen Zwecken dient, ist jedoch steuerfrei, z. B. eine Zuwendung an eine evangelische Kirche für ein ihr gehöriges Vereinshaus und eine Herberge zur Heimat, welche zugleich der inneren Mission der Kirche dienen (KG. 4. Juli 1898 a. a. O.). Heidenmission gehört nicht zu den Aufgaben der Kirchen (FM. 30. Jan. 1891 III 15898/90).

4. **Andere deutsche Religionsgesellschaften** als Kirchen (§ 11 II 11 ALR.) haben Steuerbefreiung, wenn sie als Religionsgesellschaften die Rechte juristischer Personen besitzen (Art. 13 preuß. Verfassung; Art. 84 EG.BGB.). Geistliche Gesellschaften (§§ 12, 939 II 11 ALR.) und religiöse Zwecke verfolgende privatrechtliche Körperschaften haben, auch wenn sie Rechtspersönlichkeit besitzen, keinen Anspruch auf Befr. (FM. 4. April 1900 III 3908; 14. Aug. 1902 III 9662); bei der Beratung des ESt G. im Herrenhause wurde eine Befr. der geistl. Ges. mit Unrecht angenommen (Sten.Ber. S. 363). Die Unterscheidung zwischen Religionsges. und geistlichen Ge-

sellschaften findet sich in dem in Preußen damit verbundenen Sinne in Art. 84 EG.BGB. und in den AG. vieler Bundesstaaten (Kuhlenbeck Anm. 1 zu Art. 84). Die Rechtsfähigkeit wird nach den Gesetzen desjenigen Bundesstaates zu beurteilen sein, dessen Hoheit die Religionsgesellschaft in bezug auf die Zuwendung unterworfen ist. Wo keine besonderen Vorschriften bestehen, genügt die Eintragung in das Vereinsregister. In Preußen wird die Verleihung beschränkter Korporationsrechte nicht ausreichen (Befr. 2 g Anm. 10 b). Für die Natur der Befr. finden die Ausführungen in Anm. 3 entsprechende Anwendung. Die Befr. erstreckt sich daher gleichfalls nur auf die Aufgaben der Religionsgesellschaften, die sich aus ihrer staatlich genehmigten Verfassung ergeben. Es wird ferner nicht erforderlich sein, daß die Religionsgesellschaft schon beim Anfalle Rechtspersönlichkeit besitzt, sondern genügen, wenn ihr die Rechtspersönlichkeit auf einen infolge des Anfalles gestellten Antrag erteilt wird (Befr. 2 g Anm. 10 e). In Preußen können z. B. folgende Religionsgesellschaften als solche für die einzelnen Gemeinden Rechtsfähigkeit erlangen:

a) Alt-Lutheraner in den 8 älteren Provinzen nach der Generalkonzession 23. Juli 1845, GS. S. 516. Die Gemeinden erwerben durch Genehmigung der M. d. g. A., d. J. und der Justiz Rechtsfähigkeit und damit Anspruch auf Steuerbefreiung (FM. 15. Juni 1887 III 6238). Die Generalkonzession bezieht sich auf diejenigen Alt-Lutheraner, welche als obersten Vorstand das Oberkirchenkollegium in Breslau anerkennen (MBl. 1847 S. 317), aber nicht auf die Separatisten, welche sich im Jahre 1861 von den Alt-Lutheranern getrennt haben (Koch, ALR., 8. Aufl., IV S. 169 Anm. 19; Boche, der preuß. legale evangel. Pfarrer, Braunschweig 1875 S. 61, 78).

b) die evangelischen Brüdergemeinden (Herrnhuter oder Mährischen Brüder) nach den Konzessionen 25. Dez.

1742, 7. Mai 1746, 18. Juli 1763, 20. April 1780, 10. April 1789. Die Gemeinden erlangen durch Allerhöchste Genehmigung Rechtsfähigkeit (Dove, Zeitschrift für Kirchenrecht, Berlin 1861 S. 395, Tübingen 1863 S. 460 ff.). Zu den Aufgaben der Brüdergemeinden gehört auch der Betrieb von Gewerben zum Besten der Gemeinschaft (vergl. Dove 1863 S. 468). Die böhmischen Brüdergemeinden gehören zur evangel. Landeskirche (Dove a. a. O. 1861 S. 395).

c) die Mennonitengemeinden nach dem Ges. 12. Juni 1874, GS. S. 238, durch gemeinsamen Erlaß der M. d. Justiz, d. J. und d. g. A.

d) die Baptistengemeinden nach dem Ges. 7. Juli 1875, GS. S. 374, wie c.

e) die ordnungsmäßig gebildeten Synagogengemeinden der Juden (§§ 35 ff., 68 Ges. 23. Juli 1847, GS. S. 263; § 25 Hannov. Ges. 30. Sept. 1842, GS. Abt. I S. 211; Kurhessische Verord. 30. Dez. 1823, GS. S. 87; Nassauische Verord. 7. Jan. 1852 bei Makower, Gemeindeverhältnisse der Juden, Berlin 1873 S. 88; Regulativ für Frankfurt a. M. 8. März 1839 bei Makower S. 94; Dänisches Ges. 14. Juli 1863 für Holstein, Ges. u. Min.Bl. S. 167). Religionsgesellschaften, die von den aus Synagogengemeinden ausgeschiedenen Juden gebildet worden sind, können die Rechte der Synagogengemeinden durch Königliche Verord. verliehen werden (§ 8 Ges. 28. Juli 1876, GS. S. 353), wie dies z. B. bei der „Israelitischen Synagogengemeinde (Adaß Jisroël) zu Berlin" geschehen ist (GS. 1885 S. 337). Zu den Angelegenheiten der jüdischen Gemeinden werden auch die Armenpflege — vergl. z. B. § 59 Ges. 23. Juli 1847 — (anders KG. 18. Jan. 1897, Jahrb. 16 S. 281) und das Bestattungswesen (FM. 23. Jan. 1900 III 14325/99) gehören.

Außerdem ist der niederländisch-reformierten Gemeinde in Elberfeld Rechtspersönlichkeit zur Erwerbung von

Grundstücken und Kapitalien verliehen worden (Koch, ALR., 8. Aufl., IV S. 170 Anm. 23; v. Rönne II S. 161; Dove, Zeitschrift für Kirchenrecht, Tübingen 1863 S. 358ff.). Diese Verleihung wird nicht ausreichen, um einen Anspruch auf Befr. von der ESt. zu begründen (s. oben).

Befr. **2 k)** findet auf Zuwendungen an bereits bestehende oder mit der Zuwendung zu gründende (vergl. § 7) Kassen oder Anstalten, aber nicht schlechthin auf Zuwendungen zum Besten der Arbeitnehmer des Erblassers Anwendung, namentlich nicht auf Vermächtnisse im Sinne des § 2071 BGB. oder auf Auflagen zu gunsten der Arbeitnehmer. Die Zuwendungen dürfen den Arbeitern nur durch Förderung der Zwecke der Kassen oder Anstalten zu gute kommen. Die K. oder A. brauchen nicht selbständige Rechtspersönlichkeit zu besitzen; es genügt das Vorhandensein eines rechtlich selbständigen Zweckvermögens. Die K. oder A. dürfen lediglich bestimmt sein, die Arbeitnehmer oder Bediensteten des Erblassers während und auch wohl nach Beendigung des Arbeits- oder Dienstverhältnisses, sowie die Angehörigen dieser Personen — allein oder in Verbindung mit einander — zu unterstützen. Das zur Unterstützung berechtigende Arbeits- oder Dienstverhältnis wird nicht notwendig mit dem Erblasser bestanden haben müssen; denn da die K. oder A. als dauernde Betriebseinrichtungen regelmäßig den nach dem Tode des Erblassers eintretenden Arbeitern — ebenso wie den etwa vor der Übernahme des Betriebes durch den Erblasser ausgeschiedenen Arbeitern — zu gute zu kommen pflegen, so würde die Befr. bei einer eng an den Wortlaut anschließenden Auslegung inhaltlos sein. Man wird deshalb annehmen dürfen, daß der Erblasser beim Erbfalle nur Eigentümer oder Miteigentümer desjenigen Betriebes gewesen sein muß, für dessen Arbeiter usw. die K. oder A. bestimmt sind. Hat der Erblasser den Betrieb schon vorher veräußert, so wird die Befr. keine Anwendung mehr finden können; denn wenn die Befr. auch auf einer Anerkennung der aus dem Verhältnisse des Arbeitgebers entspringenden sittlichen Fürsorgepflicht beruhen mag, so ergibt sich doch aus der Beschränkung auf K. oder A., daß die Pflicht nicht als eine mit dem persönlichen Verhältnisse, sondern als eine mit dem Betriebe zusammenhängende gedacht ist. Die Befr. trifft ferner nicht zu, wenn eine juristische Person Eigentümerin des Betriebes und der Erblasser nur deren gesetzlicher Vertreter oder ein an dem Unternehmen wirtschaftlich Beteiligter war (FM. 27. Mai 1899 III 5250, 24. Juli 1899 III 9503, betr. den Gesellschafter einer Gesellschaft mit beschr. Haftung; 25. Juni 1901 III 7449, betr. Direktoren einer Akt. Ges. und Geschäftsführer einer Ges. m. b. H.). Persönlich haftende Gesellschafter einer offenen Handelsgesellschaft oder einer Kommanditgesellschaft (auch auf Aktien) werden als Arbeitgeber der im Betriebe der Gesellschaften beschäftigten Personen anzusehen sein. Das Arbeits- oder Dienstverhältnis der Zuunterstützenden wird meist ein auf die Dauer berechnetes sein; es wird sich jedoch aus dem Wesen der K. oder A. keine notwendige Beschränkung auf für die Dauer beschäftigte Personen herleiten lassen. Auf die Art der Dienste — höhere oder niedere — kommt es nicht an. Unter Angehörigen werden nur Familienangehörige zu verstehen sein, die an den Arbeitnehmer wenigstens einen sittlichen Anspruch auf Unterstützung hatten oder im Falle seines Fortlebens gehabt haben würden. Aus dem Begriffe des Wortes „Unterstützung" ergibt sich, daß die K. oder A. nur Bedürftigen Hilfe leisten dürfen, allerdings auch nach Maßgabe der Lebensstellung der Zuunterstützenden. Dagegen werden K. oder A., bei welchen keine Rücksicht auf die Bedürftigkeit genommen wird, z. B. Pensionskassen, aus denen jeder Arbeitnehmer Pension erhält, keine Befr. genießen.

Die K. oder A. brauchen nicht preußische zu sein, da

die Befr. im Schlußabsatz des Tarifs nicht aufgeführt ist und sich aus ihrem Wesen keine Beschränkung auf preußische A. ableiten läßt; denn die Befr. beruht weniger auf einer Anerkennung des Nutzens der K. oder A. für das staatliche Gemeinwesen, als auf einer solchen der Fürsorgepflicht des Unternehmers und seiner Beteiligung an den A., die ihm die Heranziehung guter Arbeiter erleichtern.

Zuwendungen zum Besten der Arbeiter, welche von der Befr. nicht betroffen werden, wird häufig die Steuerermäßigung nach Tarifstelle C. e zugestanden werden können (z. B. FM. 24. Juli 1899 und 25. Juni 1901, s. oben).

Befr. 2 l) wird sich nur auf rein persönliche, von ihrem Grunde inhaltlich losgelöste Befr. beziehen. Befr., die gewissen Gattungen von Anstalten usw. wegen ihrer Zweckbestimmung eingeräumt waren, werden, entgegen der in der Begr. zum EStG. 1895 ausgesprochenen Annahme (Befr. 2 g Anm. 9), nicht aufrecht gehalten worden sein. Derartige Befr. gehören nicht zu den Privilegien, die einzelnen Personen oder Familien zukommen, sondern zu den Sonderrechten, die gewissen Kreisen der bürgerlichen Gesellschaft zustehen. Solche auf Landesgesetz beruhende Sonderrechte können, wenn die Landesgesetze nichts anderes vorschreiben, ohne Entschädigung aufgehoben werden. Es sind aber nur die auf besonderen landesherrlich verliehenen Privilegien beruhenden Befr. schlechthin aufrecht gehalten, während die Fortdauer anderer Befr. davon abhängen sollte, ob sie nur gegen Entschädigung aufgehoben werden können. Privilegien können, wenn sich aus ihrem Inhalte nichts anderes ergibt, nur gegen Entschädigung aufgehoben werden, ohne Rücksicht darauf, ob sie auf Gesetz, landesherrlicher Verleihung oder Verträgen beruhen. Sonderrechte und Privilegien gelten nur in demjenigen Bezirke, für den sie erteilt sind; ob und wieweit sie Anwendung finden, wird sich danach bestimmen, ob die Steuerhoheit des Staates in ihrem Geltungsbereiche begründet ist, im Zweifel nach der Lage des Vermögens (Vorbem. 2 zu §§ 9—11).

In den neueren Landesteilen sind alle Befr. von der ESt., insbesondere alle gewissen Ständen, örtlichen Bezirken oder den nur zum Vorteile einzelner Klassen von Staatsbürgern errichteten Instituten bewilligten Befr. aufgehoben worden (Tarif Befr. 2 i Verord. 1867). Diese Bestimmung wird in demselben Sinne wie die Befr. 2 l zu verstehen sein, da die Gewährung einer Entschädigung, die sonst hätte vorgesehen werden müssen, nicht bestimmt worden ist (Anm. 2 c).

1. Als Sonderrecht würde eine allgemeine Befr. der vormals unmittelbaren reichsständigen fürstlichen und gräflichen Häuser anzusehen sein, wenn sie bestände. Den im § 1 der Instruktion 30. Mai 1820 (GS. S. 81) aufgeführten Standesherrn und den Mitgliedern ihrer Familien war durch § 13c a. a. O. bei Sukzessionen in die Standesherrschaft, welche in der Familie stattfinden, unbedingt, im übrigen insoweit ESt.-Befr. bewilligt worden, als ihnen Erbschaften und Vermächtnisse innerhalb der Standesherrschaft zufielen. Ferner waren die standesherrlichen Häuser durch Art. 14 der Bundesakte vom 18. Juni 1815 für die privilegierteste Klasse der Bevölkerung insbesondere in Ansehung der Besteuerung erklärt worden. Die den standesherrlichen Häusern bewilligte Befr. stand nicht unter dem Schutze der Bundesakte, da in Preußen in bezug auf die ESt. kein Vorrecht ganzer Bevölkerungsklassen bestand; sie beruhte vielmehr lediglich auf der Landesgesetzgebung und konnte durch diese beseitigt werden (Sten.Ber. S. 1174). Bei Beratung der Ges., betr. den Rechtszustand des fürstlichen Hauses Sayn-Wittgenstein-Berleburg und des fürstlichen Hauses Bentheim-Tecklenburg (Sten.Ber. 1877/78 Anl. Bd. 1 S. 743, 745; Bd. 2 S. 1356), war man darüber

einig, daß die Beseitigung dieser landesgesetzlichen Vorrechte ohne Entschädigung erfolgen könne; man nahm jedoch an, daß die Bevorzugung der Standesherrn durch das EStG. aufrecht gehalten worden sei und hob sie deshalb ausdrücklich ohne Entschädigung auf (GS. 1878 S. 308, 313). Die erwähnte Annahme scheint nicht zutreffend; denn bei der Beratung des EStG. wurde anerkannt, daß die Befr. durch das Ges. nicht aufrecht gehalten würden, wenn sie ohne Entschädigung aufgehoben werden könnten (Sten.Ber. S. 1174). Die Rechte der standesherrlichen Häuser können sich auch auf mit ihnen geschlossene, meist nur durch die Amtsblätter veröffentlichte Rezesse gründen. Die in solchen Vergleichen eingeräumten Befr. werden die Natur von Privilegien haben und daher durch das EStG. aufrecht gehalten worden sein (Sten.Ber. S. 1174, Komm.Ber. S. 22).

2. Die Privilegien einzeln aufzuzählen, scheint nicht erforderlich, weil diejenigen, welche eine Befr. in Anspruch nehmen, ihr Recht beweisen müssen (§ 42 Anm. 7). Eine Zusammenstellung einiger derartiger Berechtigungen enthält der Komm.Ber. S. 22 (H=G. S. 1124; Sch=C. S. 170) und H=G. S. 89 ff. Von allgemeiner Bedeutung sind folgende Privilegien:

a) Die den Mitgliedern des Königlichen Hauses durch Nr. 5 AKO. 7. März 1845 (H=G. S. 84) bewilligte Befr. von der ESt. für Erbschaften und Vermächtnisse, welche einem Mitgliede von einem anderen Mitgliede des Königlichen Hauses anfallen (vergl. RG. 1. Juni 1896 JW. S. 381 [60]). Das Fortbestehen dieser Befr. wurde bei Beratung des EStG. ausdrücklich anerkannt (Begr. S. 68; Komm.Ber. S. 22; Sten.Ber. S. 1173). Zum Königlichen Hause gehören alle durch Blutsverwandtschaft aus ebenbürtiger Ehe und durch ebenbürtige Ehe verbundenen Glieder der Königlichen Familie (FM. 5. Jan. 1901 III 87) im Sinne der Hausgesetze (vergl. v. Rönne II S. 279). Preußische Prinzessinnen sollen, auch wenn sie infolge Verheiratung mit einer auswärtigen Fürstlichkeit aus der Familiengewalt des Königs geschieden sind, als Mitglieder des Königl. Hauses angesehen werden (JM. 8. Sept. 1875 I 3300; FM. 5. Jan. 1901 III 87). Die auswärtigen fürstlichen Verwandten eines durch Ehe in das Königliche Haus eingetretenen Mitgliedes sind nicht zum Königlichen Hause zu rechnen (FM. 25. Sept. 1875 III 12625).

Der König ist als Staatsoberhaupt von jeglicher Abgabe frei (v. Rönne II S. 253 Anm. 3; FM. 12. Febr. 1894 III 1466, H=G. S. 1228 Anm. 6; 17. Febr. 1903 III 2103). Dagegen steht der Königin und den Königlichen Witwen nicht — wie bei der Stempelsteuer (§ 5 Abs. 1 a LStG.) — eine unbeschränkte Befr. von der ESt., sondern nur die beschränkte Befr. der Mitglieder des Königlichen Hauses zu.

b) Die den Mitgliedern des fürstlichen Hauses Hohenzollern=Sigmaringen (Hechingen ist ausgestorben: v. Rönne II S. 253 Anm. 4) durch Gleichstellung mit den Mitgliedern des Königlichen Hauses (Anm. a) gewährte Befr. (AKO. 14. Aug. 1852, GS. S. 771).

c) Die Steuerbefreiung der Rumpenheimer Linie der Kurhessischen Fürstenfamilie nach § 14 des dem Landtage vorgelegten (GS. 1881 S. 141) Vertrages 26. März 1873. Die aufrecht gehaltene Befr. erstreckt sich nur auf Anfälle von einem Mitgliede an ein anderes Mitglied der Rumpenheimer Linie (FM. 23. Mai 1882 III 7064). Eine gleiche Steuerbefreiung wird den Mitgliedern der Philippsthaler Linie nach Art. 8 des Vertrages 13. Dez. 1880 (GS. 1881 S. 145) zustehen. Wegen der räumlichen Grenzen des Privilegiums s. oben.

3. Außer den durch das EStG. aufrecht gehaltenen Befr. kommen noch die in Staatsverträgen des Reiches oder Preußens etwa vereinbarten Befr. und die den sog. Exterritorialen etwa kraft des Völkerrechts zustehen=

den Befr. in Betracht. In Konsularverträgen sind häufig Befr. der Konsuln von direkten oder indirekten Steuern vereinbart. Zu diesen Abgaben wird die ESt. als eine eigenartige Steuer nicht ohne weiteres zu rechnen sein; außerdem handelt es sich um rein persönliche, mit dem Tode der Konsuln erlöschende Befr., die auf den Anfall des Nachlasses keine Anwendung finden (FM. 7. Juni 1899 III 7299).

Das Recht der Exterritorialität erstreckt sich nicht auf Grundstücke; der Anfall von Grundstücken, Grundgerechtigkeiten und deren Nutzungen aus dem Nachlasse eines E. ist daher steuerpflichtig (FM. 11. Sept. 1890 III 10703; Böhm, Handbuch der internationalen Nachlaßbehandlung, 2. Aufl., Augsburg 1895 S. 560). In bezug auf das bewegliche Vermögen war unter der Herrschaft der für die älteren preuß. Landesteile erlassenen Steuergeſ. durch FME. bestimmt worden (HG. S. 1124 Anm. 152):

a) 29. April 1824 III 7776, daß Verlassenschaften der in hiesigen Landen mit dem Tode abgehenden fremden Gesandten der ESt. selbst dann nicht unterworfen seien, wenn bewegliches Eigentum daraus Inländern zufalle;

b) 4. Aug. 1824 III 14976, daß Gleiches in der Regel auf den Nachlaß des Gefolges fremder Gesandten Anwendung finde. Wenn jedoch preuß. Untertanen während ihrer Dienstzeit bei fremden Gesandten versterben, so solle unter näherer Angabe des besonderen Verhältnisses, in welchem der Erblasser zur Gesandtschaft gestanden habe, bei dem FM. angefragt werden.

Auch unter der Herrschaft des EStG. ist angenommen worden, daß der bewegliche Nachlaß fremder, hier beglaubigter Gesandten und ihres fremden Gefolges der ESt. nicht unterliege (FM. 11. Sept. 1890 III 10703). Ebenso spricht sich Böhm (a. a. O. S. 562) für die Steuerfreiheit des Nachlasses der Gesandten aus. Dagegen nehmen

Sch=C. (S. 171) unter Verweisung auf § 5 Abs. 2 LStG. an, daß die in den unter a und b erwähnten Erlassen eingeräumte Befr. als beseitigt anzusehen sei, weil sie keine Aufnahme in das EStG. gefunden habe. Diese Beurteilung scheint nicht zutreffend, da es sich nicht um die Einräumung einer Befr., sondern um die Anerkennung eines völkerrechtlichen Grundsatzes handelt, zu welcher der FM. befugt ist, weil die Steuerbefreiung der Exterritorialen auf einer Verneinung der Steuerhoheit des Staates, mithin auf einer von den staatlichen Ges. unabhängigen völkerrechtlichen Norm beruht. Die Verneinung der Steuerhoheit wird auf die Erwägung zurückzuführen sein, daß das bewegliche Vermögen, als der Person anhaftend, unter dem Rechte der Exterritorialität stehe und ebenso zu behandeln sei, als wenn es sich im Auslande befinde. Die Verweisung auf § 5 Abs. 2 LStG. ist nicht am Platze, da diese Bestimmung getroffen worden ist, weil man bis dahin eine Befr. der Exterritorialen von der Stempelsteuer nicht anerkennen zu können glaubte (H=Sp. S. 91 Anm. 29). Der Anfall an einen Exterritorialen ist von der ESt. nicht befreit (§ 1). Das Recht der Exterritorialität steht den Privatbediensteten des Gesandten, den Berufs= und Wahlkonsuln nicht zu, und die Befr. kann daher auf Anfälle aus dem Nachlasse dieser Personen keine Anwendung finden (Böhm a. a. O. S. 562).

Durch den Schlußabsatz der Befr. wird die Verwaltung, und zwar, mangels einer besonderen Ermächtigung, der FM. (vergl. Ziffer 1 Bek. LStG.), in die Lage gesetzt, die Befr. 2 f, g und h auswärtigen Staaten für die in den Befr. bezeichneten Anstalten usw. einzuräumen, wenn der betreffende Staat Gegenseitigkeit übt. Ist diese Voraussetzung erfüllt, so wird das EStA. erforderlichenfalls von Amts wegen eine Entscheidung des FM. herbeizuführen haben. Die ausländischen Anstalten usw. können nicht günstiger als gleichartige inländische

Anstalten usw. behandelt werden (FM. 22. Juni 1894 III 8627, H-Sp. S. 92 Fußnote 58; FM. 15. Jan. 1904 III 17 426/03); z. B. wird einer im Auslande bestehenden milden Stiftung nur dann Steuerbefreiung zukommen, wenn sie auch nach den im Inlande herrschenden Grundsätzen als milde Stiftung anzuerkennen ist.

Vergl. Befr. 2 e Anm.; Befr. 2 g Anm. 3; Befr. 2 h Anm. 7; Befr. 2 i Anm. 1, 3; Befr. 2 k Anm.; ferner Anhang VI wegen Anordnungen gegenüber einzelnen Staaten.

Tabelle

über den gegenwärtigen Kapitalwerth einer Rente oder Nutzung im Werte von 1 Mark auf eine bestimmte Anzahl von Jahren behufs Berechnung der davon zu entrichtenden Erbschaftssteuer.

(Zu §. 18 des Gesetzes.)

Anzahl d. Jahre	Kapitalwerth M.	Kapitalwerth Pf.	Anzahl d. Jahre	Kapitalwerth M.	Kapitalwerth Pf.	Anzahl d. Jahre	Kapitalwerth M.	Kapitalwerth Pf.	Anzahl d. Jahre	Kapitalwerth M.	Kapitalwerth Pf.
1	1	0,0	22	15	02,9	43	21	18,6	64	23	88,7
2	1	96,2	23	15	45,1	44	21	37,1	65	23	96,9
3	2	88,6	24	15	85,7	45	21	54,9	66	24	04,7
4	3	77,5	25	16	24,7	46	21	72,0	67	24	12,2
5	4	63,0	26	16	62,2	47	21	88,5	68	24	19,4
6	5	45,1	27	16	98,3	48	22	04,3	69	24	26,4
7	6	24,2	28	17	33,0	49	22	19,5	70	24	33,0
8	7	00,2	29	17	66,3	50	22	34,2	71	24	39,5
9	7	73,3	30	17	98,4	51	22	48,2	72	24	45,6
10	8	43,5	31	18	29,0	52	22	61,8	73	24	51,6
11	9	11,1	32	18	58,9	53	22	74,8	74	24	57,3
12	9	76,0	33	18	87,4	54	22	87,3	75	24	62,8
13	10	38,5	34	19	14,8	55	22	99,3	76	24	68,0
14	10	98,6	35	19	41,1	56	23	10,9	77	24	73,1
15	11	56,3	36	19	66,5	57	23	22,0	78	24	78,0
16	12	11,8	37	19	90,8	58	23	32,7	79	24	82,7
17	12	65,2	38	20	14,3	59	23	43,0	80	24	87,2
18	13	16,6	39	20	36,8	60	23	52,8	81	24	91,5
19	13	65,9	40	20	58,5	61	23	62,4	82	24	95,7
20	14	13,4	41	20	79,3	62	23	71,5	83	24	99,7
21	14	59,0	42	20	99,3	63	23	80,3	84 und mehr.	25	00,0

Anhang.

I. Anweisung des FM. v. 14. Nov. 1873 (JBl. 1874 S. 19) zur Ausführung des Ges. v. 30. Mai 1873, betr. die Erbschaftssteuer.

§ 1.

Totenlisten.

Die nach §. 29 [jetzt §. 31] des Gesetzes den Erbschaftssteuerämtern einzureichenden Auszüge aus den Totenlisten werden ihnen in vierteljährlichen Abschnitten in den ersten zehn Tagen der Monate Januar, April, Juli und Oktober zugehen, sofern nicht für einzelne Bezirke oder Teile derselben wegen Einreichung monatlicher Totenlisten besondere Anordnung getroffen ist.[1])

Bei unterlassener rechtzeitiger Einsendung der Totenliste ist der betreffende Geistliche oder Beamte[2]) einmal mit kurzer Frist anzumahnen. Nach fruchtlosem Ablaufe der letzteren ist Beschwerde bei der vorgesetzten Disziplinarbehörde des Säumigen, nötigenfalls mit dem Antrage auf Festsetzung einer Ordnungsstrafe, zu führen.

Zu den Totenlisten dient das unter A anliegende Formular nach Maßgabe der auf der Vorderseite desselben gegebenen Vorschriften[3]). Die zur Einreichung der Totenlisten verpflichteten Geistlichen, Beamten ꝛc.[2]) haben zugleich dem Erbschaftssteueramte Mitteilung zu machen, wenn im Auslande erfolgte Sterbefälle von Personen, welche im Inlande Vermögen hinterlassen, in glaubhafter Weise zu ihrer Kenntnis gelangt sind.[4])

Rücksichtlich der Verlassenschaften verschollener durch richterliches Erkenntnis für tot erklärter Personen vertreten die Erkenntnisse, von denen die Gerichte sofort nach eingetretener Rechtskraft dem zuständigen Erbschaftssteueramte eine kosten- und stempelfreie beglaubigte Abschrift zu übersenden haben, die Stelle der Totenliste.[8])

Von den Gerichten erhalten die Erbschaftssteuerämter beglaubigte Abschriften der eröffneten letztwilligen Verfügungen (§. 29 des Ges.) [jetzt §. 31].[5])

1. Vergl. Bek. des M. d. J., FM., M. d. g. A., betr. die Einsendung der Totenlisten an die EStA., 3. Dez. 1873 (MBl. 1874 S. 25, ZBl. 1874 S. 38), wodurch die Standesbeamten mit Anweisung versehen sind. Die Totenlisten sind von den Standesbeamten zu unterschreiben. Für die Stadtbezirke Berlin, Breslau, Cöln, (Frankfurt a. M. — FM. 2. Dez. 1873, ZBl. 1874 S. 18 — und Hannover — FM. und M. d. J. 18. Mai 1899, FM. III 5573 —) sind die Totenlisten monatlich aufzustellen und binnen 10 Tagen nach Ablauf jedes Monats einzusenden. Sind keine Sterbefälle vorgekommen, so ist Fehlanzeige zu machen. Die Übersendung der Totenlisten (und Fehlanzeigen) soll nach dem Vordruck auf den Totenlisten als „Portopflichtige Dienstsache" erfolgen (auch FM. 3. Mai 1894 III 5762).

2. Die Verpflichtung zur Einreichung der Totenlisten usw. haben jetzt die Standesbeamten (FM. und M. d. J. 15. Aug. 1874, ZBl. S. 209, MBl. S. 243). Die PStD. sind mit einem Verzeichnisse aller in der Provinz vorhandenen Standesämter versehen; Veränderungen in der Zahl der Standesämter und in der Person der Standesbeamten sind ihnen von den zuständigen Aufsichtsbehörden mitzuteilen (a. a. O.). Die Standesbeamten sind ange-

wiesen, auch die in den Totenlisten enthaltenen Fragen, über welche das Sterberegister keine Auskunft gibt, zu beantworten, soweit sie es aus eigenem Wissen oder infolge Befragung des den Sterbefall Anmeldenden vermögen. Zur Anstellung besonderer Ermittelungen sind sie nicht verpflichtet. Die EStÄ. sollen sich ihre amtliche Erklärung, daß ihnen die Beantwortung der Fragen nicht möglich sei, genügen lassen und die erforderlichen Ermittelungen selbst veranlassen (M. d. J. 22. Juni 1875, MBl. S. 143; FM. 7. Juli 1875, ZBl. S. 177). Die Standesämter haben ihre Postsendungen an die EStÄ. portofrei zu machen (M. d. J. 15. Mai 1892, MBl. S. 221) mit Ausnahme der Sendung der Totenlisten und Fehlanzeigen (Anm. 1).

3. Durch E. des M. d. J. 31. Mai 1900, MBl. S. 189, mitgeteilt durch FM. 16. Juni 1900, ZBl. S. 398, ist ein neues Formular zu Totenlisten eingeführt worden. Anträge auf Verabfolgung von Formularen sind an das Landratsamt zu richten (MBl. S. 189, ZBl. S. 399).

4. Die zur Beurkundung des Personenstandes deutscher Reichsangehöriger im Auslande ermächtigten Vertreter des Reiches haben Anweisung erhalten, von den preuß. Staatsangehörige betreffenden Eintragungen in die Sterberegister dem Oberpräsidenten der heimatlichen Provinz des Verstorbenen beglaubigte Abschrift zur Weiterbeförderung an das zuständige Standesamt zu senden (FM. 19. Aug. 1893 III 9310). Da die standesamtlichen Befugnisse der Vertreter des Reiches jedoch beschränkte sind (Reichsges. 4. Mai 1870, BGBl. S. 599), so haben auch die EStÄ. und Stempelsteuerämter ihr besonderes Augenmerk auf solche Fälle zu richten (FM. 21. Febr. 1894 III 117, H-G. S. 1002 Anm. 17). Außerdem sind die Regierungen und das Polizeipräsidium in Berlin angewiesen, den PStD. Mitteilung zu machen, wenn ihnen vom Auswärtigen Amt Nachlaßgelder aus einem außerhalb Preußens belegenen Vermögen zur

Auszahlung an deutsche Reichsangehörige oder in Deutschland wohnhafte Personen übermittelt werden und der Erblasser ein preuß. Staatsangehöriger gewesen ist, oder seinen letzten Wohnsitz in Preußen gehabt hat (M. d. J. 2. März 1905 I b 232).

5. Vergl. folgende allgem. Verfügungen des JM.:

a) v. 17. Okt. 1899, JMBl. S. 293, ZBl. 1900 S. 15:

I. Alsbald nach Eröffnung eines Testaments hat das Nachlaßgericht eine beglaubigte Abschrift des Testaments dem EStA. unter Benutzung des anliegenden Formulars [nicht abgedruckt; bereits geändert s. Anm. b] zu übersenden. Der Beifügung einer Abschrift des über die Eröffnung aufgenommenen Protokolls bedarf es nicht. Im Falle der Eröffnung eines gemeinschaftlichen Testaments ist nur eine Abschrift desjenigen Teiles des Testaments zu übersenden, welcher verkündet worden ist.

Die Vorschriften des Abs. 1 finden auf Erbverträge entsprechende Anwendung.

Die Übersendung einer beglaubigten Abschrift der Verfügung von Todes wegen liegt auch dann dem Nachlaßgericht ob, wenn die Eröffnung durch ein anderes Gericht erfolgt ist. Die Übersendung hat in diesem Falle alsbald nach Eingang der eröffneten Verfügung bei dem Nachlaßgerichte zu erfolgen.

II. Das Gericht, von dem eine Todeserklärung ausgesprochen wird, hat alsbald nach Erlassung des die Todeserklärung aussprechenden Urteils eine beglaubigte Abschrift des Urteils dem EStA. ohne besonderes Anschreiben mitzuteilen.

Der Ablauf der im § 976 der Civilprozeßordnung bestimmten Frist ist nicht abzuwarten.

III. Die Gerichte haben den EStA. jede statthafte und tunliche Auskunft über Tatsachen, die für die Berechnung der ESt. erheblich sind, auf Ersuchen zu erteilen. [Auch Akten zu übersenden, sofern nicht besondere

Bedenken bestehen, die dem EStA. mitzuteilen sein würden JM. 23. Aug. 1869, JMBl. S. 171, ZBl. S. 474.]

IV. Die EStÄ. sind angewiesen, den von ihnen ermittelten Betrag des Nachlasses den Gerichten mitzuteilen, wenn dieser Betrag den bei der Errichtung oder Eröffnung der Verfügung angenommenen Wert so erheblich übersteigt, daß die Nachforderung eines namhaften Gerichtskostenbetrages begründet ist. Um die EStÄ. in die Lage zu setzen, diese Mitteilungen zu machen, ist bei Übersendung der beglaubigten Abschriften der Verfügungen von Todes wegen in dem Übersendungsschreiben zu bemerken, nach welchem Werte die Gebühren für die Errichtung und Eröffnung berechnet sind. Ist die Verfügung nicht gerichtlich errichtet, so ist der Wert anzugeben, nach dem die Gebühren für die Eröffnung und, wenn die Verfügung in besondere amtliche Verwahrung gebracht war, für die Aufbewahrung berechnet sind. Hat zur Zeit der Übersendung der Abschrift der Verfügung von Todes wegen die Berechnung der Gebühren noch nicht stattgefunden, so ist dies in dem Übersendungsschreiben zu bemerken und demnächst nach erfolgter Berechnung der Gebühr dem EStA. hierüber eine besondere Mitteilung zu machen. Usw.

Die Mitteilungen des EStA. erfolgen in allen Fällen an das Nachlaßgericht. Soweit die Gebühr, deren Nachforderung in Frage kommt, bei einem anderen Gericht angesetzt ist, hat das Nachlaßgericht diesem Gerichte von der Mitteilung des EStA. Kenntnis zu geben. [Die Mitteilungen des EStA. werden unterbleiben können, wenn die Nachforderung von Gerichtskosten wegen Verjährung ausgeschlossen ist — §§ 12, 44 Abs. 7 preuß. GKG. —.]

V. Übergangsbestimmungen für Erbfälle aus der Zeit vor Inkrafttreten des BGB.

b) v. 9. Sept. 1901, JMBl. S. 229, ZBl. S. 252:

Zur Erleichterung der Geschäftsführung der ESt Ä. erscheint es erwünscht, daß ihnen bei der Übersendung der Abschriften eröffneter Testamente (Erbverträge) seitens der Nachlaßgerichte diejenigen für die ESt Ä. erheblichen Umstände mitgeteilt werden, welche den Nachlaßgerichten bei Gelegenheit der Eröffnung der Testamente bekannt geworden sind. Als solche Umstände kommen in Betracht:

1. Veränderungen in der Person der Erben oder der Vermächtnisnehmer sowie der Testamentsvollstrecker, insbesondere das Ableben dieser Personen, Änderungen des Namens, Berufs oder Wohnorts;
2. die Wohnung der zu 1 erwähnten Personen;
3. die Angabe des Standesamts, bei welchem der Tod des Erblassers eingetragen ist, sowie der Nummer des Sterberegisters.

Auf Wunsch des Herrn FM. bestimme ich daher in Ergänzung der Nr. 1 der Allgem. Verf. v. 17. Oktober 1899 (s. Anm. a), daß das Nachlaßgericht in dem Schreiben, mittels dessen dem EStA. beglaubigte Abschrift eines Testaments (Erbvertrags) übersandt wird, die vorstehend bezeichneten Umstände, soweit sie ihm aus Anlaß der Eröffnung, insbesondere durch die bei der Eröffnungsverhandlung abgegebenen Erklärungen bekannt geworden sind, mitzuteilen hat. Zu diesem Behuf erhält das Formular des Übersendungsschreibens die aus der Anlage [nicht abgedruckt] ersichtliche Fassung. Die Angaben sind in der Regel in das Übersendungsschreiben aufzunehmen; handelt es sich um umfangreichere Mitteilungen und sind diese in dem Protokoll über die Eröffnung enthalten, so kann die Aufnahme der Mitteilungen in das Übersendungsschreiben durch Beifügung eines Auszugs aus dem Eröffnungsprotokoll ersetzt werden. Einer nachträglichen Mitteilung von Angaben, die dem Nachlaßgericht erst nach Abgang des Übersendungsschreibens bekannt geworden sind, bedarf es nicht. Enthält das Eröffnungsprotokoll Angaben, welche für die Beurteilung der Rechtsgültigkeit eines eigenhändigen Testaments von Bedeutung sind, so ist es insoweit auszugsweise mitzuteilen. Das Gleiche gilt, sofern nach früherem Rechte privatschriftlich errichtete Nachzettel eröffnet sind, oder sofern das Protokoll Angaben über das Vorhandensein oder Nichtvorhandensein solcher Nachzettel enthält.

§. 2.

Vervollständigung und weitere Behandlung der Totenlisten ꝛc.

Die Totenlisten ꝛc. sind sofort nach dem Eingange einer sorgfältigen Prüfung zu unterwerfen und nach Erfordernis durch Einziehung fernerer Auskunft des Ausstellers oder durch Requisition der Orts- oder Bezirksbehörden u. s. w.[1]) zu vervollständigen.

Demnächst werden sie vierteljahrsweise in einer ein für alle Male festzuhaltenden Reihenfolge (nach Kreisen oder Gemeinden oder Gerichtsbezirken ꝛc.) geordnet, mit fortlaufenden Nummern versehen, zusammengeheftet und aufbewahrt.[2])

1. Die Polizeibehörden sind zur Vornahme von Ermittelungen durch Erkundigung in ihrem Bezirke verpflichtet, wenn das EStA. die Ermittelungen nicht selbst ausführen lassen kann (M. d. J. 12. Sept. 1874, MBl. S. 260, ZBl. 1875 S. 20). Die nicht von königlichen Behörden geführten Polizeiverwaltungen brauchen die hierbei erforderlichen Postsendungen an das EStA. nicht portofrei zu machen (FM. 29. Juli 1895, ZBl. S. 292). Auch die Erbbeteiligten können um Auskunft ersucht werden (FM. 27. Sept. 1892 III 11885).

2. Die Totenlisten können nach Ablauf von 5 Jahren (seit der Erledigung) vernichtet werden (FM. 28. Jan.

1875 III 11819). Die aus der Erledigung der Totenlisten bei den ESt.Ä. entstandenen Verhandlungen, soweit sie nicht Belege zu den ESt.-Tabellen bilden, — die sog. Freibelege —, sind 10 Jahre lang nach Abschluß der Verhandlungen aufzubewahren. Etwa darunter befindliche Urkunden sind von der Vernichtung auszuschließen (FM. 15. Okt. 1888 III 17774).

§. 3.

Übertragung der Todesfälle in die Erbschaftssteuertabelle.

Das Erbschaftssteueramt trägt die in den Totenlisten und die in rechtskräftigen Erkenntnissen über verschollene, für tot erklärte Personen enthaltenen Sterbefälle in die nach den unten folgenden Formularen zu führende Erbschaftssteuertabelle (§. 8) unter laufender Nummer ein, soweit sie nicht nach dem Ergebnis der Prüfung der Totenlisten steuerfrei sind.[1]) Ausgeschlossen bleiben hiernach nicht bloß solche Fälle, in welchen nur erbschaftssteuerfreie Erben und Legatarien konkurrieren, sondern auch diejenigen, in welchen nach Nr. 1 der Befreiungen im Tarif die Erhebung einer Erbschaftssteuer ausgeschlossen ist.[1])

Gleichzeitig ist die vorletzte Spalte der Totenliste durch Vermerk der Nummer auszufüllen, welche der Fall in der Erbschaftssteuer-Haupttabelle erhalten hat. Bei den nicht in die Tabelle aufgenommenen Fällen wird jene Rubrik durchstrichen.

Behufs leichter Ermittelung ist ein fortlaufendes alphabetisches Repertorium der in die Tabellen aufgenommenen Erbfälle zu führen, dessen Einrichtung den Erbschaftssteuerämtern überlassen bleibt.[2])

1. Die Eintragungen in die Tabelle sollen so bald als möglich erfolgen, also sobald die vorläufige Prüfung auf

Grund der Totenlisten (§ 2) nicht unzweifelhaft die Steuerfreiheit des Erbfalles ergibt; sie dürfen nicht solange hinausgeschoben werden, bis die Steuerpflichtigkeit zweifellos festgestellt worden ist (FM. 21. Sept. 1892 III 11764, 27. Sept. 1892 III 11885, 11 Jan. 1893 III 490). In die Tabelle sind auch solche Erbfälle einzutragen, die zunächst steuerfrei sind, aber steuerpflichtig werden können und deshalb zu überwachen sind (§ 11 Anw.), z. B. Erbfälle, bei welchen steuerfreie Vorerben aber steuerpflichtige Nacherben beteiligt sind (FM. 16. Aug. 1887 III 8847) oder bei welchen möglicherweise steuerpflichtige Nacherben eintreten können (§ 27 Anm. 6 c).

2. Vergl. § 7 Anm. 2 Anw.

§. 4.

Mitteilung von Sterbefällen an andere Erbschaftssteuerämter.

An Stelle der Vorschrift im § 4 hat der FM. (15. Okt. 1891, ZBl. S. 293) Folgendes bestimmt:

„Von den Erbfällen, die nicht zur Zuständigkeit des Erbschaftssteueramts gehören,[1]) macht dieses dem zuständigen Amte durch ein Schreiben nach dem beifolgenden Muster A[2]) unter Übersendung einer Abschrift aus der Totenliste Mitteilung und erhält dafür von dem letzteren Amte sogleich nach dem Eingange des Überweisungsschreibens eine Empfangsbestätigung nach dem anliegenden Muster B,[2]) deren Eingang in der betreffenden Totenliste zu vermerken ist.

Bei dem zuständigen Amte werden die eingegangenen Auszüge aus Totenlisten anderer Erbschaftssteuerämter den eigenen Totenlisten gleich behandelt. Bei solchen Erbfällen jedoch, welche nach dem Inhalte der Totenliste als steuerfrei zu behandeln sein würden, ist vor der Ablöschung im einzelnen Falle sorgfältig zu prüfen, ob es nicht erforderlich ist, über diejenigen Verhältnisse, welche die steuerfreie **Behandlung** begründen würden, **zunächst noch** eine **Auskunft** der **Polizeibehörde** des **Heimat**- oder **Wohnortes des** Erblassers **einzuholen**."

1. S. § 5 Anm. 1 **Anw.**

2. **Das** dem neuen **Formular** zu **Totenlisten** (§ 1 Anm. 3 Anw.) entsprechend geänderte Formular A und Form. B sind hier nicht abgedruckt; die Form. sind vom Hauptstempelmagazin zu verschreiben (ZBl. 1891 S. 293).

§. 5.

Verfahren bei Todesfällen von Personen, die ihren Gerichtsstand im Bezirke mehrerer Erbschaftssteuerämter gehabt haben.

Bei Todesfällen von Personen, welche ihren Gerichtsstand in den Bezirken mehrerer Erbschaftssteuerämter gehabt haben, hat dasjenige, in dessen Bezirk der Erblasser zuletzt gewohnt[1]) hat, für die Steuerberichtigung von der ganzen Verlassenschaft zu sorgen.

1. Die Zuständigkeit ist im EStG. und den Ausführungsbestimmungen nicht ausdrücklich geregelt. **Mittelbar ergibt sich aus** § 5 **der Anw.**, daß der **letzte Wohnsitz des Erblassers** die Zuständigkeit begründen soll. **Wenn** der **Erblasser keinen Wohnsitz** in Preußen hatte und die **Steuerpflichtigkeit** des **Erbfalls** durch die Lage **des Nachlasses** begründet worden ist (§§ 9, 10 Abs. 2, § 11 Ziffer 2 EStG.), so **wird** die **Zuständigkeit, namentlich beim Anfall von Grundstücken, zweckmäßig nach** der **Lage des Nachlasses zu bestimmen** sein; z. B. ist bei einem **Lehnsanfalle** mehrerer in verschiedenen Bezirken belegener **Lehngüter** die Bearbeitung einem jeden **EStA. für** die in seinem Bezirke belegenen Grundstücke **übertragen worden** (FM. 30. Juli 1896 III 10236). **Auch** wenn die Steuerpflichtigkeit des Erbfalls aus der Staatsangehörigkeit des Erblassers abgeleitet ist (§ 11 Ziffer 1 EStG.), werden Zweckmäßigkeitsgründe, z. B. die Lage des Vermögens, der Wohnsitz der Erben, Testamentsvollstrecker usw. für die Zuständigkeit entscheidend sein (FM. 12. März 1898 III 3638). Die Vereinbarungen der EStÄ. und die Entscheidungen der Verwaltung über die Zuständigkeit im einzelnen Falle sind für die Steuerpflichtigen maßgebend. Wenn von Ehegatten, welche in einem wechselseitigen Testamente sich gegenseitig zu Erben ernannt und über das vom letztlebenden übrig zu lassende Vermögen gemeinsam verfügt haben, der zuletzt versterbende bei seinem Ableben in einem anderen EStA.-Bezirke gewohnt hat, als in demjenigen, in welchem der zuerst verstorbene seinen Wohnsitz hatte, so muß als Regel gelten, daß beide Erbfälle von demjenigen Amte zu erledigen sind, in dessen Bezirke der letztlebende Ehegatte zuletzt gewohnt hat (FM. 28. Juni 1888 III 10239, H-G. S. 1095 Nr. 94). Vergl. auch § 32 Anm. 5.

§. 6.

Weiteres Verfahren bei Ermittelung der Erben und des Nachlasses.

Sobald dem Erbschaftssteueramte ein seiner Kompetenz unterliegender Erbfall bekannt wird, dessen Steuerfreiheit nicht erhellt, übersendet es ohne Rücksicht auf die gesetzlichen Fristen den Erben (unter Kreuzband)[1] eine nach Anleitung des anliegenden Musters D [nicht abgedruckt] zu entwerfende und durch den Druck vervielfältigte Belehrung über die Pflichten der Erben und Legatare.[2])

Wird die Frist zur Anmeldung des Erbfalls (§. 30 [jetzt §. 32] des Ges.) versäumt, so ist nach §. 41 [jetzt §. 43] des Gesetzes zu verfahren.[3]) Eine besondere Aufforderung zur Einreichung des Inventariums und der Deklaration (§. 33 des Ges.) [jetzt §. 35] findet nicht statt.

Gegen Säumige ist nötigenfalls nach §§. 36, 41 [jetzt §§. 38, 43] des Gesetzes zu verfahren.

Mit Rücksicht auf die Bestimmungen im §. 37 [jetzt §. 39] des Gesetzes hat das Erbschaftssteueramt sorgfältig zu prüfen, ob Veranlassung gegeben sei, über die Richtigkeit und Vollständigkeit des vorgelegten Verzeichnisses und der Deklaration, oder einzelner Teile derselben, eine eidesstattliche Versicherung zu erfordern und bejahendenfalls zu bestimmen, ob dieselbe mündlich oder schriftlich und unmittelbar vor dem Erbschaftssteueramt selbst oder vor einer deshalb requirierten Behörde abgegeben werden soll; auch nötigenfalls die Frist, innerhalb deren dies geschehen soll, festzusetzen (§. 43 des Gesetzes) [jetzt §. 45].

Bei Aufstellung des Inventariums ist den Steuerpflichtigen gestattet, anstatt spezieller Aufführung der zu den Titeln V bis XX des im Muster D[2]) gegebenen Schemas zum Inventarium gehörigen Gegenstände titelweise den Gesamtwert anzugeben, sofern sie durch Vorlegung der Feuerversicherungspolizen oder sonst die Richtigkeit ihrer Angaben glaubhaft nachweisen.[2])

Bei den etwa durch das Erbschaftssteueramt zu bewirkenden Wertsermittelungen (§§. 19, 36 [jetzt §§. 21 und 38] des Gesetzes) ist ohne prozessualische Weitläuftigkeiten zu verfahren.

1. Das Porto ist nicht wieder einzuziehen, sondern fällt der Staatskasse zur Last (§ 49 Anm. 2).

2. Die PStD. oder die EStA. können die Belehrungen von dem Muster abweichend fassen lassen. Das Wesen des Verfahrens darf aber nicht geändert werden (FM. 2. Aug. 1894 III 6318). Das Muster zum Inventarium wird dem seit dem Inkrafttreten des BGB. bei den Gerichten gebräuchlichen Muster nachzubilden sein (JMBl. 1899 S. 828). Die Angabe von Gesamtwerten sollte, wie sich aus dem Muster D ergibt, bei Titel IV bis XX (jetzt 5 bis 18) zulässig sein.

3. Wegen Ausübung der Strafbefugnis s. FM. 2. Dez. 1873, ZBl. 1874 S. 18. Im allgemeinen soll mit Milde verfahren werden, sofern nicht vorsätzliche Zuwiderhandlungen vorliegen.

§. 7.

Erbschaftssteuertabellen.[2])

Die Erbschaftssteuerämter haben Erbschaftssteuertabellen nach den unter B und C anliegenden Mustern [1]) zu führen. Dieselben zerfallen in Haupt- und Nachtrags-Tabellen.[2])

1. Durch FME. 29. Aug. 1889 (ZBl. S. 324) ist bestimmt worden:

„I. Die Erbschaftssteuer- (Haupt- und Nachtrags-) Tabellen sind künftig nach dem beifolgenden Muster [nicht abgedruckt] zu führen.

Die Ausfüllung der Spalte 9 unterbleibt, wenn der ganze Betrag des Nachlasses nicht zur Ausmittelung gekommen ist. Der Aufrechnung der in den Tabellen nachgewiesenen Steuereingänge, sowie der Angabe über erfolgte Festsetzung und Verrechnung von Strafen bedarf es nicht mehr."

Die Formulare sind vom Haupt-Stempel-Magazin zu beziehen (a. a. O.).

2. Die ESt.-Tabellen dienen nach der Einschränkung ihres Inhaltes (Anm. 1) hauptsächlich nur dem Zwecke, festzustellen, ob der Revisionsinstanz die der Prüfung unterliegenden Erbfälle sämtlich unterbreitet worden sind (FM. 3. Okt. 1890, s. § 10 Anm. 4 Anw.). Sie sind dauernd aufzubewahren. Die zu ihnen gehörigen Belagsakten können nach Ablauf von 30 Jahren seit end-

gültiger Erledigung des Erbfalles und der etwa gezogenen Erinnerungen vernichtet werden (FM. 28. Jan. 1875 III 11819). Auch das Namenverzeichnis (§ 3 Abs. 3 Anw.) wird von der Vernichtung auszuschließen sein. Wegen Ausscheidung der Journale und Register können die PStD. Anordnung treffen (FM. 28. Jan. 1875 III 11819).

§. 8.

Erbschaftssteuer-Haupttabelle.

Die Haupttabelle umfaßt einen halbjährigen Zeitraum und wird nach ihm benannt (cfr. Formular C).[1]) In dieselbe sind alle in dieser Periode vorgekommenen Erbfälle aufzunehmen, deren Steuerfreiheit nicht aus den Totenlisten erhellt.[2])

In der fünften Spalte wird das, was jeder einzelne Erbe rc. erhält, in einer Summe angegeben.[3])

Die sechste Spalte macht den Prozentsatz ersichtlich, nach welchem die Steuer von jedem einzelnen Erbteile rc. zu entrichten ist.[3])

In der siebenten wird der Betrag der von jedem einzelnen Erbnehmer u. s. w. wirklich entrichteten Steuer ausgeworfen, jedoch erst dann, wenn die Versteuerung bei dem betreffenden Erbfalle vollständig geschehen, oder als nicht zu erzwingen dargetan, also wenn kein einzelner fälliger Steuerbetrag bei dem betreffenden Erbfall mehr rückständig ist.[3])

In der achten Spalte[3]) sind die im Vordruck gestellten Fragen, soweit nötig, zu beantworten.

Bei Aversionalversteuerungen unterbleibt die Ausfüllung der Spalten 3 bis 5[3]) betreffs derjenigen Erbteile rc., für welche die Aversionalversteuerung zugelassen ist. In der Spalte 8[3]) wird in diesen Fällen der entsprechende Vermerk unter Bezeichnung des Ministerialerlasses gemacht, durch welchen die Aversionalversteuerung genehmigt ist.

Auf dem Titelblatte sind die zur nächsten Nachtragstabelle übergehenden Erbfälle nach den Nummern und nach den Zunamen der Erblasser zu verzeichnen.

1. Die ESt.-Tabellen wurden anfangs für Kalenderhalbjahre geführt; infolge der Verlegung des Etatsjahrs (Ges. 29. Juni 1876, GS. S. 177) wurden für die Zeit vom 1. Jan. bis Ende März 1877 besondere Tabellen angelegt; seitdem umfassen die Tabellen Halbjahre des Etatsjahres (FM. 12. Jan. 1877, ZBl. S. 34).

2. § 3 Anm. 1 Anw.

3. Infolge Änderung des Musters (§ 7 Anm. 1 Anw.) sind die Bestimmungen in Abs. 2 und 3 hinfällig geworden. Die Vorschriften in Abs. 4 bis 6 werden auf die entsprechenden Spalten des neuen Musters anzuwenden sein. In die Spalte Bemerkungen (13) ist die Nr. des von den Revisionsbeamten der PStD. zu führenden Verzeichnisses einzutragen (FM. 3. Okt. 1890, § 10 Anm. 4 Anw.).

§. 9.

Erbschaftssteuer-Nachtragstabelle.

In die Nachtragstabelle sind aufzunehmen:

a. **alle Erbfälle, welche dem Erbschaftssteueramte zu spät bekannt geworden sind, um in die Haupttabelle des Halbjahrs, in welchem der Erblasser verstorben ist, aufgenommen werden zu können;**

b. **alle Erbfälle, welche bis zum Abschlusse der vorgehenden Haupt- resp. Nachtrags-Tabelle durch Einzahlung der Steuer, beziehungsweise durch erwiesene Unbeitreiblichkeit einzelner oder sämtlicher Steuerbeträge, nicht vollständig erledigt sind (cfr. §. 8);**[1]

c. **Erbfälle, welche von der höheren Behörde bei der Revision einer früheren Tabelle zur Nachtragstabelle verwiesen sind;**[2]

d. Erbfälle, in welchen die Berechnung oder Einziehung eines Steuerbetrags suspendiert geblieben ist (§§. 6, 7, 20, 21, 22, 25, 38 des Gesetzes) [jetzt §§. 6, 7, 22, 23, 24, 27, 40], nach Fortfall des Grundes der Suspension.[3])

Die Nachtragstabelle ist nach dem Zeitraum, den sie umfaßt, zu rubrizieren,[4]) so daß als Anfangstag der erste Tag desjenigen Halbjahrs, aus welchem der erste aufzunehmende Erbfall herstammt, und als Endtermin der letzte Tag desjenigen Halbjahres anzugeben ist, welches demjenigen Halbjahre unmittelbar vorhergeht, worüber die neueste Haupttabelle lautet.

In der zweiten Rubrik ist die Nummer einzutragen, unter welcher der betreffende Erbfall in der zu bezeichneten Haupttabelle vorgetragen war.

Im Übrigen gilt wegen sämtlicher Rubriken der Nachtragstabelle das für die Aufstellung der Haupttabelle Angeordnete.

In der letzten Rubrik sind auch die bei Revision früherer Tabellen gezogenen genau zu bezeichnenden Erinnerungen kurz und vollständig zu beantworten.

1. Als nicht vollständig erledigt gelten auch diejenigen Erbfälle, bei welchen das Revisionsverfahren beim Tabellenabschlusse noch nicht beendigt ist (FM. 13. Okt. 1897 III 8889).

2. Zur Nachtragstabelle werden alle Erbfälle zu verweisen sein, bei welchen die Wiederaufnahme des Steuerermittelungs- oder Erhebungsverfahrens angeordnet wird (FM. 1. Nov. 1890 III 13887). Die zur N. verwiesenen Erbfälle sind sofort, nicht erst nach Erledigung der Erinnerungen in die N. einzutragen (FM. 26. Juni 1892 III 7226, 20. Aug. 1892 III 10703, 11. Febr. 1893 III 1321, 4. Aug. 1896 III 9789).

3. Die Eintragung hat nach Fortfall des Grundes der Aussetzung, nicht erst nach Erledigung des Falles

zu geschehen, und zwar auch dann, wenn keine ESt. zu erheben sein wird.

4. Die Nachtragstabelle wird ebenso bezeichnet wie die zu gleicher Zeit geführte Haupttabelle.

§. 10.

Zeitpunkt der Aufstellung und Einsendung der Erbschaftssteuertabellen.

Die Haupttabelle wird in den Spalten 1 und 2[1]) gleich nach Prüfung event. Vervollständigung der Totenlisten, die Nachtragstabelle gleich nach dem Abschluß der vorgängigen Haupt- und Nachtragstabelle aufgestellt.[2]) Die weitere Ausfüllung der Tabellen schreitet mit der Erledigung der einzelnen Erbfälle fort. Der Abschluß[3]) sowie die Einsendung[4]) der Tabellen und der nach den Ordnungsnummern der Tabellen gehefteten Akten[5]) über die erledigten Fälle an die vorgesetzte Provinzial-Steuerbehörde zur Revision erfolgt für die Haupttabelle des ersten Halbjahres und die zugehörige Nachtragstabelle zum ersten April des folgenden Jahres, für die entsprechenden Tabellen des zweiten Halbjahres zum 1. Oktober des folgenden Jahres.[3])

1. Jetzt Sp. 1 bis 8 (§ 7 Anm. 1 Anw.).

2. Die nicht zweifellos steuerfreien Erbfälle sind sofort einzutragen; es ist nicht zulässig, die Erbfälle erst nach der Erledigung einzutragen oder die Tabellen erst aufzustellen, wenn die Zeit für den Abschluß herannaht (FM. 12. Nov. 1890 III 14395, 28. Febr. 1892 III 17617; vergl. Anw. § 3 Anm. 1, § 9 Anm. 2, 3).

3. Der Abschluß der Tabellen (mit Ausnahme der Tabellen der EStA. in Berlin und Breslau) erfolgt 9 Monate nach Ablauf des Zeitraums, welchen die Haupttabelle umfaßt (§ 8 Anm. 1, § 10 Anm. 4). Die Tabellen sollen mit einem Abschlußvermerke versehen

werden. Der Abschlußvermerk der Nachtragstabelle soll ersehen lassen, daß der Vorstand des EStA. die Akten über die noch unerledigten Erbfälle daraufhin geprüft hat, ob die Erledigung etwa durch schuldhafte Säumnis der Beamten verzögert worden ist (FM. 7. Sept. 1901 III 9821, 7. Febr. 1902 III 1408).

4. Wegen Einsendung der Tabellen und Belagsakten hat der FM. 3. Okt. 1890, ZBl. S. 190, bestimmt,

„daß vom II. Halbjahre 1890/91 ab die Erbschafts-steuer-Tabellen nicht mehr die Grundlage für die Revision zu bilden haben, sondern die Verhandlung über jeden einzelnen in der Tabelle eingetragenen Erbfall, sobald er durch Feststellung, Einziehung oder Sicherstellung des Steuerbetrages oder auf irgend eine andere Weise erledigt ist, unverzüglich und kurzer Hand der Provinzialinstanz zum Zwecke der Revision vorzulegen seien. Nach erfolgter, binnen 14 Tagen zu bewirkenden Revision gehen die Verhandlungen entweder mit dem Vermerk, daß sich nichts zu erinnern gefunden habe, oder mit den Revisionserinnerungen in Urschrift an das Erbschaftssteueramt zurück, welches im letzteren Falle die Erinnerungen ungesäumt zu erledigen und nach geschehener Erledigung die Akten behufs erneuter Revision der revidierenden Behörde nochmals einzureichen hat. [Das EStA. in Frankf. a. M. und die nicht am Sitze der PStD. befindlichen EStÄ. in der Rheinprov. können die Akten in je 14tägigen Zeiträumen einreichen, und die PStD. sie in je 4 Wochen prüfen lassen.]

Revisions-Entscheidungen, denen eine grundsätzliche Bedeutung beigelegt wird, sind sofort in Abschrift hierher mitzuteilen. [Nach dem FME. 9. Febr. 1897 ZBl. S. 62, soll die Einreichung zusammen mit den Abschriften der in Stempelsteuerangelegenheiten ergangenen wichtigen Verfügungen und den Abschriften der in Stempel- und ESt.-Sachen an die Hauptämter erlassenen Rundverfügungen usw. halbjährlich spätestens am 10. April und 10. Okt. jedes Jahres erfolgen.]

Die Erbschaftssteuer- (Haupt- und Nachtrags-Tabellen) sind nach dem in der Cirk.-Verf. v. 29. Aug. 1889 III 11513 angegebenen Muster und nach den bisherigen Bestimmungen weiter zu führen und neun Monate nach Ablauf des die betreffende Haupttabelle umfassenden Zeitraumes ohne Belagsakten der Provinzialinstanz einzureichen. [Für Berlin und Breslau beträgt die Frist 1 Jahr: FM. 10. Mai 1894 III 2776, H.-G. S. 990 Anm. 1c; 18. Dez. 1904 III 15922.]

Die Tabelle des vorhergegangenen Halbjahres ist zur Prüfung, ob die unerledigt gebliebenen Fälle in der Nachtrags-Tabelle Aufnahme gefunden haben, wieder beizufügen. Die Aufstellung und Vorlegung der Erbschaftssteuer-Tabellen dient künftighin nur noch dem Zwecke, festzustellen, ob der Revisionsinstanz die der Revision unterliegenden Erbfälle sämtlich unterbreitet worden sind. Zur Handhabung einer Kontrolle hierüber haben die Revisionsbeamten für jedes Erbschaftssteueramt bezw. für jede Abteilung des Erbschaftssteueramts nach dem beiliegenden Formular [hier nicht abgedruckt] ein Verzeichnis zu führen, in welches die einzelnen zur Revision eingehenden Erbfälle unter Bezeichnung der Tabelle und Angabe des Namens des Erblassers sowie des Tages des Eingangs und der Rückgabe der Erbschaftssteuerakten unter fortlaufender Nummer einzutragen sind. Diese Nummer ist auf der Urschrift der Verfügung, mit welcher die Erbschaftssteuerakten an das Erbschaftssteueramt zurückgelangen, anzugeben; in der Spalte 13 der Tabelle unter sonstigen Bemerkungen vermerkt sodann das Erbschaftssteueramt die erfolgte Revision durch die Eintragung der Nummer des Revisionsverzeichnisses.

Die Revisionsbehörde prüft die Tabelle nach der angegebenen Richtung hin innerhalb 4 Wochen und reicht sie hierher behufs Auswahl derjenigen Erbfälle, welche zur Superrevision geeignet erscheinen, weiter. [Vergl. § 14 Anm. 2 Anw.] Die Revisionsbehörde hat die Tabelle nach Wiedereingang an das Erbschaftssteueramt zur Aufbewahrung und eventuellen Erledigung der bei der Prüfung gezogenen Erinnerungen zurückzugeben."

5. Die Akten sollen alle Eingänge und die darauf erlassenen Verfügungen nach der Zeitfolge geheftet enthalten (FM. 3. Okt. 1893 III 11884). Sie sollen so geführt sein, daß die Steuerberechnung und die Steuerbefreiungen nachgeprüft werden können (FM. 24. Sept. 1884 III 10799; 30. Okt. 1890 III 14316). Satzungen, die zum Nachweise eines Anspruches auf Steuerbefreiung oder Steuerermäßigung eingereicht worden sind, sollen ohne Zurückbehaltung einer Abschrift nicht vor der Nachprüfung der Akten zurückgegeben werden (FM. 28. Mai 1896 III 7532). Aufbewahrungsfrist für die Akten s. § 7 Anm. 2 Anw. Vergl. § 31 EStG. Anm. 1.

§. 11.

Stundungsregister.

Um die Entrichtung der in den Fällen der §§. 6, 7, 20, 21, 22, 25, 38 [jetzt §§. 6, 7, 22, 23, 27, 40] des Gesetzes suspendierten Steuerbeträge zu kontrollieren, führt das Erbschaftssteueramt ein Stundungsregister nach dem Muster E.

In demselben sind die einzelnen Fälle nach Anleitung des Formulars eingetragen. In der siebenten

Spalte sind die Nummern zu vermerken, unter welchen die zur Sicherstellung hinterlegten Wert-Papiere oder ausgestellten Kautionsinstrumente ꝛc., oder die bar bestellten Kautionen, in das Dokumentenjournal und das Dokumentenmanual resp. das Depositenmanual des betreffenden namhaft zu machenden Hauptamtes eingetragen sind.

Ist die Steuer nach Ablauf einer bestimmten Zeit fällig, so ist nur der Eintritt dieses Zeitpunktes abzuwarten und alsdann die Entrichtung der Steuer zu veranlassen.[1])

Wenn dagegen der Zeitpunkt der Fälligkeit ungewiß ist, so sind nach angemessen erscheinenden Fristen von den Beteiligten glaubwürdige Nachweise darüber zu fordern, daß der Grund zur Stundung noch fortdauert.

Nach dem Erlöschen des Nießbrauches, beziehungsweise nach dem Eintritte resp. Fortfalle der Bedingung ist der Fall in die nächste Nachtragstabelle aufzunehmen und event. bis zur vollständigen Erledigung fortzuführen. [§ 9 Anm. 3 Anw.]

Die betreffende Nachtragstabelle und die Nummer, unter welcher der Fall dort vorgetragen ist, sind im Stundungsregister zu vermerken.

Inwieweit das Bedürfnis vorliegt, zur Kontrolle der Versteuerung unsicherer Forderungen (§. 23 des Ges.) [jetzt §. 25] den betreffenden Erbfall in das Stundungsregister einzutragen, bleibt der Beurteilung des Erbschaftssteueramtes überlassen.

1. Zur Erleichterung der Überwachung und der Revision ist in den Akten ersichtlich zu machen, aus welchem Grunde und zu welchem Zwecke die Überwachung erfolgt (FM. 18. Jan. 1892 III 14986; 24. Okt. 1904 III 12460).

§. 12.

Feststellung, Einziehung und Sicherstellung der Steuerbeträge.

Die nach erfolgter Berechnung der Erbschaftssteuer nach §. 39 [jetzt §. 41] des Gesetzes zu erteilende Bescheinigung wird nach dem anliegenden Muster F ausgefertigt [hier nicht abgedruckt]. Im Falle der Aversionalversteuerung (§. 38 des Ges.) [jetzt §. 40] ist in der Bescheinigung die genehmigende Verfügung zu bezeichnen, wobei für diejenigen Erbanteile, betreffs deren die Aversionalversteuerung zugelassen ist, die Ausfüllung der Spalten 3, 4 und 5 unterbleibt. Zur Empfangnahme der Zahlung ist ein Hauptamt im Bezirke des Erbschaftssteueramtes, und zwar in der Regel dasjenige, in dessen Bezirk der Erbfall sich ereignet hat (§ 5), zu bestimmen. Wohnen die zahlungspflichtigen Personen nicht in der Nähe des Hauptamtes, so kann das ihnen zunächst gelegene Zoll- oder Steuer-Amt mit der Empfangnahme der Zahlung für Rechnung des Hauptamtes nach den hierüber besonders getroffenen Bestimmungen beauftragt werden.[1])

Gleichzeitig überweist[1]) das Erbschaftssteueramt, unter Zufertigung einer beglaubigten Abschrift oder eines beglaubigten Auszuges aus der Bescheinigung, die Steuer dem betreffenden Hauptamte zur Einziehung und Verrechnung und trägt den Posten als Solleinnahme in das nach dem anliegenden Muster G [hier nicht abgedr.] zu führende Einnahmeregister ein.

Die Hauptämter haben dem Erbschaftssteueramte monatlich, oder nach Bedürfnis in kürzeren Fristen, periodische Extrakte über die vereinnahmte Erbschaftssteuer zuzusenden,[2]) auf Grund deren das Einnahmeregister berichtigt und die noch offene Spalte 7 resp. 8 [vergl. § 7 Anm. 1] der Erbschaftssteuertabelle ausgefüllt wird. Bleibt die rechtzeitige Zahlung aus, so hat das Hauptamt hiervon das Erbschaftssteueramt alsbald zu benachrichtigen und dessen etwaigen Requisitionen um Vollstreckung der Exekution Folge zu geben.

Betreffs der auf Grund der §§. 6, 7, 20—22, 25 [jetzt §§. 6, 7, 22—24, 27] des Gesetzes sicher zu stellenden Steuerbeträge hat das Erbschaftssteueramt die Berechnung der Beträge vorzunehmen und die Verpflichteten zur Erklärung aufzufordern, in welcher Weise sie die Sicherstellung leisten wollen.

Die Annehmbarkeit der angebotenen Sicherheit ist von dem Erbschaftssteueramt zu prüfen.[3])

Von dem Ergebnis dieser Prüfung sind die Verpflichteten mit der Aufforderung zur Ablieferung der Wertpapiere, Dokumente 2c. an das namhaft zu machende Hauptamt binnen einer bestimmten Frist zu benachrichtigen. Das betreffende Hauptamt erhält von dieser Verfügung beglaubigte Abschrift.

Wird der Aufforderung zur Sicherheitsbestellung nicht entsprochen, so hat das betreffende Hauptamt auf Requisition des Erbschaftssteueramtes die exekutivische Beitreibung des sicher zu stellenden Betrages herbeizuführen.[3])

Die Nummern, unter welchen die bestellte Kaution im Dokumentenjournal und im Dokumentenmanual resp. im Depositenmanual gebucht ist, hat das Hauptamt dem Erbschaftssteueramte behufs Vermerkung im Stundungsregister (§. 11) mitzuteilen.

Im Übrigen finden betreffs der kassen- und rechnungsmäßigen Behandlung derartiger Deposita die sonst geltenden Vorschriften Anwendung.[3])

1. Dem Zahlungspflichtigen soll die Zahlung möglichst erleichtert werden. Zur Empfangnahme und Verrechnung ist deshalb dasjenige Hauptamt zu bestimmen, in dessen Bezirk der Zahlungspflichtige wohnt; wenn er nicht am Sitz oder in der Nähe des Hauptamts wohnt,

so ist das dem Wohnorte zunächst gelegene oder das vom Zahlungspflichtigen selbst etwa bezeichnete Zoll- oder Steueramt mit der Empfangnahme der Steuer für Rechnung des Hauptamts zu beauftragen (FM. 4. Dez. 1877, ZBl. 1878 S. 18). Der Auftrag kann jedem Haupt- oder Unteramt im Geltungsbereiche des ESt G. erteilt werden, also auch einem solchen in einem anderen Direktionsbezirke (FM. 6. Febr. 1879, ZBl. S. 86). Wird die ESt. nicht bei dem zur Empfangnahme bestimmten, sondern bei einem anderen Amte eingezahlt, so wird sie diesem Amte oder dem ihm übergeordneten Hauptamte zu überweisen sein. Das zuerst bestimmte Amt wird unter Mitteilung des Sachverhalts um Löschung der ESt. im Anmelderegister zu ersuchen sein (PStD. Berlin 8. März 1902 Nr. 3076). Erhöhungen des Solls der ESt. sind dem Hauptamte unter Bezugnahme auf die erste Überweisung wie diese mitzuteilen. Von Ermäßigungen des Solls infolge anderweiter Festsetzung ist das Hauptamt unter kurzer Angabe des Grundes zu benachrichtigen. Wegen der Buchung s. FM. 2. Okt. 1889 Ziffer II 2 — im Anhang IV.

2. Der FME. 29. Aug. 1889, ZBl. S. 324 bestimmt:

„II. An Stelle der nach §. 6 der Anweisung vom 14. November 1873 [folgt unter II] seitens der Hauptämter den Erbschaftssteuerämtern mitzuteilenden Auszüge aus dem Einnahmejournal sind künftig über jede einzelne Zahlung Bescheinigungen nach dem anliegenden Muster auszufertigen. Dieselben sind den Erbschaftssteuerämtern in der Regel monatlich zu übersenden und von diesen, nach Vervollständigung des Einnahmeregisters, als Zahlungsbelag zu den Akten über den betreffenden Erbfall zu nehmen. Kürzere Fristen für größere Ämter, insbesondere für dasjenige am Sitze des Erbschaftssteueramts, zu bestimmen, will ich Ihrem [des PStD.] Ermessen überlassen."

Das Muster ist hier nicht abgedruckt; es ist durch Fortlassung der Worte „bei uns" geändert worden. Damit sollte zum Ausdrucke gebracht werden, daß nicht der Tag der Vereinnahmung und Buchung bei dem Hauptamte, sondern der Tag der wirklichen Zahlung bei der Hebestelle (Haupt- oder Unteramt) anzugeben sei (FM. 14. April 1891, ZBl. S. 94). Nach dem FME. 2. Okt. 1899 Ziffer II 3 — s. Anhang IV — ist in dem Auszuge bei der Buchungsnummer der Buchstabe A oder B der betreffenden Abteilung des Einnahme-Journals anzugeben. Die Auszüge sind von 2 Kassenbeamten (dem Führer des Anmelde-Registers und des Einnahme-Journals) zu unterschreiben (FM. 13. Okt. 1897 III 8889, 12. Juni 1900 III 6416). Die Buchungsbescheinigung soll in der Regel vom Hauptamtsleiter persönlich abgegeben werden (FM. 20. Jan. 1903 III 15962/02).

3. Vergl. § 29 EStG. Anm. 4, insbesondere wegen der Zulässigkeit der Beitreibung Anm. 4 d I.

§. 13.

Strafverfahren.

Strafen, welche das Erbschaftssteueramt auf Grund der §§. 36 und 41 [jetzt §§. 38 und 43] Abs. 3 des Gesetzes festgesetzt hat, werden unter Übersendung einer beglaubigten, bei Strafen aus § 41 [jetzt §. 43] Abs. 3 des Gesetzes außerdem mit dem Atteste der Rechtskraft versehenen Abschrift der Strafverfügung, sowie unter Beifügung einer spezifizierten Kostenrechnung, dem zuständigen Hauptamte überwiesen, welches dieselben mit den entstandenen Kosten beizutreiben, durch das Prozeßregister in einer besonderen Abteilung nachzuweisen und in seinem Strafgelderextrakt und zwar gesondert am Schlusse zu verrechnen hat.

Von dem Resultate des Beitreibungsverfahrens ist dem Erbschaftssteueramte am Schlusse jedes Vierteljahres eine Übersicht mitzuteilen, welche für jeden einzelnen Straffall die eingegangenen und die niedergeschlagenen Beträge ersichtlich macht.

Prozesse, welche aus Anlaß einer von dem Erbschaftssteueramte erlassenen Benachrichtigung durch das Hauptamt eingeleitet werden, sind nach den Vorschriften über das Verfahren wegen Zollvergehen zu instruieren und zu verrechnen.[1])

Die für Zollstraffachen den Hauptamtsdirigenten gewährte Befugnis zur Abstandnahme von der Einleitung des Strafverfahrens findet keine Anwendung.[2])

Glaubt das Hauptamt, daß nach dem Ergebnis der angestellten Ermittelungen eine strafbare Handlung oder Unterlassung überhaupt nicht vorliegt, so kann, wenn das betreffende Erbschaftssteueramt hiermit einverstanden ist, die Reposition der Akten von ihm verfügt werden.[3])

Das Submissions- [und das Bagatell-]Verfahren ist zulässig.[1])

Von dem Ergebnis der eingeleiteten Untersuchungen ist dem Erbschaftssteueramte vierteljährlich durch Mitteilung von Auszügen aus dem Strafgelderextrakte Kenntnis zu geben.

Über die von ihm selbst entschiedenen Straffachen hat das Erbschaftssteueramt nach dem Muster H ein Strafregister zu führen.

1. Vergl. § 48 ESTG. Anm. 1.

2. Die Befugnis findet jetzt Anwendung; sie darf aber in den auf Ersuchen eines EStA. eingeleiteten Untersuchungen nur im Einverständnisse mit dem Vorstande des EStA. ausgeübt werden (FM. 6. Okt. 1897, ZBl. S. 408).

3. Ziffer 32 Ausf. BStG.

§. 14.

Revision der Erbschaftssteuertabellen.[1])

Die eingereichten Tabellen (§. 10) werden revidiert und mit dem Revisionsprotokolle dem Erbschaftssteuer-amte zur Beantwortung und Erledigung der Erinnerungen zurückgesendet.[1])

Die Einforderung und die probeweise Revision der Totenlisten und der Akten über die erbschaftssteuerfreien Erbfälle bleibt den revidierenden Behörden überlassen.[2])

1. Die Revision hat den Zweck, eine gleichmäßige, richtige Anwendung der Vorschriften und Grundsätze über die Berechnung und Erhebung der ESt. zu sichern und die Staatskasse vor erheblicheren Steuerverkürzungen zu schützen; es kommt nicht darauf an, jede unerhebliche Ordnungswidrigkeit zur Sprache zu bringen und jeden geringfügigen Fehlbetrag der Staatskasse nachträglich zuführen zu lassen (FM. 29. Juli 1890 III 10177, H.-G. S. 980 Anm. 8). Die rechnerische Prüfung der von den Erbbeteiligten eingereichten Berechnungen, die von den Rechnungsbeamten des EStA. als richtig zu bescheinigen sind (§ 38 EStG. Anm. 1), braucht bei der PStD. nur probeweise zu erfolgen; dagegen sind die von den Beamten des EStA. vorgenommenen Berichtigungen und die eigenen rechnerischen Aufstellungen dieser Beamten, soweit sie für die Höhe der ESt. erheblich sind, bei der PStD. vollständig nachzuprüfen (FM. 28. Juni 1889 III 10197). Um späteren Erinnerungen vorzubeugen, sind unerledigte Erbfälle, die außerhalb des Revisionsverfahrens bei der PStD. zur Erörterung kommen, alsbald vollständig zu prüfen (FM. 19. Aug. 1886 III 9882; vergl. § 31 EStG. Anm. 3). Über das Revisionsverfahren s. § 10 Anm. 4 Anw. Wenn bei der Bearbeitung eines vom FM. zur Nachprüfung ausersehenen Erbfalles einen anderen Erbfall betreffende Akten des EStA. be-

nutzt worden sind, so sind diese Akten mit den zur Nachprüfung ausgewählten Akten dem FM. einzureichen (FM. 3. Okt. 1899 III 12564).

2. Durch FME. 15. Okt. 1891, ZBl. S. 293, ist auf die Notwendigkeit einer von Zeit zu Zeit vorzunehmenden probeweisen Prüfung der Totenlisten und der Akten über die erbschaftssteuerfreien Erbfälle wiederholt aufmerksam gemacht und angeordnet worden, daß künftig bei Einreichung von ESt.-Tabellen an den FM. jedesmal anzuzeigen sei, in welchem Umfange eine solche probeweise Prüfung stattgefunden habe.

§. 15.

Restitutionen.

In Betreff der Erstattung zu viel gezahlter Erbschaftssteuern ist zu unterscheiden:

1. ob das desfallsige Gesuch um Rückzahlung außer dem Verfahren behufs der Revision der Erbschaftssteuertabellen vorkommt. In diesem Falle wird von dem Erbschaftssteueramte, nachdem die notwendigen Erörterungen vorgenommen sind, gutachtlich unter Beifügung der Akten und event. einer Restitutionsliquidation an die Provinzial-Steuerbehörde berichtet;[1]) oder
2. ob die Notwendigkeit der Erstattung bei Gelegenheit der Revision der betreffenden Erbschaftssteuertabelle entdeckt wird.[2]) Für diesen Fall wird der zu erstattende Betrag in dem Revisionsprotokolle vermerkt, der richtige Betrag mit Abänderung der ausgeworfenen Steuer in der Erbschaftssteuertabelle eingetragen und der fragliche Erbfall, wenn außerdem dabei nichts zu erinnern gewesen ist, in der Tabelle für erledigt angenommen.

Aus dem Revisionsprotokolle ist eine beglaubigte Nachweisung der zu erstattenden Steuerbeträge zu fertigen und darin die zur Empfangnahme des Erstattungsbetrages berechtigte Person anzugeben. Unter Mitteilung eines Auszuges hieraus wird die Anweisung zur Zurückzahlung des zu viel erhobenen Betrages in allen Fällen von der Provinzial-Steuerbehörde an die betreffenden Hauptämter erteilt. An Personen, welche nicht in der Nähe des Hauptamtes wohnen, kann die Erstattung durch das ihnen zunächst belegene Zoll- oder Steueramt für Rechnung des Hauptamtes geleistet werden.

Im Übrigen kommen hierbei dieselben Vorschriften zur analogen Anwendung, welche für die Restitution der Stempelsteuer maßgebend sind.

1. Über Erstattungsanträge entscheidet der PStD., zu dessen Bezirk das EStA. gehört, welches die ESt. zur Hebung gebracht hat. Die Anträge sind beim EStA. anzubringen, von diesem zu prüfen und dem PStD. vorzulegen, auch wenn sie ihm nicht begründet scheinen. Hält das EStA. den Antrag für begründet, so hat es eine vom Vorstande zu unterschreibende Erstattungs-Nachweisung in einfacher Ausfertigung mitvorzulegen (FM. 26. April 1898, ZBl. S. 237). Aus der Nachweisung muß der Erstattungsgrund ersichtlich sein. Wenn der zu erstattende Betrag in der Nachweisung selbst nicht rechnerisch ermittelt ist, so muß nach den Anforderungen der Ober-Rechnungskammer beglaubigte Abschrift der der Erhebung und der der Erstattung zu grunde gelegten Steuerberechnung beigefügt werden. Ferner muß bescheinigt werden, unter welcher Nummer des hauptamtlichen Einnahmejournals der herauszuzahlende Betrag s. Zt. gebucht worden ist (§ 28 der Anweisung zur Rechnungslegung 17. Dez. 1868). Diese Bescheinigung kann von dem Hauptamtsleiter auf der Nachweisung oder auf Grund des mit der Buchungsbescheinigung des Hauptamtsleiters versehenen Auszuges aus dem Einnahmejournal (§ 12 Anm. 2 Anw.) von dem Vorstande

des EStA. in der Nachweisung abgegeben werden (FM. 15. Okt. 1890 III 9848). Bei der PStD. ist die rechnerische Richtigkeit der Nachweisung zu bescheinigen. Die Anweisung zur Zahlung und Verrechnung als Herauszahlung bei der ESt. (§ 8 Anw. für HA.) erteilt der zur Entscheidung über den Erstattungsantrag berufene PStD. auch dann, wenn die ESt. bei einem HA. vereinnahmt worden ist, das nicht zu seinem Bezirke gehört. Die Anweisung kann aber nur einem dem PStD. unterstellten HA. erteilt werden (FM. 30. Mai 1899, ZBl. S. 131). Ist ESt. auf Grund eines den Fiskus zur Zahlung verurteilenden Erkenntnisses zu erstatten, so ist die Aufstellung einer Erstattungs-Nachweisung nicht erforderlich; es genügt eine kurze Darlegung der Verpflichtung zur Zahlung in der Anweisung. Die Erstattung ist in allen Fällen, auch wenn sie infolge eines Rechtsstreites geschehen ist, in den ESt.-Akten zu vermerken (FM. 3. Okt. 1890, ZBl. S. 190). Vergl. § 42 EStG. Anm. 2 und 9.

2. Erstattungen werden nur ausnahmsweise von Amts wegen anzuordnen sein (§ 42 Anm. 2).

II. Anweisung des FM. v. 14. Nov. 1873 (ZBl. 1874 S. 25) für die Haupt-Zoll- und Haupt-Steuerämter zur Behandlung des Erbschaftssteuerwesens nach dem Gesetz v. 30. Mai 1873.

(Die Muster I—IV sind im ZBl. nicht mit abgedruckt).

§. 1. Zufolge des §. 39 des Gesetzes v. 30. Mai d. J. (GS. S. 338) [jetzt §. 41] soll nach Berechnung der Erbschaftssteuer den Erben eine Bescheinigung erteilt werden, in welcher unter Anderem die Beträge der von den einzelnen Erbnehmern zu entrichtenden Steuer auszuwerfen sind, auch die Steuerstelle zu bezeichnen ist, bei der die Einzahlung zu geschehen hat.

Diese Bescheinigung wird nach dem anliegenden Muster IV ausgefertigt. Im Falle der Aversionalversteuerung (§. 38 des Gesetzes) [jetzt §. 40] wird in der Bescheinigung die genehmigende Verfügung bezeichnet, wobei für diejenigen Erbanteile, betreffs derer die Aversionalversteuerung zugelassen ist, die Ausfüllung der Spalten 3, 4 und 5 unterbleibt. Zur Empfangnahme der Zahlung wird ein Hauptamt im Bezirke des Erbschaftssteueramts, und zwar in der Regel dasjenige, in dessen Bezirk der Erbfall sich ereignet hat (§. 5), bestimmt. Wohnen die zahlungspflichtigen Personen nicht in der Nähe des Hauptamtes, so kann das ihnen zunächst gelegene Zoll- oder Steueramt mit der Empfangnahme der Zahlung für Rechnung des Hauptamtes beauftragt werden. [s. §. 12 Anm. 1 Anw.]

Gleichzeitig überweist das Erbschaftssteueramt unter Zufertigung einer beglaubigten Abschrift oder eines beglaubigten Auszuges aus der Bescheinigung, die Steuer dem betreffenden Hauptamte zur Einziehung und Verrechnung und trägt den Posten als Solleinnahme in das zu führende Einnahmeregister ein.

Die Hauptämter haben dem Erbschaftssteueramte monatlich, oder nach Bedürfnis in kürzeren Fristen, periodische Extrakte über die vereinnahmte Erbschaftssteuer zuzusenden, auf Grund derer das Einnahmeregister berichtigt wird. [s. §. 12 Anm. 2 Anw.] Bleibt die rechtzeitige Zahlung aus, so hat das Hauptamt hiervon das Erbschaftssteueramt alsbald zu benachrichtigen und dessen etwaigen Requisitionen um Vollstreckung der Exekution Folge zu geben.

§. 2. Bei den Haupt-Zoll- und Haupt-Steuerämtern werden über die Erbschaftssteuer zwei Register geführt, nämlich: 1. ein Anmelderegister von dem Hauptamtskontrolleur (§. 3) und 2. ein Einnahmejournal von dem Hauptamtsrendanten (§. 4).

§. 3. In dem Anmelderegister (§. 2), welches nach dem Muster I anzulegen ist, werden die von den Erbschaftssteuerämtern in Abschrift oder im Auszuge übersandten Bescheinigungen nach der Reihenfolge ihres Eingangs dem Vordruck der Spalten 1 bis 10[1]) entsprechend gebucht; die Spalten 11 bis 13[1]) werden erst ausgefüllt, sobald die Steuerzahlung erfolgt.

Soll nach der getroffenen Bestimmung die Einzahlung der Erbschaftssteuer bei einer dem Hauptamte untergeordneten Hebestelle für dessen Rechnung erfolgen, so wird der zur Einziehung überwiesene Betrag ebenfalls in dem Anmelderegister des Hauptamts angeschrieben, demnächst aber die von dem Erbschaftssteuerамte überfandte Bescheinigung dem Unteramte behufs Einziehung der Abgabe zugefertigt. Die eingehende Erbschaftssteuer wird von dem Unteramte im Depositenmanual gebucht und mittels Lieferzettel unter Wiederbeifügung der Bescheinigung an das Hauptamt abgeführt.

Die von dem Erbschaftssteueramte dem Hauptamte übersandten Bescheinigungsabschriften oder Auszüge bilden die Beläge des Anmelderegisters. Wird das Soll einer Steuerpost durch eine weitere Benachrichtigung des Erbschaftssteueramts geändert, so ist die erste Eintragung des Solls einfach und zwar so, daß sie noch leserlich bleibt, zu durchstreichen, der neue Sollbetrag darüber zu notieren[1]) und demnächst die bezügliche Benachrichtigung des Erbschaftssteueramts mit zu den Registerbelägen zu nehmen.

Das Anmelderegister umfaßt den Zeitraum des Kalenderjahres und wird jedesmal am 31. Dezember abgeschlossen.[2]) Insoweit bei diesem Abschluß die im Soll angeschriebenen Erbschaftssteuerbeträge noch nicht oder noch nicht vollständig zur Erhebung gekommen sind, werden die Rückstände nunmehr in den Spalten 14 und 15 des Registers vermerkt und demnächst die betreffenden Posten in das Anmelderegister des folgenden Jahres übernommen, und zwar, wenn auf das Soll eines steuerpflichtigen Erbfalls bereits Teilzahlungen erfolgt sind, nur die noch zu erledigenden Teilposten.[1])

Das abgeschlossene Anmelderegister und das Anmelderegister des neuen Jahres werden von dem Hauptamtsdirigenten, nach genauer Vergleichung der Übertragungen, folgendermaßen bescheinigt, und zwar das abgeschlossene Anmelderegister dahin:

„daß sämtliche im vorliegenden Register angeschriebenen Sollbeträge, insoweit dieselben unerledigt geblieben, in das Anmelderegister des neuen Jahres übertragen sind";

das Anmelderegister des neuen Jahres dahin:

„daß sämtliche im Anmelderegister des letzten Vorjahrs gebuchten Sollbeträge, insoweit dieselben unerledigt geblieben, in dem vorliegenden Register vorgetragen sind".

Die so bescheinigten Übertragungen bedürfen alsdann keines weiteren Belages.

Im Laufe des Jahres muß das Anmelderegister stets soweit als möglich aufgerechnet sein, auch zu jeder Zeit in Betreff der Ist-Einnahmen mit den Anschreibungen im Einnahmejournal übereinstimmen.

Der Hauptamtskontrolleur hat bei der Führung des Anmelderegisters darüber zu wachen, daß die zum Soll gestellten Erbschaftssteuerbeträge rechtzeitig zur Einzahlung gelangen. Werden die in den Attesten festgestellten Zahlungsfristen überschritten, so hat derselbe alsbald zu veranlassen, daß das Erbschaftssteueramt durch das Hauptamt von der Fristüberschreitung behufs der weiteren Veranlassung benachrichtigt wird.

1. Die Vorschriften sind teils aufgehoben, teils geändert und erweitert; s. FM. 2. Okt. 1899 im Anhang IV.

2. Nach Verlegung des Rechnungsjahrs sind durch FM. 22. Dez. 1876 III 15634 wegen Führung des Anmelderegisters und Einnahmejournals Verfügungen im Sinne der bei § 8 Anm. 1 Anw. bezeichneten Verf. getroffen worden.

§. 4. Das Einnahmejournal (§. 2 zu 2), welches ebenfalls den Zeitraum des Kalenderjahres [1]) umfaßt, wird nach dem anliegenden Muster II geführt.[1]) Die eingehenden Steuerzahlungen werden darin der Reihe nach, wie sie erfolgen, unter bis zum Jahresabschluß fortlaufender, von Eins anfangender Nummer angeschrieben. Die Einnahmen am Schluß jeden Tages werden mit den übrigen Einnahmen des Hauptamts an indirekten Abgaben in die Hauptkassenbücher übernommen und es wird demnächst das Einnahmejournal über die Erbschaftssteuer ebenso wie das Haupteinnahmejournal des Hauptamts monatlich abgeschlossen, aber fortlaufend bis zum Quartalsschluß summiert.

Die Summen aller vier Quartale werden am Jahresschluß wiederholt und aufgerechnet. Die in dieser Weise dargestellte Jahreseinnahme muß mit dem Betrage in Spalte 13 [1]) des abgeschlossenen Anmelderegisters übereinstimmen.

1. Vergl. § 3 Anm. 1 und 2 Anw. f. HÄ.

§. 5. Insoweit die Erbschaftssteuer bei dem Hauptamte selbst eingezahlt wird, ist das auf den Originalen der Feststellungsbescheinigungen befindliche Quittungsformular nach erfolgter Ausfüllung von beiden Kassenbeamten zu vollziehen und unter jeder Namensschrift Seite und Nummer der von dem betreffenden Beamten bewirkten Buchung zu vermerken. Die so quittierten Atteste sind alsdann dem Einzahler wieder auszuhändigen.

Bei Erhebung der Steuer durch Unterstellen ist in ähnlicher Weise zu verfahren.

§. 6 ist ersetzt durch den bei §. 12 Anw. Anm. 2 abgedruckten FME. 29. Aug. 1889.

§. 7. Das Einnahmejournal und das Anmelderegister mit seinen Belägen werden nach dem Jahresschluß, und zwar spätestens bis zum 10. Januar des neuen Jahres [§. 3 Anm. 2], an die Provinzial-Steuerbehörde behufs der Registerrevision eingereicht.

Die aus dieser Revision entspringenden Defekte und Restitutionen sind nach den in der Anweisung zur hauptamtlichen Kassen- und Buchführung allgemein erteilten Vorschriften zu behandeln.

§. 8. Die Erbschaftssteuer wird von dem Hauptamte zusammen mit den übrigen indirekten Steuern an die Kasse, bei welcher das Hauptamt mit seinen Einnahmen und Ausgaben einrechnet, abgeführt, jedoch in dem Haupt-Einnahmemanual, dem Verwaltungsabschluß und der Jahresrechnung in der bisher mit „Erbschaftsabgabe" bezeichneten und dementsprechend zu ändernden Einnahmespalte nachgewiesen. Die durch spezielle Verfügungen der Provinzial-Steuerbehörde angewiesenen Rückzahlungen eingehobener Beträge an Erbschaftssteuer sind nicht im Anmelderegister und Einnahmejournal abzusetzen, sondern bei den Restitutionen in der Jahresrechnung von den indirekten Steuern aufzuführen und zu justifizieren.

§. 9. Betreffs der auf Grund der §§. 6, 7, 20 bis 22, 25 [jetzt §§. 6, 7, 22 - 24, 27] des Gesetzes sicher zu stellenden Steuerbeträge hat das Erbschaftssteueramt die Berechnung der Beträge vorzunehmen und die Verpflichteten zur Erklärung aufzufordern, in welcher Weise sie die Sicherstellung leisten wollen. Die Annehmbarkeit der angebotenen Sicherheit ist von dem Erbschaftssteueramte zu prüfen. Von dem Ergebnis dieser Prüfung sind die Verpflichteten mit der Aufforderung zur Ablieferung der Wertpapiere, Dokumente 2c. an das namhaft zu machende Hauptamt binnen einer bestimmten Frist zu benachrichtigen. Das betreffende Hauptamt erhält von dieser Verfügung beglaubigte Abschrift.

Wird der Aufforderung zur Sicherheitsbestellung nicht entsprochen, so hat das betreffende Hauptamt auf Requisition des Erbschaftssteueramtes die exekutivische Beitreibung des sicher zu stellenden Betrages herbeizuführen.

Die Nummern, unter welchen die bestellte Kaution im Dokumentenjournal und im Dokumentenmanual resp. im Depositenmanual gebucht ist, hat das Hauptamt dem Erbschaftssteueramte behufs Vermerkung im Stundungsregister mitzuteilen. Im Übrigen finden betreffs der kassen- und rechnungsmäßigen Behandlung derartiger Deposita die sonst geltenden Vorschriften Anwendung.

§. 10. Strafen, welche das Erbschaftssteueramt auf Grund des §. 36 und §. 41 Abs. 3 [jetzt §§. 38 u. 43] des Gesetzes festgesetzt hat, werden unter Übersendung einer beglaubigten, bei Strafen aus §. 41 [jetzt §. 43] Abs. 3 des Gesetzes, außerdem mit dem Atteste der Rechtskraft versehenen Abschrift der Strafverfügung, sowie unter Beifügung einer spezifizierten Kostenrechnung dem zuständigen Hauptamte überwiesen, welches dieselben mit den entstehenden Kosten beizutreiben, durch das Prozeßregister in einer besonderen Abteilung nachzuweisen und in seinem Strafgelderextrakt, und zwar gesondert am Schlusse, zu verrechnen hat.

Von dem Resultate des Beitreibungsverfahrens ist dem Erbschaftssteueramte am Schlusse jedes Vierteljahres eine Übersicht mitzuteilen, welche für jeden einzelnen Straffall die eingegangenen und die niedergeschlagenen Beträge ersichtlich macht. Prozesse, welche aus Anlaß einer von dem Erbschaftssteueramte erlassenen Benachrichtigung durch das Hauptamt eingeleitet werden, sind nach den Vorschriften über das Verfahren wegen Zollvergehen zu instruieren und wie gewöhnlich zu verrechnen.[1])

Die für Zollstrafsachen dem Hauptamtsdirigenten gewährte Befugnis zur Abstandnahme von der Einleitung des Strafverfahrens findet keine Anwendung.[1])

Glaubt das Hauptamt, daß nach dem Ergebnis der angestellten Ermittelungen eine strafbare Handlung oder Unterlassung überhaupt nicht vorliegt, so kann, wenn das betreffende Erbschaftssteueramt hiermit einverstanden ist, die Reposition der Akten von ihm verfügt werden.[1])

Das Submissions- und das Bagatell-Verfahren ist zulässig.[1])

Von dem Ergebnis der eingeleiteten Untersuchungen ist dem Erbschaftssteueramte vierteljährlich durch Mitteilung von Auszügen aus dem Strafgelderextrakte Kenntnis zu geben.

Die bei der Erbschaftssteuerverwaltung festgesetzten Strafbeträge sind nach Vorschrift der Anweisung zur Prozeßbuchführung zu verrechnen.

1. Vergl. Anm. zu § 13 Anw.

III. Geschäftsbezirke der Stempel- und Erbschaftssteuerämter.

[Zusammengestellt aus den Beilagen 1 zu Ziffer 25 Bek. LStG. und Ziffer 18 des Nachtrags I zu den Ausf. LStG. — ZBl. 1896 S. 85, 1900 S. 481 —].

1. Provinz Ostpreußen:

a) das Stpl.- und ESt.-Amt I in Königsberg für den Regierungsbezirk Königsberg mit Ausnahme der Kreise Memel, Labiau, Wehlau und Gerdauen;

b) das Stpl.- und ESt.-Amt II in Königsberg für den Regierungsbezirk Gumbinnen und die zu a genannten 4 Kreise.

2. Provinz Westpreußen:

a) das Stpl.- und ESt.-Amt I in Danzig für den rechts der Weichsel gelegenen Teil der Provinz, soweit er nicht zum Bezirke des Königlichen Landgerichts zu Danzig gehört, mit Einschluß des auf dem linken Weichselufer gelegenen Teiles des Kreises Thorn;

b) das Stpl.- und ESt.-Amt II in Danzig für den übrigen Teil der Provinz.

3. Provinz Brandenburg und Stadtkreis Berlin:

das Stpl.- und ESt.-Amt, Abteilung I, II, III, IV, V, VI und VII, in Berlin. Die VI. und VII. Abteilung bestehen seit dem 1. April 1902 bezw. 1. April 1904 (FM. 16. Mai 1902 III 6058, 6. Juni 1904 III 7416).

4. Provinz Pommern:

a) das Stpl.- und ESt.-Amt I in Stettin für den rechts der Oder gelegenen Teil der Provinz mit Einschluß der Inseln Usedom und Wollin;

b) das Stpl.- und ESt.-Amt II in Stettin für den übrigen Teil der Provinz mit Einschluß von Stettin und Alt-Damm.

5. Provinz Posen:

a) das Stpl.- und ESt.-Amt I in Posen für den Regierungsbezirk Posen mit Ausnahme der Kreise Obornik, Birnbaum und Schwerin a. W.;

b) das Stpl.- und ESt.-Amt II in Posen für den übrigen Teil der Provinz.

6. Provinz Schlesien:

das Stpl.- und ESt.-Amt, Abteilung I, II, III und IV, in Breslau.

7. Provinz Sachsen:

das Stpl.- und ESt.-Amt, Abteilung I, II und III, in Magdeburg für die Provinz Sachsen und die zu den Provinzen Hessen-Nassau bezw. Hannover gehörigen Kreise Schmalkalden und Ilfeld.

[Die Geschäftsbezirke der einzelnen Abteilungen — s. ZBl. 1897 S. 95 oder Nachtrag I — sind hier nicht angegeben, weil die Einteilung eine innere Angelegenheit des nach außen einheitlichen Amtes ist].

8. Provinz Schleswig-Holstein:

das Stpl.- und ESt.-Amt in Altona.

9. Provinz Hannover (mit Ausschluß des Kreises Ilfeld — s. Nr. 7):

a) das Stpl.- und ESt.-Amt I in Hannover für die Regierungsbezirke Hannover, Osnabrück und die Kreise Osterode a. H., Duderstadt, Göttingen (Stadt- und Landkreis), Münden, Uslar, Einbeck, Northeim und Zellerfeld des Regierungsbezirks Hildesheim;

b) das Stpl.- und ESt.-Amt II in Hannover für die Regierungsbezirke Lüneburg, Stade, Aurich und die Kreise Peine, Hildesheim (Stadt- und Landkreis), Marienburg, Gronau, Alfeld und Goslar des Regierungsbezirks Hildesheim.

10. Provinz Westfalen [zugeteilt der Kreis Rinteln, s. Nr. 11a]:

das Stpl.- und ESt.-Amt, Abteilung I, II und III, in Münster.

[Die Geschäftsbezirke der Abteilungen sind in der Bekanntmachung des FM. 23. März 1901, ZBl. S. 100, mitgeteilt; sie sind hier aus den unter 7 angeführten Gründen nicht angegeben.]

11. Provinz Hessen-Nassau (vergl. FM. 3. April 1901, ZBl. S. 114; 10. Dez. 1904, ZBl. 1905 S. 9):

a) das Stpl.- und ESt.-Amt Abteilung I in Cassel für den Regierungsbezirk Cassel mit Ausschluß der dem Stpl.- und EStA. Abteilung III in Magdeburg bezw. Abteilung II in Münster zugeteilten Kreise Schmalkalden und Rinteln, sowie der Kreise Hanau (Stadt- und Landkreis), Gelnhausen und Schlüchtern;

b) das Stpl.- und ESt.-Amt Abteilung II in Cassel für den zur Rheinprovinz gehörigen Kreis Wetzlar, sowie den Regierungsbezirk Wiesbaden mit Ausnahme des Stadt- und Landkreises Frankfurt a. M. und der Kreise Homburg v. d. Höhe, Höchst a. M. und Usingen;

c) das Stpl.- und ESt.-Amt in Frankfurt a. M. für den Stadt- und Landkreis Frankfurt a. M., sowie die Kreise Homburg v. d. Höhe, Höchst a. M., Usingen, Hanau (Stadt- und Landkreis), Gelnhausen und Schlüchtern.

12. Rheinprovinz (ausschließlich des Kreises Wetzlar, s. Nr. 11 b):

a) das Stpl.- und ESt.-Amt in Aachen für den Regierungsbezirk Aachen und die Kreise München-Gladbach (Stadt- und Landkreis), Grevenbroich und Kempen des Regierungsbezirks Düsseldorf;

b) das Stpl.- und ESt.-Amt in Coblenz für den Regierungsbezirk Coblenz mit Ausschluß des dem Stpl.- und ESt.-Amte in Frankfurt a. M. zugeteilten Kreises Wetzlar;

c) das Stpl.- und ESt.-Amt in Cöln für die Kreise Cöln (Stadt- und Landkreis), Bergheim, Bonn, Euskirchen, Mülheim a. Rhein, Rheinbach und Sieg-Kreis;

d) das Stpl.- und ESt.-Amt in Düsseldorf für die Stadtkreise Crefeld, Düsseldorf und Duisburg, die Landkreise Crefeld und Düsseldorf, die Kreise Cleve, Geldern, Mörs, Neuß, Rees und Ruhrort, sowie für den preußischen Gerichtsbezirk der ehemaligen Bundesfestung Mainz;

e) das Stpl.- und ESt.-Amt in Elberfeld für die Stadtkreise Barmen, Elberfeld, Essen und Remscheid, den Landkreis Essen und die Kreise Lennep, Mettmann, Mülheim a. d. Ruhr, Solingen, Gummersbach, Waldbröl und Wipperfürth;

f) das Stpl.- und ESt.-Amt in Trier für den Regierungsbezirk Trier.

IV. Die rechnungsmäßige Behandlung der Rückstände bei der Erbschaftssteuer

ist zur Erledigung der Vorbehalte in Ziffer 4 Abs. 2/3 und Ziffer 6 Abs. 3 der Ausführungsvorschriften zum StHG. 13. Juni 1899, ZBl. S. 164, im FME. 2. Okt. 1899, ZBl. S. 231, im Abschnitt „II. Erbschaftssteuer“ folgendermaßen geregelt:

Zur Einstellung der Einnahme an ESt. mit ihren Soll-, Ist- und Restbeträgen in die hauptamtlichen Kassenbücher, Abschlüsse und Jahresrechnungen nach den Anforderungen des Staatshaushalts-Gesetzes treten in der Registerführung der Amtsstellen die nachstehend bezeichneten Änderungen ein, die vom 1. April 1900 ab genau zu befolgen sind. Für das laufende Etatsjahr ist mit Rücksicht auf die bereits vorgeschrittene Registerführung das zur Erfüllung der gesetzlichen Vorschriften einzuhaltende Verfahren nachstehend unter Ziffer 6 [hier nicht abgedruckt] besonders geordnet worden:

1. Das Anmelderegister über einzuziehende ESt. und das ESt.-Einnahmejournal sind, wie bisher, jahresweise, jedoch in zwei Abteilungen

A. Reste aus Vorjahren und
B. Laufende Verwaltung

zu führen, deren jede mit der Nr. 1 beginnt.

In der Abteilung A des Anmelderegisters werden die nach dem gleichen Register für das Vorjahr unerledigt gebliebenen Posten mit den noch zum Soll stehenden Beträgen einzeln, unter Angabe der für die Fortsetzung des Einziehungsverfahrens notwendigen tatsächlichen Umstände in der Bemerkungsspalte, vorgetragen. Die richtige Übertragung ist, wie vorgeschrieben, zu bescheinigen. Die Schlußsumme der Spalte 8 muß mit dem im Jahres-Verwaltungsabschlusse und in der Rechnung des Vorjahres in der Spalte „Mithin überhaupt Reste" dargestellten Gesamtrest an ESt. übereinstimmen.

Die auf die Reste aus Vorjahren erfolgenden Einzahlungen sind in der Abteilung A des ESt.-Einnahmejournals zu buchen und daraus täglich, in der für die Abzahlungen auf Abgabenkredite aus Vorjahren vorgeschriebenen Art, in die Restenabteilung des Hauptmanuals, Spalte 6, in Ist-Einnahme zu übernehmen.

2. Die jetzige Spalte 9 des Anmelderegisters mit der Überschrift „Der Betrag ist zur Einziehung überwiesen dem .... Amte zu" fällt fort, die dort geforderte Angabe ist künftig in der Bemerkungsspalte zu machen. An Stelle der Spalte 9 werden drei neue Spalten mit den Überschriften

9. davon Abgang { infolge anderweiter Festsetzung
10. davon Abgang { durch Niederschlagung
11. Bleibt berichtigtes Soll

angelegt. Die Nummern der folgenden Spalten 10 bis 16 sind danach in 12 bis 18 umzuändern.

Die Bestimmung im § 3 Abs. 3 der Anweisung für die Haupt-Ämter zur Behandlung des ESt.-Wesens v. 14. Nov. 1873 (ZBl. 1874 S. 26) wegen des Verfahrens bei Änderung des Solls einer Steuerpost wird aufgehoben. Jede Änderung des Solls ist unter neuer Nummer — mit Beisetzung der laufenden Nummer des früheren Solls in demselben Register in roter Schrift unter der Linie — einzutragen. Erhöhungen des Solls sind mit dem Betrage der Nachforderung in der Spalte 8 anzusetzen. Derartige Zugänge bei den aus den Vorjahren übernommenen Posten sind niemals in die Abt. A des Anmelderegisters, sondern als neue Feststellungen des laufenden Jahres einzutragen. Herabsetzungen des Solls gelangen in beiden Abteilungen in den Spalten 9 und 10 mit demjenigen Betrage zum Ansatze, um welchen die im Rechnungsjahre zum Soll stehende Steuerpost sich infolge anderweiter Feststellung vermindert, weiter ermäßigt oder welcher als uneinziehbar oder im Gnadenwege niedergeschlagen worden ist.

Zur Sicherung der Übersicht empfiehlt es sich, die Ermäßigungen bei den im Anmelderegister zum Soll gestellten ESt.-Forderungen in den Spalten 9 und 10 mit Bleistift zu vermerken und das ursprüngliche Soll in Spalte 8 danach ebenso zu berichtigen, sowie dem berichtigten Betrage gegenüber die Einzahlungen und den verbliebenen Rest (Spalte 15/16) nachzuweisen.

Die Abteilung A des Anmelderegisters ist vierteljährlich in den Spalten 9 und 10 aufzurechnen, worauf durch Vergleichung der Summe beider Spalten mit der Soll-Einnahme in Spalte 8 das berichtigte Soll für den Verwaltungsabschluß in Spalte 11 zu bilden ist, das sich aus der Ist-Einnahme für den zurückgelegten Jahresabschnitt und den am Schluß verbliebenen Resten zusammensetzt. Die Übertragung der Ergebnisse der Spalten 9 und 10 in das Hauptmanual hat erst am

Jahresschlusse stattzufinden. In dem Rechnungsabschnitte der Reste aus Vorjahren sind in der Abgangsspalte zunächst die Niederschlagungen einzeln nach den Niederschlagungsbelägen aufzuführen, sodann ist die Verminderung des Solls nach Spalte 9 des Anmelderegisters in einer Summe darzustellen und darauf die Summe des Abgangs zu ziehen. Die Schlußsummen der Abt. A des Anmelderegisters müssen mit den summarischen Ansätzen in dem bezeichneten Rechnungsabschnitte übereinstimmen.

In der Abt. B des Anmelderegisters ist zur Vereinfachung der Buchführung die Darstellung des berichtigten Einnahme-Solls für den Verwaltungsabschluß und der dagegen verbliebenen Reste erst am Jahresschlusse vorzunehmen. Bis dahin sind in den Vierteljahrs-Verwaltungsabschlüssen nur die Ist-Einnahmen an ESt. nach Abt. B des Einnahmejournals nachzuweisen, mit welcher die Eintragungen in der Spalte 15 des Anmelderegisters in genauer Übereinstimmung zu halten sind. Dies wird durch Aufrechnung dieser Spalte mit Bleistift bei den Monats- und Vierteljahrs-, sowie den sonstigen Abschlüssen des Einnahmejournals festzustellen sein.

Am Jahresschlusse sind sämtliche Geldspalten der Abt. B aufzurechnen. Die Summe der Rückstände (Spalte 16) und der Niederschlagungen (Spalte 10) ist nach Spalte 9 des Einnahmejournals, Abt. B, als „Rest nach dem Anmelderegister" in roter Schrift zu übernehmen und der Ist-Einnahme daselbst zur Bildung der Brutto-Einnahme der laufenden Verwaltung hinzuzusetzen, sowie im Hauptmanual bei den Resten dieser Verwaltung anzuschreiben. Gleichzeitig ist von diesem Rest-Soll der Betrag der Registerspalte 10 als niedergeschlagen wieder abzusetzen und zu den Herauszahlungen zu übertragen, so daß am Jahresschluß im Hauptmanual der Betrag der Spalte 16 des Anmelderegisters,

Abt. B, als wirklicher Rest wieder verbleibt. Dieser Betrag bildet zusammen mit der Ist-Einnahme (Spalte 15) das in Spalte 11 des Registers darzustellende berichtigte Einnahme-Soll für den Verwaltungsabschluß und die Rechnung. In letzterer sind im Nachweise der Herauszahlungen rc. die Niederschlagungen bei der ESt.-Einnahme der laufenden Verwaltung im einzelnen aufzuführen und zu belegen.

Die in dem Jahres-Verwaltungsabschluß und der Hauptrechnung (Abschnitt: Einnahme) in der Spalte „Mithin überhaupt Reste" nachgewiesene Summe der rückständigen ESt. ist im Hauptmanual für das folgende Jahr bei den Resten an ESt. aus Vorjahren in Soll vorzutragen.

Bei den EStA. ist darauf zu achten, daß den Hauptämtern mit den Benachrichtigungen über Änderungen des Steuer-Solls, soweit diese durch Niederschlagung fälliger ESt. veranlaßt sind, die nach den bestehenden Rechnungsvorschriften erforderlichen Niederschlagungsbeläge zugefertigt werden.

3. Die Fälligkeit der ESt. im Sinne des §. 14 Abs. 1 des Staatshaushaltsgesetzes wird durch die in den Feststellungsbescheinigungen der EStA. auf Grund des §. 41 des EStG. gestellte Zahlungsfrist bestimmt.

Mit Rücksicht hierauf sind die den Hauptämtern gegen Ende des Etatsjahres zur Einziehung überwiesenen Sollposten an ESt., bei welchen die festgestellte Zahlungsfrist in das folgende Etatsjahr fällt, in die Abt. B des bereits vor Beginn des letzteren zu eröffnenden neuen Anmelderegisters zu übernehmen. Wird diese zum Soll stehende ESt. darauf durch Einzahlung ganz oder zum Teil noch vor dem 1. April für die Staatskasse fällig (§. 14 Abs. 1 des Gesetzes v. 11. Mai 1898), so hat eine entsprechende Umbuchung der fraglichen Posten oder des davon eingezahlten Teils in das Anmelderegister des laufenden Etatsjahres zu erfolgen.

In den von den Hauptämtern nach der Verfügung v. 29. Aug. 1889 III 11513 Ziff. II (ZBl. S. 325) an die EStÄ. einzusendenden Bescheinigungen über eingezahlte ESt. ist die anzugebende Buchungsnummer künftig mit dem Buchstaben A oder B zu versehen. Mit dieser Bezeichnung sind die Nummern auch in das Einnahmeregister der EStÄ., Spalte 9, zu übernehmen.

4. In den über die Revision der ESt.-Register auszustellenden Revisionsausweisen für die Jahresrechnungen haben die Provinzial-Steuerbehörden, zuerst zu den für das Etatsjahr 1899 geführten Registern die Übereinstimmung der ihrem Betrage nach anzugebenden Registereinnahme auf Reste aus Vorjahren und bei der laufenden Verwaltung mit dem Jahres-Verwaltungsabschlusse zu bescheinigen.

5. Die durch vorstehende Anordnungen nicht abgeänderten Vorschriften der unter Ziff. 2 bezeichneten Anweisung v. 14. Nov. 1873 und ihrer Ergänzungen bleiben in Kraft. Der Schlußsatz der Verfügung v. 16. Jan. 1886 III 15548, betr. die Behandlung der Rückstände bei der ESt, wird aufgehoben.

V. Mitteilungen der EStÄ. an die Verwaltung der direkten Steuern.

Auszug aus dem FME. 26. März 1895 II 5653/III 2344 an sämtliche PStD.

1. Die EStÄ. haben künftig ihre ESt.-Verhandlungen, einschließlich der letztwilligen Verfügungen, ohne Unterschied, ob der Erbfall zur ESt.-Tabelle übernommen ist oder nicht, dem Vorsitzenden derjenigen Einkommensteuer-Berufungskommission, in deren Bezirk (Regier.-Bezirk) der Erblasser seinen letzten Wohnsitz gehabt hat, ... zu übersenden.

Für die Veranlagungsbehörden kommt es vornehmlich auf die in den letztwilligen Verfügungen und ESt.-Verhandlungen enthaltenen Nachrichten über das steuerbare Vermögen und das Einkommen daraus an, während etwaige testamentarische Bestimmungen über die Erbfolge ohnehin anderweit in zuverlässiger Weise bekannt zu werden pflegen ....

Um .... unnötige Aktenversendungen und überflüssiges Schreibwerk zu vermeiden, sind von der Mitteilung auszuschließen:

a) die ESt.-Verhandlungen, sofern nach den im ESt.-Interesse stattgehabten Feststellungen der Wert der zum Nachlaß — oder bei bestandener Gütergemeinschaft zur Gütergemeinschaftsmasse — gehörigen Grundstücke, Aktiven, Barbestände und Handelsvorräte (Titel I, II, III und XVII [jetzt wohl 1—4, 14, 18 und 19] des Nachlaßverzeichnisses) den Gesamtwert von 6000 M. — ohne Abzug der Schulden — nicht übersteigt,

b) letztwillige Verfügungen, aus denen Aufschlüsse über den Bestand oder Wert des Nachlasses oder einzelner Bestandteile des Vermögens oder das Einkommen daraus überhaupt nicht zu entnehmen sind.

2. Die Übersendung erfolgt von Amts wegen, und zwar hinsichtlich der der dortseitigen Prüfung ausnahmslos unterliegenden Verhandlungen sogleich nach dieser Prüfung oder nach der Erledigung der hierbei etwa gezogenen Erinnerungen, hinsichtlich aller übrigen Verhandlungen sogleich nach deren Abschluß. Die Einforderung der unter 1a und b bezeichneten Akten bleibt dem Vorsitzenden der Veranlagungskommission vorbehalten.

4. Die EStÄ. sind nicht verpflichtet, das in ihren Verhandlungen beruhende Material nach den für die Veranlagung der Ergänzung- und Einkommensteuer maßgebenden Gesichtspunkten zu verarbeiten oder Nach-

forschungen anzustellen, die außerhalb des Zweckes der ESt. liegen.

Diese Verfügung findet nach dem FME. 31. Jan. 1896 III 1111 auch für den Veranlagungsbezirk der Stadt Berlin Anwendung.

VI. Verhältnis zu anderen Staaten.

(Die Zusammenstellung soll in der Hauptsache nur eine Übersicht über die auf Grund des § 11 und des Schlußabsatzes des Tarifs getroffenen Verwaltungsanordnungen bieten.)

Amerika, Vereinigte Staaten von A. Der Gesamtstaat, welcher nach der mit dem 1. Okt. 1870 erfolgten Aufhebung des Ges. v. 30. Juni 1864 keine ESt. erhob (FM. 15. Sept. 1883 III 12010), hat eine solche durch Ges. v. 13. Juni 1898 wieder eingeführt. Außerdem erheben die meisten Einzelstaaten ESt. (Schanz 18 S. 637) z. B.

1. Jowa. Erbschaften, welche an entferntere Verwandte als Vater, Mutter, Ehegatte, Abkömmling, Adoptivkind oder Abkömmling eines Adoptivkindes gelangen, unterliegen einer Steuer von 5 v. H. des den Betrag von 1000 Dollars übersteigenden Teils der auf alle steuerpflichtigen Beteiligten zusammen entfallenden Erbschaft. Nach einer am 8. April 1904 in Kraft getretenen Zusatzbestimmung wird, wenn die Erben Ausländer sind und im Auslande wohnen, außerdem eine Kopfsteuer erhoben, und zwar von Geschwistern 10 v. H. und von entfernteren Verwandten 20 v. H. der Erbschaft. Diese Zusatzbestimmung darf Deutschen gegenüber nicht in Anwendung gebracht werden (Ziffer 2).

2. Louisiana. Nach einem am 11. Juli 1894 erlassenen Ges. ist eine ESt. von 10 v. H. für alle an Ausländer fallenden Erbschaften, Vermächtnisse und

sonstigen Zuwendungen von Todes wegen zu Gunsten des Charity Hospital zu New Orleans zu erheben. Als Ausländer gilt jeder, der nicht im Staate L. wohnhaft und nicht Bürger irgend eines Staats oder Territoriums der Vereinigten Staaten ist.

Die Anwendung des Ges. auf Angehörige des deutschen Reichs würde eine Verletzung der ihnen hinsichtlich der Erbschaftsabgaben durch Art. 10 Abs. 3 der Konsularkonvention 11. Dez. 1871 [RGBl. 1872 S. 95] gewährten Gleichstellung mit den Bürgern der Vereinigten Staaten bedeuten

3. New-York. Im Staate N.Y. wird ohne Rücksicht auf die Staatsangehörigkeit des Erblassers und der Erwerber eine ESt. von in der Regel 5 v. H. erhoben von allen Erbschaften und Vermächtnissen im Werte von 500 Dollars und darüber, die von einem Erblasser herrühren, der z. Zt. seines Todes Einwohner des Staates N.Y. war, oder der in diesem Staate Vermögen hinterließ, ohne z Zt. seines Todes Einwohner des Staates gewesen zu sein. Es kann deshalb die Besteuerung des beim Erbfalle in Preußen befindlichen beweglichen Nachlasses von Einwohnern des Staates N.Y. angeordnet werden.

4. Ohio. Von Erbschaften, Vermächtnissen, Schenkungen von Todes wegen sowie überhaupt von Zuwendungen, welche infolge des Todes einer Person anfallen, wird eine Steuer von 5 v. H. des Wertes, wenn dieser 200 Dollars übersteigt, erhoben, und zwar von allem Eigentum, welches sich innerhalb der Gerichtsbarkeit des Staates befindet, ohne Rücksicht darauf, ob es einem Einwohner des Staates gehört hat oder nicht, ob es greifbar ist oder nicht, sofern testamentarisch darüber verfügt worden ist, oder, wenn es nach dem Erbrechte des Staates vererbt worden ist (Ges. 27. Jan. 1893 und 6. April 1900). Vergeltungsrecht kann wie Ziffer 5 geübt werden.

5. Pennsylvania. Nach einem Ges. 6. Mai 1887 wird eine ESt. von 5. v. H. vom Reinnachlasse erhoben von allem im Staate P. befindlichen beweglichen und unbeweglichen Vermögen, einerlei, ob der verstorbene Eigentümer seinen Wohnsitz innerhalb oder außerhalb des Staates hatte, und ferner von allem außerhalb des Staates befindlichen Vermögen, wenn der verstorbene Eigentümer den Wohnsitz innerhalb des Staates P. hatte, und, wenn es dem Erben nach dem Intestaterbrechte des Staates P. oder nach einem in diesem Staate errichteten Testamente, einer erfolgten oder beabsichtigten Übertragung oder Schenkung oder einem erfolgten oder beabsichtigten Kauf oder Verkauf zufällt. Die ESt. wird nicht erhoben von dem Erbe des Vaters, der Mutter, des Ehegatten und der vollbürtigen Abkömmlinge des Erblassers, sowie der Ehefrau oder Witwe seines Sohnes, von Forderungen des Nachlasses, wenn weder der Erblasser noch der Gläubiger den Wohnsitz im Staate P. hatte bezw. hat, und von fremden Wertpapieren, wenn der Erblasser seinen Wohnsitz nicht im Staate hatte, die Papiere aber hier aufbewahrt wurden. Es kann die Besteuerung des in Preußen befindlichen beweglichen Nachlasses eines in P. wohnhaft gewesenen Erblassers angeordnet werden, soweit im umgekehrten Falle P. ESt. erheben würde.

Anhalt. Gesetze, die ESt. betreffend, vom 4. Febr. 1874 (GS. Nr. 341, Bd. 6 S. 367), v. 29. März 1892 (GS. Nr. 867, Bd. 14 S. 71), v. 22. Mai 1897 (GS. Nr. 988, Bd. 15 S. 393) stimmen mit den entsprechenden drei preuß. ESt.-Gesetzen im wesentlichen überein. Eine Änderung der ESt.-Gesetze wird vorbereitet.

I. FMRE. 27. April 1892 (ZBl. S. 203): Die durch das Ges. 19. Mai 1891 erfolgte Abänderung des Ges., betr. die ESt. 30. Mai 1873, hat der Herzoglich Anhaltischen Regierung Anlaß gegeben, auch eine Revision des Anhaltischen EStG. 4. Febr. 1874 herbeizuführen, welche durch das mit dem 1. Juli d. J. in Kraft tretende Ges. 29. März 1892 zum Abschluß gelangt ist. Der von dem außerhalb Landes liegenden unbeweglichen Vermögen handelnde § 7 dieses Ges. entspricht dem § 9 des diesseitigen Ges. neuer Fassung, während der über das bewegliche Vermögen bestimmende § 8 mit § 10 des neu redigierten preuß. Ges. in Übereinstimmung steht und wörtlich lautet:

„Anderes als das im § 7 bezeichnete Vermögen ist der ESt. unterworfen, wenn der Erblasser bei seinem Ableben seinen Wohnsitz in A. hatte oder die Todeserklärung eines verschollenen Erblassers von einem Anhaltischen Gericht verfügt worden ist. Insoweit sich jedoch dieses Vermögen außerhalb A. befindet und aus diesem Grunde von dem betreffenden ausländischen Staate zur ESt. herangezogen worden ist, wird die von dem Steuerpflichtigen für diese Nachlaßteile an den ausländischen Staat entrichtete Steuer auf diejenige inländische Steuer angerechnet, welche bei der inländischen Besteuerung auf diese Nachlaßteile entfällt.

Hatte der Erblasser bei seinem Ableben neben seinem Wohnsitze in A. einen Wohnsitz außerhalb A., so ist das nicht in Grundstücken und Grundgerechtig- bestehende Vermögen desselben nur dann der inländischen ESt. unterworfen, wenn der Erblasser Anhaltischer Staatsangehöriger war."

Da fortan für die Erhebung der ESt. von dem Nachlasse der beiderseitigen Staatsangehörigen nicht mehr die Staatsangehörigkeit des Erblassers, sondern dessen letzter Wohnsitz entscheidend ist, so tritt das seiner Zeit zwischen der diesseitigen und der Herzoglich Anhaltischen Regierung getroffene, durch den RE. 7. April 1883 III 4225 bekannt gegebene Übereinkommen zum 1. Juli d. J. außer Kraft und erfährt die diesseitige Cirk.-Verf.

29. Juni v. J. III 9001 (ZBl. S. 199) in Ansehung des Herzogtums A. eine entsprechende Abänderung.

II. Nach FMRE. 16. Aug. 1898 III 11440 ist dem Herzogl. Anh. Staatsministerium infolge der ohne Einschränkung auf bestimmte Zeit gegebenen Zusicherung der Gegenseitigkeit auf Grund Art. 1 Nr. 3 c EStG. 1895 die Zusage erteilt worden, daß in Preußen künftighin, da und solange A. Preußen gegenüber die gleiche Rücksicht üben wird, Zuwendungen an anhaltische Anstalten, Stiftungen, Vereine usw. hinsichtlich der preuß. ESt. ebenso, wie Zuwendungen an preuß. Anstalten, Stiftungen, Vereine usw., behandelt, in den Fällen unter f, g, h der Befr. des Tarifs zum EStG. somit von der ESt. frei gelassen werden sollen.

Baden. I. Auszug aus dem Ges., die Erbschafts- und Schenkungssteuer betr., v. 14. Juni 1899 (Ges. und Verord.Bl. S. 165 ff. — Abdruck in Schanz 18 S. 765 —) in Kraft seit 1. Jan. 1900:

§ 6. In B. befindliche Grundstücke, diesen gleichstehende Rechte und Nutzungen solcher Grundstücke oder Rechte unterliegen der ESt. ohne Rücksicht auf die Staatsangehörigkeit oder den Wohnsitz des Erblassers. Auf außerbadische Grundstücke, diesen gleichstehende Rechte und Nutzungen solcher Grundstücke und Rechte erstreckt sich die Steuerpflicht nicht.

§ 7. Das bewegliche Vermögen eines Erblassers, der zur Zeit des Erbfalles in B. seinen Wohnsitz hatte, unterliegt der ESt.; der Erwerber des Anfalles ist jedoch, sofern der Erblasser bei seinem Ableben die badische Staatsangehörigkeit nicht besaß, berechtigt, die von solchem außerhalb B. befindlichen Vermögen in einem anderen Staat ohne Rücksicht auf die Besteuerung in B. zu zahlende und erweislich gezahlte ESt. an der von demselben Vermögen in B. zur Erhebung kommenden ESt. in Abzug zu bringen.

§ 8. Das von einem außerhalb B. verstorbenen badischen Staatsangehörigen in B. hinterlassene bewegliche Vermögen unterliegt gleichfalls der ESt.; das nämliche gilt von sonstigem in B. befindlichen beweglichen Vermögen eines Erblassers, soweit letzteres Personen anfällt, die in B. ihren Wohnsitz haben. Der Erwerber des Anfalls ist jedoch berechtigt, die von solchem Vermögen in einem anderen Staat ohne Rücksicht auf die Besteuerung in B. zu zahlende und erweislich gezahlte ESt. an der in Baden zur Erhebung kommenden ESt. in Abzug zu bringen.

II. FMRE. 30. Sept. 1902 (ZBl. S. 256, JMBl. S. 296):

Das für das Großh. B. erlassene Ges. ... 14. Juni 1899 bestimmt im § 4: Von der ESt. sind befreit:

„7. Gemeinden, Kreise und sonstige Kommunalverbände für Anfälle, die zur Verwendung für die von ihnen wahrzunehmenden öffentlichen Zwecke bestimmt sind.

8. Juristische Personen des öffentlichen Rechts für Anfälle, die bestimmungsgemäß zu Zwecken der Wohltätigkeit und des Unterrichts oder zur Errichtung von dem Gottesdienst gewidmeten Gebäuden und von Pfarrhäusern staatlich anerkannter Religionsgesellschaften verwendet werden sollen.

Wenn in den Fällen Ziffer 7 und 8 der Anfall nicht sofort für die dort bezeichneten Zwecke Verwendung findet, so ist die Steuer einstweilen zu entrichten oder sicherzustellen, vorbehaltlich der Rückerstattung, sobald die Verwendung stattgefunden hat. Auf juristische Personen des öffentlichen Rechts, deren Zweck ausschließlich auf Wohltätigkeit oder Unterricht oder auf den Bau und die Unterhaltung von dem Gottesdienst gewidmeten Gebäuden und von Pfarrhäusern gerichtet ist, findet diese Vorschrift keine Anwendung.

9. Die zur Durchführung der gesetzlichen Kranken-, Unfall-, Invaliditäts- und Altersversicherung bestehenden Versicherungsverbände und Anstalten.

Dem Fiskus anderer deutscher Staaten, sowie den öffentlichen Anstalten und Kassen, die für Rechnung eines solchen Staats verwaltet werden, sowie den diesen Staaten angehörenden Kommunalverbänden, juristischen Personen und Anstalten der in Ziffer 7, 8 und 9 bezeichneten Art kann durch das Ministerium der Finanzen die Steuerbefreiung für Anfälle zu den daselbst genannten Zwecken gewährt werden, wenn der betreffende Staat B. gegenüber die gleiche Rücksicht übt."

Mit der Großherzoglich Badischen Regierung habe ich mich dahin verständigt, daß vom 15. Oktober d. J. unter Aufhebung des bis dahin zwischen Preußen und B. bestehenden durch die Verfügung v. 4. Dez. 1890 III 13948 (ZBl. S. 216) mitgeteilten Abkommens die unter 2 f, g und h der „Befreiungen" im Tarif zum preuß. ESt G. aufgeführten Befreiungen von der ESt. und dem Schenkungsstempel auch den badischen Anstalten usw. der dort genannten Art gewährt werden, wogegen B. die oben unter 7 bis 9 erwähnten Steuerbefreiungen den preuß. Verbänden usw. der dort genannten Art zugesteht.

Bayern. I. Auszug aus dem Ges. über die ESt. v. 18. Aug. 1879 (Ges.- und Verord.-Bl. S. 883) in der Fassung der Bek. v. 11. Nov. 1899 (a. a. O. S. 890 — Abdruck in Schanz 18 S. 741 —); in der neuen Fassung in Kraft seit 1. Jan. 1900 (vergl. Ges. v. 9. Juli 1904, a. a. O. S. 235, die provisorische Erhebung eines Zuschlags zu den Gebühren u. ESt. betr.):

Art. 3. Von der ESt. sind befreit:

3. milde, fromme und Unterrichts-Stiftungen;

4 alle Zuwendungen, welche ausschließlich einem milden, frommen, gemeinnützigen oder Unterrichtszwecke

gewidmet sind, sofern die Verwendung derselben zu dem bestimmten Zwecke gesichert ist.

Nichtbayerische Gemeinden, Stiftungen, Vereine und Anstalten können die Befr. von der ESt. auf Grund der Bestimmung in Ziff. 3 und 4 nur insoweit beanspruchen, als die Gegenseitigkeit verbürgt ist.

Art. 7. Auf Grundstücke und denselben gleichstehende Rechte, welche sich außerhalb B. befinden, erstreckt sich die Steuerpflicht nicht.

Innerhalb B. befindliche Grundstücke und denselben gleichstehende Rechte unterliegen der ESt. ohne Unterschied, ob der Erblasser Bayer oder Nichtbayer war und ob er seinen Wohnsitz in B. hatte oder nicht.

Art. 8. Anderes als das im Art. 7 bezeichnete Vermögen unterliegt der ESt., wenn der Erblasser zur Zeit seines Todes, im Falle der Todeserklärung bei dem Beginne der Verschollenheit seinen Wohnsitz in B. hatte.

Soweit hienach außerhalb B. befindliches Vermögen der Besteuerung unterliegt, wird auf die ESt. die in dem Staate, in welchem sich das Vermögen befindet, von diesem Vermögen zu entrichtende Erbschaftsabgabe angerechnet. Hatte der Erblasser zur Zeit seines Todes, im Falle der Todeserklärung bei dem Beginne der Verschollenheit, keinen Wohnsitz, so unterliegt das bewegliche Vermögen der ESt., soweit es zur Zeit des Todes des Erblassers, im Falle der Todeserklärung zur Zeit der Erlassung des die Todeserklärung aussprechenden Urteils sich in B. befindet.

Art. 9. Für den Fall, daß der Erblasser seinen Wohnsitz in einem Staate gehabt hat, in dem die ESt. nach anderen als den im Art. 8 bestimmten Grundsätzen erhoben wird, oder Angehöriger eines solchen Staates gewesen ist, kann das Staatsministerium der Finanzen zum Zwecke der Ausgleichung und tunlichster Vermeidung einer Doppelbesteuerung anordnen, daß das bewegliche Vermögen

1. ohne Rücksicht auf den Wohnsitz des Erblassers der ESt. unterliegt, wenn der Erblasser bayerischer Staatsangehöriger gewesen ist;

2. ohne Rücksicht auf den Wohnsitz und die Staatsangehörigkeit des Erblassers der ESt. unterliegt, wenn das Vermögen sich in B. befindet.

Art. 10. Bei Anwendung der Bestimmungen in Art. 8, 9 gelten die in B. angestellten Beamten eines anderen Staates nicht als in B. wohnhaft. Die Staatsregierung ist befugt, auch außerdem bei Anwendung der erwähnten Bestimmungen Angehörige anderer Staaten, welche des Dienstes halber ihren Wohnsitz in B. haben, als nicht in B. wohnhaft zu behandeln.

II. Wegen Behandlung der Stiftungen usw. besteht zwischen B. und Preußen kein ausdrückliches Übereinkommen. Nachdem jedoch in Preußen ein Vermächtnis an das Germanische National-Museum in Nürnberg steuerfrei gelassen worden ist (FM. 2. März 1883 III 2572, H-S. S. 1120 Nr. 143 a), hat das Bayerische Staatsministerium anerkannt, daß preuß. Stiftungen, Anstalten usw. in B. ebenso wie bayerische Stiftungen, Anstalten usw. zu behandeln seien (Erlasse v. 27. April 1891 Nr. 5807, 16. Okt. 1891 Nr. 16767). Dementsprechend ist auch in Preußen verfahren worden (FM. 1. Aug. 1891 III 10767, 22. Juni 1894 III 8627 — H-Sp. S. 92, Fußnoten 57, 58 —, 15. Jan. 1904 III 17426/03). Vergl. Anm. zum Schlußabsatz der Befr.

Belgien erhebt die ESt. von dem gesamten unbeweglichen und beweglichen Nachlasse eines Erblassers, der seinen Wohnsitz in Belgien hatte, also auch von den im Auslande belegenen Grundstücken; bei Vererbungen in der geraden Linie und in gewissen Fällen bei solchen an den überlebenden Ehegatten ist die Besteuerung auf belgische Grundstücke und die in solchen angelegten Renten und Forderungen beschränkt. Bei der Vererbung belgischer Immobilien erhebt B. eine Übergangsabgabe, wenn der Erblasser nicht in B. wohnte (Schanz 10 S. 775, 18 S. 632).

Brasilien. I. Vereinbarung zwischen dem Deutschen Reiche und den Vereinigten Staaten von B. über die Mitwirkung der beiderseitigen konsularischen Vertreter bei der Regelung von Nachlässen ihrer Staatsangehörigen. Bekannt gemacht am 24. Sept. 1899, RGBl. S. 547 Wenn der Nachlaß dem konsularischen Vertreter auf Grund der Vereinbarung ausgehändigt worden ist, so darf dieser darüber nicht verfügen, solange die ESt. nicht berichtigt ist. Der konsularische Vertreter hat erforderlichenfalls die Verwandtschaft der Erwerber nachzuweisen.

II. FMRE. 30. Jan. 1897, ZBl. S. 59:

Nach . . . erfolgt nach dem Stande der brasilianischen Gesetzgebung die Erhebung der ESt. für das bewegliche Vermögen unabhängig von dem Wohnsitz und der Staatsangehörigkeit des Erblassers. Es unterliegt mithin der in B. befindliche bewegliche Nachlaß eines Preußen, der dort nicht seinen Wohnsitz hatte, der brasilianischen ESt. in gleicher Weise, als wenn der Erblasser dort seinen Wohnsitz gehabt hätte . . .

Bei dieser Sachlage bestimme ich . . ., daß der in Preußen befindliche Nachlaß eines Brasilianers, auch soweit er nicht in Grundstücken oder Grundgerechtigkeiten besteht, ohne Rücksicht auf den Wohnsitz des Erblassers, der preuß. ESt. zu unterwerfen ist.

Braunschweig. I. FMRE. 15. Juli 1892, ZBl. S. 395: Nach einer Mitteilung des Herzogl. Br. Lüneb. Staatsministeriums v. 7. d. M. ist das dortige EStG. v. 18. April 1876 [Ges. u. Verord. Sammlg. S. 151] durch Ges. v. 10. Juni d. J. (Ges. u. Verord.Bl. Nr. 26 S. 241) in ähnlicher Weise abgeändert worden, wie das preuß. EStG. v. 30. Mai 1873 durch das preuß. Ges. v. 19. Mai 1891.

Der das unbewegliche Vermögen behandelnde § 6 des braunschw. Ges. stimmt jetzt wörtlich überein mit § 9 des preuß. Ges. in der durch meine Bek. v. 24. Mai 1891 veröffentlichten Fassung, während die das bewegliche Vermögen betreffenden §§ 7 und 7a des braunschw. Ges. jetzt den §§ 10 und 11 des preuß. Ges. in dessen neuer Fassung entsprechen. Der § 7 des braunschw. Ges. enthält nur insofern eine Abweichung, als in ihm eine den Worten im ersten Satze des § 10 des preuß. Ges.

„oder die vorläufige Ausfolgung des Nachlasses (§ 1 Ziffer 4) von einem Preußischen Gericht verfügt ist",

entsprechende Anordnung fehlt.

Da fortan für die Erhebung der ESt. in beiden Ländern nicht mehr die Staatsangehörigkeit des Erblassers, sondern dessen letzter Wohnsitz entscheidend ist, so tritt das seiner Zeit zwischen der Preuß. und der Herzogl. Braunschw. Regierung getroffene durch die Cirk.-Verf. v. 17. April 1884 III 4499 mitgeteilte und durch die Cirk.-Verf. v. 29. Juni v. J. III 9001 [JBl. S. 199] aufrecht erhaltene Übereinkommen außer Kraft.

II. Nach dem durch den RE. 17. April 1884, H-G. S. 1061 Anm. f mitgeteilten Übereinkommen sollten „die in dem einen Staate bestehenden öffentlichen Armen- usw. Anstalten, vom Staate anerkannten milden Stiftungen und öffentlichen Schulen (Nr. 2g und h der Befreiungen in den beiderseitigen ESt.-Tarifen auch in dem anderen Staate von ESt. befreit" sein. Die Aufhebung dieses Teiles des Übereinkommens scheint mit dem unter I abgedruckten E. nicht beabsichtigt zu sein. Die Befr. 2f, g und h des braunschw. EStG. stimmen wörtlich mit den ebenso bezeichneten Befr. des preuß. EStG. von 1873 überein. Durch die Befr. 2k des braunschw. EStG. von 1892 sind ferner befreit: „unter § 5 [entspricht dem preuß. § 8] fallende Zuwendungen, sofern dieselben zur Unterstützung hilfsbedürftiger Personen bestimmt sind".

Bremen. I. Auszug aus dem br. Gesetz, betr. die Erbschafts- und Schenkungsabgabe. V. 18. Juli 1899 (Gesetzbl. der Freien Hansestadt Br. S. 399) in der Fassung nach dem Ges. v. 7. Juni 1904 (a. a. O. S. 171), in Kraft seit 1. April 1904:

§ 1. Erbschaften, Pflichtteile, Vermächtnisse und Schenkungen von Todes wegen, ferner von Todes wegen angeordnete Auflagen von Leistungen an Dritte, soweit dadurch für den Empfänger der Leistung eine Bereicherung eintritt, unterliegen einer Abgabe:

1. wenn der Erblasser zur Zeit seines Todes seinen Wohnsitz im Bremischen Staate gehabt hat,
2. wenn der Erblasser als bremischer Staatsangehöriger verstorben ist, ohne zur Zeit seines Todes einen nachweislichen Wohnsitz außerhalb des Bremischen Staates gehabt zu haben,
3. wenn der Erblasser von einem bremischen Gericht rechtskräftig für tot erklärt ist,
4. insoweit es sich um innerhalb des Bremischen Staates belegenes unbewegliches Vermögen handelt, ohne Rücksicht auf den Wohnsitz oder die Staatsangehörigkeit des Erblassers.

Außerdem ist der Erbschaftsabgabe das im bremischen Staatsgebiet befindliche Vermögen eines Erblassers unterworfen, der bei seinem Tode keinen Wohnsitz hatte. Usw.

§ 3. Von der Erbschaftsabgabe sind befreit:

3. bremische Stiftungen, Vereine und Anstalten, welche kirchliche, wohltätige oder gemeinnützige Zwecke verfolgen, sowie bremische Schulen;
4. Zuwendungen, welche dazu dienen, Kunst und Wissenschaft in Bremen zu fördern, sowie Zuwendungen an die hiesigen Armen.

II. Vereinbarung wegen Besteuerung des Nachlasses bevormundeter Geisteskranker s. § 10 ESt G. Anm. 4a.

Dänemark. Die Befreiungen 2f, g und h des preuß. ESt.-Tarifes kommen dänischen Anstalten, Stiftungen und Vereinen nicht zu gute, da D. keine Gegenseitigkeit übt (FM. 4. Okt. 1904 III 12772).

Elsaß-Lothringen. Auszug aus dem Erbschaftssteuergesetz. V. 17. Juni 1900 (Gesetzbl. S. 123 — Abdruck in Schanz 18 S. 811 —), anwendbar auf alle nach dem 31. Dez. 1899 eingetretenen Anfälle:

§ 5. Der ESt. unterliegt der gesamte Nachlaß derjenigen Personen, welche zur Zeit ihres Todes in E.-L. ihren Wohnsitz hatten, mit Ausnahme der außerhalb E.-L. belegenen Grundstücke nebst Zubehör und derjenigen Rechte an solchen Grundstücken, welche nach der Gesetzgebung des Staates, in dessen Gebiet die Grundstücke belegen sind, als unbeweglich gelten.

Befinden sich zum Nachlaß gehörige Sachen zur Zeit des Erbgangs außerhalb E.-L., so ist auf Verlangen die nach den Ges. des Staates, in dessen Gebiete sie sich befinden, etwa zu entrichtende und erweislich gezahlte Erbschaftsabgabe von der Steuer in Abzug zu bringen. Auf Wertpapiere findet diese Bestimmung nicht Anwendung.

§ 6. Der ESt. unterliegen, auch wenn der Erblasser seinen Wohnsitz nicht in E.-L. hatte:

1. In E.-L. belegene Grundstücke mit Zubehör;
2. Bergwerkseigentum und sonstige Rechte an solchen Grundstücken (mit Ausnahme der Hypotheken, Grundschulden und Rentenschulden) sowie Ansprüche auf Übertragung des Eigentums oder auf die Begründung oder Übertragung eines der bezeichneten Rechte an solchen Grundstücken;
3. die Kuxe in E.-L. belegener Bergwerke;
4. in E.-L. betriebene Apotheken;

In den Fällen unter 3 und 4 ist, wenn der Erblasser eine deutsche Staatsangehörigkeit besessen hat, auf Verlangen die nach dem Ges. eines Bundesstaates etwa zu entrichtende und erweislich gezahlte Erbschaftsabgabe von der Steuer in Abzug zu bringen. Außerdem ist der ESt. das in E.-L. befindliche Vermögen eines Erblassers unterworfen, welcher bei seinem Ableben keinen Wohnsitz hatte.

§ 7. Hatte der Erblasser seinen Wohnsitz nicht in E.-L. und werden in dem Staate des Wohnsitzes die nachbezeichneten Werte dieses Landes, welche zu einem elsaß-lothringischen Nachlasse gehören, einer ESt. unterworfen, so unterliegen, soweit dies zutrifft, der ESt. auch elsaß-lothringische Staatsrenten, Aktien und Schuldverschreibungen, Rechte, welche in elsaß-lothringischen Grund-, Eigentums- oder Hypothekenbüchern eingetragen oder vorgemerkt sind, Forderungen gegen den elsaß-lothringischen Landesfiskus oder in E.-L. wohnende Schuldner, in E.-L. befindliche bewegliche Sachen und Anteile an gewerblichen Unternehmungen in E.-L.

§ 7a. Behufs Vermeidung einer Doppelbesteuerung ist das Ministerium ermächtigt, insoweit Gegenseitigkeit vorliegt oder die Rücksicht auf bestehende Vertragsverhältnisse dies erfordert, Abweichungen von den in §§ 5 bis 7 enthaltenen Bestimmungen zu gestatten.

Das Ges. enthält keine Befreiung von der ESt. zu gunsten von Stiftungen usw.

Frankreich erhebt ESt. von dem gesamten beweglichen Nachlasse, wenn die Vererbung sich nach dem französischen Ges. vollzieht und der Erblasser zur Zeit seines Todes den rechtlichen oder tatsächlichen Wohnsitz in Fr. hatte, ohne die von dem im Auslande befindlichen Nachlasse etwa an den auswärtigen Staat zu entrichtende ESt. anzurechnen. Hatte der Erblasser keinen solchen Wohnsitz in Fr., so wird die ESt. ohne Rücksicht auf die Staatsangehörigkeit des Erblassers nur erhoben von dem Werte der beim Erbfalle in Fr. veranlagten körperlichen Sachen und von allen unkörperlichen französischen Werten — französischen Staatspapieren, Schuldverschreibungen oder Aktien eines Franzosen oder französischer Gesellschaften.

Vergl. § 7 des elsaß-lothr. EStG., welcher anscheinend eine Vergeltungsmaßregel hauptsächlich gegen Frankreich darstellt. Eine gleiche Anordnung würde auch in Preußen getroffen werden können.

Großbritannien und Irland (im Folgenden abgekürzt: E.) hat, seitdem in der Finanz-Akt 1894 die estate, probate und account duty zu einer einheitlichen neuen Steuer, der estate duty, umgestaltet worden sind, 3 Nachlaß- oder Erbschaftssteuern (Schanz 18 S. 629):

I. Die erwähnte estate duty trifft nach der in Schanz 12 S. 620 in deutscher Übersetzung abgedruckten Finanz-Akt 1894 nicht den Erwerber des Anfalls, sondern den Nachlaß als ein ganzes; sie wird erhoben von dem reinen Kapitalwerte aller Vermögensstücke — unbeweglichen oder beweglichen, festgelegten oder nicht festgelegten —, welche beim Tode einer Person übergehen (§ 1 Fin.-Akt). „Wenn beim Tode des Verstorbenen übergehende Vermögensstücke außerhalb des vereinigten Königreichs belegen sind, so sind dieselben nur dann eingeschlossen“ [in die steuerpflichtige Masse], „wenn nach dem vor Inkrafttreten dieses Gesetzes geltenden Rechte legacy oder succession duty darauf zu zahlen ist“ [s. II und III] „oder nur zufolge der Nähe der Verwandtschaft der Person, auf welche die Vermögensstücke übergehen, nicht erhoben wird“ (§ 2 Ziffer 2 Fin.-Akt). Als in E. befindlich gelten z. B. die auf den Namen lautenden Aktien und Pfandbriefe britischer Aktiengesellschaften und die aus E. zu leistenden Zahlungen (Schanz 16 S. 221), ferner in E. befindliche Wertpapiere (Schanz 15 S. 181), vermutlich nur solche, welche Träger des darin verbrieften Rechts sind. Die Steuer, welche von den im Auslande — ausschließlich gewisser britischer Besitzungen — befindlichen Vermögensstücken an den ausländischen Staat zu entrichten ist, wird nicht auf die britische Steuer angerechnet, sondern nur vom Werte dieser Vermögensstücke gekürzt (§ 7 Ziffer 4 Fin.-Akt). Die estate duty wird als ESt. anzusehen und, ebenso wie früher die probate duty und die administration duty (FM. 9. Mai 1888 III 6385, 9. Juni 1888 III 10555, 19. Febr. 1889 III 2605), auf die preuß. ESt. anzurechnen sein (§ 10 Abs. 1 EStG.). Der FM. wird durch § 11 EStG. nicht ermächtigt sein, eine der britischen Gesetzgebung entsprechende Anordnung zu treffen, wonach die Steuer lediglich als eine Schuld behandelt wird. Dagegen kann die Besteuerung des in Preußen befindlichen beweglichen Nachlasses eines in E. wohnhaft gewesenen Erblassers angeordnet werden.

II. Die legacy duty, eingeführt im Jahre 1796 und später mehrfach geändert, wird von dem gesamten inländischen und ausländischen beweglichen Vermögen, einschließlich der aus Immobiliarwerten ererbten Mobiliarwerte, erhoben, wenn der Verstorbene seinen Wohnsitz in E. hatte (Schanz 12 S. 621 Anm. 2, 18 S. 628). Die Steuer trifft den Erwerber des Anfalles und ist nach dem Grade der Verwandtschaft abgestuft. Ehegatten sind davon befreit; ebenso Verwandte ab- und aufsteigender Linie, wenn von dem erworbenen Vermögen estate duty erhoben ist (Schanz 10 S. 781, 16 S. 165).

III. Die succession duty, eingeführt im Jahre 1853, wird von dem Kapitalwert — früher war der Wert der Nutzung maßgebend — des unbeweglichen Vermögens (real estate) erhoben, wenn die Vermögensstiftung ihren Sitz in E. hat. Sie ist ähnlich gestaltet wie die legacy duty; es bestehen auch dieselben Befreiungen (Schanz 10 S. 781, 12 S. 621 Anm. 2, 16 S. 165, 18 S. 629).

Hamburg. I. Auszug aus dem Erbschaftssteuergesetz v. 2. März 1903 (Ges.Sammlg. der Freien und Hansestadt H. 1903 Abt. I S. 50), mit Geltung vom 1. Jan. 1903 ab:

§ 1. Der ESt. unterliegt jeder Erwerb von Todes wegen, wenn der Erblasser seinen letzten Wohnsitz im hamburgischen Staatsgebiet gehabt hat.

Die zu einem Erwerbe von Todes wegen gehörenden, im hamburgischen Staatsgebiet belegenen Grundstücke unterliegen der ESt. ohne Rücksicht auf den letzten Wohnsitz des Erblassers. Die in einem anderen deutschen Bundesstaate belegenen Grundstücke sind von der ESt. frei. Die im Auslande belegenen Grundstücke, welche zu einem nach Maßgabe des ersten Absatzes zu versteuernden Erwerbe von Todes wegen gehören, können mit Genehmigung des Senats von der ESt. freigelassen werden, wenn nach den ausländischen Gesetzen die Grundstücke einer solchen Steuer unterworfen sind. Diese Vorschriften finden auf diejenigen Rechte an Grundstücken, für welche die sich auf Grundstücke beziehenden Vorschriften gelten, entsprechende Anwendung.

§ 17. Von der ESt. sind befreit:

2. hamburgische Stiftungen, Vereine und Anstalten, welche wohltätige oder gemeinnützige Zwecke verfolgen; die Entscheidung darüber, ob diese Voraussetzung vorliegt, trifft der Senat; . . . .

II. Auf Anfälle an hamburgische Stiftungen usw. finden die Befreiungen des preuß. ESt.-Tarifes keine Anwendung, weil H. nicht Gegenseitigkeit übt (FM. 13. Jan. 1898 III 403).

Hessen. I. Auszug aus dem Ges., die Erbschafts- und Schenkungssteuer betr. V. 22. Dez. 1900 (Großh. hess. Regierungsbl. S. 1045 — Abdruck in Schanz 18 S. 779 —), in Kraft seit 1. Jan. 1901:

Art. 2. Unbewegliches Vermögen (Grundstücke und solche Rechte an Grundstücken, für die nach dem Zeitpunkt, in dem das Grundbuch als angelegt anzusehen ist, die sich auf Grundstücke beziehenden Vorschriften des Bürgerlichen Gesetzbuches gelten), welches sich außerhalb des Großherzogtums befindet, wird mit der ESt. nicht belegt.

Art. 3. Innerhalb des Großherzogtums befindliches unbewegliches Vermögen unterliegt der ESt. ohne Rücksicht auf Staatsangehörigkeit und Wohnsitz des Erblassers oder Vorgängers.

Art. 4. Für die Besteuerung des sonstigen Vermögens (beweglichen Vermögens) gelten die folgenden Grundsätze:

1. Wenn der Erblasser zur Zeit seines Ablebens seinen Wohnsitz in H. hatte, so unterliegt sein gesamtes bewegliches Vermögen der hessischen ESt. Befindet sich dieses Vermögen indes ganz oder teilweise außerhalb H., so ist auf Antrag des Steuerpflichtigen die von diesem etwa in dem anderen Staate für denselben Erwerb entrichtete ESt. auf die hessische Steuer in Aufrechnung zu bringen.
2. Wenn der Erblasser zur Zeit seines Ablebens seinen Wohnsitz außerhalb H. hatte oder überhaupt keinen Wohnsitz besaß, so unterliegt sein in H. befindliches bewegliches Vermögen der diesseitigen ESt. insoweit, als es an Erben fällt, die in H. wohnen oder sich daselbst aufhalten; die Erben sind indes gleichfalls berechtigt, die etwa in dem anderen Staate für denselben Erwerb entrichtete ESt. auf die hessische Steuer in Aufrechnung zu bringen. Fällt das in H. befindliche Vermögen eines solchen

Erblassers an Erben, die keinen Wohnsitz oder Aufenthalt in H. haben, so unterliegt es nur dann der diesseitigen Besteuerung, wenn nach den Gesetzen des Staates, in welchem der Erblasser zur Zeit seines Ablebens seinen Wohnsitz oder Aufenthalt hatte, ein in H. wohnender oder sich aufhaltender Erwerber im gleichen Falle besteuert wird.

Einen Wohnsitz im Sinne dieses Ges. hat eine Person in H. dann, wenn sie eine Wohnung im Lande unter Umständen inne hat, die auf die Absicht der dauernden Beibehaltung einer solchen schließen lassen. Dem Erblasser im Sinne des Abs. 1 Ziffer 1 und 2 steht derjenige gleich, dessen Tod den Anlaß für den Vermögenserwerb bildet.

Art. 5. Unser Ministerium der Finanzen ist ermächtigt, gegenüber den Angehörigen oder Bewohnern solcher Staaten, in denen die ESt. nach anderen als den in Art. 4 aufgestellten Grundsätzen erhoben wird, zur Vermeidung einer Doppelbesteuerung wie auch zur Ausübung eines Vergeltungsrechts die Besteuerung nach anderen Gesichtspunkten anzuordnen.

Art. 6. Befreit von der ESt. sind Vermögensanfälle:

D. Vermächtnisse und Stiftungen, welche zu mildtätigen Zwecken innerhalb des Deutschen Reiches Verwendung finden.

Unter Vermächtnissen und Stiftungen zu mildtätigen Zwecken im Sinne dieses Ges. sind solche zu verstehen, welche zum Vorteile von Bedürftigen geschehen, sei es, daß sie den Bedürftigen direkt oder solchen Anstalten gemacht werden, durch welche sie (bezüglich der Substanz oder der Erträgnisse) den Bedürftigen zufließen.

II. Durch FMRE. 17. Aug. 1901 (ZBl. S. 208) sind mit Rücksicht auf die Bestimmungen des neuen hessischen EStG. im Einverständnisse mit dem Großh.

Hess. Ministerium der Finanzen die zwischen den beiderseitigen Ministerien getroffenen Vereinbarungen wegen Erhebung der ESt. (vergl. Allg. Verfügungen 30. Juni 1883 III 8643, 29. Juni 1891 III 9001, ZBl. S. 199, und 23. Dez. 1894 III 10835, ZBl. 1895 S. 4) mit der Maßgabe außer Kraft gesetzt, daß sie auf die nach den neuen hess. gesetzlichen Bestimmungen zu beurteilenden, seit dem 1. Jan. 1901 eingetretenen Nachlaßfälle keine Anwendung mehr finden. Die Besteuerung von Hinterlassenschaften im Verhältnis zwischen Preußen und H. hat daher in Zukunft in Preußen lediglich nach den gesetzlichen Bestimmungen zu erfolgen. Sofern die Anwendung dieser Bestimmungen wider Erwarten zu Doppelversteuerungen führen sollte, so soll eine Einigung mit dem Großh. hess. Min. der Finanzen über das Besteuerungsrecht von Fall zu Fall getroffen werden. [Die Anwendung des Art. 4 Ziffer 2 hess. EStG. auf Erbfälle in Preußen wohnhafter Erblasser würde eine entsprechende Gegenmaßregel rechtfertigen].

III. Für eine Zuwendung an ein hessisches Waisenhaus (milde Stiftung) ist Befreiung von der preuß. ESt. bewilligt worden, weil H. Gegenseitigkeit übt (FM. 12. Aug. 1890 III 8753). Das durch FMRE. 22. Aug. 1902 (ZBl. S. 239, IMBl. S. 295) mitgeteilte Übereinkommen mit der hess. Regierung bezieht sich nur auf die Stempelsteuer (FM. 21. Jan. 1903 III 14774/02).

Italien. I. FMRE. 6. Febr. 1901, ZBl. S. 57:

Im Kgr. I. wird die ESt. von dem gesamten in dem genannten Kgr. befindlichen Vermögen erhoben, gleichviel, wo der Erblasser seinen Wohnsitz gehabt oder die Staatsangehörigkeit besessen hat, wogegen umgekehrt das außerhalb I. befindliche Vermögen der italienischen ESt. nicht unterworfen wird, selbst wenn der Erblasser in I. gewohnt hat oder italienischer Staatsangehöriger gewesen ist. Ausstehende Forderungen gelten dabei als an demjenigen Orte befindlich, wo die Zahlung bewirkt werden muß.

Auf Grund des § 11 des EStG. usw. bestimme ich, daß von dem in Preußen befindlichen Vermögen solcher Personen, welche bei ihrem Tode ihren Wohnsitz in J. gehabt haben, die preuß. ESt. zu erheben ist, und daß dabei Forderungen als in Preußen befindlich behandelt werden, wenn die Leistung in Preußen zu geschehen hat. [Etwa den gleichen Inhalt hat FME. 11. Juni 1883 III 5703, Sch-C. S. 249, H-G. S. 1062 Anm. 50 g.]

II. Nach FMRE. 4. März 1903 III 2851 unterliegen auf den Namen lautende italienische Rententitel auch dann der italienischen ESt., wenn der Besitzer nicht die italienische Staatsangehörigkeit besitzt und die betr. Rententitel sich außerhalb J. befinden, vermutlich um deswillen, weil die Rententitel mit Rücksicht darauf, daß die Zahlung in J. erfolgt, als in J. befindliches Nachlaßvermögen angesehen werden. In Fällen umgekehrter Art soll deshalb in Preußen dementsprechend verfahren werden. [Ähnlich wird es sich bei italienischen Namenaktien verhalten — vergl. unter Großbritannien I.]

III. Nach den unter I und II erwähnten Grundsätzen wird auch verfahren werden können, wenn der Erblasser Angehöriger eines Staates war, der die Erhebung der ESt. von der Staatsangehörigkeit des Erblassers abhängig gemacht hat; es sei denn, daß Preußen mit dem Staate im Gegenseitigkeitsverhältnisse steht, z. B. dem Kgr. Sachsen, und die Maßregel mit dem Übereinkommen nicht vereinbar sein würde.

IV. Italien gewährt nur für Zuwendungen an italienische Anstalten und Stiftungen ESt.-Vergünstigungen.

Lippe-Detmold. I. Ges., die Erhebung einer Abgabe von Erbschaften, Vermächtnissen und Schenkungen auf den Todesfall betr., v. 29. Dez. 1869 (GSmlg. f. d.

Fürstentum L. 1870 Nr. 1 S. 321), geändert durch Ges. v. 12. Sept. 1877 (GSmlg. Nr. 27 S. 120) und 20. April 1897 (GSmlg. Nr. 8 S. 153). [Das Ges. von 1869 entspricht dem Oldenburgischen Gesetze.] Danach wird in L. die ESt. erhoben, „wenn der Erblasser zur Zeit seines Todes, bezw. bei Verfügungen unter Lebenden, der Geschenkgeber zur Zeit solcher Verfügung sein rechtliches Domizil (Wohnsitz) im Fürstentum hatte, ohne Unterschied, ob er dem lippischen Staatsverbande angehörte oder nicht", und wenn diese Voraussetzung nicht zutrifft, soweit „der Gegenstand" der Abgabepflicht „in Immobilien oder Grundgerechtigkeiten besteht, welche innerhalb des Fürstentums belegen sind" (Art. 2). „Die Abgabe ist nicht zu entrichten, wenn die Erbschaften usw." „für milde oder gemeinnützige Zwecke bestimmt sind"; „in Immobilien oder Grundgerechtigkeiten bestehen, welche außerhalb des Fürstentums belegen sind" (Art 3).

II. Das Fürstl. Lippische Staatsmin. hat Preußen die ESt.-Freiheit für preuß. milde Anstalten zugesichert (Schr. 3. Juli 1899 — 1241 —); infolge dessen ist eine Zuwendung an eine lippische milde Stiftung in Preußen steuerfrei gelassen worden (FM. 17. Nov. 1899 III 14 345).

Lübeck. I. Erbschaftssteuergesetz v. 30. Nov. 1903 (Samlg. der L.schen Ges. und Verord. S. 332):

§ 1. Der ESt. unterliegt jeder Erwerb von Todes wegen:

1. wenn der Erblasser seinen letzten Wohnsitz im lübeckischen Staatsgebiet hatte;

2. und 3. [betreffen den Fall, daß der Erblasser seinen letzten Wohnsitz nicht in einem deutschen Bundesstaate (auch Elsaß-Lothringen) gehabt hat.]

. . . Die in einem anderen deutschen Bundesstaate belegenen Grundstücke sind von der ESt. frei. . . .

§ 17. Von der ESt. sind befreit:

2. lübeckische Stiftungen, Vereine und Anstalten, welche kirchliche, Unterrichts-, wohltätige und gemeinnützige Zwecke verfolgen.

II. L. gewährt keine Gegenseitigkeit im Sinne des Schlußabs. des preuß. ESt.-Tarifs. Die mit L. getroffene Übereinkunft 3. März 1842 (preuß. GS. S. 102) bezieht sich nur auf Abschoß- und Abfahrtsgeld unter ausdrücklicher Ausschließung der ESt.

Mecklenburg-Schwerin. Auszug aus der Verord. betr. die Erhebung einer Erbschaftssteuer. V. 22. Dez. 1899 (Rgsbl. für das Großh. M.-Sch. S. 1005 — Abdruck in Schanz 18 S. 795 —), in Kraft seit 1. Januar 1900:

§ 2. Innerhalb Landes belegenes unbewegliches Vermögen und Nutzungen eines solchen unterliegen ausnahmslos der ESt. ohne Rücksicht auf den Wohnsitz und die Staatsangehörigkeit des Erblassers.

Grundstücke und Grundgerechtigkeiten, welche außerhalb Landes liegen, gehören nicht zur steuerpflichtigen Masse.

§ 3. Anderes als das in § 2 bezeichnete Vermögen ist der ESt. unterworfen, wenn der Erblasser bei seinem Ableben seinen Wohnsitz in M.-Sch. hatte. Besaß der Erblasser außerdem in einem anderen Staate des Deutschen Reichs einen Wohnsitz, so ist das in dem anderen Staate befindliche Vermögen nur dann in M.-Sch. steuerpflichtig, wenn von demselben in dem anderen Staate keine oder nur eine geringere Erbsteuer als nach den Vorschriften dieser Verordnung erhoben wird. In dem letzteren Fall ist die in dem anderen Staate erweislich gezahlte Abgabe auf die diesseitige Steuer anzurechnen.

Hatte der Erblasser bei seinem Ableben keinen Wohnsitz, so ist das Vermögen der diesseitigen ESt. unterworfen, insoweit es beim Ableben des Erblassers sich im hiesigen Lande befindet. Besaß der ohne Wohnsitz verstorbene Erblasser die meckl.-schwerinsche Staatsangehörigkeit, so ist auch für das außerhalb Landes befindliche Vermögen die diesseitige ESt. zu entrichten, soweit von diesem Vermögen in einem anderen Staate des Deutschen Reiches keine oder nur eine geringere Abgabe als nach den Vorschriften dieser Verordnung zu entrichten ist. Im letzteren Fall wird die in dem anderen Bundesstaat gezahlte Abgabe auf die hiesige Steuer angerechnet.

§ 4. Fideikommißanfälle von unbeweglichem Vermögen unterliegen nur der Besteuerung, wenn dasselbe im Lande belegen ist. Die aus beweglichen Gegenständen, aus Kapitalien usw. bestehenden Fideikommisse sind beim Eintritt eines Erbanfalls der diesseitigen Besteuerung unterworfen, wenn sie im Lande errichtet und bestätigt sind, mag der Stifter seinen Wohnsitz im In- oder Ausland gehabt haben, und mögen die Sachen oder Kapitalien im Lande oder auswärts sich befinden oder belegt sein.

§ 5. Von der ESt. sind befreit:

II. Jede Zuwendung

1. zu Gunsten der Armen- und Waisenpflege, ferner zu Gunsten von Kirchen, öffentlichen Armen-, Kranken-, Straf- und Besserungsanstalten, von Waisenhäusern, Hospitälern und anderen Versorgungsanstalten oder anderen milden Stiftungen, welche als solche ausdrücklich oder durch Verleihung der Rechte juristischer Personen anerkannt sind.

Die Bestimmung von Vermögen zur Begründung einer milden Stiftung ist wie die Zuwendung an eine bereits bestehende Stiftung zu behandeln.

Die Befreiung erstreckt sich auf außerhalb M.-Sch. liegende Anstalten und Stiftungen nur dann, wenn der auswärtige Staat M.-Sch. gegenüber die gleiche Rücksicht übt.

2. Zu Gunsten der Landesuniversität, sowie der einheimischen öffentlichen Schulen und der einheimischen öffentlichen Sammlungen für Kunst und Wissenschaft.

Mecklenburg-Strelitz. ESt. wird nicht erhoben.

Niederlande. I. Nach dem Ges. v. 13. Mai 1859 (Staatsblatt Nr. 36) in Verbindung mit den Ges. v. 28. Mai 1869, 9. Juni 1878, 31. Dez. 1885, 24. Mai 1897 und 29. Jan. 1898 (Staatsblatt 1869 Nr. 95, 1878 Nr. 95, 1885 Nr. 263 — abgedr. in Schanz 5 S. 1071 — 1897 Nr. 154 — abgedr. in Schanz 16 S. 630 — 1898 Nr. 35) wird mit einem im Staatshaushaltgesetze jährlich festzusetzenden Zuschlage erhoben (s. Schanz 10 S. 777):

a) eine ESt. von dem Reinwerte aller Erbanfälle aus dem Nachlasse von Einwohnern des Reichs, d. h. solchen Personen, die in dem (europäischen) Königreiche ihren Wohnsitz hatten. Der Abgabe unterliegt der gesamte Nachlaß, einschließlich der im Auslande belegenen unbeweglichen Gegenstände (FM. 5. April 1899 III 3984);

b) eine Übergangssteuer von dem Rohwerte (ohne Abzug der Schulden):

1. der durch den Tod eines Einwohners des Reichs als Eigentum geerbten Fonds (Effekten) und zinsgebenden Schuldforderungen;
2. aller in den N. belegenen unbeweglichen Güter, die durch den Tod eines Nichteinwohners des Reichs in Nutznießung oder Eigentum geerbt werden.

II. Zuwendungen an niederländische Anstalten, Stiftungen usw. sind in Preußen nicht steuerfrei zu lassen, weil die Niederlande keine Gegenseitigkeit üben (FM. 25. Mai 1900 III 2884).

Niederländisch-Indien. Es wird eine ESt. und von unbeweglichen in N.-J. belegenen Sachen eine Übergangsabgabe nach wesentlich gleichen Grundsätzen wie in den Niederlanden erhoben (Verordnung 22. Dez. 1901 Staatsblatt Nr. 471).

Österreich. I. Durch Erlaß des Kaiserl. Österr. Justiz-Ministeriums v. 17. Sept. 1875 (JBl. 1875 S. 195) sind die Österr. Gerichte angewiesen worden, das in Ö. befindliche bewegliche Vermögen verstorbener Angehöriger Preußens der Gebührenbemessung (ESt.-Bemessung) nicht zu unterziehen. Zur Ausführung des EStG. von 1891 ist durch FMRE. v. 29. Juni 1891 (JBl. S. 199) bestimmt worden, daß im Verhältnis zu Ö. die Erhebung der preuß. ESt. für das nicht in Grundstücken oder Grundgerechtigkeiten bestehende Vermögen auch ferner unabhängig von dem Wohnsitz des Erblassers nur dann zu geschehen hat, wenn der Erblasser preußischer Staatsangehöriger war (ebenso FM. 18. Dez. 1902 III 15770). Diese Übereinkunft erstreckt sich nicht auf die Erbfälle von Staatsangehörigen der ungarischen Reichshälfte (FM. 20. März 1900 III 2379).

II. Österr. Stiftungen usw. kommt für in Preußen steuerpflichtige Anfälle keine Befr. von ESt. zu (FM. 8. Aug. 1894 III 10809).

Oldenburg. I. Ges., betr. die Erhebung einer Abgabe von Erbschaften, Vermächtnissen und Schenkungen. V. 16. Juli 1868 (Ges.Bl. für das Herzogtum O. 20. Bd. S. 667); geändert durch das Ges. v. 21. März 1900 (Ges.Bl. 33. Bd. S. 197) in Bezug auf die Steuersätze und die Veranschlagung der Nutzungen.

Auszug aus dem Ges. von 1868:

Art. 2.

§ 1. Die Abgabepflicht tritt nur ein, wenn

a) entweder der Erblasser zur Zeit seines Todes, beziehungsweise bei Verfügungen unter Lebenden der Geschenkgeber zur Zeit solcher Verfügung, sein rechtliches Domizil (Wohnsitz) im Herzogtum O. hatte, ohne

Unterschied, ob er dem O.schen Staatsverband angehörte oder nicht;

b) oder, falls diese Voraussetzung unter a nicht zutrifft, der zugefallene Gegenstand in innerhalb des Herzogtums O. belegenen Immobilien oder Grundgerechtigkeiten besteht.

§ 2. Staatsangehörigkeit, Wohnsitz oder Aufenthalt des Empfängers sind ohne Einfluß auf die Abgabepflicht.

Art. 3.

§ 2. Ferner ist die Abgabe nicht zu entrichten, wenn die Erbschaften, Vermächtnisse

1. für milde oder gemeinnützige Zwecke bestimmt sind;

3. in außerhalb des Herzogtums O. belegenen Immobilien oder Grundgerechtigkeiten bestehen.

II. Ges. für das Fürstentum Birkenfeld, betr. die Erhebung einer Abgabe von Erbschaften, Vermächtnissen und Schenkungen. V. 20. Juli 1868 (Ges.Bl. f. d. Fürstentum B. 5. Bd. S. 389) entspricht in Art. 2 und 3 dem O.schen Gesetze.

III. Ges. für das Fürstentum Lübeck, betr. usw. wie unter II. (Verord. Smlg. f. d. Fürstentum L. 13. Bd. S. 103) entspricht in Art. 2 und 3 gleichfalls dem O.schen Gesetze.

Reuß ä. L. Auszug aus dem Ges. v. 3. März 1875, die Erbschaftssteuer betr. (GS. für das Fürstentum Reuß ä. L. 1875 S. 19); in Kraft seit 6. März 1875:

§ 2. Von den ESt. bleiben frei:

4. Kirchen, Schulen, Armen- und Waisenanstalten und andere milde Stiftungen, welche vom Staate bei Verleihung der Rechte juristischer Personen oder sonst ausdrücklich anerkannt sind.

§§ 8, 9 und 10 stimmen wörtlich mit §§ 9—11 des alten preuß. EStG. von 1873 überein.

Reuß j. L. Ges. v. 13. Okt. 1849, die Abgabe von Kollateral-Erbschaftsfällen betr. (GS. für die Fürstl. Reußischen Lande j. L., Bd. 8 S. 21), geändert durch Ges. v. 21. Dez. 1868 (Nr. 295 S. 371), 20. Dez. 1880 (Nr. 427 S. 237) und 14. März 1903 (Nr. 637 S. 37), jedoch nicht den folgenden Bestimmungen:

§ 1. Der Kollateral-Erbschafts-Abgabe unterliegen alle in dem Fürstentum R. j. L. zum Anfalle kommende Erbschaften und Vermächtnisse eines Verstorbenen, welche auf Seitenverwandte oder Fremde übergehen ohne Unterschied, ob sie in Lehn oder in Allodium bestehen.

§ 4. Befreit von dieser Abgabe bleiben:

1. inländische Kirchen und milde Stiftungen in Ansehung der ihnen anfallenden Erbschaften und Vermächtnisse mit Einschluß der zu frommen und gemeinnützigen Zwecken oder behufs der Studien ausgesetzten Vermächtnisse und Pensionen.

§ 5. Die unter Ziffer 1 des vorigen Paragraphen geordnete Befreiung findet volle Anwendung auch auf diejenigen Erbschaften, Vermächtnisse und Pensionen der bezeichneten Art, welche ihrer Bestimmung gemäß aus dem Fürstentum R. j. L. in solche Staaten zu entrichten sind, oder von Angehörigen solcher Staaten bezogen werden, mit welchen über die gegenseitige Abgabefreiheit solcher Zuwendungen Übereinkünfte bestehen.

§ 6. Im Auslande gelegene Immobilien kommen bei Entrichtung der Abgabe nie in Anschlag. Dagegen unterliegt derselben der ganze übrige Nachlaß, ohne Unterschied, wo sich derselbe befindet, mit Ausschluß jedoch des Inventariums ausländischer Grundbesitzungen.

§ 7. Hat der Erblasser im Auslande gewohnt, in dem Fürstentume R. j. L. aber Immobilien hinterlassen, so sind diese mit dem dazu gehörigen Inventar der Abgabe unterworfen.

§ 8. Hat aber ein Erblasser neben seinem Wohnsitze im Auslande auch in dem Fürstentume R. j. L.

einen solchen gehabt, so unterliegen auch die übrigen Gegenstände des Nachlasses mit Ausnahme ausländischer Immobilien (§ 6) der Abgabe, jedoch unter den in den §§ 9 und 10 enthaltenen Einschränkungen.

§ 9. Dafern am Wohnsitze des Erblassers im Auslande gleichfalls eine Abgabe von dem Nachlasse erhoben wird, so sollen diejenigen beweglichen Vermögensgegenstände, welche sich zur Zeit des Ablebens in dem fremden Staate befinden, ingleichen die in letzterem ausstehenden Forderungen von der diesseitigen Abgabe in soweit befreit bleiben, als dieselben dort verrechtet werden, dergestalt, daß nur dann, wenn die jenseitige Abgabe weniger als [vier bezüglich 2 Prozent (geändert im Ges. v. 1868)] beträgt, der Unterschied diesseits erhoben wird.

§ 10. Von solchen Mobilien und Forderungen, welche zur Zeit des Ablebens in einem dritten Staate, wo der Erblasser keinen Wohnsitz gehabt hat, sich befinden oder ausstehen, soll die Abgabe in dem Falle des § 8 in gleicher Maße, jedoch mindestens zur Hälfte [zwei Prozent bezüglich ein Prozent] erhoben werden.

[Ein neues Ges. geht der Vollendung entgegen, dessen Bestimmungen über die Übung der Steuerhoheit den §§ 9—11, im wesentlichen auch § 13 des preuß. Ges. entsprechen sollen. Befreit sein sollen Vermächtnisse und Stiftungen, welche zu wohltätigen Zwecken innerhalb des Deutschen Reiches Verwendung finden.]

Rumänien. I. Ges. v. 23. Febr. 1900, betr. die Stempel- und Registergebühren, enthält keine ausdrücklichen Bestimmungen über die Besteuerung im Verhältnisse zum Auslande. Eine Steuervergünstigung (ohne den Zuschlag 2 v. H. statt 12 v. H.) ist nur für inländische öffentliche Wohltätigkeits- und Unterrichtsanstalten vorgesehen (Kapitel 6 Art. 46 des Ges.).

II. FMRE. 27. April 1901, ZBl. S. 154: Der rumänische Staat unterwirft das in R. befindliche bewegliche Vermögen eines in Preußen wohnhaft gewesenen Erblassers seiner ESt. (taxe d'enregistrement), selbst wenn der Erblasser nicht rumänischer Staatsangehöriger gewesen ist. Ich bestimme daher, . . . daß von dem in Preußen befindlichen beweglichen Nachlaß eines in R. wohnhaft gewesenen Erblassers die preußische ESt. zu erheben ist.

Rußland. I. Erbschafts- und Schenkungssteuerges. v. 15. (27.) Juni 1882 (Schanz 5 S. 1096), geändert durch Ges. v. 6. (18.) März 1889, betr. die Erhebung von ESt. vom Nachlasse in R. verstorbener Ausländer, und durch Ges. v. 10. (22.) April 1895, betr. die Gewährung von Vergünstigungen bei der ESt. Das Ges. v. 1882 gilt in sämtlichen Provinzen R., einschl. des Generalgouvernements Warschau und der Ostseeprovinzen, jedoch mit Ausnahme des Großherzogtums Finnland, in welchem keine ESt. erhoben wird (FM. 11. Juni 1883 III 5703, H-G. S. 1062 Anm. g). Der ESt. unterliegt nur das in R. befindliche Vermögen (Schanz 9 S. 427).

II. a. FMRE. 24. Mai 1889 III 8091, H-G. S. 1063: Der § 20 des Reichsratsgutachtens v. 1882 hat durch Ges. v. 1889 [s. unter I] eine Fassung dahin erhalten: „Von dem in R. Ausländern gehörigen unbeweglichen und beweglichen Eigentum, welches durch Erbschaft an russische Untertanen oder Ausländer übergeht, wird die ESt. auf denselben Grundlagen erhoben, wie von dem Nachlasse der in R. verstorbenen russischen Untertanen. Hierbei wird, falls nach den bestehenden Konventionen das nachgelassene bewegliche Eigentum den diplomatischen oder Konsular-Agenten des Staates, dessen Untertan der Verstorbene war, ausgefolgt werden muß, die Steuer von dem betreffenden Nachlaß bei der Übergabe erhoben". Während nach der früheren Fassung die Hinterlassenschaft eines Ausländers, falls derselbe einem Staate angehörte, in welchem der Nachlaß eines russischen

Untertanen steuerfrei ist, von der russischen ESt. befreit blieb, sind nach dem Vorstehenden künftig die Nachlässe fremder Staatsangehöriger in R. ohne Unterschied derselben Steuer unterworfen, wie diejenigen russischer Untertanen. Von dem in Preußen befindlichen beweglichen Vermögen russischer Erblasser ist daher in Zukunft die diesseitige ESt. zu erheben ohne Rücksicht darauf, ob der Erblasser im Inlande gewohnt hat und hier gestorben ist, da die für die Steuerfreiheit vorausgesetzte Gegenseitigkeit russischerseits nicht mehr gewährt wird.

b) Durch FMRE. 18. Dez. 1894 III 16757, H.-G. S. 1063, ist angeordnet worden, daß auch ferner nach dem E. v. 24. Mai 1889 [s. unter a] zu verfahren sei. Ebenso FM. 3. Mai 1901 III 5473.

III. Nach Art. 1 ff. der Konvention zwischen dem Deutschen Reiche und R. v. 12. Nov./31. Okt. 1874 (RGBl. 1875 S 136) sollen, wenn ein Russe in Deutschland stirbt, sei es, daß er dort gewohnt oder dort vorübergehend sich aufgehalten hat, die in Deutschland befindlichen russischen Konsuln und die Ortsbehörden (Amtsgerichte) zusammenwirken, um den Nachlaß sicher zu stellen. Den russischen Konsuln ist dabei zur Pflicht gemacht, falls sie zuerst von dem Todesfalle Kenntnis erhalten, den Ortsbehörden davon Nachricht zu geben (Art. 2 Abs. 2 der Konv.). Diese Bestimmungen finden nach Art. 12 der Konv. auch Anwendung, wenn ein außerhalb Deutschlands gestorbener russischer Staatsangehöriger in Deutschland bewegliches oder unbewegliches Vermögen hinterläßt. Die Amtsgerichte sind durch Erlaß des JM. 12. Jan. 1903 — I 79a — angewiesen worden, dem zuständigen EStA. von jedem zu ihrer Kenntnis gelangenden Todesfall eines russischen Staatsangehörigen, welcher Vermögen in Preußen hinterläßt, sowie von den für die Berechnung der ESt. in Betracht kommenden Verhältnissen, soweit sie ihnen amtlich bekannt sind, baldigst Mitteilung zu machen.

Die ESt A. sind beauftragt worden, bei Erbfällen russischer Staatsangehöriger das zur Wahrnehmung des Steuerinteresses Erforderliche schleunigst zu veranlassen (FMRE. 24. Jan. 1903 III 991). Die russischen Konsuln haben für Entrichtung der preuß. ESt. Sorge zu tragen, wenn sie von dem EStA. rechtzeitig darum ersucht werden, also vor der Abführung des Nachlasses, die nach Ablauf der in Art. 5 der Konv. vorgesehenen Fristen zulässig ist.

Sachsen, Königreich. I. Ges. über die ESt. v. 13. Nov. 1876 (Ges.- und Verord.Bl. f. d. Kgr. S. S. 449), geändert durch die Ges. v. 3. Juni 1879 (a. a. O. S. 218) und 9. März 1880 (a. a. O. S. 16). Eine in den Jahren 1897/98 unternommene Reform hat zu keinem Ergebnisse geführt. Auszug aus dem Ges. v. 1876 unter Hervorhebung der Änderungen durch die späteren Gesetze:

Art. 2. Von der ESt. befreit sind:

A. Anfälle, welche gelangen an:

1. den König, die Königin und die Königlichen Witwen;
2. den Fiskus des Deutschen Reichs und des Kgrs. S. sowie die für Rechnung derselben verwalteten oder diesen gleichgestellten Anstalten und Kassen;
3. die am Königl. Hofe beglaubigten Gesandten und Geschäftsträger und deren Familienangehörige nebst den Personen, welche ausschließlich für die Gesandtschaft angestellt sind oder ausschließlich in dem Dienste des Gesandten oder Geschäftsträgers oder ihrer Familien stehen, dafern diese Personen nicht sächsische Staatsangehörige sind;
4. Ehegatten und zum Pflichtteile berechtigte Verwandte des Erblassers; [Änderung durch Ges. v. 1880.]

5. Personen, welche dem Hausstande des Erblassers angehört und in demselben in einem Dienstverhältnisse gestanden haben, sofern der Anfall den Betrag von 1000 M. nicht übersteigt. Bei einem höheren Betrage wird die Summe von 1000 M. bei Berechnung des Werts von dem Gesamtbetrage des Anfalls in Abzug gebracht. Besteht der Anfall zum Teil aus Zuwendungen, welche nach Art. 3 unter A [s. II. 1. a] zu versteuern sind, so erfolgt der Abzug des freizulassenden Betrages zunächst von diesem Teile der Zuwendungen;

6. Deutsche Orts- und Landarmenverbände zur Verwendung für Hilfsbedürftige, deutsche öffentliche Lehr-, Wohltätigkeits-, Zucht- und Arbeitsanstalten, sowie an deutsche Kirchen und staatlich anerkannte Religionsgesellschaften, nicht minder an milde Stiftungen im Deutschen Reiche, sofern solche vom Staate ausdrücklich oder durch Verleihung der Rechte juristischer Personen anerkannt und nicht zum Besten einzelner Familien bestimmt sind.

B. Anfälle, welche ausschließlich für kirchliche, wohltätige, gemeinnützige oder Unterrichtszwecke oder zur Förderung von Kunst und Wissenschaft innerhalb des Deutschen Reichs bestimmt sind, dafern sie nicht einzelne Familien oder bestimmte Personen betreffen und die wirkliche Verwendung zu den bestimmten Zwecken gesichert ist.

C. Anfälle, deren Wert den Betrag von 150 M. nicht übersteigt.

Art. 3, welcher die Steuersätze enthielt, ist durch das Ges. v. 1880 vollständig geändert. Der Inhalt ist unter II (a—f) wiedergegeben.

Art. 7. Außerhalb S. befindliches Vermögen.

Grundstücke und Grundgerechtigkeiten, welche sich außerhalb S. befinden, gehören nicht zu der steuerpflichtigen Masse.

Anderes außerhalb S. befindliches Vermögen eines Erblassers, welcher bei seinem Ableben Sachse war, unterliegt der Steuer, wenn davon in dem Lande, in welchem es sich befindet, keine oder eine geringere Erbschaftsabgabe als nach Vorschrift dieses Gesetzes zu entrichten ist. Im letzteren Falle findet die Anrechnung der dort erweislich gezahlten Erbschaftsabgabe auf die Sächsische Erbschaftssteuer statt.

Art. 8. Einfluß der Staatsangehörigkeit.

Von dem Anfalle Sächsischer Grundstücke und Gerechtigkeiten ist die Erbschaftssteuer zu erheben, ohne Unterschied, ob der Erblasser Sachse war oder nicht.

Anderes in S. befindliches Vermögen eines Erblassers, welcher bei seinem Ableben nicht Sachse war, unterliegt der Steuer nicht, soweit dasselbe an Nichtsachsen fällt und in deren Heimatsstaate die gleiche Rücksicht Sächsischen Staatsangehörigen gegenüber befolgt wird.

II. 1. FMRE. 12. April 1892 III 4359, H-G. S. 1065 Anm. 51 b: Die bisherigen Bestimmungen der §§ 9 und 10 des EStG. v. 30. Mai 1873 ... standen in wesentlicher Übereinstimmung mit den Vorschriften der Art. 7 und 8 des Königl. Sächs. Ges. über die ESt. v. 13. Nov. 1876, welche lauten: [s. I]

Hiernach besteht zwischen beiden Ges. nur der Unterschied, daß nach ... Art. 8 das in S. befindliche Vermögen eines Erblassers, welcher bei seinem Ableben Nichtsachse war, der sächs. ESt. unterliegt, soweit dasselbe an Sächs. Erben fällt. Dies hatte zur Folge, einerseits, daß das in Preußen befindliche bewegliche Vermögen eines Sächs. Erblassers, insoweit dasselbe an Preuß. Erben fiel, der Preuß. ESt. unterworfen und damit nach Art. 7 des Sächs. ESt G. der Besteuerung S. entzogen werden konnte, und andererseits, daß von dem in S. befindlichen beweglichen Vermögen eines Preuß. Erblassers, insoweit dasselbe an Sächs. Erben gelangte, die im § 9 des Preuß. Ges. verordnete diesseitige ESt. nur insoweit erhoben werden konnte, als die Preuß. ESt. die Sächs. überstieg. Letztere wird nach dem Königl. Sächs. Ges. v. 9. März 1880 entrichtet:

a) mit Einem v. H. des Betrages beim Anfalle an Personen, welche dem Hausstande des Erblassers angehört und in demselben in einem Dienstverhältnisse gestanden haben, sofern der Anfall in Pensionen, Renten oder anderen, auf die Lebenszeit der Bedachten beschränkten Nutzungen besteht, die ihnen mit Rücksicht auf dem Erblasser geleistete Dienste zugewendet werden;
b) mit Zwei v. H. beim Anfalle an Geschwister;
c) mit Drei v. H. beim Anfalle an Geschwisterabkömmlinge 1. Grades, Schwiegerkinder oder Stiefkinder;
d) mit Vier v. H. beim Anfalle an Geschwisterabkömmlinge 2. Grades, an Geschwister des Vaters oder der Mutter, an Abkömmlinge 1. Grades von Stiefkindern, an Schwiegereltern oder Stiefeltern;
e) mit Sechs v. H. beim Anfalle an Abkömmlinge 1. Grades von Geschwistern des Vaters oder der Mutter;
f) mit Acht v. H. in allen anderen Fällen.

Nachdem die §§ 9 und 10 des Ges. v. 30. Mai 1873 durch die §§ 9, 10 und 11 des Ges., betr. die ESt. in der durch das Ges. v. 19. Mai v. J. gegebenen Fassung ersetzt worden sind, ist zwischen der diesseitigen und der Königl. Sächs. Regierung ... eine Verständigung dahin getroffen worden, daß die Erhebung der ESt. für das nicht in Grundstücken oder Grundgerechtigkeiten bestehende Vermögen auch ferner nach dem bisherigen Verfahren zu erfolgen hat. Für die Versteuerung ist demnach die Staatsangehörigkeit des Erblassers ohne Rücksicht auf dessen Wohnsitz maßgebend, so daß also von dem in S. befindlichen Nachlaß eines Preuß. Erblassers, abgesehen von dem vorerwähnten Ausnahmefalle, in welchem der Nachlaß Sächs. Erben zufällt, die Preuß. ESt. und umgekehrt von dem in Preußen befindlichen Vermögen eines Sächs. Erblassers, insoweit es nicht an Preuß. Erben gelangt, die Sächs. ESt. erhoben wird.

2. Durch FMRE. 26. Mai 1896 III 7103 ist in Ergänzung der vorstehenden Verfügung bestimmt worden, daß das in Sachsen befindliche Mobiliarvermögen eines Preußen, wenn es an Angehörige eines Staates gelangt, der mit dem Sächs. Staate nicht im Gegenseitigkeitsverhältnisse steht, mit der preuß. ESt. nur insoweit zu belegen ist, als diese die sächs. ESt. etwa übersteigt. Dagegen ist umgekehrt auch das in Preußen befindliche Mobiliarvermögen eines Sachsen der diesseitigen Besteuerung insoweit zu unterwerfen, als es an Angehörige eines Staates gelangt, der mit dem Preuß. Staate nicht im Gegenseitigkeitsverhältnisse steht.

3. Durch FMRE. 25. Aug. 1901 III 10014 sind die ESt.-Behörden verständigt, daß zwischen der diesseitigen und der Königl. Sächs. Staatsregierung eine Vereinbarung getroffen ist, wonach in Zukunft das Inventar eines zur Erbschaft gehörigen Landgutes im Hinblick auf die das BGB. beherrschende Auffassung, daß das Gutsinventar — als Zubehör der Hauptsache, des Grundstücks — an den Rechtsverhältnissen der Hauptsache teilnimmt und von deren Rechtsänderungen ergriffen wird, auch in erbschaftssteuerlicher Hinsicht dem Grundstücke, dessen Zubehör es ist, gleichgestellt werden soll.

4. Nach 1—3 sind in Preußen zu versteuern:

a) in Preußen belegene Grundstücke und Grundgerechtigkeiten und das Inventar als Zubehör eines in Preußen befindlichen Landgutes;

b) anderes (bewegliches) Vermögen eines Preußen, soweit es sich außerhalb S. befindet, unbeschränkt, soweit es sich in S. befindet, nur dann, wenn es an Preußen oder Angehörige eines Staates fällt, der mit S. im Gegenseitigkeitsverhältnisse steht. Dagegen wird der in S. befindliche bewegliche Nachlaß eines Preußen, der an Sachsen oder Angehörige eines Staates fällt, der mit S. nicht im Gegenseitigkeitsverhältnisse steht, mit der preuß. ESt. nur soweit belegt, als die preuß. ESt. die sächs. ESt. etwa übersteigt;

c) der bewegliche Nachlaß eines Sachsen nur, soweit er sich in Preußen befindet und an Preußen oder Angehörige eines Staates fällt, der mit Preußen nicht im Gegenseitigkeitsverhältnisse steht.

In einem Gegenseitigkeitsverhältnisse stehen Staaten zu einander, wenn die Besteuerung entweder durch Übereinkommen oder durch die beiderseitigen Gesetze derart übereinstimmend geregelt ist, daß kein Vergeltungsrecht geübt zu werden braucht. In Sachsen wird angenommen, daß die Rechte aus Inhaberpapieren sich dort befinden, wo die Papiere liegen, andere Forderungsrechte dort, wo der Schuldner wohnt (Sächs. FM. 17. März 1892, Sächs. JMBl. S. 16, angeführt nach Sch-C. S. 236). Wenn der Erblasser sowohl die sächs. als auch die preuß. Staatsangehörigkeit besessen hat, so ist zwischen dem Sächs. und dem Preuß. FM. mehrfach für den Einzelfall vereinbart worden, daß es so angesehen werden solle, als ob der Nachlaß je zur Hälfte von einem sächs. und einem preuß. Erblasser herrühre; ebenso ist, wenn der Erwerber eines Anfalles die Staatsangehörigkeit beider Staaten besaß, der Anfall von jedem Staate zur Hälfte besteuert worden (FM. 24. März 1902 III 3710, 25. April 1904 III 5393, 13. Mai 1904 III 6156).

III. Durch FMRE. 17. Sept. 1892 III 11 777, H.-G. S. 1066, ist bekannt gemacht worden, daß nach einer zwischen der Königl. Preuß. und der Königl. Sächs. Regierung getroffenen Vereinbarung sich die beiderseitigen Steuerverwaltungen von den in ihren Bezirken erfolgten, von dem anderen Staat ganz oder zum Teil zu besteuernden Erbfällen in Zukunft Mitteilung zu machen haben. Danach sollen fortan die Preuß. EStA. das Königl. Sächs. Finanz-Ministerium von allen in Preußen eintretenden Todesfällen benachrichtigen, in denen die Erhebung einer Sächs. ESt. in Frage kommt. In dem Erl. heißt es dann: „Der Sächs. ESt. unterliegen:

1. der in Preußen befindliche Mobiliarnachlaß eines Sachsen, wenn er an Nichtpreußen gelangt; [vorausgesetzt, daß der nichtpreuß. Staat mit Preußen im Gegenseitigkeitsverhältnisse steht.]
2. der in Preußen befindliche Mobiliarnachlaß eines Sachsen, wenn er an Preußen [oder Angehörige eines Staates, der mit Preußen nicht im Gegenseitigkeitsverhältnisse steht,] gelangt, jedoch nur insoweit, als die Sächs. ESt. die Preuß. übersteigt.

In dieser Hinsicht ist zu beachten, daß die in Preußen mit 2 v. H. steuerpflichtigen Adoptivkinder und deren Deszendenten in S. steuerfrei sind, Schwieger- oder Stiefkinder, die in Preußen 4 v. H. zahlen, in S. nur 3 v. H. entrichten, zum Hausstand gehörige Personen, Geschwister, Geschwister des Vaters oder der Mutter, Schwiegereltern oder Stiefeltern, Abkömmlinge ersten Grades von Stiefkindern, die gleichen Steuersätze von 1 bezw. 2 bezw. 4 v. H. zahlen, und im übrigen, insoweit nicht nach beiden Gesetzgebungen der höchste Steuersatz von 8 v. H. zur Anwendung kommt, die Sächs.

ESt. höher ist als die Preuß., wie sich aus den in der vorerwähnten Verf. v. 12. April cr. mitgeteilten Prozentsätzen ergibt;

3. der in S. befindliche Mobiliarnachlaß eines in Preußen verstorbenen Preußen, insoweit als er an Sachsen [oder Angehörige eines Staates, welcher mit S. nicht im Gegenseitigkeitsverhältnisse steht,] gelangt;

4. der außerhalb Preußens — sei es in S. oder einem dritten Staat — befindliche Mobilarnachlaß eines in Preußen verstorbenen Sachsen.

In dem Falle zu 3 wird noch außerdem eventuell eine Preuß. Steuer zu erheben sein, insoweit, als die Preuß. ESt. die Sächs. übersteigt."

IV. Eine Zuwendung an einen sächs. Ortsarmenverband ist in Preußen als steuerfrei angesehen worden (FM. 2. Mai 1892 III 4290). Auch die Befr. 2g und h werden sächs. Anstalten usw. einzuräumen sein, da S. Gegenseitigkeit übt.

Sachsen-Altenburg. I. Ges., die Entrichtung der ESt. (**des sog. Kollateralgeldes**) und der **Groschenabgabe** betr., v. 29. Mai 1879 (H. S.-Altb. Ges.Smlg. S. 161) und Novelle zum Ges. v. 29. Mai 1879, die usw. betr., v. 18. Dez. 1885 (a. a. O. S. 76); die Novelle in Kraft seit 31. Dez. 1885. Auszug:

§ 2. Befreit von der Abgabe sind:

II. Kirchen, Schulen und fromme Stiftungen des Inlandes „und der Staaten des Deutschen Reichs unter Voraussetzung der Gegenseitigkeit." [„" Zusatz durch die Novelle.]

§ 3 ist aufgehoben und im § 2 der Novelle durch Bestimmungen ersetzt worden, die inhaltlich und fast wörtlich mit §§ 9—11 des alten preuß. EStG. von 1873 übereinstimmen.

II. Wegen der Gegenseitigkeit in bezug auf Befreiungen von der ESt. s. FMRE. 29. Jan. 1899, ZBl. S. 32; abgedruckt unter Sachsen-Weimar.

Sachsen-Coburg-Gotha. I. Coburg: Ges., betr. die Erbschafts- und Schenkungsabgabe. V. 22. Dez. 1903 (Ges.Smlg. f. d. H. Coburg S. 215 — Abdruck in Schanz 21 S. 774 —). In Kraft seit 1. Jan. 1904.

II. Gotha: Ges., betr. die Erbschafts- und Schenkungsabgabe. V. 12. März 1902 (Ges.Smlg. f. d. Herzogtum Gotha S. 45. Abgedr. in Schanz a. a. O.), in Kraft getreten 24. März 1902 (GS. S. 85); in der Fassung v. 17. Mai 1902 (GS. S. 99) in Kraft getreten 31. Mai 1902; Auszug aus den Ges.:

§ 2 des gothaischen Ges. entspricht dem § 9 des preuß. EStG., ebenso § 2 des coburgischen Ges. mit der Abweichung, daß es zweimal statt „Grundstücke und Grundgerechtigkeiten" heißt: „Grundstücke, Grundgerechtigkeiten und Gewerbsanlagen."

§ 3 des g.... Ges. entspricht dem § 10 des preuß. EStG.; das c ... Ges. weicht darin ab, daß es im 1. Satz hinter „seinen Wohnsitz im Herzogtum C. hatte" heißt: „oder wenn der Erblasser im Herzogtum C. für tot erklärt worden ist", das g.... Ges. insofern, als eine Verschollene betr. Bestimmung fehlt.

§ 4 entspricht dem § 11 des preuß. EStG. Ziffer 1 lautet am Schlusse: „sofern dieser im Herzogtum Coburg [in Gotha: „Gotha"] die coburg-gothaische Staatsangehörigkeit erworben hatte." Im coburgischen Ges. steht unter 1 und 2 hinter „Grundstücke": „Grundgerechtigkeiten oder Gewerbsanlagen".

§ 8 entspricht dem § 13 des preuß. EStG.

Im Tarife stimmen die Befr. 1 2 f, g, h mit den Befr. 2 f, g, h des preuß. Tarifs mit der Abweichung überein, daß unter g vor Waisenhäuser das Wort „öffentliche" fehlt und unter h auch „Kirchen" aufgeführt sind. Die Einräumung der Gegenseitigkeit ist für diese Befr. am Schlusse der Befr. unter I 2 ebenso wie in Preußen zugelassen.

III. Wegen der Gegenseitigkeit in Bezug auf Befr. von der ESt. s. FMRE. 29. Jan. 1899, FBl. S. 32, abgedruckt unter Sachsen-Weimar. Es wird jedoch in vollem Umfange Gegenseitigkeit bewilligt werden können. In Bezug auf Gotha ist das im Einzelfalle bereits anerkannt worden (FM. 14. Juni 1903 III 8361).

Sachsen-Meiningen. I. Auszug aus dem Ges., v. 20. Mai 1885, die ESt. betr. (Sammlg. der landesherrlichen Verord. im Herzogtum S.-M. Bd. 22 S. 35):

Art. 1. . . . Einen Wohnsitz hat der Erblasser oder Schenkgeber im Sinne des Ges. an dem Orte, an welchem er eine Wohnung unter Umständen innehatte, welche auf die Absicht der dauernden Beibehaltung einer solchen schließen lassen.

Art. 2 A 6 und B stimmen mit den Befreiungen in Art. 2 A 6 und B des Königlich Sächsischen EStG. wörtlich überein.

Art. 7. Auf Immobilien und denselben gleichgeachtete Rechte, welche sich außerhalb des Herzogtums befinden, erstreckt sich die Steuerpflicht nicht.

Anderes außerhalb des Herzogtums befindliches Vermögen eines Erblassers, welcher bei seinem Ableben Angehöriger des Herzogtums war oder daselbst seinen Wohnsitz hatte, unterliegt der Versteuerung, wenn dasselbe einer im Herzogtum wohnhaften Person zufällt, und wenn davon in dem betreffenden Staate keine oder eine geringere Erbschaftsabgabe, als nach Vorschrift dieses Ges., zu entrichten ist. Im letzteren Falle wird die erweislich gezahlte Erbschaftsabgabe auf die inländische Steuer angerechnet.

Art. 8. Innerhalb des Herzogtums befindliche Immobilien und denselben gleichgeachtete Rechte unterliegen der ESt. ohne Unterschied, ob der Erblasser Angehöriger desselben war oder nicht und ob derselbe seinen Wohnsitz im Herzogtum hatte, oder nicht.

Auf anderes im Herzogtum befindliches Vermögen eines Erblassers, welcher bei seinem Ableben weder Angehöriger desselben war, noch daselbst seinen Wohnsitz hatte, erstreckt sich die Steuerpflicht nicht, sofern auch diejenigen, welchen der Anfall zukommt, nicht im Herzogtum wohnen und die Gegenseitigkeit verbürgt ist.

II. Wegen der Gegenseitigkeit in Bezug auf Befr. von der ESt. s. FMRE. 29. Jan. 1899, ZBl. S. 32, abgedr. unter Sachsen-Weimar.

Sachsen - Weimar. I. FMRE. 21. Okt. 1904 III 12758:

Nach dem für das Großh. S.-W. erlassenen [am 1. Jan. 1905 in Kraft getretenen] Ges. über die Erbschafts- und Schenkungssteuer v. 22. Juni 1904 [Regiergs.-blatt f. d. Großh. S. S. 147] unterliegen die im Großh. belegenen Grundstücke ohne Rücksicht auf den Wohnsitz des Erblassers der sächsischen ESt., wogegen das bewegliche Vermögen dieser ESt. nur dann unterworfen ist, wenn der Erblasser zur Zeit seines Todes im Großh. seinen Wohnsitz hatte. Eine Abschrift der §§ 1, 9 bis 14, 39 bis 46 des erwähnten Ges. füge ich in der Anlage bei [s. II]. Das Großh. Sächs. Staatsministerium wünscht nun auch von den Sterbefällen im Großh. wohnhafter Personen Nachricht zu erhalten, die sich außerhalb des Großh. ereignen, und ebenso wird eine Kenntnis derjenigen Erbfälle von Interesse sein, in denen der Erblasser zwar nicht seinen Wohnsitz im Großh. hatte, aber in diesem Staate belegenes Grundvermögen besaß. Da der Erfüllung dieses Wunsches nichts entgegensteht, bestimme ich, daß die Preuß. EStA. in den erwähnten Fällen dem Großh. Sächs. Erbschaftssteueramte zu Weimar Mitteilung zu machen haben. Die Großh. Sächs. Behörden werden Anweisung erhalten, den diesseitigen EStA. im umgekehrten Falle gleichfalls

Mitteilung zu machen; diese Mitteilungen werden demjenigen Preuß. EStA. zugehen, in dessen Bezirk der Erblasser seinen Wohnsitz gehabt hat, und in den Fällen, in denen der Erblasser in Preußen zwar keinen Wohnsitz gehabt, aber Grundvermögen besessen hat, demjenigen EStA., in dessen Bezirk die Grundstücke belegen sind.

Im § 45 des Eingangs erwähnten Ges. ist der Steuerbehörde die Befugnis eingeräumt worden, von den Steuerpflichtigen eine Versicherung an Eidesstatt über die Richtigkeit und Vollständigkeit des vorgelegten Nachlaßverzeichnisses und der weiter dazu abgegebenen Erklärungen zu verlangen. Sollte die Großh. Sächs. Steuerbehörde mit einem Ersuchen um Abnahme dieser eidesstattlichen Versicherung an ein Preuß. EStA. herantreten, so ist dem Ersuchen Folge zu geben. Das EStA. hat die eidesstattliche Versicherung selbst abzunehmen oder ein Hauptsteueramt, Hauptzollamt, Steueramt oder Nebenzollamt darum zu ersuchen, je nachdem die Abnahme der Versicherung für die Steuerpflichtigen mit den geringsten Umständen und Kosten verknüpft ist.

II. Auszug aus dem Ges. (Anlage zu I, teils erweitert, teils beschränkt):

§ 1. Der ESt. unterliegen:

1. Erbschaften, Vermächtnisse und Schenkungen von Todes wegen einschließlich der zur Vergeltung geleisteter Dienste bestimmten Zuwendungen, sowie solche Zuwendungen, die bei Verfügungen von Todes wegen oder Schenkungen von Todes wegen im Wege einer Auflage erfolgen;

2. Bezüge aus Familienstiftungen, die infolge eines Todesfalles dem nach der Verfassung der Stiftung oder dem Gesetze Berufenen anfallen;

3. Fideikommißanfälle, auch wenn sie nicht infolge eines Todesfalles eintreten.

Die ESt. wird ferner erhoben, wenn im Falle des Erlöschens einer juristischen Person deren Vermögen auf den nach der Verfassung der juristischen Person oder nach dem Gesetze Berufenen übergeht.

§ 3. Von der ESt. sind befreit:

A . . . .

2. der Großh. Fiskus (landschaftliche Fiskus, Kammerfiskus, Kronfiskus) und die Großh. Staatsanstalten, einschließlich der Gesamtuniversität Jena;

3. die dem Großh. angehörigen Gemeinden, Kirchen, geistlichen Stellen, öffentlichen Schulen, sowie die dem Großh. angehörigen Anstalten, welchen die Rechte milder Stiftungen erteilt sind;

4. Stiftungen und andere juristische Personen, wenn und soweit sie auf Grund der Vorschriften des Einkommensteuergesetzes vom Staatsministerium als steuerfrei anerkannt sind;

§ 4. Von der ESt. sind ferner befreit:

1. Anfälle, die ausschließlich zur unmittelbaren Unterstützung von Armen, Kranken, Witwen oder Waisen, sowie zu Kirchen- oder Schulzwecken, zur Beförderung der Sittlichkeit oder zur Vorbeugung gegen Verbrechen innerhalb des Großh. bestimmt sind;

Findet in den Fällen des Abs. 1 Nr. 1 der Anfall nicht alsbald zu den dort bezeichneten Zwecken Verwendung, so ist die Steuer einstweilen zu entrichten, jedoch auf Antrag zurückzuerstatten, wenn demnächst die erfolgte Verwendung glaubhaft gemacht wird.

§ 5. Dem Fiskus deutscher Bundesstaaten und ausländischer Staaten sowie den öffentlichen Anstalten und Kassen, welche für Rechnung eines solchen Fiskus verwaltet werden, kann durch das Staatsministerium Befreiung von der ESt. bewilligt werden, wenn und soweit die Gegenseitigkeit verbürgt ist. Das gleiche gilt von den solchen Staaten angehörenden juristischen Personen und Anstalten der in § 3 A Nr. 3, 4 bezeichneten Art. Unter denselben Voraussetzungen kann für Anfälle der in § 4 Nr. 1 bezeichneten Art, die aus dem Großh. nach anderen Staaten entrichtet werden, Steuerfreiheit bewilligt werden.

§ 9. Der ESt. unterliegt der gesamte Nachlaß derjenigen Personen, welche zur Zeit ihres Todes im Großh. ihren Wohnsitz hatten, mit Ausnahme der außerhalb des Großh. belegenen Grundstücke nebst Zubehör und der Rechte an solchen Grundstücken, für welche die auf Grundstücke sich beziehenden Vorschriften gelten.

Einen Wohnsitz im Sinne dieses Gesetzes hat jemand im Großh. dann, wenn er innerhalb des Landes eine Wohnung unter Umständen inne hat, die auf die Absicht der dauernden Beibehaltung schließen lassen.

§ 10. Soweit das der ESt. unterliegende Vermögen zur Zeit des Todes des Erblassers sich außerhalb des Großh. befindet, wird auf Antrag des Steuerpflichtigen die in dem Staate, in dem das Vermögen sich befindet, auf dieses Vermögen zu entrichtende und nachweislich gezahlte Erbschaftsabgabe auf die nach diesem Ges. zu erhebende ESt. angerechnet.

Wertpapiere und Forderungen, einschließlich der dinglich sichergestellten Forderungen, sind ohne Rücksicht auf den Ort, wo die Wertpapiere verwahrt sind oder der Schuldner wohnt, oder der Gegenstand der dinglichen Belastung sich befindet, als im Großh. befindliche anzusehen, wenn der Erblasser zur Zeit seines Todes im Großh. seinen Wohnsitz hatte.

§ 11. Im Falle der Todeserklärung des Erblassers ist für die ESt.-Pflicht an Stelle des Wohnsitzes des Erblassers zur Zeit seines Todes sein letzter Wohnsitz vor Beginn der Verschollenheit maßgebend.

§ 12. Ohne Rücksicht auf den Wohnsitz des Erblassers unterliegen der ESt.:

1. die im Großh. belegenen Grundstücke nebst dem zur Zeit des Erbfalls vorhandenen Zubehör sowie die Rechte an solchen Grundstücken, für welche die auf Grundstücke sich beziehenden Vorschriften gelten;

2. das im Großh. befindliche bewegliche Vermögen dann, wenn auch außerhalb des Großh. ein Wohnsitz des Erblassers im Sinne des § 9 Abs. 2 sich nicht ermitteln läßt.

§ 13. In den Fällen des § 1 Abs. 1 Nr. 2 und des § 1 Abs. 2 ist die ESt.-Pflicht im Großh. dann begründet, wenn die juristische Person im Großh. ihren Sitz hat. Fideikommißanfälle (§ 1 Nr. 3) unterliegen, soweit das Fideikommiß in unbeweglichem Vermögen (§ 12 Nr. 1) besteht, der Besteuerung, wenn dieses im Großh. belegen ist. Andere Fideikommißanfälle unterliegen nach Maßgabe der §§ 9, 10 der ESt.-Pflicht im Großh., wenn der letzte Inhaber des Fideikommisses seinen Wohnsitz zur Zeit des Eintritts des Nachfolgefalles im Großh. hatte.

§ 14. Wird ein Anfall gleichzeitig noch in einem anderen Staate zu einer Erbschaftsabgabe herangezogen, so kann das Staatsministerium zur Ausgleichung und zur tunlichsten Vermeidung einer doppelten Besteuerung die Besteuerung des Anfalls nach anderen als den in diesem Ges. bestimmten Grundsätzen anordnen. In keinem Falle darf jedoch der ESt.-Pflichtige mit einem höheren Betrage zur ESt. herangezogen werden, als dies nach den Bestimmungen dieses Ges. zu geschehen hätte. Das Staatsministerium ist weiterhin ermächtigt, zur Regelung des Verhältnisses zu anderen Staaten wie auch zur Ausübung eines Vergeltungsrechtes anzuordnen, daß das bewegliche Vermögen eines Erblassers ohne Rücksicht auf dessen Wohnsitz zur ESt. herangezogen wird, wenn der Erblasser im Großh. staatsangehörig gewesen ist, und ohne Rücksicht auf den Wohnsitz und die Staatsangehörigkeit des Erblassers, wenn das Vermögen sich im Großh. befindet.

III. FMRE. 29. Jan. 1899, ZBl. S. 32:

Bereits im Jahre 1828 hatte sich die Großh. Sächs. Staatsregierung verpflichtet, hinsichtlich aller aus den Großh. Sächs. Landen in die Kgl. Preuß. Lande ausgehenden Vermächtnisse zu milden Zwecken von der Erhebung der ESt. abzustehen. Diese Verpflichtung ist, seitens der genannten Regierung zugleich im Namen der Herzogl. Sächs. Regierungen von Sachsen-Altenburg, -Meiningen und -Coburg-Gotha, im Jahre 1885 auf Vermächtnisse an Universitäten ausgedehnt, und von der Großh. Sächs. Regierung für sich neuerdings dahin erweitert worden, daß von den aus dem Großh. Sachsen-W. nach dem Königr. Preußen zu entrichtenden Anfällen diejenigen an öffentliche Schulen von der ESt. freigelassen und Zuwendungen, welche ausschließlich zu wohltätigen, gemeinnützigen oder Unterrichtszwecken bestimmt sind, insofern sie nicht einzelne Familien oder bestimmte Personen betreffen und die wirkliche Verwendung zu dem bestimmten Zwecke gesichert ist, mit nur 4 v. H. besteuert werden. Die diesseitigen Vorschriften für die Besteuerung der im Inlande verbleibenden Anfälle der vorbezeichneten Arten sind nunmehr umgekehrt auch auf dergleichen Anfälle anzuwenden, die aus dem Inlande nach dem Großh. S.-W. bezw. an die Universität in Jena zu verabfolgen sind.

Im übrigen gewährt

a) das Herz. Sachsen-Altenburg nach § 1 der Novelle v. 18. Dez. 1885 zu dem EStG. v. 29. Mai 1879 unter der Voraussetzung der Gegenseitigkeit den Kirchen, Schulen und frommen Stiftungen der Staaten des Deutschen Reiches,

b) das Herz. Sachsen-Meiningen nach Art. 2 A Ziff. 6 und B EStG. v. 20. Mai 1885 [s. bei Sachs.-Mein.],

ESt.-Freiheit, während

c) die Herz. Sächs. Regierung für das Herz. Gotha — nicht auch für das Herz. Coburg, dessen gesetzliche Bestimmungen einer solchen Zusage entgegenstehen, — hinsichtlich der Anfälle an öffentliche Schulen und der Zuwendungen zu ausschließlich wohltätigen, gemeinnützigen oder Unterrichtszwecken, die von Sachsen-Coburg nach Preußen verabfolgt werden, die gleiche Verpflichtung wie die Großh. sächs. Regierung in Weimar übernommen hat. [Vergl. oben die neueren coburgischen und gothaischen Ges.]

Anfälle der vorbezeichneten Art, die nach diesen drei Staaten hin aus Preußen zu verabfolgen sind, sind daher im Umfange der von dem betr. Staate gewährleisteten Steuerbefreiungen oder -Erleichterungen für von dort nach Preußen auszuliefernde Vermächtnisse den entsprechenden inländischen Anfällen gleich zu behandeln.

Schaumburg-Lippe. Auszug aus dem Ges., betr. die ESt., v. 26. April 1880 (Sch.-Lippische Landesverordnungen Bd. 13 S. 427):

§ 1 entspricht dem § 1 des alten preuß. EStG. von 1873 mit der Abweichung, daß unter 2 Lehnsanfälle nicht aufgeführt sind.

§§ 6, 7 und 8 stimmen wörtlich mit den §§ 9, 10 und 11 des alten preuß. EStG. von 1873 überein.

Tarif. Befreiungen Ziffer 3 f, g, h und i lauten ebenso wie die Befr. 2 f, g, h und i des alten preuß. EStG. von 1873 mit der Abweichung, daß unter h die Universitäten fehlen.

Schwarzburg-Rudolstadt. Ges., die Entrichtung einer Abgabe von Erbschaften betr., v. 12. Febr. 1840 (Ges.Smlg. für das Fürstentum Sch.-R. S. 44), geändert durch die Ges. v. 8. Aug. 1879 (GS. S. 270), v. 2. Dez. 1886 (GS. S. 201) — beide die Zuständigkeit der Behörden zur ESt.-Erhebung und das Verfahren betr. — und durch das Ges. v. 6. April 1894 (GS. S. 91), welches eine Erhöhung der Abgabe enthält. Auszug aus dem Ges. von 1840:

§ 3. Dagegen sind von dieser Abgabe ausgenommen und befreit:

2. milde Stiftungen oder Vermächtnisse zu Studien oder frommen Zwecken in den hiesigen Landen, . . .

§ 5 **Abs.** 1. **Die Kollateralgelderabgabe ist von dem ganzen Betrage der Erbschaften zu entrichten** . . .

Abs. 3. Nicht weniger ist das im Auslande befindliche Mobiliarvermögen, wohin insbesondere auch Kapitalforderungen und sonstige Außenstände zu rechnen sind, der Kollateralabgabe unterworfen. Rücksichtlich der im Auslande gelegenen Immobilien aber, die zum Nachlasse eines Verstorbenen gehören, welcher sein forum domicilii im hiesigen Fürstentume hatte, sind die Erben von Entrichtung der Abgabe frei. Dagegen tritt dieselbe in Ansehung der in den hiesigen Landen belegenen Immobilien samt dazu gehörigem Inventarium auch dann ein, wenn dieselben einen Bestandteil des Nachlasses eines für seine Person dem Auslande angehörig gewesenen Verstorbenen bilden. [Die Erhebung der ESt. von dem beweglichen Nachlasse ist hiernach davon abhängig gemacht, daß der Erblasser seinen Wohnsitz in Sch.-R. hatte.]

Schwarzburg-Sondershausen. Ges., betr. die Erbschafts- und Schenkungssteuer. V. 9. Febr. 1892 (Ges.-Smlg. für das Fürstentum Sch.S. S. 21) in Kraft seit 23. Febr. 1892. **Auszug:**

§ 2. Die Steuer ist nicht zu entrichten:

I. von Zuwendungen und Anfällen an

e) die deutschen Orts- und Landarmenverbände zur Unterstützung Hilfsbedürftiger, die deutschen öffentlichen Lehr-, Wohltätigkeits-, Erziehungs- und Arbeits-Anstalten, die deutschen Kirchen- und staatlich anerkannten Religions-Gesellschaften, endlich die deutschen wohltätigen Stiftungen, sofern sie nicht lediglich die Unterstützung einzelner Familien zum Zwecke haben . . .

II. Von Zuwendungen, welche ausschließlich für kirchliche, wohltätige, gemeinnützige oder Unterrichtszwecke oder zur Förderung von Kunst und Wissenschaft innerhalb des Deutschen Reichs bestimmt sind; . . .

§ 6 entspricht seinem Inhalte nach dem § 9 des preuß. EStG. von 1891.

§ 7 entspricht ebenso dem Abs. 1 des § 10 des preuß. EStG. von 1891; die auf § 1 Ziffer 4 des preuß. EStG. bezüglichen Worte fehlen.

§ 8 entspricht ebenso dem § 11 des preuß. EStG. von 1891; die Anordnungen trifft das fürstl. Ministerium.

Schweiz. Die Erhebung einer ESt. ist den Kantonen überlassen, die zu einem großen Teile die ESt. eingeführt haben.

a) Basel-Stadt. Ges., betr. die direkten Steuern. V. 14. Okt. 1897. In Kraft seit 1. Jan. 1898. Abgedr. in Schanz 18 S. 464. Nach § 24 wird die ESt. von allen im Kantone anfallenden Erbschaften, Vermächtnissen, Schenkungen auf den Todesfall und solchen Schenkungen erhoben, welche nach dem Willen des Erblassers von dem Erben ausgerichtet werden. Der Anfall von Liegenschaften, die im Kantone gelegen sind, und der Anfall der Nutznießung von solchen ist auch dann der Steuer unterworfen, wenn der Erblasser seinen Wohnsitz nicht im Kanton gehabt hat (§ 28). Wegen der im Auslande belegenen Liegenschaften ist nichts bestimmt. Von der ESt. sind u. a. befreit (§ 25 [3]): Erbschaften, Vermächtnisse und Schenkungen zu Gunsten öffentlicher, gemeinnütziger oder wohltätiger Zwecke. Ob diese Befreiung auch eingeräumt wird, wenn die Zwecke im Auslande zu erfüllen sind, ist nicht ersichtlich.

b) Waadt. Ges. v. 31. Jan. 1889 (Samlg der Ges., Verord. usw. des Kantons W. S. 55) und 24. Nov. 1892 (a. a. O. S. 519). Die außerhalb des Kantons belegenen Immobilien sind von der ESt. ausgenommen. Im übrigen wird der Nachlaß von Personen besteuert, die im Kantone ihren Wohnsitz oder ihre Niederlassung hatten.

Serbien. Für die Steuerhebung kommt der Konsularvertrag v. 6. Jan. 1883 (RGBl. S. 62) in Betracht, der ähnlichen Inhalt hat, wie der Vertrag mit Rußland (s. dort).

Spanien erhebt nach dem provisorischen Ges. 2. April 1900 nebst Ausführungsverord. v. 10. April 1900 die ESt. von unbeweglichem Besitz und dinglichen Rechten jeder Art nur, wenn sie in Sp. belegen oder begründet sind (ihren Gegenstand haben), vom beweglichen Vermögen jeder Art, wenn der Erblasser spanischer Staatsangehöriger war. Aus diesem Grunde kann in Preußen die Erhebung der ESt. von dem beweglichen Nachlasse eines in Spanien wohnhaft gewesenen Preußen angeordnet werden.

Süd-Afrika. Im vormaligen Gebiete der Südafrikanischen Republik (Transvaal) wird eine ESt. von dem dort befindlichen unbeweglichen und beweglichen Nachlasse eines Erblassers erhoben ohne Rücksicht auf den Wohnsitz oder Sterbeort des Erblassers. Ausgenommen von der ESt. wird nur das geringe Vermögen, welches ein Durchreisender mit sich geführt hat. Es kann deshalb die Versteuerung des in Preußen befindlichen beweglichen Nachlasses eines Erblassers, welcher in Transvaal gewohnt hat, angeordnet werden.

Türkei. In der Türkei besteht keine eigentliche ESt. In der Erhebung gewisser Gebühren ist kein Anlaß zu Anordnungen auf Grund des § 11 EStG. gefunden worden (FM. 11. Jan. 1898 III 337). Auch in Jerusalem wird keine besondere ESt. für Rechnung der T. erhoben (FM. 19. Febr. 1898 III 2247).

Waldeck. In den Fürstentümern Waldeck und Pyrmont besteht keine ESt.

Württemberg. I. Ges., betr. die Erbschafts- und Schenkungssteuer. V. 26. Dez. 1899 (Regierungsblatt für das Kgr. W. S. 1296 — Abdruck in Schanz 18 S. 751 —); in Kraft seit 1. Jan. 1900. Auszug:

Art. 2. Erwerbungen von unbeweglichem Vermögen, welches sich innerhalb W. befindet, unterliegen ohne Ausnahme der Besteuerung nach Maßgabe dieses Ges.

Erwerbungen von unbeweglichem Vermögen, welches sich außerhalb W. befindet, sind von der ESt. ausgenommen.

Zum unbeweglichen Vermögen im Sinne dieses Ges. gehören die Grundstücke nebst ihrem auf den Erwerber der Hauptsache übergehenden Zubehör, sowie die Rechte an Grundstücken mit Ausnahme der Hypotheken, Grundschulden und Rentenschulden.

Art. 3. Anderes als das in Art. 2 bezeichnete Vermögen (bewegliches Vermögen) ist der ESt. nach Maßgabe dieses Ges. in allen Fällen unterworfen, in welchen der Erblasser zur Zeit seines Ablebens, im Falle der Todeserklärung bei dem Beginne der Verschollenheit in W. seinen Wohnsitz hatte. Bei beweglichem Vermögen, welches sich außerhalb W. befindet, ist jedoch auf Antrag des Steuerpflichtigen eine ausländische, für denselben Erwerb von ihm entrichtete ESt. an der betreffenden württembergischen Steuer in Abzug zu bringen.

Das in W. befindliche bewegliche Vermögen eines Erblassers, welcher zur Zeit seines Ablebens, im Falle der Todeserklärung bei dem Beginne der Verschollenheit, in W. einen Wohnsitz nicht hatte, unterliegt der Steuer:

1. wenn der Erblasser zur Zeit seines Ablebens oder des Beginnes der Verschollenheit auch außerhalb W. einen Wohnsitz nicht hatte;

2. wenn das Vermögen einem zur Zeit des Erbfalls in W. wohnhaften Erwerber zufällt;

3. wenn der Erwerber zur Zeit des Erbfalls zwar in W. einen Wohnsitz nicht hat, aber nicht dargetan ist, daß nach dem Gesetze des Staates, in welchem der Erblasser einen Wohnsitz hatte, ein in W. wohnhafter Erwerber in dem gleichen Falle zur Entrichtung einer Steuer nicht verpflichtet wäre.

In dem Falle der Ziffer 2 und 3 des Abs. 2 hat der Steuerpflichtige das Recht des Abzuges einer für denselben Erwerb auswärts entrichteten Steuer. Als in W. befindlich gelten im Sinne dieses Ges. auch Forderungen eines Erblassers, der keinen Wohnsitz in W. hatte, wofern solche in W. für ihn verwaltet werden. Inhaberpapiere, sowie Orderpapiere, welche mit Blankoindossement versehen sind, werden den körperlichen Sachen gleich geachtet.

Art. 4. Sollten in einem außerdeutschen Staate württembergische Staatsangehörige bei Vermögenserwerbungen auf den Todesfall gegenüber den Angehörigen des eigenen Staats abweichend behandelt, insbesondere mit höherer Steuer als diese belegt werden, so ist das Finanzministerium ermächtigt, gegenüber von Angehörigen jenes Staates behufs Ausübung eines Vergeltungsrechts von den Vorschriften dieses Ges. abweichende Bestimmungen zu treffen.

Das Finanzministerium ist weiterhin ermächtigt, die zur Vermeidung von Doppelbesteuerung erforderlichen, von den Vorschriften dieses Ges. abweichenden Bestimmungen und Verfügungen zu treffen.

Art. 5. Befreit von der ESt. sind:

C. Vermögenszuwendungen zu kirchlichen, wohltätigen, Unterrichts- und sonstigen gemeinnützigen Zwecken, soweit dieselben in beweglichem Vermögen bestehen und nach der von dem Erblasser gegebenen Bestimmung nicht außerhalb des Deutschen Reiches oder eines deutschen

Schutzgebiets zur Verwendung gelangen, oder ihre Verwendung innerhalb des Deutschen Reichs oder eines deutschen Schutzgebiets in anderer Weise gesichert ist;

II. Eine Zuwendung für die Armen einer Stadt in W. aus einem in Preußen steuerpflichtigen Nachlasse ist von der preuß. ESt. freigelassen worden, weil W. im umgekehrten Falle die gleiche Rücksicht üben würde (FM. 27. Mai 1903 III 7238). W. gewährt jedoch nach dem oben abgedruckten Art. 5 nur dann Befreiung von der ESt., wenn die Zuwendungen in beweglichem Vermögen bestehen.

Sachregister.

(Die Zahlen bedeuten die Seiten.)

A.

B.

E.

F.

H.

M.

N.

O.

T.

U.

V.

Druck von Otto Walter in Berlin S. 14.

Guttentag'sche Sammlung

Deutscher Reichsgesetze.

Text-Ausgaben mit Anmerkungen. Taschenformat.

1. **Verfassung des Deutschen Reichs.** Von Dr. **L. von Rönne.** 10. Aufl. von Landrat **P. von Rönne** und Regierungs-Assessor **von Dobbeler.** 1912. 2 M. 60 Pf.

2. **Strafgesetzbuch** für das Deutsche Reich. Von Dr. **H. Rüdorff.** 23. Aufl. bearbeitet von Prof. Dr. **Fr. v. Liszt** und Dr. **Ernst Delaquis.** 1910. 1 M. 80 Pf.

3. **Militärstrafgerichtsordnung** nebst Einführungsgesetz Von Wirkl. Geheimen Kriegsrat Dr. jur. **A. Romen** u. Kriegsgerichtsrat Dr. **C. Rissom.** 1910. 6 M.

4. **Handelsgesetzbuch vom 10. Mai 1897 unter Ausschluß des Seerechts.** 14. Aufl. herausgegeben von Geh. Justizrat Prof. Dr. **A. Mosse.** 1911. 5 M.

5. **Wechselordnung vom 3. Juni 1908.** Kommentar von Justizrat Dr. **J. Stranz** und Rechtsanwalt Dr. **M. Stranz,** und das **Wechselstempelsteuergesetz** vom 15. Juli 1909 von Geh. Regierungsrat **P. Loeck.** 10. Aufl. 1909. 3 M.

5a. **Wechselstempelsteuergesetz** apart. 10. Aufl. 1 M. 25 Pf.

6. **Reichsgewerbeordnung** nebst Ausführungsbestimmungen. Von **Berger** und **Wilhelmi.** 18. ver-

änderte und sehr vermehrte Auflage von Stadtrat Dr. **Karl Flesch** in Verbindung mit Dr. **Friedr. Hiller** u. Dr. **Herm. Luppe.** 1910. 4 M.

7. **Post- und Telegraphen-Gesetzgebung.** Nebst Weltpostvertrag und internationalem Telegraphenvertrag 6. Aufl. von Geh. Ober-Postrat Dr. **M. König.** 1908. 4 M.

8. Die Reichsgesetze über den **Unterstützungswohnsitz, die Freizügigkeit, den Erwerb und Verlust der Bundes- und Staatsangehörigkeit.** Von Geheimrat Dr. **J. Krech,** Mitglied d. Bundesamtes für das Heimatwesen. 8. Aufl. 1912. 3 M. 60 Pf.

9. Sammlung **kleinerer strafrechtlicher Reichsgesetze.** Von Dr. **N. H. Kriegsmann,** Privatdozent in Kiel. 3. Aufl. 1910 4 M.

10. **Das Reichsbeamtengesetz** von **J. Pieper.** 2. Aufl. 1901. 4 M. 50 Pf.

— Reichsbeamtengesetz von 1907 siehe Nr. 82.

11. **Zivilprozeßordnung mit Gerichtsverfassungsgesetz** in der Fassung vom 1. Juni 1910. Von **R. Sydow.** Fortgeführt von **L. Busch.** 13. Aufl. 8⁰. 1910. 7 M.

12. **Strafprozeßordnung und Gerichtsverfassungsgesetz nebst den Gesetzen, betr. die Entschädigung der im Wiederaufnahmeverfahren freigesprochenen Personen und die Entschädigung für unschuldig erlittene Untersuchungshaft.** Von Dr. **A. Hellweg, Reichsgerichtsrat.** 16. Aufl. Von Professor Dr. **Kohlrausch.** 1912. 3 M.

13. **Konkursordnung und Anfechtungsgesetz.** Von **R. Sydow.** Fortgeführt von **L. Busch.** 11. Aufl. 1911. 2 M. 80 Pf.

14. **Gerichtsverfassungsgesetz** mit Einführungsgesetz. Herausgegeben von **R. Sydow.** Fortgeführt von **L. Busch.** 9. Aufl. 1905. Mit Nachtrag v. 1. VI. 1909. 1 M. 50 Pf.

15. **Das Deutsche Gerichtskostengesetz nebst den Gebührenordnungen für Gerichtsvollzieher, Zeugen und Sachverständige. Von R. Sydow. Weiter bearbeitet von** Reichsgerichtsrat **L. Busch** u. Gerichtsassessor **Arno Busch.** 9. Aufl. 1912. 2 M. 60 Pf.

16. **Rechtsanwaltsordnung. Von R. Sydow.** 5. Aufl. **von Justizrat M. Jacobsohn.** 1907. Mit Ergänzungen vom 22. V. 1910. 1 M. 20 Pf.

17. **Die Deutsche Gebührenordnung für Rechtsanwälte und das Preußische Gebührengesetz vom** 27. **September / 6. Oktober** 1899. **Von R. Sydow.** Fortgeführt **von L. Busch.** 10. Aufl. 1911. 2 M. 70 Pf.

18. **Reichsstempelgesetz** vom 15. Juli 1909. (Börsen-, Lotterie- [Spiel- und Wette], Frachturkunden-, Fahrkarten-, Kraftfahrzeug-, Tantieme-, Scheck- und Grundstücksübertragungssteuer.) Mit den gesamten Ausführungsbestimmungen. 10. Aufl. von Geh. Regierungsrat **P. Loeck.** 1910. Mit Nachtrag, enth. die Aenderungen v. 14. II. 1911. 8°. 6 M.

19. **Die Seegesetzgebung.** Von Dr. **W. E. Knitschky.** 4. Aufl. bearbeitet von Oberlandesgerichtsrat **Otto Rudorff** in Hamburg. 1908. Mit Anhang, enthaltend die Bestimmungen von 1909. 6 M.

20. **Krankenversicherungsgesetz.** Von weil. Dr. **E. von Woedtke.** 11. Aufl. von Geh. Reg.-Rat Dr. **G. Eucken-Addenhausen.** 1905. 3 M.

21. **Die Konsulargesetzgebung.** Von Professor Dr. **Ph. Zorn.** 3. Aufl. bearbeitet von Reg.-Assessor Dr. **K. Zorn.** 1911. 4 M. 50 Pf.

22. **Patentgesetz.** Nebst Ausführungsbestimmungen, völkerrechtlichen Verträgen und der Patentanwalts-Ordnung. 7. Aufl. bearbeitet von **R. Lutter,** Geh. Reg.-Rat im Kaiserl. Patentamt. 1908. 2 M. 80 Pf.

23. **Gewerbe-Unfallversicherungsgesetz.** Von weil. Dr. **E. v. Woedtke.** 9. Aufl. von **Franz Caspar,** Direktor im Reichsamt des Innern. 1907. 2 M. 50 Pf.

24. **Aktiengesellschaft und Kommanditgesellschaften auf Aktien.** Von Kammergerichtsrat Dr. **H. Keyßner** und Justizrat Dr. **H. Veit Simon.** 6. Aufl. von Amtsrichter **L. Keyssner.** 1911. 3 M.

25. **Brausteuergesetz** vom 15. Juli 1909. **Von A. Düffe**, Oberzollrevisor. 2. Aufl. 1909. 3 M.

26. **Die Reichsgesetzgebung über Münz- und Notenbankwesen**, Papiergeld, Prämienpapiere und **Reichsschulden**. Von Dr. jur. **R. Koch**, Präsident des Reichsbankdirektoriums. 6. Aufl. 1910. 4 M.

27. **Die Gesetzgebung, betr. das Gesundheitswesen** im **Deutschen Reich**. Von Dr. jur. **C. Goesch** und Dr. med. **J. Karsten**. 1888. 1 M. 60 Pf.

28. **Bau-Unfallversicherungsgesetz**. Vom 30. Juni 1900. Von **R. Chrzescinski**, Kaiserl. Regierungsrat. 3. Aufl. 1900. 2 M.

29. **Erwerbs- und Wirtschaftsgenossenschaften**. Von **L. Parisius** und Dr. **H. Crüger**. 14. neubearb. Aufl. von Dr. **H. Crüger**. 1912. 1 M. 80 Pf.

30. **Invalidenversicherungsgesetz** vom 13. Juli 1899. Von weil. Dr. **E. v. Woedtke**. 10. Aufl. von Regierungsrat **H. Follmann**. 1906. 4 M. (Vergriffen!)

31. **Gewerbegerichtsgesetz**. Von Stadtrat **L. Mugdan**. 7. Aufl. bearbeitet von **W. Cuno**, Oberbürgermeister zu Hagen i. W. 1911. 2 M. 50 Pf.

32. Reichsgesetz, betr. die **Gesellschaften mit beschränkter Haftung**. Von **L. Parisius** und Dr. **H. Crüger**. 12. Aufl. von Dr. **H. Crüger**. 1912. 1 M. 80 Pf.

33. **Vereins- und Versammlungsrecht.** Von Dr. **E. Ball.** 2. Aufl. von Dr. **F. Friedenthal.** 1907. 2 M. 50 Pf.
Reichs-Vereinsgesetz vom 19. April 1908 vide Nr. 88.

34. Die **Abzahlungsgeschäfte.** Gesetz vom 16. Mai 1894. 3. vermehrte Aufl. besorgt von Dr. **E. Wilke,** Landgerichtsrat. 1910. 1 M. 25 Pf.

35. Die **Reichs-Eisenbahngesetzgebung.** Von **W. Coermann,** Kaiserl. Amtsrichter. 1895. 2 M. 25 Pf.

36. **Gesetze,** betr. die **privatrechtlichen Verhältnisse der Binnenschiffahrt und der Flößerei.** Von **E. Löwe,** Landgerichtsrat. 4. Aufl. 1909. 3 M.

37. **Gesetz** gegen den **unlauteren Wettbewerb.** Von Justizrat **Pinner.** 6. Auflage. 1912. 1 M. 50 Pf.

38/39. **Bürgerliches Gesetzbuch nebst Einführungsgesetz** von Dr. **A. Achilles.** In Verbindung mit Professor Dr. **André,** Kammergerichtsrat **Ritgen,** Reichsgerichtsrat Dr. **Strecker,** Senatspräsident Dr. **v. Unzner,** herausgegeben von Geh. Ober-Justizrat **Greiff.** 7. Aufl. 8°. 1912. 7 M.

40. **Gesetz,** betr. die **Pflichten der Kaufleute bei Aufbewahrung fremder Wertpapiere (Depotgesetz).** Mit Erläuterungen. Von **F. Lusensky,** Geh. Ober-Regierungsrat. 2 Aufl. 1905. 1 M.

41. **Börsengesetz.** In der Fassung der Novelle vom 8. Mai 1908. 2. Aufl. Von Wirkl. Geh. Ob.-Regierungsrat **Th. Hemptenmacher,** Staatskommissar an der Berliner Börse. 1908. 2 M.

42. **Grundbuchordnung nebst den preußischen Ausführungsbestimmungen.** Mit Einleitung. Von Prof. Dr. **O. Fischer.** 6. Aufl. 1912. 2 M.

43. **Zwangsvollstreckung in das unbewegliche Vermögen** im Reiche und in Preußen. Mit Einleitung, Kosten- und Gebührentabellen. Von Dr. **J. Krech,** Kaiserl. Geh. Regierungsrat und Professor Dr. **O. Fischer.** 6. Aufl. 1910. 2 M.

44. **Das Reichsgesetz über das Auswanderungswesen** vom 9. Juni 1897. Von Professor Dr. **Felix Stoerk.** 1899. 2 M. 25 Pf.

45. **Das Entmündigungsrecht** unter Berücksichtigung der für Preußen geltenden Vorschriften nebst der preußischen Justiz-Ministerial-Verfügung vom 28. November 1899. Von Landgerichtsrat Dr. **P. Koll** in Cöln. 1900. 1 M. 50 Pf.

46. **Die Gesetze des Reiches und Preußens über die freiwillige Gerichtsbarkeit.** Von **Herm. Jastrow,** Amtsgerichtsrat. 5. Aufl. 1911. 3 M. 60 Pf.

47. **Das deutsche Vormundschaftsrecht und das preuß. Gesetz über die Fürsorgeerziehung Minderjähriger nebst den dazu gehörigen preußischen Nebengesetzen.** Von Oberverwaltungsgerichtsrat **Max Schultzenstein** und Amtsgerichtsrat Dr. **Paul Köhne.** 2. Aufl. 1901. 3 M.

48. **Gesetze und Verordnungen, betr. den Drogen-, Gift- und Farbenhandel außerhalb der Apotheken.** Von Dr. **Broh,** Rechtsanwalt. 1899. 1 M. 25 Pf.

49. Deutsche **Kolonialgesetzgebung.** Von Professor Dr. **Philipp Zorn.** 1901. 4 M. 50 Pf.

50. **Der Viehkauf** (Viehgewährschaft) **nach dem Bürgerlichen Gesetzbuche.** Nebst Verordn. betr. die Hauptmängel und Gewährsfristen beim Viehhandel. Von Rechtsanwalt Dr. **H. Stölzle** und Königl. Kreistierarzt **H. Weiskopf.** 4. Aufl. 1908. 4 M.

51. **Hypothekenbankgesetz** vom 13. Juli 1899. Von Dr. **H. Göppert.** 2. Aufl. Bearbeitet v. Geh. Reg.-Rt. Dr. **Seidel.** 1911. 2 M. 40 Pf.

52. **Gesetz,** betreffend die gemeinsamen **Rechte der Besitzer von Schuldverschreibungen.** Von Dr. **Heinrich Göppert.** 1900. 2 M.

53. **Reichspreßgesetz** vom 7. Mai 1874. Mit **Kommentar von A. Born,** Erster Bürgermeister der Marienburg (Westpr.). 1911. 2. Aufl. 2 M.

54. **Die Reichsgesetzgebung über den Verkehr** mit **Nahrungsmitteln, Genußmitteln und Gebrauchsgegenständen.** Von Dr. **Georg Lebbin,** Nahrungsmittelchemiker. 1900. 2 M. 25 Pf.

55. **Das Recht der Beschlagnahme von Lohn- und Gehaltsforderungen.** Von Justizrat **Georg Meyer.** 4. Aufl. 1910. 2 M. 60 Pf.

56. **Gesetz,** betr. die **Bekämpfung gemeingefährlicher Krankheiten.** Nebst Ausführungsbestimmungen. Von Dr. **Bruno Burkhardt,** Regierungsrat, Mitglied des Kais. Gesundheitsamts. 1900. 1 M. 40 Pf.

57. **See-Unfallversicherungsgesetz.** Von **Dr. Max Mittelstein,** Oberlandesgerichtsrat in Hamburg. 1901. 2 M.

58. **Das Recht der unehelichen Kinder nach** dem BGB. Von **Hermann Jastrow,** Amtsg.-Rat. 1901. 1 M. 80 Pf.

59. **Reichsgesetz** über die **Beurkundung des Personenstandes und die Eheschließung.** Von Dr. **F. Fidler,** Amtgerichtsrat. 1912. 2. Aufl. 2 M. 50 Pf.

60. **Gesetz,** betreffend das **Urheberrecht an Werken der Literatur und der Tonkunst** in der Fassung vom 22. V. 1910. Von Geh. Justizrat **Otto Lindemann.** 3. Aufl. 1910. 1 M. 60 Pf.

61. **Gesetz über das Verlagsrecht.** Von Justizrat **E. Heinitz.** 2. Aufl. Bearbeitet v. Rechtsanwalt Dr. **Br. Marwitz.** 1911. 1 M. 80 Pf.

62. Ges. über **private Versicherungsunternehmungen.** Von **H. Könige,** Reichsgerichtsrat. 2. Aufl. 1910. 4 M. 20 Pf.

63. **Gesetzestafel des Deutschen Reichsrechts.** Systematisch geordnete Nachweisung des z. Z. geltenden Reichsrechts. Ergänzungsband zu der Guttentag'schen Sammlung Deutscher Reichsgesetze. Von **Hugo Bruhns,** Syndikus. 1902. 8⁰. 2 M. 50 Pf.

64. Gesetzsammlung betr. den **Handel mit Drogen und Giften.** Reichsgesetzl. Bestimmungen und Anhang mit den landesgesetzl. Verordnungen sämtlicher Bundesstaaten. Von Rechtsanwalt **H. Sonnenfeld,** Syndik. d. Berl. Drogisten-Innung. 2. Aufl. 1912. 3 M.

65. Das **Weingesetz** in der Fassung v. 1909. Mit Ausführungsbestimmungen von Dr. **Georg Lebbin,** Nahrungsmittelchemiker. 2. Aufl. 1909. 2 M. 50 Pf.

66. Die **Eisenbahn-Gesetzgebung.** Von **W. Pietsch,** Rechnungsrat im Reichs-Eisenbahn-Amt. 2. Aufl. 1913. 3 M. 60 Pf.

67. **Militär-Strafgesetzbuch.** Von **Romen** u. **Rissom.** 1912. 6 M.

68. **Das Fleischbeschaugesetz.** Vom 3. Juni 1900. Von Dr. **Georg Lebbin,** Nahrungsmittelchemiker und Rechtsanwalt Dr. **Georg Baum.** 1903. 4 M.

69. **Reichsgesetz über die Naturalleistungen der bewaffneten Macht im Frieden** nebst den in Preußen geltenden Bestimmungen. Von Regierungsassessor Dr. **Walter v. Hippel.** 1903. 1 M. 25 Pf.

70. **Das Reichs-Haftpflichtgesetz,** vom 7. Juni 1871. Von Regierungsrat Dr. **G. Eger.** 1903. Preis 3 M.

71. **Kinderarbeit in gewerblichen Betrieben,** v. 30. März 1903. Von **H. Spangenberg,** Oberverwaltungsgerichtsrat. 2. Aufl. 1904. 1 M. 60 Pf.

72. **Unfallversicherungsgesetz für Land- und Forstwirtschaft** von weil. Dr. **E. von Woedtke,** fortgesetzt von **Alfred Radtke,** Geh. Regierungsrat und Senatspräs. im Reichsversicherungsamt. 2. Aufl. 1904. 4 M. 50 Pf.

73. **Entschädigung für unschuldig erlittene Verhaftung und Bestrafung.** Nebst Anhang, enth. die dazu gehörigen Nebengesetze über Schadensersatz. Von Dr. jur. **A. Romen,** Wirkl. Geh. Kriegsrat. 1904. 2 M.

74. **Die Kaufmannsgerichte** nebst den preuß. Ausführungsbestimmungen. Von Prof. Dr. **Max Apt,** 3. Aufl. 1905. 2 M.

75. **Reichsgesetz** über die **Konsulargerichtsbarkeit.** Von Dr. jur. **A. F. Vorwerk,** Rechtsanwalt in Schanghai. 2. Ausgabe, mit dem Schutzgebietsgesetz und der Ausführungsverordnung, betr. die Rechtsverhältnisse in den Schutzgebieten. 1908. 2 M.

76. **Die Rechtshilfe im Verkehr mit den ordentlichen Gerichten nach deutschem Reichsrecht.** Von Landrichter Dr. **A. Friedländer.** 1906. 1 M. 80 Pf.

77. **Das Reichserbschaftssteuergesetz.** Vom 3. Juni 1906. Von **Ulrich Hoffmann,** Rechnungsrat im Preuß. Finanzministerium. 2. Aufl. 1911. 5 M.

78. **Zigarettensteuergesetz.** **Vom** 15. Juli 1909. **Von** Dr. **Cuno,** Regierungsassessor. 2. **Aufl.** in Vorbereitung, nach Erlaß der sämtlichen Ausf.-Best.

79. **Die Militärpensionsgesetze vom** 31. Mai 1906 **nebst Ausführungsbestimmungen.** Zum Gebrauch für Heer, Marine und Schutztruppe von Dr. jur. **A. Romen,** Wirklicher Geheimer Kriegsrat.

a) I. Teil: Offizierpensionsgesetz. 1907. 3 M. 50 Pf.
b) II. Teil: Mannschaftsversorgungsgesetz. 1908. 3 M. 50 Pf.

80. **Reichsgesetzgebung über gerichtliche Registerführung.** Von **Otto Lindemann,** Geh. Justizrat 1906. 3 M.

81. **Gesetz,** betr. **Urheberrecht an Werken der bildenden Künste und der Photographie.** Von Dr. **Ludw. Fuld,** Rechtsanwalt. 1907. 1 M.

82. **Reichsbeamtengesetz** in der Fassung vom 18. Mai 1907 und seine Ergänzungen von Geheimrat Professor Dr. **Ad. Arndt.** 1908. 3 M.

83. Reichsgesetz über **den Versicherungsvertrag** nebst **Einführungsgesetz.** Von Dr. **Paul Hager** und Dr. **E. Bruck.** 2. vermehrte u. verbess. Aufl. 1910. 5 M.

84. **Sammlung kleinerer privatrechtlicher Reichsgesetze** v. Oberl.-Ger.-R. **Georg Müller.** 1908. 6 M. 50 Pf.

85. **Scheckgesetz** mit Einleitung usw. Von Prof. Dr. **Max Apt.** 5. Aufl. Mit Postscheckordnung v. 6. XI. 1908 und im Anhang „Besteuerung des Schecks". 1909. 2 M.

Postscheckordnung vom 6. XI. 08. Apart mit Erläuterungen u. Ausführungsbestimmungen. (30 Pf.)

86. **Die Auslieferungsverträge des Deutschen Reiches** von Landrichter **A. Cohn.** 1908. 4 M.

87. **Gesetz zum Schutz der Warenbezeichnungen.** Von Geh. Reg.-Rat, Mitgl. des Patentamts Dr. **Freund** u. Rechtsanwalt **Magnus.** 5. Aufl. 1909. 3 M. 50 Pf.

88. **Vereinsgesetz** vom 19. April 1908. Von Dr. jur. **A. Romen,** Wirkl. Geh. Kriegsrat. 2. Aufl. 1908. 1 M. 50 Pf.

89. **Vogelschutzgesetz** vom 30. Mai 1908 nebst den das Flugwild betr. Bestimmungen der Preußischen Jagdordnung von Dr. jur. **Leo von Boxberger.** 1908. 1 M.

90. Die Haager Abkommen über das **Internationale Privatrecht** von Dr. **G. A. E. Bogeng.** 1908. 2 M. 20 Pf.

91. **Eisenbahn-Verkehrsordnung** vom 23. Dez. 1908. Mit Ausführungsbestimmungen. Von Regierungsassessor bei der Eisenbahndirektion Breslau Dr. **Ernst Blume.** 1909. 2 M. 50 Pf.

92. Gesetz, betr. den **Verkehr mit Kraftfahrzeugen.** Von Amtsrichter **R. Kirchner.** 2. **Ausgabe** ergänzt durch die Bundesratsverordn. v. 3. Febr. 1910 u. das Intern. Uebereinkommen v. 11. Okt. 1909. 1910. 3 M.

93. Gesetz über die **Sicherung der Bauforderungen** von Justizrat Dr. **E. Harnier.** 3. Aufl. 1912. 1 M. 60 Pf.

94. **Haftpflicht der Reichs- und Staats-Beamten** v. Dr. **H. Delius.** 2. Aufl. 1909. Mit dem Nachtrag, betr. das Gesetz über die Haftung des Reichs für seine Beamten v. 22. Mai 1910. 3 M. 50 Pf.

95. Die Berner Uebereinkunft über **internationales Urheberrecht** von Dr. **Herm. Dungs,** vortrag. Rat im Reichsjustizamt. 1910. 1 M.

96. **Branntweinsteuergesetz** vom 15. Juli 1909. Unter Berücksichtigung der für das Reich erlassenen Ausführungsbestimmungen. Von Geh. Reg. Rat **Johs. Nay**, vortrag. Rat im Reichsschatzamt. 1910. 3 M. 50 Pf.

97. **Schutzgebietsgesetz** nebst der Verordn. betr. die Rechtsverhältnisse i. d. Schutzgebieten, dem Gesetz Konsulargerichtsbarkeitsgesetz sowie den Ausführungsbest. u. ergänzenden Vorschriften. Von **Johs. Gerstmeyer**, Wirkl. Legationsrat u. Vortrag. Rat im Reichskolonialamt. 1910. 3 M.

98. **Sechs Haager Abkommen über Internationales Privatrecht.** Von Dr. **Herm. Dungs.** 1910. 1 M. 50 Pf.

99. **Die Abkommen der Haager Friedenskonferenz** von Dr. jur. **Hans Wehberg.** 1910. 3 M.

100. Gesetz über den **Absatz von Kalisalzen.** Von Geh. Bergrat **Carl Voelkel.** 1910. 2 M. 40 Pf.

101. **Zuwachssteuer** v. 14 Febr 1911. Von Dr **W. Cuno**, Reg.-Rat im Reichsschatzamt. 1911. 3 M. 60 Pf.

102. **Urheberrecht an Mustern u. Modellen** u. Ges. betr. Schutz von Gebrauchsmustern von Reg.-Rat **Johs. Neuberg**, Mitgl. d. K. Patentamts. 1911. 2 M. 40 Pf.

103. **Reichs-Viehseuchengesetz** vom 26. Juni 1909 nebst Ausführungsvorschriften u. dem preuß. Ausführungsgesetz Von Landrat Dr. **Walter v. Hippel.** 2. Aufl. 1912. 4 M. 50 Pf.

104. **Versicherungsgesetz** für Angestellte vom 20. Dez. 1911. Von Rechtsanwalt **O. Bernstein** und Dr. **J. Kupferberg.** 2. Aufl. 1912. 3 M. 50 Pf.

105. **Das Geldwesen in den deutschen Schutzgebieten.** Von **W. Hintze,** Geheimer expedierender Sekretär im Reichskolonialamt. 1913. 2 M.

106-109. **Reichs-Versicherungs-Ordnung nebst Einführungsgesetz:** 4 Bände.

106. Erstes, fünftes und sechstes Buch. **Gemeinsame Vorschriften. — Beziehungen der Versicherungsträger zu einander und zu anderen Verpflichteten. — Verfahren.** Bearbeitet von Dr. **K. Lippmann,** Reg.-Rat, Geh. Rat. Dr. **L. Laß** und **H. Siefart,** vortrag. Räte im Reichsamt des Innern. 1912. Im Druck.

107. Zweites Buch. **Krankenversicherung.** Von Geh. Reg.-Rat. **H. Siefart,** vortrag. Rat im Reichsamt des Innern. 1912. Im Druck.

108. Drittes Buch. **Unfallversicherung.** Von Geh. Reg.-Rat **A. Radtke,** Senatsvorsitzender im Reichsversicherungsamt. 1912. Im Druck.

109. Viertes Buch. **Invaliden- und Hinterbliebenenversicherung.** Bearbeitet von Geh. Ober-Regierungsrat **B. Jaup,** vortragender Rat im Reichsamt des Innern und **H. Follmann,** Geh. Reg.-Rat im Reichsversicherungsamt. 1912. 4 M.

Guttentag'sche Sammlung

Preußischer Gesetze.

Text-Ausgaben mit Anmerkungen. Taschenformat.

1. **Die Verfassungs-Urkunde** für den Preußischen Staat. Mit Einleitung, vollständigem Kommentar. Von Prof. Dr. **Adolf Arndt.** 7. Aufl. 1911. 4 M.

2. **Preußische Beamten-Gesetzgebung.** Enthaltend die wichtigsten Beamtengesetze in Preußen. Von **C. Pfafferoth.** 4., neubearb. Aufl. 1905. Mit Anhang: Abänderun vom 27. Mai 1907. 2 M.

3. **Die Aufnahme des Nottestaments** durch die bestellten Urkundspersonen. Anweisung mit Musterbeispielen und Abriß des Erbrechts von Amtsgerichtsrat C. **Kurtz.** 1904. 1 M. 50 Pf.

4. **Gebührenordnung** für Notare vom 25. Juli 1910. 4. Aufl. bearbeitet von Justizrat **Rausnitz.** 1910. 2 M. 20 Pf.

5. **Gesetz vom 24. April 1854 (betr. die außerehel. Schwängerung).** Von Dr. **Schulze.** 1873. 75 Pf. Gültiges Recht siehe: Reichsgesetze Nr. 58.

6. Die Preuß. **Ausführungsgesetze und Verordnungen zu den Reichs-Justizgesetzen.** Von **R. Sydow.** 3. vermehrte Aufl. 1895. 2 M. 40 Pf. S. Seite 24, Busch-Eylau, Ausführungsgesetze.

7. **Allg. Gerichtsordnung** und Preuß. **Konkursordnung.** Von **F. Vierhaus.** Vergriffen.

8. **Vormundschaftsordnung.** Von **F. Schultzenstein.** **Gültiges** Recht siehe: Reichsgesetze Nr. 47.

9. **Die Preußische Grundbuchgesetzgebung.** Von Prof. Dr. **Fischer.** Vergriffen. Siehe: Reichsgesetze Nr. 42.

10. **Einkommensteuergesetz.** Von **A. Fernow,** Geh. Ober-Finanzrat. 7. Aufl. 1908/9. Mit Nachtrag, enth. d. Best. v. 22. III. u. 26. V. 09. 3 M. 25 Pf.

11. **Gewerbesteuergesetz.** Von **A. Fernow,** Geh. Ober-Finanzrat. 5., vermehrte Aufl. 1910. 3 M.

12. **Allgemeines Berggesetz** für die Preußischen Staaten vom 24. Juni 1865. Von **W. Westhoff** und **W. Schlüter.** 2. Aufl. 1907. Mit Nachtrag v. 1909. 5 M.

13. **Ergänzungssteuergesetz** (Vermögenssteuergesetz). Von **A. Fernow,** Geh. Ober-Finanzrat. 4. vermehrte Aufl. 1907. 2 M. 40 Pf.

14. **Kommunalabgabengesetz.** Vom 14. Juli 1893 und **Gesetz wegen Aufhebung direkter Staatssteuern.** Von Dr. **F. Adickes,** Oberbürgermeister. 5. Aufl. Bearb. v. Stadtrat Dr. **Woell.** 1911. ca. 2 M.

15. **Die Kreisordnungen** für den Preußischen Staat. Von **O. Kolisch,** Landgerichtsrat. 1894. 4 M.

16. **Konzessionierung gewerblicher Anlagen.** Preuß. Ausführungs-Anweisung zu §§ 16 u. ff. der Gewerbe-Ordnung. Von Dr. **W. v. Rüdiger,** Geh. Regierungs- u. Gewerberat. 2. Aufl. 1901. 2 M.

17. **Preußisches Gerichtskostengesetz.** Vom 25. Juli 1910. Mit Kostentabellen Von Dr. **P. Siméon,** Kammergerichtsrat. 6. Aufl. 1910. 3 M. 60 Pf.

18. **Preußisches Stempelsteuergesetz** vom 30. Juni 1909. Mit sämtl. Ausf.-Bestimmungen. Von **P. Loeck,** Geh. Regierungsrat. 7. Aufl. 8°. 1911. 7 M.

19. **Das Jagdscheingesetz.** Mit ausführlichen Erläuterungen. Von **F. Kunze,** Wirklichem Geh. Ober-Regierungsrat. 2. Aufl. 1899. 2 M.

20. **Die preußischen Erbschaftssteuergesetze.** Unter Berücksichtigung der Novelle vom 31. Juli 1895. Von **U. Hoffmann,** Rechnungsrat im Königl. preuß. Finanzministerium. 1905. 4 M. (**Reichs-Erbschaftssteuergesetz** s. **Reichsgesetze** Nr. 77).

21. **Gesetz** über die **Handelskammern.** Von **F. Lusensky,** Geh. Regierungsrat. 2. Aufl. 1909. 3 M.

22. **Gesetz,** betr. **Anstellung und Versorgung der Kommunalbeamten.** Von Dr. **W. Ledermann,** Magistratsassessor zu Berlin. 1899. 1 M. 25 Pf.

23. **Ausführungsgesetz zum Bürgerlichen Gesetzbuche.** Von Kammergerichtsrat Dr. **P. Siméon.** 2. Aufl. 1905. 1 M. 80 Pf. S. auch Busch-Eylau S. 24.

24. **Die Hinterlegungsordnung** in der Fassung des **Ausführungsgesetzes z. BGB. v. 20. Sept. 1899 nebst Ausführungsbestimmungen.** Von Regierungsrat Dr. **Georg Bartels.** 2. Aufl. 1908. 2 M.

25. **Preußische Kommunalbeamtengesetzgebung.** Von Magistr.-Assess. Dr. **Fr. Kremski,** Berlin. 1901. 3 M.

26. **Gesetze über das Diensteinkommen der Lehrer und Lehrerinnen, Ruhegehalt und Fürsorge für Hinterbliebene.** Tabelle zur Berechnung der Ruhegehalts-, Witwen- u. Waisenbezüge. Von Dr. **Ed. Cremer,** Beigeordneter. 1900. 2 M. 40 Pf.

27. **Gesetz,** betreffend die **Warenhaussteuer.** Von Geh. Ober-Finanzrat Dr. **G. Strutz.** 1900. 1 M. 20 Pf.

28. **Gesetz** über die **Fürsorgeerziehung Minderjähriger.** Von Landgerichtsdirektor Dr. **P. F. Aschrott.** 2. umgearbeitete Aufl. 1907. 2 M. 80 Pf.

29. **Gesetz,** betr. **die ärztlichen Ehrengerichte, das Umlagerecht und die Kassen der Aerztekammern.** Von Amtsgerichtsrat Dr. **F. Fidler.** 1901. 1 M. 50 Pf.

30. **Das Preußische Staatsschuldbuch und Reichsschuldbuch.** Von Wirkl. Geh. Ober-Finanzrat **J. Mücke,** 1902. 2 M.

31a. **Die geltenden Preußischen Gesindeordnungen.** Herausgegeben in zwei Bänden von **Stephan Gerhard,** Rechtsanwalt in Berlin. 1902.

Band I: Gesindeordnung für die altpreußischen Provinzen vom 8. XI. 1810, mit Erläuterungen unter Berücksichtigung der Ergänzungsgesetze und der Rechtsverhältnisse der Gesindevermieter, sowie die Gesindeordnungen für Neuvorpommern und Rügen und für die Rheinprovinz. 2 M. 50 Pf.

31b. **Band II:** Gesindeordnungen für Hannover, Schleswig-Holstein, Hessen-Nassau und den Regierungsbezirk Hohenzollern. 2 M. 50 Pf.

32. **Die Städteordnung für die sechs östlichen Provinzen Preußens** vom 30. Mai 1853. Von **Dr. jur. Walter Ledermann,** Stadtrat zu **Berlin**. 8°. 1902. 6 M.

33. **Rentenguts- und Anerbenrechts-Gesetzgebung in Preußen.** Von Landgerichtsrat **M. Peltasohn** und Rechtsanwalt **Bruno Peltasohn.** 1903. 3 M.

34. Sammlung der wichtigsten **preußischen Strafgesetze** nebst **Anhang:** Gesetz betr. polizeiliche Strafverfügungen vom 23. April 1883. Von **Otto Lindemann,** Geheimen Justizrat. 1912. 2. Aufl. 3 M. 50 Pf.

35. **Geschäftsordnung für Gerichtsvollzieher.** Gerichtsvollzieherordnung und Gebührensätze von Amtsgerichtssekretär **Emil Exner.** 1904. 3 M. 50 Pf.

36. **Polizeiverordnungen in Preußen.** Von **Otto Lindemann,** Geh. Justizrat. 1912. 2 M. 50 Pf.

37. Gesetz über die **Enteignung von Grundeigentum** vom 11. Juni 1874. Von Oberlandesgerichtsrat **O. Meyer.** 2. Aufl. 1911. 2 M. 25 Pf.

38. **Kreis- und Provinzial-Abgabengesetz.** Vom 23. April 1906. Von **Fr. Schmidt,** Gemeindevorsteher. 1906. 1 M. 25 Pf.

39. Gesetz betr. die **Unterhaltung der öff. Volksschulen.** Von **Dr. A. Marcks,** Reg.-Rat. 1906. 2 M.

40. **Verwaltungsstrafverfahren** bei Zuwiderhandlungen gegen die Zollgesetze und indirekte Reichs- und Landesabgaben, sowie die Bestimmungen über die Schlacht- und Wildpretsteuer v. 26. VII. 1897. Von **Dr. R. Katzenstein,** Ger.-Ass. 1907. 3 M. 60 Pf.

41. Die **preußischen Jagdpolizeigesetze.** Von **Fr. Kunze,** Wirkl. Geh. Oberregierungsrat und **R. Kühnemann,** Rechtsanwalt. 2. Aufl. 1907. 3 M. 60 Pf.

42. **Die Gesetzgebung über die Allgemeine Landesverwaltung und über die Zuständigkeit der Verwaltungs- und Verwaltungsgerichtsbehörden.** Von Rechtsanwalt **Dr. Karl Friedrichs.** 1908. 3 M.

43. Ges. betr. die **Zulassung einer Verschuldungsgrenze** für land- u. forstwirtschaftl. Grundstücke v. 20. VIII. 1906 nebst Ausführungsvorschriften. Von Dr. jur. **R. Leweck,** Syndikus der Ostpreuß. Landschaft. 1908. 2 M. 40 Pf.

44. **Quellenschutzgesetz** vom 14. Mai 1908 nebst den Ausführungsbestimmungen. Von **Carl Voelkel** Geheimer Bergrat. 1909. 1 M.

45. **Rechtsverhältnisse der Juden in Preußen.** Von Rechtsanwalt Dr. **Max Kollenscher,** Rechtsanwalt. 1910. 2 M. 40 Pf.

46. **Austritt aus der Landeskirche** v. 14. V. 1873. Von Gerichtsass. **Hrch. Chr. Caro.** 1911. 2 M. 40 Pf.

47. Gesetz betr. die **Feuerbestattung** v. 14. Sept. 1911 nebst Ausführ. Anwsg. von Amtsgerichtsrat **Dr. W. Lohmann.** 1911. 1 M. 50 Pf.

48. **Zweckverbandsgesetz für Großberlin** vom 19. Juli 1911 nebst Abdruck des allgemeinen Zweckverbandsgesetzes. Von Magistratsräten Dr. **Ludw. Brühl,** Dr. **Kurt Gordan** und Stadtrat Dr. **Walter Ledermann** in Berlin. 1912. 4 M.

49. **Gesetze gegen die Verunstaltung landschaftlich hervorragender Gegenden** vom 2. Juni 1902 und 15. Juli 1907 mit den ergangenen Ausführungsanweisungen. Von Regierungsrat **Otto Goldschmidt.** 1912. 2 M. 50 Pf.

50. **Gesetz, betr. die Anlegung und Veränderung von Straßen und Plätzen in Städten und ländlichen Ortschaften** vom 2. Juli 1875 von Oberlandesgerichtsrat **O. Meyer.** 1912. 3 M.

Reichsfinanzgesetze v. 15. Juli 1909 einschl. der **Reichsstempelgesetze** u. des **Erbschaftssteuergesetzes.** 1909. Geb. in ganz Leinen. 2 M.

Versicherungsgesetz f. Angestellte v. 20. Dez. 1911. 1 M. 25 Pf.

Zuwachssteuergesetz vom 14. Febr. 1911. 80 Pf. Ausführungsbestimmungen v. 27. III. 11 dazu einzeln 60 Pf., zusammengebunden in 1 Bd. 1 M. 20 Pf.

Die Preußischen Ausführungsgesetze, Verordnungen und ministeriellen Verfügungen zu dem Bürgerlichen Gesetzbuche und den Reichs-Justizgesetzen nebst anderen zugehörigen Gesetzen. Von **L. Busch.** 2. Aufl. von Landrichter **O. Eylau.** 8°. Preis geb. 4 M. 50 Pf.

Preußische Bürgerliche Gesetzsammlung. Sammlung der noch geltenden Landesgesetze privatrechtlichen Inhalts. Herausgegeben von den Gerichtsassessoren **D. Fischer** und **Dr. F. Schroeder.** 8°. 2 Bände Preis geb. in ganz Leinen 20 M.

Erster Band: **Das Allgemeine Landrecht mit den Einführungs-Patenten.** Preis 6 M.

Zweiter Band: **Gesetze von 1773—1902.** Preis 14 M.

Strafgesetzbuch. Mit ausführl. Sachregister. 1912. 1 M. 20 Pf.

Schlagwort-Register.

R. = Nummer der Sammlung Deutscher **Reichsgesetze**.
P. = Nummer der Sammlung **Preußischer** Gesetze.
S. = Seite.

---

1. II. 1913. 2 000.

FSC
www.fsc.org
MIX
Papier | Fördert gute Waldnutzung
FSC® C083411

Kolibri 360 GmbH
Ferdinand-Jühlke-Straße 7
99095 Erfurt, Deutschland
produktsicherheit@kolibri360.de